Das Dominikanerinnenkloster
zu Bad Wörishofen

Werner Schiedermair

DAS DOMINIKANERINNENKLOSTER ZU BAD WÖRISHOFEN

Mit Beiträgen von

Georg Brenninger, Dagmar Dietrich, P. Siegfried Dörpinghaus O.P., Eberhard Dünninger, Bartholomäus Ernst, Susanne Fischer, P. Isnard Frank O.P., Hans Frei, Hans-Horst Frohlich, Sabine John, Karl Kosel, Sr. M. Johanna Lackmaier O.P., Hermann Lickleder, Georg Paula, Hans Pörnbacher, Walter Pötzl, Sr. M. Bernarda Schädle O.P., Werner Schiedermair, Reinhard H. Seitz, Sr. M. Regina Vilgertshofer O.P., Eva Christina Vollmer, Katharina Walch, Sr. M. Imelda Weh O.P., Markus Weis, Heide Weißhaar-Kiem

und Fotografien von

Wolf-Christian von der Mülbe

Anton H. Konrad Verlag

Herausgegeben im Auftrag
des Kapitels des Dominikanerinnenklosters zu Bad Wörishofen

Ausstattung und Drucklegung erfolgten dankenswerterweise mit finanzieller Unterstützung
des Bayerischen Staatsministeriums für Unterricht, Kultus, Wissenschaft und Kunst, München,
des Bezirks Schwaben, Augsburg,
der Diözese Augsburg, Augsburg,
der Hypo-Kulturstiftung, München,
der Kester-Haeusler-Stiftung, Fürstenfeldbruck,
der Sebastian-Kneipp-Stiftung, Bad Wörishofen,
der Messerschmitt-Stiftung, München,
der Raiffeisenbank, Bad Wörishofen,
und der Firma Erwin Wiegerling, Gaisach.

Umschlag
Gemälde von Johann Baptist Zimmermann (1680–1758),
Die Anbetung des Jesuskindes in der Krippe durch Maria, Josef und eine Dominikanerin
(Margarete von Castello ?).
Öl auf Leinwand. 190 cm × 244 cm (ohne Rahmen).
Kirche des Dominikanerinnenklosters Bad Wörishofen.

Einbandvorderseite
Wappen des Dominikanerinnenklosters Bad Wörishofen im 18. Jahrhundert.

Abbildung auf Seite 1
Fackeltragender Hund. Attribut des heiligen Dominikus. Nadelmalerei.
Ausschnitt aus einer Darstellung des heiligen Dominikus (Abb. 2 Seite 8).
2. Hälfte 18. Jahrhundert.
Dominikanerinnenkloster Bad Wörishofen.

Abbildung auf Seite 2 (Abb. 1)
Blick auf den Turm der Kirche des Dominikanerinnenklosters Bad Wörishofen
vom Kreuzgarten aus.

Widmungsspruch auf Seite 7
Entnommen aus dem Gemälde auf dem Hochaltar der Kirche
des Dominikanerinnenklosters Bad Wörishofen.

Abbildung auf Seite 376 (Abb. 304)
Uhr im ersten Stock des Dominikanerinnenklosters Bad Wörishofen.
Eisen, bemalt mit schlafendem Jesuskind. Um 1720.

Die Deutsche Bibliothek - CIP-Einheitsaufnahme

Das Dominikanerinnenkloster zu Bad Wörishofen / Werner
Schiedermair (Hrsg.). Mit Beitr. von Georg Brenninger ... und Fotogr.
von Wolf-Christian von der Mülbe. - Weißenhorn : Konrad, 1998
ISBN 3-87437-408-4

© 1998 ANTON H. KONRAD VERLAG 89264 Weißenhorn
Gesamtherstellung: Ludwig Auer GmbH, Donauwörth
Konzeption und Layout: Werner Schiedermair
ISBN 3-87437-408-4

Inhaltsverzeichnis

	7	Vorwort
Sr. M. Johanna Lackmaier O.P./ Sr. M. Regina Vilgertshofer O.P.	9	Die Dominikanerinnen zu Bad Wörishofen und ihre klösterliche Lebensgestaltung
Werner Schiedermair	17	Das Dominikanerinnenkloster Maria Königin der Engel in Bad Wörishofen von 1718–1998

Geschichtliche Grundlagen

P. Isnard Frank O.P.	36	Wie der Dominikanerorden zu den Dominikanerinnen kam – Zur Gründung der „Dominikanerinnen" im 13. Jahrhundert
Reinhard H. Seitz	51	Wie Wörishofen im Jahre 1243 an den Dominikanerorden kam. Zugleich ein Beitrag zu den Anfängen des Klosters Heilig Geist> Sankt Maria> Sankt Katharina in Augsburg, Mutterkloster der Wörishofener Dominikanerinnen
Reinhard H. Seitz	63	Zur Geschichte des Dominikanerinnenklosters Sankt Katharina in Augsburg
Reinhard H. Seitz	73	Zur Grundherrschaft des Augsburger Dominikanerinnenklosters Sankt Katharina in Dorf und Amt Wörishofen
Heide Weißhaar-Kiem	83	Der Ort Wörishofen und sein Kloster in bildlichen Darstellungen bis zum Beginn des 20. Jahrhunderts

Das Kloster und seine Ausstattung – ein Meisterwerk des bayerisch-schwäbischen Rokoko

Georg Paula	91	Die Klosteranlage und ihre Baugeschichte
Markus Weis	101	Die bauliche Erscheinung der Klosteranlage
Eva Christina Vollmer	116	Die Stuckdekorationen im Konventbau, in der Klosterkirche und im Schwesternchor
Georg Paula	133	Die Fresken in der Klosterkirche und im Schwesternchor
Dagmar Dietrich	143	Altäre, Kanzel, Kirchengestühl und Orgel in der Wörishofener Klosterkirche
Werner Schiedermair	161	Die Sakristei
Hans-Horst Fröhlich	163	Der Pflanzenhimmel in der Marienkapelle
Werner Schiedermair	170	Die bewegliche historische Ausstattung des Dominikanerinnenklosters in Bad Wörishofen
Susanne Fischer	183	Die Restaurierungsgeschichte des Dominikanerinnenklosters in Bad Wörishofen
Katharina Walch	195	Untersuchung und Restaurierung der Ausstattung der Dominikanerinnenklosterkirche in Bad Wörishofen

LEBEN IM KLOSTER

Werner Schiedermair	205	Die Gemeinschaft der Wörishofener Dominikanerinnen mit einer Übersicht über die Reihe der Schwestern von 1718–1998
Werner Schiedermair	220	Hinweise zu Lebensbildern einzelner Wörishofener Dominikanerinnen
Hans Pörnbacher	227	Der Welt verborgen – Die gottselige Schwester Maria Cäcilia Mayr
Hans Pörnbacher	239	Formen der Frömmigkeit und Zeugnisse des Gebets bei den Wörishofener Dominikanerinnen
Werner Schiedermair	247	Wörishofener Klosterarbeiten
Sr. M. Bernarda Schädle O.P.	257	Brauchtum bei den Dominikanerinnen zu Bad Wörishofen
Karl Kosel	263	„Der gute Hirte" – „Die gute Hirtin"
Sabine John	266	Das Kirchenjahr im Rokoko – „Was in der Custerey zu thuen Für das ganze Jahr"
Georg Brenninger	273	Musikpflege im Dominikanerinnenkloster zu Bad Wörishofen
Eberhard Dünninger	276	Die Bibliothek der Wörishofener Dominikanerinnen
Hermann Lickleder	279	Die spirituellen Aufgaben eines Hausgeistlichen im Dominikanerinnenkloster zu Bad Wörishofen
P. Siegfried Dörpinghaus O.P.	285	Pfarrer Sebastian Kneipp – Spiritual des Klosters
Hans Frei	295	Rosenkranz und Rosenkranzbruderschaft im Dominikanerinnenkloster zu Bad Wörishofen
Walter Pötzl	307	Die Wallfahrt zur Einsiedelmadonna
Bartholomäus Ernst	316	Das Sebastian-Kneipp-Museum
Sr. M. Imelda Weh O.P.	321	Von der Jugendarbeit zum Kurbetrieb
	326	Zeittafel – Meditation
	328	ANMERKUNGEN
	353	ANHANG
	353	Ausgewählte Urkunden zur Frühgeschichte des Klosters Heilig Geist> Sankt Maria> Sankt Katharina in Augsburg und zu den Schenkungen der Christina von Fronhofen
	358	Fundationsbrief vom 26. März 1725 und Zusatzfundationsbrief vom 26. September 1725
	362	Biechlein, waß in der Custerey zu thun Für das ganze Jahr
	366	STICHWORTVERZEICHNIS
	374	HINWEISE ZU DEN AUTOREN
	375	PHOTONACHWEIS

Vorwort

„SUB TUUM PRAESIDIUM"

Das Dominikanerinnenkloster Maria Königin der Engel in Bad Wörishofen zählt zu den besonderen Schätzen der an Kulturstätten reichen Landschaft Bayerisch-Schwabens. Seine Entstehungsgeschichte, die sich von 1243, dem Jahr des Erwerbs des Orts durch das Augsburger Kloster Sankt Katharina, bis 1721, den Zeitpunkt des Einzugs der Schwestern in das neu erbaute Haus, erstreckt, ist ebenso bemerkenswert wie die Anlage selbst, deren Gestaltung einen selten gelungenen Gleichklang von funktionaler Notwendigkeit, konstruktiven Erfordernissen und ästhetischer Raumwirkung darstellt. Hervorragende Bedeutung erhält es aber durch seine geistlichen Zielsetzungen. Ursprünglich zur religiösen Erneuerung, als Reformkloster mit der Aufgabe errichtet, die Ordensregeln des heiligen Dominikus in vollkommener Weise zu erfüllen, pflegt es heute mit dem Betrieb eines Kurheims das Vermächtnis Sebastian Kneipps, der von 1855 bis 1897 als Hausgeistlicher bei den Schwestern wirkte und in dieser Zeit seine Ordnungstherapie entwickelte. Eine umfassende, von 1983 bis 1995 andauernde Instandsetzung der Gebäude gab Anlaß, sich näher mit den den Rang des Wörishofener Klosters begründenden Besonderheiten zu beschäftigen. Die Ergebnisse der so ausgelösten Untersuchungen werden nunmehr in diesem Buch vorgestellt.

Wegen ihrer ursprünglichen Bestimmung, die Beachtung der Ordensregeln in ihrer strengsten Form zu ermöglichen, verkörpert die Wörishofener Anlage in ungewöhnlicher Weise die jedem Kloster eigene doppelseitige Perspektive: Die Gebäude sind, da sichtbar, zwar *„dem Volk und der Welt"* zugewandt, doch beherbergen sie, abgeschieden von diesen, den klösterlichen Innenbereich mit seinen monastischen Lebensvollzügen, die ganz dem Lobpreis Gottes und seiner Verherrlichung sowie der persönlichen Heiligung der Religiosen gewidmet sind, und die allein, unter dem geistig-geistlichen Gesichtspunkt, den Kern des dafür geplanten und gebauten Hauses ausmachen. Das vorliegende Buch versucht, dieser Gegebenheit mit drei, die beiden einleitenden Beiträge über *„Die klösterliche Lebensgestaltung"* und *„Die Geschichte der Wörishofener Dominikanerinnen"* gleichsam tragenden Kapitel über *„Die historischen Grundlagen"*, über *„Das Kloster und seine Ausstattung. Ein Meisterwerk des bayerisch-schwäbischen Rokoko"* sowie zum *„Leben im Kloster"* zu entsprechen. Damit soll zugleich deutlich gemacht werden, wie stark in Wörishofen ‚Innen' und ‚Außen' schon konzeptionell auf einander bezogen waren und bis heute noch sind. Aus diesem Grund werden auch, abgesehen von einigen Urkunden, nur Gegenstände abgebildet, die sich in dem Kloster selbst befinden und seine Identität als Ort heiligmäßigen Lebens mitbestimmen.

Der Dominikanerorden, dem die Wörishofener Gemeinschaft angehört, trat in Deutschland vor allem mit wissenschaftlichen und seelsorgerlichen Leistungen hervor. Erinnert sei einerseits, stellvertretend für alle seine großen Mitbrüder, an Albertus Magnus (1203–1280), den aus Lauingen an der Donau stammenden Scholastiker, sowie andererseits an den *„Rosenkranz"*, die entscheidende Bereicherung der Volksfrömmigkeit durch die Dominikaner. Aber auch auf dem Gebiet der Architektur und der Schönen Künste wurde Bleibendes hervorgebracht; die Ausgestaltung der gotischen Saalkirchen wäre beispielsweise hier zu nennen. Der weibliche Zweig des Ordens zeichnete sich gerade in Bayern durch fromme Frauen aus, die durch ihr Streben nach unmittelbarem Kontakt mit Gott als Mystikerinnen Beachtung fanden, wie etwa die Nürnberger Patriziertochter Christina Ebner (1277–1356) oder Margarete Ebner (um 1291–1351) aus Donauwörth sowie Columba Weigl (1713–1783) und Columba Schonath (1730–1787), die in Altenhohenau beziehungsweise in Bamberg wirkten. Die Wörishofener Niederlassung reiht sich würdig in die lange Geschichte des Ordens ein, nicht nur weil sie ursprünglich als Reformkloster gegründet wurde und selbst mit der Schwester Maria Cäcilia Mayr aus Röfingen (1717–1749) zur *„neuen Mystik"* im 18. Jahrhundert beitragen konnte, sondern auch, weil ihre Gebäude bemerkenswert konzipiert und gestaltet sind und ihre Kirche unter der künstlerischen Beteiligung von Mitgliedern des Ordens maßgeblich ausgestattet wurde. Das Buch versteht sich vor diesem Hintergrund auch als ein Beitrag zur Standortbestimmung der Wörishofener Dominikanerinnen innerhalb des Verbands aller Häuser des heiligen Dominikus.

Als Herausgeber danke ich allen Autorinnen und Verfassern der Beiträge für ihre Arbeit, die oft mühevoll war, da vielfach Neuland betreten werden mußte. Ein besonderes ebenso verehrungsvolles wie dankbares Gedenken sei Wolf-Christian von der Mülbe gewidmet, der die meisterlichen Fotografien unmittelbar vor seinem überraschenden Tod im November 1997 schuf. Für vielfältige Hilfe bin ich Schwester Maria Bernarda Schädle, der Archivarin des Klosters, Frau Sabine John, München, Frau Monica Niederer und Frau Adelheid Wellhausen, Bayerische Akademie der Wissenschaften, München, den Herren Dr. Walter Irlinger, Bayerisches Landesamt für Denkmalpflege, München, Dr. Gode Krämer, Städtische Kunstsammlungen Augsburg, Dr. Stefan Miedaner, Archiv der Diözese Augsburg, Dr. Reinhard H. Seitz, Staatsarchiv Augsburg, Dr. Horst Stierhof, Bayerische Verwaltung der Staatlichen Gärten, Schlösser und Seen, Frau Claudia Pollack und Herrn Dr. Bodo Uhl, Generaldirektion der Staatlichen Archive Bayerns, alle München, verpflichtet. Großer Dank gilt den Sponsoren, ohne deren finanzielle Unterstützung das Buch nicht hätte erscheinen können, den Herstellern, der Firma e & r-Repro und der Ludwig Auer GmbH, beide Donauwörth, die ihr Bestes gaben, sowie Herrn Anton H. Konrad, Weißenhorn, der das Buch in sein Verlagsprogramm aufnahm. Meiner lieben Frau Lucie danke ich für manche Hilfe und vor allem für ihre große Geduld während der knapp vierjährigen Erarbeitungszeit dieses Werks.

Das Buch ist den Dominikanerinnen zu Bad Wörishofen gewidmet.

WERNER SCHIEDERMAIR

Die Dominikanerinnen zu Bad Wörishofen und ihre klösterliche Lebensgestaltung

SR. M. JOHANNA LACKMAIER O.P./SR. M. REGINA VILGERTSHOFER O.P.

Abb. 3
Das Wappen der Arbeitsgemeinschaft der Klöster des Dritten Ordens vom heiligen Dominikus in der Diözese Augsburg.

In Wörishofen nennt man unser Haus „*das Kloster*", der Platz vor dem Konventgebäude heißt „*Klosterhof*". Beide Bezeichnungen bringen zum Ausdruck, daß an diesem Ort seit dem Jahre 1721 Klosterfrauen ansässig sind. Wir Schwestern heute gehören dem Dritten Orden des heiligen Dominikus an. Da wir ein Kurheim führen, kennen uns viele Gäste unter dem Namen „*Kurheim der Dominikanerinnen*". In dieser Hinsicht fühlen wir uns dem Erbe von Pfarrer Sebastian Kneipp verpflichtet, der in den Jahren 1855 bis 1897 als Hausgeistlicher in unserer Gemeinschaft tätig war und hier auch seine Naturheilkunde entwickelte. Den Prinzipien seiner Gesundheitslehre versuchen wir gerecht zu werden, insbesondere dem Anliegen seiner Ordnungstherapie.

Entscheidend wird unsere Kommunität durch die Zugehörigkeit zum Orden des heiligen Dominikus geprägt, dessen Gründung auf das 13. Jahrhundert zurückgeht. Die Auseinandersetzungen mit den Katharern und den Waldensern beunruhigten damals die Kirche. Die Albigenserkriege schlossen sich an. Schwere soziale Spannungen machten sich breit. In dieser geschichtlichen Situation entwickelte der heilige Dominikus seine Idee von „*Salus animarum per praedicationem et doctrinam*", also „*vom Seelenheil durch Predigt und Lehre*". Dominikus wurde um das Jahr 1170 in Spanien zu Caleruega in Kastilien geboren. Vom sechsten Lebensjahr an übernahm ein Onkel seine Erziehung, der Erzpriester von Gumiel gewesen ist. Etwa im Jahre 1184 kam er auf die Domschule von Palentia. Seit 1201 wirkte er als Subprior im Domherrnstift Osma. Er gründete um 1207 sein erstes Frauenkloster in Prouille. Das erste Predigerheim folgte im Jahre 1215 in Toulouse. Papst Honorius III. (reg. 1216–1227) bestätigte den Orden im Jahre 1216 als Predigerorden. Als Dominikus am 6. August 1221 in Italien, in Bologna, verstarb, umfaßte seine Gemeinschaft bereits acht Provinzen und hunderte von Mitgliedern.

Der heilige Dominikus stellte das Leben der Apostel in den Mittelpunkt seiner Lehre. Der Dienst an den Seelen sollte zugleich Weg zur Selbstheiligung sein. Um dieses Ziel zu erreichen, machte er das Studium zu einem wesentlichen Instrument seiner apostolischen Sendung. Einer seiner Leitsätze lautete: „*Contemplata aliis tradere*", das in der Kontemplation Empfangene anderen mitteilen. Darüber hinaus drang Dominikus, der Armutsbewegung seiner Zeit entsprechend, auf evangelische Bedürfnislosigkeit. Außer der persönlichen Armut, wie sie das Gelübde jedem einzelnen vorschreibt, nahm er die Armut als Prinzip für den ganzen Orden an. Seither gehören die Dominikaner zu den ‚*Bettelorden*'. Als Regel wählte der Heilige die des Kirchenvaters Augustinus (354–430). Mit ihr übernahm er zugleich die monastischen Formen des gemeinsamen Lebens und der Liturgie. Die Dominikaner brachten hervorragende Gestalten hervor, wie Jordan von Sachsen (vor 1200–1237), Albert den Großen (um 1200–1280), Thomas von Aquin (1225–1274) und Katharina von Siena (um 1347–1380). Besondere Bedeutung erlangte das mystische Dreigestirn des Ordens: Meister Eckehart (um 1260–1328), Johannes Tauler (nach 1300–1361) und Heinrich Seuse (um 1295–1366). Sie übten nicht nur zu ihren Lebzeiten einen starken Einfluß auf die damaligen Klöster aus, sondern sie wirken auch heute noch in unsere Zeit hinein, vor allem als Lehrmeister in der Meditationsbewegung. Getragen von diesen und anderen bedeutenden Frauen und Männern erlebte der Orden schon im Mittelalter, aber auch im Zuge der Gegenreformation im 17. Jahrhundert geistige Höhepunkte mit sehr hohen Mitgliederzahlen. Er mußte aber auch Zeiten geistlicher Erschlaffung durchstehen, ähnlich wie diese heute, am Ende des 20. Jahrhunderts, zu erkennen ist. Bemerkenswert erscheint, daß der Orden nie Spaltungen erlebte, sondern seine Einheit auch in schwierigsten Perioden wahren

◁ Abb. 2
Der heilige Dominikus. Klosterarbeit. Gesicht, Hände, Mandorla und Hintergrund gemalt, Kleidung, Landschaft, Bäume und eine Fackel tragender Hund Nadelmalerei in Seide. 32,3 cm × 27,8 cm. Mitte 18. Jahrhundert. Dominikanerinnenkloster Bad Wörishofen.

Abb. 4
Die heilige Katharina von Siena (1347–1380) empfängt den Rosenkranz. Öl auf Leinwand. Maler nicht bekannt. 124 cm × 94 cm (mit Rahmen). 1. Hälfte 18. Jahrhundert. Katharina ist die bekannteste Heilige des Dominikanerordens.

Abb. 5 ▽
„Regel und Satzungen Der Schwestern, Prediger = Ordens ...". 15,5 cm × 9,8 cm. Augsburg 1735.

konnte. Der Grund liegt nicht zuletzt in der stets angestrebten Polarität von Contemplatio und Actio.

Der Orden umfaßt heute drei Gliederungen: Die männlichen Dominikanerkonvente bilden den Ersten Orden, die beschaulichen Frauenklöster den Zweiten Orden. Sie befolgen päpstliche Klausur und verrichten das dominikanische Choroffizium. Der Zweite Orden kann geschichtlich gesehen auf das Kloster S. Sisto in Rom zurückgeführt werden, das noch vom heiligen Dominikus selbst betreut worden ist. Im Dritten Orden sind die Frauenkommunitäten zusammengefaßt, die sich im Rahmen einer klösterlichen Gemeinschaft vornehmlich praktischen Tätigkeiten zuwenden. Die Dominikanerinnen von Bad Wörishofen gehörten von ihrer Gründung an bis zum Jahre 1896 zum Zweiten Orden. Den Mittelpunkt ihres von Beschaulichkeit und strenger Observanz geprägten Lebens bildeten der Lobpreis Gottes im Chorgebet und die Feier der Liturgie. Die Säkularisation hatte einschneidende Auswirkungen. Staatlicherseits wurde der Weiterbestand des Klosters an die Bereitschaft der Schwestern geknüpft, pädagogische Aufgaben zu übernehmen. Mit der Berufung von Sebastian Kneipp (1821–1897) zum Hausgeistlichen im Jahre 1855 kam die Betreuung von Kurpatienten hinzu. Daraus ergab sich mehr oder weniger zwangsläufig der Wechsel vom Zweiten zum Dritten Orden des heiligen Dominikus. Gestützt auf unsere klösterlichen Lebensregeln sind wir heutigen Dominikanerinnen bemüht, besonders der Ordnungstherapie Sebastian Kneipps zu entsprechen, nämlich einen natürlichen Lebensrythmus mit seelischer Harmonie zu verbinden. Der Bezug auf Sebastian Kneipp bildet eine Besonderheit unseres Hauses in Wörishofen.

An erster Stelle unserer Regeln steht die Pflege des inneren Lebens. Als Dominikanerinnen tragen wir den weißen Habit des heiligen Dominikus, der zu den alltäglichen Arbeiten mit einem Alltagsgewand von betonter Schlichtheit getauscht wird. Das Weiß unserer Kleidung begreifen wir als ein Zeichen für den auferstandenen Christus, der Mitte unserer klösterlichen Existenz. Die Begegnung mit dem gekreuzigten und auferstandenen Herrn geschieht vor allem im Gebet, das bei aller Beschäftigung nicht vernachlässigt wird. Täglich versammeln wir uns im Schwesternchor der Kirche zum gemeinsamen Chorgebet. Wir feiern in der Frühe die Eucharistie in Verbindung mit dem Lobpreis der Laudes. Die mittägliche Hore beten wir vor Tisch, der um 12.00 Uhr beginnt. Am frühen Abend halten wir die Vesper und vor der Nachtruhe die Komplet, in der das Salve Regina während einer Prozession gesungen wird. Dabei gedenken wir auch Mariä, der „Königin der Engel", unserer Schutzpatronin; ihr ist unser Kloster geweiht. Das Abendgebet endet mit dem Gruß an den heiligen Dominikus; es schließt mit der Bitte „*Nos junge beatis*", vereine uns mit den Seligen und Heiligen, die vor uns den Weg des Ordens gegangen sind.

Die Gebetszeiten bilden gleichsam die geistigen Fixpunkte, in denen wir bei der Mühe der täglichen Arbeit zur Ruhe kommen bei Gott, um uns innerlich zu erneuern. Alles Leben bedarf ja der steten Erneuerung. Dies haben wir handgreiflich in den Jahren während der Renovierung unseres

Klosters von 1983 bis 1995 erfahren. Gerade das Leben mit und im auferstandenen Herrn bedarf der steten Erneuerung. Christus ist es, der sich uns geschenkt hat. Ihm öffnen wir uns im Gebet und lassen uns von ihm erfüllen. Der Gebetsordnung kommt deshalb große Bedeutung zu; sie bildet eine wirksame, ordnende Hilfe für unser geistliches Leben. Aber sie übt keinen Zwang aus, weil sie aus persönlicher Freiheit bejaht wird. Auch hindert sie den Dienst am Nächsten nicht. Wo dieser es erfordert, ist eine Dispens selbstverständlich. Diese Möglichkeit der Dispens hat Dominikus seinen Brüdern mitgegeben, und wir können sie auf unsere Weise in dem Bewußtsein anwenden, daß die Gemeinschaft stets für uns alle betet und jede von uns von ihr stets mitgetragen wird.

Die gemeinsamen Gebetszeiten sind eine große Stütze, aber zum Gebet gehören nicht bloß die ‚äußeren Horen', sondern vor allem die persönliche Innerlichkeit. Um sie zu formen und zu festigen, ist es nötig, sich Kraft aus dem persönlichen Kontakt mit Jesus Christus zu holen. Wir haben keine festen Normen, um zum Herrn hinzufinden. Jede Schwester geht ihren persönlichen Weg. Aber keine wird das klösterliche Leben bestehen, die nicht ihren Halt in sich selbst findet. In einem gewissen Sinne könnte man sagen: Jede Schwester trägt das Kloster in sich selbst, ist selbst das Kloster, um auf Christus zuzugehen. So nutzen wir unsere Freizeit zu einer stillen Meditation, zu Lesungen der Schrift, zu einer Anbetung vor dem Tabernakel, oder zu einem Verweilen in der Stille der Zelle.

Zur Pflege des innerlichen Lebens sind uns die klösterlichen Räume aus der Zeit des beschaulichen Klosters mit seiner strengen Observanz hilfreich. Wir Wörishofener Dominikanerinnen stellen jetzt keine rein kontemplativ ausgerichtete Gemeinschaft mehr dar, aber vieles aus der Vergangenheit regt uns an. Ganz besonders nach der in den Jahren 1983 bis 1995 durchgeführten Instandsetzung erscheinen uns die großen Räume wie neu in ihrer Schönheit. Die Kirche, der Schwesternchor, der Festsaal, das Refektorium mit seinen vielen biblischen Szenen, sie alle erfreuen uns mit ihrem hellen Licht und ihren Farben. Sie stimmen froh und regen auf diese Weise die Frömmigkeit an. Ganz besonders hat der Kreuzgang durch die Renovierung gewonnen. Er strahlt Stille und Ruhe aus. Er ruft uns zu einem meditativen Gang. Und wer ihn in seiner Mitte durchschreitet, wird empfinden, wie das Kreuzgewölbe mit seinen festen, ausgewogenen Formen sich in uns gleichsam fortsetzt und eine wohltuende Harmonie bewirkt. Wenn im Sommer die Türen geöffnet sind, laden sie in den Kreuzgarten zu einem Halt am Brunnen ein, der ein Symbol des heiligen Dominikus trägt und in dem die Wappen unseres Klosters eingemeißelt sind. Nicht selten wird dann das Bild von Christus am Brunnen in unserer Erinnerung wachgerufen. Was ‚damals' war, wird Gegenwart, so wie alle Erinnerung gegenwärtig ist, und wie damals werden auch wir angesprochen: *„Der Vater sucht Anbeter im Geiste und in der Wahrheit."* Die Schwestern von früher sind beschaulicher durch den Kreuzgang gegangen als wir heute. Sie haben ihn festlich ausgefüllt mit den Prozessionen, die im Orden üblich waren und von denen wir in unserer Zeit noch die Fronleichnamsprozession ge-

Abb. 6
Der heilige Augustinus (354–430). Öl auf Leinwand. Maler nicht bekannt. 78 cm × 62,5 cm (mit Rahmen). 1. Drittel 18. Jahrhundert. Auf Augustinus gehen die Satzungen aller Ordensgenossenschaften zurück.

Abb. 7 ▽
Titelblatt der heute geltenden Fassung der Ordensregel der Wörishofener Dominikanerinnen. 21,3 cm × 15 cm (Ausschnitt). Augsburg 1991.

LEBENSREGEL DER DOMINIKANERINNEN IN DER DIÖZESE AUGSBURG

hen. Auch wir heute durchschreiten ihn täglich, meist aber beschäftigt und in Hast und Eile. Dieses kleine Beispiel zeigt, wieviel anders geworden ist als vor 275 Jahren, auch anders als zu Zeiten von Pfarrer Sebastian Kneipp. Eines aber hat sich nicht geändert, unsere religiöse Grundhaltung. Sie ist geblieben. Sie fließt in all die Tätigkeiten ein, die uns heute aufgegeben sind. Praktisch vollzieht sich unsere ganze Tätigkeit in der Betreuung der Gäste des Kurheims. Kontakte zu ihnen haben alle Schwestern, einige besonders durch die helfende Tätigkeit in der Kneippschen Kur. Diese dürfen sich bewußt sein: So wie Christus manchen Kranken geheilt hat, sind wir in seinem Namen tätig und hoffen, daß die vermittelte Harmonie zur Gesundheit von Leib und Seele beiträgt.

Unsere Gäste kommen – wie sie sagen – ins Kloster, um sich neben der körperlichen Erneuerung auch in die Stille zurückzuziehen, um ihren Glauben zu vertiefen und am religiösen Leben teilzunehmen. Wir bemühen uns, ihnen liebevoll, ohne aufdringlich zu sein, zu begegnen. Wir geben ihnen gern Auskunft auf ihre religiösen Fragen, auch teilen wir im Gespräch mit ihnen ihre Sorgen. Ihre Berichte sprechen meist nicht nur von körperlichen Schwierigkeiten, sie dokumentieren auch psychische und innere Konflikte. Wir empfinden diese nach und nehmen die Anliegen unserer Gäste hinein in unser Gebet. Diese spüren in der Regel, daß wir keine weltfremde Kommunität sind, deshalb nehmen sie gern an unseren Gebeten teil. Sie besuchen auch die Besinnungstage, die wir ihnen zur Vertiefung des religiösen Lebens anbieten. So ist es oft, als gehörten die Gäste zu unserer Gemeinschaft, wenngleich diese natürlich im eigentlichen Sinne nur die Schwestern umfaßt. Früher hat man gern von einer Klosterfamilie gesprochen. Dieses Bild hat auch für uns heute noch Bedeutung. Wir Schwestern sind mit den Gästen geeint durch Jesus

Abb. 8
Nähzeug und Handarbeiten aus dem Dominikanerinnenkloster Bad Wörishofen. Die bestickte Haube rechts datiert noch aus dem 18. Jahrhundert, alle anderen Gegenstände stammen aus der Zeit nach der Rekonstitution des Klosters im Jahre 1842. Sie kennzeichnen die Bedeutung der praktischen Arbeit für den Wiederbeginn des klösterlichen Lebens in der Mitte des 19. Jahrhunderts. Abb. 4 mit 8 Dominikanerinnenkloster Bad Wörishofen.

Christus, dem wir uns verpflichtet haben. Das hindert nicht, daß auch bei uns Probleme der Verständigung auftauchen. Wir haben es nicht immer ganz leicht, miteinander auf engem Raum, innerhalb der Klostermauern, zusammenzuleben; das braucht man nicht zu verschweigen. Aber bei aller Aufgeschlossenheit für moderne Methoden der Kommunikation hält uns vor allem die tägliche Einheit mit Jesus Christus zusammen. Er läßt uns einander annehmen und bei manchen Verschiedenheiten auch zueinander finden. Ein zeitlicher Abstand von der Gemeinschaft ist manchmal ganz fruchtbar. So hat jede Schwester die Möglichkeit, einmal im Jahr drei Wochen Ferien bei Verwandten zu verbringen. Sie kann aber auch in die schöne Berggegend von Oberaudorf gehen, wo unser Kloster ein bescheidenes Feriendomizil besitzt, in dem man sich gut erholen kann, um dann wieder um so lieber in der größeren Gemeinschaft zu Hause zu sein.

Ein dominikanischer Grundsatz lautet: *„Contemplari et Contemplata aliis tradere"*. Auf uns angewandt könnte man sagen: Aus dem meditativen Beten heraus suchen wir den Weg zu den Menschen – und finden ihn auch –, um ihnen hilfreich zu sein. Unsere Tätigkeit ist kein nur berufliches Engagement, noch weniger ein bloßer *„Job"*. Dazu bräuchten wir nicht in ein Kloster zu gehen, das hätten wir ‚draußen' leichter und besser. Unsere Tätigkeit wächst aus religiöser Motivation heraus. Das Bewußtsein, daß Christus in uns lebt, begleitet uns durch den ganzen Tag. Das macht den entscheidenden Kern unserer inneren geistlichen Grundhaltung aus. Diese durchdringt auch die einfachsten Verrichtungen im Alltag. So sind Gebet und Arbeit kein Pluralismus, der trennt, sondern eine Einheit, die unser ganzes Leben gestaltet.

Dieses ganztätige Suchen nach Gott bedarf steter Einübung. Oft sind wir überlastet mit Arbeit, die Nerven sind strapaziert und

Abb. 9
Blick in den Kreuzgang des Dominikanerinnenklosters Bad Wörishofen. Die geöffnete Türe rechts geht in den Kreuzgarten hinaus.

Abb. 10 ▷
Die selige Margarete Ebner. Stoffklebebild aus Papier, Pappe, Seidenstoffen, Silberfaden und Goldspitze. 42 cm × 29 cm × 2 cm. Mitte 18. Jahrhundert. Die selige Margarete Ebner (um 1291–1351) zählt zu den großen Mystikerinnen des Dominikanerordens. Berühmt wurde ihr Schriftwechsel mit Heinrich von Nördlingen. Ihr Grab befindet sich im Kloster Maria Medingen in Mödingen bei Dillingen an der Donau. Dominikanerinnenkloster Bad Wörishofen.

zehren an der inneren Ruhe und Gelassenheit. Da kann es sein, daß wir bei allen Verpflichtungen nicht genügend Zeit für uns selbst finden. Dann entstehen Spannungen, aber keine Zerreißproben, sondern Spannungen, die fruchtbar sind, weil sie uns zu Christus hindrängen, der oft genug mit Aufgaben überlastet war.

Das Ganze unseres gemeinsamen Lebens ist in den *„ewigen Gelübden"* eingebunden, die wir erst nach längerer Prüfung ablegen:

– Das Gelübde des Gehorsams hat Grund und Vorbild im Geheimnis des Gehorsams unseres Herrn Jesus Christus, der sich erniedrigte und gehorsam wurde bis zum Tod am Kreuz. Es lautet in seiner ursprünglichen Fassung: Ich gelobe Gehorsam an Gott. Darum geht es im wesentlichen. Wir verpflichten uns zu einem Leben für Gott und mit Gott. Wer sich so annimmt und verwirklicht, der wird auch fähig sein, menschliche Weisungen entgegenzunehmen. Ja man kann sagen, daß die Hingabe unseres Willens an Gott zeichenhaft sichtbar und wirksam wurde, indem wir uns menschlichen Oberen unterstellen.

– Das ehelose Leben, dem wir uns verpflichtet haben, ist Ausdruck unserer Ganzhingabe an Christus und ein Zeichen der kommenden Herrlichkeit. Es bedeutet keine Abwertung der Sexualität. Eine christliche Ehe zu leben, kann oft schwieriger sein, als ehelos zu bleiben. Aber wer sich von Christus ergriffen weiß, den wird es auch zu Christus hindrängen in einer selbstgewählten Einsamkeit. Tragende Kräfte sind die schwesterliche Gemeinschaft, die Entfaltung unserer fraulichen Fähigkeiten und das gemeinsame geistliche Leben.

– Durch das Gelübde der Armut folgen wir Christus nach, der um unseretwillen arm wurde, obwohl er doch reich war. In dieser Christusnachfolge haben wir in Tat und in Gesinnung Armut zu üben. Sie zeigt sich in der Freiheit gegenüber den materiellen Gütern, in der Bescheidenheit im persönlichen Aufwand, in der Bereitschaft zum schwesterlichen Teilen und im gemeinsamen Leben nach dem Vorbild der christlichen Urgemeinde, die alles gemeinsam hatte und in der jedem zugeteilt wurde nach seinem Bedürfnis. Das Wort von der Armut wird man uns Wörishofener Dominikanerinnen nicht ohne weiteres abnehmen, unser großes Haus mit allen seinen Einrichtungen sieht nicht danach aus. Aber die einzelne Schwester lebt – und das ist der Kern dieses Gelübdes – bescheiden; sie hat das zum Leben Notwendige. Um unserer Aufgabe, einer gemeinnützigen Sache, zu dienen, brauchen wir aber eine gewisse wirtschaftliche Absicherung. Auch ist für die einzelne Schwester gesorgt in gesunden und kranken Tagen.

Wie schon angedeutet, dürfen die ewigen Gelübde erst nach längerer Prüfungszeit abgelegt werden. Die Prüfungszeit gliedert sich in das Postulat, das Noviziat und das Juniorat. Die Postulantin soll während des Postulates Leben und Auftrag der Gemeinschaft kennenlernen. Aufgabe der Gemeinschaft ist es, der jungen Frau zu helfen, ihre Berufung zu erkennen und ihre Eignung für das dominikanische Leben zu prüfen. Bedingungen für die Aufnahme sind vor allem ein Mindestalter von 18 Jahren, körperliche und geistige Gesundheit, echte Religiosität, menschliche Reife und Gemeinschaftsfähigkeit, sowie eine abgeschlossene Berufsausbildung oder die Fähigkeit, einen Beruf zu erlernen. Das Postulat dauert mindestens sechs, höchstens zwölf Monate. Das Noviziat soll eine Zeit der Zurückgezogenheit und der inneren Ruhe sein, in der die Novizin ihre dominikanische Berufung kennenlernt und die Lebensform unserer Gemeinschaft einübt. Hauptaufgabe in dieser Zeit ist die Einführung in das geistliche Leben und die Einübung in den Umgang mit der Heiligen Schrift, in die Gebetsweisen und die Spiritualität unseres Ordens sowie in das praktische Ordensleben innerhalb unserer dominikanischen Gemeinschaft. Das Noviziat umfaßt zwei Jahre. Das Juniorat schließlich bereitet auf die Ganzhingabe an Gott in der Profeß auf Lebenszeit vor; es beginnt mit der Ablegung der zeitlichen Gelübde und dauert in der Regel drei, höchstens aber sechs Jahre.

Auch wenn wir im Vergleich zu früher eine kleine Gemeinschaft geworden sind, so können wir auch heute noch unsere Tätigkeit gut ausfüllen. Wir schauen voll Vertrauen in die Zukunft. Die Ordensgeschichte zeigt, daß nach jedem Abstieg wieder ein Aufstieg begonnen hat. Wir wissen uns geborgen in den Händen Gottes, in die wir unsere Zukunft legen.

Das Dominikanerinnenkloster Maria Königin der Engel in Bad Wörishofen von 1718–1998

Werner Schiedermair

Die Dominikanerinnen von Bad Wörishofen feiern den 19. Oktober 1721 als ihren Gründungstag. Damals wurde in dem gerade fertiggestellten Südflügel des Konventbaus zum ersten Mal Gottesdienst gehalten.[1] Als Stifterinnen verehren die Schwestern Maximiliana Gräfin Ruepp von Falkenstein, die seit 1716 *„Regierende Priorin"* des Klosters Sankt Katharina in Augsburg, aus dem der Wörishofener Konvent *„zur größeren Ehr und Glory Gottes"* hervorging,[2] sowie Christina, genannt von Fronhofen, die Witwe Heinrichs von Wellenburg, die am 18. Mai 1243, in einer Zeit außerordentlichen religiösen Aufbruchs, ihren wesentlichen Besitz für *„wohltätige Zwecke"* zur Verfügung gestellt und damit die materiellen Voraussetzungen für die Wörishofener Gründung geschaffen hatte.[3] Während das Datum also den Beginn des religiösen Lebens innerhalb der Klostermauern markiert, repräsentieren die beiden Frauen einen in seiner zeitlichen Spannweite ungewöhnlichen, im Ergebnis aber erfolgreichen Fundationsvorgang, der mit dem Gründungstag verfestigt wurde und auf dem das bestehende Kloster noch immer ruht. Der Anfang der monastischen Existenz in Wörishofen im frühen 18. Jahrhundert macht aber auch deutlich, daß das Kloster, trotz seiner über die Augsburger Dominikanerinnen von Sankt Katharina in das Mittelalter zurückreichenden Wurzeln, zu den jüngeren Frauenkonventen Bayerisch-Schwabens zählt. Mit der Zisterze Oberschönenfeld, die das Jahr 1211 als Entstehungsjahr nennt,[4] oder den Franziskanerinnen in Dillingen, die im Jahr 1241 erstmals historisch faßbar werden,[5] kann sich die Wörishofener Gemeinschaft altersmäßig nicht messen. Dennoch ist ihre Geschichte nicht weniger abwechslungsreich als jene der älteren bestehenden Kommunitäten. Wie diese hat sie den Klostersturm der Säkularisation sowie die gesellschaftlichen Umstürze des 20. Jahrhunderts mit seinen beiden Weltkriegen bewältigt und legt noch heute ungebrochen Zeugnis ab für die Gültigkeit der monastischen Werte, insbesondere der Geradlinigkeit und der Beständigkeit aus gläubiger Überzeugung.

Die Gründung des Klosters Wörishofen bis zur Unterzeichnung des Fundationsbriefes 1725

Dem Einzug der Schwestern in das neue Haus ging eine sich über mehrere Jahre hinweg erstreckende Errichtungsphase voraus. Nach dem Ende des Dreißigjährigen Krieges mit seiner Verarmung der Männer- und Frauenklöster war der Dominikanerorden in Deutschland wieder erstarkt.[6] Alte Konvente, wie Heilig Kreuz zu Regensburg, erneuerten ihre Häuser, andere, etwa die Dominikaner in Landshut, errichteten prächtige Neubauten. Neugründungen wurden möglich, wie beispielsweise die Übernahme des früheren Schwesternklosters Obermedlingen durch Mönche oder die Einrichtung einer Filiale in Schwarzhofen bei Neunburg vorm Walde von Regensburg aus. Die durchweg positive Entwicklung führte zu einer Umorganisation des Ordens in Deutschland. Er löste die Kommunitäten in Schwaben, Bayern und Franken 1709 aus dem alten Verbund *„Teutonia"* heraus und faßte sie in der neu gebildeten *„Oberdeutschen Provinz"* zusammen, der die Rechte der alten, in der Reformation untergegangenen sächsischen Ordensprovinz zugewiesen wurden und die man deshalb auch *„Saxonia"* nannte.[7] Mit der Neugliederung fand zugleich eine fruchtbare Rückbesinnung auf die klösterlichen Werte der Disziplin, der würdigen Feier der Gottesdienste und des Chorgebets statt. Die religiöse Erneuerung gipfelte in einem an das im Jahre 1717 in Rom versammelte allgemeine Kapitel der Dominikaner gerichtete Dekret Papst Clemens XI. (reg. 1700–1721), daß in jeder ihrer Provinzen zwei Klöster dem Buchstaben getreu nach den hergebrachten Regeln, ins-

◁ Abb. 11
Die Aufnahme Mariens in den Himmel. Gemälde auf dem Hochaltar der Dominikanerinnenkirche Bad Wörishofen. Öl auf Leinwand. 382 cm × 232 cm (ohne Rahmen). Gemalt von Franz Haagen († 1734). 1722. Unten Ansicht der Klostergebäude.

17

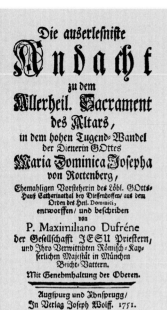

*Abb. 12 Maximilian Dufréne, Die auserlesniste Andacht zu dem Allerheil. Sacrament des Altars. Titelseite eines Andachtsbuches, das Maria Dominica Josepha von Rottenberg gewidmet wurde. Sie stand dem Dominikanerinnenkloster von Diessenhofen am Rhein als Priorin von 1714–1737 vor. In dieser Zeit führte sie die strenge Observanz in ihrer Gemeinschaft ein. Ihr Entschluß diente der Errichtung des Wörishofener Klosters als Vorbild. 16,5 cm × 9,3 cm. Augsburg und Innsbruck 1751.
Abb. 12 und Abb. 13 a und b Bibliothek des Dominikanerinnenklosters Bad Wörishofen.*

besondere bei vollständigem Verzicht auf Fleischspeisen, leben sollten. Dem päpstlichen Wunsch trug die neu gegründete Oberdeutsche Provinz des Ordens Rechnung: Zum einen verpflichtete sich das seit dem Jahre 1242 bestehende Stift Sankt Katharinenthal am Rhein bei Diessenhofen in der Schweiz mit seiner Priorin Josepha Dominica von Rottenberg (reg. 1714–1737) zur Einhaltung der strengen Observanz. Zum anderen wurde das Dominikanerinnenkloster in Wörishofen ausschließlich zu diesem Zweck errichtet. Seiner Gründung liegt also in allererster Linie der Gedanke der religiösen Erneuerung zugrunde. Es ist als Reforminstitut gestiftet worden.[8]

Ursprünglich hatte die Oberdeutsche Provinz der Dominikaner mit ihrem Provinzial, Pater Andreas Roth (reg. 1701–1704 und 1717–1721), beabsichtigt, das begüterte Augsburger Katharinenkloster zur Übernahme der strengen Observanz zu bewegen. Die Verpflichtung mußte allerdings, wie der damalige Ordensgeneral Antonin Cloche (reg. 1686–1720) festlegte, freiwillig erfolgen, Zwang durfte nicht ausgeübt werden. Die Priorin Maria Maximiliana Gräfin Ruepp von Falkenstein (reg. 1716–1746), die ihrer Gemeinschaft *„als eine hochverständige Frau mit großer Klugheit, Eifer und Beredsamkeit"* vorstand,[9] war dem Plan auch nicht abgeneigt. Doch zeichnete sich bei ihren Mitschwestern Widerstand ab, die strenge Observanz einzuführen, insbesondere auf Dauer auf Fleischspeisen vollständig zu verzichten. Als Lösung des sich anbahnenden Konflikts kristallisierte sich alsbald die *„Vision"* der Schaffnerin Maria Christina Eckart heraus, *„daß zu Werishofen müsse und werde durch die mittl des Closters S: Catharina in Augsburg ein Jungfrauencloster erbauet und gestiftet werden"*.[10] Eine Überprüfung ergab, daß die Einkünfte aus der seit 1243 den Augsburger Dominikanerinnen gehörenden Herrschaft Wörishofen, einem geschlossenen und großen Besitzkomplex, *„erklecklich"* waren und zur Gründung und vor allem zur dauerhaften Unterhaltung einer neuen Kommunität ausreichen würden.[11] In Kenntnis dieser Tatsache wurden die Augsburger Dominikanerinnen vor die Frage gestellt, entweder *„die strenge Observanz zu Sankt Catharina zu unterhalten oder in Werishofen durch ein neu* (zu) *erbauendes und zu fundierendes Closter einzuführen"*.[12] In einer eingehenden, ausführlich protokollierten Befragung am 5. April 1718 entschieden sich die Schwestern mehrheitlich für die zweite Alternative.[13] Die maßgebliche Weiche für die Gründung eines Dominikanerinnenklosters in Wörishofen war damit gestellt.

Unverzüglich setzte die Priorin, unterstützt vom Ordensprovinzial, den Beschluß ihres Konvents in die Tat um. Zunächst beantragte sie die *„erforderlichen Erlaubnisse"*.[14] Eine erste Zustimmung des Ordensgenerals traf wenig später in Augsburg ein, machte aber zur Bedingung, daß auch noch die Einwilligung von Vikariat und geistlicher Ratsversammlung eingeholt werde. Das Bischöfliche Ordinariat sah sich außerstande, seine Zustimmung sofort zu geben, da der Pfarrer von Wörishofen Einwendungen erhoben hatte mit dem Ziel einer Einordnung des neuen Klosters in seine bestehende Pfarrei. Als Pater Andreas Roth deswegen beim Generalvikar in Augsburg vorsprach, wurde er von diesem mit der Bemerkung abgewiesen, *„bevor der verlangte Consens erfolgen"* könne, sei es *„eine nothwendigkeit ohne übereilung dise wichtige sach reuflich, klug und bedachtlich"* zu überlegen. Er sicherte aber zu, *„mit nechster gelegenheit als Praeses des Hochfürstlich geistlichen Consilii … * (den) *mitcollegis in pleno Consensu dises Petitum vorzutragen und ad deliberandum vorzustellen"*.[15] Doch nichts geschah. Weiteren Anfragen von verschiedenen Seiten begegnete man mit Entschuldigungen und Ausflüchten. Erst die massive Intervention des Barons von Kagenegg, Präsident am bischöflichen Hof und Verwandter der Priorin, brachte Bewegung in die Angelegenheit. Er erließ *„im Nahmen seiner Hochfürstlich bischöflichen Durchleucht den gnädigsten befelch an gesambten geistlichen Rath …, innerhalb 8 tägen eine Cathegorische Resolution abzufassen, und denen klagenden zu behändigen lassen, welches auch in pleno consessu vorgenommen worden"*.[16] Der Priorin teilte die bischöfliche Verwaltung mit, *„der Consens werde erfolgen, … so fern"* – neben anderen Bedingungen – Einverständnis damit bestehe, *„daß die ganze familia knecht und mägde, alle bediente, welche im Closter Hoff wohneten, aber extra Clausurum ipsius Claustri Monialium, … der Jurisdiction des herrn Pfarrers in Spiritualibus unterworfen sein, und verbleiben könnte"*.[17] Um die Sache nicht noch weiter zu verzögern, stellte

Roth seine Bedenken hiergegen zurück und unterzeichnete die „Conditiones", die mit seines „Ambts großen Pettschaft roboriert" wurden.[18] Seine Unterschrift erlaubte es den kirchlichen Oberen, nunmehr eine abschließende Entscheidung zu treffen. Der Bischof von Augsburg erteilte seine Zustimmung zur Klostergründung mit Schreiben vom 20. Juli 1718,[19] der Ordensgeneral hatte seinen „Consens"[20] schon gegeben. Alle wesentlichen Voraussetzungen, „den wohl eigentlichen Herzenswunsch der seinerzeitigen Schenkerin von Wörishofen zu guten Zwecken, der Christina von Fronhofen, von 1243 in Erfüllung gehen zu lassen", lagen damit vor.[21] Gelegentlich wird deshalb das Jahr 1718 als Gründungsjahr bezeichnet.

Sankt Katharina leitete die Errichtung vor Ort unmittelbar nach dem Eingang der letzten Genehmigung mit mehreren handfesten organisatorischen Maßnahmen ein. Es ernannte eine Vikarin für die neu zu gründende Gemeinschaft und wählte hierzu die schon erwähnte Maria Christina Eckart aus, seine Schaffnerin, die wegen ihrer Vision als „Fabulantin" verspottet worden war.[22] Außerdem veranlaßte es deren sofortigen Umzug nach Wörishofen, wo sie in Begleitung des Provinzials Andreas Roth, des Priors des Augsburger Maria-Magdalenen-Konvents Josef Neymair, des Hofmeisters von Sankt Katharina Martin Widmann, ihrer Mitschwestern Maria Antonia Mutzerharth, Maria Magdalena Freiin von Baumgarten und Maria Gertraud Weinschenckh schon am 24. Juli 1718 eintraf. „Die Ankunft aber allda ist geschehen zu abends umb 7 uhr, da wir zuvor eine halbe stund weit ausser Werishofen, doch noch auf ihrem Herrschaftlichen grund und boden von dem beamten Herrn Joann Baptist Schmid mit 30 bauren zu Pferd bewillkombt, und bis ins schloß begleitet worden; nachdem wir abgestigen, und uns ins schloß verfiegt, seind die bauren und unterthanen nach abgeführtem Salve nacher haus zuruckgekehret. alsdan erschine in seiner feyrtäglichen kleidung der Herr Decang und Pfarrer Joseph Bu(r)tscher, und nach einer beredsamen ansprach und abgelegten bene veneritis dise angekommene gäst und dero eintritt zu beehrten, ladete er sie ein in seine Pfarr Kirch mit dem H: Segen des Hochwürdigsten Sacraments sie zu beglückseligen, welches auch zu aller Consolation bewerkstelliget worden".[23] Mit beiden Maßnahmen, insbesondere dem Umzug nach Wörishofen, waren in kluger Voraussicht, möglichen Komplikationen gleichsam vorbeugend, vollendete Tatsachen geschaffen worden. Die Errichtung des Klosters nahm nunmehr, trotz mancher noch zu bewältigender Schwierigkeiten, ihren Gang.

Zunächst mußten Widerstände in Wörishofen überwunden werden. Die Ankunft der Schwestern löste nämlich nicht nur Begeisterung aus. So mußte der örtliche Repräsentant von Sankt Katharina mit seiner Familie einige Zimmer im – später, 1828/29, abgebrochenen – Schloß, dem Amtshaus der Klosterherrschaft, räumen, um den Nonnen eine vorläufige Unterkunft zu ermöglichen. Auch breitete sich in der Bevölkerung ein „Murren" aus,[24] da sie fürchtete, zur Bezahlung der Kosten für den großen Neubau herangezogen zu werden. Um der Unruhe Herr zu werden, rief man bald nach der Ankunft, noch „vor der zurückher des P. Priors und Hofmeisters", alle Einwohner zusammen und stellte die Vikarin „als ihre verordnete wahre Obrigkeit" vor, der „alle(r) gebührende(r) gehorsamb auf gleiche weis zu leisten (sei), als wann der befelch unmittlbar von ihrer gnädigen Herrschaft zu Sankt Catharina erfolgte".[25] Dieser Versuch, die „Unterthanen" für den Klosterneubau zu gewinnen, brachte jedoch nicht den gewünschen Erfolg. Als Sankt Katharina als Grundherrin verlangte, bei dem geplanten Vorhaben mit Hand- und Spanndiensten mitzuwirken, wehrten sich die Bauern mit Entschiedenheit. Mit zwei Eingaben von 1718 riefen sie „wider ihre gnädige Herrschaft" den Bischof von Augsburg zu Hilfe.[26] Auch vor Gewalttätigkeiten schreckten sie nicht zurück; die Zimmer, in denen die Vikarin mit ihren Mitschwestern wohnte, wurden mit Steinen „bombardiert", die Fenster „zerschmettert".[27] Ein erster Vergleich vom 31. Oktober 1718, der eine Verringerung des Frondienstes vorsah „so lang diser vorhabende neue Closterbau wehret", scheiterte.[28] Nach manchem Hin und Her kam es schließlich, unter Einschaltung einer kaiserlichen Kommission, im gräflich Fuggerschen Schloß in Weißenhorn am 24. Juli 1719 zu einem Ausgleich. Die Bauern durften den Frondienst durch eine Geldleistung von jährlich 200 Gulden ablösen.[29] Die letzte Hürde, die dem Baubeginn entgegenstand, war damit genommen. Etwa zu diesem Zeitpunkt erscheint in den

Abb. 13 a und b
Joseph Galliozioli, Wunderbarliches Leben der Dienerin Gottes Schwester Mariae Catharinae vom Willen Gottes. Titelseite und Widmungsseite eines Andachtsbuchs, das Maria Maximiliana Gräfin Ruepp von Falkenstein gewidmet wurde. Diese stand dem Wörishofener Mutterkloster Sankt Katharina in Augsburg als Priorin von 1716–1746 vor. Ihrer Tatkraft und ihrer Frömmigkeit ist die Errichtung des Wörishofener Klosters wesentlich zu verdanken.
21,2 cm × 15 cm.
Augsburg 1730.

Abb. 14 ▷
Grabplatte des Paters Andreas Roth O. P. (1654–1735) in der Kirche des Dominikanerinnenklosters Bad Wörishofen. Solnhofener Stein. 122 cm × 66 cm. Datiert 1735. Roth trieb die Gründung des Wörishofener Klosters im Auftrag des Augsburger Dominikanerinnenklosters Sankt Katharina voran. Nach dessen Gründung war er dort als erster Hausgeistlicher bis zu seinem Tode tätig. Er verfaßte eine umfangreiche Chronik. Eine alte Übersetzung der in lateinischer Sprache gehaltenen Grabinschrift lautet: „Stehe still. Hier liegt in der Mitte der, der so lange er lebte allzeit inmitten der Tugenden gestanden ist. Vor Gott und den Menschen lieb, Weiß und Roth gewesen: Weiß vermöge seiner Sitten Roth seinem Namen nach der Hochwürdige und hochgelehrte P. Fr. Andreas Roth, O. P. der Gottesgelehrtheit Magister, zweimal Provinzial ein sehr großer Eiferer für die reguläre Zucht, des jungfräulichen Klosters zu Wörishofen der erste durch 15 Jahre wachbarste Beichtvater ehrwürdig durch ein 55 jähriges Priestertum starb er im Alter von 81 Jahren am 23. Januar 1735."

Urkunden zum ersten Mal der Name des neuen Klosters „*Maria Königin der Engel*".

Endlich, fast ein Jahr nach dem Umzug, am 4. August 1719, „*an dem Föst unseres h: Vatters und Patriarchen Dominici*", konnte die Vikarin den Grundstein für den Neubau legen,[30] für den in der Zwischenzeit Franz II Beer von Bleichten (1660–1726), der berühmte Voralberger Baumeister, den Andreas Roth persönlich kannte, Pläne erarbeitet hatte.[31] Der Bau schritt „*mit göttlicher Hilf*" so schnell voran, daß alsbald vorbereitende Maßnahmen zu seinem Bezug angebracht erschienen. Der Mutterkonvent in Augsburg schickte deshalb am 18. März 1721 die Chorfrauen Maria Elisabeth Imhof und Maria Maximiliana Harrath sowie die Laienschwester Maria Agatha Mayr zur weiteren Unterstützung nach Wörishofen.[32] Im Herbst des gleichen Jahres, 18 Monate nach Baubeginn, stand das neue Gebäude bewohnbar da. Als am 18. Oktober 1721 weitere sieben Schwestern aus Augsburg „*in drey guttschen glücklich*" eintrafen, konnten sie bereits einziehen.[33] Unter ihnen befanden sich vier, im Hinblick auf ihre künftigen Aufgaben wohlbedacht ausgewählte junge Ordensfrauen, die ihre Profeß in Augsburg schon für Wörishofen abgelegt hatten: Die Apothekerin Maria Michaela Gunay, die Organistin Maria Serafina Jehler, Maria Dominika Kentl, „*eines hiesigen Kaufmanns dochter*", und Maria Gabriela Haagen, die vom Vater das „*Kunstmahlen*" erlernt hat.[34] Sie brachten das Gnadenbild der Maria von Einsiedeln mit, das bis heute in Wörishofen verehrt wird. Der Einzug der Schwestern komplettierte den jungen Konvent und sicherte seine Existenz personell ab. Am Tag danach fand der erste Gottesdienst im neuen Gebäude statt. Von diesem Zeitpunkt an lebten die Schwestern in Wörishofen nach den Regeln des heiligen Dominikus: „*Nun weilen das hiesige Convent an Persohnen der zahl nach zimlich erweitert worden, ist der Gottsdienst – wie oben gemeldet worden – streng fortgesezt und auf observantische arth gehalten worden, also daß der beichtvater mit seinem Socio alternative die Predigten im Winter im Refectorio, die übrige Jahrs zeiten in dem Capitl Haus vor dem Altar verrichtet, auch alle Processiones Persöhnlich beglaithet, die Evangelia und Orationes gesungen, sonderlich am Corporis Christi fest das Hochwürdigiste Sacrament im Creuzgang herumbgetragen in denen vier Eckhen nach denen gewohnlich vom P. Socio abgesungenen vier Evangelien mit dem Venerabili den H. Segen gegeben, aus ursach, daß damahlen das neue Closter zwar bewohnet, aber noch nit Clausulirt ware, indeme das Kirchengebäu in würcklicher arbeit stunde*".[35] Verständlich wird, daß die Dominikanerinnen in Wörishofen den 19. Oktober 1721 als ihren Gründungstag feiern. In der Zeit des nunmehr beginnenden, bis zur förmlichen Einführung der strengen Klausur im September 1723 andauernden, klösterlichen Provisoriums wurde Andreas Roth, der frühere Provinzial, der die Gründung des Reformklosters entscheidend mitvorangetrieben und begleitet hatte, mit Schreiben des Ordensgenerals vom 1. November 1722 zum Hausgeistlichen der Wörishofener Gemeinschaft ernannt,[36] der er bis zu seinem Tod, 13 Jahre später, treu blieb. Den Nonnen war mit ihm eine entscheidende Stütze zur Seite gegeben, eine erfahrene Persönlichkeit, die die gedeihliche spirituelle Entwicklung des jungen Konvents nicht nur förderte, sondern geradezu garantierte.

Schon ein Jahr nach dem Einzug, 1722, war der Neubau der Kirche fertiggestellt, die sich seit dem Jahre 1718 hinziehende Errichtung des Wörishofener Klosters konnte nunmehr, wenngleich mit erneuter zeitlicher Verzögerung, auch förmlich abgeschlossen werden. Acht Tage lang feierten die Schwestern. Die Festlichkeiten begannen mit der Einweihung der Klosterkirche am 12. September 1723, einem Sonntag, durch den Augsburger Weihbischof und Generalvikar Johann Jakob von Mayr *„unter assistierung seines Herren Cappellans Herrn Seidlers, Eines Diaconi und Subdiaconi unter einer schöner Musik. ... Herr Johann Pfleger des inneren Raths und wohlverordneter Statt baumeister der freyen Reichsstatt Kaufbeyren, ihme secundirte sein Herr sohn Andreas Pfleger, welcher nach absolvirter Philosophi und Herrlich defendirtem Thesiby zu Salzburg die Jura frequentirte, als ein trefflicher Organist zur zeit seiner vacanz, wie nit weniger Herr Ranckh Praeceptor der Schueller und in der Pfarr Kirchen zu Kaufbeyren Chorregent: Item die zwey trompeter Herr Christoph und Herr Antoni mit beyziehung und beyhilf der Closterfrauen, welche so wohl guete vocalistinen als Chelistinen ihren Dienst zur Vergnüegenheit wusten und vermögten zu prae-stiren."* Das Gnadenbild der Maria von Einsiedel wurde *„unter wohlangeordneter Prozession"* in die für sie gebaute Kapelle übertragen. Die geistliche Gestaltung der weiteren Festtage übernahmen Abt Willibald Grindl von Kloster Irsee (reg. 1704–1731), der Dekan und Pfarrer von Türkheim, der Stadtpfarrer von Mindelheim, ein Repräsentant des Jesuitenordens aus Kaufbeuren, der Dekan und Pfarrer zu Wörishofen, der amtierende Provinzial der Oberdeutschen Dominikanerprovinz Dominikus Widmann und schließlich, am achten Tag, vormittags Pater Joannes Ferler und nachmittags Pater Franciscus Rheinfeld, die zwei Predigten *„mit musicalischer Litaney, Salve Regina coram exposito Sacratissimo Sacramento"* hielten.[37] Unmittelbar nach dem Abschluß der Feierlichkeiten erfolgte die noch ausstehende, für den Charakter der Neugründung als Reformkloster aber ganz entscheidende Einführung der strengen Observanz: *„Darumben wollte der P. Mgr. Provincial nit abraisen, bis die Clausur möchte formirt sein. Der tag und stund wurde von Herrn Decano als Subdelegato Commissario Rmi Ordinarii und P. Mgr. Provinciali Dominico Widman beliebt und Determinirt, zuvor aber wurden die ienige, welche ohne Clausur eine zeit lang in disem neuen Closter gewohnt hatten, befragt, ob sie frey und ungezwungener annoch gesinnet seyen in freyheit des geists als wahre Kinder gottes zwischen strenger Clausur in strenger Observanz lebenlänglich ihrem großen gott zu dienen und Proben wahrer auch vollkommener treu und liebe zu geben bis in den todt. Da nun alle einhellig einwilligten, ist P. Mgr. Provincialis in Vergesellschaftung des Herrn Commissarii und des P. Mgri beichtvaters Andreae Roth das Closter an allen orthen durch passirt, allswo ein Eingang oder ausgang der Clausur zu finden ware, zu ersehen, ob die strenge Clausur wohl verwahret könne sicher bewahret werden; nach solcher visitierung verfiegten sie sich alle drey zu den großen doppleten thor, durch welches die Einfahrt und einiger Eingang formirt und verordnet worden, beyde faßten ieder mit seiner Rechten die eisene handheb und mit starkem anzug in gegenwart der Mutter vicarien und denen mehristen ihrer anvertrauten, welche innerhalb des thors stunden, zogen zugleich das innere thor und thürlein zue, aber nit das äussere, weilen zwischen beyden kein Clösterliche Clausur zu finden*

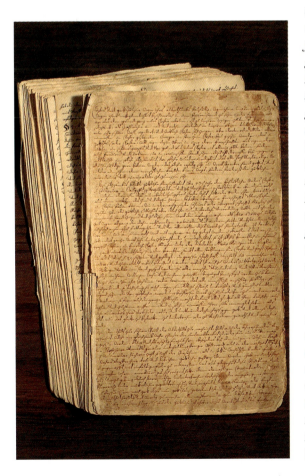

◁ Abb. 15
Titelseite der Chronik des Paters Andreas Roth O. P. (1654–1735).
Papier. Handschrift.
36,5 cm × 23 cm.
1730 ff.
Archiv Dominikanerinnenkloster Bad Wörishofen.

ist, wie es in allen anderen Jungfrauen Clösteren, welche Clausulirt seind, meistens also observirt wird nach altem Ordens brauch".³⁸ Keine der Schwestern aus dem Mutterkloster machte also von ihrem Recht Gebrauch, nach Augsburg zurückzukehren.³⁹ Die Errichtung der Wörishofener Kommunität als religiöses Institut, als Reformkloster, hatte nunmehr förmlich und personell ihren Abschluß gefunden, der Gründungsvorgang war vollendet.

Geklärt werden mußte zu diesem Zeitpunkt allerdings noch das rechtliche Verhältnis des Mutterklosters zu der neu gegründeten Gemeinschaft in Wörishofen. In geistlicher Hinsicht traf der Ordensprovinzial die erforderliche, in Augsburg allerdings Unmut auslösende Entscheidung. Er erhob bereits im September 1723 *„nach vollendter Regularischer visitation, die Mutter vicaria"* auf Grund eines Gutachtens des Hausgeistlichen in Wörishofen, seines Vorgängers, zur Priorin und deren Kloster zum Priorat.⁴⁰ *„Worüber viele Briefwechsel entstanden sind, bis endlich die Frau Priorin zu Sankt Katharina überzeugt, daß sie sich, vermuthlich von Unverständigen angestiftet, zu viel angemasset,*

ihren fehler erkennet und bekennet hat".⁴¹ Seitdem unterstand der Wörishofener Konvent kirchenrechtlich unmittelbar dem päpstlichen Stuhl; er erkannte als seine Oberen den Provinzial der neugegründeten Oberdeutschen Provinz des Dominikanerordens und dessen Generalmeister in Rom an. Nicht lösbare Meinungsverschiedenheiten warf dagegen die schon vom Ende des Jahres 1719 an erörterte Frage auf, wer die grundherrschaftlichen Rechte und Pflichten in Wörishofen wahrnehmen solle, also insbesondere die Gerichtsbarkeit, die polizeilichen Aufgaben und die Steuereinziehung. Ursprünglich war, wie Andreas Roth in seiner Chronik ausführlich darstellt, beabsichtigt, dem neu gegründeten Kloster auch die wesentlichen obrigkeitlichen Rechte zu übertragen.⁴² Dafür spricht eine erste Bestätigung der *„Fundations-Puncta"* vom 21. August 1723 durch den Ordensgeneral, in dem nur das *„Jus Patronatus ... über die Pfarrei in Wörishofen"* dem Mutterkloster vorbehalten wird.⁴³ Mit einer im unmittelbaren Anschluß an die Kirchweihe und die Einführung der strengen Klausur veranstalteten feierlichen Huldigung in Anwesenheit der Priorin von

*Abb. 16
Die Pforte des Dominikanerinnenklosters Bad Wörishofen. Die offene Türe ist das „äussere thürlein" in der Beschreibung des Chronisten Andreas Roth, das bei der Einführung der strengen Klausur 1723 nicht verschlossen wurde. Von ihr führt die Treppe zum „inneren thor", das auf dem Foto nicht sichtbar ist.*

Sankt Katharina sollten auch vollendete Tatsachen geschaffen werden. Doch blieb eine formelle, notarielle Bestätigung der Übertragung der Hoheitsrechte auf das neue Kloster aus.[44] Nicht unberechtigt konnte deshalb Maria Vincentia Dürr, die damalige Schaffnerin von Sankt Katharina, in ihrer „*Beschreibung und Rechnung des ney erbauthen Closters Maria Königen der Englen in Wörishoffen*" schon 1724 herausstellen, daß dem neuen Kloster zwar „*daß ganze Guett Wörishoffen mit dero Einkünften*", überlassen worden sei „*doch mit Vorbehalt der obrigkeitlichen Herrlichkeit*".[45] Unter dem 26. März 1725 unterzeichneten schließlich die Priorinnen der beiden Konvente und ihre Stellvertreterinnen einen zweiten, endgültigen „*Fundationsbrief*", der unter dem 5. April 1725 „*commissionaliter zugestellt*" und schon am 26. September 1726 mit einem „*mietterlichen Erklehr- und Moderier-*", also einem Zusatzfundationsbrief ergänzt wurde.[46] Danach berechnete man die Einkünfte der Neugründung so, daß sie für 20 Ordensschwestern ausreichten. Unmißverständlich behielt sich Sankt Katharina neben dem Patronat an der Pfarrkirche in Wörishofen die grundherrlichen Rechte vor, insbesondere die Vogtei, die Hohe wie auch die Niedere Gerichtsbarkeit. Der Streit belastete die Beziehungen der beiden Kommunitäten ganz erheblich. „*Unterdessen wurde von Sankt Catharina verschiedene Mittel und Wege versucht, die Oberherrlichkeit über die Herrschaft Wörishofen zu erzwingen, die vollzogene Huldigung der Unterthanen und das erste Fundationsinstrument wieder umzustoßen, ein neues, von den Weltlichen ... zusammengetragenes, den Observantinnen nicht ohne große Gewalttätig-*

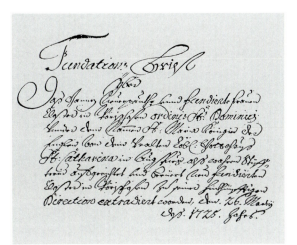

Abb. 17
Titelblatt des Fundationsbriefs vom 26. März 1725 (Ausschnitt). Papier. 28 cm × 17 cm. Umschrift im Anhang.
Staatsarchiv Augsburg. Kl. Augsburg-St. Katharina/MüB, Lit. 14.

Abb. 18
Blick aus dem Kreuzgang über den Kreuzgarten auf den Kirchturm des Dominikanerinnenklosters Bad Wörishofen.

Abb. 19 und Abb. 20 Ein Paar Bildtafeln mit Agnus Dei, Reliquien. Wachs, Draht, Lahn in Gold und Silber, Perlen, farbige Glassteine, Flinder. Rahmen mit hohem, profiliertem Sockel. 35,5 cm × 29,5 cm × 4 cm (ohne Rahmen). 1. Hälfte 18. Jahrhundert. Das Wachsmedaillon links zeigt die Rosenkranzspende an den heiligen Dominikus, das Medaillon rechts den heiligen Karl Borromäus (1538–1584) mit der Umschrift im Oval „Sanctus Carolus Borromae. Clemens XII Pont. Maxim." Papst Clemens XII. regierte von 1730–1740. Sakristei der Kirche des Dominikanerinnenklosters Bad Wörishofen.

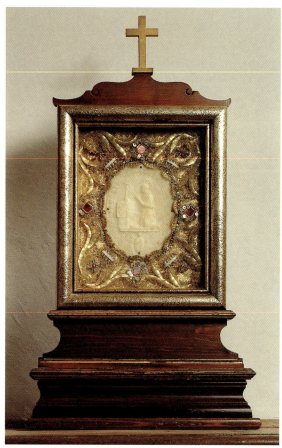

keit aufzudringen und dessen Bestätigung nicht vom Orden, sondern von S: Kaiserlichen Majestät zu begehren und auszuwirke ... Doch ist dies letzte nicht zu Stand gekommen, indem P. M. Provinzial Thomas Härtlein endlich ins Mittel getretten und dies zweite Instrument in ein erträgliches Temperament übersetzet hat, welches auch mehrmals vom General des Ordens bestätiget worden ist".[47]

Betrachtet man den Gründungsprozeß rückblickend, so wird deutlich, daß die Wörishofener Schwestern zurecht Maximiliana Gräfin Ruepp von Falkenstein und Christina von Fronhofen als ihre Stifterinnen verehren, obwohl beide Frauen zeitlich durch Jahrhunderte voneinander getrennt sind. Diese hat mit ihrer großherzigen Schenkung die reale Existenzgrundlage für das Kloster geschaffen, jene vollendete das damals im Keim angelegte Werk. Beide repräsentieren auf ihre Weise Ideale geistlicher Erneuerung, die mit der Errichtung der Wörishofener Kommunität Gestalt angenommen haben. Das Kloster Maria Königin der Engel ist nicht nur ein Reformkloster, es ist nach Ursprung und Zielsetzung auch als religiöse Idealgemeinschaft gedacht.

Die Entwicklung des Klosters bis zur Säkularisation 1802

Nach dem so festlichen und erfolgreichen Abschluß des mehrjährigen Errichtungsprozesses konnte sich die Gemeinschaft nunmehr ihrer Bestimmung gemäß entfalten. Eine geistliche Blüteperiode brach an, die fast 80 Jahre lang, unter insgesamt 17 Priorinnen, bis zum Jahre 1800 andauerte. Die Vorschriften der strengsten Klausur regelten den Tagesablauf der Schwestern; diese hielten die langen Fasten ein, Stillschweigen herrschte, feierliches Chorgebet, auch zur Mitternacht, wurde gepflegt. Gebet und Opfer für die Anliegen der Kirche, den Frieden in der Welt und für die eigenen Familien bestimmten das tägliche Leben der Nonnen, die sich als Mittler zwischen Gott und den Menschen verstanden (und noch heute verstehen). Manche handschriftliche Notiz belegt den geistlichen Frieden, der das Haus beherrschte. Sie berichten von den monatlichen Prozessionen, von der Gestaltung der Festtage, vom Singen der Litaneien und gemeinsamen Andachten. *„Wann der heilige OsterTag ein Monath-Sontag, wird nach der*

*Abb. 21 und Abb. 22
Ein Paar Bildtafeln Christus und Maria. Öl auf Leinwand, jeweils umgeben von sieben heiligen Dominikanern und Dominikanerinnen, Gouache auf Pergament, 1. Hälfte 18. Jahrhundert. Unten in der Mitte jeweils eine in Drahtarbeit gefaßte Reliquie, 2. Hälfte 19. Jahrhundert. Rahmen mit gesprengtem Giebel, der Rand mit einer vergoldeten, geschwungenen Leiste eingefaßt, 1. Hälfte 18. Jahrhundert. 77 cm × 44 cm (mit Rahmen).
Sakristei der Kirche des Dominikanerinnenklosters Bad Wörishofen.*

predig die Prozession gehalten undt nach gesungenem Regina Coeli die VV undt Oratiory gesungen, wie an denen Monath = Sontägen. Nach gegebenem letzteren H. Segen werden die Rosencräntz geweyht. ... Wie es gebräuchlich an den aftermontäg oder dienst = Tägen das gantze Jahr wirdt das Hochambt an den dienst = Tägen auf S: Dominici oder Rosencräntzaltar gehalten undt jederzeit ein Commemoratio Sancti dominici gemacht".[48] Wie friedvoll die Entwicklung im ganzen gewesen sein muß, dokumentieren auch Aufzeichnungen über Haus und Garten. *"Anno 1742 ist es kalt gewesen, daß wir an Fest Corporis Christi keine Mayen haben in der Kirch gehabt, weillen keiner kein laub (gefunden hat). ... Anno 1747 haben wür in gardten gar kein Obst bekommen als die Joannes börlein, sonst ist die gardten dohr und alle felth frichten schön gerathen, und haben alles gueth herrein gebracht.... Anno 1760 haben wür gott vüll hunderttausend Danckh gesagt, einen gar guethen somer gehabt, ist alles getreiht wohl gerathen und alles klicklich hereinkommen, auch alles obst wohlgerathen in überfluß"*.[49] Aus Hinweisen solcher Art – andere existieren nicht – kann auch gefolgert werden, daß die Stunden zwischen den Gebetszeiten, gleichsam zur Entspannung, mit nützlicher Arbeit wie der Bestellung des Kräutergartens, der Anfertigung von Klosterarbeiten, dem Abschreiben religiöser Bücher und sonstiger Hand- und Hausarbeit angefüllt waren. Nur wenige Ereignisse sind bekannt geworden, die über das gleichförmige Leben im Kloster hinausgingen: Am 15. August 1724 wurde die in der Pfarrkirche bestehende Rosenkranzbruderschaft in die neue Kirche der Dominikanerinnen übertragen.[50] Vermutlich ging die Ausarbeitung des zweiten Fundationsbriefes vom 26. März 1725 mit seiner Ergänzung vom 26. September 1725 nicht spurlos an den Mitgliedern der klösterlichen Gemeinschaft vorüber. Einige Vermerke weisen auch darauf hin, daß die Schwestern die Translation der beiden Katakombenheiligen Honestinus und Gaudentius in den Jahren 1726 und 1727 feierlich begingen.[51] Einschnitte besonderer Art dürften, obwohl Aufzeichnungen hierzu fehlen, der Tod der ersten Priorin Maria Christina Eckart am 11. September 1733 sowie des ersten Hausgeistlichen Andreas Roth am 23. Januar 1735

Abb. 203

gewesen sein, deren unermüdlichem Einsatz die so erfreuliche Entfaltung des Konvents gerade in den Anfangsjahren in hohem Maße zu verdanken war. In den Jahren 1735 bis 1749 schließlich beherbergte das Kloster die gottselige Schwester Maria Cäcilia Mayr aus Röfingen, eine begnadete Mystikerin, die im Ruf der Heiligkeit verstarb.[52] Endlich kam es am 1. Juli 1778 – mit Erneuerungen in den Jahren 1783, 1788, 1793 und 1798 – zum „Jurisdiction Bestand-Accord" zwischen dem Mutterkloster Sankt Katharina in Augsburg und der Wörishofener Gemeinschaft; dieser wurde „die Ausübung der Gerichtsbarkeit in dem Dorf Wörishofen und den zugehörigen Weilern, samt dem daraus fließenden Ertrag als Nachsteuern ... in Form eines Bestandes auf fünf Jahre, mit ausdrücklichem Vorbehalt des bisherigen Eigentums und aller in dem herrschaftlichen Eigentum gegründeten Rechten ... (überlassen)".[53] Regelmäßig wiederkehrende, besondere Ereignisse bildeten damals die alle drei Jahre stattfindenden Wahlen der Priorin: „Wan die Wahl einer Priorin ist, so legt man in der bordtenstuben auch einen schönen Debich auf, darauf das Crucifix aus der Sacristey, zwei zinerne leichter mit angezindter weißen halben virrling Körzen. Den Weihbronnen samt schreibzeig, papier, bitschaft, obladt, glueth Kohlen und Schwefelholzerl. Und das missal zur großen absolution und das Scrutiny, daß wan die Priorin das ambt aufgibt, so leith in Kreuzgang 3 Zeichen".[54] Ähnlich feierlich gestalteten sich die Visiten des Ordensprovinzials.[55]

Die durchweg positive Entwicklung unterbrachen im Jahre 1800 Franzosen im Gefolge der durch die Revolution von 1789 ausgelösten Kriegszüge. Einquartierungen fanden statt, Mannschaften und Pferde mußten versorgt werden. Der 23. Mai 1800 wurde zu einem schwarzen Tag für Wörishofen. Die feindlichen Soldaten „stießen ... die Winden ein und drangen in das Kloster ein ... Das ganze Gasthaus (wurde) ausgeplündert und P. Prediger mißhandelt und ausgeraubt. ... Sie nahmen dann in allen Zellen und Zimmern, im Keller, in der Kuchel, was ihnen anständig war. ... In der Schaffnerei (geschah) unter den Räubern selbst der Vorfall, daß sie in der Theilung uneins wurden und einander so mißhandelten, daß das Blut an den Wänden verspritzet war. ... In der Kirche ist der untere Tabernakel aufgesprengt, das Ziborium, ein heiliger Kreuzpartikel in einem großen silbernen Gefäß, ein großer silberner Becher, und zwei silberne Kelche entwendet worden".[56] Anfang September erschossen die Feinde den Klosterbaumeister Johann Georg Riedler, der den Vermittler machen wollte.[57] Die kriegerischen Handlungen hörten zwar im April 1801 auf, doch blieb dem Kloster kaum mehr Zeit, sich von den erlittenen Schrekken zu erholen. Schon eineinhalb Jahre später, am 29. November 1802, wurde es infolge des zwischen dem Deutschen Reich und der Republik Frankreich am 9. Februar 1801 in Lunéville geschlossenen Friedensvertrages und im Vorgriff auf den Reichsdeputationshauptschluß vom 25. Februar 1803 zur Entschädigung der an Frankreich abgetretenen Gebiete auf dem linken Rheinufer konfisziert; die Krone Bayerns nahm Wörishofen in Besitz.

Säkularisation und Wiedererrichtung des Klosters 1842

Die Säkularisation traf das Kloster mit großer Härte. Am 29. November 1802 um 9.00 Uhr eröffnete der Landvogt von Mindelheim den Schwestern, daß die Herrschaft Wörishofen, einschließlich der Kirche, des Konventgebäudes und der landwirtschaftlichen Güter, nunmehr dem Kurfürst von Bayern gehöre. Das entsprechende gedruckte Dekret, das „Besitznahmspatent", wurde unverzüglich, für jedermann sichtbar, an den Kirchen- und Klostertüren angebracht sowie das schon mitgebrachte kurfürstliche

*Abb. 23
Denkmal für den am 6. September 1800 erschossenen Johann Georg Riedler. Das Todesdatum auf der Inschrift stimmt nicht mit dem Bericht überein, den P. Balthasar Wörle, der damalige Spiritual des Klosters, über die Ereignisse des Jahres 1800 verfaßt hat.
Bad Wörishofen, Anwesen Fidel-Kreuzer-Straße 11.*

Wappen „*ober dem Kloster-Hauptthor befestiget*".[58] Das gesamte Personal legte einen Eid auf die neue Herrschaft ab. Nach diesen hoheitlichen Akten staatlicher Machtübernahme ging die Beschlagnahmung aller Gegenstände kontinuierlich, Schritt für Schritt, voran. „*P. Beichtvater mußte ihm (dem staatlichen Kommissar) die Beschreibung der Herrschaft und des Klosters Wörishofen topografisch vorlegen und auch zwei Tabellen, eine über die jährlichen Einnahmen des Klosters im Durchschnitt, die andere über die jährlichen Ausgaben sowohl an Geld, als an Naturalien … Auch schrieb P. Beichtvater das Verzeichnis der Kirchenornat und Paramenten, der Aktivschulden der Klosterfrauen in und außer dem Kloster und mehr andere Belege*".[59] In einem ausführlichen Übergabeprotokoll sowie in detaillierten Inventaren wurde die gesamte bewegliche Ausstattung der Kirche, des Konventgebäudes sowie der Ökonomie und aller sonstigen Nebengebäude erfaßt und „*unter Bedrohung des vierfachen Ersatzes von Seiten des Klosters getreulich abzugeben ermahnt*".[60] „*Der H(err) Commissar behielt sich alle Entscheidungen auch zu den unbedeutensten Kleinigkeiten vor … (Er) liquidierte die Rechnung fürs Jahr 1802, separirte das Kammeral von dem oekonomischen, setzte den Preis des Roggens von 11 Gulden auf 9 und jenen des Kornes von 16 Gulden auf 13 herab*".[61] Faktisch kam seine Tätigkeit einer Entmündigung der bisherigen Eigentümer gleich. Obwohl diese Entscheidungen und Maßnahmen die Auflösung des Klosters in materieller und damit letztlich auch in geistlicher Hinsicht, also sein Todesurteil, bedeuteten, setzten sich die Schwestern nicht zur Wehr. Keine archivalische Notiz berichtet von entschiedenem Widerstand. Vielmehr ergaben sich die Nonnen in ihr Los. Bezeichnend ist der Bericht des mit der Besitznahme beauftragten Landvogts von Mindelheim vom 29. November/ 8. Dezember 1802 über die Übergabe: „*Diese Klosteroberin nun fand sich über solchen nicht so fast unerwarteten als vielmehr in dem dermal so ängstlich entgegengesehenen Zeitpunkt solchergestalten gefaßt, daß sie sich nicht allein ganz ergebenst dieser höchsten Entschließung so bereitwilligst als schuldigst erklärte, sondern auch hierauf sowohl für ihre Person als ämtliche übrige Conventualinnen weinend auf die Erde niederknieend wehmütigst gebeten haben, daß man diesfalls um deren Beibehaltung die höchste Stelle um Landesväterliche Huld und Begnadigung angehen möchte, hier wieder man denselben solch deren Bitte in Vortrag zu bringen versprochen und hierauf bis zur weiter gnädigsten Verfügung zur Geduld verwiesen hat*".[62]

Nach der „*Civilbesitznahme*" erhob sich sofort die Frage nach dem künftigen Schicksal des Klosters als religiösem Institut und nach der verwaltungspraktischen Überleitung der ehemaligen klösterlichen Herrschaft in die Administration des Landes Bayern. In geistlicher Hinsicht wurden die maßgebenden Entscheidungen alsbald gefällt. Das Kloster durfte keine Novizinnen mehr aufnehmen. Zur Neuwahl einer Priorin verfügte der Kommissar zunächst unter dem 24. März 1803, „*daß in gegenwärtiger Lage keine prioralische Wahl sollte gehalten werden*".[63] Doch stimmte er ihr später, im Juli 1803, doch zu.[64] Auch gestattete man den Nonnen, weiterhin im Konventgebäude zu wohnen. Dabei kam ihnen wie eine „*glückliche Fügung*" zugute, daß ihr Hausgeistlicher Emerich Rueff O. P. (reg. 1802–1814), dem eine umfassende Chronik mit einem ausführlichen Bericht über die Säkularisation zu verdanken ist, bei ihnen bleiben durfte. „*S. Kurfürstliche Durchlaucht (haben) vermöge Rescriptes vom 27. November gnädigst genehmigt, daß der bisherige Beichtvater gegen Bezug der Besoldung von 365 fl. nebst vier Klafter weichen Holz bei seiner begleitenden Stelle definitiv belaßen und diese Auslage*

Abb. 24
Titelseiten der Chronik des Paters Emerich Rueff (1744–1814), der von 1802–1814 als Hausgeistlicher bei den Wörishofener Dominikanerinnen wirkte. 16 cm × 10,5 cm. Der Eintrag für P. Emerich Rueff auf der Totentafel des Klosters lautet: „Anno 1814 29. 11. Nacht 1/4 nach 10 ist an einem Schleimschlag in Gott selig verschieden der Hochwürdige Hochgelehrte Herr Pater Praedicator Generalis Emerich Ruef Provinz Vrearius und 13 Jahr Beichtvater zu Wörishofen seines Alters im 71. und der heiligen Profeßion im 51. Jahr. RIP."

*Abb. 25
Das Haus des Wörishofener
Klosters in Kaufbeuren.
Federzeichnung, koloriert.
29 cm × 28 cm.
Staatsarchiv Augsburg,
Plansammlung G 66a.*

in den Ausgaben Etat des Klosters vorgetragen werden solle".[65] Der Ordensprovinzial trug den veränderten Verhältnissen dadurch Rechnung, daß er, einer Empfehlung des Kommissars folgend, die Schwestern mit Schreiben vom 1. Juli 1803 von der Einhaltung der strengen Observanz entband, obwohl sich diese, bis auf eine Nonne, in einer geheimen Abstimmung am 7. Februar 1803, noch für die Beibehaltung der Fastenspeisen ausgesprochen hatten.[66] Wirtschaftlich entzog man dem Kloster mit der Verpachtung der enteigneten Güter, dem Verkauf des Viehs, des Bräuhauses und weiterer Immobilien, insbesondere des Klosterhauses in Kaufbeuren, sowie einer öffentlichen Versteigerung von Teilen des Inventars jede finanzielle Basis. Doch gewährte man vom 1. Oktober 1803 an eine Pension, den Chorschwestern in Höhe von 200, den Laienschwestern in Höhe von 160 Gulden pro Jahr. Parallel zu diesen Regelungen schälte sich allmählich auch das künftige Schicksal der ehemals klösterlichen Herrschaft Wörishofen heraus. Diese wurde als Verwaltungseinheit im März 1804 zunächst dem Landgericht Kaufbeuren, dann im Juni 1804 endgültig dem Landgericht Türkheim zugeordnet. Am 2. August 1804 mußten die Untertanen der früheren Herrschaft Wörishofen dem *„Herr Landrichter von Türkheim das Handgelübde abstatten und ihm den Gehorsam angeloben"*.[67] Die Säkularisation hatte ihr Ziel erreicht, das Kloster als religiöse Einrichtung war zum Absterben verurteilt, seine wirtschaftliche Basis durch Enteignung vernichtet, die geistliche Herrschaft über Wörishofen mit der Einverleibung in das junge Königreich der Wittelsbacher beendet.

So hart die Eingriffe der Säkularisation auch waren, so schwer die völlige Enteignung mit dem Verlust aller Wirtschaftsgüter wog, kann dennoch das Schicksal der Wörishofener Dominikanerinnen, im Vergleich zu dem anderer Konvente, als noch milde angesehen werden. Mit der Erlaubnis, das gewohnte, klösterliche Leben im Konventgebäude unter Betreuung des bewährten Hausgeistlichen fortsetzen zu dürfen, wurden nicht nur der Fortbestand der religiösen Gemeinschaft gesichert, sondern zugleich die Weichen für eine Rekonstituierung gestellt, die dann im Jahre 1842 auch tatsächlich erfolgte. Das Mutterkloster Sankt Katharina erhielt keine vergleichbare Chance; seinen Konvent enteignete man im Jahre 1802, seine Mitglieder wurden 1807 auf andere Einrichtungen verteilt, die Gebäude veräußert. Es lebte wie so viele andere ehrwürdige Stifte nicht wieder auf.[68]

Zwei Priorinnen haben den Konvent der Wörishofener Schwesterngemeinschaft über die nun folgenden schwierigen Jahrzehnte hinweg von der Säkularisierung bis zur Rekonstituierung geführt, Maria Katharina Haggenmüller (reg. 1803–1838) und Maria Columba Böck (reg. 1838–1851). Ihnen kommt in erster Linie das Verdienst zu, das ihnen anvertraute Kloster, trotz der widrigen Zeitumstände, gerettet zu haben. Die verfügten Restriktionen wirkten sich folgenschwer aus. Da keine Novizinnen mehr aufgenommen werden durften, schrumpfte der Personalbestand des Hauses von 28 Schwestern im Jahre 1803 auf sieben im Jahre 1842 zusammen. Wie hart die Lage gewesen sein muß, kann aus einem Protokoll des königlichen Landgerichts Türkheim vom 16. September 1833 geschlossen werden, in dem die Frauen ihre Situation mit bewegenden Worten schildern: *„Wir sind ganz mittellos, leben blos von unserer geringen, schmalen Pension, haben viele Auslagen aus ärztlicher Hilfe und glauben daher bei diesen Umständen unsere Bitte im Offizialweg zur Ersparung der uns drückenden Kösten darbringen zu dürfen"*.[69] Dennoch gaben die Schwestern nicht auf. Die Anstrengungen um eine Wiederherstellung ihres Konvents schlugen sich schließlich in einem *„Protocoll abgehalten in Betreff der Rekonstituierung des Klosters Wörishofen mit den lebenden Konventualinnen des alten Klosters"* vom 18. August 1842 nieder. Alle sprachen sich damals einstimmig für die volle Wiederherstellung ihrer monastischen Gemeinschaft aus: *„Alles was wir haben, geben wir dem neuen Kloster."* Sie erklärten sich bereit, *„der weiblichen Jugend der Gemeinde Wörishofen und wenn es möglich wäre auch anderer Gemeinden in allen Gegenständen der Volksschulen und in Industriearbeiten Unterricht zu erteilen"*. Außerdem boten die Nonnen ein Kapital *„von 2000 Gulden"* an, die *„durch Einschränkungen und Sparsamkeit ... seit der Aufhebung des Klosters"* hätten erübrigt werden können. Weitere 1000 Gulden werde ein Wohltäter, *„welcher nicht genannt sein will"*, zur Verfügung stellen. Schließlich hätten zwei junge Frauen ihr

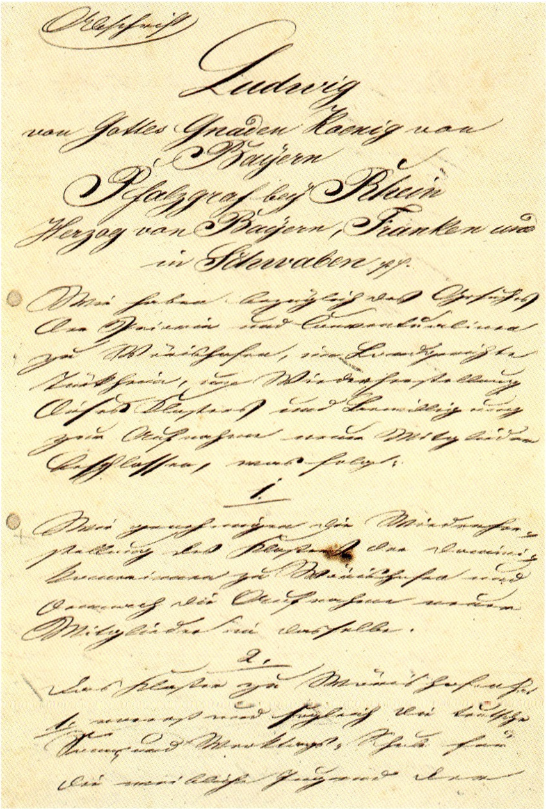
Abschrift
Ludwig
von Gottes Gnaden Koenig von
Bayern
Pfalzgraf bey Rhein
Herzog von Bayern, Franken und
in Schwaben pp.

Abb. 26
Abschrift der ersten Seite der Urkunde, mit der König Ludwig I. von Bayern (reg. 1825–1848) am 29. November 1842 der Wiedererrichtung des Wörishofener Klosters zustimmte. Papier. 33,5 cm × 21 cm. 1842.
Der Text lautet:
„Ludwig von Gottes Gnaden König von Bayern, Pfalzgraf bey Rhein, Herzog von Bayern, Franken und in Schwaben ff.
Wir haben bezüglich des Gesuches der Priorin und Conventualinen zu Wörishofen, im Landgerichte Türkheim, um Wiederherstellung dieses Klosters und Bewilligung zur Aufnahme neuer Mitglieder beschlossen, was folgt:
1. Wir genehmigen die Wiederherstellung des Klosters der Dominikanerinnen zu Wörishofen und demnach die Aufnahme neuer Mitglieder in dasselbe.
2. Das Kloster zu Wörishofen hat
a) vorerst und sogleich die deutsche Sonn- und Werktagsschule für die weibliche Jugend der Pfarrgemeinde Wörishofen zu übernehmen.
b) Späterhin und bei eingetretener Thunlichkeit eine Bewahr- und Erziehungsanstalt für verwahrloste u. verwaiste Kinder weiblichen Geschlechts zu eröffnen. …“
Archiv Dominikanerinnenkloster Bad Wörishofen.

Interesse an einem Eintritt in die Kommunität bekundet, die insgesamt *„15.000 Gulden an Aussteuer“* mitbringen könnten. Um den Personalbestand des Konvents sicherzustellen, habe im übrigen das Kloster Sankt Ursula in Augsburg *„zwei zum Lehrfache geeignete“* Frauen für Wörishofen versprochen.[70] Die sowohl vom örtlichen Pfarrer wie auch von der Diözese Augsburg unterstützten Bemühungen hatten letztendlich Erfolg. Am 29. November 1842, auf den Tag genau 40 Jahre nach der *„Civilbesitznahme“* im Jahre 1802 im Zuge der Säkularisation, genehmigte König Ludwig I. von Bayern (reg. 1825–1848), den die Schwestern deshalb als *„weiteren Stifter“* verehren, die Wiedererrichtung des Klosters.[71] Kirchlich wurde dieses als selbständiges Priorat dem Bischof von Augsburg unterstellt; staatsrechtlich erhielt es den Status einer Körperschaft des öffentlichen Rechts, also einer *„juristischen Person“*. Die mit außerordentlicher Geduld und bemerkenswertem geistlichem Durchhaltewillen gepaarte Beständigkeit der Wörishofener Dominikanerinnen hat also Früchte getragen. Das Kloster Maria Königin der Engel war sozusagen zum zweiten Mal gegründet worden, sein Fortbestand gesichert.

Ausschlaggebend für die königliche Zustimmung zur Wiedererrichtung des Klosters dürfte in erster Linie die im Protokoll vom 18. August 1842 erwähnte Zusicherung gewesen sein, daß zwei Lehrerinnen für Wörishofen gewonnen werden können. Es waren Maria Josefa Binswanger und Maria Dominica Würth, die am 28. April 1843 an ihrem Bestimmungsort eintrafen. Sie erlaubten es der Kommunität, die wichtigste Bedingung für die Rekonstituierung zu erfüllen, nämlich *„vorerst und sogleich die teutsche Sonn- und Werktagsschule für die weibliche Jugend der Pfarrgemeinde Wörishofen zu übernehmen“*. Schon am 17. Mai 1843 begann die Mädchenschule, trotz des Widerstands des damaligen Landrichters, der *„kein Mittel* (sparte), *dem Aufblühen dieser Anstalt hinderlich und verderblich entgegenzutreten“*,[72] mit ihrem Unterricht. Unmittelbar darauf bemühte sich der Konvent, der zweiten Auflage für die Wiedererrichtung Rechnung zu tragen, nämlich *„eine Bewahr- und Erziehungsanstalt für verwahrloste und verwaiste Kinder weiblichen Geschlechts zu eröffnen“*; im Juli des Jahres 1843 nahm das Kloster drei der ärmsten Kinder der Gemeinde unentgeltlich zur Betreuung auf. Die förmliche Genehmigung zur Eröffnung der Erziehungsanstalt erfolgte allerdings erst am 16. Juli 1847. Die Tatkraft der Schwestern wurde auch in geistlicher Hinsicht belohnt. Am 26. Juni 1844 fand die erste Profeßfeier nach der Wiederherstellung statt. Nicht nur die beiden aus Augsburg gekommenen Lehrerinnen sondern auch zwei weitere Novizinnen legten ihre feierlichen Ordensgelübde ab, fünf Kandidatinnen erhielten das Ordenskleid. Mit der Konsolidierung des Personalbestandes sicherte das Kloster auch seine Existenz gegen zahlreiche *„unvermindert“* andauernde *„Angriffe“* auf seine Wiedergründung ab, die der Landrichter, der zugleich Landtagsabgeordneter war, mit Heftigkeit und Schärfe über Jahre hinweg anführte.[73] In dieser Zeit des Wiedererstarkens des Konvents fand schließlich noch ein für die Entwicklung des Hauses wesentliches Ereignis statt, die Berufung des damals 34jährigen Pfarrers Sebastian Kneipp zum Spiritual. Als er am 2. Mai 1855 eintraf, umfaßte die Kommunität bereits wieder 25 Personen, 15 Profeßschwestern und 10 Novizinnen, der geistliche Bestand zum Zeitpunkt der Säkularisation war in etwa wieder erreicht. Mit der Über-

Abb. 27
Die heilige Katharina von Siena erlebt visionär die Rosenkranzspende an den heiligen Dominikus. Öl auf Leinwand. Rahmen ursprünglich. Maler nicht bekannt. 111 cm × 88 cm (mit Rahmen). Nicht datiert, doch 1929 im Zusammenhang mit der Gründung der Filiale Oberaudorf entstanden. Dominikanerinnenkloster Bad Wörishofen.

nahme der neuen Aufgaben und dem Wechsel von einer ausschließlich kontemplativen zu einer mehr aktiven Lebensweise brach eine neue Blütezeit des Klosters an. Der von der Säkularisation verursachte Einschnitt wendete sich zum Positiven.

Die Entfaltung der Wörishofener Gemeinschaft nach der Wiedererrichtung 1842 bis heute

In den folgenden Jahren widmeten sich die Schwestern, neben ihren im Vordergrund stehenden schulischen und sozialen Pflichten, auch der Paramentenstickerei, der Hostienbäckerei, der Anfertigung von Klosterarbeiten und von Kirchenwäsche, sowie der Instandsetzung der „*seit 40 Jahren verwahrlosten*" Gebäulichkeiten.[74] Dabei waren sie trotz der wachsenden arbeitsmäßigen Belastungen bestrebt, weiterhin nach der Zweiten Regel des heiligen Dominikus zu leben. Der Wohlstand des Hauses nahm zu. Im Jahre

siehe Abb. 168

1859 erwarb der Konvent, auf dringenden Wunsch des örtlichen Pfarrers, das Jagdschloß in Türkheim, um auch dort die Mädchenvolksschule zu übernehmen. Schon im nächsten Jahr gelang es, das Klostergebäude in Wörishofen für 8332 Gulden vom Staat zurückzukaufen. Zur gleichen Zeit entstand das Badehäuschen im Kreuzgarten des Klausurbaues, in dem Pfarrer Kneipp seine naturheilpraktischen Ideen erstmals praktizierte und Erfahrungen mit der Heilkraft des Wassers sammelte. Der Krieg von 1870/71 bürdete den Schwestern erhebliche Lasten auf; kranke und verwundete Soldaten wurden versorgt. Da die Verwundeten die Blatternkrankheit einschleppten, mußte die Mädchenschule vorübergehend geschlossen werden. Nach der Beendigung des Krieges nahm die positive Entwicklung weiter ihren Fortgang. Am 15. Oktober 1885 konnten, angeregt durch den landwirtschaftlichen Bezirksausschuß Mindelheim und Türkheim, eine Haushaltungsschule und eine Molkereischule eingerichtet werden. Die Heilerfolge seines Hausgeistlichen ließen das Kloster im Laufe der Zeit zu einer Pilgerstätte für Kranke werden. „*Nun wurde auch das Kloster ein wahres Hotel International, Geistlich und Weltlich tummelte sich und lärmte den ganzen lieben Tag in den unteren Gängen; es wurde besonders für geistliche Kurgäste auf den Wunsch des Beichtvaters* (Sebastian Kneipp) *von den Schwestern eigens gekocht – und so waren wenigstens während der Sommerzeit hunderte kränklicher Geistliche in Wörishofen, die, soweit die wenigen Zimmer reichten, im Kloster wohnten oder wenigstens mit ganz geringen Ausnahmen, alle daselbst ihre Kost nahmen*".[75] Das Kloster erreichte den Höhepunkt seiner Tätigkeit.

Abb. 79

Der unübersehbare wirtschaftliche Aufschwung zeigte aber alsbald auch erhebliche Schattenseiten. So anerkennenswert die Heilerfolge von Kneipp waren, so positiv sich seine Tätigkeit auch auswirkte, so stark wurde das klösterliche Leben der Schwestern beeinträchtigt. Drastisch beschreibt die Chronik die Situation: „*Sehr viele Schwestern fühlten sich deshalb außerordentlich unglücklich, während andere die Ideen des Beichtvaters mit Begeisterung aufgriffen und ganz darin aufgingen. Selbst Weltleute edlerer Gesinnung, namentlich aus den Reihen der Hilfesuchenden, sahen mit Staunen die Einkehr weltlichen Treibens in die heiligen*

Räume und nahmen nicht wenig Anstoß, daß etwas derartiges geduldet werde, während sittlich tiefer stehende Kurgäste oft die abscheulichsten Vermutungen so ungeniert aussprachen, daß selbst Schwestern zu ihrem Entsetzen und schweren Herzeleide dieselben nicht selten vernehmen konnten".[77] Tatsächlich hatten die Frauen *„keinen Bereich mehr, den sie ihr eigen nennen konnten"*. Die Vorschriften der strengen Observanz, die sie auch nach der Wiedererrichtung ihrer Kommunität im Jahre 1842 so weit wie möglich beobachteten, konnten angesichts dieser Entwicklung nicht mehr eingehalten werden. Die Schwestern waren gezwungen, in den klösterlichen „Dritten Orden" überzutreten. *„Am 25. September 1896 geruhten seine Bischöflichen Gnaden, die schöne Feier der Profeßablegung zum Übertritt in den Dritten Orden sämtlicher Schwestern selbst vorzunehmen, was dem Konvente zur größten Freude gereichte und dem wichtigen Akte eine höhere Weihe verlieh".*[76] Mit der Übernahme der Regeln des Dritten Ordens des heiligen Dominikus gab die Kommunität ihren Charakter als religiöses Reformkloster des Zweiten Ordens, den sie über lange Zeit bei so großen Beschwernissen festzuhalten versucht hat, endgültig auf und akzeptierte die neue Aufgabenstellung mit ihrem Schwerpunkt bei caritativen, helfenden Tätigkeiten. Sie schuf damit zugleich eine wesentliche Voraussetzung für den Fortbestand ihres Hauses bis zum heutigen Tag. Etwa zu derselben Zeit fanden weitere, für die Frauengemeinschaft bedeutsame Ereignisse statt. Am 4. Juli 1895 starb die um das Kloster und die Bewohner der Gemeinde Wörishofen hoch verdiente Priorin Maria Augustina Müller, die den Konvent von 1856 an, 39 Jahre lang, geleitet hatte. Pfarrer Kneipp, der seit 1881 nicht nur das Amt des Hausgeistlichen sondern auch das des Ortspfarrers von Wörishofen mit einem eigenen Haushalt im Pfarrhof versah, folgte ihr am 17. Juni 1897. Ihm war es allerdings noch vergönnt, die große bauliche Erweiterung der Klosteranlage mit zu erleben. Am 8. Dezember 1896, dem Fest der unbefleckten Empfängnis Mariä, konnte er den *„Anstaltsbau"* einweihen, der die Haushaltungsschule aufnahm und Unterkunftsmöglichkeiten für die Schülerinnen bereit hielt und in dem heute das Kurheim untergebracht ist. Am 29. Mai 1899 schließlich wurde der Grundstein für den Neubau eines Kindergartens an der Sankt-Anna-Straße gelegt.

Abb. 208

Die folgenden Jahrzehnte waren zunächst von einer gleichmäßigen Entfaltung der klösterlichen Aktivitäten geprägt, die auch die Ereignisse des Ersten Weltkrieges nicht wesentlich beeinträchtigten. 1928 gründete der Konvent eine Handelsschule, am 28. Juli 1929 eröffnete er eine weitere Filiale in Oberaudorf am Inn, die in erster Linie als Erholungsheim für die Schwestern dienen sollte, die aber später auch einen Kindergarten und eine kleine Haushaltungsschule unterhielt. Damals erreichte die Zahl der Frauen mit 103 ihren Höchststand. Alsbald danach bekam das Kloster die Folgen der Wirtschaftskrise 1927/1928 sowie der sich erneut verändernden gesellschaftlichen und politischen Verhältnisse zu spüren. Allein im Jahre 1932 wur-den über 4000 Arbeitslose gespeist, die Zahl der Haushaltungsschülerinnen ging stark zurück. Um eine neue Einnahmequelle zu eröffnen, entschloß sich der Konvent,

Abb. 28
Drei Wörishofener Dominikanerinnen bringen Christus das Modell des Hauses der Oberaudorfer Filiale dar.
Öl auf Leinwand.
Rahmen ursprünglich.
Maler nicht bekannt.
111 cm × 88 cm (mit Rahmen). 1929.
Dominikanerinnenkloster Bad Wörishofen.

Abb. 29 ▷
Marienkrönung. Öl auf Leinwand. Rahmen mit vorgestellten, gedrehten, gewundenen Säulen reich verziert. Maler nicht bekannt. 103 cm × 81 cm (mit Rahmen). 2. Viertel 18. Jahrhundert. Augsburg. Dominikanerinnenkloster Bad Wörishofen.

künftig auch Kurgäste zu versorgen. Drückend machten sich in den folgenden Jahren die Herrschaft des Nationalsozialismus sowie die Schrecken des Zweiten Weltkrieges bemerkbar. Die Leitung der klösterlichen Volksschule mußte abgegeben werden, am 6. März 1939 durchsuchte die Gestapo das gesamte Konventgebäude. 1941 mußte der Haushaltungskurs geschlossen werden; seine Räume nahmen Umsiedler in Beschlag. Zahlreiche Augsburger Bürger suchten beim Bombardement ihrer Stadt am 25. und 26. Februar 1944 in dem im Kloster eingerichteten Luftschutzkeller Zuflucht. Der Einmarsch der Amerikaner am 27. April 1945 in Wörishofen beendete den Krieg. Die Gebäude der Dominikanerinnen hatten den Zweiten Weltkrieg ohne größere Schäden überstanden.

Mit ungebrochener Tatkraft ergriffen die Schwestern die Möglichkeiten, die ihnen die Befreiung nach dem 8. Mai 1945 gewährte. Schon am 27. Juni 1946 konnte die Haushaltungsschule wieder eröffnet werden. 1951 erfolgte die Übernahme eines hauswirtschaftlichen Grundlehrgangs. Parallel hierzu richtete das Kloster seit 1954 ein Kurheim ein, ein erneuter Wechsel in der Aufgabenstellung bahnte sich damit an. Die durchweg positive Entwicklung erlitt einen schweren Rückschlag, als am 11. Dezember 1955 die Ökonomiegebäude und die Kapelle der Einsiedelmadonna ausbrannten. Totalschaden entstand. Die Klosterkirche mußte restauriert werden, die Muttergotteskapelle wurde mit neuer Gestaltung wiederhergestellt. Auf eine Instandsetzung der Ökonomiegebäude an der alten Stelle verzichtete man dagegen. Drängend machten sich damals politisch bedingte Umstrukturierungen im Bildungsbereich bemerkbar mit der Folge, daß die 1885 gegründete Haushaltungsschule 1969 endgültig aufgelöst werden mußte. Damals wurde zum ersten Mal nach der ‚zweiten Gründung' des Klosters im Jahre 1842 ein Mangel an Schwestern spürbar, die Zahl der Novizinnen nahm ständig ab. Diese Entwicklung veranlaßte die Kommunität, mit den anderen selbständigen Dominikanerinnenklöstern der Diözese Augsburg eine Arbeitsgemeinschaft zu bilden. Sie wurde im Jahre 1965 mit den Konventen von Sankt Ursula in Augsburg, Sankt Ursula in Donauwörth, Zur heiligsten Dreifaltigkeit in Landsberg am Lech und Zur Rosenkranzkönigin in Wettenhausen

Abb. 141

gegründet. Ihr Zweck besteht in erster Linie darin, sich gegenseitig zu unterstützen. Trotz dieser weit vorausschauenden Maßnahme konnte der weitere Rückgang der Zahl der Schwestern nicht verhindert werden. Er zwang schon 1975 dazu, die Filiale Türkheim einzustellen. Aus dem gleichen Grund mußte die Wirtschaftsschule im Jahre 1977 aufgegeben werden. Besonders schwer fielen die Beendigung des Grundlehrgangs für Hauswirtschaft im Jahre 1981 und die Schließung des Kinderhortes 1983. Ihnen folgte 1994 die Aufgabe der Filiale Oberaudorf. Vom 1. Januar 1995 an übernahm die Stadtpfarrei den Kindergarten. Heute bildet das Kurheim das zentrale Betätigungsfeld der Wörishofener Schwestern, das in einem mehr als 20 Jahre dauernden Prozeß die von König Ludwig I. mit der Wiedererrichtung des Klosters verfügten Aufgaben der Mädchenbildung und Jugenderziehung endgültig abgelöst hat. Die Betreuung der Gäste, auch in seelischer und religiöser Hinsicht, stellt in Fortführung des Kneippschen Erbes, das die Schwestern in ihren apostolischen Ordensauftrag aufzunehmen verstanden, den Mittelpunkt der täglichen Arbeit dar. Als sich schließlich im Jahre 1983 schwerwiegende bauliche Mängel am Klostergebäude und in der Kirche bemerkbar machten, entschloß sich der Konvent, die gesamte Anlage instandsetzen zu lassen. Zehn Jahre dauerten die überaus kostspieligen Restaurierungsmaßnahmen. Das Kurheim wurde parallel dazu modernisiert. Heute präsentieren sich die Gebäude, konstruktiv gesichert und ausstattungsmäßig wesentlich verbessert, wohl gerüstet für den nächsten Abschnitt ihrer Geschichte.[78]

Überblickt man die Historie des Wörishofener Klosters abschließend als Ganzes, so fallen vor allem zwei Merkmale auf, die sie in besonderer Weise geprägt haben, das religiöse wie menschliche Durchhaltevermögen der Schwestern und ihre Fähigkeit, sich ohne Aufgabe ihrer Überzeugungen neuen gesellschaftlichen und wirtschaftlichen Gegebenheiten anzupassen. Die heutige Kommunität ist sich der Bedeutung dieser beiden Eigenschaften für die weitere Existenz ihres Hauses bewußt und weiß sich ihnen verpflichtet. Unbeirrt sehen die Dominikanerinnen, gestützt von einem großen Kreis von Freunden, den kommenden Jahrzehnten entgegen.

Geschichtliche Grundlagen

*Wie der Dominikanerorden zu den Dominikanerinnen kam –
Zur Gründung der „Dominikanerinnen" im 13. Jahrhundert*

*Wie Wörishofen im Jahre 1243
an den Dominikanerorden kam*

Zur Geschichte des Klosters Sankt Katharina in Augsburg

*Zur Grundherrschaft des Augsburger Dominikanerinnenklosters
Sankt Katharina in Dorf und Amt Wörishofen*

*Der Ort Wörishofen und sein Kloster
in bildlichen Darstellungen
bis zum Beginn des 20. Jahrhunderts*

Abb. 32 ▷
Die Heiligen Dominikus (um 1170–1221) und Katharina von Siena (1347–1380) zu Füßen der Muttergottes. Öl auf Leinwand. Gemalt von Franz Haagen († 1734). 298 cm × 168 cm (ohne Rahmen). 1723. In dem Gemälde sind der Ordensstifter und die bedeutendste weibliche Heilige der von ihm gegründeten religiösen Genossenschaft gemeinsam dargestellt. Es unterstreicht damit das Gewicht des Zweiten Ordens vom heiligen Dominikus, also dessen weiblichen Zweigs, innerhalb der ganzen Ordensgemeinschaft. Südlicher Seitenaltar der Kirche des Dominikanerinnenklosters Bad Wörishofen.

◁ *S. 35 Abb. 31 Heilige Dominikanerin. Gouache auf Pergament. 5,5 cm × 5,2 cm 1. Hälfte 18. Jahrhundert.*

◁◁ *S. 34 Abb. 30 Der heilige Dominikus (um 1170–1221). Öl auf Leinwand. Rahmen ursprünglich. Maler nicht bekannt. 249 cm × 127 cm (mit Rahmen). 1. Viertel 18. Jahrhundert. Der Heilige ist mit allen seinen Attributen dargestellt. Kreuz und Lilie charakterisieren ihn als Heiligen. Das Buch mit den Regeln macht ihn als Ordensstifter, der Totenkopf als Mönch kenntlich. Der eine Fackel tragende Hund verweist auf die Legende, seine Mutter habe geträumt, sie gebäre einen Hund mit einer brennenden Fackel im Maul, der die ganze Welt entflamme. Der Stern auf seiner Stirn beruht auf der weiteren Legende, daß er der Frau, die ihn aus der Taufe gehoben habe, mit einem leuchtenden Stern erschienen sei, der über den ganzen Erdkreis Licht verbreitete. Der Rosenkranz erinnert an die Bedeutung des Dominikanerordens für die Pflege des Rosenkranzgebets. Abb. 30 und 31 Dominikanerinnenkloster Bad Wörishofen.*

Wie der Dominikanerorden zu den Dominikanerinnen kam – Zur Gründung der „*Dominikanerinnen*" im 13. Jahrhundert

ISNARD W. FRANK O. P.

Zu Beginn des 14. Jahrhunderts gab es im Gebiet des heutigen Freistaates Bayern sieben Klöster von Dominikanern und doppelt so viele von Dominikanerinnen.[79] Den neun Konventen von Predigerbrüdern im heutigen Baden-Württemberg waren mindestens 21 Frauenkonvente zugeordnet. Der Gesamtorden zählte 1303 insgesamt 149 Frauenklöster; 74 davon lagen in der Dominikanerprovinz Teutonia; und von diesen über 50 im oberdeutschen Raum, zu dem damals das Elsaß, die deutschsprachige Schweiz und Vorarlberg gehörten.[80] Die Häufung von Dominikanerinnenklöstern im Oberdeutschen bedürfte einer besonderen Erörterung, auf die in der hier anzuschneidenden Aufgabe nur am Rande eingegangen werden kann. Von der gestellten Thematik her geht es vielmehr um die Frage, wie überhaupt der Orden der Predigerbrüder zu klösterlichen Frauengemeinschaften kam, die dann in ihrer Gesamtheit den Zweiten Orden der Predigerbrüder bildeten, zu dessen Eigentümlichkeiten der klausurierte monastisch-kontemplative Lebensstil und die Inkorporation in den Orden gehörten.[81] Die Basis für diese Entwicklung bildeten zum einen die vom heiligen Dominikus selber gegründeten Frauenklöster, zum anderen die zahlreichen Frauengemeinschaften, die in der ersten Hälfte des 13. Jahrhunderts unabhängig vom Predigerorden entstanden, doch schon bald auf Anschluß an den Orden drängten.

Die vom heiligen Dominikus gegründeten Frauenklöster

Beim Tode des heiligen Dominikus (1221) gab es drei Frauenklöster, die ihre Gründung auf ihn zurückführen konnten. Es waren das die Gemeinschaften in Prouille/ Südfrankreich, Rom und Madrid; dazu kam als vierte eine in Bologna, die allerdings 1221 noch in der Entstehungsphase steckte. Jedes der vier angeführten Klöster hatte eine gesonderte Anfangsgeschichte, der hier nicht weiter nachzugehen ist.[82] Trotz der Unterschiede den Anfängen nach war das Ergebnis der Entwicklung jeweils gleich: Es entstanden klausurierte Frauenklöster unter Leitung und Aufsicht des Predigerordens. Dieser Befund bedarf vor dem Hintergrund der Zielsetzung der Dominikaner kurz einer näheren Erläuterung.

Dominikus, der Gründer des Predigerordens, geboren um 1170 im kastilischen Caleruega und seit Ende des 12. Jahrhunderts Kanoniker im Domstift Osma, befand sich seit Sommer 1206/1207 in Südfrankreich, einer damals politisch zerrissenen und auch religiös aufgewühlten Landschaft. Es gab unter der Bevölkerung nicht nur religiöse Verunsicherung, sondern auch breit gestreute Gruppen häretischer Art, die sich zu einer ,Gegenkirche' organisiert hatten. Wiedergewinnung der Verirrten und Festigung der Verunsicherten war des Dominikus Antwort auf die für ihn ungewohnte Herausforderung. Am Ende dieser Tätigkeit stand die Bildung einer Gemeinschaft von gleichgesinnten Seelsorgern und Predigern, institutionalisiert dann im Predigerorden, der zwischen 1215 und 1217 entstand. Der binnenklösterlichen Lebensweise nach waren die Satzungen dieser neuen Ordensgemeinschaft sehr stark von der monastischen Überlieferung geprägt. Es dominierte die klösterliche Lebensweise mit Chorgebet, Kontemplation, Silentium und Klausur. Durch die Predigt in Städten und Flecken, also die seelsorgliche Tätigkeit, kam jedoch ein aktiver Zug in die Lebensweise.[83]

Den Frauen, die sich Dominikus während seiner Tätigkeit in Südfrankreich seit 1206 angeschlossen hatten, wies er jedoch keine seelsorglich-aktive Tätigkeit zu, sondern bestimmte sie für die kontemplativ-klösterliche Aufgabe allein. ,Wanderpredigt' usw.

war in der damaligen Gesellschaft sowieso noch keine Möglichkeit für Frauen – auch nicht bei den häretischen Gruppierungen dieser Zeit.[84]

Also blieb nur die Strukturierung des gemeinsamen Lebens nach klösterlichen Vorstellungen. Dazu gehörten Regel und Satzungen. Die Regel bildete dabei eine Art ‚amtlicher Ausweis' für die klösterliche Lebensweise sowie den Grundtext für die spirituelle Ausrichtung. Die beiden offiziellen Grundtexte waren zu Beginn des 13. Jahrhunderts die „*Regula Benedicti*" und die „*Regula Augustini*". Da diese in den Einzelheiten jedoch den Bedürfnissen einer anderen Zeit angepaßt werden und entsprechende Detailregelungen enthalten mußten, wurden den Regelungen Satzungen angefügt, die seit dem 12. Jahrhundert „*Constitutiones*" (bzw. „*Institutiones*") genannt wurden. Was die Regel betrifft, liegen für die von Dominikus gegründeten Frauenklöster die Dinge relativ einfach. Wie die Predigerbrüder sich an die Augustinusregel hielten, so auch die Frauen.[85] Bei den Satzungen ist die Sachlage im Blick auf das Detail komplizierter. Die Satzungen von Prouille sind nicht mehr überliefert und auch nur noch bedingt rekonstruierbar. Dominikus gab der Frauengemeinschaft dieses Hauses ganz sicher Satzungen. Als er in Rom auf Geheiß des Papstes Honorius III. 1220/1221 in Sankt Sixtus eine Frauenkommunität einrichtete, die nach den Vorstellungen des Papstes für die Frauenklöster Roms überhaupt vorbildhaft sein sollte, griff er auf die Gewohnheiten und Satzungen des römischen Klosters Tempuli zurück, brachte in diese auch Erfahrungen von Prouille ein und redigierte aus den Vorlagen die „*Constitutiones Sancti Sixti de Urbe*". Diese von Dominikus redigierten Konstitutionen (auch „*Institutiones*" genannt) wurden dann wahrscheinlich in Sankt Agnes/Bologna, Prouille und vielleicht auch in Madrid befolgt.[86] Man kann davon ausgehen, daß es in den einzelnen Klöstern bald auch Unterschiede durch zusätzliche Regelungen gab.

Keinen Unterschied jedoch gab es im grundsätzlichen Zuschnitt der Lebensweise auf ein klausuriertes Kloster hin. Klausur, im strengen Sinn des Wortes, hieß im damaligen Verständnis: Ein von der Welt abgeschiedenes, durch Mauern und Gitter auch sicht- und spürbar abgeschnittenes Gemeinschaftsleben zu führen. Haupttätigkeit in dieser Abgeschlossenheit bildeten Gebet und Handarbeit; das Gebet vor allem als gemeinsames Chorgebet. Es setzte Kenntnisse im Lesen und Schreiben voraus, also ein gewisses Maß an Bildung. Handarbeit unter den Bedingungen der Klausur beinhaltete entsprechende Tätigkeit in dem von der Klostermauer umschlossenen Garten; dazu zählte auch materialveredelnde Produktion wie Textilverarbeitungen usw. Auch das Abschreiben von Büchern wird oft dazugehört haben. Für den Lebensunterhalt haben die Einkünfte aus solchen Tätigkeiten nicht hingereicht. Daher waren zur Sicherung des Lebensunterhaltes einer klausurierten Schwesterngemeinschaft Besitz und feste Einkünfte nötig. Dominikus hat zum Beispiel für Prouille planmäßig Gütererwerb betrieben, also für die materielle Sicherung seiner Schwestern gesorgt.[87] Während für die Konvente der Brüder seit dem Generalkapitelsbeschluß von 1220 die Besitzlosigkeit vorgeschrieben war, galt ein solches Verbot für die Frauenkonvente des Predigerordens nicht. Sie mußten vielmehr, um ihrer Aufgabe nachkommen zu können, Besitzklöster sein. Eine ausreichende Dotation gehörte also dazu. Zudem war für die ‚weltabgekehrte' und sich selber versorgende Klein- und Sonderwelt der Frauenklöster eine aufwendige Gebäudeanlage nötig. Eine Kirche (Kapelle) gehörte dazu, der Kreuzgang und andere Räumlichkeiten; kostenintensiv in der Errichtung und auch nicht gerade billig in den Unterhaltsfolgekosten.[88]

So neuartig Verfassung und Tätigkeit des Predigerordens auch der Idee seines Gründers nach sein mochten, das Konzept für die von Dominikus gegründeten Frauenklöster war nach Form, Inhalt und Zielsetzung konservativ. Es enthielt eigentlich nichts Neues. Frauengemeinschaften der Zisterzienser, Prämonstratenser und anderer Reformorden des 12. Jahrhunderts lebten nicht viel anders. Der Unterschied in Regel und Satzungen war nicht gravierend. Gravierend war jedoch der Unterschied in rechtlicher Hinsicht. Denn Prouille, Rom, Madrid und wohl auch Bologna waren gleichsam Bestandteile des Predigerordens. Sie waren diesem, um eine spätere Zustandsbeschreibung aufzugreifen, inkorporiert; die darin lebenden Sorores wurden dadurch zu „*moniales ordinis fratrum praedicatorum*". Diese Klöster standen unter Leitung und Aufsicht des Ordens. Der stand gleichsam für Wohl und Wehe der Frauen ein, in geistlicher wie auch in materieller Hinsicht. Einzelne Fratres hatten die Schwestern seelsorglich zu betreuen; andere waren in der Güterverwaltung tätig.[89] Die Schwestern ihrerseits sollten mit Gebet und monastischem Leben die Tätigkeit der Brüder unterstützen und begleiten. Ihre Kontemplation sollte also der Aktion der Predigerbrüder zu gute kommen.[90]

Eine solche noch vom heiligen Dominikus selber initiierte Gebets- und Fürbittgemeinschaft hätte eigentlich auch die Struktur des Predigerordens in der unmittelbar folgenden Ausbreitungsgeschichte bestimmen können. Dann wäre es mit der Neugründung von Brüderkonventen auch zu solchen von Frauenklöstern gekommen. Besonders in Deutschland gab es schon in den zwanziger und dreißiger Jahren des 13. Jahrhunderts starke Bestrebungen, die eine solche Struktur ins Auge faßten und förderten. Zum Predigerorden hätte dann klösterliche Frauenseelsorge gehört wie bei den Prämonstratensern, bei denen anfangs ja zum Männerkonvent auch eine Frauenkommunität gehörte; oder wie bei den Zisterziensern, wo den einzelnen Abteien Frauenklöster zugeordnet und unterstellt waren.[91] Gegen eine solche, die eigentliche und in den Konstitutionen feierlich festgehaltene Zielsetzung des Predigerordens, die in Predigt und genereller Unterweisung des Volkes bestehen sollte, erschwerende und personalbindende Ausrichtung wandte sich die Ordensmehrheit. In einer scharfen Verfügung auf einem Generalkapitel (1228?), die noch in den ältesten Konstitutionen Aufnahme fand und damit Verbindlichkeit erlangte, wurde jede Form besonderer Frauenseelsorge, die auf die Gründung von klösterlichen Kommunitäten hinauslief, bei Strafe verboten.[92] Für die Interpretation des Beschlusses aufschlußreich sind die Hinweise Jordans von Sachsen in den Briefen Nummer 48 und 49 an Diana in Sankt Agnes/Bologna. Anlaß für den Beschluß seien Fratres in verschiedenen Provinzen (ausdrücklich wird dabei die deutsche Ordensprovinz genannt) gewesen, die in unerleuchtetem Bekehrungseifer Frauen tonsurierten, einkleideten und ihnen das Keuschheitsgelübde auferlegten. Nie sei es jedoch Absicht der Kapitelsväter gewesen, das Verbot auf die „sorores ordinis", das heißt also auf die Schwestern von Prouille, Rom, Madrid und Bologna auszudehnen. Priorin Diana hatte ihre diesbezügliche Unruhe und Sorge Jordan mitgeteilt. Dieser versicherte sie der weiteren Betreuung. Selbst wenn, so führte er in Brief Nummer 49 dazu weiter aus, die Aufkündigung der Betreuung der Sorores ordinis Absicht des Kapitels gewesen wäre, könnte der Orden diesen Schritt gar nicht tun, da er durch päpstliches Mandat zur Betreuung dieser Klöster verpflichtet sei.[93]

Aus der päpstlich garantierten Betreuung für Prouille, Rom, Madrid und Bologna kann jedoch nicht gefolgert werden, daß von diesen Klöstern in der folgenden Zeit neue dominikanische Frauenkonvente gegründet worden wären. Die am Ende des 13. Jahrhunderts bestehende große Anzahl von dominikanischen Frauenklöstern kam auf andere Weise zustande. Trotz des Verbotes betrieben, besonders in Deutschland, Dominikaner Frauenseelsorge mit dem Ziel klösterlicher Gemeinschaftsbildung. Zudem waren mit den ersten Jahrzehnten des 13. Jahrhunderts zahlreiche Frauengemeinschaften – besonders im oberdeutschen Raum – ohne Zutun der Dominikaner entstanden, die gegen Widerstand im Orden mit Unterstützung einflußreicher Verwandter

Abb. 33
Karte mit den Stätten der frühen Niederlassungen des Ordens in Bayern.

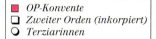

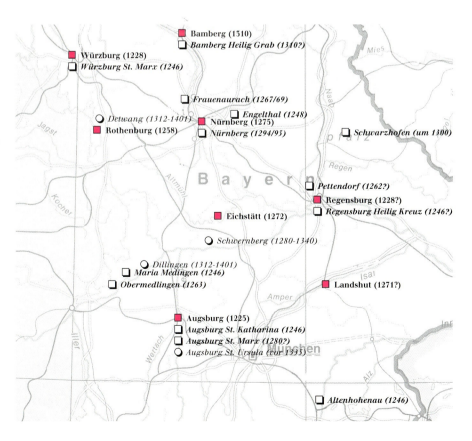

*Abb. 34
Der heilige Albertus Magnus (1203–1280). Öl auf Leinwand. Rahmen ursprünglich. Maler nicht bekannt. 130 cm × 92 cm (mit Rahmen). 1. Viertel 18. Jahrhundert.
Der Heilige, als Sohn eines Ritters von Bollstädt bei Lauingen an der Donau geboren, trat 1223 in den Dominikanerorden ein. Er lehrte an der Universität Paris und an verschiedenen deutschen Ordensschulen. Seine reiche wissenschaftliche und schriftstellerische Tätigkeit trug ihm schon zu Lebzeiten den Ehrentitel eines „doctor universalis" ein. Seine Erhebung zum Kirchenlehrer fand 1931 statt.
Dominikanerinnenkloster Bad Wörishofen.*

und Förderer des Predigerordens sowie durch massiven päpstlichen Druck auf den Orden die seelsorgliche Betreuung durch die Predigerbrüder und damit den Anschluß an den Orden erreichten.

Die Anschlußbewegung von Frauengemeinschaften an den Predigerorden

Zur Aufhellung dieses Zusammenhangs ist zunächst auf das Phänomen der sprunghaften Zunahme von klösterlich oder klosterähnlich lebenden Frauengemeinschaften einzugehen, sodann die Reaktion der Männerorden, die von der Anschlußbewegung besonders betroffen waren, zu streifen.

Klösterliche Frauengemeinschaften gab es in der abendländischen Christenheit natürlich seit der Spätantike. Aber immer eindeutig weniger als Männerklöster. Im Verlaufe des 13. Jahrhunderts kam es zu einer zahlenmäßigen Angleichung; im späteren Mittelalter gab es dann mehr Frauen- als Männerklöster. Darin spiegeln sich verschiedene politische, soziale und kulturelle Wandlungen der Zeit. Entscheidend waren wohl die sozialen Wandlungen. Denn seit dem endigenden 11. Jahrhundert gab es in den fortgeschrittenen oder sich entwickelnden Landschaften Europas eine starke soziale Mobilität. Ausdifferenzierung von neuen sozialen Schichten mit entsprechender persönlicher Freiheit war die Folge. Aus den gehobenen Dienstleuten (Ministerialen) der adeligen Oberschicht bildete sich – vereinfacht gesagt – der ‚niedere' Adel. In den Städten, die in Mitteleuropa etwa in der gleichen Zeit aufblühten, bildete sich aus erfolgreichen und zu Vermögen gekommenen Kaufleuten und Unternehmern eine neue Führungsschicht, das Patriziat. In Anschlag zu bringen ist auch die beachtliche Bevölkerungszunahme der Zeit.[94] Die Bevölkerungsschichten mit persönlichen Freiheiten nahmen zu. Hand in Hand damit verbreitete sich der Personenkreis, der über Vermögen verfügen konnte. Von diesen Wandlungen profitierten auch die Frauen und profitierte die klösterliche Lebensweise.

Es gab also seit dem 12. Jahrhundert mehr Frauen als im Frühmittelalter, für die eine klösterliche Lebensweise zur Wahlmöglichkeit geworden war. Breite Schichten strebten eine solche Wahl ganz entschieden an. Die Gründe dafür sind vielschichtig. Ein Quantum Emanzipation wird auch eine Rolle gespielt haben, aber natürlich auch soziale Absicherung, Unterbringung der nicht verheirateten Frauen und der vielen Witwen in diesen kriegerischen Zeiten. Doch ist das religiöse Motiv nicht zu übersehen. Die Frauen wollten wie die Männer dem Ruf der Nachfolge Christi folgen, also wie die Männer an der eigentlichen christlichen Lebensweise teilnehmen, die im zeitgenössischen Verständnis keine andere als die klösterliche war. Zudem hatten seit dem endigenden 11. und beginnenden 12. Jahrhundert eine Reihe von Klostergründern der Zeit sich ausdrücklich an Frauen gewandt, um in der Gemeinschaft von Männern und Frauen, in strenger Disziplin und Askese, das Leben der Urgemeinde nachzuahmen. So entstanden Ende des 11. und im beginnenden 12. Jahrhundert neue Formen von Doppelklöstern.[95] In diesen gab es die Gruppe der Mönche und die der Sorores. Das galt so bei den Prämonstratensern, jedoch auch bei gar nicht so wenigen Benediktinerklöstern der Zeit. Aus verschiedenen Gründen wurden gegen Ende des 12. Jahrhunderts diese Doppelklöster zerlegt. Das Frauenkloster (bzw. mehrere) wurde in geographischer Distanz zum männlichen Hauptkloster mit dem Abt (Propst) errichtet. Dabei blieb zunächst auch die Zusammengehörigkeit als „*congregatio fratrum et sororum*" gewahrt.[96] Weniger ausgeprägt war die Zusammenarbeit bei den Zisterziensern, die von Anfang an Doppelklöster ablehnten und nur über den Anschluß von selbständigen Frauenkonventen zu einer Art Congregatio fratrum et sororum kamen.[97]

Mit der räumlichen Verlegung war jedoch eine tiefgreifende Wandlung von Funktion und Lebensweise der Frauengemeinschaften verbunden. Man kann sie beschreiben als Wandel von der „*soror*" zur „*monacha*", von den „*conversae*" zu den „*moniales*". Folgendes ist damit gemeint: Am Beginn der Doppelklösterbewegung des Reformmönchtums bildeten sich um den Konvent der Monachi die Gemeinschaften der Conversi und der Conversae. Unter Conversi hat man dabei jene „*viri religiosi*" zu verstehen, die ohne Profeß, und damit ohne Mönch im rechtlichen Sinne zu sein, wie die Mönche und auch mit ihnen lebten. Wenigstens innerhalb des gemeinsamen Klostergevierts, wo sie mit eigenen Räumen eine gesonderte Kommunität bildeten. Während die Monachi dem Officium bzw. der Vita contemplativa oblagen usw., besorgten die Conversi die „weltlichen Arbeiten". Man nannte diese „Laienbrüder" auch „*fratres barbati*". Denn da sie keine Mönchsprofeß abgelegt hatten, trugen sie auch keine Tonsur. Bei den Conversae lagen die Dinge ähnlich. Als gemeinschaftlich lebende „*sorores et feminae devotae*" waren sie mit handarbeitlichen Diensten für die Kommunität befaßt. Am Chorgebet nahmen sie nicht teil; das zu verrichten war nicht ihre Aufgabe. Weil auch sie ohne Nonnenprofeß lebten, hatten sie auch keinen Schleier, galten im strengen Sinne des Wortes nicht als Monachae. In gewisser Hinsicht kann man in ihnen und in Analogie zu den Laienbrüdern „Laienschwestern" sehen.

Mit der Verlegung der Schwesterngemeinschaften in eigene Häuser mußten nun für die Sorores neue Tätigkeiten gefunden werden. Es wurde im Zuge dieses Umzugs endlich anerkannt, was die Sorores conversae zum Teil schon lange wollten: Wie die

Mönche auch „singen" zu dürfen. „*Singen dürfen*" ist eine zeitgenössische Kurzformel für das breite Verlangen von Feminae devotae im Doppelklosterumkreis für eine „*vita monastica*" analog zu der der Mönche. Wie sie wollten sie Chorgebet halten, also das „*göttliche Officium*" singen und rezitieren in einem eigenen „*Chor*", in einem frommen Geviert mit Klausur und Silentium. Kontemplative Moniales wollten sie sein.[98]

In der Erforschung der „*Religiösen Frauenbewegung*" spielen zwar die Themen Nachfolge Christi, Armut und Buße eine wichtige Rolle; in ihrer Bündelung werden sie jedoch meist zum Argument für eine Neudefinition der Nachfolge Jesu jenseits der überlieferten klösterlichen Lebensformen.[99] Solche Bestrebungen gab es natürlich auch. Doch in den religiösen Aufbrüchen der Zeit darf man diesen kurz beschriebenen monastisch-kontemplativen Grundton nicht übersehen, diese inwendige Tendenz zur klausurierten und regulierten

Abb. 35
Die heilige Katharina von Ricci (1522–1590). Öl auf Leinwand. Rahmen ursprünglich. Maler nicht bekannt. 130 cm × 92 cm (mit Rahmen). 1. Viertel 18. Jahrhundert.
Die Heilige wurde als Tochter einflußreicher Eltern in Florenz geboren. Schon mit 12 Jahren trat sie in das Dominikanerinnenkloster in Prato bei Florenz ein. Dort wurde sie 1552 zur Priorin gewählt. Dieses Amt übte sie danach fast 40 Jahre lang aus. Von ihr werden zahlreiche Erscheinungen berichtet. Auf dem Gemälde ist dargestellt, wie sich Christus von dem Kreuz in der Klosterzelle zu der zu ihm betenden Heiligen niederbeugt und sie umarmt. Dominikanerinnenkloster Bad Wörishofen.

*Abb. 36
Die heilige Rosa von Lima (1586–1617). Öl auf Leinwand. Rahmen ursprünglich. Maler nicht bekannt. 130 cm × 92 cm (mit Rahmen). 1. Viertel 18. Jahrhundert.
Die Heilige gehörte dem Dritten Orden des heiligen Dominikus an. Sie war mit einer außerordentlichen Gabe des Gebets von frühester Jugend an begnadet. Von ihr wird berichtet, daß ihr Christus viele Male als Knabe in blendender Gestalt erschienen sei. Er habe sie auch als „Rose meines Herzens" bezeichnet. Hierauf nimmt die Darstellung Bezug.
Dominikanerinnenkloster Bad Wörishofen.*

monastischen Lebensweise. Nur von diesem Sog hin in Richtung auf das Kloster wird die breite Anschlußbewegung von „*Sammlungen frommer Frauen*" – erst an die Zisterzienser, dann an die Predigerbrüder – verständlich.

Viele Sammlungen waren zunächst spontan entstandene und selbständige Frauengemeinschaften. Frauen taten sich zusammen, um miteinander eine klosterähnliche Lebensgemeinschaft zu bilden. Sehr zahlreich waren die Zusammenschlüsse solcher Frauen seit dem beginnenden 13. Jahrhundert im deutschen Sprachraum. Der Organisations- und Institutionsgrad dieser Gemeinschaften war sehr unterschiedlich. Neben Gemeinschaften, die zusammen in einem Haus lebten, gab es auch einzeln lebende „*feminae religiosae*". Die gemeinschaftlich lebenden Frauen nannte man im süddeutschen Raum oft „*Sammlungen*", im Niederrheinischen und rheinaufwärts „*Beginenhäuser*"; die einzelnen Frauen „*feminae devotae*", „*inclusae*" (reclusae), „*sorores*" (sisteres, swestern), „*beginae*", „*willige Arme*" usw.[100] Im mittel- und oberrheinischen und im ganzen süddeutschen Raum kann man unter diesen Sammlungen als vorwiegende Tendenz das Bestreben ausmachen, durch Anschluß an ein Männerkloster oder einen Männerorden Festigkeit und Schutz sowie den Status von Moniales zu erlangen.[101] Die betroffenen Orden – Prämonstratenser, Zisterzienser, Predigerbrüder und dann auch die Minderbrüder – waren von diesen Anschlußbemühungen wenig begeistert. Sie erließen Anschlußverbote, stellten Bedingungen für die Verbandsaufnahme, gingen in der Aufnahme selektiv vor. Von der entsprechenden Gesetzgebung ist hier nur auf die des Predigerordens einzugehen.

Sehr früh war es in Deutschland zu einer Verbindung von Frauenkonventen mit den Predigerbrüdern gekommen. Doch bis aus der Verbindung mit dem Predigerorden offiziell die „*moniales ordinis fratrum praedicatorum*" wurden, und als Zweiter Orden dem Verband inkorporiert waren, dauerte es noch Jahrzehnte. Denn erst mit dem Schreiben des Papstes Clemens IV. vom 6. Februar 1267 waren alle Schwierigkeiten, die der Inkorporation der Frauenklöster im Wege standen, beseitigt.[102] Name, Verfassung, Zugehörigkeit zum Orden und vor allem die seelsorgliche Betreuung durch diesen waren damit gesichert, Inkorporationen neuer Klöster problemlos geworden.

Am Ende hatten also die Schwestern erreicht, was sie wollten: Gleichsam als Glieder der „*familia dominicana*" zum Orden zu gehören und von ihm wenigstens in geistlicher Hinsicht betreut zu werden. Die Frauen erkämpften sich als Sorores, so könnte man im Blick auf die anstehende Zielsetzung sagen, die Gleichberechtigung mit den Fratres. Auf dem Weg in diese Gleichberechtigung mußte das strikte Verbot klösterlicher Frauenseelsorge, festgehalten in Distinctio II, 27 der ältesten Konstitutionen und in weiteren Generalkapitelsbeschlüssen wiederholt und präzisiert, beseitigt werden.[103]

Doch diese Verbote waren nur die eine Seite des Bezuges von Orden und Frauengemeinschaften; die andere war sehr wohl von einem Miteinander und Füreinander bestimmt. Denn trotz Verboten wurden weiterhin Frauenklöster betreut und am Predigerorden ausgerichtet. Besonders im deutschen Sprachraum wurde unter den Predigerbrüdern der ersten Generation eine intensive Frauenseelsorge betrieben. Heinrich, der erste Prior des 1221 gegründeten Kölner Klosters, war ein erfolgreicher Frauenseelsorger, besonders unter den zahlreichen Beginengemeinschaften der Stadt.[104] Im Oberdeutschen ist der 1224 gegründete und rasch erstarkende Straßburger Konvent als wichtigstes Zentrum der Frauenseelsorge anzuführen. Hier ging es nicht nur um Seelsorge unter den Feminae devotae, sondern um gezielte seelsorgliche Betreuung bis hin zur Regulierung und Anbindung an den Orden.[105]

Es ging dabei zunächst um eine Verfassungsangleichung. Diese erfolgte in mehreren Schritten. Der erste bestand in der Verpflichtung der Sorores auf die Augustinusregel, der zweite in der Übernahme der Constitutiones Sancti Sixti de Urbe. Mit der Augustinusregel war die Regelgleichheit mit dem Predigerorden hergestellt, mit den Sankt Sixtus-Konstitutionen sozusagen der Anschluß an den klostergründenden Impuls des heiligen Dominikus vollzogen. Da die Konstitutionen von Sankt Sixt, losgelöst von ihrem dominikanischen Ursprung und ohne jede Verbindung mit dem stadtrömischen Kloster, durch päpstliche Förderung weite Verbreitung unter Frauenkommunitäten fanden und als eine Art von Basistext wie die Regula Augustini selber angesehen wurden, reichte die Ausrichtung an diesen Text nicht mehr hin, um die Verbindung mit dem Predigerorden auszudrücken.[106] Gemeinschaften, die sich an die Augustinusregel und die Sankt Sixtus-Konstitutionen hielten, zählten danach zum Ordo Sancti Sixti. Für eine nähere Spezifizierung der Frauenklöster, die zu diesem Ordo gehörten, bedurfte es eines weiteren Regulierungstextes als Unterscheidungsmerkmal.[107]

Einen solchen schufen sich zum Beispiel die in Deutschland entstandenen und verbreiteten Reuerinnen, denen Papst Gregor IX. 1232 Augustinusregel und Sixtkonstitutionen vorschrieb. Für die Präzisierung ihres Platzes innerhalb des „ordo Sancti Sixti" gaben sie sich spezielle Satzungen. Da die Sankt Sixtus-Konstitutionen zudem viele Einzelheiten des klösterlichen Lebens gar nicht regelten, konnte mit den Satzungen Abhilfe geschaffen werden. Ihnen kam also die Funktion von Konstitutionen zu.[108] Diese wahrscheinlich schon 1232 gültigen Satzungen waren jedoch fast wörtlich den Konstitutionen des Predigerordens entnommen. Da die Reuerinnen mit den Predigerbrüdern damals keinen Kontakt hatten, ist nicht anzunehmen, daß sie selber diese Satzungen zusammenstellten, sondern nur aus einem Dominikanerinnenkloster übernahmen. Zu denken ist dabei an das Sankt Sixtkloster in Rom. Die Dominikanerinnen von Sankt Sixt brachten mit der Übernahme der Konstitutionen des Predigerordens, die für die Bedürfnisse eines Frauenkonventes adaptiert worden waren, jedoch zum Ausdruck, daß sie wie die Fratres leben wollten. Mit dieser Angleichung an den Lebensstil wollten sie die Zugehörigkeit zum Ordo fratrum praedicatorum zum Ausdruck bringen.

Solche für Frauenkommunitäten bearbeitete Konstitutionen muß es auch im oberdeutschen Raum gegeben haben. Dazu gehörten die Konstitutionen von Sankt Markus, benannt nach einem von den Dominikanern betreuten Straßburger Frauenkonvent.[109]

Abb. 37
Der heilige Ludwig Bertrand (1526–1581). Öl auf Leinwand. Rahmen ursprünglich. Maler nicht bekannt. 130 cm × 92 cm (mit Rahmen). 1. Viertel 18. Jahrhundert.
Der Heilige stammte aus Valencia. Mit 19 Jahren trat er in den Dominikanerorden ein. Von 1562 an wirkte er in der Indianermission in Südamerika, deshalb wird er meist mit einem federgeschmückten Indianer dargestellt.
Dominikanerinnenkloster Bad Wörishofen.

*Abb. 38
Der heilige Raymund von Peñafort (1180 (?)–1275). Öl auf Leinwand. Rahmen ursprünglich. Maler nicht bekannt. 130 cm × 92 cm (mit Rahmen). 1. Viertel 18. Jahrhundert. Der aus Katalonien stammende Heilige trat 1222 in den Orden des heiligen Dominikus ein. Er war Beichtvater von König Jakob I. von Aragon und von Papst Gregor IX. (reg. 1227–1241). Von 1238 bis 1240 stand er dem Orden als Generalmeister vor. Die Darstellung auf dem Gemälde nimmt auf eine Legende Bezug, wonach der Heilige auf seinem Mantel von Mallorca nach Barcelona über das Meer gesegelt sein soll. Dominikanerinnenkloster Bad Wörishofen.*

Diese Satzungen dürften wohl ausgerichtet gewesen sein an den vom Ordensmeister Raimund von Peñafort (1238) neu redigierten Konstitutionen des Ordens, die ab 1241 in Kraft waren. Erhalten geblieben ist keine Fassung der Markuskonstitutionen oder anderer ähnlicher in deutschen Klöstern beobachteten Satzungen.[110] Doch wahrscheinlich war ihr Text weithin gleich mit den etwas später entstandenen „*consuetudines sororum monasterii beati Dominici de Monte Agi*", das heißt den Konstitutionen des Frauenklosters von Montargis (Frankreich/Departement Loiret).[111] Bei diesen handelt es sich um eine fast wörtliche Übernahme der Konstitutionen Raymunds von Peñafort mit den entsprechenden Generalkapitelsbeschlüssen zwischen 1245/1250.

In diesem Kloster war der Komplex der Sixtuskonstitutionen bereits ausgeschieden. Wie bei den Predigerbrüdern gab es als Basistext der Grundausrichtung nur noch die Augustinusregel und für die Spezifizierung als Predigerorden die Konstitutionen. Die Textangleichung erstreckte sich auch auf die Profeßformel. Die Schwestern legten ihre Profeß wie die Brüder auf den Ordensmeister ab.[112] Betrieben hatte diese volle Eingliederung die Gründerin und erste Priorin dieses von ihr auch materiell für fünfzig Schwestern ausgestatteten Klosters, Amicia de Montfort, verwitwete Gräfin de Joigny. Sie war die Tochter jenes Grafen Simon von Montfort, der im Albigenserkrieg nach Südfrankreich kam und zu den großen Förderern des heiligen Dominikus und damit auch von Prouille gehörte.[113] Seine Tochter hütete diese Verbundenheit in ihrer glühenden Verehrung für den Orden und seinen Stifter. Sie soll gesagt haben, wenn sie als Frau schon kein Predigerbruder sein könnte, so möchte sie es wenigstens als Schwester sein.[114]

Gegen eine Verfassungsgleichheit im Lebensstil wird der damalige Ordensmeister, Johannes von Wildeshausen (1242–1252), kaum Einwendungen gemacht haben, wohl aber gegen die von der Klostergründerin angestrebte volle Inkorporation mit der Verpflichtung der Dominikaner nicht nur zur seelsorglichen Betreuung (= „*cura animarum*"), sondern auch zur Verwaltung des Klosterbesitzes (= „*cura temporalium*"). Doch zu dieser rechtlichen Inkorporation zwang Amicia den Orden, indem sie sich des Papstes bediente. Sie reiste nach Lyon, wo aus Anlaß des ersten Lyoner Konzils Innozenz IV. weilte, und erreichte von ihm ein Mandat mit Datum vom 8. April 1245 an den Orden, womit diesem die Sorge für das Kloster „*in spiritualibus et temporalibus*" aufgetragen wurde.[115] In der Urkunde werden Amicia und ihr Sohn Gaucher als Petenten ausdrücklich angeführt. Fürsprecher und Bittsteller waren beide in gleicher Sache auch für das Straßburger Kloster Sankt Agnes, wofür der Papst eine entsprechende Urkunde am 5. Mai 1245 ausstellte.[116] Amicia von Montfort und ihre Familie machten sich also zum Anwalt für die auf rechtlichen Anschluß drängenden, von den Dominikanern betreuten Frauenklöster. Diesem Anliegen zuzuordnen ist auch die Nennung ihres Neffen Johannes von Montfort als Petent in den päpstlichen Mandaten an den Orden vom 13. März 1246 für den rechtlichen Anschluß der Frauenklöster Sankt Markus Straßburg, Maria Medingen in Mödingen und des damals noch vor der Stadt gelegenen Sankt Katharina zu Augsburg.[117]

Mit den ersten päpstlichen Anschlußmandaten vom 8. April und 7. Mai 1245 war der Damm gebrochen. Einflußreiche Familien, die oft auch die Predigerbrüder förderten, intervenierten zugunsten der Frauen. Innozenz IV. löste mit den entsprechenden Mandaten eine Anschlußwelle von Frauenklöstern aus. Zwischen 1245 und 1250 wurden in Oberdeutschland 32 von Dominikanern betreute Frauenklöster dem Orden eingegliedert und zu der damit verbundenen seelsorglichen Betreuung verpflichtet.[118] Gegen dieses mit Pflichten verbundene päpstliche Inkorporationsoktroy, das die Kräfte des Ordens, die zuerst Predigt und Studium zugute kommen sollten, band, rührte sich im Orden der Widerstand. Der Ordensmeister, Johann von Wildeshausen, wurde durch das Generalkapitel 1252 beauftragt, mit Papst Innozenz IV. in Verhandlungen zu treten mit dem Ziel, nicht nur weitere Angliederungen zu unterlassen, sondern überhaupt die seit 1245 vollzogenen Anschlüsse wieder rückgängig zu machen. Diese Ordensinitiative hatte Erfolg. Papst Innozenz IV. entband mit der Bulle vom 26. September 1252 den Orden von allen Seelsorgepflichten den Frauenkonventen gegenüber.[119] Man kann davon ausgehen, daß auch nach diesem Spruch die Frauenklöster weiterhin seelsorglich betreut wurden, so wie das schon vor der päpstlich verfügten Eingliederung meist der Fall gewesen war. Nur fehlte für diese Betreuung jetzt die rechtliche Basis; eine Beendigung der Cura unter Berufung auf die päpstliche Bulle war in den Bereich des Möglichen gerückt. Ein Zustand, den die betroffenen Frauenklöster und wohl auch der hinter ihnen stehende Förderkreis auf keinen Fall hinnehmen wollten; wohl auch nicht die betreuenden Konvente.

Eine Neuregelung, die den durch Jahrzehnte gewachsenen Beziehungen Rechnung trug, war also nach wie vor nötig. Damit betraute Papst Innozenz IV. den aus dem Orden kommenden Kardinal Hugo von Sankt Cher, der als päpstlicher Legat in Deutschland (1251/1252) mit den Verhältnissen auch der Frauenseelsorge bestens vertraut war und als dezidierter Vertreter der frauenfreundlichen Richtung im Orden angesehen werden muß. Seine entsprechenden Bemühungen wurden erleichtert durch die mit dem Tod des Ordensmeisters Johannes von Wildeshausen (5. November 1252) bedingten Umstände in der Ordensleitung. Erst 1254 konnte wieder ein Generalkapitel stattfinden, auf dem zudem der frauenfreundliche Provinzial der Francia, Humbert von Romans, zum Ordensmeister (1254–62) gewählt wurde. Kardinal Hugo von Sankt Cher erreichte schließlich, daß das Generalkapitel Florenz 1257 beschloß, alle Frauenklöster, die früher vom Orden betreut wurden und als zum Orden zugehörig galten, als solche wieder offiziell anzuerkennen und für deren Cura animarum besorgt zu sein.[120]

Den Abschluß dieser Reinkorporation brachten die vom Ordensmeister Humbert von Romans auf päpstliches Geheiß hin neu erarbeiteten Konstitutionen für die Frauenklöster. Diese Einheitskonstitutionen auf der Basis der von Humbert von Romans neu redigierten Konstitutionen der Predigerbrüder machten der Satzungsvielfalt unter den Dominikanerinnenklöstern ein Ende.[121] Wer von den Frauenklöstern die neuen Kon-

Abb. 39
Die selige Osanna von Mantua (1449–1505) (?). Öl auf Leinwand. Rahmen ursprünglich. Maler nicht bekannt. 130 cm × 92 cm (mit Rahmen). 1. Viertel 18. Jahrhundert.
Die Darstellung konnte nicht eindeutig identifiziert werden. Der Engel könnte auf die selige Osanna von Mantua Bezug nehmen, deren Schutzengel sie der Legende nach in der Liebe Gottes unterrichtete, und die zweizinkige Lanze daran erinnern, daß die Selige das Leiden Christi in mystischer Weise durchlebte.
Dominikanerinnenkloster Bad Wörishofen.

*Abb. 40
Die heilige Agnes von Montepulciano (1268–1317). Öl auf Leinwand. Rahmen ursprünglich. Maler nicht bekannt. 130 cm × 92 cm (mit Rahmen). 1. Viertel 18. Jahrhundert.
Die Heilige wurde in Montepulciano bei Florenz geboren. Schon mit 15 Jahren versah sie das Amt einer Äbtissin in dem neu gegründeten Kloster zu Procena. Von ihr wird berichtet, daß Blumen von nie gesehener Schönheit an den Stätten ihres Gebets erblühten und daß auf sie des öfteren ein überirdischer Mannaregen in Gestalt von kleinen weißen Kreuzen niedergegangen sei. Auch sei ihr Christus einmal in der Gestalt eines Kindleins erschienen und habe ihr ein goldenes Kreuz überreicht. Dominikanerinnenkloster Bad Wörishofen.*

stitutionen nicht anzunehmen bereit war, sollte nicht zum Orden gehören.¹²² Die unter Humbert abgeschlossene rechtliche Reinkorporation war erleichtert worden durch die von ihm vorgenommenen Einschränkungen der Inkorporationsverpflichtungen von Seiten des Ordens. Fraglos zum Inkorporationsstatus gehörten die Partizipation an den Privilegien des Ordens, die Verfassung nach den Konstitutionen des Predigerordens, wozu der auf die Frauen zugeschnittene monastische und liturgische Lebensstil zählte sowie der Habit, Exemtion von der bischöflichen Jurisdiktion, Visitations- und Jurisdiktionsgewalt des Ordensmeisters beziehungsweise Provinzials. Zu den wichtigsten Leistungen gehörte nach wie vor die Cura animarum; nicht mehr gehörte dazu dagegen die Cura temporalium.

Damit entfiel die mit der Verwaltung von Besitz und Einkünften verbundene dauernde Präsenz der damit beauftragten Fratres. Die Dauerpräsenz galt auch nicht mehr für die geistliche Betreuung. Zwar wurde diese für die Gestellung von Beichtvätern und Predigern zugesichert; für die Bedürfnisse der täglichen Liturgie konnten jedoch auch Kapläne aus dem Weltpriesterstand angestellt werden.¹²³ Den notwendigen Regelungsbedürfnissen einzelner Konvente sollte der Provinzial der jeweiligen Provinz mit entsprechenden Verordnungen nachkommen. Für die Teutonia sind eine Reihe solcher Ordinationes erhalten geblieben, die die Sorge um Disziplin und geistiges Niveau in den Konventen spiegeln.¹²⁴

Von dem ominösen Betreuungsverbot Distinctio II, 27 der ältesten Konstitutionen war am Ende des Jahrhunderts nichts mehr geblieben bis auf die vom Generalkapitel 1255 erlassene Verfügung, daß fortan ein Frauenkloster nur noch in den Orden aufgenommen werden könne, wenn dem drei aufeinanderfolgende Generalkapitel zustimmen würden.¹²⁵ Ursprünglich gedacht als Erschwerung von Inkorporationsvorhaben, war daraus eine rein formale Vorschrift geworden. Gegen Ende des 13. Jahrhunderts war der Elan der Anschlußbewegung längst erlahmt. Jetzt waren die Predigerbrüder am Inkorporationsstatus von Frauenklöstern interessiert.¹²⁶ Gründe dafür gab es verschiedene, darunter wohl auch den, daß über die Frauen in den inkorporierten Klöstern der Freundes- und Wohltäterkreis der Familia dominicana erweitert und damit auch dem Ersten Orden zugute kommen konnte. Vielleicht spielten auch schon wirtschaftliche Überlegungen eine Rolle: den nicht zur Besitzlosigkeit verpflichteten Dominikanerinnenklöstern Schenkungen, die den Brüderkonventen zugedacht waren, zu übertragen und im Gegenzug dafür regelmässige Zinsen in Form von Sach- oder Geldleistungen zu bekommen.¹²⁷

Die bayerischen Klostergründungen des 13. Jahrhunderts

In den zu Beginn des 14. Jahrhunderts bestehenden 14 Dominikanerinnenklöstern des Zweiten Ordens im Bereich des heutigen Bayern spiegelt sich die aus verschiedenen Wurzeln gespeiste Entstehungsgeschichte des Zweiten Ordens. Da gibt es zunächst die Klöster, die im Dreischritt von Sammlung, Regulierung und Inkorporation zu Frauenkonventen des Predigerordens wurden.

Dazu gehörten Sankt Katharina und Sankt Margaretha in Augsburg, Maria Medingen, Regensburg und Engelthal. Da die Dominikaner bereits 1225 in Augsburg nachzuweisen sind, kann es sehr wohl möglich gewesen sein, daß die 1230 *„auf dem Gries"* vor der Stadt gestiftete Sammlung von diesen betreut wurde. Denn auch die umfangreiche Güterschenkung in Wörishofen durch Christina von Fronhofen 1243 ist durch Vermittlung der Dominikaner zustande gekommen. Die Regulierung nach Augustinusregel und Sankt Sixtus-Konstitutionen erfolgte allerdings erst 1245; über päpstliches Mandat vom 13. März 1246 kam es zur Angliederung an den Predigerorden. Als Bittsteller für die Angliederung wird im Mandat Johannes von Montfort genannt. Vor 1251 zogen die Dominikanerinnen dann in die Stadt und errichteten im Bereich der Sankt Moritzpfarre ihr neues Kloster.[128] Unklar ist der Bezug zum Orden bei der Sammlung in Meinartshofen bei Roggenburg (Landkreis Neu-Ulm), auf die das spätere Kloster Sankt Margaretha/Augsburg zurückgeht. Anfangs wird ein Einfluß der Prämonstratenser von Roggenburg anzunehmen sein. Im Zusammenhang mit der Verlegung der Kommunität 1251 aufgrund einer Schenkung nach Leuthau (Litun) bei Schwabmünchen erfolgte die Annahme von Augustinusregel und Sankt Sixtus-Konstitutionen. Diese Regulierung wird bereits unter dem Einfluß der Augsburger Dominikaner erfolgt sein. 1251 wurde das Kloster in die Stadt verlegt. Die rechtliche Aufnahme in den Orden scheint erst 1280 erfolgt zu sein.[129]

Die Sammlung, aus der das Kloster Maria Medingen (Landkreis Dillingen) entstand, ist für 1239 belegt. Die materielle Ausstattung brachten die Grafen von Dillingen ein, die Regulierung erfolgte unter dem Einfluß der Augsburger Dominikaner. Päpstliche Besitz- und Regelbestätigung nach dem Privilegienformular *„Religiosam vitam eligentibus"* erfolgte am 8. Februar 1246. Die in dieser Urkunde genannte Regulierung *„secundum Regulam Augustini"* wird zu ergänzen sein durch die Spezifizierung *„secundum Institutiones Sancti Sixti"*, mit der die Ausrichtung am Predigerorden, die damals schon bestand, zum Ausdruck gebracht worden wäre. Denn bereits am 13. März des gleichen Jahres erfolgte durch päpstliches Mandat die Angliederung an den Predigerorden. Wie bei Sankt Katharina/Augsburg trat dabei Johannes von Montfort als Petent auf.[130]

Geradezu klassisch nach dem Dreischritt ging es bei der Gründung des Konventes von Engelthal zu. Den Anfang bildete eine Gemeinschaft frommer Frauen in Nürnberg. Die Schenkung eines Adeligen in Engelschalkdorf ermöglichte einen Umzug an diesen Ort, den die sich jetzt auf ein klausuriertes Kloster hin regulierenden Schwestern fortan Engelthal nannten. Da mit der Güterschenkung die materielle Existenz des Konventes gesichert schien, bemühten sich die Zisterzienser um den Anschluß des Frauenklosters an den Orden. Am Ende entschieden sich jedoch die Frauen für die Dominikaner, die von Regensburg aus zu ihnen Kontakt aufgenommen hatten. Über diese erfolgte die Annahme der Augustinusregel mit den Sankt Sixtus-Konstitutionen, dann der förmliche Anschluß an den Orden durch das päpstliche Mandat vom 20. September 1248.[131]

Abb. 41
Der heilige Thomas von Aquin (1225–1274). Öl auf Leinwand. Rahmen ursprünglich. Maler nicht bekannt. 130 cm × 92 cm (mit Rahmen). 1. Viertel 18. Jahrhundert.
Der in Italien geborene Heilige trat 1243 in den Dominikanerorden ein. Er studierte und lebte an verschiedenen Orten, darunter auch Paris. Sein bedeutendstes Werk ist die Summa Theologiae. Der als Kirchenlehrer verehrte und 1323 kanonisierte Heilige wird stets als Dominikaner mit einem Buch dargestellt. Der Stern auf seiner Brust erinnert an eine Vision des Albertus Mandecasinus von 1314, der ihn so gesehen haben will. Die Heilig-Geist-Taube kennzeichnet ihn als hervorragenden Theologen. Dominikanerinnenkloster Bad Wörishofen.

Das Kloster Heilig Kreuz/Regensburg leitet sich von einer Sammlung *„armer Schwestern"* her, die ursprünglich vor der Stadt wohnten; 1233 einen Bauplatz in der Stadt erhielten. Die Regulierung nach dem Ordo Sancti Sixti de Urbe ist in einer Schenkungsurkunde vom 22. Februar 1237 erwähnt, die nach Augustinusregel und Sankt Sixtus-Konstitutionen in einer Bestätigung von Besitz und Lebensweise durch den Regensburger Bischof am 10. März 1244. In der päpstlichen Bestätigung vom 13. Februar 1245 ist nur vom Ordo Sancti Augustini die Rede. Da der Konvent sehr früh auf die Regensburger Dominikaner (seit 1228/29 in der Stadt) bezogen war und von diesen betreut wurde, sind die verschiedenen Formulierungen für die Regulierungsbasis im gleichen Sinne zu interpretieren: Anschluß an den Orden durch Verfassungsgleichheit. Den offiziellen Anschluß soll Papst Innozenz IV. am 4. Juli 1246 verordnet haben.[132]

Das über päpstliches Mandat vom 10. Juli 1246 dem Orden angeschlossene Frauenkloster Sankt Marx in Würzburg lebte in der ersten Regulierungsphase wohl nur nach der Augustinusregel. Über die Betreuung der Würzburger Dominikaner kam es wahrscheinlich zur Rezeption der Konstitutionen von Sankt Markus/Straßburg.[133]

Als regulierter Konvent auf der Basis von Augustinusregel und Sankt Sixtus-Konstitutionen scheint Altenhohenau 1235 von den Grafen von Wasserburg begründet worden zu sein; die geistliche Betreuung erfolgte durch die Dominikaner von Friesach. *„Consilio predicatorum et aliorum prudentum virorum"* ist das Kloster nach dem Ordo Sancti Sixti eingerichtet worden; die Ausrichtung auf den Predigerorden bestand also von der Gründung an. Der Anschluß an den Orden erfolgte über päpstliches Mandat vom 21. April 1246.[134]

Bei den angeführten Klöstern spielten die Predigerbrüder in Augsburg, Regensburg und Würzburg eine beachtliche Rolle. Die Mitwirkung des im fernen Friesach gelegenen Konventes, dessen Zuständigkeit sich jedoch anfangs über Salzburg hinaus bis an die Diözesangrenzen am Inn erstreckte, an der Gründung von Altenhohenau bedürfte noch eingehender Untersuchung. Die Dominikaner dieser Konvente betrieben trotz Ordensverboten Seelsorge bei Frauenkommunitäten mit dem Ziel ihrer Anbindung an den Orden.

Die weiteren Gründungen erfolgten erst zu einer Zeit, in der die Inkorporationsfrage, und damit die rechtliche Zugehörigkeit zum Orden geklärt und kein Gegenstand mehr von Auseinandersetzungen war. Zudem handelte es sich bei den anzuführenden Klöstern um Gründungen schon bestehender und personenstarker Kommunitäten, von denen jeweils die Gründung ausging. So wurde Rothenburg ob der Tauber von dem Reichsküchenmeister Lupold von Nordenberg, von dem zwei Söhne Dominikaner waren, in Neusitz (1256) gegründet, 1258 nach Rothenburg verlegt und mit Nonnen aus dem Würzburger Kloster besetzt. Päpstliche Bestätigung und päpstlicher Schutz erfolgten am 16. Juni 1259 und am 21. Juli 1260. Die feierliche Eröffnung von Kirche und Kloster vollzog Albertus Magnus, wobei der Stifter die Fundationsurkunde erneuerte (23. Dezember 1265), in der die Rede ist von *„priorissae et sororum in Rotemburch ordinis Sancti Augustini secundum instituta fratrum ordinis Praedicatorum viventium"*.[135] Da mit dieser und ähnlichen Formeln die Beobachtung der Konstitutionen von 1259 eingeleitet wird, ist der Inkorporationsstatus eindeutig nachgewiesen.

Obermedlingen (Landkreis Günzburg) wurde 1260 von Maria Medingen aus gegründet. Die Initiative dazu scheint von diesem Konvent ausgegangen zu sein. Materiell ausgestattet wurde das neue Kloster von mehreren lokalen Adeligen. Die rechtliche Bestätigung, verbunden mit der Übergabe zur Betreuung an die Provinz Teutonia, erfolgte am 8. November 1263.[136]

Regensburger Gründungen waren Adlersberg (= Pettendorf) und Schwarzhofen. Die Grundlage für die Gründung dieses Klosters bildete eine umfangreiche Schenkung der Grafen von Ortenberg an die Nonnen von Heilig Kreuz in Regensburg im Jahr 1237. Diese errichteten zunächst in Schwarzhofen eine Filiale; das Datum der Verselbständigung zum Priorat ist unbekannt, muß aber noch Ende des 13. Jahrhunderts erfolgt sein. Verworren ist die Überlieferung der Anfangsgeschichte von Pettendorf. Gegründet wurde es von Regensburg aus in Adlersberg. In einem Indulgenzbrief des Regensburger Bischofs vom 28. April 1262 wird es genannt *„claustrum beatae Mariae virginis Ordinis sancti Augustini secundum instituta fratrum praedicatorum"*. Nach einem Brand 1270 erfolgte noch vor 1280 die Verlegung nach

Pettendorf.¹³⁷ Frauenaurach bei Neustadt an der Aisch in Mittelfranken wurde zwischen 1267 und 1269 von Engelthal aus gegründet, von Frauenaurach aus dann in Nürnberg Sankt Katharina (1294/95) und vor 1310 das Kloster Heilig Grab in Bamberg. Diese Gründung erfolgte wohl über Anregung des Bamberger Bischofs, des Dominikaners Wulfing von Stubenberg (1304–1319), der ebenfalls vor 1310 auch die Dominikaner nach Bamberg berief.¹³⁸

Nur mit einer Urkunde vom 14. Juli 1317 ist ein Konvent Sankt Katharina zu Schwernberg bei Neuburg an der Donau belegt. Der in keiner weiteren Quelle genannte Konvent befolgte zwar 1317 die Konstitutionen des Ordens, wird jedoch nicht die Inkorporation erreicht haben. Wahrscheinlich handelte es sich um eine Terziarengemeinschaft, die über die Annahme der Konstitutionen den Status eines Klosters des Zweiten Ordens anstrebte. Vielleicht bedingte auch nur mangelhafte materielle Ausstattung das baldige Ende des Konventes.¹³⁹

Schwernberg gibt abschließend das Stichwort zu weiteren Dominikanerinnengemeinschaften; den Terziarinnen der regulierten Klöster des Dritten Ordens, genannt auch *„Schwestern von der Buße des Heiligen Dominikus"*.¹⁴⁰ Soweit noch im 13. Jahrhundert entstanden, handelte es sich auch bei ihnen am Anfang um einen Zusammenschluß von Feminae devotae bzw. Beginen. Angetrieben von verschiedenen Motiven gerieten viele dieser Gemeinschaften in den Regulierungs- und sogar Klausurierungssog der sie betreuenden Orden. Soweit es sich dabei um Anschlüsse an den Predigerorden handelte, gehörte dazu oft auch die Übernahme der Konstitutionen für Frauen des Zweiten Ordens, jedoch mit Fortgeltung der Unterstellung unter die bischöfliche Jurisdiktion. Diese regulierten Dominikanerinnen waren also nicht dem Orden inkorporiert.

Während es in Südwestdeutschland zahlreiche Kommunitäten regulierter Terziarinnen des Predigerordens gab, sind für den Bereich des heutigen Bayern aus dem Mittelalter nur zwei Klöster bekannt. Sie lagen in der Diözese Augsburg, nämlich Sankt Ursula in Augsburg und die kleine Gemeinschaft Sankt Ulrich in Dillingen.¹⁴¹ Von dieser ist fast nichts bekannt; Sankt Ursula entstand aus einer Sammlung von *„Schwestern der willigen Armut"*. Sie ist seit 1335 nachzuweisen. In der Nähe des Dominikanerklosters gelegen, wurde die Gemeinschaft von den Predigerbrüdern betreut. 1394 sollen die Sorores nach den Konstitutionen des Zweiten Ordens reguliert worden sein und dabei weiterhin unter bischöflicher Jurisdiktion geblieben sein.¹⁴²

Diesen zwei Häusern von Dominikanerterziarinnen standen im Gebiet des heutigen Bayern am Ende des 15. Jahrhunderts 19 Häuser der Franziskanerterziarinnen gegenüber.¹⁴³ In diesem auffälligen Befund spiegeln sich frömmigkeitsgeschichtliche sowie soziale Wandlungen vom 13. ins 15. Jahrhundert hinein. Die Klöster, die im 13. Jahrhundert aus Sammlungen entstanden, waren in materieller Hinsicht vom Adel unterstützt worden und richteten sich neben den Zisterziensern an den damals für die geistliche Betreuung als besonders geeignet angesehenen Dominikanern aus. Die Minoriten holten diesen Vorsprung im 13. Jahrhundert nicht ein. Im Verlauf der zweiten Hälfte des 13. Jahrhunderts entstanden bis 1300 nur vier Klarissenklöster. Im 14. und 15. Jahrhundert hatten in dieser Hinsicht die Franziskaner die Dominikaner überrundet und entfalteten in Stadt und Land religiöse Aktivitäten auch unter den Mittel- und Unterschichten, aus denen sich meist die Frauensammlungen rekrutierten.

Gegenüber dem Regulierungssog von Dominikanern und Franziskanern versteifte sich oft der Widerstand der städtischen Magistrate. Auch sie förderten ihre *„Seelnonnen"*; aber sie wollten die verschiedenen ihnen zugedachten sozialen Dienste erhalten wissen. Die Seelnonnen sollten nicht durch Klausurierung dem sozialen Leben entzogen werden.¹⁴⁴

Unter ganz anderen Bedingungen und Bedürfnissen haben sich dann im Verlauf des 19. Jahrhunderts neue am Predigerorden ausgerichtete Frauengemeinschaften gebildet, die sich dringender caritativer und erzieherischer Aufgaben annahmen. So gibt es im heutigen Bayern zwar nur noch zwei klausurierte Gemeinschaften (Heilig Kreuz/Regensburg und Heilig Grab / Bamberg), daneben jedoch zehn Niederlassungen neuen Zuschnitts.¹⁴⁵ Darunter auch die Klöster Sankt Ursula in Augsburg und das Kloster in Bad Wörishofen, die sich ins 19. Jahrhundert hinein retteten, indem sie sich erzieherischen Aufgaben zuwandten.

Abb. 42
Der Gekreuzigte mit seiner Mutter Maria am Fuß des Kreuzes. Holz, geschnitzt und gefaßt. Meister nicht bekannt. 119 cm hoch. 1. Hälfte 18. Jahrhundert. Dominikanerinnenkloster Bad Wörishofen.

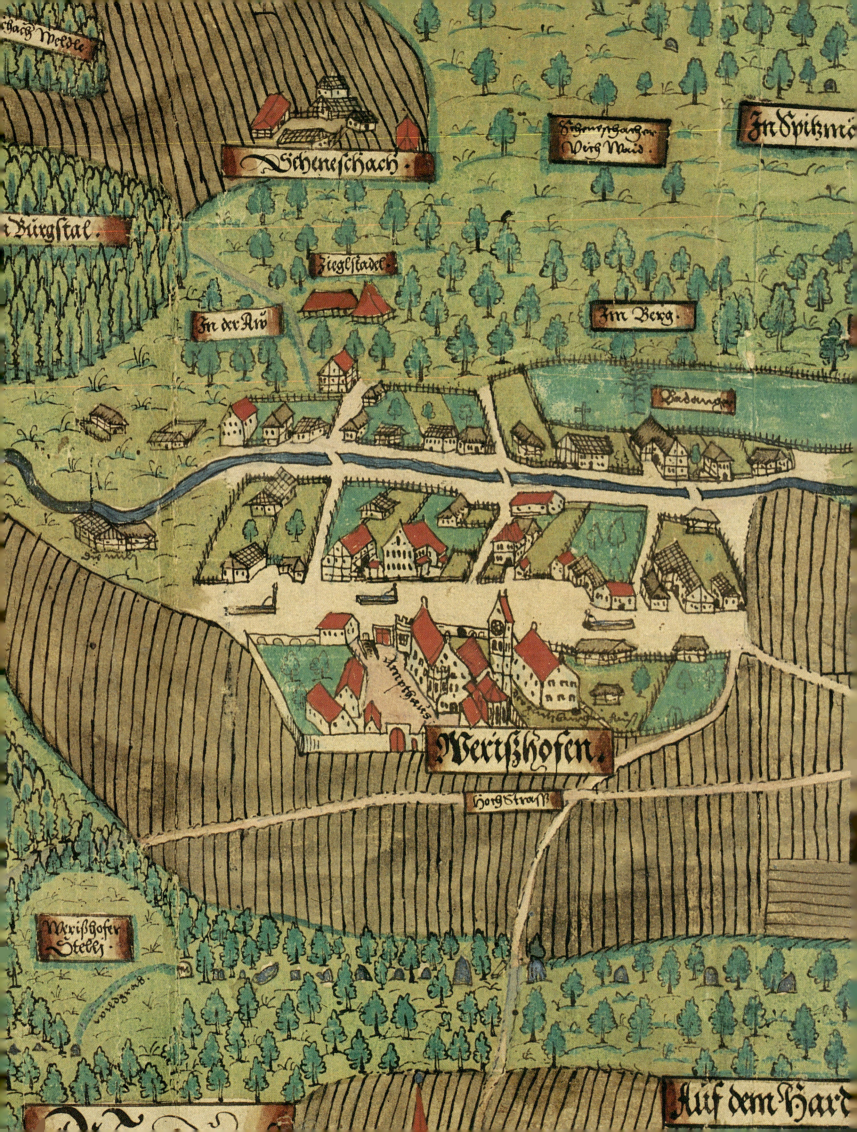

Wie Wörishofen im Jahre 1243 an den Dominikanerorden kam

Zugleich ein Beitrag zu den Anfängen des Klosters Heilig Geist >Sankt Maria> Sankt Katharina in Augsburg, Mutterkloster der Wörishofener Dominikanerinnen

Reinhard H. Seitz

Der Ort Wörishofen gehörte vom Jahre 1243 an dem Augsburger Dominikanerinnenkloster Sankt Katharina. Sein Erwerb stärkte dessen Bestand in den schwierigen Jahrzehnten nach seiner Gründung und trug so wesentlich zur dauerhaften Festigung seiner Existenz bei. Ohne den herrschaftlichen Bezug zu den Augsburger Dominikanerinnen wäre das Wörishofener Kloster in den Jahren 1718 bis 1721 nicht gegründet worden. Dem Erwerbsvorgang durch das Katharinenstift kommt deshalb für dieses ebenso wie für das Tochterkloster hervorragende Bedeutung zu. Ihm soll im folgenden an Hand der überlieferten Urkunden nachgegangen werden.

Zur Überlieferungslage des Katharinenklosters in Augsburg

Der Sturm der Französischen Revolution und das dadurch ausgelöste Vordringen Frankreichs nach Osten bis hin zur Rheingrenze hatte für die zahlreichen geistlichen Korporationen im rechtsrheinischen Teil des Heiligen Römischen Reiches deutscher Nation fatale Folgen: Nicht nur Hochstifte, also die weltlichen Herrschaftsbereiche von Fürstbischöfen als Reichsfürsten wie auch die ihrer Domkapitel, sondern erst recht zahlreiche Klöster und geistliche Korporationen (mit und ohne Landstandschaft, viele davon gar mit der Reichsunmittelbarkeit) wurden – festgelegt im und sanktioniert durch den Reichsdeputationshauptschluß – in den Jahren 1802/1803 aufgehoben. Sie wurden als Entschädigungsgut jenen großen und kleinen weltlichen Magnaten zugesprochen, welche – bedingt durch das Vordringen Frankreichs – Territorialverluste auf linksrheinischem Gebiet hinnehmen mußten. Zum gleichen Zeitpunkt verloren die meisten Freien Reichsstädte ihre Reichsunmittelbarkeit; sie wurden mediatisiert und damit einem neuen Landesherrn unterstellt; ihr mehr oder minder großes, meist ziemlich geschlossenes und durch Ankäufe im Laufe des Spätmittelalters wie der frühen Neuzeit aufgebautes Territorium fiel neuen größeren Landesherren zu. Durch Säkularisation und Mediatisierung konnten manche Reichsfürsten ihre Territorien abrunden und zugleich beträchtlich ausdehnen. Ein großer Gewinner war im Ostbereich des Schwäbischen Reichskreises das Kurfürstentum Kurpfalzbayern, in welchem damals – seit dem Aussterben der Linie Pfalz-(Neuburg-)Sulzbach mit dem Tode Karls IV. Theodor (1799) – Kurfürst Max IV. Joseph aus der als letzter übriggebliebenen wittelsbachischen Linie Pfalz-Zweibrücken-Birkenfeld regierte.[146]

Vorgezeichnet waren diese Entwicklung und das bayerische Ausgreifen nach Westen allein schon durch älteren Besitz, den die im Jahre 1777 mit dem Tode Max III. Joseph von Bayern im Mannesstamm ausgestorbene Münchner Linie der Wittelsbacher bereits westlich des Lechs besessen hatte und der dann durch Erbgang über Karl IV. Theodor an Max IV. Joseph gekommen war. Drei solcher Eckpunkte älteren Besitzes lassen die wittelsbachische West-Expansion besonders verständlich erscheinen: Die Grafschaft Wiesensteig auf der Schwäbischen Alb (bei Geislingen an der Steige), die reichsritterschaftliche Herrschaft Illertissen an der Iller und schließlich der Salzstadel in der Freien Reichsstadt Buchhorn (dem heutigen Friedrichshafen) am Bodensee als Ausgangspunkt für den kurbayerischen Salzexport hinein in die Schweiz. Zu diesem älter-kurbayerischen Besitz (sowie weiterem wie etwa Mindelheim, Türkheim und Schwabegg) kamen vom Fürstentum Pfalz-Neuburg her noch dessen vorgeschobenes westlichstes Amt an der schwäbischen oberen Donau, das Landrichteramt Höchstädt mit der Stadt Höchstädt an der Donau sowie die Städte Lauingen und Gundelfingen, beide ebenfalls an der Donau gelegen – alter staufischer Besitz, welcher

Abb. 43
Flurplan von Wörishofen („Werißhofen"). Ausschnitt. Papier auf Leinwand. Ende 16. Jahrhundert. Der Plan ist gewestet, Westen ist oben, Norden ist rechts. Bayerisches Hauptstaatsarchiv, Plansammlung 2543.

*Abb. 44 ▷
Übersichtskarte über die bauliche Entwicklung der Stadt Augsburg unter besonderer Berücksichtigung der Ansiedlung der „Schwestern bei Heilig Geist" sowie der Dominikanerinnenklöster Sankt Maria und Sankt Katharina.*

schon durch das Konradinische Erbe 1268 an die Wittelsbacher übergegangen und seitdem von den verschiedensten wittelsbachischen Linien gehalten worden war. Durch die schrittweise räumliche Verbindung all dieser Besitzungen kam es zur Bayerisch-Werdung des heutigen bayerischen Schwabens – zunächst noch über die heutige – erst 1810 festgelegte, teilweise den Flußläufen von Iller und Donau folgende bayerisch-württembergische Staatsgrenze hinweg weit ins Oberschwäbische hinein oder im Landgebiet der Freien Reichsstadt Ulm hoch auf die Schwäbische Alb hinauf.

Merkwürdigerweise konnten bei diesen Umwälzungen einige wenige Freie Reichsstädte, darunter Augsburg, ihre Reichsunmittelbarkeit noch einige Zeit (bis Ende 1805) behaupten. So kam es, daß die Säkularisation der Augsburger Klöster teilweise durch Kurpfalzbayern, teilweise aber auch durch die Reichsstadt Augsburg erfolgte. In dieser traf die Klosteraufhebung im Dezember 1802 – neben einer Vielzahl weiterer Frauen- und Männerkonvente[147] – mit dem Dominikanerinnenkloster Sankt Katharina[148] das Mutterkloster des 1718/1721 in Wörishofen enstandenen Dominikanerinnenklosters Maria Königin der Engel. Nicht ganz klare Zuständigkeiten bei diesem *‚Aufhebungsgeschäft'* scheinen in Augsburg dazu geführt zu haben, daß das Archiv von Sankt Katharina nicht geschlossen an Bayern kam, sondern daß Teile von ihm in Privathand gelangten und daß es damit, wenn auch nicht in alle Winde verstreut, so aber doch auseinandergerissen wurde. Einige der damals ‚entfremdeten', heute dem Historischen Verein für Schwaben gehörenden Urkunden veröffentlichte 1851 Anton Steichele[149] und zumindest eine weitere Urkunde befand sich sogar im Besitz von Steichele selbst.[150] Weitere Stücke gelangten in den Besitz der 1827 durch Zusammenschluß zweier Leipziger Vereine entstandenen Deutschen Gesellschaft zu Erforschung vaterländischer Sprache und Alterthümer in Leipzig; sie sollten dort insgesamt veröffentlicht werden, jedoch kam die durch E. G. Gersdorf besorgte Edition über einen ersten, 1856 erschienenen Teil nicht hinaus.[151] Das Tragische an den nach Sachsen abgewanderten Urkunden aus dem Klosterarchiv von Sankt Katharina ist, daß diese Sammlung der Deutschen Gesellschaft bei den Bombenangriffen auf Leipzig während des Zweiten Weltkriegs im Jahre 1943 vernichtet worden ist, heute also nicht mehr existiert.[152]

Einen genauen Überblick über den ursprünglichen Urkundenbestand haben wir bei Sankt Katharina nicht: Ein ältestes Repertorium oder Findbuch zu den Urkunden stammt erst aus der Zeit um 1580/1590; es listet die Urkunden nach Orten auf, nennt das Jahr der Ausstellung und knapp den Inhalt der Urkunden sowie deren jeweiliges ‚Incipit', also den Textanfang.[153] Zuverlässige Kopialbücher mit vollen Urkundenabschriften aus der frühen Klosterzeit scheinen zu fehlen.

Eine Darstellung der frühen Geschichte des Augsburger Katharinenstifts begegnet nach alledem erheblichen Schwierigkeiten. Dennoch wird im folgenden versucht, die Gründungsphase des Klosters und damit die Voraussetzungen für den Erwerb von Wörishofen durch dieses nachzuzeichnen.

*Zwei Vorläufer vor den ‚Mauern'
der Stadt Augsburg:
Die Schwestern bei Heilig Geist und das
Dominikanerinnenkloster Sankt Maria*

Vom Monat Februar 1239 datiert eine Urkunde, welche von einer Schenkung an die Heilig-Geist-Kirche auf der Weide bei Augsburg (*„ecclesie sancti spiritus in prato aput Augustam"*) und an die dortigen, Gott dienenden Schwestern (*„sororibus ibidem deo seruientibus"*) spricht. Diese Schenkung erfolgte durch den Augsburger Domherrn Ulrich Vitztum (*„V̊lricus vicedominus"*) sowie durch die Herren von Algertshausen (*„Aleginshusen"*): Durch das Ehepaar Hainrich und *„Offemia"* sowie deren Söhne Hainrich und Siegfried. Sie übergaben der Schwesterngemeinschaft bei Heilig Geist einen gewissen Acker, der ihnen auf ihrer aller Lebenszeit als Leibgeding vom Kloster und Konvent Sankt Stephan in Augsburg verliehen gewesen war.[154] Im gleichen Jahr 1239 erwarb die dazu eigens nach Augsburg gekommene Priorin Diemut (*„Dyem̊udis"*) des (Dominikanerinnen-)Klosters Maria Medingen eine (möglicherweise diesem Acker benachbarte) Hofstätte auf den Weiden (*„area in pratis"*) von der Äbtissin Adelhaid und dem Konvent von Sankt Stephan in Augsburg. Diese Hofstätte lag in einem Abstand von *„octo lapidibus ab urbe"*, also acht Stein-

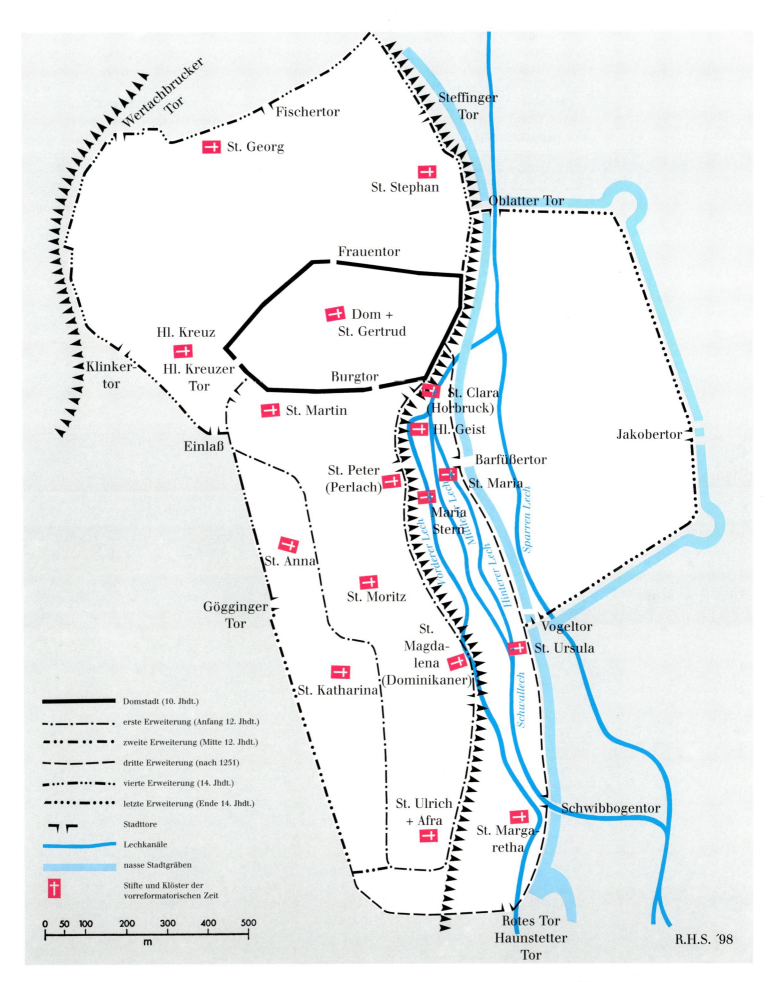

(würf)e[155] von der Stadt(mauer), entfernt.[156] Die Äbtissin übergab das Eigentum an dieser Hofstätte dem Augsburger Bischof Siboto und trug an ihn den Wunsch heran, dort eine Kollegiatkirche für die Schwestern des Augustinerordens zu errichten und diese zu Ehren der Jungfrau Maria zu begründen („*ut in eadem area collegiatam ecclesiam sororum ordinis sancti Augustini erigeremus et in honore sancte dei genitricis virginis Mariae fundaremus*"). Bischof Siboto beurkundete dies am 10. September 1239.[157] Das (schon neue?) Kloster auf dem Grieß bei Augsburg („*in loco qui dicitur Griez apud Augustam*") hatte bereits im Mai 1239 König Konrad IV., der Sohn von Kaiser Friedrich II., auf Bitten von Priorin und Konvent in seinen Schutz und Schirm aufgenommen.[158]

Aus einer Urkunde Papst Innozenz IV. vom 8. Januar 1246 ist ersichtlich, daß die Nonnen („*priorissa et conuentus monasterii sancte Marie in harena* [...] *extra muros civitatis Augustensis*") begonnen hatten, Kirche, Kloster und notwendige Nebengebäude zu errichten („*ecclesiam, claustrum et domos ipsarum usibus oportunos edificare ceperint*"). Um dieses Unternehmen durch Schenkungen an das Kloster zu unterstützen, gewährte der Papst einem jeden Schenker einen Nachlaß von 40 Tagen an auferlegten Sündenstrafen.[159] Und noch im gleichen Jahr übertrug Papst Innozenz IV. am 13. März 1246 auf Bitten von Priorin und Konvent des Klosters „*de arena extra muros Augustenses*" sowie auf die des Grafen Johann von Montfort die Leitung der geistlichen Angelegenheiten dem Meister („*magister*") und Prior der deutschen Provinz des Predigerordens, wobei die vom Orden zu übernehmenden Aufgaben von den dem Klosterkonvent verbleibenden Rechten genau geschieden wurden.[160] Bischof Hartmann von Augsburg teilte im dritten Jahr seines Episkopats den Inhalt des eingangs genannten päpstlichen Indulgenzbriefes den Kloster- und Weltgeistlichen seines Bistums mit.[161] Es war dies jener Augsburger Bischof, während dessen Regierungszeit im Jahre 1251 die früher zunächst nach der Augustinusregel lebende Schwesterngemeinschaft als seit 1246 dem Dominikanerorden angehörendes Frauenkloster erneut verlegt wurde, dieses Mal in die Stadt Augsburg an jenen Platz in der Pfarrei Sankt Moritz, auf dem das Kloster bis zu seiner Aufhebung im Jahre 1802/1803 bestanden hat. Die Nonnen konnten dabei das an die Kirche ihres früheren Klosters gebundene Marienpatrozinium nicht mitnehmen, sie erwählten sich vielmehr jetzt die heilige Katharina von Alexandrien zur Patronin ihres neuen und dritten Klosters. Bei diesen mehrfachen Standortwechseln erhebt sich verständlicherweise die Frage, wo die beiden Vorläuferklöster lagen.[162] Gesichert ist für sie lediglich die Situierung vor der (damaligen) Augsburger Stadtmauer bzw. Stadtbefestigung.[163]

Angesichts der relativen Seltenheit des Heilig-Geist-Patroziniums und seiner überwiegenden Gebundenheit an Spitäler drängt sich allein schon deshalb die Frage auf, ob die 1239 genannte Heilig-Geist-Kirche nicht identisch gewesen sein könnte mit der Kirche des ältesten Heilig-Geist-Spitals in Augsburg. Dieses lag nach neuesten Erkenntnissen nicht im Bereich der (aus fortikatorischen Gründen in der Zeit um 1375/1380 niedergelegten) Vorstadt Wagenhals,[164] sondern allem Anschein nach im Bereich des heutigen sogenannten Kapitelhofes und damit in der Gegend der Lechkanäle[165]; es wurde erst um 1300 von dort in die Wagen-

Abb. 45 ▷
Siegel des Augsburger Dominikanerkonvents (des Priors?), Abdruck von 1279. Staatsarchiv Augsburg, Kl. Augsburg-St. Katharina, Urk. 22. Zur Erklärung siehe Anm. 170.

hals-Vorstadt verlegt und schließlich nach deren Niederlegung auf den heutigen Platz innerhalb der Stadtmauern in die Nähe des Haunstetter oder heutigen Roten Tors. Die älteste Schwesternsammlung, möglicherweise eine Gemeinschaft von Beginen, also von frommen, gottesfürchtigen Frauen, hätte damit wohl im Dienste der Alten- und Krankenpflege gestanden.

Das Zentrum des zweiten Klosters war dagegen eindeutig eine Marienkirche, wie sich beispielsweise aus den schon genannten Urkunden von 1246 ergibt, in denen die Rede ist von „*priorissa et conuentus monasterii sancte Marie in harena ... extra muros civitatis Augustensis*". Dieses Marienpatrozinium des Klosters konnte, wie schon gesagt, nach 1250 nicht an den dritten (und letzten) Standort des Klosters mitgenommen werden, sondern wurde dort durch ein Katharinenpatrozinium ersetzt. Auffallend in diesem Zusammenhang ist, daß der Konvent des nachfolgenden Katharinenklosters selbst in einem später verwendeten Siegel noch die Muttergottes mit Kind als Siegelbild führt: Zwei verschiedene Siegel – das eine bezeugt 1273 und 1279[166], das andere 1300[167] – zeigen dies ganz deutlich. Möglicherweise sind beide Siegelbilder als eine Erinnerung an das Patrozinium des Vorgängerklosters zu erklären. Das Siegel der Priorin von 1279 zeigt gleichfalls Maria mit Kind[168], erst ein jüngeres Priorinsiegel von 1300 dann wohl die heilige Katharina[169]. Übrigens führten auch die Augsburger Dominikaner in einem der ältest erhaltenen Siegel die sitzende Muttergottes, auf dem Arm das (nimbierte) Kind.[170]

Sehen wir uns nach einer Marienkirche um, die in einer Distanz von etwa 400 bis 450 Meter von der Augsburger Stadtmauer des Jahres 1239 entfernt liegen könnte, so stoßen wir im Gebiet des „*Grieß*" bzw. „*in (h)arena*"[171], also auf der Niederterrassenebene des Lechs und seiner Kanäle, tatsächlich auf eine Marienkirche. Diese ist aber heute nicht mehr unter diesem, sondern nur noch unter dem Namen „*Barfüßerkirche*" bekannt. Es war dies (zuletzt) die Kirche des in der Reformationszeit (1538) aufgehobenen Augsburger Franziskaner- oder Barfüßerklosters. Über dessen Anfänge wissen wir sehr wenig: Es soll, nachdem bereits im Jahre 1221 ein Ordenskapitel des noch sehr jungen Franziskanerordens in Augsburg

◁ *Abb. 46*
Siegel der Priorin des Augsburger Katharinenklosters, Abdruck von 1279. Staatsarchiv Augsburg, Kl. Augsburg-St. Katharina, Urk. 22. Zur Erklärung siehe Anm. 168.

Abb. 47
Siegel der Priorin des Augsburger Katharinenklosters, Abdruck von 1300. Staatsarchiv Augsburg, Kl. Augsburg-St. Katharina, Urk. 44.

tagte, noch im selben Jahre gegründet worden sein, was aber lediglich Annahme ist.[172] Sicher genannt werden vier Brüder „*de ordine minori in Augusta*", darunter ein Guardian („*wardianus*"), erst in den bekannten Urkunden vom 9. Mai 1251[173] und 31. Juli 1251[174], der Vereinbarung zwischen dem Bischof Hartmann bzw. dem Domkapitel von Augsburg einerseits und der Augsburger Bürgerschaft andererseits; Augsburger Franziskaner treten hier nach hohen Vertretern des Augsburger Domkapitels und Vertretern der Augsburger Dominikaner als bei diesem Rechtsakt Anwesende auf. Unwillkürlich drängt sich im Zusammenhang mit der zweiten und letzten Verlegung (1251) des jetzt Sankt Katharina geweihten Augsburger Dominikanerinnenklosters und dem jetzt erstmaligen Auftauchen eines Franziskanerkonvents im gleichen Jahr 1251 die Frage auf, ob damals nicht die Franziskaner die Gebäude des vorherigen, Maria geweihten Dominikanerinnenklosters auf der Lechebene mit dessen Kirche von den Dominikanerinnen übernommen haben könnten.[175] In dieser Kirche dürften die seit 1225 in Augsburg nachweisbaren und wohl im gleichen Viertel angesiedelten Dominikaner[176] für das Dominikanerinnenkloster Sankt Maria bis etwa 1251 Seelsorgefunktionen ausgeübt haben; diese setzten sie dann weiterhin, auch nach der Übernahme von Kloster und Kirche Sankt Magdalena durch den Templerorden im Jahre 1313, vom noch näher zu Sankt Katharina gelegenen Kloster Sankt Magdalena aus fort. Beweisen läßt sich dies alles zwar nicht, doch bilden diese Überlegungen Ansätze, bei der Frage der Festlegung des Standorts des unmittelbaren Vorgängers des späteren Katharinenklosters weiterzukommen.[177]

Die Schenkung des Besitzkomplexes Wörishofen durch Christina von Fronhofen (1243)

In die Anfangsjahre des Augsburger Dominikanerinnenklosters Sankt Maria fiel ein entscheidendes Ereignis: Am 18. Mai 1243 stellte Christina genannt von Fronhofen („*Fronehoven*"), die Witwe des Heinrich von Wellenburg („*Wellenburch*"), all ihren Besitz zu Wörishofen und andernorts („*sive in Werneshouen, sive alibi*") für wohltätige Zwecke

Abb. 48 ▷
Siegel des Konvents des Augsburger Katharinenklosters, Abdruck von 1273. Staatsarchiv Augsburg, Kl. Augsburg-St. Katharina, Urk. 16. Zur Erklärung siehe Anm. 166.

Abb. 49 ▷▷
Siegel des Konvents des Augsburger Katharinenklosters, Abdruck von 1300. Staatsarchiv Augsburg, Kl. Augsburg-St. Katharina, Urk. 44. Zur Erklärung siehe Anm. 167.

("intuitu elemosine") zur Verfügung. Nach dem Rat des Dominikaners Friedrich von Rothenburg („*Rotenburch*")[178] sollte darüber entschieden werden, ob dieser Besitz verkauft und der Erlös daraus für Almosen verwendet, ob mit diesem Besitz ein Kloster begründet oder aber ob er anderen frommen Einrichtungen übertragen werden sollte. Christina von Fronhofen vollzog diese Schenkung zur Vorsorge für ihr Seelenheil („*volens, saluti mee in posterum prouidere*"). Da sie die Urkunde mit dem Siegel ihres einstigen Gatten Heinrich von Summerau („*Sumerowe*") besiegeln ließ – sie selbst hatte kein persönliches Siegel –, läßt sich daraus entnehmen, daß sie zweimal verheiratet war und wahrscheinlich keine direkten Nachkommen hatte, denen sie den Wörishofener Besitz hätte übergeben können. Das wichtige Rechtsgeschäft selbst erfolgte in der (Pfarr)Kirche Sankt Justina im heutigen Bad Wörishofen („*in ecclesia sancte Justine in Werneshouen*").[179] 1245 schenkte dann „*Cristina*", die Witwe des Heinrich von Wellenburg, Kämmerer des Bischof Siboto von Augsburg, noch den Kirchensatz („*jus patro-*

Abb. 50
Urkunde über die Schenkung des Besitzes zu Wörishofen (Werneshouen) durch Christina von Fronhofen (xpina dicta de Fronehoven) an den Dominikanerorden von 1243. Transkription und Übersetzung im Anhang S. 353. Augsburg, Archiv des Bistums Augsburg, U 52/1.

Abb. 51
Siegel des Konrad von Mattsies, Abdruck von 1256. Bayerisches Hauptstaatsarchiv, Kl. Steingaden, Urk. 63.

Abb. 52
Siegel des Swigger von Mindelberg, Abdruck von 1256. Bayerisches Hauptstaatsarchiv, Kl. Steingaden, Urk. 63.

natus") der Kirche in Wörishofen („Wöreshoven") den Schwestern im Gries außerhalb der Mauern von Augsburg („in harena extra muros civitatis Augustensis"). Wichtig erscheint der Zusatz, daß dieser Kirchensatz der Christina „jure haereditario", also kraft Erbes, gehört hatte.[180]

Christina von Fronhofen entstammte dem Geschlecht der Herren von Fronhofen[181], die ursprünglich welfische Dienstmannen waren.[182] In einer ersten Ehe dürfte Christina mit Heinrich von Summerau[183] verheiratet gewesen sein, dessen Familie früher gleichfalls der Welfenklientel zuzurechnen war, und erst in zweiter Ehe mit Heinrich von Wellenburg (bezeugt 1218–1237) aus der bekannten Familie der bischöflich-augsburgischen Kämmerer von Wellenburg.[184]

Wie Christina von Fronhofen aus dem Ober- ins Ostschwäbische gekommen ist, wissen wir nicht sicher, jedoch hatte sie dort nicht nur allernächste Verwandte („cognati"), sondern sogar Blutsverwandte („consanguinei"). Dies ergibt sich aus einem etwas späteren, im Jahre 1256 vollzogenen Rechtsgeschäft: Damals wurde die zehn Jahre zurückliegende Schenkung der Hälfte eines Gutes im Südtiroler Ort Vazeray[185] an das (von Herzog Welf VI. begründete) Prämonstratenserkloster Steingaden beurkundet; die andere Hälfte dieses Gutes hatte ihre (im Jahre 1251) verstorbene und in eben diesem Kloster begraben liegende Tante („matertera") Tuota (von Angelberg) bereits früher an Steingaden gegeben. Das Gut selbst war auf dem Erbweg („iure hereditario progenitoribus meis successi") an Christina von Fronhofen gekommen. Die Schenkung erfolgte in Gegenwart ihrer „cognati": Swigger von Mindelberg, Konrad von Mattsies sowie der drei Brüder Heinrich, Hiltbold und Konrad von Schwangau, von denen ihre Blutsverwandten („consanguinei") Swigger von Mindelberg und Konrad von Mattsies die Urkunde mitbesiegelten. Christina von Fronhofen selbst war als Witwe zwischen 1243 und 1256 in das Augsburger Dominkanerinnenkloster als Schwester eingetreten und wird daher in dieser Urkunde als „soror ... cenobii sancte Katherine civitatis et diocesis Augustensis" bezeichnet. Die Bedeutung dieses Rechtsgeschäfts mit der Schenkung an das Kloster Steingaden wird dadurch unterstrichen, daß sowohl Bischof Hartmann wie auch das Dominikanerkloster sowie das Dominikanerinnenkloster Sankt Katharina von Augsburg die Urkunde mitbesiegelten.[186]

Die hier genannte Tuota von Angelberg (aus dem Haus der ursprünglich welfischen, dann staufischen Ministerialen von Mattsies-Angelberg[187]) mag übrigens durch die Schenkung ihrer Nichte Christina von Fronhofen dazu angeregt worden sein, gleichfalls Besitz an den Dominikanerorden zu übergeben. Tuota von Angelberg war mit Johann von Ravensburg bzw. Löwental verheiratet gewesen. Dieser entstammte einem zunächst gleichfalls welfischen Dienstmannengeschlecht, welches sich ursprünglich nach seinem Stammsitz von Eichstegen[188] bzw. Löwental benannte, das aber auch zu Ravensburg (sowie zu Biegenburg und Baumgarten) saß. Johann von Ravensburg und Tuota von Angelberg übergaben jedenfalls im Jahre 1250 die Stammburg Eichstegen an die Dominikaner zu Konstanz zur Gründung eines Dominikanerinnenklosters, das in der Folgezeit nicht Eichstegen, sondern Löwental hieß (und 1806 von Württemberg säkularisiert wurde).[189] Johann von Ravensburg und seine Frau Tuota, Tante der Christina von Fronhofen, starben im Jahre 1251.[190] Da das neue Dominikanerinnenkloster Löwental damals wohl noch in der unmittelbaren Aufbauphase stand, wurde zumindest Tuota von Angelberg, wie bereits oben bemerkt, in Steingaden zur letzten Ruhe bestattet.

Man kann diesen Familienverbindungen der ersten Hälfte des 13. Jahrhunderts entnehmen, daß in welfischer Zeit geknüpfte Familienbande zwischen Ost- und Oberschwaben auch über das Todesjahr 1191 von Herzog Welf VI. hinaus in staufischer Zeit weiterbestanden haben. Und gerade im Rahmen solcher familiärer Beziehungen mag Christina von Fronhofen nach Ostschwaben gekommen sein. Die uneingeschränkte Verfügungsgewalt über den Besitz Wörishofen im Jahre 1243 könnte vielleicht darauf hinweisen, daß dies ihr eigener, allem nach sogar ein ererbter Besitz war und daß sie diesen wohl nicht erst über einen ihrer beiden Gatten erhalten hat, von deren Familien her übrigens keine Beziehungen zum Raum Wörishofen bekannt sind. Möglicherweise war die Mutter der Christina von Fronhofen eine geborene von Mattsies/Angelberg, welche den Besitzkomplex Wörishofen in die Ehe mit Berthold von Fronhofen (nachgewiesen 1192/1212), einem Sohn des welfischen Ministerialen Mengoz von Fronhofen (bezeugt 1171)[191], eingebracht hatte, dazu auch die Hälfte des Gutes zu Vazeray, wobei hier vielleicht sogar noch ältere Familienverbindungen der Mattsieser/Angelberger hereinspielen. Da die Herren von (Mattsies/)Angelberg auch in dem Wörishofen östlich benachbarten Stockheim Besitz hatten,[192] wäre eine solche Überlegung durchaus in Betracht zu ziehen. Der Versuch einer genealogischen Übersicht soll dies verdeutlichen, wobei natürlich der Tatsache der Consanguinitas der Christina von Fronhofen mit den Herren von Mattsies und von Mindelberg[193] eine besondere Bedeutung zukommt:

*Abb. 53
Wappen der Christina von Fronhofen († nach 1256). Fresko in der Kirche des Dominikanerinnenklosters Bad Wörishofen. 1721/1723. Die Inschrift lautet: „PIETAS CONSECRAT" (Frömmigkeit bringt dar).*

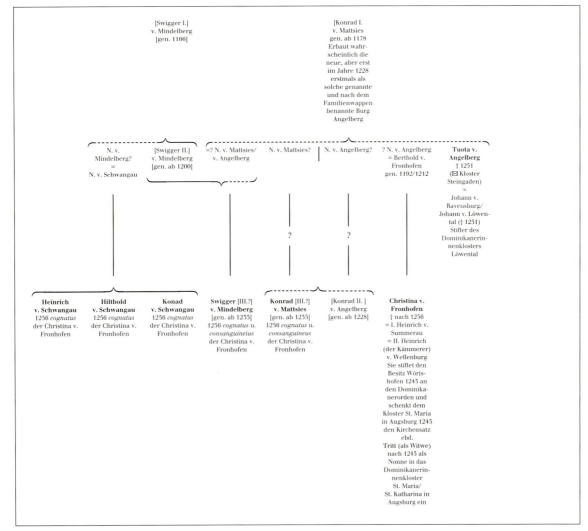

Die Übergabe des Besitzes zu Wörishofen mag sicherlich das Seine dazu beigetragen haben, daß sich das zu diesem Zeitpunkt in einer gewissen Aufbauphase stehende Dominikanerinnenkloster Sankt Maria konsolidieren und stabilisieren konnte. Wörishofen war jedenfalls der erste große und ziemlich geschlossene Güterkomplex, der an dieses Kloster und damit an dessen Nachfolgekloster Sankt Katharina gekommen ist. Die Weitergabe des Besitzes mag der Auslöser dafür gewesen sein, daß Bischof Siboto von Augsburg – in Übereinstimmung mit dem Domkapitel und dem Rat der bischöflichen Ministerialen – dem Kloster („religiosis dominabus ac devotis sororibus in harena Augustae") im Jahre 1245 gestattete, von diesen seinen Ministerialen lehenbare Güter in Stadt und Land käuflich zu erwerben oder aber als fromme Schenkung (auch zum Seelenheil Verstorbener) anzunehmen.[194] Damit war ein entscheidender Schritt in der Klosterstruktur vollzogen, denn die Nonnen mußten ihren Lebensunterhalt jetzt nicht wie bisher allein aus dem ‚Betteln', dem Erbitten von freiwilligen Gaben, also dem Terminieren, bestreiten, sondern sie konnten dies jetzt aus Einkünften von Grund und Boden tun. Die Schwestern wechselten damit vom Dritten zum sogenannten Zweiten Orden.[195]

Bischof Hartmann von Augsburg als Förderer des Dominikanerinnenklosters Sankt Maria und dessen Verlegung als Sankt Katharina in die Stadt Augsburg

Bischof Hartmann (reg. 1248–1286) stammte aus dem Haus der Grafen von Dillingen. Er war wohl schon von Jugend an mit dem jungen Reformorden der Dominikaner und dessen weiblichen Zweig vertraut und verbunden. Sein Vater, Graf Hartmann IV. von Dillingen († 1258), hatte nämlich im Jahre 1246 das Dominikanerinnenkloster zu Maria Medingen[196] mit bedeutendem Besitz ausgestattet, wozu die Söhne – Albert, Ludwig und eben der spätere Bischof Hartmann – ihre Zustimmung gaben; dadurch hatte er ein früher schon bestandenes Kloster auf eine neue wirtschaftliche und rechtliche Grundlage gestellt – Bischof Hartmann bemerkte 1263 zum Werk seines Vaters Hartmann: *„claustrum in Medingen de novo fundavit"*.[197] Das Dominikanerinnenkloster Maria Medingen entwickelte sich übrigens so gut, daß 1261 ein (von den Spät von Faimingen begründetes) Tochterkloster in Obermedlingen entstehen konnte.[198] In Dillingen selbst gab es gleichfalls ein Dominikanerinnenkloster, das sogenannte Kleine Kloster Sankt Ulrich, welches zwar erst im Jahre 1313[199] und damit doch einige Zeit nach dem Aussterben der Grafen von Dillingen (mit dem Tode Bischof Hartmanns 1286) erstmals genannt wird, das aber vom Ulrichspatrozinium her durchaus als Gründung der Grafen von Dillingen angesehen werden darf. Und bei der Nähe von Dillingen zu Lauingen, dem Geburtsort des großen Dominikaners Albertus Magnus, wäre es durchaus denkbar, daß Albert aus Lauingen den Grafen von Dillingen persönlich bekannt war und bei diesen vielleicht sogar für die Ideale des jungen Predigerordens geworben haben könnte, dem er sich – gleich seinem Bruder Heinrich – kurz zuvor angeschlossen hatte.

Bischof Hartmann teilte jedenfalls im dritten Jahr seines Episkopats den Kloster- und Weltgeistlichen seiner Diözese einen Ablaßbrief von Papst Innozenz IV. für das Kloster Sankt Maria in Augsburg mit. Im Jahre 1251 hatten sich nämlich die Dominikanerinnen von Sankt Maria erneut an Papst Innozenz IV. gewandt – dieses Mal aus einer Notlage heraus. Am 4. April 1251 wies daher der Papst den Erzbischof von Mainz, dessen Suffragane sowie die Äbte an, sich der Augsburger Dominikanerinnen anzunehmen und gegen Frevler vorzugehen, und zwar sowohl gegen Laien (mit dem feierlich in den Kirchen auszusprechenden Bannfluch) wie auch selbst gegen Geistliche (die bei einem Schuldspruch von ihren Ämtern entbunden werden sollten).

Die erneute Verlegung des Dominikanerinnenklosters in die (ummauerte bzw. umwehrte) Stadt erfolgte also zu dessen besserem Schutz vor Übergriffen durch Laien wie auch durch Geistliche.[200] Am 5. August 1251 wies Bischof Hartmann den Nonnen des Klosters Sankt Maria das Eigentum an Hofstätten in der Pfarrei Sankt Moritz, innerhalb der umwehrten Stadt, an. Diese Hofstätten waren den Nonnen von zwei Personen, dem Ritter Oswald und dem Hofmeister *(„dispensator")* Berthold, welche als officiales von Bischof Hartmann bezeichnet werden,[201] übergeben worden und waren bis dahin Lehen vom Hochstift Augsburg gewesen. Das Hochstift sollte einen Ausgleich für diese Lehen erhalten; auf den Hofstätten selbst sollte das neue Kloster Sankt Katharina entstehen *(„fundandi et construendi oratorium in honore gloriose virginis et martyris Katharina ac locandi edificia")*.[202]

Noch in demselben Jahr 1251 rief Bischof Hartmann zur Förderung des Klosters durch die Augsburger Bürgerschaft auf. Dazu sollte eine größere Anzahl von an das Kloster verliehenen Ablässen beitragen. Einen solchen Ablaß verlieh wenig später (1263) auch der große Dominikaner Albert(us Magnus) *(„frater Albertus quondam episcopus Ratisponensis")*.[203] Eine Verbindung Alberts von Lauingen zu den Augsburger Dominikanerinnen von Sankt Katharina blieb übrigens weiterhin bestehen, denn in seinem Testament von 1279 bedachte Albertus Magnus († 1280) neben den Frauenklöstern Sankt Markus zu Würzburg und zu Schwäbisch Gmünd auch das Augsburger Katharinenkloster mit jeweils 30 Pfund (Pfennigen).[204]

Mit der Verlegung des Klosters aus dem damals wohl noch wenig bebauten, gewerblich wohl aber schon längst genutzten und als *„pratum"* bzw. im Grieß bezeichneten Gelände, der Niederung an den Lechkanälen unmittelbar östlich zu Füßen der Stadt, hinauf in die umwehrte Stadt ist die Gründungsphase des ältesten der insgesamt drei Augsburger Dominikanerinnenklöster – Sankt Katharina, Sankt Margaretha und Sankt Ursula – abgeschlossen.

Der Gründungsvorgang weist manche Gemeinsamkeit mit dem frühesten der bayerischen, dem um nur wenige Jahre älteren Dominikanerinnenkloster Heilig Kreuz in Regensburg auf: Auch hier wurde einer außerhalb der Stadt lebenden Schwesterngemeinschaft – dies allerdings schon im Jahre 1233 – gestattet, Besitz im Westbereich innerhalb der Regensburger Stadtmauern zu erwerben, so daß dort, *„wie die büßenden Schwestern im Osten der Stadt gewissermaßen als geistliche Wächter aufgestellt sind, auch vom Westen her die Stadt durch das Lob des Namens Gottes der geistlichen Wache nicht beraubt werden möge"* – wie es in der (lateinischen) Gründungsurkunde dieses Schwesterklosters zum Augsburger Dominikanerinnenkloster Sankt Maria/Sankt Katharina heißt.[205]

Und auch beim zweiten Augsburger Dominikanerinnenkloster Sankt Margaretha läßt sich Ähnliches beobachten: Ursprünglich als Vereinigung frommer Frauen auf dem Lande in einem später abgegangenen (oder umbenannten?) Ort Meinhartshofen (wohl bei Obergünzburg[206]) entstanden, nach 1240/1241 dem Dominikanerorden angeschlossen und in den Weiler Leuthau (westlich Schwabmünchen) verlegt, wurde es schließlich vor 1261 erneut und dieses Mal in das sicherere Augsburg verlegt.[207] Ob aber dieses (im Jahre 1538 aufgehobene und am Milchberg beim heutigen Heilig-Geist-Spital gelegene) Kloster[208] damals schon innerhalb der Augsburger Befestigung zu stehen kam oder ob es bei der letzten Verlegung noch vor dieser lag, läßt sich nicht sagen. Wir wissen nämlich nichts über den Zeitpunkt der Anlage der östlichen Stadtmauer entlang dem heutigen Straßenzug Mittlerer/Oberer Graben bis hin zum Haunstetter, dem heutigen Roten Tor;[209] gesichert ist nur, daß die Erweiterung der Stadtbefestigung erst nach 1251, dem Jahr der Verlegung des Dominikanerinnenklosters Sankt Maria als Sankt Katharina in die Stadt Augsburg, erfolgt sein kann.

*Abb. 54
Wappen des Dominikanerordens. Fresko in der Kirche des Dominikanerinnenklosters Bad Wörishofen. 1721/1723. Die Inschrift lautet: „Religio acceptat" (Der Orden nimmt die Gründung an).*

C.P.S.C.M.　　　　　　　　　　　　　　　　　　　　Bergmüller inv. et delin. Aug. Vind.

Zur Geschichte des Dominikanerinnenklosters Sankt Katharina in Augsburg

Reinhard H. Seitz

Das Mutterhaus der Wörishofener Dominikanerinnen war das Kloster Sankt Katharina zu Augsburg. Es bestand bis zur Säkularisation ziemlich genau 550 Jahre. Mitten in der Stadt gelegen, wurde seine Geschichte von dieser maßgeblich mitgeprägt. Vor allem das Schutz- und Schirmverhältnis zum mächtigen Rat der alten Reichsstadt spielte dabei eine entscheidende Rolle. Dies soll deshalb den Leitfaden für den folgenden Überblick über die Geschichte des Stifts bilden.

Mit der im Jahre 1251 erfolgten Ansiedelung im Inneren der Stadt hatte das jetzt Sankt Katharina geweihte älteste Augsburger Dominikanerinnenkloster[210] eine „*stabilitas loci*" erreicht. Den Umzug vom Kloster Sankt Maria nach Sankt Katharina dürfte auch Christina von Fronhofen mitgemacht haben, die dem Orden acht Jahre zuvor ihren Besitz zu Wörishofen geschenkt und die sich ihm dann wohl kurz darauf angeschlossen hatte. Nachweislich gehörte sie im Jahre 1256 dem Konvent von Sankt Katharina an. Auffallend ist, daß ihr Gedächtnis in Sankt Katharina – trotz der großen Schenkung – nicht in Form eines feierlichen Jahrtags begangen wurde, ja, daß sich ihr Name selbst im Jahrtagsbuch von Sankt Katharina aus der Zeit um 1510[211] nicht vorgetragen findet. Doch bedeutete Wörishofen auf jeden Fall einen wichtigen Einschnitt in der Klostergeschichte, denn Sankt Katharina erwarb in der Folgezeit weiteren größeren Landbesitz – vor allem im Raum zwischen Iller und Lech,[212] aber auch jenseits des Lechs im Herzogtum Bayern, um damit gleichsam die ‚*mundiale*', also die materiell-weltliche Basis für diese älteste geistliche Gemeinschaft von Dominikanerinnen in Augsburg zu schaffen.[213] Als Beispiele für solche Erwerbungen seien hier genannt die zu (dem am Lech gelegenen) Hausen = Lechhausen (Stadt Augsburg)[214] gelegenen, die zu Rommelsried (Landkreis Augsburg) ab 1273, die zu Diedorf (Landkreis Augsburg) ab 1278, die zu Stadtbergen (Landkreis Augsburg) ab 1279, der Kauf der geschlossenen Herrschaft Mindelaltheim (Landkreis Günzburg) im Jahre 1438 oder der vollständige Erwerb von Altenbaindt (Landkreis Dillingen an der Donau) in den Jahren zwischen 1357 und 1454.

Das Dominikanerinnenkloster Sankt Katharina war durch diesen Besitz zwar mit dem Land ‚*draußen*' verbunden, durch seinen Sitz innerhalb der Mauern der freien Reichsstadt Augsburg nahm es aber eine andere Entwicklung als manch anderes Kloster, das seinen Sitz auf eben diesem flachen Lande und damit außerhalb von schützenden Städten hatte. Die Landklöster mußten sich einen mächtigen Schutzherrn suchen und waren von daher gesehen mehr in die Herrschaft größerer weltlicher wie auch geistlicher Territorialherren eingebunden, Sankt Katharina dagegen war stark in das Leben innerhalb der Stadt Augsburg integriert und davon berührt – sie übte seit der Mitte des 14. Jahrhunderts den Klosterschutz mit aus. Ursprünglich war dieser allein in der Hand des jeweiligen deutschen Königs gelegen: Mit Privileg vom Mai 1239 hatte König Konrad IV., ein Staufer, das Vorläuferkloster Sankt Maria in seinen und des Reiches Schutz und Schirm genommen. Dieser Schutz wurde dann aber von König Karl IV. mit Privileg vom 26. März 1349 Herzog Friedrich von Teck als Landvogt (bzw. seinem Nachfolger in diesem Amt) und Bürgermeistern, Rat und Bürgern der Stadt Augsburg übertragen.[215] Daß der Klosterschutz 1349 zwei Institutionen gemeinsam zugeordnet wurde, mag vielleicht damit zusammenhängen, daß Sankt Katharina damals bereits über umfangreicheren Besitz auf dem Lande verfügte.

Sichtbar trat der Klosterschutz durch die Stadt Augsburg im Rahmen von Gütererwerbungen durch das Kloster hervor. Zwar handelte dieses beim Erwerb von Liegenschaften meist selbständig, ohne Hinzuziehung von Pflegern. Waren die Liegenschaften jedoch Lehen eines geistlichen oder weltlichen

Abb. 56
*Wappen des Augsburger Katharinenklosters. Fresko in der Kirche des Dominikanerinnenklosters Bad Wörishofen. 1721/1723. Die Inschrift lautet „*Liberalitas fundat*" (Freigiebigkeit stiftet).*

◁ *Abb. 55*
Glorie der heiligen Katharina von Alexandrien, der Namenspatronin des Augsburger Katharinenklosters. Radierung von Johann Georg Bergmüller (1688–1762).
38 cm × 28,2 cm. Bezeichnet unten rechts JGBergmüller (die drei ersten Buchstaben ligiert).
Die Darstellung zeigt das 1835 zerstörte Chorfresko der Augsburger Dominikanerinnenkirche Sankt Katharina, das Bergmüller im Auftrag der Priorin Maximiliana Gräfin Ruepp von Falkenstein 1728 ausführte.
Augsburg, Städtische Kunstsammlungen, Inv.-Nr. G. 1258/1959.

Herrn, so mußten sie nach damaligem Recht und herrschender Gewohnheit von Lehenträgern namens des Klosters empfangen werden, wobei diese Lehenträger in der Regel meist zugleich Pfleger waren[216]. Pfleger als Laien in der Person von Augsburger Stadtbürgern standen im übrigen, wie den meisten Augsburger Klöstern, so auch dem Kloster Sankt Katharina – und für dieses erstmals nachweisbar im Jahr 1395 – besonders bei Rechtsentscheidungen zur Seite. Dies erscheint selbstverständlich, zumal im Konvent von Sankt Katharina vor allem Augsburger Bürgerstöchter lebten. In Gerichtsverfahren jedoch bedurfte die jeweilige Priorin nach damaligem Recht stets einer Person, welche sie dabei vertrat – wie dies etwa im Jahre 1395 Peter Langenmantel als Pfleger in einem Rechtsstreit des Klosters um Güter zu Erringen tat. Diese weltlichen Pfleger wurden den Klöstern allem nach vom Rat der Stadt Augsburg zur Seite gestellt; bei Sankt Katharina ergibt sich dies auch aus der Ausübung des Klosterschutzes durch den Rat.

Die aktive Ausübung von Schutz und Schirm durch den Augsburger Rat läßt sich bereits für 1361 nachweisen, als der Rat einen Vergleich zwischen Sankt Katharina und dem Ritter Wigelais von Nordholz durch die Aussage bekräftigte, daß „*wir, noch chainer der vnsern, noch die vorgenanten gaistlichen frawen, noch nieman von iren wegen*" irgendwelche Ansprüche diesem gegenüber hätten.[217] Als weitere Beispiele für solch eine Schutzausübung seien angeführt:

– Der Rat schaltete sich z. B. auch ein, als der Hintersasse (Untertan) und Eigenmann Utz Schmid zu Baisweil des Ritters Berchtold vom Stain im Jahre 1415 Hintersassen von Sankt Katharina in Wörishofen mit „*ettwas rede*" beschuldigt hatte; Berchtold vom Stain wurde vom Augsburger Rat aufgefordert, seine Leute in Baisweil anzuweisen, „*mit St. Katharina leuten vnfriuntliches nicht zůschaffen vnd sye aun zůsprüche beliben lassen*".[218]

– 1422 geriet ein Hintersasse von Sankt Katharina zwischen die Fronten einer Fehde zwischen dem Hauptmann Hans von Seckendorff und dem herzoglich-bayerischen Pfleger zu Friedberg, wurde gefangen gesetzt und seiner Habe beraubt. Auch dagegen protestierte der Augsburger Rat, wobei er hinwies, daß dieser Hintersasse des Klosters in keiner Weise von den Feinden der beiden abhängig sei. Der Hintersasse wurde freigelassen und erhielt seine Habe zurück.[219]

– Bei Streitigkeiten, die Untertanen des Klosters Sankt Katharina betrafen, schaltete sich der Rat ein, so etwa 1466, als die Pfleger des Klosters eine Klage gegen den Amtmann des Klosters Irsee vorbrachten, der einem Hintersassen zu Wörishofen das Wasser streitig machte; der Rechtsstreit zog sich bis 1469 hin, zu einem gütlichen Tag schickte der Augsburger Rat eine Gesandtschaft für Sankt Katharina und nach deren Scheitern schlug er ein Schiedsgericht aus fünf Leuten vor, wobei dann die Stadt Kaufbeuren für die Stadt Augsburg deren Schiedsleute stellte. 1478 waren Weiderechte zu Altenbaindt zwischen Sankt Katharina und dem gräflich werdenbergischen Vogt zu Aislingen strittig, wobei der Augsburger Rat gleichfalls die Rechte von Sankt Katharina vertrat.[220]

– Das Kloster hatte zwar draußen auf dem Lande eigene Amtsleute sitzen, die das Kloster zunächst vertraten bzw. vertreten konnten. Wenn sich aber ein Prozeß länger hinzog wie etwa der zwischen dem hochstift-augsburgischen Vogt zu Buchloe und Klosterhintersassen zu Dillishausen wegen der Zahlung von Steuern und Reisgeld in den Jahren 1500–1511, so wurden auch städtische Vertreter oder aber die Pfleger hinzugezogen.[221]

– Das Kloster Sankt Katharina übte auf dem Land nicht nur grundherrliche Rechte aus, sondern hatte dort auch Leibeigene. Als 1467 Ludwig von Knöringen von einem Hintersassen des Klosters in Diedorf das sogenannte Hauptrecht, die Abgabe des Besthaupts (bestes Stück Vieh) nach dem Tod eines Leibeigenen, forderte, vertraten hier die Pfleger des Klosters über den Rat die Interessen von Sankt Katharina.[222] Offenbar betrachtete der Rat Hintersassen der Augsburger Klöster auf dem Lande – und das gilt wohl auch für das Kloster Sankt Katharina so –, als säßen diese im städtischen Landfrieden, wie dies z. B. einmal im Jahre 1487 ausdrücklich für Hintersassen zu Druisheim des Franziskanerinnenklosters Maria Stern gesagt wird.[223]

Das Instrument von Schutz und Schirm benutzte also der Augsburger Rat, um über ein weiteres Instrument, nämlich die offenbar von ihm bestimmten Pfleger, Einfluß zumindest auf die weltliche Verwaltung und das äußere Leben der Augsburger Klöster zu nehmen. Ganz deutlich wird dies z. B. bei Anordnungen des Rates, auf die er 1447 den Sankt Katharinischen Müller zu Pfaffenhausen (Landkreis Unterallgäu) verpflichtete. Im Jahre 1475 fällten die Pfleger von Sankt Katharina aufgrund eines Augenscheins (Ortsbesichtigung) einen Schiedsspruch in einem Streit zwischen der Gemeinde Mindelaltheim und dem dortigen Fischer wegen einer Wiese, oder 1478 urteilte das Stadtgericht Augsburg unter Vorsitz des Stadtvogts in einem Streit um das Dorfrecht zu Diedorf, welcher von den Pflegern und dem Baumeister von Sankt Katharina an das Stadtgericht weitergeschoben worden war, oder aber 1481 wurde im Augsburger Rathaus eine gütliche Tagsatzung zwischen Pflegern, Klosterbaumeister, Überreiter und dem klösterlichen Amtmann zu Diedorf wegen der Mühlenrechte zu Diedorf abgehalten.[224]

Keinen Einfluß konnte der Rat aber auf die eigentlich interne Verwaltung des Klosters gewinnen. Wichtigste Person hierfür war der jetzt eben genannte Baumeister, auch Maier oder Hofmeister, der für die Klosterökonomie im direkt westlich neben dem Kloster gelegenen Ökonomiehof und für die Versorgung des Klosters mit den Gütern des täglichen Lebens zuständig war. Ihn vor allem durfte das Kloster nach eigener Wahl einsetzen, was dem Kloster bei der Konfirmation seiner alten Privilegien und Rechte durch Kaiser Karl V. im Jahre 1530 auch ausdrücklich bestätigt wurde, und ihm unterstanden mit Kastner (Verwalter des Kastens, also des Getreidelagers), Pfister (Bäcker), Überreiter (ein über Land reitender Bote), Torwart, Hirte und Schäfer die weiteren Klosterdiener wie auch das Gesinde, Knechte und Mägde im Bauhof. Möglicherweise stand dieser Hofmeister gar in gewisser Weise in der Nachfolge von Laienbrüdern,

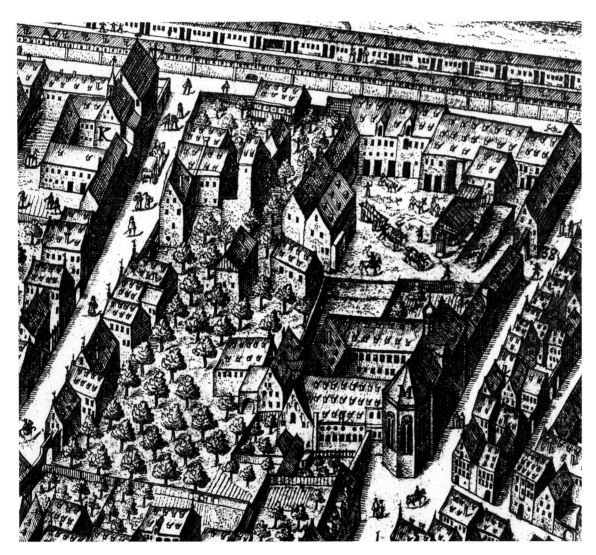

*Abb. 57
Das Katharinenkloster in Augsburg, Ansicht von Osten mit Kirche und den südlich anschließenden Klostergebäuden um den Kreuzgang und dem westlich (oben) angrenzenden Wirtschaftshof. Kupferstich von Wolfgang Kilian von 1626. Augsburg, Städtische Kunstsammlungen.*

die dem Kloster Sankt Katharina von nachweislich 1280 bis etwa nach 1400 angehört hatten.

Keinerlei Einfluß hatte der Rat auch auf die Aufnahme von Nonnen in den Konvent, denn dies war und blieb ein ausschließliches Recht des Klosters, wobei sich Sankt Katharina auf das seinem Vorläuferkloster Sankt Maria im Jahre 1246 von Papst Innozenz IV. erteilte Privileg berufen konnte. Auch Kapläne zur geistlichen Betreuung der Nonnen bestellte Sankt Katharina von sich aus nachweislich ab 1310.[225]

Wohl aber wirkte der Rat der Stadt Augsburg entschieden mit, als 1441 bei Sankt Katharina eine Klosterreform durchgeführt wurde. Den Anstoß dazu gab der Konvent selbst, der die Ordensregeln nicht mehr genau einhielt: Besuche von Angehörigen wie auch von Fremden im Kloster waren an der Tagesordnung, auch Ausgänge der Nonnen in die Stadt – eine bereits 1357/58 eingeleitete Reform, die zumindest Besuche bei der Familie verbot, griff damals also schon nicht mehr. Jedenfalls gab der Rat 1441 den Anstoß zur Durchführung einer erneuten Reform und wies in einem Schreiben an den Ordensprovinzial Nikolaus Nottel auf die Mißstände im Kloster und den Ungehorsam der Nonnen *„wider die Constitucion, die ir In zuogesandt händ"*, hin und bat gleichzeitig um Beratung bei eventuell zu ziehenden Konsequenzen. 14 Tage später verfügte der Ordensgeneral Nikolaus Texier durch den Ordensprovinzial Nikolaus Nottel die strenge Einhaltung der Klausur entsprechend der Konstitution von Papst Bonifaz IX., was notfalls auch mittels weltlicher Gewalt durchzuführen sei. Daraufhin ließ der Rat die Klostermauern erhöhen und Sprechgitter vermauern, jedoch wehrten sich die streitbaren Nonnen. In der Chronik von Burkard Zink ist dieser Vorgang sehr anschaulich beschrieben: *„Da wurden die frawen so zornig und so unrichtig und luefen herfür mit stangen und mit pratspießen und schluegen und stachen zu den maurern und zu den werkleuten und triben sie all ab mit gewalt."* Als Stadtknechte zum Schutz der Maurer aufzogen, läuteten sie die Glocken der Kirche und riefen den Augsburger Bischof Peter I. von Schaumburg um Hilfe an. Dieser setzte sich vermittelnd ein: Dem Kloster wurden zwei Sprechfenster, eines zur Straße und eines zum Hof hin, zugestanden, sämtliche sonstige Besuche blieben jedoch untersagt.[226]

Schon eingangs wurde darauf hingewiesen, daß viele der Frauen des Konvents von Sankt Katharina aus der Reichsstadt Augsburg selbst kamen. Die Auswertung des bereits erwähnten Nekrologs von Sankt Katharina aus der Zeit um 1515 zeigt deutlich, daß fast die Hälfte der Einträge über Nonnen Namen Augsburger Patriziergeschlechter aufweist – das einfache Zunftbürgertum und die Augsburger Ratsfamilien fallen dagegen weit zurück und werden sogar noch vom Landadel übertroffen. Dasselbe Ergebnis bringt ein Vergleich mit der Vermögensklassifizierung: Etwa ein Fünftel der vermutlich nach 1380 eingetretenen Nonnen entstammte dem kleinen und mittleren Bürgertum, etwas mehr gehörte der Augsburger unteren Oberschicht an und etwa die Hälfte kam aus den vermögenden Augsburger Familien. In der Zeit vor 1380 entstammten die vornehmsten Nonnen den Häusern Egen/von Argon, Breischuch, Conzelmann, Dillinger sowie Bach, Bitschlin, Holl, Stolzhirsch, Riederer und Lauginger, in der Zeit nach 1380 kamen Mitglieder der Familien Ravenspurger, Welser, Tott sowie Dachs, Langenmantel, Nördlinger, Portner, Rembot und Pfister hinzu.[227]

Die nachstehende Liste der Priorinnen[228] des Katharinenklosters läßt dies deutlich erkennen:

Kloster Sankt Maria:
Gertrud	(1239)

Kloster Sankt Katharina:
Gertrud	(1273–1278)
Agnes Sparerin [= Langenmantel?]	(1279–1291)
Christina	(1293–1294)
Margarethe	(1296)
Tuta/Guta	(1297–1301)
Hädwig	(1303–1309)
Elisabeth	(1310–1319)
Gertrud	(1321–1322)
Mechthild	(1323)
Anna von Eggenthal	(1325–1326)
Gertrud	(1333)
Anna von Rohrbach	(1337–1341)
Gertrud	(1342–1345)
Anna Brugghay[229]	(1346–1349)
Adelheid	(1350)
Agnes Ilsung	(1351–1352)
Adelheid	(1355–1356)
Adelheid Portner	1357–1369 (res.)
Agnes Rieder	(1369–?1373)
Adelheid Portner	(1375–1376)

Elisabeth von Argon	(1377–1379)	Rosina Vesenmayr	1620–1624 (res., † 1634)
Anna	(1381–1385)	Magdalena Gräfin Kurz von Senftenau	1624–1636 (res., † Marienthal)
Elsbeth	(1390)		
Gisela	(1390)		
Anna Dachs	(1395–1402)	Philippine Rembold	1636–1653 (†)
Anna Langenmantel	(1403–1417)	Elisabeth von Pflummern	1653–1670 (res., † 1670)
Katharina Langenmantel	(1423/24–1434) († 1446)	Ludovika Fugger	1670–1692 (res., † 1693)
Anna Harscher	(1437–1439) († 1462)	Philippine von Imhof	1693–1698 (res., † 1715)
Afra Langenmantel	(1441–1444?) (res.)	Rosalia Schad von Bellmonte	1698–1716 (†)
Anna Illsung	(1444–1453)	Maximiliana Ruepp von Falkenstein	1716–1746 (†)
Helena Kastner	(1454–1461)	Katharina Freiin von Bodmann	1746–1750 (res., † 1785)
Elisabetha Warraus	(1462)		
Helena Kastner	(1463–1464) († 1470)		
Magdalena Ravenspurger	(1466)–1476 (†)	Katharina Rosa Freiin von Bodmann	1750–1756 (res.)
Anna Endorfer	1476–1481 (†)	Rosalia Kintl(in)	1756–1762 (res.?)
Elisabetha Warraus	1482–1487 (†)	Katharina Freiin von Bodmann	1762–1768 (res.?)
Elisabeth Egen/ von Argon	1487–1490 (†)	Concordia von Hornstein	1768–1774 (res.)
Anna Walther	1490–1503	Katharina Rosa Freiin von Bodmann	1774–1780 († ?)
Veronika Welser	1503/04– 1530/31 (†1531)	Concordia von Hornstein	1780–1789 (res., † 1796)
Felicitas Endorfer	1531–1539/ 1548 (†)		
Anna Ravenspurger	1539–1543 (†)		
N. Reichling	1543–?1547		
Susanna Ehinger	1548–1583 (res.)		
Anna Ziegler	1583–1612 (†)	Maria Magdalena Freiin von Freyberg	1789–1794 (†)
Barbara Welser	1612–1620 (†)	Rosa Brentano	1794–1802 († 1816)

Zusammenfassend läßt sich mit Rolf Kießling feststellen: „*Patriziat und Großbürgertum schickten ihre Töchter vorwiegend hierher, und St. Katharina wurde zum beherrschenden Frauenkloster der Stadt, das sich bereits früh St. Moritz und dem Dom an die Seite stellte*".[230]

Die wirtschaftliche Kraft des Klosters, welche auf einer zwar gestreuten und nur an wenigen Orten wie Altenbaindt, Diedorf, Mindelaltheim und Wörishofen konzentrierten Grundherrschaft basierte, zeigte sich im Bauwesen und in der Kunstpflege in vorreformatorischer Zeit: 1498–1503 erfolgte unter der Priorin Anna Walther (reg. 1490–1502) ein Neubau des Klosters durch Burkhard Engelberg und Ulrich Glurer; 1516/1517 folgte unter der Priorin Veronika Welser (reg. 1503–1530/31) der Neubau der Klosterkirche als zweischiffige Hallenkirche durch Hans Hieber[231] in der für ihn typischen Mischung von Elementen spätgotisch-deutscher Bautradition mit Übernahmen aus der damaligen Moderne, der italienischen Renaissance.[232] Während der Bauzeit der Kirche diente der Kapitelsaal als Kapelle: Ihn schmückten damals die bekannten sechs Basilikenbilder (Bilder der christlichen Basiliken in Rom, die ein Pilger zur Gewinnung eines Ablasses aufsuchen mußte), welche Sankt Katharina anläßlich der Feier des Heiligen Jahres 1500 bei den Augsburger Meistern Hans Burgkmair (drei Tafeln), Hans Holbein d. Ä. (zwei Tafeln) und dem Maler mit dem Monogramm L. F. in Auftrag gegeben hatte. Ein weiteres Werk von Hans Burgkmair für Sankt Katharina war der Rosenkranzaltar (1507). Hans Holbein d. Ä. schuf für die Klosterkirche noch den Katharinenaltar (1512) und den Sebastiansaltar (1516), aus seiner Werkstatt ging ferner eine Gedächtnistafel für die drei Nonnen-Schwestern in Sankt Katharina Veronika, Walburga und Christina Vetter (1499)[233] hervor, ferner malte er eine Gedächtnistafel für zwei weitere Nonnen-Schwestern in Sankt Katharina, Anna (die Priorin) und Maria (die Küsterin) Walther (1502).

Beim Klosterbau beließ man weitgehend die Erdgeschoßräume, nur das Refektorium (Remter) und der Kreuzgang wurden erhöht, die alten Grabsteine ausgehoben und im vorderen Kreuzgang neu aufgestellt. Der Bau schritt „dormatterweis" voran, d. h. man baute jeweils vier Dormitorien, also Zellen, welche die Priorin verteilte. Gemeinsame Schlafräume gab es im Kloster Sankt Katharina nicht, bei Platzmangel höchstens einmal eine Doppel-, ansonsten aber Einfachzellen.

Die Bausubstanz des Klostergebäudes[254] hat nach der Säkularisation des Klosters durch die Umbauten des 19. und 20. Jahrhunderts für die 1833 eröffnete Gewerbe- und Polytechnische Schule (heute: Holbein-Gymnasium) stark gelitten, erhalten haben sich aber noch der Kreuzgang und Teile des Ostflügels sowie im Westflügel der ehemalige Kapitelsaal von 1503 mit Mittelstütze, Netzrippengewölbe und Pyramidenkonsolen. Die Klosterkirche hingegen wurde nach der Säkularisation des Klosters in den Jahren 1833/1835 durch Unterteilung zu einer Gemäldegalerie (seit 1964: Altdeutsche Galerie) umgebaut und in drei Säle unterteilt – original erhalten sind nur die vier westlichen der sieben Joche des Langhauses der Kirche mit dem ursprünglichen Nonnenchor.

Der Abschluß des Kirchenneubaus fiel in die bewegte Zeit der Frühreformation:[235] 1518 war Martin Luther im Anschluß an den Reichstag persönlich in der Reichsstadt anwesend, reformatorisches Gedankengut der verschiedenen Richtungen drang in die meisten, ab 1523 f. der neuen Lehre geöffneten Pfarreien ein, jedoch verhielt sich der Rat der Stadt aus guten Gründen weiterhin sehr offen, religionspolitisch neutral. Selbst im Anschluß an den Reichstag von 1530 entschied er sich weder für die Confessio Augustana, geschweige denn für die oberdeutsche Tetrapolitana noch für die katholische Confutatio. Erst im Juli 1534 legte sich der Rat für die neue Lehre fest, ohne aber deren Ausschließlichkeit festzuschreiben, d. h. eine katholische Minorität konnte weiterhin in der Stadt bleiben.

Die Reformatoren drangen frühzeitig auf Aufhebung der Klöster, vor allem der Frauenklöster. Eine solche Gefahr drohte auch dem Katharinenkloster, dessen Schutz und Schirm, wie wir eingangs gesehen haben, schon sehr früh dem Rat der Stadt Augsburg übertragen worden war. Aufhebungstendenzen schoben jedoch die Nonnen von Sankt Katharina dadurch geschickt einen Riegel vor, daß sie sich am 6. Oktober 1530 von Kaiser Karl V. ihre Privilegien bestätigen ließen; der Kaiser legte darin auch fest, *„sie bräuchten sich die Aufnötigung neugläubiger Prädikanten nicht gefallen zu lassen, dürften ihre alten Prediger behalten und wären nicht schuldig, ausgetretenen Nonnen etwas von ihrem Eingebrachten zurückzugeben"*.[236]

Auf dieses Privileg beriefen sich die Nonnen unter der neuen Priorin Felicitas Endorfer (reg. 1531–1548), als der Rat aufgrund des Reformationsmandates auch gegen das Katharinenkloster vorgehen wollte. Zunächst wollte man den Dominikanern als Seelsorgern den schon seit 1532 eingeschränkten Zutritt zum Kloster völlig verbieten, wobei man sich auf bekannt gewordene Mißstände im Dominikanerkloster berief. Man hob die Klausur bei Sankt Katharina auf und schickte evangelische Prädikanten ins Kloster, doch wurden diese von der Priorin und dem Großteil der Nonnen zurückgewiesen. Die Nonnen behalfen sich, indem sie die Messe ohne Priester hielten, also ein *„trocknes Amt und Meß"*. Die Zustände verschlimmerten sich, als 1537 die ganze katholische Geistlichkeit, Welt- wie Ordenspriester sowie die meisten Nonnen sich entschlossen, die Stadt zu verlassen – damit wollten sie einem Ratsmandat ausweichen, welches forderte, daß sie Augsburger Bürger werden sollten.

Die Nonnen von Sankt Katharina wie auch die Benediktinerinnen von Sankt Nikolaus hatten schon von alters her das Augsburger Bürgerrecht besessen und setzten deshalb den Pressionen des Augsburger Rats entschiedenen Widerstand entgegen. Die Nonnen von Sankt Nikolaus wurden zunächst gewaltsam nach Sankt Katharina gebracht und dann in das leer stehende Kloster Sankt Ursula versetzt, das außerhalb der Stadt gelegene Kloster Sankt Nikolaus wurde dagegen niedergelegt. Die Nonnen von Sankt Katharina wollte man zwingen, *„das Evangelium anzunehmen"* oder wenigstens die Predigten der Prädikanten anzuhören, ihrem Ordensgelübde loszusagen sowie zur Vertauschung ihrer Ordenstracht gegen eine andere *„ehrbare Kleidung"*. Der Rat beschlagnahmte die Urkunden und ließ sich 1537/38 von den Klosteruntertanen zu Mindelaltheim, Altenbaindt und Diedorf huldigen.[237]

◁ *Abb. 58
Blick in die Kirche des Augsburger Dominikanerinnenklosters Sankt Katharina mit einer Darstellung des Gleichnisses vom Splitter im Auge des Nächsten und vom Balken im eigenen Auge. Um 1530. Kupferstich von Daniel Hopfer (um 1470–1536).
Augsburg, Städtische Kunstsammlungen.*

In ihrer Not wandten sich die Nonnen an den Papst und erhielten am 4. August 1539 die Lizenz, das Kloster zu verlassen, sich zu ihren Eltern oder Verwandten zu begeben oder in andere Klöster überzutreten. Die ihnen vom Rat aufgedrängte weltliche Tracht durften sie für den ersten Fall beibehalten, da sie unter der weltlichen die Ordenstracht trugen. Die Priorin Felizitas Endorferin wurde vom Rat ihrer Funktion enthoben und durch Anna Ravenspurgerin ersetzt. Im Kloster lebten damals etwa 24 Nonnen. Wie die Sache ausging, ist nicht genau bekannt – die Remsche Chronik schließt mit dem Satz: *„etlich vnder inen giengen auß, etlich nit"*. Die „*nit"* gingen und im Kloster verblieben, mußten dort *„alle ire kirchendienst und zeremoni fallen"* lassen.[258]

Durch die im Kloster Sankt Katharina verbliebenen Nonnen konnte dieses die Fährnisse der Folgezeit überstehen, die vor allem mit dem Schmalkaldischen Bund und Schmalkaldischen Krieg, für den sich der Kleine Rat zu Augsburg im Jahre 1546 entschied, zusammenhängen. Nachdem dieser Krieg im Frühjahr 1547 zu Ungunsten der Schmalkaldischen und zugunsten des Kaisers ausgegangen war, konnte zehn Jahre nach ihrer Vertreibung die katholische Geistlichkeit nach Augsburg zurückkehren: Die erste Messe im Dom wurde am 5. August 1547 abgehalten, die Kirchen von Sankt Katharina sowie Sankt Magdalena bei den Dominikanern wurden wieder geöffnet. Evangelisch gewordene Teile des Frauenkonvents von Sankt Katharina hielten sich zwar noch einige Zeit, die Nonnen wurden aber dann rekatholisiert. Abgeschlossen wurden diese Vorgänge durch den Restitutionsvertrag zwischen Bischof Kardinal Otto Truchseß von Waldburg und der Stadt vom 2. August 1548.

Das Kloster Sankt Katharina überstand auch hundert Jahre später die vom Dreißigjährigen Krieg ausgehenden Fährnisse, obwohl jene kurze Zeit, während der die Stadt den Schweden übergeben war (1632–1635), große Gefahren für den Weiterbestand des Klosters in sich barg: Im Mai 1633 verließ – ähnlich wie schon zuvor im Jahre 1537 – die katholische Geistlichkeit die Stadt, im Juli 1634 wurde gar das Katharinenkloster neben anderen Klöstern von den Schweden an die Stadt Augsburg geschenkt. Die Versorgungslage für die damals 38 Nonnen des Klosters in der belagerten Stadt Augsburg spitzte sich zu, konnte aber schließlich durch Naturalienlieferungen aus dem Amt Wörishofen gemeistert werden. Ende März 1635 war auch dieses fast schlimm ausgegangene Intermezzo durch den Abzug der Schweden beendet. Der Spanische Erbfolgekrieg traf Augsburg mit einer Belagerung, die zugunsten des mit Frankreich verbündeten Kurbayern endete, die aber das Katharinenkloster aber mit anteiligen Geldleistungen wie auch mit aktiver Unterstützung der Klosteruntertanen traf.

Das Kloster änderte im Anschluß an den Spanischen Erbfolgekrieg sein Schutz- und Schirmverhältnis: Im Jahre 1714 löste darin durch kaiserlichen Entscheid der weitaus mächtigere Kurfürst von Bayern den Rat der Reichsstadt Augsburg ab.[239] Der neue Schutzherr residierte zwar in wesentlich größerer Entfernung, jedoch schloß sein Territorium unmittelbar an das der Reichsstadt Augsburg an: Bereits die Mitte des Lechs bzw. das östliche Lechufer bildeten die Grenze – Lechhausen, wo Sankt Katharina schon 1245 und bis zum beginnenden 17. Jahrhundert begütert war, gehörte bereits zu Kurbayern. Der neue Schutzherr war also nah und fern zugleich. Kurz nach diesem Ereignis erhielt das Katharinenkloster vom Dominikanerorden die Aufforderung, sich einer erneuten Reform des Klosterlebens zu öffnen. Sankt Katharina tat dies, indem es am Ort seines größten und geschlossensten Besitzes ein Filialkloster gründete, das Kloster Maria Königin der Engel in Wörishofen.

Ob aber das Kloster im Jahre 1714 mit seinem neuen Schutzherrn wirklich die glücklichste Wahl getroffen hat? Das 19. Jahrhundert jedenfalls begann mit der schon angesprochenen Säkularisation von 1802/1803, bei der sich ausgerechnet dieser Schutzherr auch des Augsburger Katharinenklosters bemächtigte. Dessen Insgesamtwert schätzte man auf 500 000 Gulden, seine jährlichen Einkünfte auf 23 000 bis 24 000 Gulden, die Ausgaben – darunter als größter Posten mit etwa einem Drittel die Lebenskosten für die damals im Kloster lebenden 38 Nonnen – aber auf 23 500 Gulden. An die bis zum Pressburger Frieden (Dezember 1805) noch weiterhin Freie Reichsstadt Augsburg fielen bei dieser Säkularisation die Klostergüter innerhalb der Stadt und in der damaligen Gemarkung Augsburg – damit auch die Klostergebäude selbst, der Besitz auf dem Lande kam aber an das Kurfürstentum Kurpfalzbayern.

Überblickt man heute die Geschichte des Katharinenklosters, so wird deutlich, welche Bedeutung den Vorgängen unmittelbar im Anschluß an das Jahr 1537 zukommt: Wäre das Kloster Sankt Katharina – gleich dem Kloster Sankt Margareth – im Jahre 1538 völlig aufgehoben und nach 1547/1548 nicht wieder voll hergestellt worden, so wäre die Geschichte von Wörishofen mit Sicherheit anders verlaufen. Wörishofen wäre dann – und darin vergleichbar mit Eppisburg im Landkreis Dillingen an der Donau als Hauptbesitz von Sankt Margareth, welchen die Reichsstadt Augsburg im Jahre 1602 an das Hochstift Augsburg (gegen dessen Besitz zu Oberhausen) vertauschte – von der Reichsstadt Augsburg an einen anderen Grundherrn abgestoßen worden. Die Gründung eines Reformklosters zu Wörishofen durch Sankt Katharina hätte nicht erfolgen können. Auch wäre es nicht zur Begegnung des Weltpriesters Sebastian Kneipp mit Wörishofen gekommen, als dieser 1855 dem im Jahre 1842 wiederbegründeten Kloster Wörishofen als Beichtvater zur Seite gestellt wurde. Hätte also die Entwicklung nach 1538 einen anderen Weg eingeschlagen, so würde sich das Wörishofen von heute kaum von einem der umliegenden, ländlich geprägten Orte unterscheiden, es hätte auch heute noch ein vorwiegend ländliches Aussehen – und das „*Weltbad*" wäre dann nicht in Wörishofen entstanden, sondern ein solches läge an einem anderen Ort innerhalb der Diözese Augsburg, dem – anstatt Wörishofen – Kneipp als Seelsorger zugeteilt worden wäre.

*Abb. 59
Entwurf zu einer Doppelempore in der Kirche des Dominikanerinnenklosters Sankt Katharina in Augsburg. Zeichnung von Dominikus Zimmermann (1685–1766). Feder in braun, grau, gelb und rosa laviert. 31,6 cm × 25,3 cm. Signiert „Dominic...". Augsburg, Städtische Kunstsammlungen, Inv. Nr. Gr. 3645/1962.*

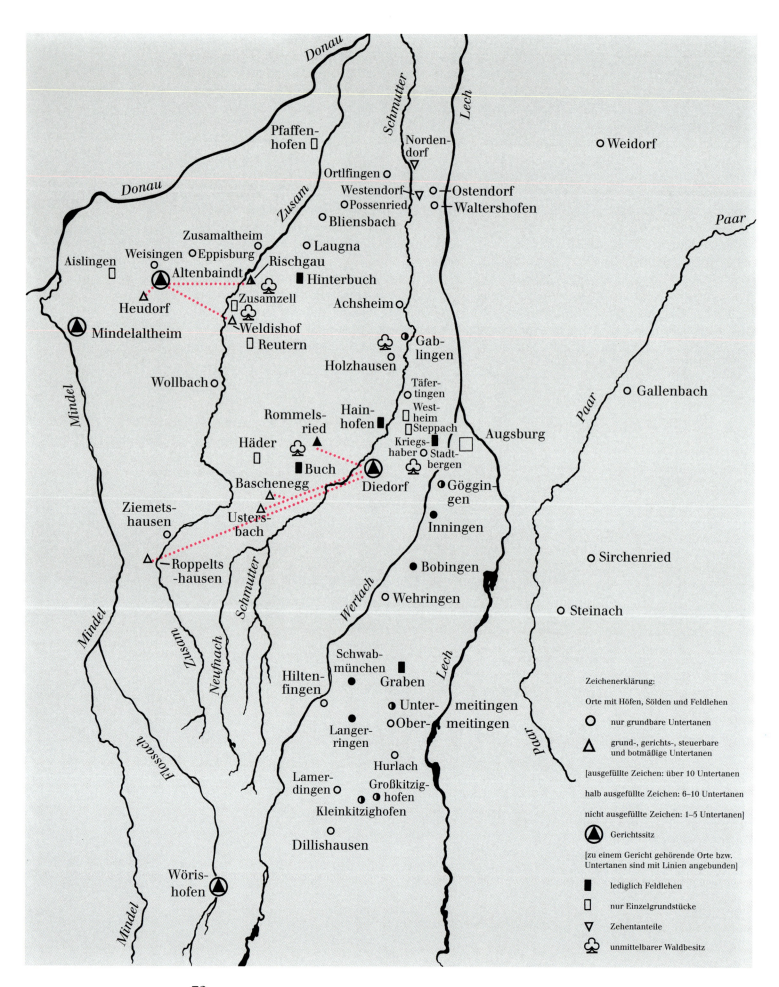

Zur Grundherrschaft des Augsburger Dominikanerinnenklosters Sankt Katharina in Dorf und Amt Wörishofen

REINHARD H. SEITZ

Warum Christina von Fronhofen ihren Besitz zu Wörishofen und andernorts („*possesiones meas, quas habeo in Werneshouen siue alibi*") im Jahre 1243 ausgerechnet dem jungen Reformorden der Dominikaner schenkte und nicht an einen der älteren Orden wie etwa an den der Benediktiner oder aber an den der Prämonstratenser übergab, läßt sich nicht mehr aufklären. Wie es zum engen Bezug zu dem erst wenige Jahrzehnte zuvor begründeten Predigerorden kam, wissen wir nicht. Möglich ist, daß solche Beziehungen schon von Seiten der Familie her bestanden hatten – auf die Beteiligung ihrer Tante Tuota von Angelberg an der nur wenig später erfolgten Gründung des Dominikanerinnenklosters Löwental bei Buchhorn = Friedrichshafen wurde schon hingewiesen, wobei wir allerdings nicht wissen, ob diese nicht auch als Folge der Schenkung Christinas von 1243 gesehen werden muß. Anknüpfungspunkte könnte es vielleicht auch über einen der beiden Ehemänner gegeben haben, wobei aber dann auffallend wäre, daß die Schenkung von Wörishofen allein zum Seelenheil der Christina („*pro remedio anime mee*") erfolgte, ohne Einbeziehung des einen oder gar beider Ehemänner.

Ältere Beziehungen der Familie der Christina, der Herren von Fronhofen (Vaterseite) wie der Herren von Mattsies/Angelberg (vermutete Mutterseite), zu Klöstern ergaben sich aus der ursprünglichen Ministerialität und damit vor allem über die Bindung an die Welfen: Zum einen zu deren Hauskloster, dem in der ersten Hälfte des 10. Jahrhunderts zunächst als Nonnenkloster begründeten, nach einem Brand (1053) aber auf die Stelle der welfischen Stammburg verlegten und seit 1056 mit Benediktinern besetzten Kloster Weingarten; zum anderen aber zu dem im Jahre 1147 von Welf VI. gegründeten Prämonstratenserkloster Steingaden. Letzteres war im östlich an Wörishofen anstoßenden Wiedergeltingen schon von der Gründerseite her begütert gewesen,[240] Weingarten dagegen von einer wesentlich älteren Schenkung Welfs IV. her seit 1090 in Irsingen und Türkheim. Es hätte sich also durchaus angeboten, daß Christina von Fronhofen ihren Besitz zu Wörishofen an eines dieser beiden Klöster vergab, zumal sie selbst wenig später (1256) den ihr zustehenden Hälfteanteil an dem Gut zu Vazeray in Südtirol an Steingaden schenkte. Wesentlich geringere Beziehungen hatte Christina von Fronhofen offenbar zum südlich benachbarten Benediktinerkloster Irsee, dem im Jahre 1182 auf ihrer Stammburg Ursin errichteten Hauskloster der Markgrafen von Ronsberg.[241] Irsee hatte um 1243 bereits Besitz in an Wörishofen anstoßenden Orten wie in Frankenhofen sowie in Schlingen und in Schmiechen, einer kleinen, in der nördlichen Flurgemarkung von Wörishofen abgegangenen Siedlung – die beiden letzteren Schenkungen der Mattsieser sowie der Mindelberger. Da diese Verwandte der Christina von Fronhofen waren, wäre auch eine Schenkung des Besitzes zu Wörishofen an das Kloster Irsee denkbar gewesen. Beiden familiär begründeten Möglichkeiten folgte Christina nicht. Wörishofen wurde so Eigentum der Augsburger Dominikanerinnen von Sankt Katharina.

Zum früheren Aussehen des Dorfes Wörishofen

Wie umfangreich der Besitz Christinas in Wörishofen im Jahr 1243 gewesen war, wissen wir nicht – die Schenkungsurkunde von 1243 spricht nur von „*possessiones ... in Werneshouen*". Doch mag bereits damals eine Ortschaft als relativ langgezogenes Dorf etwa auf halber Höhe der östlichen Talseite des – heute Wörthbach genannten – Wettbachs vorhanden gewesen sein.

Die älteste Darstellung von „*Werißhofen*" aus der Vogelperspektive auf einem Flurplan aus der zweiten Hälfte des 16. Jahrhunderts[242] stellt den Ort nicht punktgenau dar,

Abb. 60 Übersichtskarte zu den Besitzungen des Augsburger Katharinenklosters um 1630 (ohne Wörishofen).

Abb. 50

Abb. 43

deutet aber ein Charakteristikum an: Die Häuser sind meist einstöckig, einige auch mit mehreren Stockwerken dargestellt, gemauert und verputzt (einen Ziegelstadel erkennt man im [westlichen] Hintergrund) oder aber in Fachwerk, die Dächer mit Ziegeln, Stroh oder mit Schindeln gedeckt. Die wichtigsten Gebäude stehen auf der Ostseite: Der Komplex des mit einer Mauer umzogenen „Ampthaus" mit der (Pfarr-)Kirche Sankt Justina, daneben stehend der mächtige Satteldachturm mit der Turmuhr. Eine weitere Häuserzeile steht jenseits (westlich) des Wettbachs; meist handelt es sich um kleinere Anwesen, doch ragt mitten unter ihnen zumindest ein etwas stattlicheres Gebäude heraus. Dieses Bild wird durch das nach der ersten bayerischen Landesvermessung entstandene Katasterblatt von Wörishofen von 1818 bestätigt. Östlich des Wettbachs und im Halbkreis um das Straßendorf Wörishofen herum liegen (auf der Schotterebene) die Felder, die durch mehrere Wege (darunter die auffallende „HochStraß", deren Name auf einen alten Überlandweg, vielleicht auf eine römische Straße, hinweist) durchschnitten sind. Im Tal des Wettbachs liegen Wiesen. Nach Westen zu schließen sich vier große herrschaftliche Waldungen an: „Roracher Wald", „Heüweg Wald", „Auf dem Burgstall" sowie „Thorshauser Wäldle". Zwischen den beiden letzteren zogen sich den westlichen Berghang (Flurname „Im Berg") baumbestandene Viehweiden hinauf, kenntlich an den Flurnamen wie „In Spitzmöderw(aid)", „Scheneschacher Vich Waid", „Thorshauser Vich Waid" und „Herdweg".[243] An die Waldungen „Roracher Wald", „Heüweg Wald" und „Auf dem Burgstal"[244] schloß sich nach außen, also nach Westen zu, wiederum Ackerfeld an, das zu den kleinen Weilersiedlungen „Vorder Hatental", „Hinder Hattental" sowie „Scheneschach" gehörte, jüngeren Rodungssiedlungen, von denen das am „schönen Schache"[245] urkundlich erst im 15. Jahrhundert angelegt wurde.[246]

Zur Struktur der Anwesen in Wörishofen: Höfe und Hofstätten (Sölden) – Anbauverhältnisse und grundherrliche Abgaben

Die Gesamtflur der Gemarkung von Wörishofen umfaßte im Jahre 1830 insgesamt 5161,24 Tagwerk in 3614 Parzellen. Davon entfielen auf das Ackerland 2914,33 Tagwerk, auf die Wiesen 2265,60 Tagwerk, auf Weiden und Ödungen 35,82 Tagwerk und auf Waldungen 1198 Tagwerk.[247] Bewirtschaftet wurde diese Flur von Wörishofen sowie von den kleinen Weilern und Rodungssiedlungen in der Pfarrei Wörishofen aus. Die bäuerlichen Anwesen zu Wörishofen selbst unterschied man in Höfe und Hofstätten.

Höfe waren die größeren Betriebseinheiten. Jeder einzelne hatte in jeder der drei Feldlagen, Esche oder Ösche genannt und bezeichnet als Oberfeld, Mittelfeld und Unterfeld, eine Anzahl von Äckern. Zusammengerechnet waren diese je Ösch flächenmäßig annähernd gleich groß. Zusammen mit einer bestimmten Anzahl von (Wies-)Mähdern war all dies unveräußerlich an den jeweiligen Hof gebunden, dem sogenannten gebundenen Hofgut. Auf diese Weise wurde garantiert, daß ein Hof die festgelegten, in der Regel stets gleichbleibenden Abgaben tragen konnte. Diese mußte der Grundholde oder Bauer (als Untereigentümer) an den Grundherrn (oder Obereigentümer) – in unserem Fall war dies zuletzt immer das Dominikanerinnenkloster Sankt Katharina in Augsburg bzw. ganz zuletzt das Dominikanerinnenkloster Wörishofen – an dessen Amthof zu Wörishofen liefern.[248]

Die Ausstattung der Höfe mit Grund und Boden selbst war unterschiedlich groß. Das Urbar von 1644 – es stammt aus der Zeit kurz vor dem Ende des Dreißigjährigen Krieges und nennt übrigens erstaunlicherweise keine einzige (!) öde oder unbesetzte Hofstelle – führt insgesamt 18 Höfe auf, wobei sich ausnahmsweise auch einmal zwei Höfe in der Hand eines Grundholden befinden konnten, wie des Wirtes Wolfgang Scharpff. Der Wirt war damit der größte Bauer im Dorf Wörishofen, von der Ausstattung mit Gründen (84 Jauchert[249] Acker, 32 Tagwerk[250] Mahd) her noch größer als der Mayerhof (62 Jauchert Acker, 48 Tagwerk Mahd); er war damit fast so groß wie der Amthof (96 Jauchert Acker, acht Tagwerk Anger und 34 Tagwerk Mahd), der übrigens mit dem Mayerhof nicht zu verwechseln ist. Der kleinste Hof umfaßte ab 24 Jauchert Acker, drei Tagwerk Änger und 13 Tagwerk Mahd, ein ‚normaler Hof' dagegen um die 36 Jauchert Acker und etwas über 20 Tagwerk Mahd.

Die durchweg eben gelegene Ackerflur war in drei Felder oder Esche/Ösche (Oberfeld, Mittelfeld, Unterfeld) eingeteilt. Die Agrikolstatistik von Wörishofen von 1830 hält hierzu lapidar fest: *„Besteht blos die Dreyfelderwirthschaft."* In deren Rahmen wurde eine Feldlage im Wechsel im einen Jahr mit Winter-, im anderen mit Sommergetreide bestellt, während sich der Boden im jeweils dritten Jahr als Brachland wieder erholen konnte; er wurde dabei als Schaf- und Gänseweide genutzt sowie zum Anbau von Futterkräutern, überwiegend (nach dem Stand von 1830) von rotem Klee (rd. 345 Tagwerk), von Flachs (30 Tagwerk) sowie zuletzt auch von Kartoffeln (drei Tagwerk).[251] Nach den Gültabgaben baute man als Wintergetreide den Vesen, also die bespelzte Form der Weizenart Dinkel (Triticum spelta),[252] und als Sommergetreide den Haber an. Das Pflügen des Ackerlandes geschah mit Pferden oder Ochsen in vierfürchigen Strangen, wobei für die Wintersaat (Vesen, zuletzt auch Roggen) das vorbereitete Brachland vier- bis fünfmal gepflügt wurde. Für den Anbau von Sommergetreide wurden die Felder im Herbst einmal sowie im Frühjahr zweimal (bei Gerstenanbau) bzw. einmal (bei Anbau von sog. Falkhaber) gepflügt.[253] Bestellt wurden sie mit Pferden (fast ausschließlich bei den Bauern) und mit Ochsen oder Stieren (meist bei den Söldnern).[254] Bei den Wiesen überwogen die einmähdigen Wiesen (1830: 2004 Tagwerk), die im Juli vor der Getreideernte gemäht wurden; dazu kamen noch zweimähdige Wiesen (1830: 300 Tagwerk, darunter 75 Tagwerk Wässerwiesen), die im Juni erstmals gemäht wurden, das Grummet (als zweite Mahd) aber im September.[255]

Abgaben waren in der Zeit der Grundherrschaft nur Vesen und Haber. Sie mußten in dem Grundmaß Sack – worunter hier aber kein Gewichtsmaß, sondern ein Hohlmaß zu verstehen ist (ähnlich wie Malter, Schäffel, Metzen, Mutt/Mittle, Imi usw.) – abgegeben werden. Die Anzahl der abzuliefernden Sack Vesen entsprach durchweg der an Haber, sie schwankte aber von Hof zu Hof je nach dessen Größe zwischen vier und 11 (Mayerhof) bzw. 12 (Wirt von zwei Höfen) Sack je Fruchtart. Zu dieser Getreideabgabe kam noch die sogenannte Küchengült, eine Abgabe an die Küche; sie trug zur Versorgung

Abb. 61
Darstellung der Ostgrenzen der Herrschaft Mindelheim mit der Umgebung von Wörishofen und dem Sonderbezirk Stockheim an der Wertach. Ausschnitt. Papier auf Leinwand. 1. Viertel 17. Jahrhundert.
Bayerisches Hauptstaatsarchiv, Plansammlung 2547.

des Grundherrn bei. Meist handelte es sich um eine bestimmte Anzahl von Hühnern (zwischen vier und 16 Mayerhof) und von Eiern (je nach Hofgröße 100, 150 oder 200 Stück), dazu kamen gelegentlich auch eine oder zwei Gänse oder eine Henne. Ferner mußte von den Mädern die sogenannte Wiesgült – schon 1494 immer ein Geldbetrag – gereicht werden.[256]

Die Höfe wurden im Bestand überlassen, also gegen Zahlung eines Bestandgeldes. Bei Gutsveränderung mußte der Hof „*peylich vnnd wessentlich*", also in gutem und vollständigem Zustand, hinterlassen werden, als Gutsabstandsgebühr war ein Geldbetrag in Höhe der Wiesgült als „*Weegloß*" (= Weglösung) fällig. Der Maierhof (Haus Nummer 7; heute: Hauptstraße 54) war mit der wichtigste Hof im Dorf – er darf als dessen ‚Urzelle' angesehen werden. Oftmals hatte er Sonderaufgaben zu erfüllen, wie etwa die Haltung des Zuchtviehs.

Der etwa in der Dorfmitte direkt neben der Pfarrkirche Sankt Justina gelegene Amthof scheint in Wörishofen ursprünglich der Wirtschaftshof der Ortsherrschaft, wenn nicht gar deren (jüngerer) Sitz gewesen zu sein – falls man einen vorausgegangenen älteren Sitz etwas seitab von Wörishofen auf dem sogenannten Burgstall des „*Versunkenen Schlosses*"[257] sucht. Möglicherweise saß auf ihm auch Christina von Fronhofen, wenn sie zu Wörishofen weilte. In späterer Zeit, als der Ort Sitz eines kleinen eigenen Amtes des Augsburger Dominikanerinnenklosters Sankt Katharina und Mittelpunkt einer kleinen klösterlichen Herrschaft war, wurde der Amthof dem jeweiligen Vogt oder Amtmann als Verwalter anstelle einer Bestallung gültfrei überlassen. Dafür hatte dieser aber auch entsprechende Verpflichtungen zu übernehmen, so – nach dem Salbuch von 1494 – die ganzjährige Haltung des herrschaftlichen Schäfers[258] mit zwei guten Hunden sowie die Haltung eines Lämmerknechts den Sommer über. Diese Schäferei wurde bis in das 19. Jahrhundert hinein betrieben, zuletzt verpachtet. Der gemeindliche Schafstall war das Anwesen Haus Nummer 104 (direkt angrenzend an das sogenannte Striebelanwesen Haus Nummer 103, östlich der Pfarrkirche). Nach dem Salbuch von 1494 oblag dem Amthof auch die Haltung des Zuchtviehs – „*farren*" und „*berschwein*" für die „*armenlute*", also allgemein die Bewohner der Pfarrei Wörishofen.[259] Der Amthof ist in der ältesten Ansicht von Wörishofen als „*Ampthaus*" eingetragen und an der weit um ihn herum gezogenen Hof- und Gartenmauer gut kenntlich. Zuletzt auch Schloß genannt, war er Ansatz- und Ausgangspunkt für den Standort des heutigen, im Jahre 1718 begründeten Dominikanerinnenklosters Wörishofen.

Die strenge Dreifelderwirtschaft löste sich erst ab 1848 auf, zugleich mit der gebundenen Form der Höfe. Damals wurden im Zuge der Bauernbefreiung die auf dem Gesamthof gelegenen Abgaben als Naturalabgabe durch Bodenzinse abgelöst, welche man gleichmäßig auf die zu einem Hof gehörenden Einzelgrundstücke umlegte (und die mit einem Vielfachen jederzeit ablösbar waren). Damit erst konnte sich die hergebrachte Feld- und Flurordnung mit dem bisher üblichen Flurzwang auflösen: Die Grundstücke wurden jetzt ‚mobil', ein Bauer konnte nunmehr für ihn ungünstig gelegene Felder abstoßen, gelegenere aber dafür hinzukaufen.

Die kleineren Anwesen hießen in Wörishofen Hofstätten, erst später bürgerte sich für sie der in Schwaben sonst übliche Begriff Sölde ein; deren Inhaber nannte man Söldner. Der mit dem Wort Saal verwandte Begriff Selde (althochdeutsch salida, selida > mittelhochdeutsch selde), seit der frühen Neuzeit (durch Rundung e > ö[260]) überwiegend Sölde geschrieben, meint ursprünglich nur Wohnung, Haus, Herberge. Im Schwäbischen bezieht er sich seit dem 13./14. Jahrhundert verengt auf die damals entstehende Schicht kleinerer bäuerlicher Anwesen, die von Haus aus mit nur wenig Grund und Boden ausgestattet waren.[261] Der Inhaber einer Sölde konnte von diesem Grund und Boden allein nicht leben, er war auf Zuverdienst durch Mitarbeit, etwa im Taglohn bei den großen Höfen, oder aber durch ein Handwerk oder Gewerbe angewiesen. Ursprünglich waren solche Gewerbe auf dem Dorf im Hofverband meist des Maierhofs angesiedelt gewesen. Durch das Aufkommen der Söldner im Spätmittelalter verselbständigte sich diese Ausübung, vielfach in der Form von Spezialgewerben. Wenn man sich die Hausnamen der Wörishofener Sölden nach dem Stand des ältesten Grundsteuerkatasters ansieht, entsteht ein gutes Bild von dem Spektrum des dörflichen Gewerbes; wir finden Weber, Wagner, Schäffler, Sattler, Bäcker. Durch die Ansiedlung der Söldner im Spätmittelalter entstand übrigens erst das charakteristische Bild des langgestreckt an der Straße hingezogenen Dorfes Wörishofen, denn die Sölden füllten zunächst Freiräume zwischen den Höfen aus; durch weiteres Bevölkerungswachstum entstand dann eine weitere Reihe von Hofstätten (Sölden) westlich, dem Wettbach entlang (heutige Bachstraße und Kneippstraße).

Die Hofstätten besaßen fast durchweg einen unterschiedlich großen Garten, der sich stets hinter dem Haus anschloß. Bei den an der Durchgangsstraße gelegenen, die wie die Höfe giebelständig auf die Straße ausgerichtet waren, reichte er bei der östlichen Anwesenreihe bis zu einer Art Etter, also einem Dorfzaun, bei der westlichen Reihe meist direkt hinunter bis zum Wettbach. Bei der Hofstättenreihe am Wettbach verlief zunächst, ihm westlich entlang, ein Weg, an dem die auch hier fast ausschließlich giebelständig und mit dem Wohnteil auf den Weg ausgerichteten Anwesen standen; die Hofstellen sind hier zum Teil aus dem sogenannten Badanger herausgeschnitten. 1644 zählte Wörishofen 50 Hofstätten, ihre Zahl war also weitaus größer als die der Höfe.

Von allen Hofstätten bezog das Kloster Sankt Katharina einen Geldbetrag in unterschiedlicher Höhe, in der Regel zwischen 6 Kreuzer 6 Heller und 1 Gulden 8 Kreuzer 4 Heller, von einigen 17 Kreuzer 1 Heller oder das Doppelte, von einigen 12 Kreuzer oder das Doppelte, dazu fast durchweg eine Henne, von einigen zusätzlich zwei oder vier Hühner und ausnahmsweise gar 25 oder 50 Eier.

Vom Dorf Wörishofen aus wurden auch rund 125 Jauchert Ackers – im Oberen Feld 39⅛ Jauchert, im Mittelfeld 46⅞ Jauchert und im Unterfeld 38¼ Jauchert – bestellt, die in der Form der sogenannten Landmiete vergeben wurden. Diese nicht an ein Anwesen gebundenen Äcker lagen *„zum thaill weith von dem Dorff"*, so daß man sie nicht immer *„bedungen"*, also düngen und damit anbauen konnte, weshalb *„die arme leith solche offt widerumb haimbgehen"* ließen. Von diesen Äckern fielen deshalb auch nur unregelmäßige Abgaben in Höhe von 17–23 Sack Vesen oder Haber ab, je nach Anbau in der Dreifelderwirtschaft.[262] Diese Felder waren walzend, konnten also einzeln veräußert werden. Außerdem gab es als zusätzlichen Grundbesitz die sogenannten Reutmähder, also durch Rodung von Wald entstandene mähbare Wiesen, die vererbt werden konnten oder deren Erbrecht man aber nur an einen Untertanen im Dorf Wörishofen verkaufen konnte;[263] von ihnen war Wiesgült als Geldabgabe zu entrichten.

Die Untertanen zu Wörishofen wie auch im Gericht Wörishofen scheinen dem Kloster Sankt Katharina nicht leibeigen gewesen zu sein, denn das Urbar der Herrschaft Wörishofen von 1494 führt nur sieben Leibeigene auf[264] und der Amtmann Ulrich Hauser stellt abschließend fest: *„Item nit mer aygnerlut waiß ich, die zů werishofen geheren"*.[265]

Die Ehaftgewerbe in Wörishofen

Da in Wörishofen die natürliche Voraussetzung des fließenden Wassers für eine Mühle und eine Badstube vorgegeben war, gab es hier alle vier klassischen Ehaftgewerbe: Müller, Wirt, Bader und Schmied.

Die Mühle (Haus Nummer 93; heute: Obere Mühlstraße 8) mit einer Mahl-, Säg- und Ölmühlgerechtsame lag am Südende des Dorfes und bezog ihre Wasserkraft aus dem Mühl- oder Wettbach, der von Süden her aus dem Herrschaftsgebiet des Klosters Irsee kam; er durchfloß dort Eggenthal, Baisweil und Großried und nahm ab da seine Richtung auf die Mühle von Wörishofen zu. Dieser Bach diente aber auch zur Wiesenbewässerung im Irseeschen Baisweil sowie in Großried. Wegen einiger Streitigkeiten kam es am 25. August 1479 zu einer ‚staatsübergreifenden' Vereinbarung: In den Monaten April und Mai stand das Wasser ausschließlich für die Wiesenbewässerung in den Fluren von Baisweil und Großried (wie andernorts) zur Verfügung, ab da bis Michaelis (29. September) nur an den gebotenen (Sonn- und) Feiertagen jeweils ab der Vesperzeit des Vorabends die ganze Nacht hindurch bis zur Vesperzeit des Feiertags. Ab Michaelis bis Ende März hatte der Müller von Wörishofen den alleinigen Wasserbezug.[266]

Im Gebiet von Baisweil und Großried mußte der Bach von den dortigen Bauern stets auf drei Werkschuh Breite offen gehalten und ohne Zuzahlung des Müllers von Wörishofen baulich unterhalten werden.[267] Um Wasserschwankungen ausgleichen zu können, hatte der Wörishofer Müller etwas oberhalb seiner Mühle den Mühlbach zu einem kleinen Teich aufgestaut. Künstliche Wasserbauten mit der Wasserableitung aus einem so breiten, von zwischen- bis nacheiszeitlichen Schmelzwassern geschaffenen Tal wie dem Eggenthaler bei Großried in die flachmuldige Schmelzwasser- bzw. Bachrinne des Tälchens in Richtung auf Wörishofen zu, die teilweise künstliche Führung als Mühlkanal auf halber Höhe mit eingebauten Schleusen zur Wasserspannung und damit zur eigentlichen Gewinnung der Wasserkraft, dazu eine lokal wie zeitlich so differenzierte Wassernutzung wie beim Mühl- oder Wettbach im Eggenthaler Tal spiegeln sicherlich ‚alte', allein durch eine Herrschaft geschaffene Verhältnisse wider.[268]

Die Gemeindeschmiede (Haus Nummer 97½; längst abgebrochen) lag aus Sicherheitsgründen etwas abgerückt direkt am Wettbach und war über eine schmale, vom Amthof ausgehende Gasse direkt zu erreichen. Für das jährliche Beschlagen eines Pferdes bzw. Ochsen hatte man dem Schmied 3 bzw. 1½ Metzen Haber Kaufbeurer Maß zu geben, die in der Gesamtgemeinde ansässigen 30 Bauern mußten ihm zusätzlich 24 Kreuzer an Geld bezahlen und ihm jährlich je ein Klafter Holz zur Schmiede führen.[269]

Auf den Bader scheint zunächst einmal der Flurname Badanger hinzuweisen, womit ein großes Flurstück westlich des Wettbachs hinter der dortigen Hofstättenreihe bezeichnet wurde. Zuletzt wohnte der Bader im Haus Nummer 98, direkt neben der Schule, südlich der Kirche.

Welche und vor allem wie viele Höfe Christina von Fronhofen an das Kloster Sankt Katharina in Augsburg geschenkt hat, ob sich unter der Schenkung auch schon Hofstätten = Sölden befunden haben, all das wissen wir nicht und läßt sich auch nicht mehr aufklären. Sicher ist nur, daß die Grundherrschaft um das Jahr 1243 gespalten war. Zwar sind alle Sankt Katharinischen Urkunden zu Wörishofen mit Sicherheit nicht überliefert, doch lassen sich trotzdem einige Zukäufe zur Arrondierung des Besitzstandes in Wörishofen nachweisen.[270]

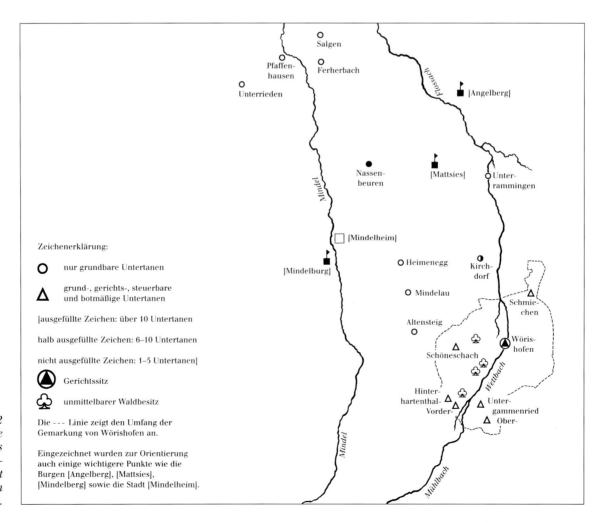

Abb. 62
Übersichtskarte über die Besitzungen des Amtes Wörishofen des Dominikanerinnenklosters Sankt Katharina in Augsburg im Jahre 1644.

Schmiechen – ein bei Wörishofen abgegangener Ort

Zu einigen Höfen in Wörishofen gehörten sogenannte Schmiechener Gütlen, auch Schmiegergütl genannt. Diese gehen auf einen schon im frühen 12. Jahrhundert genannten kleinen Weiler Schmiechen zurück, der nördlich von Wörishofen lag und der wohl im 15. Jahrhundert als Siedlung aufgelassen wurde. Die oben genannte Karte aus dem späten 16. Jahrhundert zeigt den Ort nicht mehr, wohl aber einen Flurnamen: *„Schmiche(n) am Hardt"*. Letzterer ist heute noch üblich, denn den nördlichsten, erst sehr spät entstandenen Ortsbereich von Bad Wörishofen nennt man *„Unteres Hart"*. Mit Har(d)t bezeichnet man ursprünglich einen Weidewald. In Wörishofen wird damit heute noch der Wald in der schmalen nördlichsten Ausbuchtung der Wörishofener Flur benannt, der uns in alten Karten als *„Auf dem Hardt"* oder aber als *„Hochhardt"* begegnet. Versucht man, die Lage der oben genannten Flurlage *„Schmichen am Hardt"* auf moderne Karten zu übertragen, so käme man etwa an jene Stelle, an der die Staatsstraße 2015 (Türkheim – Bad Wörishofen) die Stichbahnlinie Türkheim – Bad Wörishofen berührt. Die Anzahl der Schmiechener Gütlen betrug im Jahre 1644 insgesamt 11 Stück, ihre Ausstattung mit gebundenem Besitz war aber relativ gering und umfaßte meist neun Jauchert Ackers und fünf bis sechs Tagwerk Mahd. Die Feldflur des einstigen Schmiechen bildete eine Einheit, die in ein Ober-, Mittel- und Unterfeld unterteilt war. Es galt also auch hier die Dreifelderwirtschaft.

Den ältesten Besitzanteil in Schmiechen[271] hatte das Prämonstratenserkloster Ursberg von einer Schenkung Mangold und Hartmann von Solers her, welche vor 1143 erfolgt ist. Diese Herren von Soler sind die ältesten Mitglieder eines welfischen Dienstmannengeschlechts, das sich nach dem heutigen Markt Wald benannte; möglicherweise besaß Ursberg auf gleichem Weg auch Besitz zu Wörishofen, den es 1420 an Sankt Katharina abstieß. Zwischen 1190 und 1197 gab Hermann von Mattsies Besitz zu Schmiechen an das Kloster Irsee, 1451 ertauschte Sankt Katharina die Gerichtsbarkeit zu Schmiechen von der Herrschaft Mindelheim und übte sie noch 1644 aus.[272]

Weitere Bestandteile der Herrschaft Wörishofen: Die Rodungssiedlungen in der Pfarrei Wörishofen

Zur Kernherrschaft Wörishofen gehörten außer Wörishofen und Schmiechen die Orte Ober- und Untergammenried, Vorder- und Hinterhartenthal sowie Schöneschach. Alle sieben gehörten seit jeher zur Pfarrei Wörishofen. Sie machen, abgesehen von Hinterhartenthal, das im späten 19. Jahrhundert verschwunden ist, noch heute die Flur von Bad Wörishofen aus.

Unter- und Obergammenried liegen südlich von Wörishofen und östlich über dem Tälchen des Mühl- oder Wettbachs, der 1457 als *„Gamer Rietter pach"* erscheint. Bei Gammenried handelt es sich, wie die Lage der beiden Orte inmitten von Waldungen noch heute deutlich zeigt, um eine Rodungssiedlung. Diese ist trotz des den Ort von anderen Rodungssiedlungen unterscheidenden althochdeutschen Namens Gammo (weiterlebend als Familienname Gamm oder Kamm) wohl erst im Hochmittelalter entstanden. Der Ort wird nämlich 1323 erstmals genannt, als Sankt Katharina ein Gut in *„Gammenriet"* kaufte, weiteren Besitz im Jahre 1382.[273] Im Jahre 1494 hatte Sankt Katharina in *„vnndergamenried"* drei und in *„Obergamenried"* zwei Höfe, 1590 in *„Gamaried"* fünf Höfe, 1644 gab es drei Höfe in *„Vnder Gaumerriedt"* (sowie ein Gut ohne Haus und Stadel, welches die dortigen drei Bauern in Bestand hatten) und zwei Höfe zu *„Ober Gaumerriedt"*. Auch hier herrschte die Dreifelderwirtschaft, also die Einteilung des Ackerlandes in ein Ober-, Mittel- und Unterfeld, nur wurde in Gammenried den grundherrlichen Abgaben nach außer Vesen und Haber auch noch Roggen angebaut.

Die Abgaben zu Untergammenried waren 1644 bei allen Gütern gleich: Je drei Sack vier Metzen Roggen, je vier Sack Vesen und Haber, dazu Wiesgült, je sechs Hühner und je 100 Eier. Da die Abgaben schon 1494 wie auch noch 1590 von einem der Höfe das Doppelte der beiden anderen betrug, ist anzunehmen, daß der mit der doppelten Belastung (sieben Sack Roggen, je acht Sack Vesen und Haber, 12 Hühner, 200 Eier) ein ursprünglicher Hof ist. Dies würde bedeuten, daß Untergammenried ursprünglich aus zwei großen Höfen bestand, welche dann gleichheitlich in vier geteilt wurden, der eine schon vor 1494,

Abb. 63
Denkmal zur Erinnerung an den abgegangenen Weiler Hinterhartenthal.

Abb. 64
„Urbarium" über die dem Wörishofener Dominikanerinnenkloster gehörenden Güter. 33 cm × 21 cm. Datiert 1732.
Staatsarchiv Augsburg, Kloster Wörishofen, Lit. 1.

*Abb. 65
Der heilige Rasso mit der Wallfahrtskirche Untergammenried. Gouache auf Pergament. Rahmen Holz, geschnitzt und gefaßt.
25,5 cm × 17 cm (mit Rahmen).
Mitte 18. Jahrhundert.
Im Jahre 1714 errichteten drei ortsansässige Bauern eine Kapelle, in der sie ein Bild des heiligen Rasso aufstellten, das sie aus Grafrath, von einer Wallfahrt zu dem dort verehrten Heiligen, mitgebracht hat-*
der andere nach 1590, und daß bei einem vor 1644 die Gebäude zu Dorf verschwanden. Für das Hohlmaß Sack ergibt sich daraus auch eine Unterteilung in acht Metzen. Der größte Hof zu Untergammenried war mit 55 (19/17/19) Jauchert Ackers und mit 32 Tagwerk Mahd ausgestattet.

Die Abgaben von Obergammenried bestanden schon 1494 aus je sieben Sack Roggen und Haber, der Wiesgült und gleichfalls je sechs Hühnern und 100 Eiern. Die Grundausstattung bestand aus je 38 Jauchert (13/11/14) Ackers und 15 bzw. 18 Tagwerk Mahd.[274]

Gleich Gammenried ist das am Südrand des Wörishofener Waldes und südwestlich von Wörishofen gelegene Hartenthal, welches in den älteren Quellen stets als Hattenthal (1494: Hattental) erscheint, eine Rodungssiedlung. Der Name erklärt sich als die am Tal gelegene Siedlung eines Hatto – auch dies, ähnlich wie bei Gammenried, ein altdeutscher Name. Das heutige, am Waldrand gelegene Hartenthal ist das ältere Vorderhattenthal. Es liegt tatsächlich am hier etwas steileren Talrand über dem breiten Eggenthal-Baisweiler Tal. Das waldwärts nach Norden zu anschließende Hinterhattenthal wurde dagegen im 19. Jahrhundert als Siedlung aufgelassen und ist abgegangen. Hinterhattenthal war die jüngere Siedlung, denn 1494 werden die beiden Höfe als *„die nùwen hef"* bezeichnet, die Siedlung selbst als *„zů den Nùwenhefen"*.[275] Der Ausstattung der vier Höfe – je zwei zu Vorder- und Hinterhattenthal – war mit je sechs Jauchert Ackers in den drei Feldern (Ober-, Mittel-, Unterfeld) gleich, dazu kamen je 15 bzw. 12 Tagwerk Mahd und je eine Holzmark am *„Hatenthaler Moß"* bzw. am Westrand der herrschaftlichen Hölzer. Die Abgaben bestanden aus je sechs bzw. fünf Sack Vesen und Haber, der Wiesgült sowie einheitlich aus je sechs Hühnern und 100 Eiern. Hattenthal wird im Jahre 1494 erstmals genannt, scheint also jünger als Gammenried zu sein.

Jüngste in diesem Kranz von Rodungssiedlungen um Wörishofen ist das westlich von Bad Wörishofen gelegene, am schon 1362 so genannten Waldstück *„Schöner Schach"* gegründete Schöneschach. Über die Rodung des Waldes (*„es ist ain wilder wald"*) und den Rodungsauftrag des Wörishofener Vogtes Cunrat Hauser (*„Ziehent in den wald und reuttend den uß"*) an Petter Schorer und Albrecht Mertz sowie an weitere sechs Personen wissen wir ziemlich gut Bescheid, allerdings nichts über den genauen Zeitpunkt, denn es gibt nur eine undatierte, wohl der zweiten Hälfte (oder dem zweiten Drittel?) des 15. Jahrhunderts angehörende Niederschrift von gegenseitigen Aussagen in einem Streit zwischen dem Kloster Sankt Katharina und den Bewohnern der *„aineide"* (= Einöde) genannt *„Schenenschach"* wegen Verleihung des Besitzes durch den Vogt auf 15 Jahre, davon fünf Freijahre, und wegen der Ausstellung eines besiegelten Briefes über diese Verleihung. Probleme ergaben sich vor allem deshalb, weil nach Ablauf der 10 Jahre doch die Gefahr bestand, daß ohne Ausstellung eines weiteren förmlichen Erbbriefs die Schöneschacher Siedler der zweiten Generation die Bleibe in ihren Häusern und auf den Gütern verloren hätten.[276] Im Jahre 1494 muß dann die anscheinend schon dritte Generation auf den Höfen (sechs Halbhöfe, ein 2/3- und ein 1/3 Hof) zu „Scheneschach" gesessen sein.[277] Die Halbhöfe gaben gleiche (und übrigens den anderen Rodungssiedlungen ähnliche) Abgaben an die Herrschaft Wörishofen, so im Jahre 1494 je drei Sack Vesen und Haber, Wiesgült, drei Hühner und 50 Eier, und ausgestattet waren sie einheitlich mit 18 Jauchert (je Feld sechs Jauchert) Ackers und mit sechs Tagwerk Mahd.

Zur Gerichtsbarkeit

Grundherrschaft bedeutete aber nicht allein eine gewisse (Sonder-)Nutzung von Grund und Boden, welchen der Grundherr in einem bestimmten Leiheverhältnis an die auf den Höfen und Sölden sitzenden Grundholden überließ. Zur Grundherrschaft gehörten auch Gerichtsrechte: Mit „gericht, zwing, benn und alle oberkait Inn der pfarr zů werishofen" umschreibt dies das Urbar von 1494 zugunsten von Sankt Katharina. Und: Es hatte „niemand nichtz da zů piessen (= büßen, Buße aussprechen) dann mine frawen vnd Ire amptlüt (= Amtleute) vmb all henndel". Es ging dabei um die zur niederen Gerichtsbarkeit gehörende Abstrafung von Streitigkeiten, Zwistigkeiten, Raufhändeln usw., die im zwischenmenschlichen Bereich entstehen konnten, denn oberstes Gesetz war „frid zu gepieten", also Frieden einzuhalten. In Wörishofen gab es dazu ein (Nieder-)Gericht, dessen Mitglieder, die Richter, jeweils nacheinander wechselnd vom Amtmann und von den Dorfvierern gewählt wurden. Sankt Katharina übte nicht nur unbestritten im Ortsteil östlich des Wettbachs und darüber hinaus in Ober- und Untergammenried, sondern auch in dem westlich des Wettbachs gelegenen Teil von Wörishofen inner Etters, also in dem durch Dorfzaun oder Dorfhecke begrenzten Innenraum wie auch in den westlich des Wettbachs gelegenen Orten, dem Weiler Schöneschach, auf den Höfen Vorder- und Hinterhartenthal sowie auf dem Ziegelstadel, jeweils inner Etters, die hohe und niedere Gerichtsbarkeit aus. Ausgenommen allein war, „was die malefiz antrifft", also die Abstrafung der todeswürdigen, an Leib und Leben gehenden Kapitalverbrechen der vier hohen Wändel: Mord oder Totschlag, Brand, Diebstahl, Notzucht oder Vergewaltigung. Sie zählten zur Hoch- oder Blutgerichtsbarkeit, die sich bis zum Wettbach, aber das auch nur jeweils außer Etters, die Herrschaft Mindelheim vorbehielt, was in einem Vertrag vom 13. August 1605[278] festgeschrieben wurde.

Zwing und Bann, die 1494 ausdrücklich genannt werden, sind Zeichen der sogenannten Polizei, also der inneren Verwaltung und Ordnung; sie berechtigten zum Erlaß von Gebot(en) und Verbot(en), welche erst das nachbarliche Zusammenleben innerhalb der Dorfgemeinschaft ermöglichten, z. B. mit Festlegung der Nutzung von Feld und Flur, des Unterhalts von Weg und Steg, der gemeinsamen Nutzung von gemeinsamem Gut wie der für die Allgemeinheit bestimmten Allmende, z. B. der Viehweide, auf die das Vieh durch einen oder mehrere gemeinsam bestellte Hirten ausgetrieben werden konnte. Solche Gebote und Verbote konnten nach der Wörishofener Gerichtsordnung aus dem 16. Jahrhundert[279] vom Amtmann und den Vierern erlassen werden. Die Dorfvierer waren die Vertreter der Gemeinde; sie wurden „alle Jar Järlich auff die viertag angeender Fasten", also in den Tagen zwischen Aschermittwoch und dem darauf folgenden Sonntag Invocavit, von der ganzen Gemeinde gewählt, und zwar jeweils zwei aus der Bauern- wie aus der Söldnerschaft. Im weiteren Sinne gehörte zur niederen Gerichtsbarkeit auch das ausschließliche Verbriefungsrecht für (heute durch einen Notar errichtete) Verträge durch den Repräsentanten des Klosters vor Ort, also den Amtmann, Vogt oder Pfleger.

Der abgegangene Ort Schmiechen bildete übrigens einen eigenen Gerichtsbezirk, wo Sankt Katharina und seinen Amtleuten „auch zů piessen vmb all henndel" zustand.

Streubesitz in der Nachbarschaft und die Einkünfte der Herrschaft Wörishofen

Sankt Katharina hatte im Laufe der Zeit auch an anderen Orten der Umgebung

ten. Alsbald entstand in Untergammenried eine rege Wallfahrt, die dann 1746/1747 zu dem heute noch bestehenden Kirchenbau führte. Verschiedene Andachtsbücher erinnern an die ehemalige Bedeutung des Wallfahrtsortes, wie etwa ANONYMUS, *Kurtze Lebens=Beschreibung Deß Heil. Rassonis, oder Rathonis, Fürstlichen Grafens zu Diessen und Andex, insgemein St. Graf=Rath genannt. Dessen heil. Leib nit nur im Wörth am Ammer=See in Bayrn/sondern auch seine Heil. Bildnuß in Schwaben in seiner Filial=Capell zu Unter=Gameriedt in Wörishover Pfarr gehörig/ mit grossem Zulauf verehret/durch tägliche Gutthaten und Wunder leuchtet, Augsburg, 1746, oder* ANONYMUS, *Litaney zu Dem allgemeinen und besonderen vil hoch wunder=würckenden Nothhelffer Graff Ratho Wider das Schmerzhafte Grieß/Stein und andern Angelegenheiten deß Leibs, Mindelheim bey Adolph Ebel. Dominikanerinnenkloster Bad Wörishofen.*

Streubesitz erworben oder geschenkt bekommen, so zu Kirchdorf (1644: zwei Höfe, sieben Hofstätten), Unterrammingen (Lehengut), Nassenbeuren (Mühle, zwei Höfe, Gütlein, 13 Hofstätten), Salgen (Hof, Lehengütlein), Pfaffenhausen (Hof, Mühle), Unterrieden (drei Höfe, eine Sölde), Heimenegg (Hof), Mindelau (Hof), Altensteig (Hof) und dem bei Hausen (bzw. zwischen ihm und Salgen) vor 1494 abgegangenen Ort Ferherbach (Gut).[280] Die Abgaben von den Höfen bestanden meist aus einer jeweils gleichen Anzahl Sack Vesen und Haber, einige Male auch Roggen, dazu Wiesgült, Hühner und Eier, bei den Hofstätten (Sölden) aus einer Geldabgabe und einer Zahl von Hühnern (bzw. und Eiern). Die Getreideabgaben werden bei allen Orten in dem zu Wörishofen üblichen Maß Sack abgerechnet, dem wahrscheinlich ein Kaufbeurer Stadtmaß zugrundeliegt.

Im Jahre 1590/91 machten die Getreideabgaben an das Amt Wörishofen 307 Sack sieben Metzen aus, als Ausgaben trafen davon 47 Sack drei Metzen und für den Ammann jeder 11. Sack, so daß dem Kloster einschließlich des Zehents (100 Sack) 335 Sack fünf Metzen und drei Viertel blieben. Die Gesamtsumme der Einnahmen aus dem Amt Wörishofen belief sich auf 2479 fl 58 kr 2 hl (davon das meiste aus Getreideverkauf, aus Kern, *„so auß feßen gerbt ist worden"*, 848 fl, aus Haber 785 fl, aus Roggen 117 Gulden, aus den Wiesgülten 108 fl, von Hofstattzinsen 21 fl, von alten Schulden, Handlohn, Weglos und Zinsgeld 477 fl), an Geld lieferte das Amt an das Kloster Sankt Katharina 1909 fl 21 kr 3 hl ab.[281]

Ausblick auf die Entwicklung nach 1717

Die Einkünfte aus dem ziemlich geschlossenen Amt Wörishofen bewogen das Augsburger Katharinenkloster, eines der im Jahre 1717 von Papst Clemens XI. geforderten Reformklöster in Wörishofen zu gründen. Daß dann trotz der Säkularisation von 1802/1803, welche beide Häuser traf, ausgerechnet das Tochterkloster das Mutterkloster überleben und als klösterliche Gemeinschaft wieder hergestellt werden sollte, war 1717 sicherlich nicht abzusehen.

*Abb. 66
Ein Petschaft, Eisen geschnitten, eine Kupferplatte sowie zwei Siegelabdrucke mit dem Wappen des Dominikanerinnenklosters Wörishofen. 18./19. Jahrhundert. Archiv Dominikanerinnenkloster Bad Wörishofen.*

Der Ort Wörishofen und sein Kloster in bildlichen Darstellungen bis zum Beginn des 20. Jahrhunderts

HEIDE WEISSHAAR-KIEM

An keiner Reiseroute der Kavaliere liegend, von keinem Topographen aufgesucht, zu keiner landesherrlichen Legitimation und Selbstdarstellung in Wort und Bild Verwendung findend, können nach der Nennung des Ortes im Jahre 1243 in der Schenkungsurkunde der Christina von Fronhofen über lange Zeit keine speziellen Beschreibungen oder bildlichen Darstellungen des Dorfes Wörishofen nachgewiesen werden. Die Dominikanerinnen konnten – der Bestimmung als Reforminstitut entsprechend – auch nach der Gründung ihres Klosters in den Jahren 1718–1721 keine Wallfahrt von Rang gründen, so daß selbst jene für die Anliegen der Frömmigkeits- und Kunstgeschichte äußerst geschätzten Kleinen Andachtsbilder als Informanten fehlen.

Es darf nicht verwundern, daß dieser Ort, geprägt durch den Haupterwerb seiner Bewohner, der Landwirtschaft, sich höchstens durch die Ortsherrschaft und deren Gebäude von den zahlreichen Dörfern gleicher Größe in der Umgebung abhebend, zuerst von einem Kartographen ins Bild gesetzt wurde: In der um 1600 entstandenen Karte von „*Werishoven*" und Umgebung[282] werden sorgfältig in mauerumgebenem, durch zwei Toranlagen zugänglichem Geviert Pfarrkirche mit Satteldachturm und dreiseitig schließendem Chor gezeigt, auf der Nordseite weiter der stattliche doppelgeschossige Pfarrhof. Deutlich von den ortsüblichen Häusern durch einen Erker unterschieden erscheint südlich der Kirche der zu recht „*Schlößl*" genannte Dienstsitz des Amtmanns des Klosters Sankt Katharina in Augsburg. Noch weiter nach Süden folgt jenseits der Straße der Klosterhof mit seinen Ökonomiegebäuden und der großen Gartenfläche – hier sollte später, 1718–1721, das Kloster errichtet werden. Jenseits der Mauern sind die beiden im Westen verlaufenden Dorfstraßen angegeben, mit den jeweils eingezäunten bäuerlichen Anwesen; die breitere mit Röhrkästen und platzartigen Erweiterungen, die zweite parallel verlaufend mit dem dreimal überbrückten Bach. Der hier beschriebene Verismus und die Ausführlichkeit der Darstellung bleiben jedoch eine kartographische Ausnahme; alle weiteren konsultierten Karten verzeichnen nur den Ortsnamen oder ein häufig wiederholtes Dorfschema.

Das 18. Jahrhundert durchbricht jedoch diese Abstinenz der Präsentation: das mit hohem Aufwand errichtete neue Reformkloster wird an prominentester Stelle im Kirchenraum gezeigt, im Hochaltargemälde des Neuburger Hofmalers Franz Haagen († 1734), dessen Tochter Maria Ursula als Schwester M. Gabriela de corde Jesu Konventsmitglied war. In reichem, als Theaterdraperie gestalteten Schnitzrahmen erscheint die lebhaft bewegte Darstellung der Krönung Mariens durch die Heiligste Dreifaltigkeit; darunter liegt das Kloster, begleitet von Häusern des Ortes. Der von der Taube des Heiligen Geistes ausgehende Gnadenstrahl, der das Herz Mariens trifft, wird weitergelenkt zu einem an der linken Seite knienden Engel. Sein durch ein Marienmonogramm gezierter Schild mit dem Motto „*SUB TUUM PRAESIDIUM*" lenkt den Gnadenstrahl auf den terrestrischen Bereich, diesen in das Geschehen mit einbeziehend und unter den göttlichen Schutz nehmend. Eingebettet in eine hügelige Landschaft ist hier die Nordseite des Klosters wiedergegeben, mit acht Fensterachsen der Kirche[283] – statt der wirklich gebauten sieben – und 16 der 18 Achsen des daran anschließenden Konventtraktes.[284] Nicht fehlen darf das östlich des Chores gelegene Türmchen, das jede spätere Ortsdarstellung mitprägen wird. Es folgt auf dem Hochaltarbild wiederum die im Westen gelegene breite Hauptstraße mit einigen stattlichen Dorfhäusern auf der jenseitigen Straßenseite. – Auf die gnadenvolle Erscheinung weisen mit theatralischer Gestik zwei vollplastische Engel, die zu seiten des unteren Bildrandes knien.

83

Abb. 67
„Kloster Woerishofen".
Ansicht von Osten.
Aquarell von Johann Graf.
24 cm × 39,5 cm.
1. Drittel 19. Jahrhundert.
Archiv Dominikanerinnenkloster Bad Wörishofen.

So wie die Klosterchronik für das mittlere und späte 18. Jahrhundert nur wenige Informationen festhält, fehlen auch alle bildlichen Nachrichten. Erst im Anfang des 19. Jahrhunderts ist die nächste Ansicht zu verzeichnen.[285] Johann Graf zeigt das Kloster von Osten her, hinter der hohen, mit einem Eckürmchen bewehrten Mauer und den beiden mit Voluten abschließenden Giebeln, dem Türmchen der Klosterkirche über dem Dach des Ostflügels erscheinend sowie an der Nordseite der Pfarrkirchenturm. Außerdem entstand in den Jahren der Säkularisation der sogenannte „Prestele-Plan", der in seinem Grundriß durch die Eintragung der Raumnutzung auch einen wichtigen Einblick in das Klosterleben gewährt und mit dem Aufriß wiederum die Nordseite der Anlage vorweist.[286] Etwa zur gleichen Zeit erstellte man staatlicherseits verschiedene weitere Pläne, den „Plan vom arar. Frauenkloster zu Wörishofen", dann den „Grundriß von dem Frauenkloster samt Kirche zu Woerishofen, Rentamts Türkheim" sowie den „Grundriß und Durchschnitt von dem Königlichen Frauen-Kloster zu Woerishofen, Königlichen Rentamts Türkheim", sehr sorgfältig gezeichnete Bestandsaufnahmen mit exakter Bezeichnung der Räume und ihrer Nutzung.[287] Mit Bild und Inschrift erinnert schließlich die wohl gegen Ende des Jahres 1800 oder etwas später entstandene Stelle in der Fidel-Kreuzer-Straße an den Klosterbaumeister Johann Georg Riedler, der im September des Jahres 1800 von französischen Soldaten grundlos erschossen worden war. Im rankenumschlossenen Oval wird im Stile eines Votivbildes die Untat dramatisch geschildert. Bauernhäuser zu seiten der Straße bilden den veristischen Hintergrund.[288]

Auf das Fehlen von Darstellungen aus den schweren Jahrzehnten nach der Säkularisation bis in die Zeit der Wiedererrichtung des Klosters muß wohl kaum hingewiesen werden. Um so deutlicher macht ein Eintrag im Sulzbacher Kalender von 1866[289] den seit 1842/1843 eingetretenen Wandel deutlich. Der engagierten Darstellung des pädagogischen Wirkens der Dominikanerinnen geht ein Holzstich voraus, die wiederum die Klosteransicht von Osten zeigt, in weitgehender Übereinstimmung mit dem oben erwähnten Blatt von Johann Graf, jedoch unter Hinzufügung einiger Staffagefiguren.

Für Kloster und Ort bildet das Wirken von Sebastian Kneipp (1821–1897) eine tiefe Zäsur, die auch bei der Betrachtung der bildlichen Darstellungen nicht zu übersehen ist. Stahlstich und Photografie sowie neue Reproduktionstechniken einerseits und der um ein vielfaches gesteigerte Bedarf durch die große Zahl von Kurgästen lassen hier einen umfänglichen Markt an Blättern, Postkarten und Fremdenführern entstehen, auf

den hier nur exemplarisch eingegangen werden kann.

Nach dem Abschluß der baulichen Erweiterung der Klosteranlage der Jahre 1896/1897 entstand das große Blatt „Kloster der Dominikanerinnen in Wörishofen",[290] nun aus der Vogelperspektive von Nordosten her. Es präsentiert wiederum die nach Osten verlängerte Vierflügelanlage, mit den erweiterten Ökonomiegebäuden im Westen sowie dem stattlichen, zweigeschossigen Schulneubau im Süden. Auf den durch Kneipp gepflegten Spalierobstanbau im Kloster wird durch die Wiedergabe der Gitter an den Hauswänden ebenso hingewiesen wie die intensive Nutzung des übrigen Gartengeländes angezeigt ist. Nun umgeben das Kloster neben den Bauernhäusern jedoch zahlreiche bürgerliche und herrschaftliche Neubauten. Die angrenzenden, breit gewordenen Straßen sind mit Fußgängergruppen, Kutschen und sogar mit Fahrradfahrern belebt und Ruhe und Kultur des neuentstandenen Kurortes werden durch eine zarte Parklandschaft am Horizont angedeutet.

Gleichsam die Fortsetzung dieser neuen Selbstdarstellung des Klosters bildet eine zweibändige Publikation mit dem Titel „Haushaltungsschule und Erziehungsanstalt der Dominikanerinnen in Bad Wörishofen"[291] im Postkartenformat. Nach 1899 im Verlag der Graphischen Kunstanstalt Joseph Käser in Wasserburg am Inn erschienen, gibt ein einführender Text die Geschichte des Klosters wieder und berichtet unterhaltsam über die neuen pädagogischen Einrichtungen und ihre Aufgaben. Es folgen nach der stark verkleinerten Reproduktion des oben erwähnten Stahlstiches jeweils 30 Abbildungen, durch Perforierung auch als Postkarten verwendbar. Das erste Bändchen zeigt das Äußere der Gebäude, streng eingerichtete Sprech- und Aufenthaltszimmer, reinliche und karge Schul- und Arbeitssäle, Schlaf- und Waschräume der Schülerinnen, das Kircheninnere sowie eine Ortsansicht von Westen. Im zweiten Bändchen schließen an die Außenansichten an die photographische Darstellung des Gästebereichs, der Räumlichkeiten des Konvents sowie von Ausstattungsdetails von Kirche und Kapellen und endlich, nach der Ablichtung des Kneipp-Denkmals, eine große Ortsansicht von Nordwesten. Keine ausufernde Laudatio könnte das von den Klosterfrauen erkämpfte große Werk besser verdeutlichen als die Vorstellung der Einrichtung durch das neue Medium der Photographie und ihrer Vervielfältigung durch den Druck.

In der gleichen Zeit beginnt auch der Ort, sich in Wort und Bild darstellen zu lassen. Der „Illustrierte Führer durch Wörishofen und Umgebung", bei L. Viereck um 1900 in München verlegt,[292] macht das neue Selbst-

Abb. 68
„Auf- und Grundriß von dem Frauenkloster zu Wörishofen". Sogenannter „Prestele-Plan".
44,5 cm × 52 cm.
1. Drittel 19. Jahrhundert.
Archiv Dominikanerinnenkloster Bad Wörishofen.

verständnis in der Verbindung von idyllischer Ortslage und Umsetzung der Kneippschen Heilmethoden deutlich. Das Titelblatt von O. G. Meisenbach zeigt eingefaßt von Blumenranken eine Ortsansicht von Norden vor der Alpenkette, auf der die Bürgerhäuser und die Pfarrkirche dominieren, darunter wird das Wirken Sebastian Kneipps vorgeführt durch die Darstellung der täglichen Konsultation vor dem Badehäuschen. Den Text, der auch das Dominikanerinnenkloster ausführlich würdigt, begleiten nun ebenfalls Photographien, die Klosteransicht von Osten her sowie eine Innenaufnahme der Klosterkirche mit den drei Altären. Der ebenfalls um 1900 erschienene „Wegweiser für Wörishofen und die Kneippkur"[295] zeigt auf einer Vignette den baulich noch nicht ausgeuferten Ort. Aus dem Ortsplan sind noch sehr deutlich die Strukturen des alten Dorfes mit seinen beiden Straßen, dem Bach und dem Ortskern mit Kirche und Kloster zu entnehmen.

Motive der Postkarten sind weiterhin Kloster und Pfarrkirche von Osten her, als Vordergrund konnten noch Wiesen und Felder gezeigt werden oder im Gegensatz dazu Ortsansichten, welche die seit den neunziger Jahren in die Höhe geschossenen Kuranstalten und Hotels anpreisen.

Eine Photomontage von Fritz Grebmer „Kurort Wörishofen" versucht das Spannungsfeld zwischen verschwindender bäuerlicher Idylle und dem prosperierenden Kurort zu verdeutlichen: Um die Portraitaufnahme von Sebastian Kneipp sind gruppiert sowohl die Kureinrichtungen, Bäder und Hotels, wie auch die Ansichten von Kloster und Kirche von Osten, Pfarrhof und Kirche, eine Vedute des Ortes mit noch fast dörflichem Charakter sowie schließlich der Blick von Westen her, der die Neubautätigkeit besonders deutlich macht.

Den Wandel vom bescheidenen Ort mit Kirche und Kloster zeigen die größeren photographischen Ortsansichten ab 1889 auf; hier wird der rasche Verlust der bäuerlichen Anwesen zugunsten zwei- bis dreigeschossiger Kuranlagen mit zunehmend repräsentativem Charakter besonders deutlich.

Das Zusammentragen der Darstellungen von Kloster und Ort bis zum Beginn dieses Jahrhunderts mußte bescheidene Ergeb-

Abb. 69
„Kloster der Dominikanerinnen in Wörishofen".
Holzstich. 29,7 cm × 41 cm.
1896/1897.
Archiv Dominikanerinnenkloster Bad Wörishofen.

nisse erbringen. So wie es nicht das Anliegen eines strengen Reformklosters sein konnte, sein Wirken anzupreisen, war die Selbstdarstellung eines einfachen Kirchdorfes kaum üblich. Erst die Veränderungen, welche die Übernahme von umfassender pädagogischer Tätigkeit durch die Klosterfrauen sowie das vom Kloster ausgehende Wirken des Spirituals und Ortspfarrers Sebastian Kneipp auslösten, ließen eine Reihe von Publikationen und eine Flut von Stichen und Photographien entstehen, denen Stolz auf das geschaffene Werk und ein neues Selbstverständnis abzulesen sind.

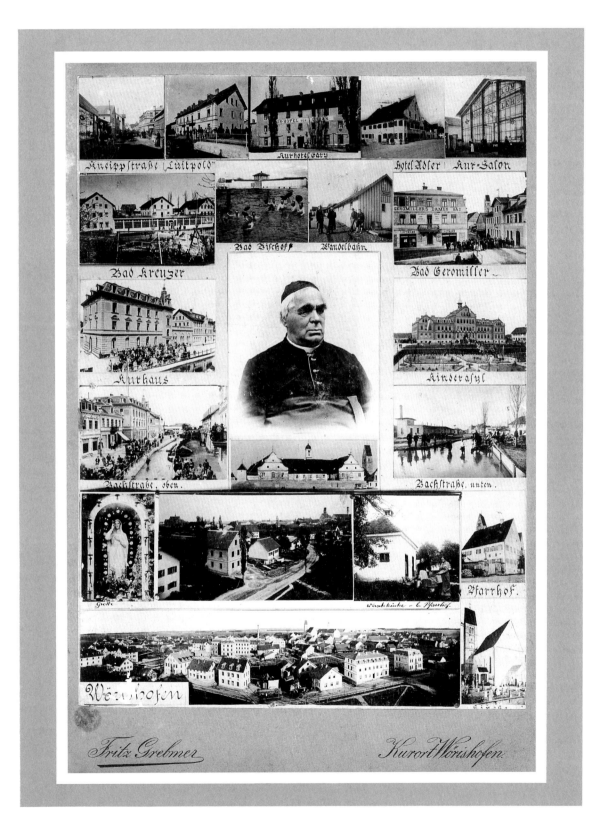

Abb. 70
„Kurort Wörishofen". Photomontage von Fritz Grebmer.
Wörishofen um 1900.
25 cm × 17,2 cm.
Archiv Dominikanerinnenkloster Bad Wörishofen.

Das Kloster und seine Ausstattung – Ein Meisterwerk des bayerisch-schwäbischen Rokoko

Die Klosteranlage und ihre Baugeschichte

Die bauliche Erscheinung der Klosteranlage

Die Stuckdekorationen im Konventbau, in der Klosterkirche und im Schwesternchor

Die Fresken in der Klosterkirche und im Schwesternchor

Altäre, Kanzel, Kirchengestühl und Orgel in der Wörishofener Klosterkirche

Die Sakristei

Der Pflanzenhimmel in der Marienkapelle

Die bewegliche historische Ausstattung des Dominikanerinnenklosters in Bad Wörishofen

Die Restaurierungsgeschichte des Dominikanerinnenklosters in Bad Wörishofen

Untersuchung und Restaurierung der Ausstattung der Dominikanerinnenklosterkirche in Bad Wörishofen

Die Klosteranlage und ihre Baugeschichte

Georg Paula

"Clöster und gottshäuser, wegen ihres alterthumbs baufällig, wegen ihrer unförmigkeit schlecht, wegen ihrer unbequemlichkeit beschwerlich, in einen bessern stand zu sezen, oder aus einem alten ein aus dem grund ganz neues Closter erbauen, ist zu unseren zeiten umb so weniger selzamb, als zahlreicher an endt und orthen, sonderlich in unserem oberen teutschland dergleichen neue, sehr schöne, wohl regulirte und stattliche Clöster sich zeigen. Aber dorten oder allda, allwo niemahlen ein Closter gestanden, weniger ein stein zum Closterbau gesehen worden, daß ein gottshaus oder Closter, will sagen dessen Obere in einer deren Herrschaften aus eigenen deren mittlen ein schönes großes von grund aus neues Closter nit alleinig sollte bauen, sondern auch fundiren und dotiren, ia in erwünschten stand sezen, dises ist dermahlen bey ieziger weltlauf eine solche selzsamkeit, von solcher wunderwürdigkeit, daß alle hochverständige, ia alle einfältige gern bekennen werden, daß solcher erfolg seye ein werck starker hand gottes, und nit der menschen, denen menschlichen kräften keineswegs, sondern forderist der göttlichen anordnung und principaliter zuzumessen seye".[294]

Mit diesen wortreichen Sätzen beginnt Pater Andreas Roth seine Zusammenstellung der *"Schriften und Urkunden, welche die Stiftung des Closters betreffen"*, also jene Chronik über den Werdegang des Dominikanerinnenklosters in Wörishofen, die zu den aufschlußreichsten Quellen des frühen 18. Jahrhunderts gehört.[295] Auf den folgenden Seiten teilt er dem geneigten Leser in extenso mit, welche Ereignisse für die Entstehung der Ordensniederlassung verantwortlich waren, die – und das hat man sich immer wieder zu vergegenwärtigen – schon deshalb eine Sonderstellung innerhalb der bayerisch-schwäbischen Klosterlandschaft einnimmt, da sie im Gegensatz zu den meisten traditionsbeladenen Abteien der Region keine mittelalterliche Gründung ist.[296]

Dabei war die für die finanzielle Basis maßgebliche Stiftung schon fast fünf Jahrhunderte früher erfolgt. Am 18. Mai 1243 hatte nämlich Christina von Fronhofen, Witwe des Heinrich von Wellenburg, im Beisein der Dominikaner Friedrich von Rothenburg und Konrad von Weißenhorn sowie des Wörishofener Ortspfarrers in einer Schenkungsurkunde dem Orden ihre umliegenden Besitzungen mit der Auflage übereignet, *"intweders ein Closter zu erbauen, oder solche überlassene freye Herrschaft zu verkaufen, das erleste geld aber denen wahren bedürftigen armen auszuteilen"*.[297] Weder das eine noch das andere geschah, dafür kam die Herrschaft wenig später an das 1250 in Augsburg gegründete Dominikanerinnenkloster Sankt Katharina,[298] dem es gelang, das Territorium allmählich durch Kauf, Tausch und weitere Schenkungen um mehrere Orte zu erweitern und somit die ursprünglich verstreuten Ländereien zu arrondieren.

Auch in den folgenden Jahrhunderten sah man keine unmittelbare Veranlassung, den einst eingegangenen Verpflichtungen nachzukommen. Selbst die eindringlichen Ermahnungen der Schaffnerin Maria Christina Eckart (geb. 1659 in München), die seit ihrem Eintritt in das Katharinenkloster als *"Eyfferin des gueten"* bekannt war, *"zu Werishofen müsse und werde durch die mitl des Closters S: Catharina in Augspurg ein Jungfrauen Closter erbauet und gestiftet werden"*, fruchteten nichts. Obwohl sie ihre Priorin Maria Maximiliana Gräfin Ruepp von Falkenstein (reg. 1716–1746) unermüdlich drängte, wies man sie stets mit der Bemerkung ab, *"daß dises ein unmögliches Werk seye, theils wegen abgang der dahin erforderlicher kösten, theils auch wegen der sicher zu vermuthender Contradiction und widersprechung des Convents"*.[299]

Dann nahmen plötzlich die Ereignisse einen überraschenden Verlauf. Kurz nach seiner erneuten Wahl zum Provinzial der sächsischen Ordensprovinz[300] im April 1717 hatte Pater Roth im Beisein von Priorin Maria Maximiliana und Schwester Maria Christina, die inzwischen aller Vorfälle ungeachtet zur Subpriorin ernannt worden war, mit Dominica Josepha von Rottenberg, Priorin im schweizerischen Katharinental, eine ausführliche Unterredung, bei der sich

◁ *Abb. 73*
Blick vom Klosterhof auf die Kirche und den Westtrakt des Konventbaus sowie auf den Kirchturm.

Abb. 50

◁◁ *Abb. 72 S. 89*
Heilige Agnes von Montepulciano (1268–1317). Gouache auf Pergament. 7 cm × 5,2 cm (mit Rähmchen). 1. Hälfte 18. Jahrhundert. Dominikanerinnenkloster Bad Wörishofen.

◁◁◁ *Abb. 71 S. 88*
Blick auf Bad Wörishofen (Luftbild von Südosten) mit dem Dominikanerinnenkloster Maria Königin der Engel und der Pfarrkirche Sankt Justina.

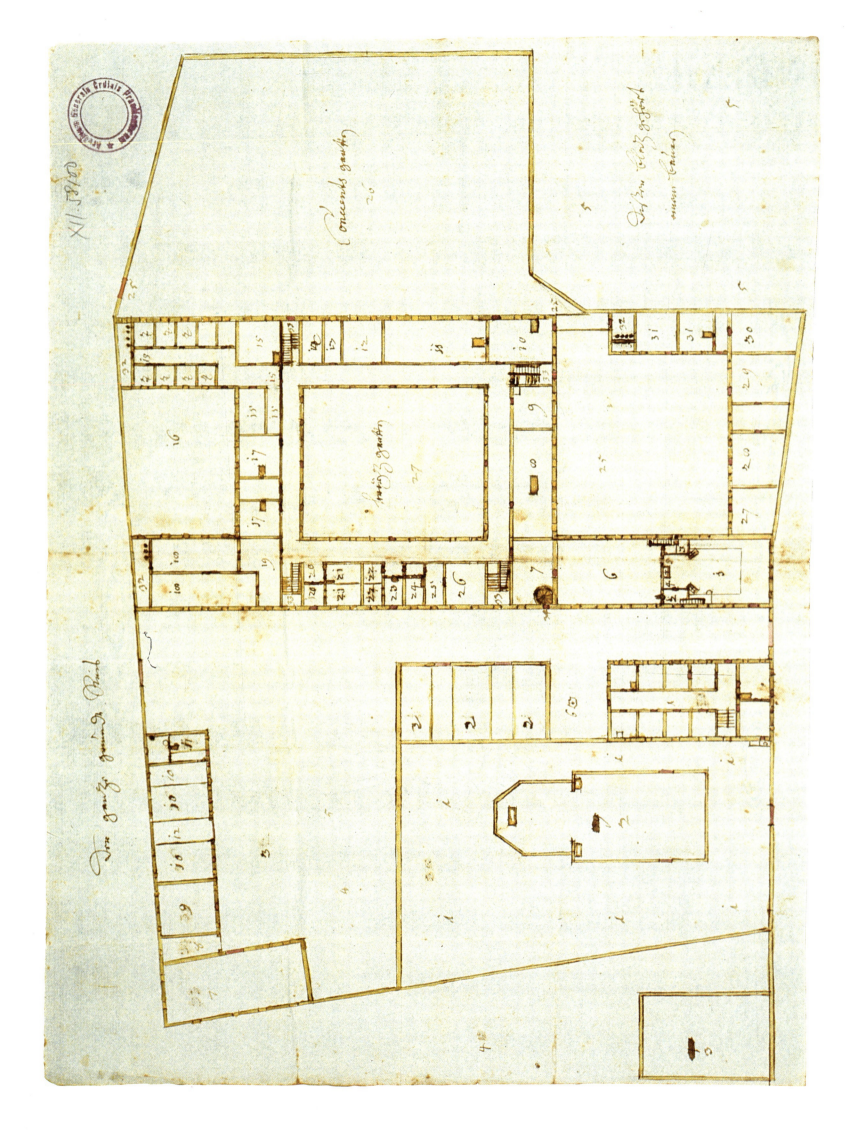

diese über die dort neu erbauten Klostergebäude wenig zufrieden zeigte. Der Grund hierfür lag hauptsächlich darin, daß sie *„auch ein neues sittliches göttlicher Maiestät angenemmeres gebey* (suchte), *nemblich nach dem ersten Orden eine vollständige Clösterliche Regularität allda einzuführen durch eine strenge Observanz“*.[301] Ihre Absicht, bat sie Pater Roth, dem in Rom residierenden Ordensgeneral Antonin Cloche mitzuteilen. Sie entsprach damit dem *„Wunsch“* von Papst Clemens XI. (reg. 1700–1721), im Gebiet der oberdeutschen Dominikanerprovinz zwei Frauenklöster nach der ursprünglichen Strenge der Ordensregeln einzurichten. Noch fehlte aber ein zweiter Konvent, der bereit war, sich einer gewissenhaften Observanz zu unterwerfen, und so fiel die Wahl auf das Katharinenkloster in Augsburg.

Der Chronik zufolge hatte Pater Roth von Anfang an seine Zweifel, daß das *„heilig und heylsame Werck“* widerspruchslos durchgeführt werden könne. Einig war er sich allerdings mit Priorin und Subpriorin nicht nur über die Notwendigkeit der Maßnahme, sondern auch bei einer Weigerung des Konvents *„dahin anzutragen, daß in Werishofen zur Observanz ein neues Closter möge erbauet und gestiftet werden“*.[302] Zunächst waren die finanziellen Möglichkeiten zu überprüfen. *„Zu disem Ende* (wurde) *der Mutter Subpriorin Christina Commission* (erteilt) *in dem haubtbuch der iährlichen rechnungen 4 oder 5 jahrsgäng durchzusuechen, und zu notiren, was die einkünften der ganzen Herrschaft Werishofen ein iahr ins andere eingetragen haben, was dem gottshaus S: Catharina deduktiv deducendis geliffert worden seye“*.[303] Da die jährlichen Einnahmen durchwegs stattlich waren, stand dem Projekt von dieser Seite nichts im Wege. Als die 28 Schwestern[304] darüberhinaus mehrheitlich der Errichtung eines Tochterklosters in Wörishofen zustimmten, konnte konkret an die Verwirklichung des großen Planes herangegangen werden.

Bevor der Augsburger Bischof Alexander Sigismund (reg. 1690–1737) am 20. Juli 1718 den *„Consens ein Closter zu bauen“*[305] endgültig erteilte, mußte neben anderen Bedenken auch einem Einspruch Rechnung getragen werden, der für die – engere – Baugeschichte des Klosters bedeutungsvoll war. Der bischöfliche Stuhl verweigerte nämlich zunächst, angestachelt von dem damaligen Wörishofener Ortspfarrer, seine Zustimmung zum Bau einer eigenen Klosterkirche mit dem Hinweis auf *„die Regularität in denen Parochialischen und Regularischen gottsdiensten“*. Da der Gottesdienst der Klosterfrauen *„mit dem Pfarrlichen müste reguliert werden“*, könne nur dem Bau eines *„Chor*(s) *hinden an die Pfarr Kirchen“*[306] zugestimmt werden. Bei dieser Entscheidung verblieb es vorerst.

Eine Änderung trat aber ein, als die Pläne für den Neubau erarbeitet wurden und Sachzwänge den örtlichen Pfarrer zu einem Meinungsumschwung veranlaßten. Gegen die Errichtung des Konventgebäudes gab es dagegen keine Vorbehalte. Sie wurden deshalb sofort – und zwar von zwei Seiten – in Angriff genommen, zum einen durch die Entsendung der ersten Klosterfrauen nach Wörishofen und zum anderen durch die Beauftragung von erfahrenen Baumeistern, Entwürfe vorzulegen.

Bereits vier Tage nach der bischöflichen Zustimmung zur Errichtung des Klosters reiste die *„Vicarin“* Maria Christina Eckart in großer Begleitung nach Wörishofen, wo den Schwestern für die nächste Zeit das Amtshaus als Unterkunft dienen sollte. Alsbald mußten sie sich wegen des geplanten Neubaus mit der Bevölkerung auseinandersetzen, da in ihr Befürchtungen aufkamen, daß man *„vill zu unvermögend zum Closterbau“* und folglich auch nicht imstande sei, *„die materialia ... zu bestreiten und herzufihren“*.[307] Auch weigerten sich die Bauern entschieden, Hand- und Spanndienste zu leisten. Nach längerem Hin und Her und einigen unerfreulichen Vorfällen erreichten sie schließlich, daß ihre Pflichten durch die Bezahlung von jährlich 200 Gulden abgegolten werden durften.[308]

Parallel hierzu beauftragte die Priorin des Augsburger Mutterklosters *„ihren Maurer Meister auf dessen bittliches anhalten“* sowie ihren Zimmermeister, *„nach eingenommener Inspection des Plaz, auf welchen das neue Closter solle gebauet werden“*, einen Grundriß zu *„formiren“* und einen Kostenvoranschlag zu erstellen.[309] Gleichzeitig ließ Pater Roth den Architekten Franz II Beer von Bleichten (1660–1726) nach Wörishofen kommen,[310] der bisher *„32 Clöster an unterschidlichen orthen“* erbaut hatte und dem Provincial wohlbekannt war, da er unter dessen *„Direction den lezten theil des Closters*

Beschreibung und Rechnung deß Ney erbauthen
Closters Maria Königen der Englen in Wörishoffen
Zu Samen getragen und beschriben
von Sor: Maria Vincentia Dürrin der Zeit
Schaffnerin In S: Catharina Closter
Zu Augspurg
Anno 1724

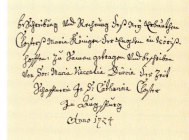

Abb. 75
Titelblatt der „Beschreibung und Rechnung des Ney erbauthen Closters Maria Königen der Englen in Wörishoffen. Zu Samen getragen und beschrieben von Sor: Maria Vincentia Dürrin der Zeit Schaffnerin In S: Catharina Closter zu Augspurg“ (Ausschnitt). Papier. Handschrift. 27,2 cm × 16,8 cm. Augsburg 1724. Staatsarchiv Augsburg, Kl. Augsburg-St. Katharina/ MüB, Lit.14.

◁ *Abb. 74*
Der „ganze grund Ries“ des neuen Wörishofener Klosters. Papier. Federzeichnung, aquarelliert. Nicht signiert und datiert. Da der Plan den Grundriß für die Klosterkirche bereits mitumfaßt, dürfte es sich um einen Entwurf handeln, den Franz II Beer von Bleichten (1660–1726) gezeichnet hat (?). Die Aufnahme auch des Grundrisses der Pfarrkirche St. Justina in den Plan macht deutlich, wie sehr städtebaulich auf diese bei der Situierung des Klosterneubaus Rücksicht genommen wurde. Der Plan lag der Genehmigung durch den Generalabt Antonin Cloche vom 15. Juli 1719 zugrunde. Generalat des Dominikanerordens in Rom, Sig. XII. 58 100.

Süessen unter handen gehabt" hatte.³¹¹ Der Vorarlberger brachte seine Vorstellungen von dem neuen Kloster in mehreren Entwürfen zu Papier und legte einen *„überschlag der unkosten"* vor, der um ganze 1000 Taler geringer ausfiel als der seines Mitbewerbers. Die Unterlagen Beers wurden folglich sowohl in Wörishofen als auch in der Fuggerstadt mit Befriedigung aufgenommen, doch wollte man dem Augsburger Meister den Vorzug geben, wenn er bereit wäre, *„dises Closter gebäu umb gleichen Preys und quantum ... in völligen stand zu sezen"*. Als dieser sich dazu außerstande erklärte, ging der Zuschlag an Beer, der sofort *„mit denen beruffenen und citierten Welschen so genandten Luftbrennern und Zieglern"* die Herstellung der benötigten Mauersteine vereinbarte.³¹² Gleichzeitig organisierte der Zimmermeister Anton Filser, der aus Pforzen stammte und somit Untertan des benachbarten freien Reichsstift Irsee war, Bauholz aus den klostereigenen Waldungen.

Den Anfang machte man *„mit dem neuen ambtshaus und anderen äußeren gebäuen als stallungen und dergleichen"* und verwendete hierfür 50 000 Ziegelsteine aus Türkheim, die die bayerische Kurfürstin Therese Kunigunde (1676–1730) *„auf anhalten der frau Priorin zu S. Catharina"* zur Verfügung stellte. Noch immer bestand aber die alte Forderung, daß *„der Chor ... hindenhero an die Pfarr Kirchen ... angehenckt und gebauet"* werden müsse, was nicht nur den Abbruch des halben Schlosses zur Folge hätte, sondern auch, daß *„der stadl und das Closter gebäu hinauf geführet und fortgesetzet werden, wo die iezige stallungen stehen"*. Als Pfarrer Joseph Bu(r)tscher, der die Arbeiten aufmerksam verfolgte, immer deutlicher bewußt wurde, daß der Klosterbau *„wider sein Verhoffen seinen fortgang gewinnen, ia dem riß nach den prospect in seinen schönen ganzen garten werde bekommen"*, wandte er sich an den Augsburger Bischof. In seinem Brief vom 27. Februar 1719 bezweifelt er, daß es möglich sei, angesichts der zahlreichen Gläubigen in Wörishofen und Umgebung, den Klosterfrauen, insbesondere aber Observantinnen, die ein streng geregeltes Leben zu führen hätten, eine *„punctuale ordnung"* der Gottesdienste zu gewährleisten. Außerdem sei der *„Closterbau, er mag ad orientem oder occidentem situirt werden, besonders der neu zu bauende Chor an die Pfarr Kirch sehr beschwerlich und nachtheilig, weilen solcher einen großen theil von dem an sich selbsten kleinen freythoff hinweck nimmt, auch das liecht des Chor Altars sehr gemindert wird, zumahlen auch die Pfarr Orgl vom oberen in den untern Chor müste transportirt, und solcher die ledige Pfarrkinden nit mehr fassen, ia die ganze Kirch würde verstaltet werden."* Aus diesen Gründen befürworte er nun, *„denen Closterfrauen zu ihrem neuen Closterge bäu auch ein Closter Capell gnädig zu gestatten"*.³¹³

Der Sinneswandel des Pfarrers räumte die letzten Hindernisse aus dem Weg und so überbrachte *„seine Hochwürden und gnaden der Herr Weychbischof und vicarius generalis Herr von Mayer"* der Priorin in Augsburg persönlich die offizielle Erlaubnis zum Bau einer eigenen Klosterkirche. Die Entscheidung hatte zur Folge, daß Beer nach drei Konzepten für ein Kloster im Anschluß an die Pfarrkirche nun *„3 andere von der form, in welcher sich das würkliche Closter zeiget"*, vorlegte.³¹⁴ Die schließlich zur Ausführung bestimmten Risse, die zwei Längstrakte mit der Kirche im Nordwestabschnitt, zwei kurze Querflügel und eine hohe, insgesamt drei Höfe umschließende Mauer vorsahen, wurden unverzüglich dem Ordensgeneral Antonin Cloche in Rom zur Begutachtung übersandt.³¹⁵ Dieser hatte nach einer eingehenden Überprüfung, zu der er zwei örtliche Baumeister beizog, nichts zu bemängeln, außer *„daß die Cellen der Closterfrauen für Observantinen vill zu klein seind ausgestellt worden"*.³¹⁶ Einer etwaigen Vergrößerung der Klosteranlage stand jedoch in erster Linie die mangelnde Bereitschaft der Wörishofener im Wege, noch irgendwelchen *„gemeinschaftsboden"* zur Verfügung zu stellen. Da es folglich nicht möglich war, nach eigenem Gutdünken zu bauen, sondern nur wie es der *„Situs loci"* erlaubte, gab auch Antonin Cloche mit Schreiben vom 15. Juli 1719 sein Plazet. Er merkte aber nochmals an, daß er es lieber sähe, wenn *„man weniger Zellen an der Zahl erbauen, und also weniger Cellen desto größer bauen"* würde, zumal eine *„ergrösserung keines wegs wider eine strenge Observanz laufet oder kan angesehen werden"*. Dem Willen des Ordensgenerals konnte freilich nicht mehr entsprochen werden, zum einen, da dann *„der ganz Riß oder Delineation"* hätte geändert werden müssen, zum anderen, *„weilen die proportion nit*

Abb. 74

wohl in denen Cellen und wohnungen hätte können erzwungen werden, vill weniger hätte die habhaftigkeit der Schidmäuer zwischen denen Cellen – dan solche auf denen zwey großen und langen Principal zimmern des Refectorii und Laboratorii allein en behängwerck sich fuessten – dergestalten wie sie iezt stehen, hergestellt werden. Endlich ware auch die Erweiterung der Cellen darumb nit nöthig, weilen unter tags solche selten bewohnet werden." All das gibt Pater Roth nachdrücklich *„zur Nachricht, damit die nachkommende, wan sie dises werden lesen, sich nit möchten darob stossen, und uns eines vermeinten ungehorsambs beschuldigen".*[317]

Am 4. August 1719 konnte Christina Eckart in ihrer Funktion als Vikarin endlich den Grundstein legen. Die in der Folgezeit auflaufenden Baukosten waren beträchtlich. Franz Beer, der von seinem ältesten, in der *„Specification"* erwähnten Sohn Johann Michael II (1700–1767) unterstützt wurde,[318] erhielt *„vermög des getroffenen Accords"* für den Konventbau 8800 fl, für die Kirche und die Nebengebäude 2200 fl, *„für die Clausur oder garten mauer"* 195 fl 50 kr, *„für den schafstahl, wagen und brandtweinhaus"* 428 fl 58 kr, *„für die neue stahlung für die Closterpferd"* 454 fl 41 kr, *„für die im schloss geänderte Zimmer"* 1014 fl 43 kr. sowie *„für das, was von ihme ausser gedachtem Accord ist gemacht worden"* 337 fl 26 kr. Außerdem bezahlte man Beer wie auch dem Zimmermeister Antonius Filser ein *„neies kleid"*, das nicht weniger als 30 fl kostete. Letzterer empfing für das *„Closter gebäu ... in paarem geld"* 2933 fl, *„für das Kirchengebäu und etwelche Nebengebäu"* 1000 fl und *„für alles andere, was außer ist gemacht worden, samt den 30 fl"* für das Gewand 991 fl 11 kr. Insgesamt wurde allein für den Rohbau ein Betrag von 23305 fl und 5 kr ausgegeben.[319]

Die Arbeiten schritten zügig voran. Als nach 18 Monaten *„in dem neuen doch wohl ausgetrückneten Closter gebäu weilen die wohn Cellen in dem ersten Stock des quadri*

*Abb. 76
Blick in eine Klosterzelle des Dominikanerinnenklosters Bad Wörishofen mit der heute (1998) üblichen Ausstattung. Zu den Zellen dieser Größe vermerkte der dem Dominikanerorden zur Zeit der Erbauung des Klosters vorstehende Generalabt, Antonin Cloche, daß sie „vill zu klein seind ausgestellt worden". Trotz dieser kritischen Bemerkung wurden sie nicht größer gebaut.*

Abb. 77
Gemälde von Johann Baptist Zimmermann (1680–1758). Öl auf Leinwand. 188 cm × 246 cm (ohne Rahmen). Die Darstellung mit einer zwischen Maria und Joseph knienden, das Jesuskind anbetenden Dominikanerin und den beiden ein Herz mit drei Kugeln tragenden Englein nimmt auf eine Lebensbeschreibung der seligen Dominikanerin Margarete von Castello (1287–1320) Bezug. Als ihr Herz nach ihrem Tod untersucht wurde, sollen drei kleine glänzende Kugeln herausgesprungen sein. Auf der einen war die Jungfrau Maria abgebildet, auf der zweiten das Jesuskind, zwischen Ochs und Esel in der Krippe liegend, und auf der dritten ein ehrwürdiger alter Mann. Zitiert nach JOHANNES PROCTER, Kurzgefaßte Lebensbeschreibungen der Heiligen und Seligen des Dominikanerordens, Dülmen i. W. 1903, S. 100.

seind eingetheilet worden und solcher stock der erste bau ware und also leichtlich hat können von aller feuchtigkeit befreyt werden – alles zur Vollkommentlicher wohnung vorgekehret, auch etlich mahl durch wohl beladen wägen und fuhren aller nothwendiger Hausrath die Cellen auszustaffiren, zuvor und zeitlich heraufgeschickt worden",[320] reiste Pater Roth wieder einmal nach Augsburg, um weitere Schwestern für den inzwischen siebenköpfigen Konvent zu gewinnen.[321] Am 18. Oktober 1721 traf er mit drei Kutschen, in denen sieben Schwestern, der Generalvikar und Weihbischof Johann Jakob von Mayr, die Priorin Maria Maximiliana Ruepp von Falkenstein und der Hofmeister Martin Widmann saßen, in Wörishofen ein. Die neu angekommenen Observantinnen brachten neben dem aufrichtigen Willen zu einem streng geregelten Ordensleben auch das „gnadenbild Mariae von Einsidl" mit, für das man, zeitgleich mit der Klosterkirche, südwestlich an das Langhaus die nach Süden gerichtete Gnadenkapelle anbaute. Wie schon drei Jahre zuvor wurde die Reisegesellschaft bereits außerhalb des Orts von dem „Herrn Pflegs Verwalthern" und von zahlreichen berittenen Bauern empfangen und „ins Schloß oder schloß-Hof" gebracht, „wo auch seiner Hochwürden Herr Decang und Pfarrer allhier mit seinem Herrn Cappellan sich in seinem langen mantl praesentirte und die gratulation abstattete". Am nächsten Tag zog der versammelte Konvent nach dem Gottesdienst in das neue Kloster ein, das heißt in den zuerst fertiggestellten Südflügel mit dem kleinen Kapitelsaal, der für die nächste Zeit als provisorische Kirche diente. Zugleich übertrug man das Gnadenbild, das vorübergehend in der Pfarrkirche aufgestellt worden war, dorthin.

Ab diesem Zeitpunkt, so stellt Roth in seiner Chronik expressis verbis fest, war „*das neue Closter zwar bewohnet, aber noch nit Clausulirt ..., indeme das Kirchengebäu in würcklicher arbeit stunde, so wohl unter der hand und Direction des Maurer Meisters, als auch der beyden gebrüeder Herrn Stockodors Dominici und Herrn Joan Zimmerman als Fresco Mahlers, deren arbeits belohnung oben zu ersehen ist*".[322] Der schon genannten „*Specification*" zufolge erhielt der „*Stocko-*

dor Meister ... für das ganze Closter, für grosse, mittere, und kleine zimmer, für alle zellen und das ganze Schlafhaus ... sambt der Verehrung" 1100 fl, "item für die Kirchen und Nebengebäu" 832 fl 50 kr. "Dem fresco mahler, dessen Herrn bruedern für alle gemähl im Chor, Kirchen und Einsidler Capell seind bezahlt worden" 500 fl, "item für die zwey schöne mit öhlfarb an der mauer auf beyden seithen der Canzl verfertigte gemähl" 30 fl.[323] Außerdem erwähnt wird Franz Haagen, Hofmaler und "burg Vogt in der Residenz zu Neuburg an der Donau", der die Altarblätter und drei kleinere Bilder "gratis wegen seiner Jungfrau tochter Maria gabriela Professin und Chorfrau allhier" lieferte,[324] der "Mahler von oberhausen", gemeint ist wohl Johann Jakob Schubert, der verschiedene Faßarbeiten ausführte,[325] sowie "brueder Valentino ..., welcher die drey schöne Altär, beyde Orglen, ia alles, was schön von schreiner arbeith, wie die ausgeschnittene gätter und zierathen an denen Altären mit seinem von ihme unterrichteten gesellen verfertigt hatte".[326]

Allmählich überstiegen allerdings die erheblichen Kosten für die Ausstattung die finanziellen Möglichkeiten vor Ort und so sah sich „die Mutter vicaria" genötigt, „mit einer denen ihrigen persöhnlich" nach Sankt Katharina in Augsburg zu reisen, wo sie erreichte, „daß ihr gegen 7 oder 8 tausend gulden seind theils zuegesagt, theils in parata pecunia mit nacher haus eingehändiget" worden. Später mußte sie sich deswegen vorwerfen lassen, sie hätte ihre Mitschwestern hintergangen und betrogen, da diese „umb solche ausgaaben und Vorschuß nichts gewust" hätten, und dies, obwohl die „Raths Müttern darbey" und einverstanden gewesen seien, „als die Mutter vicaria persöhnlich und mindlich Relation abgelegt und darauf obgesagte Summam erhalten hatte".[327] Noch im Jahr 1754 sind sich die Wörishofener Schwestern bewußt, daß ihr Kloster „ein entsetzliche Summa Gelt" gekostet hat.[328]

Indessen konnten selbst vorübergehende Liquiditätsschwierigkeiten den Fortgang und Abschluß des Werks nicht aufhalten. Bereits ein Jahr nach dem Einzug in das Kloster war auch die Kirche vollendet. Entstanden war nicht ein „kleines Klösterl", sondern, wie die Chronistin des Augsburger Mutter-

Abb. 78
Gemälde von Johann Baptist Zimmermann (1680–1758).
Öl auf Leinwand.
190 cm × 244 cm (ohne Rahmen).
Die Darstellung mit einer bekrönten heiligen Dominikanerin, der die von ihrem Sohn und dem Heiligen Geist begleitete Muttergottes eine Lilie überreicht, konnte nicht eindeutig identifiziert werden. Wahrscheinlich nimmt sie auf die heilige Margarete von Ungarn (1242–1270) Bezug, deren Attribut die Lilie bildet. Bei Darstellungen dieser Heiligen erinnert sie daran, daß Margarete aus Liebe zu der von ihr gelobten Jungfräulichkeit die ihr angetragene Hand des Herzogs Boleslaw des Frommen und anderer Fürsten ausschlug.

Abb. 77 und Abb. 78
Kirche des Dominikanerinnenklosters Bad Wörishofen.

Abb. 80 ▷
Detail der Stuckdecke von Dominikus Zimmermann (1685–1766) im Festsaal (früher Sommerrefektorium) des Dominikanerinnenklosters Bad Wörishofen.

klosters Sankt Katharina, Schwester Maria Dominica Erhart, 1754 kritisch vermerkt, ein „Pallast".[329] Die Konsekration des Gotteshauses verzögerte sich noch bis zum 12. September 1723.[330] Da die Feierlichkeiten im Anschluß daran nicht weniger als acht Tage dauerten, mußten für die zahlreich anwesenden Vertreter des Klerus Unterbringungsmöglichkeiten innerhalb und außerhalb des Klosters zur Verfügung gestellt werden. Für „Ihro Hochwürden und gnaden Herrn Weychbischof Herren von Mayern des Hochen thumb Stüfts Canonico und in Spiritualibus vicario generali" bestimmte man dem Rang des Würdenträgers entsprechend das Priorat als Quartier, „für seinen Assistenten aber Herr Ober Sacristan und vicario gedachten Hochstüfts Herrn Seidel, wie auch den Kammer diener des gnädigen Herrn, für den Herrn Pidellen die zwey nebenzimmer wohl moblirt und ausstaffirt. Die frau Priorin des gottshaus S. Catharina mit ihren zweyen Deputirten der Mutter Anna Maria baumharterin und frau Maria Magdalena von baumgarten begnügten sich mit denen zwey cranckhen zimmer. Das gleichsamb ganz neu gestaltete Schloss bezogen seine Hochwürden P. Mgr. Provincialis Dominicy Widman, P. Praediactor gen. Prior zu Augspurg F. Carolus Offner; Adm. R. P. Praesentatus Gallus Keller als beichtvater des gottshaus zu S. Catharina und Regens Studii formalis Augustani, Ex. P. Mgr. Joannes Ferler, wie auch bruder Carl Lins als Koch". Dem Letztgenannten wurde die Leitung der „Kuchl so wohl des Convents (übertragen), als die für die gäst im garten ist aufgerichtet worden, in welcher fleisch speisen für die gäst gekochet worden, in der Convent Kuchl aber lauter fasten speisen für das gesambte Convent, ausgenommen die Mutter vicaria, welche die 8 täg hindurch in dem großen laboratorio die anwesende gäst, deren täglich über 30 Persohnen an der großen tafl seind tractirt und gespeist worden, persöhnlich helfen zu bedienen nöthig ware. Die aufwarther zur tischzeit waren der brueder valentin welcher das ganze werck der orglen, der Altären, und was von schreiner arbeit ist verfertiget worden, mit beyhilf von ihme wohl unterrichteter bey 16 oder 17 schreiner gesellen dirigirt, und in so herrlichen stand gesezt hat - Item Joan Scheer Jäger von Torschhausen, und unser holzwarth Michael groß von Stock. ... Die materialia an speis und tranckh alleinig dise 8 täg hindurch obiter gerechnet, erstreckten sich auf 240 fl, das bier auf 111 fl, die bibalia und Regalia seind noch höher gestiegen".[331]

Nach diesen Festivitäten kehrte Ruhe in das neue Kloster ein und die Schwestern konnten sich ungestört ihrem streng geregelten Ordensleben widmen. Turbulenzen gab es erst wieder während der napoleonischen Kriege, die mit der Plünderung durch französische Truppen im Mai 1800 und mit der Erschießung des Klosterbaumeisters Johann Riedler im September unrühmliche Kapitel in die Ortschronik schrieben.[332] Doch vermochten weder diese schrecklichen Ereignisse noch die Säkularisation 1802/1803 den Fortbestand des Klosters ernsthaft zu gefährden.[333] Weitgehend unangetastet blieb auch das Volumen der Anlage; bauliche Schäden wurden nach dem Wiederaufleben der klösterlichen Tradition im Jahr 1842 behoben.

Sebastian Kneipp, von 1855 bis 1897 Beichtvater der Schwestern, ließ 1883 das Innere der Kirche renovieren und 1890 im Kreuzgarten ein polygonales Badehäuschen errichten, das 1924 transferiert wurde.[334] Während seiner Zeit entstand nicht nur 1896 der neue Trakt an der Südseite für die Schule, sondern man entschloß sich auch, den Dachstuhl des Südflügels für zusätzliche Zellen auszubauen und die Inneneinteilung im ersten Stock des nordöstlichen Kopfbaus zu verändern.[335] Verheerend wirkte sich jener Brand aus, der am 11. Dezember 1955 sowohl die Stallungen und Wirtschaftsgebäude, die sich im Westflügel entlang der Hauptstraße befunden hatten, als auch die Gnadenkapelle vernichtete. Letztere baute man 1956 an Ort und Stelle wieder auf, die Ökonomie dagegen fand ihren neuen Platz an der Sankt-Anna-Straße.

Abb. 79
Das Badehäuschen von Pfarrer Sebastian Kneipp (1821–1897) im Kreuzgarten des Klosters. Photographie um 1900.
Archiv Dominikanerinnenkloster Bad Wörishofen.

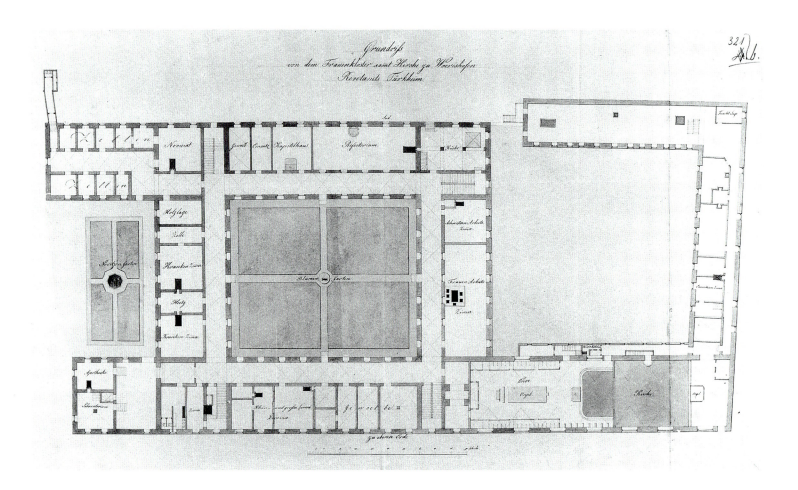
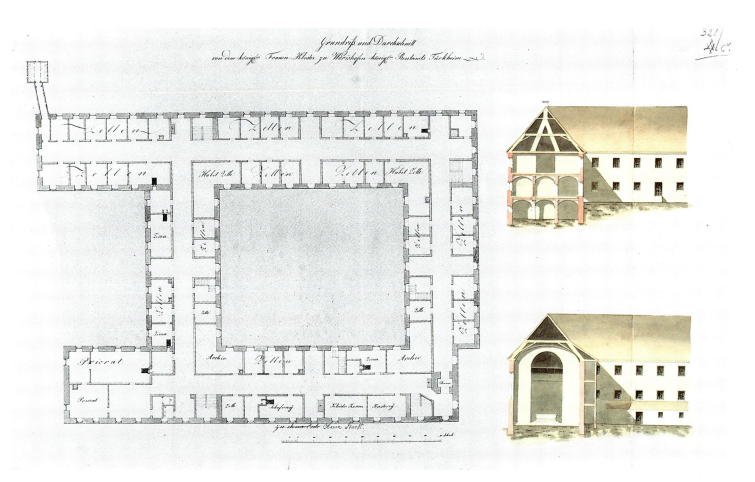

Die bauliche Erscheinung der Klosteranlage

Markus Weis

Mitten im Ort, auf von Westen nach Osten leicht ansteigendem Gelände, liegt, unmittelbar neben der Pfarrkirche Sankt Justina, das Kloster der Dominikanerinnen von Bad Wörishofen. Die Konventgebäude und die Klosterkirche bilden eine in die Gestalt einer Vierflügelanlage gekleidete Einheit, die in ihrem äußeren, zur Stadt hin gewandten Erscheinungsbild vor allem von der Fassade des Nordflügels mit der Kirche an deren westlichem Ende geprägt wird. An drei Seiten weist das regelmäßige Quadrum, das einen Innenhof, den Kreuzgarten, umschließt, Erweiterungen auf. Der Nord- und der Südflügel sind um vier, beziehungsweise fünf Fensterachsen nach Osten verlängert, während sich die Klosterkirche im Westen, in der Verlängerung des Nordflügels, an das eigentliche Klostergeviert unmittelbar anschließt. Der Südflügel wird an seinem östlichen Ende zusätzlich durch einen Turm akzentuiert.

Die Anlage ist als selbständiger, von klaren Achsenbezügen geprägter, seine Umgebung dominierender Baukörper konzipiert und dennoch nicht als ‚Solitär' angelegt. Vielmehr paßte er sich von Anfang an in ein bereits vorhandenes städtebauliches Gefüge organisch ein. Der für die Klosteranlage bestimmte Bauplatz lag östlich der in Nord-Süd-Richtung verlaufenden Hauptachse des Straßendorfs und südlich der Pfarrkirche, neben dem Amtshaus, das den seit 1718 in Wörishofen lebenden Dominikanerinnen zunächst als Wohnung gedient hatte.[336] Durch diese Grundstücksverhältnisse und die parallele Anordnung zur schon bestehenden, im Kern mittelalterlichen, in den Jahren um 1700 barockisierten Pfarrkirche ergab sich zwangsläufig eine beherrschende Hauptfront des Klosterkomplexes mit der bestimmenden Fassade des Nordflügels. Sie erstreckt sich auf beinahe 120 Meter und umschließt bei gleichbleibend durchlaufender Traufhöhe nacheinander die Kirche, den Nordflügel der Klosteranlage und den nach Osten hin anschließenden ehemaligen Prioratsbau. Lediglich am Kreuzungspunkt zwischen der Kirche und der Nordwestecke des Konventbaus wird das Kontinuum des Baugefüges durch einen aus dem Dachfirst hochaufragenden zweigeschossigen wie ein Dachreiter wirkenden Turm unterbrochen und zugleich erhöht.

Der Außenbau der Klosteranlage

Die unerhört lange, wie alle Klostertrakte zweigeschossige Nordfassade gliedern regelmäßig angeordnete Fensterteilungen von nicht weniger als 18 Achsen. Das nach Westen hin abfallende Gelände ermöglichte es, in den an die Kirche angrenzenden Gebäudeteil ein höheres Sockelgeschoß unter den beiden Hauptgeschossen anzuordnen. Außerdem verstärkt die nach Osten ansteigende Höhenlinie den optischen Tiefenzug der Fassadenwirkung, wenn man sich – wie üblicherweise vom Ortskern her – der Klosteranlage nähert. Die Disposition des Inneren ist bereits am Außenbau durch die Fensterformen ablesbar. Die in die Längsfassade integrierte Kirche empfängt durch hohe rundbogige, die Geschoßteilung der Klosteranlage übergreifende Fenster ihr klares, helles Licht. Im östlichen Teil der Kirche befinden sich unter den großen Hauptfenstern kleine Rundfenster, die am Äußeren die Zweigeschossigkeit des Nonnenchores wiedergeben. Während die hohen Kirchenfenster des Nonnenchors bis an den Klostertrakt heranreichen, bildet im Sockelgeschoß eine korbbogige Tordurchfahrt eine Zäsur zwischen den beiden Bauteilen. Die Einfahrt mündet in den Wirtschaftshof und liegt noch außerhalb des Klostertrakts, im Obergeschoß von den beiden östlichen Kirchenfenstern flankiert. Die Klosterpforte befindet sich in der achten Fensterachse von Osten. Der Zugang führt auf den Flur des Ostflügels. Dem Südflügel ist der ummauerte, große Klostergarten vorgelagert. An seinem westlichen Ende wurde 1896 im rechten Winkel, sich nach Süden über die ganze Breite des Gartens erstreckend, das mehrstöckige heutige Kurheim angebaut, das die Existenz der Schwestern wirtschaftlich absichert.

Abb. 81a und b Grundriß und Durchschnitt „von dem Frauenkloster samt Kirche zu Woerishofen Rentamts Türkheim". Federzeichnungen auf Papier; teilweise koloriert. Um 1810. Hauptstaatsarchiv München, OBB KuPl. 1074, 1075.

Die Klostertrakte besitzen regelmäßige Rechteckfenster mit grauschwarz getönten Putzfaschen, die nach dem Befund der Erstfassung bei der jüngsten Restaurierung wiederhergestellt wurden. Die malerischen Fensterfaschen sind der einzige Schmuck der monotonen Außenfassaden an den langen Fronten der Traufseiten. Die beiden Giebel der den ehemaligen Novizinnengarten umschließenden Flügelbauten an der Ostseite werden wie der Westgiebel der Kirchenfassade durch Gesimse geteilt, im Unterschied zu jenem wird jedoch hier auf die Instrumentierung der Fassade durch Pilaster verzichtet. Statt dessen sind die Giebelfelder jeweils durch seitliche Voluten verziert, ein typisches Motiv der behäbigen schwäbischen Barockarchitektur. An beiden östlichen Giebelfassaden werden die Mitten der Vollgeschosse durch große rundbogige Fensteröffnungen betont, eine Anordnung, die auch vollständig mit der inneren Organisation der Klostertrakte korrespondiert.

Zum historischen Kernbestand der Klosteranlage gehört neben dem eigentlichen Klostergeviert ein unmittelbar im Südwesten an die Kirche anschließender winkelförmig einen weiteren Hof umschließender Flügelbau mit Wirtschaftsgebäuden. Der Westflügel des Wirtschaftshofs war leicht aus dem streng orthogonalen Achsensystem geneigt und folgte der nach Süden unregelmäßig bemessenen Grundstücksgrenze. Die Fassaden des Wirtschaftshofs waren ursprünglich schlicht und ihrer Nutzung entsprechend gestaltet. Die Gebäude des Wirtschaftshofes brannten 1955 gänzlich ab und wurden nicht wiederhergestellt. Garagen in Holzbauweise im Westen und weitere Zubauten nach Süden zeichnen aber die ursprüngliche Ausdehnung der Anlage in etwa nach. Heute dient der Hof in erster Linie als Parkplatz für die Gäste des von den Schwestern unterhaltenen Kurheims.

Hervorzuheben ist schließlich noch ein an die östliche Verlängerung des Südflügels angefügter, über einen schmalen Gang erreichbarer Turm. Bei ihm handelt es sich um den historischen Abtritt, wobei die Kontinuität der Nutzung bis heute gewahrt blieb.

Mit der schlichten Gestaltung des Äußeren, der konsequenten Beibehaltung der Zweigeschossigkeit und insbesondere dem bewußten Verzicht auf aufwendige architek-

Abb. 82
Blick aus dem Kreuzgarten des Dominikanerinnenklosters Bad Wörishofen auf den Kirchturm.

tonische Einzelformen und Dekorationen, folgt das Klostergebäude den Anforderungen des der Armut verpflichteten Ordens des heiligen Dominikus.

Der Konventbau

Der Aufbau der Klosteranlage wird erst bei der Betrachtung der Grundrisse deutlich. Die in ihrer Nutzung weitgehend unverändert erhaltene komplexe Struktur des Konventbaus ist bereits auf den ältesten erhaltenen Bauplänen im Ordensarchiv in Rom dokumentiert.[337] Sorgfältig gezeichnete und durch Beischriften raumweise bezeichnete Bestandspläne des frühen 19. Jahrhunderts, die sich im Hauptstaatsarchiv München erhalten haben,[338] stellen eine wichtige Quelle dar, weil sie die ursprüngliche Bestimmung der einzelnen Räume überliefern.

Aufgrund des nach Osten ansteigenden Geländes besitzt die Klosteranlage nur teilweise ein Sockel- beziehungsweise Kellergeschoß. Der Ost- und der Südflügel der Klosteranlage sind nicht unterkellert. Im westlichen Teil des Nordflügels kommt die Topographie vollständig der vergrößerten Raumhöhe der Kirche zugute. Die exakten Beischriften der Bestandspläne des frühen 19. Jahrhunderts dokumentieren die ursprüngliche Nutzung der durchgängig kreuzgratgewölbten zweijochigen Kellerräume.[339] Die Klosterkirche wird von einer gewölbten Tordurchfahrt vom Klostergeviert getrennt. Unter dem Nordflügel der Klosteranlage befinden sich neben dem innenliegenden Flur – von West nach Ost – nebeneinander mehrere Kellerräume, die früher als *„Bier Keller"*, *„Weißer Bier-Keller"* und *„Braunbier Keller"* verwendet wurden. Im Südflügel schlossen sich der *„Essigkeller"*, die *„Holzlege"* und ein nicht näher bezeichnetes Gewölbe sowie der *„Küchenkeller"* an. Der nur eingeschossige südliche Flügel des Wirtschaftshofs nahm neben der Backstube und der Waschküche auch Naßräume wie Badezimmer und Fischbehälter, sowie an der Südwestecke einen kleinen Stall auf. Der Wirtschaftshof umschloß einen kleinen Obstgarten.

Das Erdgeschoß des Konventbaus[340] beherbergt die Gemeinschaftsräume des Klosters. Ein durchlaufend gratig gewölbter, ganz weiß gestrichener Kreuzgang an der

Abb. 83
Blick aus dem Klostergarten des Dominikanerinnenklosters Bad Wörishofen auf die Südseite des Konventbaus mit dem historischen Abtritt-Turm.

vom Kreuzgarten her belichteten Innenseite erschließt das Gebäude. Der Nordflügel umfaßt neben einigen gewölbten Räumen von historisch nicht näher bestimmter Funktion ein kleineres und ein größeres Sprechzimmer. Im Westflügel, an den Nonnenchor angrenzend, befindet sich das ehemalige Winterrefektorium, das im Grundriß der Bauaufnahme noch als „*Frauen-Arbeits-Zimmer*", das heißt Arbeitszimmer der Laienschwestern, bezeichnet wird; darauf folgt das „*Schwestern Arbeits-Zimmer*". Die Räume werden zur Zeit für unterschiedliche Zwecke herangezogen. Der Südflügel beherbergt bis heute den relativ kleinen zweiachsigen Kapitelsaal, der früher über einen eigenen Altar verfügte, und das große repräsentative Refektorium, an das seit altersher unmittelbar die in der Südwestecke situierte Küche anschließt. Die Küche ist über zwei Mittelstützen in sechs Jochen kreuzgratgewölbt. Die beiden früheren beheizbaren Krankenzimmer des Ostflügels, die ursprünglich durch kleine als Holzlege genutzte Räume voneinander getrennt waren, werden heute als Besucherzimmer verwendet. Die östliche Verlängerung des Südflügels nahm im Erdgeschoß das Noviziat mit den zugehörigen Klosterzellen auf, in dem heute das Sebastian-Kneipp-Museum untergebracht ist, während sich im Fortsatz des Nordflügels die Klosterapotheke und ein gewölbtes „*Laboratorium*" befanden, die zur Zeit durch verschiedene Wirtschaftsräume ersetzt sind.

Die Treppen zu den Obergeschossen liegen jeweils in der Verlängerung der Flure und sind in den längeren Klostertrakten der Nord- und Südseite angeordnet. Lediglich die Südwesttreppe liegt im schmaleren Westflügel, so daß die dreiachsige Küche die gesamte Südwestecke einnehmen und in einer Flucht mit dem Refektorium situiert werden konnte. Die durchweg einläufigen, aus dunklem Eichenholz gezimmerten Treppen führen über Wendepodeste ins Obergeschoß. Dessen Grundriß[341] zeigt nun überraschenderweise die gegenüber dem Erdgeschoß völlig veränderte Disposition einer zweihüftigen Anlage. Von einem kaum belichteten Mittelflur gehen an der Innen- wie Außenseite der Klosteranlage bescheiden dimensionierte Zellen ab. Der Mittelflur wirkt vergleichsweise niedrig; durch das reine

Abb. 84
Blick in den Kreuzgang im Erdgeschoß des Dominikanerinnenklosters Bad Wörishofen, im Nordflügel des Konventbaus. Unter der Uhr befindet sich der Eingang in den Schwesternchor.

Kalkweiß seiner Wände und eine indirekte Lichtführung scheint er gleichsam ins Immaterielle entrückt. Den Ordensgewohnheiten entsprechend wurde der Flur für Prozessionen der Klosterfrauen genutzt. In der Mitte der Klostertrakte befinden sich Erweiterungen zu Lichthöfen bis auf die befensterten Außenwände. Sie sind durch strahlende Helligkeit hervorgehoben. Ursprünglich waren in ihnen Altäre aufgestellt.

Abb. 146

Einige Räume des Obergeschosses nehmen Sonderfunktionen ein und sind entsprechend gestaltet. So sind an den Innenseiten, zum Kreuzgarten hin, jeweils größere hakenförmige Eckräume ausgebildet. Die nördlichen sind gratig eingewölbt und werden so als das Baugefüge verstärkende Aussteifungen wirksam. Gleichzeitig ermöglichen die gewölbten Eckräume wegen ihrer relativen Feuersicherheit die Nutzung als Archiv. Die entsprechenden Eckräume am Südflügel werden als *„Habit-Zelle"* genutzt und besitzen noch heute ihr ursprüngliches Mobiliar, vieltürige hölzerne Schrankwände mit einer Farbfassung der Erbauungszeit, die auf den Weichholzkästen wertvollere Holzintarsien imitiert.

Sonderfunktionen nimmt die Raumflucht an der Außenseite des Nordflügels auf. In der Nordwestecke befindet sich das Turmuntergeschoß mit starken Mauerzügen. Da der Unterbau des Turmes in den Baukörper integriert ist, tritt er von außen nicht in Erscheinung. Diese bauliche Gestaltung läßt die über den Dachfirst hinausragenden Obergeschosse des Turms wie einen Dachreiter wirken. Die großzügigeren, zweiachsigen Räume an der Straßenfassade im westlichen Bereich, die am nächsten zur Klosterkirche liegen, werden als *„Küsterei"* und Kleiderkammer genutzt.

Abb. 243

Die östliche Erweiterung des Nordflügels diente im Obergeschoß laut Beischrift des historischen Grundrisses als Priorat. Der südöstliche Eckraum wird auch allgemein als *„Bischofszimmer"* bezeichnet und deutet damit auf seine ursprüngliche Funktion zur Beherbergung hochstehender Gäste hin. Das Bischofszimmer ist weniger durch besondere Qualität und Reichtum der Ausstattung als vielmehr durch seine Lage ausgezeichnet. Am Rande der Klausur und noch stärker der Welt zugewandt zeigte sich das Noviziat.

Abb. 85
Blick in das südöstliche Treppenhaus im Konventbau des Dominikanerinnenklosters Bad Wörishofen. Links Portal mit der Eingangstüre in das ehemalige Noviziat. Heute ist dort das Sebastian-Kneipp-Museum untergebracht.

Abb. 86
Blick in den Gang im ersten Stock des Südflügels des Konventbaus des Dominikanerinnenklosters Bad Wörishofen. Links im Vordergrund einer der Lichthöfe, durch die die Gänge im ersten Stock beleuchtet werden.

Die formale architektonische Gestaltung des Gebäudekomplexes ist in höchstem Maße von der Funktion der jeweiligen Bauteile und Räume bestimmt. Die Klosteranlage ist nicht nur eine wirtschaftliche und funktionale, sondern vor allem auch von den Regeln der strengen Observanz, dem ausschließlichen Leben der Ordensfrauen im Klostergebäude, geprägte Einheit. Ihren Kern bildet der der Gemeinschaft des Konvents vorbehaltene Klausurbereich mit dem Kreuzgarten und dem Klostergarten. Vom Kreuzgang im Erdgeschoß erschließt sich der Organismus des Hauses. Die gemeinsam genutzten Funktionsräume liegen alle dort. Von hier ist auch die mit dem Konventbau unmittelbar und unter einem Dach verbundene Kirche erreichbar. Durch ihre externe Lage wird jedoch zugleich ihre doppelte Funktion, einerseits als Kirche und Andachtsraum der Klosterschwestern und andererseits als der Stadt zugewandter öffentlicher Sakralraum, deutlich. Hervorragende Bedeutung kommt der Gestaltung des Obergeschosses mit dem breiten Mittelgang und den Lichthöfen zu. Sie trug dem spirituellen Anliegen der Schwestern Rechnung, die ihr Leben ganz dem Lob Gottes gewidmet hatten. Der behäbige, von schimmerndem Licht nur mäßig beleuchtete Flur lädt zu ständiger Andacht und zu innigem Gebet ein. Er eignete sich vorzüglich für die Prozessionen, die von den Wörishofener Dominikanerinnen in besonderer Weise gepflegt wurden. Seine stimmungsvolle Atmosphäre erinnert mehr als jeder andere Raum an die ursprüngliche Bestimmung des Wörishofener Klosterbaus, ausschließlich als klösterliches Reforminstitut zu dienen.

Trotz der relativ guten Quellenlage sind die Einzelheiten des Entstehungsprozesses der architektonischen Gestaltung der Klosteranlage nicht genau dokumentiert.[342] Ihre Planung scheint das Gemeinschaftswerk mehrerer Beteiligter zu sein. Maßgeblichen Anteil hatte daran nicht nur der Architekt und ausführende Baumeister Franz II Beer von Bleichten (Blaichten) sondern auch die Bauherrschaft, vertreten durch die Priorin des Mutterklosters Sankt Katharina in Augsburg und den Provinzial der damaligen oberdeutschen Ordensprovinz, den Dominikaner Pater Andreas Roth.[343] Selbst der Ordensgeneral Antonin Cloche (reg. 1682

Abb. 87
Blick in einen Gang im ersten Stock des Konventbaus des Dominikanerinnenklosters Bad Wörishofen. Die Zelle rechts im Bild ist mit einer Türe verschlossen, die statt eines Türblatts ein Türgitter besitzt. Es handelt sich um eine sogenannte „Sommertüre". Solche Türen wurden im Sommer, bei großer Hitze, an die Stelle der üblichen Türen gesetzt. Heute werden sie nicht mehr verwendet.

bis 1720) konnte von Rom aus Einfluß auf den Fortgang der Planung nehmen.[344] Wer die Planungen im einzelnen, in welchem Umfang und mit welchen Vorstellungen beeinflußt hat, läßt sich aus den Quellen nicht genau erschließen. Nach allem, was wir wissen, ist jedoch der Anteil des Ordensprovinzials Pater Andreas Roth an der Urheberschaft der Klosteranlage keineswegs geringzuschätzen. Ihm ist es zu verdanken, daß der erfahrene Klosterbaumeister Franz II Beer von Bleichten[345] für Wörishofen gewonnen werden konnte, nachdem die Priorin zunächst ein Planungskonzept mit Kostenvoranschlag von einem namentlich nicht genannten Augsburger Maurermeister erbeten hatte, das aber wahrscheinlich nicht den Wünschen des Provinzials entsprach.

In der Tat kann Franz II Beer von Bleichten (1660–1726)[346] als der bedeutendste Klosterarchitekt unter den Vorarlberger Barockbaumeistern hervorgehoben werden. Er zeichnete sich vor anderen Baukünstlern seiner Generation durch eine außerordentliche Vielseitigkeit und durch großes unternehmerisches Geschick aus, so daß er zurecht „die zentrale Gestalt der Vorarlberger Bauschule" genannt wurde.[347] Künstlerisch steht Franz II Beer, der erst mit 35 Jahren selbständig zu bauen beginnt, zunächst in den Fußstapfen seines Vetters Michael Thumb (1640–1690),[348] er blieb auch noch in seiner Hauptschaffenszeit in den Jahren nach 1705 vielfältigen Anregungen und Einflüssen, beispielsweise der Barockarchitektur Österreichs und Oberitaliens, offen. Schon zu Beginn seiner Karriere hatte er in Schwaben einen Frauenkonvent, nämlich die Benediktinerinnenabtei Holzen im Landkreis Augsburg, 1696 bis 1704 errichtet.[349] Weitere Hauptwerke Beers in Schwaben sind die Stiftskirche Irsee, Landkreis Ostallgäu (1699–1702), die Gebäude der Zisterze Kaisheim, Landkreis Donau-Ries (1716 bis 1721), und das Zisterzienserinnenkloster Oberschönenfeld (Klosteranlage 1718 ff., Kirche 1721 ff.).[350] Mit dem Orden der Dominikanerinnen kam Franz II Beer bei den Planungen für den Neubau des Klosters Sankt Katharinenthal im schweizerischen Kanton Thurgau in Berührung, für den er 1715 die Klostergebäude entwarf und 1719 ein Projekt für die Klosterkirche ausarbeitete, die erst 1732 bis 1735 durch seinen Sohn Johann

Abb. 88
Bemaltes hölzernes Schild mit der Aufschrift „Priorat", darüber geschnitzte Kartusche mit den Buchstaben „L.I.S."; ihre Entschlüsselung gelang nicht.
53 cm × 102,5 cm. 1. Hälfte 18. Jahrhundert.
Dominikanerinnenkloster Bad Wörishofen.

Michael Beer (1700–1767)[351] ausgeführt wurde. Seit 1715 plante er für die Dominikanerinnen auch den Neubau des Klosters Siessen in Oberschwaben,[352] dessen Kirche nach 1725 von Dominikus Zimmermann errichtet wurde. Dort traf Beer auch mit Pater Andreas Roth zusammen, der als Provinzial den dortigen Klosterbau leitete.[353] Gemeinsam hat der nach Wörishofen gerufene Architekt mit dem Provinzial und der nachmaligen Priorin Maria Christina Eckart „2 oder 3 Closter Ideas formiert und zu Papier gebracht".[354] Ihm wurde letztendlich der Bauauftrag erteilt. Obwohl nach den Angaben von Pater Andreas Roth der Kostenanschlag von Beer um 1000 Taler unter dem seines Konkurrenten lag, wäre das sehr viel teurere Augsburger Projekt außerdem „weder an form und gestalt noch commodität umd komentlichkeit" mit dem ausgeführten Entwurf Beers „von fern nit zu vergleichen gewesen".[355]

Der Vergleich mit dem Bau des Klosters Sankt Katharinenthal in der Schweiz ist für Wörishofen in zweifacher Hinsicht besonders aufschlußreich. Das Dominikanerinnenkloster Sankt Katharinenthal führte unter der Priorin Dominica Josepha von Rottenberg (reg. 1714–1737) mit Hilfe des Beichtvaters und Provinzials Pater Andreas Roth „eine Reform in vollkommenstem Sinne des Wortes, ein Zurückgehen auf den Buchstaben der Regel mit Beobachtung aller Strenghheit in den Fasten und in der beständigen Abstinenz von Fleischspeisen nebst allen anderen klösterlichen Übungen" durch und wurde so das „Idealkloster der Dominikanerinnen in deutschen Landen",[356] das zur Nachahmung aufforderte. Außerdem ist für Sankt Katharinenthal sehr gut belegt, in welcher Weise und mit welchen Argumenten die Bauherrschaft auf die Entwicklung der Planung Einfluß nahm. Als Spiritual war Pater Andreas Roth auch mit Sankt Katharinenthal wohl vertraut, wenngleich die Planungen für die Klosteranlage noch vor seine Zeit als Ordensprovinzial zurückreichten. Im Bauprozeß spielte hier die Priorin Dominica von Rottenberg eine prägende Rolle und setzte gegen die Interessen des seinerzeitigen Provinzials Pater Balthasar Meyer Franz II Beer als Baumeister durch.[357] Ihr mißfiel in einem ersten Vorprojekt die Anordnung der Klosterzellen, die statt auf den abgeschlossenen Innenhof „auf die Welt" gerichtet waren und deshalb Anlaß

zu „Ausschweifung" geben konnten.[358] Beim dann schließlich ausgeführten Klosterbau findet sich so die merkwürdige Disposition, daß kein durchgängig symmetrisch angeordneter Kreuzgang vorhanden ist, sondern der Flur an West- und Nordflügel außenliegend die Klosterzellen und Gemeinschaftsräume umschließt, während erstere an der zum Garten gerichteten Ostseite innenliegend angeordnet sind.

In Wörishofen erfuhr der gleiche Leitgedanke eine Weiterentwicklung, indem hier die der ‚Welt' zugewandten Funktionen außerhalb der Klausur als Trabanten an das Klostergeviert angeschlossen und die Klosterzellen im Obergeschoß entweder auf den Innenhof, also den Kreuzgarten, oder am Südflügel auf den Klostergarten ausgerichtet wurden. Diese Anordnung bedingte eine zweihüftige Anlage mit einem Mittelflur im Obergeschoß, eine für den Klosterbau singuläre Lösung. Der Wechsel zwischen innenliegendem Kreuzgang im Erdgeschoß und Mittelflur im Obergeschoß wurde durch eine kühne und gleichermaßen wirtschaftliche und elegante Konstruktion ermöglicht. Die Fachwerkwände des Mittelflurs sind unsichtbar über hölzernen Hängesäulen konstruktiv mit dem Dachwerk darüber verbunden und tragen ihre Lasten über die Binderebenen des liegenden Dachstuhls, die als Hängesprengwerke ausgebildet sind, auf die Außenwände ab. Diese technisch ausgereifte Ingenieurleistung, die moderne Konstruktionsprinzipien vorwegnimmt, bildet die Voraussetzung für eine voneinander unabhängige Grundrißaufteilung in den beiden Hauptgeschossen. An der Realisierung dieses Baugedankens wird deutlich, in welcher Weise die in erster Linie vom geistlichen Leben im Kloster geformten Vorgaben und Wünsche der Bauherrschaft den erfahrenen Architekten zu einer im Klosterbau neuen Lösung geführt haben. So stellt der Dominikarinnenkonvent in Wörishofen ein besonderes Beispiel der jahrhundertealten Bauaufgabe „Kloster" dar.[359] Schon die Grundstücksverhältnisse und die innerörtliche Lage unterscheiden Wörishofen von anderen barocken Klosteranlagen. In Siessen, ein auf freiem Grund geplantes Neukloster, bevorzugte man den Typus der symmetrischen Vierflügelanlage mit mittig vor das Klostergeviert gestellter Kirche.[360] Die repräsentativen Lösungen barocker

Großklöster verbot sich für ein Dominikanerinnenkloster von selbst. Bemerkenswert bleiben jedenfalls die äußerlich vollständige Verschmelzung der Klosterkirche mit der Baumasse eines Konventtrakts und der Verzicht auf die strenge Symmetrie einer Vierflügelanlage. Schließlich beeindruckt das Kloster in seiner Außenerscheinung weder durch die Blockhaftigkeit seiner Baumasse noch durch besondere Schmuckfreude im architektonischen Detail, sondern allein durch die Dimensionen einer sich in kolossale Länge erstreckenden Hauptfassade. Der Konventbau ist nicht auf Repräsentation, sondern auf äußerste Funktionalität angelegt. Seine Schlichtheit ist Programm. Die Regelmäßigkeit der Klosteranlage von Wörishofen, ihre rationale Durchgestaltung bis ins Detail offenbaren einen auch für das Zeitalter des Barocks selten vollkommenen Gleichklang von funktionaler Notwendigkeit, konstruktiven Erfordernissen und ästhetischer Raumwirkung. Den vom heiligen Dominikus schon im Jahre 1220 erhobenen Forderungen, die Gebäude seiner Gemeinschaft und ihre Einrichtung müßten „niedrig und einfach" sein, wurde in ungewöhnlich sprechender Weise Rechnung getragen.

Die Klosterkirche

Die Klosterkirche von Wörishofen[361] ist äußerlich vollständig in den Nordflügel der Klosteranlage eingebunden. An den Fenstern der Kirchenfassade läßt sich der

Abb. 89
Blick aus dem Gang im ersten Stock des Nordtraktes des Konventbaus auf das Oratorium und in den Schwesternchor.
Kruzifix Holz, geschnitzt und gefaßt. 192 cm × 68,5 cm. Letztes Drittel 18. Jahrhundert. Es diente beim Tod Sebastian Kneipps (1821–1897) als Sterbekruzifix.

Abb. 90 ▷
Die Kirche des Dominikanerinnenklosters Bad Wörishofen von Nordwesten.

Abb. 91 S. 112 ▷▷
Kirche des Dominikanerinnenklosters Bad Wörishofen. Blick zum Hochaltar.

Abb. 92 S. 113 ▷▷▷
Kirche des Dominikanerinnenklosters Bad Wörishofen. Blick auf die Südwand mit der Kanzel und zur Orgelempore.

Wechsel zwischen Chor und Kirchenschiff durch die zusätzlichen kleinen Rundfenster ablesen, die nur an den vier Achsen des doppelgeschossigen Chors vorhanden sind.

Das Frontispiz der Klosteranlage bildet die der Stadt zugewandte Westfassade des Kirchengiebels. Sie erhebt sich über einem mäßig hohen Sockel; farbig gefaßte Kolossalpilaster gliedern sie. Der Giebel wird durch Gesimse in drei Zonen geteilt. Profile betonen die jeweils in geschwungener Form geschweiften Schrägseiten der Giebelfelder. In den unteren Giebelzonen befinden sich – zu seiten einer Rechtecköffnung – zum Rand der Dachschräge hin jeweils Blendfenster in Form eines Rechtecks mit eingezogenen, halbkreisförmigen Abschlüssen, während in der zweiten Zone darüber die Mitte durch eine schlichte Kreisblende mit Putzfasche markiert wird.

Merkwürdigerweise fehlt an der auf die Stadt hin ausgerichteten Westfassade eine an sich zu erwartende Akzentuierung der Mittelachse durch ein Mittelportal; tatsächlich befindet sich der Zugang zur Kirche im westlichsten Joch an der Nordseite und wird durch ein kleines, vor die Fassadenflucht tretendes Vorzeichen gefaßt. In ihrer einfachen Gestaltung folgt die der Stadt zugewandte Fassade der Kirche offensichtlich den baulichen Traditionen des Dominikanerordens, der schon an seinen mittelalterlichen Kirchen reiche Gliederungen und Schmuckformen sowohl im Inneren wie im Äußeren vermied. Ein bewußtes Anknüpfen an die Raumform gotischer Predigerkirchen mag die Schlichtheit der barocken Klosterkirche von Wörishofen mitbestimmt haben. Die über das Dach aufragenden beiden Freigeschosse des nach außen wie ein Dachreiter wirkenden Turmes sind architektonisch streng gegliedert. Auf ein hohes im Grundriß quadratisches Geschoß folgt ein achteckiges mit schmalen Schrägseiten. Beide Turmgeschosse besitzen eine architektonische Instrumentierung durch toskanische Pilaster, wobei im oktogonalen Obergeschoß Eckpilaster die Kanten einfassen. Rundbogige Schallöffnungen an den vier Hauptseiten des Achteckgeschosses sind mit plastisch hervortretenden Putzfaschen betont. Ein Gebälk mit kräftigem Kranzgesims schließt den Turm unter der mit gefalzten Kupferblechbahnen gedeckten welschen Haube, von einem vergoldeten Doppelkreuz bekrönt wird.

Die bloße Architektur der Klosterkirche ist einfach. Im Inneren handelt es sich um eine Saalkirche, die durch Gewölbe und Pilastervorlagen jochweise gegliedert, durch die Stellung der Altäre und die Ausgrenzung des zweigeschossigen Nonnenchores in ihrer Raumwirkung bereichert wird. Sie erinnert an alte Traditionen im Kirchenbau der Bettelorden in der Art der dominikanischen Betsäle. Das dem Kirchenbesucher frei zugängliche Langhaus umfaßt lediglich drei der sieben Joche. Der im Westen Eintretende gelangt zunächst nur in das dunkle und niedrige Vorjoch unter der Orgelempore, um dann, wenn er in das Kirchenschiff tritt, umso deutlicher die Lichtfülle des klaren Raumes zu erleben. Für das eigentliche Kirchenschiff verbleiben nur zwei Joche, die jedoch gleichwohl einen Eindruck von großer Weite und Helligkeit vermitteln. Den oberen Raumabschluß bildet eine Flachtonne mit Stichkappen. Die am Dachwerk aufgehängte Holzlattenkonstruktion ist Träger einer ausgezeichneten Dekoration mit Stukkaturen und Fresken. Das korbbogige Flachgewölbe wird durch die über den Fenstern einschneidenden Stichkappen und den rhythmischen Wechsel in der Begrenzung der Bildfelder gegliedert. Im flachen Gewölbescheitel wechseln große Deckenfresken mit kleineren kreisrunden Deckenbildern, die jeweils in den Fensterachsen angeordnet sind. In den Stichkappen folgt jeweils auf ein rundes ein geschweiftes Bildfeld. Das „Chorjoch" ist durch ein großes rundes Deckenfresko betont. Das Dekorationssystem der Stukkaturen gliedert die Flächen differenziert nach ihrer Wertigkeit. Von der zartfarbigen Tönung der Wandflächen hebt sich das Laub- und Gitterwerk des Stucks ab. Die Farbigkeit folgt dem Befund der Erstfassung.

Nach Osten schließt das Langhaus mit einem Chorbogen, der von Wandpfeilervorlagen getragen wird, die hinter den diagonal gestellten Seitenaltären weitgehend verborgen bleiben. Die Stellung der Seitenaltäre wie auch die Erhöhung des Chorraumes um eine Stufe sowie die Kommunionbank verstärken die architektonisch alleine durch den Chorbogen bewirkte Trennung zwischen Langhaus und Hochchor. Der Chorraum als liturgisches und künstlerisches Zentrum ist wiederum nur bescheiden dimensioniert. Seine kaum gegenüber den

übrigen Teilen der Kirche hervorgehobene Architektur schließt sich mit der prachtvollen Altarausstattung jedoch zu einem überaus lebendigen, plastischen Raumabschluß von bildmäßiger Wirkung zusammen. Der Nonnenchor als quantitativ größerer Teil der Kirche wird nur indirekt, gleichsam als dem Chor hinterlegte und in ihrer Begrenzung nicht eindeutig wahrnehmbare Raumschicht, erlebbar. Ein für die Raumwirkung entscheidendes Element dieser eigentümlich raumhaltigen Begrenzung des Chores ist die Brüstung der Nonnenempore. Sie hinterfängt den Hochaltar und zieht sich seitlich in der Art einer vorkragenden Empore bis hinter die Seitenaltäre. Durch die Emporenbrüstung wird die Zweigeschossigkeit der Nonnenempore in den Kirchenraum hineinprojiziert. Während das Erdgeschoß mit einer Wand hinter dem Hochaltar klar begrenzt wird, öffnet sich über der Empore ein zweiter Sakralraum, der Chor der Nonnen.

Der Schwesternchor

Der Schwesternchor ist durch die Stellung seines Altares im Rücken des Hochaltars nach Westen hin ausgerichtet. Bei gleichwertiger Deckengestaltung wie im Langhaus erhält der Nonnenchor jedoch eine ganz andere Raumwirkung durch eine niedrigere Höhe und seine breitgelagerten Proportionen. Die begrenzenden Seitenwände treten optisch ganz zurück; sie scheinen gleichsam aufgelöst in den lichtdurchfluteten Fensterflächen. Durch die niedrige Raumhöhe tritt das Dekorationssystem des Gewölbes viel unmittelbarer in Erscheinung. Die Dimensionierung der Bildfelder und die lebendige Formenvielfalt der Stukkaturen, die sich strukturell nicht von der Dekoration des Langhauses unterscheiden, verleihen dem Raumabschluß eine heitere Festlichkeit und entfalten hier scheinbar eine freiere Wirkung. Der Gewölbeapparat und die Pilasterkapitelle an den Wänden entsprechen ebenfalls genau der tektonischen Gliederung. Insbesondere aber die Kapitelle machen dem Betrachter wegen ihrer Größe, Nähe und Unmittelbarkeit, mit der sie sich im Schwesternchor darbieten, deutlich, daß er sich auf einer Empore, nahe unter dem Gewölbe eines mehrgeschossigen Raumes befindet. Die auf die Gesamtproportion des Raumes hin dimensionierten Pilaster zeigen an, daß der Raum durch eine eingezogene Ebene horizontal geteilt wird und der Betrachterstandpunkt über das Bodenniveau emporgehoben erscheint. Die Möblierung des Raumes mit den in zwei Reihen entlang der Fenster aufgestellten Chorstühlen der Nonnen ist schlicht und lenkt die Aufmerksamkeit, trotz ihres dunklen Holztones, kaum ab von dem lichten, festlich dekorierten Raum. Die beiden östlichen Fenster an der Nordseite sind wegen der Chorstühle am unteren Rand leicht verkürzt. Ursprünglich stand in der Mitte des Nonnenchores eine große Chororgel.[362]

Wegen der besonderen Grundstücksverhältnisse mußte die Klosterkirche im Osten mit der Klosteranlage verbunden werden, so daß der Nonnenchor nicht, wie dies sonst bei Frauenkonventen häufig anzutreffen ist, auf einer Westempore angeordnet werden konnte. Die Anlage eines erhöhten Nonnenchors im Osten schuf zugleich die Voraussetzungen für einen Doppelaltar, dessen zwei-

*Abb. 93
Erzengel Michael. Öl auf Leinwand. Reich geschnitzter, achteckiger Rahmen. 1. Drittel 18. Jahrhundert. Maler nicht bekannt. Das Bild hängt an der Ostwand des Schwesternchors und schließt diesen ab. Dominikanerinnenkloster Bad Wörishofen.*

geschossige Hauptschauseite dem Kirchenschiff zugewandt ist und in dessen Rücken im Erdgeschoß die Sakristei eingerichtet und über dieser der nach Westen orientierte Altar der Nonnenkirche aufgestellt werden konnte. Ähnliche Lösungen finden sich häufig aufgrund der liturgischen Erfordernisse bei Wallfahrtskirchen, gelegentlich aber auch bei Klosterkirchen wie etwa dem Birgittenkloster Altomünster.³⁶³

Die Architektur der Wörishofener Klosterkirche ist dominikanischem Geist entsprechend wenig spektakulär, ja schlicht; sie nutzt nicht die barocken Möglichkeiten einer reicheren Wandgliederung. Flache Pilaster schaffen ein nur schwaches Relief der Wand. Auf eine stärkere plastische Durchgliederung wird bewußt zugunsten klarer Raumgrenzen verzichtet. Architektonisch ein einfacher barocker Kastenraum, von weißen Wandflächen umschlossen, wirkt der Raum vor allem durch die Qualität der Ausstattung. Schon die zartfarbige Tönung des Stucks unterstreicht die hohe Wertigkeit der Ausstattung, die in den Fresken und den prachtvollen Altären ihre höchste Steigerung erfährt.

Maßgebend für die Qualität des Innenraums der Wörishofener Klosterkirche ist eine *„Innenarchitektur, die mit dem Mittel der strukturellen Verschränkung eine komplexe Bauwelt vorführt"*.³⁶⁴

*Abb. 94
Schwesternchor des Dominikanerinnenklosters Bad Wörishofen nach Westen. Da der Raum an die Rückwand des Hochaltars der Kirche anschließt, befindet sich der Altar im Westen.*

115

Die Stuckdekorationen im Konventbau, in der Klosterkirche und im Schwesternchor

Eva Christina Vollmer

*Abb. 95
Model (Zierstempel) für einen stuckierten Stern aus Akanthusblättern.
47 cm × 42 cm. 1. Hälfte 18. Jahrhundert. Es wurde zur Ausformung von Stuckdekorationen verwendet.
Archiv Dominikanerinnenkloster Bad Wörishofen.*

Die Kirche und der Konventbau des Dominikanerinnenklosters in Bad Wörishofen sind reich ausgeschmückt. Im Gotteshaus bilden phantasievoller Stuck und zahlreiche Fresken eine festliche Ausstattung. Den Konventbau zieren Stuckierungen in fast allen Räumen sowie in den Gängen des Obergeschosses; im Kapitelsaal ist der Deckenspiegel zusätzlich bemalt. Die Fresken in der Kirche schuf Johann Baptist Zimmermann (1680–1758), die Stuckdekorationen sein Bruder Dominikus (1685–1766). Die beiden Brüder zählen neben Cosmas Damian und Egid Quirin Asam, den Wessobrunner Familien Feichtmayer und Schmuzer, sowie Johann Michael Fischer zu den bedeutendsten Vertretern des süddeutschen Barock und Rokoko. Johann Baptist Zimmermann arbeitete als Maler und als Stuckkünstler und bekleidete seit 1727 das Amt des Münchner Hofstukkators. Auch Dominikus Zimmermann wurde eine Doppelbegabung in die Wiege gelegt: Er schuf als Stukkator und als Baumeister zahlreiche bedeutende Kloster- und Wallfahrtskirchen. Unvergänglichen Ruhm erwarben sich die beiden als Schöpfer der oberschwäbischen Wallfahrtskirche Steinhausen und der oberbayerischen Wieskirche.

Die Stuckdekorationen im Dominikanerinnenkloster in Bad Wörishofen entstanden in den Jahren 1721 bis 1723. Sie markieren den Höhepunkt der zweiten Schaffensperiode von Dominikus Zimmermann, die 1716 mit dem Bau und der Stuckausstattung des Dominikanerinnenklosters Maria Medingen in Mödingen begann. Zuvor hatte sich der Wessobrunner vornehmlich mit der Altarbaukunst und mit der schwierigen Herstellung von Stuckmarmor, speziell von Scagliola-Arbeiten, beschäftigt. Zahlreiche Stuckmarmoraltäre mit Scagliola-Einsätzen zeugen von seinen überragenden Fähigkeiten in diesem Kunstzweig. Ornamentale Stuckdekorationen gibt es aus dieser Frühzeit nur wenige; stellvertretend sei die Reichskartause Buxheim genannt, wo Dominikus Zimmermann von 1709 bis 1713 zum ersten Mal gemeinsam mit seinem fünf Jahre älteren Bruder Johann Baptist als Partner auftrat. Der für die Ausstattung des Wörishofener Klosters entscheidende Entwicklungssprung von Buxheim nach Maria Medingen – der Stuck in dieser Klosterkirche ist in den Jahren 1717–1719 entstanden – ist gewaltig und beinhaltet den Übergang von barocken Gestaltungsformen zum modernen Ornament der Régencezeit. War das Hauptmotiv des Barockstucks die Akanthusranke, so spielt in der Régencekunst das Bandwerk die führende Rolle. Die Entstehung des Bandwerks wird allgemein als ein Prozeß der Aufspaltung der barocken Akanthusranke in Vegetabilisches und Abstraktes interpretiert. Im letzten Viertel des 17. Jahrhunderts, also in der Blütezeit des süddeutschen Barocks, zeigte der Akanthus eine stengellose, vielfach ausgezackte Blattform mit scharf abgeschnittenen Rändern. Um 1700 machte sich eine Weiterentwicklung bemerkbar: Die Blätter, nun zierlicher und leichter geworden, waren in größeren Abständen angeordnet und ließen einen Stengel erkennen; der Akanthus rollte sich am Ende der Ranke nicht mehr so stark ein, sondern zeigte die Tendenz, sich zu strecken. Diese Aufspaltungsform entkleidete den Stengel im ersten Jahrzehnt des 18. Jahrhunderts mehr und mehr seines Laubes, bis Stiel und Blatt zur neuen Form der Bandvolute verschmolzen, welche unmittelbar zum Bandwerk der Régencekunst überleitete.

Aber nicht nur für die Ornamentform bedeutete Maria Medingen einen Neubeginn, auch das Dekorationsprinzip veränderte sich. Während in Buxheim die einzelnen Joche des Kirchenraumes, barocker Tradition folgend, durch Gurtbögen voneinander getrennt waren, verzichtete Dominikus Zimmermann in Maria Medingen auf diese Einteilung und entwickelte ein *„Zusammenhang-System"*,[365] das in Form von breiten, weißen Bahnen die Zwickelfelder und die

*Abb. 96 ▷
Stuckdecke (Ausschnitt) von Dominikus Zimmermann (1685–1766) im oberen Gang des Konventbaus des Dominikanerinnenklosters Bad Wörishofen.*

Mittelfresken begleitet und durch diese fortlaufende Rhythmisierung das Kirchenschiff zu einer Einheit zusammenfaßt. An Stelle der bisher querausgerichteten Deckenfresken verläuft die Bewegung nun von West nach Ost: *„Die Bilder am Gewölbe ziehen in Intervallen senkrecht im Wechsel von ausgebogenen Rechtecken und Längsovalen wie eine Straße zum Ziel, dem Chor".*[366] Auch die schweren Fruchtgehänge, die in Buxheim die Stichkappengrate begleiteten, erschienen Zimmermann in Maria Medingen entbehrlich. Stattdessen hängen von den Muscheln im Scheitel der Stichkappen zarte Blütenranken herab, welche die Grate nicht mehr betonen, sondern über- oder umspielen. Die Rahmungen der kleineren seitlichen Fresken erhalten ihre bis in die 1720er Jahre verbindliche kartuschenartige Form, bei welcher die Rahmenleisten unten und/oder oben als Voluten gegeneinanderstoßen.

Das Eigentümliche an der Bandwerkornamentik Dominikus Zimmermanns ist die Verbindung von Anorganischem und Organischem. Leitet man die Herkunft des Bandwerks aus der Tradition des Groteskenornaments ab,[367] so ist daran grundsätzlich nichts Erstaunliches zu entdecken, denn die Groteske hat von jeher Abstraktes und Bildliches kombiniert. Zimmermann aber zeichnet sich nicht nur durch seine phantasievolle Erfindung von neuen Möglichkeiten der Bänderkreuzungen und -verknotungen und ihre Verquickung mit gegenständlichen und floralen Motiven aus, sondern er gibt seinen Kompositionen aufgrund seiner Vorliebe für die absolut naturgetreue Ausformung von botanisch benennbaren Pflanzen und Blumen den oft angesprochenen *„volkstümlichen Aspekt".*[368] Im Laufe der Jahre werden die symmetrischen Verschlingungen und Verflechtungen immer enger und komplizierter. Das Akanthusblatt tritt ab dann seltener auf, aber noch lange Zeit vermischt Zimmermann ältere Dekorationselemente, wie Muscheln, Fruchtschnüre, Laub- und Blumenkränze, mit Blumensträußen gefüllten Vasen, usw. mit dem modernen Bandwerk.

Maria Medingen war der für Dominikus Zimmermanns künstlerische Weiterentwicklung und für seine berufliche Laufbahn gleichermaßen entscheidende Bau. Die Medinger Dominikanerinnen empfahlen ihren Stukkatorarchitekten an die Dominikaner im nicht weit entfernten Obermedlingen, wo er 1718 die Klosterkirche stuckierte und sein Bruder Johann Baptist den eng mit dem Ottobeurer Konventkreuzgang verwandten Stuck in der Sakristei antrug.[369] Der Kirchenraum von Obermedlingen muß vor seiner Zerstörung (1861 stürzten große Teile des Langhausgewölbes ein) einen ähnlich reichen Eindruck wie die Wörishofener Klosterkirche gemacht haben, zumal die Nußbaumholzausstattung des Augsburger Dominikanerfraters Valentin Zindter in beiden Sakralbauten vergleichbar ist.

Die Medinger Nonnen standen auch mit den Benediktinern in Neresheim in regem Austausch, so daß es verständlich erscheint, wenn der Neresheimer Abt Amandus Fischer den Medinger Klosterbaumeister Dominikus Zimmermann für die Ausgestaltung seines Festsaales zu gewinnen wünschte. In dieser 1995 wiederhergestellten und seither auch der Öffentlichkeit zugänglichen, wahrhaft *„festlichen"* Raumschöpfung entwickelte Zimmermann eine Fülle völlig neuer Dekorationsmotive, die zum Teil für spätere Werke wie etwa Wörishofen von Bedeutung wurden, vereinzelt aber auch nur hier auftauchen.[370] Die unerschöpfliche Phantasie Zimmermanns, die es ihm erlaubte, manches wirkungsvolle Motiv nur ein einziges Mal zu verwenden, erstaunt immer wieder aufs Neue. In dem kurzen Zeitraum von fünf Jahren stukkierte Zimmermann acht profane oder halbprofane klösterliche Repräsentationsräume[371] und mehrere gleichzeitige Kirchenbauten, ohne sich ein einziges Mal zu wiederholen. Die Stukkaturen sind einander ähnlich, aber niemals gleich. Zu den neu hinzugekommenen Motiven in Neresheim gehören stuckierte Vögel und Eichhörnchen, Rosettengitter als Füllung unregelmäßig geschweifter Bandwerkfelder,[372] Stuckreliefs mit Architekturdarstellungen, Porträts und Landschaften, ferner flatternde, zerknitterte Bandschleifen als Rahmenaufhänger bei den Reliefmedaillons, sowie eine neue Rahmenform, die im unteren Teil aus Bandwerkschwüngen besteht und oben mit einem architektonisch ausgebildeten, geschweiften Gesims abschließt.

Die Berufung Dominikus Zimmermanns nach Wörishofen, wo am 4. August 1719 der Grundstein für ein neues Dominikanerinnenkloster gelegt worden war, überrascht angesichts der bisherigen Auftraggeber des

Künstlers nicht. Zimmermann hatte außerdem für das Augsburger Mutterkloster der jungen Gründung, den Dominikanerinnenkonvent Sankt Katharina, etwa zur gleichen Zeit eine zeitgemäße Umgestaltung des Nonnenchores entworfen. Bereits 1721 war die Vierflügelanlage „*in bewohnbarem Zustand*";[373] das Vollendungsdatum „*1721*" findet sich auch am Klosterostgiebel und an der Klosterpforte im Nordtrakt. Zimmermann hatte seine Arbeiten im Kloster im Oktober 1721 ebenfalls beendet und begann im folgenden Jahr mit der Kirchenstuckierung, wie der Klosterchronik des Dominikanerpaters Andreas Roth zu entnehmen ist: „*Nun weilen das hiesige Convent an Persohnen der zahl nach zimlich erweitert worden, ist der gottsdienst ... streng fortgesezt und auf observantische arth gehalten worden, also daß der beichtvater mit seinem Socio alternative die Predigen im Winter im Refectorio, die übrige Jahrs zeiten in dem Capitl Haus vor dem Altar verrichtet, ... aus ursach, daß damahlen das neue Closter zwar bewohnet, aber noch nit Clausulirt ware, indeme das Kirchengebäu in würcklicher arbeit stunde, so wohl unter der hand und Direction des Maurer Meisters, als auch der beyden gebrüeder Herrn Stockodors Dominici und Herrn Joan Zimmerman als Fresco Mahlers, deren arbeits belohnung oben zu ersehen ist*".[374]

Die „*Arbeitsbelohnung*" der Brüder Zimmermann ist in der „*Specification, was das gebäu in- und auswendig mit allen Appertinentien gekostet hat*", enthalten. Es heißt dort: „*... Stockodor Meister. Disem ist für das ganze Closter, für grosse, mittere, und kleine zimmer, für alle zellen und das ganze Schlafhaus accordirt und bezahlet worden sambt der Verehrung 1100 fl. Item für die Kirchen und Nebengebäu 832 fl 50 kr. Dem fresco mahler, dessen Herrn brueder für alle gemähl im Chor, Kirchen und Einsidler Capell seind bezahlt worden 500 fl*".[375] Der hohe Betrag für die Klosterausschmückung ist – abgesehen von den beiden Refektorien und dem Kapitelsaal – nicht auf besonders reiche Dekorationen zurückzuführen, sondern auf die Menge der zu verzierenden Plafonds. Ein Großteil der Summe bestand aus Materialkosten. Das erste Obergeschoß zum Beispiel weist außer dem Klausurgang keine nennenswerten Stukkaturen auf, da sich hier fast nur Zellen und Arbeitsräume befanden.

Im Erdgeschoß ist das erste durch eine Stuckdekoration hervorgehobene Zimmer der heutige Empfangssalon im Ostflügel. Die Stukkatur ist einfach und unkompliziert. Die von einem Profilgesims eingefaßte Spiegeldecke zeigt im Zentrum einen Stuckring, an den langgestreckte, schmale Bandwerkfelder dergestalt angefügt sind, daß die Gesamtform einem Quadrat nahekommt. In den Stuckring ragen kleine Bandösen, die an ihrer äußeren Seite von fransenartig ausgebildetem Akanthus eingefaßt sind.[376] Es mag dies ein unscheinbares Motiv sein, das aber durch sein Vorkommen in fast allen Zimmermann-Dekorationen jener Zeit Bedeutung erlangt. Im Gegensatz dazu fanden die Gebilde aus fünf konzentrischen Kreisen, die neben dem zarten Bandwerkgespinst beinahe plump wirken, nur hier Verwendung. In den Seitenmitten des Deckenspiegels sind vertiefte Schweiffelder mit gekreuzten Blattzweigen und Rosetten eingelassen.

Neben dem heutigen Priesterspeisezimmer mit schlichter Stuckdecke waren ehemals die Räume des Noviziats angeordnet. Ein aufwendiges Portal, das von übereckgestellten Pfeilern flankiert wird, die mit je zwei gewundenen Pilastern besetzt sind, markiert den einstigen Zugang zum Noviziat. Die ehemaligen Novizenzellen lagen zu beiden Seiten eines Ganges in dem um fünf Achsen in östlicher Richtung verlängerten Südflügel. Sie sind im 19. Jahrhundert teilweise verändert worden. Der Raumbestimmung gemäß sind sie nur mit sparsamen Stukkaturen geschmückt. Umso erstaunlicher ist die elegante Wirkung, die Zimmermann trotz der dezent eingesetzten Mittel erzielte. Die farbig gefaßten, abwechslungsreich geschweiften Bandwerkleisten an den Deckenspiegeln sind paarweise angelegt. Die Innenflächen wurden mit Abdrücken von Zierstempeln geschmückt, welche die Form einer fortlaufenden Spirale haben, die an das klassische Ornamentband des „*Laufenden Hundes*" erinnern. Einige wenige, aber geschickt verteilte pflanzliche Elemente vervollkommnen das ausgewogene Erscheinungsbild.

Dem 1721 vollendeten Kapitelsaal, in der Mitte des Südflügels gelegen, kam innerhalb des klösterlichen Lebens eine besondere Bedeutung zu, die in Wörishofen eine zusätzliche Steigerung erfuhr, weil während der Bauzeit der Klosterkirche der Kapitelsaal als

Abb. 98 ▷
Stuckdecke (Ausschnitt) von Dominikus Zimmermann (1685–1766) im Kapitelsaal des Dominikanerinnenklosters Bad Wörishofen.

provisorische Kirche diente, in dem die Messen gelesen wurden. Von der Größe her eher unauffällig, zeichnet sich der Kapitelsaal der Wörishofener Dominikanerinnen durch eine üppige Stuckdekoration und ein Deckenfresko aus. Der quadratische Raum besitzt eine auffallend reich stuckierte Hohlkehle, die durch einen Profilrahmen vom Deckenspiegel abgegrenzt wird. Die Ecken der Hohlkehle betonte Zimmermann durch rosettenbesetzte Gitterwerkfelder, denen seitlich grün gefärbte Schweiffelder zugeordnet sind. Sie weisen parallel geführte, waagrechte Einkerbungen auf. Wahrscheinlich hat Zimmermann diesen Kunstgriff, welcher der Belebung von Flächen dient, als Alternative für die oft benutzten Zierstempel entwickelt. Mit den gleichen Einkerbungen versehene Felder finden sich auch im Wörishofener Winterrefektorium und im Maria Medingener Priorat. Die weiteren Motive der Hohlkehle zeigen große Ähnlichkeit mit Stuckdetails in dem zwei Jahre später ausgestatteten Prälatensaal in Schloß Maurach. Die stuckierten Sterne auf den grün unterlegten Feldern beispielsweise sind völlig identisch und stammen vermutlich aus derselben Leimform bzw. Quetschform.

Der Rahmen des Deckenfreskos weitet sich in den Mittelachsen V-förmig und berührt mit den Spitzen dieser Ausbuchtungen die darunter liegenden Profilrahmen, welche die Gestalt eines in die Breite gezogenen Herzens haben. Die vertieften Felder mit gekreuzten Zweigen, welche die Ecken des Deckenspiegels ausfüllen, gehören zu den bereits bekannten Motiven.

Die beiden am prächtigsten mit Stuck ausgezierten Säle sind das Sommerrefektorium, neben dem Kapitelsaal im Südtrakt des Klosters gelegen, das auch heute den Dominikanerinnen als Speisesaal dient, und das Winterrefektorium, im Westflügel neben dem Schwesternchor, das nach der Rekonstitution des Klosters zu einem Fest- und Theatersaal umgebaut wurde. In der bau-

Abb. 101

Abb. 102

Abb. 97
Schrank aus dem Kapitelsaal des Dominikanerinnenklosters Bad Wörishofen. Eiche, die Felder mit Obstholz eingelegt. Beschläge Messing, ausgeschnitten und auf Eisenblech aufgelegt. 191 cm × 200 cm × 60,5 cm. Um 1720.

lichen Anlage sind beide Säle gleich, aber der Dekorationskunst Dominikus Zimmermanns gelang es, den jeweils durch fünf Fenster Tageslicht erhaltenden Spiegeldecken ein unterschiedliches Aussehen zu verleihen. Beide Plafonds setzen über Hohlkehlen an, von denen aber nur jene im Sommerrefektorium in die stuckierte Zone einbezogen wurde, wodurch der Schmuck dieses Saales reicher wirkt.

Als Mittelpunkt der Decke im Winterrefektorium wählte Zimmermann ein kompliziertes Gebilde aus zwei konzentrischen Schweifrahmen. Der innere Rahmen besteht aus drei hintereinander gestaffelten Profilleisten, denen durch V-förmige Ein- und Ausbuchtungen alle Voraussetzungen für geometrische Bandwerkverschlingungen mitgegeben wurden. Der äußere Rahmen wirkt mit seiner massigen Profilierung noch ganz barock. Die unentwegt ein- und ausschwingenden Linien ergeben einen höchst eigenwilligen Umriß. Nördlich und südlich schließen sich in achteckige Schweifrahmen eingebundene Ovalrahmen an. Rechts und links der drei Hauptfelder sind – zum Deckenrand hin – Kartuschen angeordnet. Sie legen auf anschauliche Weise Zeugnis von dem Bemühen Zimmermanns um Ausgewogenheit seiner Dekorationen ab. Das zentrale Mittelfeld mit seiner verwirrenden Linienvielfalt bekam als Ausgleich nur eine schlichte ovale Kartusche beigefügt, die von einem Engelskopfpärchen im Wolkenkranz bekrönt und mit Blütenrispen seitlich geschmückt ist. Die unkomplizierten Ovalrahmen dagegen haben Anspruch auf reicher ausgebildete Dreipaßfelder. Diese werden von einer Muschel bekrönt, durch die eine der Profilleisten des Hauptrahmens hindurchgezogen ist. Das hübsche Motiv wiederholt sich sogleich noch einmal. Der Muschelfuß rollt sich nämlich zu Voluten ein, aus denen beidseits ein Füllhorn mit Blättern und einer Trichterblumenkaskade hervorkommt. Die Blätter spielen ein regelrechtes Versteckspiel mit den Profilleisten des Dreipasses und des Plafondrahmens. Unter dem Dreipaßfeld erhebt sich ein Podest, auf dem eine der bereits zitierten Bandösen mit Akanthusbüschel ruht. Daneben recken sich von Blattwerk überwucherte Bandspiralen empor. Die vier winzigen Blüten, welche sich unter den Spiralen und ihren seitlichen Ausläufern befinden und die

Abb. 80

Bandwerkkomposition mit dem umlaufenden Profilrahmen „*verklammern*", sind ein nicht zu unterschätzender Bestandteil der Dekoration und beweisen, welchen Wert Zimmermann solchen Details beimaß.

Zwischen den drei Mittelrahmen sind, ebenso zwischen den drei Kartuschen entlang des Randes, vertiefte Felder eingelassen, die entweder mit gestempelten Sternchen verziert oder mit vegetabil angereicherter Bandwerkornamentik (sehr ähnlich im Tafelzimmer von Schloß Maurach) ausgefüllt sind. Beachtung verdienen auch die Herzfelder, die hier wie ein roter Faden die Mittelachse der Saaldecke markieren.

Im Sommerrefektorium wird der Blick des Eintretenden sogleich auf die drei großen Decken„*bilder*" gelenkt. In dem längsgeschweiften mittleren Stuckrahmen, wieder mit seitlichen V-Ausbuchtungen, steht das aus blättchenbesetztem Bandwerk gebildete IHS-Monogramm, darüber ein Kreuz, darunter das mit einer Dornenkrone umwundene brennende Herz Jesu, das auch die Seitenwunde aufweist. Die runden Stuckrahmen im Osten und Westen enthalten die sehr flach und zart stuckierten flammenden Herzen Jesu und Mariä. Die Deckenspiegel bestehen aus drei jeweils gestaffelten Rahmungen: Dem inneren Rahmen folgt in breitem Abstand ein zweiter, besonders reich profilierter Rahmen. Den Zwischenraum füllte Zimmermann mit abwechselnd länglich und rund geformten, vertieften Feldern, in denen sich Bandwerkornamentik, Rosetten und „*Spitzendeckchen*" ausbreiten. Der darum gezogene dritte Rahmen bietet bei den beiden äußeren Rundfeldern nochmals Raum für einen Akanthusblattfries. Die restlichen Flächen schmücken Bandwerkmuster, die sich in den Zwickeln und in den Ecken durch ihre Farbfassung – weiße Ornamente auf grün getöntem, vertieftem Grund – besonders wirkungsvoll abheben. Die

◁ *Abb. 99 (oben) und Abb. 100 (unten) Herz Mariä, Herz Jesu. Bilderpaar. Öl auf Leinwand mit dazugehörigen, geschweiften, vergoldeten Rahmen. 140 cm × 118 cm (mit Rahmen). Mitte 18. Jahrhundert. Maler nicht bekannt. Die Gemälde hängen an der Stirnseite des (Sommer-)Refektoriums. Dominikanerinnenkloster Bad Wörishofen.*

Abb. 101 Blick in das (Sommer-) Refektorium des Dominikanerinnenklosters Bad Wörishofen.

Abb. 103
Stuckdecke (Ausschnitt) von Dominikus Zimmermann (1685–1766) im Festsaal des Dominikanerinnenklosters Bad Wörishofen. 1721.

Hohlkehle ist auf konventionelle Weise durch Felder und Kartuschen gegliedert. Blickfang sind hier die dreifach aufgefächerten großen Muscheln in der Mitte der Schmalseiten, deren plissierte Säume so akribisch ausgearbeitet sind, daß man kaum das Material Gips als Grundlage vermuten möchte.

Die vier Flügel des Klausurganges im ersten Stock gliederte Zimmermann durch eine Folge von abwechselnd runden (nicht ausgemalten) Profilrahmen und kleineren, mit einer Rosette geschmückten Vierpaßfeldern. Breite, glatte Stuckbahnen begleiten dieses System und vermitteln an den Kreuzungspunkten, die durch die Erweiterung der Gänge in der Mitte jedes Traktes durch Querarme, sogenannte „Lichthöfe", entstanden. Um diese meterlangen Stuckbahnen aufzulockern, bediente sich Zimmermann des bewährten Mittels der vertieften Felder, die er mit einem originellen Schmuckmotiv versah. Sie entstehen, indem mit einem Stempel sternförmige Blüten oder andere Motive in den noch feuchten Putz eingedrückt werden. Es scheint dies eine Spezialität Zimmermanns gewesen zu sein, die er

Abb. 96

Abb. 146

zu jener Zeit oft anwendete. Beispiele von Stempelsternchen finden sich bereits in der Marienkapelle der Kartause Buxheim (1709), wo auch gestempelte Kreuzchen vorkommen, ferner unter anderem im Maria Medinger Empfangssalon (1720/1721), im Siessener Refektorium (um 1720/22) und im Mauracher Prälatenzimmer (1723). Kreuzstempel wurden auch im Neresheimer Festsaal (1719) eingesetzt.[377] Die Zellen im ersten Stock besitzen Spiegeldecken mit schlichtem Rahmenstuck: In der Mitte ein Ovalring oder Vierpaß mit Profil- oder Bandwerkrahmen, ringsum vertiefte Felder mit einfachem Dekor, wie Rosetten, Zweigen, und ähnlichem.

Sogleich nach Beendigung der Arbeiten im Kloster zu Wörishofen begann Dominikus Zimmermann mit der Stuckierung der Dominikanerinnenkirche, die zwei Jahre in Anspruch nahm. Drei im Kirchenraum angebrachte Jahreszahlen geben Auskunft über die Entstehungszeit der Ausstattung: In einer Inschriftkartusche am Chorbogen steht das Jahr „1722"; „1723" signierte und datierte Johann Baptist Zimmermann das Fresko über dem Altarraum und ebenfalls

◁ *Abb. 102*
Blick in das ehemalige Winterrefektorium, den heutigen Festsaal, des Dominikanerinnenklosters Bad Wörishofen.

"1723" verkündet das Gitter der Westempore als Zeitpunkt der Vollendung.

Die Wörishofener Klosterkirche Maria Königin der Engel stellt sich als langer Rechteckraum dar, der sieben Achsen umfaßt und von einer korbbogigen Stichkappentonne überwölbt wird. Die drei westlichen Achsen sind durch einen Chorbogen als Laienkirche abgesondert, in deren Westachse sich die Orgelempore über drei vergitterten Korbbogenarkaden befindet, der Ostteil der Kirche beinhaltet vier Achsen. Der bis zur Decke aufragende Hochaltar, an dessen Rückseite der Altar des Schwesternchores steht, trennt die Laien- von der Nonnenkirche. Die Wandgliederung erfolgt durch Pilaster mit korinthisierenden Kapitellen und ausladendem Gebälk; die Pilaster im Schwesternchor enden aufgrund der geringeren Raumhöhe und wegen des hier aufgestellten Chorgestühls unterhalb der Kapitelle.

Eine derart langgestreckte Kirchendecke zu schmücken, ohne Monotonie aufkommen zu lassen, ist keine leichte Aufgabe. Zimmermann entschied sich für das in Maria Medingen erprobte System, das sich auch in Wörishofen bewähren sollte. Breite, zusammenfassende Bahnen verbinden die immer noch auffallend kleinen Fresken seines Bruders Johann Baptist und dessen Mitarbeiter. Den Gewölbescheitel akzentuiert der Wechsel von kleinen, mit grüner Tonmalerei ausgefüllten Kreisfeldern und größeren querrechteckigen Schweifrahmen, wobei die Rundfelder in den Fensterachsen liegen, die gewichtigeren, durch farbenfrohen Freskoschmuck hervorgehobenen Bilder sind hingegen zwischen den Jochen angeordnet. Durch die Teilung der Kirche in drei westliche und vier östliche Joche sowie durch die Herauslösung der Altarraumachse aus dem ansonsten einheitlichen Dekorationssystem mußte Zimmermann an vier Stellen die großen Bilder halbieren: An den Enden der Kirche, vor dem Chorbogen und hinter dem Hochaltar. Bemerkenswert ist die Rahmung des halbierten Bildfeldes hinter dem Hochaltar. Während alle anderen Bildfelder glatte Profilrahmen besitzen, zeigt dieses eine Deckengemälde den noch ganz barocker Tradition verpflichteten bänderumwundenen Lorbeerblattrahmen. Als Erklärung bietet sich an, daß Zimmermann an dieser Stelle mit der Stuckdekoration der Klosterkirche begonnen hatte und anfangs vielleicht der Plan bestand, die großen Fresken mit solchen repräsentativen, allerdings altmodischen Rahmen zu umgeben. Möglicherweise entsprach dies dem Wunsch der Auftraggeberinnen, denn schon in Maria Medingen stand diese Rahmenform nicht mehr zur Diskussion. Man gab dann aber doch der zeitgemäßen glatten Rahmung den Vorzug.

Zimmermann unterschied bewußt nicht zwischen Nonnen- und Laienkirche, was er leicht mittels reicherer Dekoration in einem der beiden Bauteile hätte erreichen können. Sehr schön ist die Beibehaltung des Dekorationsprinzips an jenem Zwickelfeld zu beobachten, dessen eine Hälfte im Kirchenschiff vor dem Chorbogen zu sehen ist, während sich die andere Hälfte im Altarraum befindet. Der Chorbogen trennt diesen Zwickel in zwei Teile, die Tönung des Untergrundes wechselt von hellgrau (Schiff) zu rosa (Altarraum), aber die Ornamentik setzt sich nahtlos, wie ein umgekehrtes Spiegelbild, fort.

Abb. 109

Das kleine Format der Freskobilder bewirkt, daß die Zwickel sich umsomehr ausdehnen können – ja, fast größer als die Gemälde erscheinen. Zimmermann begrenzte sie mit einer Rahmenform, die man als gerundetes Dreieck, entfernt vielleicht auch als Herzvariante, ansprechen kann. Dieser Rahmen reicht bis zu den Hauptfresken und bietet Raum für neue Variationen zum unerschöpflichen Thema Bandwerkfigurationen. Das Feuerwerk der geknickten und verschlungenen Bänder, aus denen gerolltes Laubwerk, Akanthusrosetten, mit Blüten besetzte Spiralen und Zweige mit eingeflochtenen Trauben und Rosen wachsen, ist nur schwer in Worte zu kleiden. Die quirlige Ornamentik gruppiert sich um Kartuschen, die zum Teil mit Gitterwerk gefüllt sind. Es erübrigt sich beinahe darauf hinzuweisen, daß das Gitterwerk jedesmal neu und anders gestaltet wurde und daß sich bei keinem der Zwickelfelder die Motivzusammenstellung wiederholt.

Dasselbe läßt sich von den vertieften, mit Gitter- oder Bandwerkmustern verzierten Feldern seitlich der kleinen Rundfresken sagen, ebenso von den diversen Muschelbekrönungen auf den Stichkappen und vom Schmuck in den Stichkappen selbst. Sie enthalten abwechselnd hochovale und geschweifte Bildkartuschen mit Verdachungen,

Abb. 104
Stuckdekoration mit zwei Englein von Dominikus Zimmermann (1685–1766) in der Kirche des Dominikanerinnenklosters Bad Wörishofen. Datiert 1722.

denen seitliche Ranken, Girlanden, Bänder, Blumen und Gittermuster angefügt wurden.

Bei der Füllung der vertieften Felder, welche die runden Camaieu-Gemälde begleiten, verwendete Zimmermann ein altes und ein neues Motiv. „Alt" ist die Folge von mehreren, immer kleiner werdenden Achtern (8), die das Ende eines kaum überschaubaren Netzes aus geraden und geschwungenen Teilen bilden. Diese Achter gibt es bereits in Maria Medingen und in Neresheim.[378] Neu dagegen sind die hier zum ersten Male verwendeten Segmentbogenstreifen über den Stichkappen, die später noch einmal in Siessen, in abgewandelter Form, auftauchen. Dieses Motiv ist das auffälligste in der Wörishofener Stuckdekoration. Es zieht den Blick des Betrachters immer wieder auf sich, bringt durch die Krümmung der Linien Unruhe in das Gesamtbild, kann unter Umständen sogar als störend empfunden werden. Die Wirkung der Kurven wird durch den Wechsel von Putzbändern und blütenbesetzten Streifen verstärkt. Die Sorgfalt, die Zimmermanns Stuckarbeiten immer auszeichnet, aber auch die Liebe zum Detail zeigt sich deutlich am oberen Abschluß dieses Motivs. Der fünfte blütenbesetzte Streifen wird von den großen weißen Bahnen, welche die Mittelfresken verbinden und verklammern, stellenweise ‚überrollt'. An den entsprechenden Punkten kommen nur halbe Blüten oder auch nur ein Blütenblättchen zum Vorschein – die Illusion ist perfekt!

Beachtung verdient auch ein Detail an dem stichkappenbekrönenden Muschel-Girlanden-Arrangement unterhalb der Segmentbogenstreifen. Die Stichkappenspitze wird von einem Goldkugelsaum mit Fransenbesatz überspielt, der täuschend echt den Faltenwurf eines schweren Brokats nachahmt. Die Imitation des textilen Materials aus dem vergleichsweise zähen Werkstoff Stuck ist meisterhaft gelungen.

Bei den großen Deckengemälden des Kirchenschiffs und bei dem eine Kuppel suggerierenden Altarraumfresko bedienten sich die Brüder Zimmermann eines Kunstgriffs, den man – oberflächlich betrachtet – als barocke Spielerei ansehen kann. Gemeint sind die aus der Bildfläche heraus als plastischer Stuck weitergeführten Teile. So geht beispielsweise im Dreifaltigkeitsfresko das gemalte linke Bein des Engels mit dem

Abb. 110

*Abb. 105 und 106
Die Evangelisten Lukas und Matthäus mit ihren Attributen Stier und Engel. Stuckreliefs von Dominikus Zimmermann (1685–1766) an der nördlichen Galeriebrüstung im Presbyterium der Klosterkirche. 1722.*

Abb. 110

Rauchfaß in einen stuckierten Fuß über; auch die Wolken und das Spruchband machen diese Wandlung durch. Im Engelsturzfresko über der Orgelempore sind es Oberkörper und Arme der Abtrünnigen, die, in Stuck modelliert, in den Raum hineinragen. In der Dominikus-Gloriole schließlich findet man die entzückendsten Beispiele dieser Grenzüberschreitung von Fresko und Stuck. Zwei Engelskinder sind mit dem Aufziehen und Tragen eines schweren roten Vorhangs beschäftigt, ein drittes hält mit erhobenen Armen eine Blumengirlande in die Höhe. Die Vorhangdraperie ist halb gemalt, halb stuckiert, quillt über den Rahmen und verdeckt mit dem quastenbesetzten Fransensaum Teile einer seitlichen Kartusche. Beim linken Vorhangputto sind nur Kopf, Flügel und Flatterband gemalt, alles andere ist vollplastisch stuckiert. Der mittlere Vorhangputto ragt mit seinem Haarschopf über den Bildrand hinaus. Der Blumenputto mit molligem Bauch, fleischigen Beinen und tiefblauem Flatterschal schlägt regelrechte Kapriolen. Auch sein Stuckkörper geht nahtlos in gemalte Arme und Kopf über. Da bereits in der Buxheimer Kartausenkirche in dem 1711 gemalten östlichen Altarhausfresko die Beine der die Geißelsäule hebenden Englein plastisch enden, dürfte die Verwendung dieses Motivs auf Johann Baptist Zimmermann zurückgehen. Das Ineinandergleiten von Malerei und Stuck, übrigens auch im Maria Medinger Langhaus eindrucksvoll dargestellt, besitzt nicht nur einen hohen dekorativen Wert, sondern dient vor allem der Verbindung von Bildwelt und Raumarchitektur. Es steckt also weitaus mehr dahinter als nur barocke Spielerei. Durch das Schriftband im Dreifaltigkeitsfresko, das ebenfalls aus dem Bild herausschwingt, wird der Sinn dieses Verhaltens noch deutlicher: *„Der Text ‚Uni trinoque Domino sit sempiterna gloria' lädt nämlich die Irdischen zusammen mit den Himmlischen ein, den einen und dreifaltigen Gott immerdar zu verherrlichen. Das Überspielen des Freskorandes ist also letztlich ein Versuch, die irdische Welt mit der himmlischen zu verknüpfen".*[379]

Die Klosterkirche besitzt noch weitere stuckplastische Arbeiten. Wie in Maria Medingen halten zwei Engelskinder eine breite Kartusche in der Mitte des Chorbogens, führen sie wichtig und stolz als *„ihr"* Werk

Abb. 104

vor. Diese Englein sind typische Geschöpfe Dominikus Zimmermanns mit den charakteristischen wohlgenährten Körpern und der Wulstfalte zwischen Schienbein und Vorderfuß.³⁸⁰ Der Chorbogen selbst ist reich geschmückt: In der Laibung alternieren längliche Felder mit Bandwerk und quadratische Felder mit Rosetten; die zum Schwesternchor gerichtete Rückseite des Chorbogens zeigt Bandwerkfelder und mit Goldpünktchen besetzte Gitterwerkkartuschen; die Westseite zieren „*wellenkronenartig geschweifte, mit Blattwerk besetzte Gitterwerkfelder*",³⁸¹ zwischen die vier kleine Kreisfelder mit Wappen und Spruchbändern eingestreut sind.

Erwähnt wurden bereits die balkonartigen Galerien, die vom Schwesternchor aus, an den Längswänden des Altarraumes entlang, bis zum Chorbogen vorgezogen sind. Sie ruhen auf einer Hohlkehle mit Stichkappen. Obwohl dieser Bereich durch die schrägstehenden Seitenaltäre nicht sehr gut einsehbar ist und eher eine untergeordnete Funktion hat, wurde er mit derselben Sorgfalt dekoriert wie die „*wichtigeren*" Raumteile. Je drei ovale (nicht ausgemalte) Bildfelder mit Profilrahmen, vertiefte Schweiffelder, gekreuzte Zweige, Bandwerkkartuschen und diverses Blattwerk bilden das Schmuckrepertoire. Die darüber aufragenden Galeriebrüstungen erhielten eine besonders wertvolle Dekoration, nämlich vier Stuckreliefs mit Darstellungen der Evangelisten. Zwischen Pilastern mit wirkungsvoll gebauchten Sockeln lagern auf dem Gesims Lukas und Matthäus (Nordseite), sowie Johannes und Markus (Südseite) mit ihren Attributen Stier, Engel, Adler und Löwe. Die Füße der Evangelisten, ein Bein des Stieres und Teile der wallenden Gewänder und wehenden Umhänge ragen über die begrenzende Sockelkante hinaus, wodurch eine spontane, flott komponierte Wirkung von den Reliefs ausgeht. Die Evangelisten, die in ihren Büchern schreibend oder meditierend wiedergegeben sind, haben die für Dominikus Zimmermann typischen hohen und breiten Stirnpartien, lockigen Haare und weich fallenden Gewänder. Sie wirken unverkrampft, locker und beinahe lässig.³⁸²

Zwei weitere Stuckreliefs sind an der Brüstung der Orgelempore angebracht. Diese wird durch Pilaster, von denen einige auf

Abb. 131

Abb. 107 und 108
Die Evangelisten Johannes und Markus mit ihren Attributen Adler und Löwe. Stuckreliefs von Dominikus Zimmermann (1685–1766) an der südlichen Galeriebrüstung im Presbyterium der Klosterkirche. 1722.

Abb. 92

dekorativen Volutensockeln stehen, in sieben Felder geteilt. Die Reliefs, welche die mit vielfältiger christlicher Symbolik belegten Vögel Adler und Pelikan abbilden, flankieren das Mittelfeld. Für die Volutengebilde in den Zwickeln der Emporenarkaden gibt es sehr ähnliche Vergleichsbeispiele an der Westempore in Maria Medingen.

Stuckreliefs sind bei Dominikus Zimmermann nicht selten. Schon in seinem Frühwerk im thurgauischen Benediktinerkloster Fischingen (Arkadenstuck in der Iddakapelle, 1707 ff.) trifft man sie an. Auch die Kartause Buxheim besitzt solche liebenswerten gegenständlichen Darstellungen von Personen, Landschaften, Pflanzen, Architekturen oder Genreszenen, ebenso wie der Neresheimer Festsaal, die Landsberger Rathausfassade und das Siessener Refektorium.

Bevor wir zu einer abschließenden Würdigung von Zimmermanns Leistung in Wörishofen kommen, soll noch eines der in der Klosterrechnung genannten „*Nebengebäu*" in die Betrachtung miteinbezogen werden, da es mehrere mit der Klosterausstattung zeitgleiche und sehr qualitätvolle Stuckdecken besitzt. Das Anwesen Klosterhof 6 war das einstige Amtshaus des Augsburger Klosters Sankt Katharina, welches die Herrschaftsrechte über Wörishofen besaß. Die älteste Darstellung des Gebäudes ist auf einer Ansicht Wörishofens aus der Zeit um 1600 zu sehen. Zwischen 1605 und 1628 wurde dem Amtshaus, in dem ursprünglich der Amtmann oder Pfleger wohnte, westlich ein neuer Bau angefügt. Seit dieser Zeit sprach man im Ort vom „*Schlößchen*", wobei der Neubau als „*Vorderes*" Schlößchen, das ältere Amtshaus als „*Hinteres*" Schlößchen bezeichnet wurde. Vor dem Komplex lag der von einer Mauer umgebene Schloßhof, in dem mehrere Gebäude, wie Zehentstadel, Scheunen, Getreidespeicher und Wohnungen von Bediensteten lagen. Der Schloßhof wurde schließlich Bauplatz für das Dominikanerinnenkloster. Als dessen Bauarbeiten 1719 begannen, zog als Oberaufseher der damalige Ordensprovinzial Pater Andreas Roth, der gleichzeitig auch Beichtvater der Dominikanerinnen war, in das Hintere Schlößchen. Er nahm an dem Gebäude eingreifende Veränderungen vor. Baumeister Franz Beer erhielt „*für die im schloss geänderte Zimmer*" 1014 Gulden 43 Kreuzer, Dominikus Zimmermann „*für die Kirchen und Ne-

Abb. 43

bengebäu*" 832 Gulden 50 Kreuzer.[383] Im Saal des Provinzialats fand am 12. September 1723 das große Festbankett anläßlich der Kirchenweihe statt, an dem auch der Augsburger Weihbischof teilnahm. In diesem Hause verfaßte Pater Andreas Roth die Klosterchronik. Nach seinem Tod am 23. Januar 1735 wurde das Anwesen Gast- und Priesterhaus des Klosters. Seit 1854 in Besitz der alteingesessenen Wörishofener Familie Waibl, erfolgte 1982/1983 die Renovierung und seit 1987 die sukzessive Freilegung der bis zu achtzehnmal überstrichenen Stuckdecken, die sich seither in den leuchtenden Farben Rot, Grün und Gelb präsentieren.[384] Die schönste und am aufwendigsten gestaltete Stuckdecke wurde dem ehemaligen Saal im Obergeschoß des Hauses zugedacht, der leider nicht mehr seine volle Ausdehnung besitzt, sondern durch eine Zwischenwand um ein Drittel verkürzt wurde. In der Mittelachse der Spiegeldecke befinden sich drei mit geschwungenen Profilrahmen umgebene Felder. Sie enthalten das Marienmonogramm, das IHS-Zeichen sowie die hebräischen Buchstaben für „*Adonai*", dem alttestamentlichen Namen Gottes. In allen drei Feldern beleben Wolken mit geflügelten Engelsköpfchen die Flächen; das Mittelfeld mit dem Jesusmonogramm zeigt zusätzlich – analog zum Sommerrefektorium – ein Kreuz und ein mit einer Dornenkrone umwundenes Herz mit der Seitenwunde und drei Nägeln. Dieses vierpaßförmige Mittelfeld bildet das Zentrum einer überaus reichen Gitterwerkornamentik (vergleiche das Chorgewölbe in der Pfarrkirche zu Buxheim), zu welcher sich in den Diagonalen die beliebten vertieften Herzfelder gesellen. Die Hohlkehle betonte Zimmermann mit einem sehr modernen, zukunftsweisenden Motiv, indem er mittels Lisenen und waagrecht daraufliegenden Profilleisten ein Balkongeländer andeutete, welches die unmittelbare Vorstufe zu den Balustraden in der Wallfahrtskirche Steinhausen darstellt.

Der Einfluß Johann Baptist Zimmermanns auf seinen Bruder Dominikus, der in der Wörishofener Klosterkirche noch „*ferne*" war,[385] ist im Hinteren Schlößchen deutlich spürbar geworden. Das Gitterwerk, das in der Klosterkirche noch keine große Rolle spielte, erlangt nun, 1723, eine solche Bedeutung, daß es das bisher dominierende Bandwerk und die damit verbundenen vegetabilen

130

Motive fast gänzlich verdrängt. Diese Entwicklung erreicht in Buxheim (Pfarrkirche) und in Siessen (Klosterkirche) ihren Höhepunkt – Raumschöpfungen, die dem vollentwickelten Frührokoko zuzuordnen sind.

Erschienen uns die Medingener Stukkaturen noch sehr kraftvoll und durch ihr Volumen raumgreifend – Zimmermann verwendete hier zum letzten Mal Akanthusranken barocken Zuschnitts –, so gibt sich der Wörishofener Kirchenstuck bewegter und geschmeidiger. Beide Stuckausstattungen *„sind origineller und phantasievoller als ähnliche Dekorationen Johann Baptist Zimmermanns in Freising oder Ottobeuren"*.[386] Johann Baptist setzte zu jener Zeit das reine Bandwerk nur äußerst selten ein, während es bei Dominikus schon an der Fassade des Landsberger Rathauses zum bestimmenden Dekorationselement wurde. Ab 1720 ungefähr wendete sich das Blatt. Als Johann Baptist Zimmermann unter dem Einfluß des Münchner Hofbaumeisters Joseph Effner einen neuen Dekorationsstil entwickelte, der weniger vom Bandwerk bestimmt war, sondern mehr von Gitterflächen, Rosetten- und Sternenfeldern, hatte dies Rückwirkungen auf die Stukkaturen Dominikus Zimmermanns in der zweiten Hälfte der 1720er Jahre. *„Trotz dieser motivischen Einflüsse, die den Formenschatz Dominikus Zimmermanns dem Leitbild der Münchner Stilentwicklung anglichen, handelt es sich hier nicht um bloße Nachahmungen. Dominikus Zimmermann gab nie seine Eigenart preis, die sich immer durch originelle Abweichungen, häufig auch Umwandlungen ins Rustikale von der Feinformigkeit und Eleganz der durch Johann Baptist vermittelten höfischen Vorbilder unterschied"*.[387]

*Abb. 109
Stuckdecke (Ausschnitt) in der Kirche des Dominikanerinnenklosters Bad Wörishofen. Stuck von Dominikus Zimmermann (1685–1766). 1722/1723.*

Die Fresken in der Klosterkirche und im Schwesternchor

GEORG PAULA

Als Johann Baptist Zimmermann (1680–1758) im Jahre 1722 mit der Ausmalung der Wörishofener Klosterkirche begann, war er in geistlichen wie weltlichen Kreisen bereits ein anerkannter Künstler, der auf eine stattliche Reihe meist recht umfangreicher Aufträge zurückblicken konnte.[388] Den bescheidenen, frühen Deckenbildern in Gosseltshausen (1701) und Markt Rettenbach (1707) waren schon bald vielteilige Zyklen in den Kirchen und Klöstern von Buxheim (1709 ff.), Schliersee (1714), Ottobeuren (1714 ff.) und Freising (1716) gefolgt, die er mit erstaunlicher Routine bewältigt hatte. Während man den Freskanten Zimmermann in seiner frühen Schaffenszeit fast ausschließlich im sakralen Bereich vorfinden kann, war dem Stukkator Zimmermann gar die Ehre zuteil geworden, ab 1720 im Auftrag des bayerischen Kurfürsten Max Emanuel (reg. 1679–1726) an der Ausstattung des Neuen Schlosses in Schleißheim mitwirken zu dürfen – ein eindeutiger Beleg dafür, welchen Rang er inzwischen unter den gewiß nicht wenigen Stuckkünstlern im süddeutschen Raum einnahm.

Maßgeblich für die Berufung nach Wörishofen dürften Zimmermanns Arbeiten in Maria Medingen bei Dillingen an der Donau gewesen sein, wo er – und damit seien auch schon die wichtigsten Parallelen angesprochen – 1718/1719 in der Klosterkirche der Dominikanerinnen eine Fülle großer und kleiner Bildfelder an Gewölben und Empore mit Szenen aus dem Alten und Neuen Testament sowie mit ordensbezogenen Darstellungen gefüllt hatte und wo ihm wie schon in Buxheim sein um fünf Jahre jüngerer Bruder Dominikus (1685–1766) als Stukkator kongenial zur Seite gestanden war.

Nachdem zum Wörishofener Auftrag keinerlei Kontrakte erhalten sind, mutet es angesichts des damals schon überregional gefestigten Rufs des Brüderpaares etwas merkwürdig an, daß sie weder in der Kostenaufstellung, die Pater Andreas Roth in seiner Chronik überliefert,[389] noch in den Abrechnungen des zuständigen Katharinenklosters[390] in Augsburg namentlich erwähnt werden. Übereinstimmend heißt es für Johann Baptist Zimmermann lapidar: „... *dem fresco mahler, dessen Herrn* (= des Stukkators) *bruedern für alle gemähl im Chor, Kirchen und Einsidler Capell seind bezahlt worden 500 fl*". Dennoch ist seine Autorschaft, zumindest was die Hauptszenen im westlichen Abschnitt der Kirche betrifft, unbestreitbar, denn einerseits befindet sich seine Signatur „*Joh. Zimmermann pinxit Anno 1723*" im Fresko über dem Hochaltar,[391] andererseits berichtet auch Pater Roth selbst, daß 1722 „*das Kirchengebäu in würcklicher arbeit stunde, so wohl unter der hand und Direction des Maurer Meisters, als auch der beyden gebrueder Herrn Stockodors Dominici und Herrn Joan Zimmermann als Fresco Mahlers*" und daß deren „*arbeits belohnung*" der oben erwähnten Kostenaufstellung zu entnehmen sei.

Wie in Maria Medingen hatte Dominikus Zimmermann an der korbbogigen Stichkappentonne, die den langgestreckten Rechteckraum überwölbt, insgesamt 27 unterschiedlich große Felder kreisrunden, hochovalen, kartuschenförmigen oder querrechteckigen Formats für ein genau ausgearbeitetes Freskenprogramm ausgespart. Der Zyklus, der ohne Ausnahme Bezug auf das Leben Mariens, ihre Freuden und Leiden, ihr Wirken zum Wohle der Menschheit und ihr himmlisches Dasein als Königin der Engel nimmt, beginnt damaligen ikonologischen Gepflogenheiten entsprechend im Osten und entwickelt sich der zentralen Achse folgend – die Zwickelbilder sind lediglich als ergänzendes bzw. umschließendes Beiwerk gedacht – nach Westen, wo er im Engelskonzert über der Orgelempore seinen musikalischen Abschluß findet. Daß ausgerechnet am Ostende des Schwesternchors in einem rechteckigen Halbfeld Sankt Georg als Retter der lybischen Königstochter[392] dargestellt ist, wird daraus erklärbar, daß seit dem späten Mittelalter Bezüge zwischen

*Abb. 110
„Dominikanerhimmel". Fresko von Johann Baptist Zimmermann (1680–1758) über dem Hochaltar in der Kirche des Dominikanerinnenklosters Bad Wörishofen. 1723.*

Abb. 121

Abb. 111
Der Engel ermahnt den schlafenden Joseph, Maria nicht zu verlassen. Fresko von Jacob Carl Stauder (1694–1756) in der Kirche des Dominikanerinnenklosters Bad Wörishofen. 1721.

dem tapferen Ritter und dem Erzengel Michael, den wir im westlichen Teil der Kirche wiederfinden, hergestellt worden waren. Beide galten stets als „*defensor Mariae*", der eine auf Erden, der andere im Himmel, beide wurden von Anfang an mit jenem Offenbarungsgeschehen in Verbindung gebracht, in dem der Widersacher Gottes in Gestalt eines scheußlichen Drachens das Weib, das „*mit der Sonne umkleidet, den Mond unter den Füßen und auf dem Haupt eine Krone von zwölf Sternen*" am Himmel erschienen ist, vernichten will und dabei von Michael in die Tiefe gestürzt wird.[395] Analog dazu ist auch Georgs Drache als Feind des Göttlichen und die hilfesuchende Königstochter als irdische Stellvertreterin der Gottesmutter zu sehen.[394]

Auf diesen lebhaften Auftakt folgen in zwei großformatigen Rechtecken mit der Ermahnung eines Engels an den schlafenden Joseph, Maria nicht zu verlassen,[395] und mit der Verkündigung Mariens[396] zwei ruhigere, beschauliche Szenen. Sie flankieren ein monochromes Medaillon, das sich bisher einer klaren Auslegung entzogen hat.[397] Es zeigt den Jesusknaben auf seinem Monogramm, den Buchstaben IHS, stehend, das von zwei Mönchen gestützt wird. Zu deren Identifizierung könnte ein in der Mitte auf den Wolken ruhender Putto beitragen, der in der Linken ein brennendes Herz als Hinweis auf den heiligen Vinzenz Ferrer und in der Beuge des rechten Arms Kreuz und Stab, die Attribute Bernhards von Clairvaux, hält. Ebenso wenig eindeutig zu bestimmen war das östliche Rundbild, in dem die Muttergottes zu einem Sterbenden – ob Nonne[398] oder Mönch[399] ist nicht zu entscheiden – die Worte „Tecum sum" spricht. Das westliche Gegenstück indessen interpretierte man als heilige Agnes von Montepulciano, auf die es Manna in Form von Kreuzen regnet.[400] In dem daran anschließenden Feld, das als westlicher Abschluß des Schwesternchores gedacht ist, sitzt Sankt Alexius lesend neben der Treppe seines vornehmen Elternhauses.[401] Die rechte Bildhälfte nimmt eine weite, hügelige Landschaft ein, in der er als Pilger ein zweites Mal vor einer Kapelle betend zu sehen ist.[402] Thema und Situierung über dem Altar an der Rückseite des Hochaltars sind als Hinweise zu werten, daß die Schwestern hier alljährlich am Vorabend

Abb. 221

*Abb. 112
Die Verkündigung an Maria. Fresko von Jacob Carl Stauder (1694–1756) in der Kirche des Dominikanerinnenklosters Bad Wörishofen. 1721.*

des 17. Juli den Heiligen durch eine besondere Litanei ehrten.[403]

An dieser Stelle ist eine deutliche Zäsur zu beobachten. Spielten sich bisher alle Episoden in irdischen Bereichen ab, so wechselt das Programm nun in himmlische Sphären. Entgegen der Ausrichtung der Alexiusszene markiert das flächenmäßig größte, kreisrunde Bild nicht nur die Mitte des Gotteshauses, sondern es manifestiert auch den Hochaltar als den für die Geistlichkeit wie den Gläubigen in gleichem Maße relevanten Ort innerhalb der Kirche. In der oberen Hälfte ziehen rahmenübergreifend teils gemalte, teils stuckierte Putten eine schwere Vorhangdraperie zur Seite und geben den Blick auf Maria frei, die mit sternenumkränztem Haupt in der Mitte thront und gerade in eine gestenreiche Unterhaltung mit dem neben ihr knienden heiligen Dominikus vertieft ist. Sie nimmt daher kaum die muntere Versammlung von Heiligen wahr, die sich auf den Wolkenbänken seitlich und unter ihr niedergelassen haben. Obwohl es sich fast ausschließlich um Ordensangehörige handelt, ist nicht jeder Einzelne durch Attribute zweifelsfrei zu bestimmen.[404] Die optisch herausragende Figur unterhalb der Zweiergruppe ist Thomas von Aquin mit der Strahlensonne auf der Brust und einem kleinen Engel, der sein Buch hält. Daneben spricht wohl Heinrich von Seuse den Segen und blickt dabei auf den Engel vor ihm, der eine dicke Blumengirlande offeriert, und am linken Rand betrachtet der Amerikamissionar Ludwig Bertrand hingebungsvoll die in ein Kruzifix verwandelte Pistole in seinen Händen, mit der ihn ein Meuchelmörder zu töten versucht hatte.[405] In der darüber angeordneten, ausschließlich aus Schwestern bestehenden Gruppe sind vor allem die heilige Katharina von Siena an der Kombination von Lilie, Herz und Dornenkrone und die zu ihr aufblickende heilige Agnes von Montepulciano mit dem Lamm[406] zu erkennen. Alle anderen können trotz mancher Attribute wie Kreuz, Krone und Palmzweigen nicht sicher benannt werden, selbst die Nonne hinter Dominikus, die mit spitzen Fingern das Ulrichskreuz hochhält, bleibt ein Rätsel. Ähnlich verhält es sich bei der Frauenschar auf der anderen Seite, in der lediglich die große Mystikerin Theresia von Avila anhand des brennenden Herzens und des Engels mit

Abb. 113
Anbetung der Hirten.
Fresko in der Kirche des
Dominikanerinnenklosters
Bad Wörishofen. 1723.

Abb. 114
Der Dominikanerpapst
Pius V. (reg. 1566–1572)
betet während der See-
schlacht von Lepanto 1571
den Rosenkranz.
Fresko in der Kirche des
Dominikanerinnenklosters
Bad Wörishofen. 1723.

Abb. 115
Die Darbringung Christi
im Tempel.
Fresko in der Kirche des
Dominikanerinnenklosters
Bad Wörishofen. 1723.

Zur Frage des Freskanten
siehe die Ausführungen
S. 137 ff.

dem Pfeil eindeutig zu identifizieren ist.[407] Weniger problematisch erscheint die gemischte Gesellschaft darunter. Ganz rechts umklammert die rosenumkränzte heilige Rosa von Lima ein Rosenbündel, in dem das unbekleidete Jesuskind steht.[408] Zu ihr wendet sich mit belehrendem Gestus ein Bischof, vermutlich der Bistumspatron Sankt Ulrich um, zu dessen Rechten Hieronymus vergeistigt aus dem Bild herausblickt. Dieser bildet den Auftakt für die Reihe der lateinischen Kirchenväter, Papst Sixtus, Ambrosius und Augustinus,[409] die den himmlischen Reigen schließen.

Obgleich dem Rund stimmig eingeschrieben und auch als eigenständiges Thema zu verstehen, setzt sich das überirdische Szenarium mit den puttenbesetzten Wolken in dem schmalen Feld westlich des Chorbogens fort und kulminiert schließlich in der alles überhöhenden Darstellung der Heiligsten Dreifaltigkeit, unter deren besonderen Schutz der soeben beschriebene Heiligenkonvent steht.[410] Dem farbenprächtigen Querrechteck zugeordnet sind erneut monochrom gemalte Tondi mit Szenen aus der Vita des heiligen Dominikus: Westlich sein Gebet 1213 während der Albigenserschlacht von Muret[411] und östlich seine Todesahnung auf der Anhöhe von Madonna di San Luca im Süden von Bologna.[412] Bei den drei restlichen Deckenbildern dreht die Ansichtigkeit erneut. Der schon erwähnte Engelssturz durch den heiligen Michael und das von der Orgel weitgehend verdeckte Engelskonzert flankieren ein letztes monochromes Bild mit dem Dominikanerpapst Pius V., der während der legendären Seeschlacht von Lepanto 1571 den Rosenkranz betet.[413]

Diese thematisch zunächst doch recht different erscheinenden, erst in der Gesamtschau in einen übergeordneten Zusammenhang zu bringenden Darstellungen werden in den Stichkappen von Episoden aus dem Marienleben und der Passion Christi umringt, die primär Rosenkranzgeheimnisse wiedergeben. Dabei verläuft die Reihung entgegen dem Zug der Mittelachse von Westen nach Osten und springt jochweise. Der Zyklus beginnt in der Südwestecke mit der Heimsuchung[414] und setzt sich in der Nordwestecke mit der Anbetung der Hirten[415] fort. Entgegen dieser Ausrichtung folgen alle anderen Szenen, von der Darbringung im Tempel[416] und dem Disput des zwölfjährigen

Jesus mit den Schriftgelehrten[417] über Christus am Ölberg,[418] seine Verspottung,[419] Kreuztragung,[420] Kreuzigung,[421] Auferstehung[422] und Himmelfahrt[423] bis zum Pfingstwunder[424] sowie der Himmelfahrt[425] und Krönung Mariens[426] einheitlich wechselnd von Norden nach Süden.

In einige Darstellungen sind Zitate aus älteren, bekannten Werken bayerischer oder in Bayern arbeitender Maler und Freskanten eingeflossen.[427] Johann Carl Loths Schutzengelbild beispielsweise, das der Tegernseer Abt Bernhard Wenzl (reg. 1673–1700) nach der Gründung der bayerischen Benediktinerkongregation 1686 in Auftrag gegeben hatte und das später vielfach kopiert wurde, diente nicht nur für die Haltung Gottvaters im Trinitätsfresko als Vorbild, sondern auch für mehrere Details im Engelssturz. So entspricht dort der erzürnte Michael dem belehrenden Schutzengel in der Beugung des Rumpfes und im Kontrapost, der kraftvoll zustoßende Engel mit dem Kreuzstab jenem Engel, der mit dem Flammenschwert weit ausholt, und die nackte männliche Gestalt, die aus dem Bild herauszustürzen droht, dem Verdammten in der rechten unteren Ecke des Gemäldes. Außerdem erinnert die Marienkrönung in der Kartusche der südöstlichen Stichkappe an Hans von Aachens Altarblatt in der Bartholomäuskapelle von Sankt Ulrich und Afra zu Augsburg (um 1598). Überhaupt ist anzumerken, daß die meisten Zwickelbilder offenbar nach Zeichnungen oder Stichen entstanden sind, derer sich zuvor auch schon ein Georg Asam in Benediktbeuern (1683 ff.) bzw. Tegernsee (1688 ff.) und ein Johann Georg Bergmüller in Kreuzpullach (1710) bedient haben.

Eine stilistische Untersuchung der Fresken ergibt zweifelsfrei, daß hier mehrere Hände am Werke waren. Da ist einmal in den Hauptfeldern über Langhaus und Chor der Laienkirche Zimmermann selbst, der im Facettenreichtum der Gewandflächen, im Brechen und Falten der Stoffbahnen mittels unterschiedlicher Helligkeitswerte immer wieder den gelernten Reliefplastiker durchblicken läßt. Bezeichnend ist für ihn in jener Schaffensphase, daß er seine Kompositionen durchwegs einansichtig anlegt und dabei markante Einzelmotive in eine flache, aus unterschiedlichen Komponenten wie verschatteten Figuren, Wolken oder blauem

Abb. 116
Christus am Ölberg.
Fresko in der Kirche des Dominikanerinnenklosters Bad Wörishofen. 1723.

Abb. 117
Der Jesusknabe steht auf den Buchstaben I H S.
Fresko in der Kirche des Dominikanerinnenklosters Bad Wörishofen. 1723.

Abb. 118
Der zwölfjährige Jesusknabe disputiert mit den Schriftgelehrten.
Fresko in der Kirche des Dominikanerinnenklosters Bad Wörishofen. 1723.

Zur Frage des Freskanten der Abb. siehe die Ausführungen auf S. 137 ff.

*Abb. 119
Die Heilige Dreifaltigkeit.
Fresko von Johann Baptist
Zimmermann (1680–1758)
in der Kirche des Dominikanerinnenklosters Bad Wörishofen. 1723.*

Himmel zusammengesetzte Hintergrundsfolie einbettet. Dadurch entsteht ein in sich ruhendes Bildkontinuum, das den umschließenden Rahmen nur stellenweise verläßt. Das Übergreifen, das „*Verklammern*" mit dem Gewölbe, geschieht durch plastische Elemente, das heißt in Form einer Draperie, eines Puttos und gar nur eines Fußes oder Arms, und ist folglich allein dem Stukkator, also seinem Bruder Dominikus, vorbehalten, wodurch das Deckenbild gleich dem Stuck an das Gewölbe angebracht erscheint und streng genommen als farbiger Teil der Gesamtdekoration aufgefaßt wird. Ähnliches trifft auf den Kranz der Kartuschenfresken zu, die allerdings in ihrer Abhängigkeit von älteren Vorlagen eine individuelle Handschrift kaum erkennen lassen und somit am ehesten als Gehilfenarbeiten einzustufen sind.

Völlig anders verhält es sich bei den Bildern über dem Nonnenchor, die auf einen ersten Blick ohne direkten Zusammenhang lose aneinandergereiht wirken. Weder die beiden aus unterschiedlichen architektonischen Versatzstücken aufgebauten häuslichen Szenen, noch die in weite Landschaften verlegten Halbfelder haben etwas mit Zimmermann zu tun, dafür sind sie in der Komposition zu bieder und im Kolorit zu plakativ. Auch steht der anatomisch gelängte Aufbau der Figuren diametral zu seinen kompakten, innerlich wie äußerlich gefestigten Gestalten.

Merkwürdigerweise wurden die Wörishofener Arbeiten in der Literatur über Johann Baptist Zimmermann wenn überhaupt, dann nur peripher behandelt, allein Gisela Richter sah sich in ihren Ausführungen zu seinem frühen Schaffen gezwungen, näher darauf einzugehen. Gerade da die nicht eigenhändigen Fresken, anders als Zimmermanns Spätwerk in den fünfziger Jahren, bei denen er nachweislich in der Hauptsache als Entwerfer und Koordinator seiner Mitarbeiter fungierte, nur schwer einzuordnen waren, versuchte man diese Diskrepanz pauschal mit dem Begriff „*Gehilfenarbeiten*" zu überbrücken. Dieser Weg ist aber doch wohl ein wenig zu einfach, zumal damit eine ganze Reihe von Fragen unbeantwortet bleibt. Nimmt man also an, daß Zimmermann, wie schon angesprochen, die Medaillons und Kartuschen der Stichkappen wegen ihrer

*Abb. 120
Der Erzengel Michael stürzt Luzifer in die Verdammnis. Fresko von Johann Baptist Zimmermann (1680–1758) in der Kirche des Dominikanerinnenklosters Bad Wörishofen. 1723.*

sekundären Bedeutung seiner Werkstatt überlassen hat, wie ist dann aber zu erklären, daß er bei den Hauptszenen über dem Nonnenchor, die mit Sicherheit für ihn wie den Auftraggeber nicht weniger wichtig waren als jene in Chor und Langhaus, eine sichtbar schwerfälligere Handschrift duldete? Kann dies bei einem Arbeitsprozeß, der vermutlich analog den Themen von Osten nach Westen verlaufen ist, nicht besagen, daß mit der Ausmalung dieses Teils des Gotteshauses zunächst ein anderer Künstler beauftragt worden ist, daß ein Johann Baptist Zimmermann anfangs möglicherweise gar nicht zur Disposition bzw. aufgrund seiner zahlreichen anderweitigen Verpflichtungen nicht zur Verfügung gestanden hatte? Wo wäre dann aber ein Freskant zu suchen, in dessen Oeuvre und Biographie die Bilder passen?

Der Schlüssel hierzu könnte der leitende Architekt Franz II Beer von Bleichten (1660–1726) sein, zu dessen engeren Kreis Jacob Carl Stauder (1694–1756) gehörte, ein aus der Schweiz stammender junger Maler, der um 1715 seine Ausbildung in Augsburg vertiefte und sich 1716 in Konstanz niedergelassen hatte.[428] Beer kannte ihn von früher Jugend an und war ihm stets väterlicher Freund und einflußreicher Förderer mit besten Möglichkeiten, ihm manchen Auftrag zu verschaffen. Umgekehrt war Stauder für den Vorarlberger in den letzten Jahren seines Lebens ein Maler, der seine Vorstellungen genau kannte und sie willig in die Praxis umsetzte. *„Alles spricht dafür, daß die Zusammenarbeit zwischen dem herrisch selbstbewußten, temperamentvollen Architekten und dem nicht minder lebhaften, doch jovialen, gemütvollen Stauder reibungslos verlief. Indes, von einer wahrhaft schöpferischen Kollaboration im Hinblick auf ein barockes Gesamtkunstwerk kann kaum gesprochen werden. Von keinem der beiden kamen Impulse, die entschieden über das bloße Nebeneinander hinaus zu einem wahrhaft kreativen Miteinander geführt hätten. Für Beer, Baumeister durch und durch, stand das Primat der Architektur außer jedem Zweifel. Die Postulate des architektonischen Systems hatten vor allem Dekorativen den Vorrang. Die Malerei war gelittenes Dekor".*[429]

Genau dieser Vorstellung entspricht auch das Verhältnis von Architektur und Dekoration über dem Nonnenchor der Wörishofener Kirche. Der Freskant hat sich dem strengen Rhythmus der Jochteilung zu unterwerfen und muß sich mit genau eingegrenzten Flächen zufrieden geben, die als bunte Fixpunkte den Architekturkanon ablesbar machen bzw. hervorheben sollen. Bildübergreifende Motive sind ausgeschlossen, da die strikte Durchbildung des Gewölbes keine Deckengemälde duldete, *„die die klarbegrenzten Elemente wogend überspülen oder gar in stürmischer Bewegung rauschhaft steigern"*.[430] In jedem einzelnen Fresko ist die Bereitschaft des Malers zu spüren, sich den Bedingungen Beers zu unterwerfen, was ihm nicht allzu schwer gefallen sein dürfte, da die architektonischen Vorgaben bestens auf seine eigenen beschränkten Möglichkeiten zugeschnitten waren. Daß im Westteil der Kirche dann ein fortschrittlicheres Gestaltungsprinzip zur Anwendung kam, ist dem Durchsetzungsvermögen, der Eigenständigkeit der beiden Zimmermann zu verdanken. Dort stellt sich die Malerei nicht mehr ausschließlich in den Dienst der Architektur, sondern sie gliedert sich zusammen mit den Stukkaturen als raumkünstlerisches Element einer Gesamtstruktur ein und wird dadurch gleichberechtigter Teil eines (scheinbar) einheitlich durchgestalteten Raumbildes.

Eine Reihe von Aspekten deutet darauf hin, daß es sich bei unserem unbekannten Meister tatsächlich um Jacob Carl Stauder handeln könnte. Zunächst sind da jene den Vorstellungen des Architekten von einer Dominanz des Raumkontinuums entsprechenden Bilder mit einem additiv konstruierenden Aufbau, der aus den Gepflogenheiten des 17. Jahrhunderts heraus entwickelt ist und deshalb stark retrospektiv wirkt. Wie in Beers Klosterkirche des nahen Irsee, wo noch 1702/1704 ein benediktinischer Zyklus in Form von zahlreichen Leinwandbildern, die Pater Magnus Remy ausgeführt hat, in die Decke eingelassen wurde, besitzen auch in Wörishofen dezidiert ausgegrenzte, durch feste Stuckrahmen von den umgebenden Flächen isolierte Malfelder tafelbildhaften Charakter. Allerdings wird hier innerhalb des Rahmenwerks ein selbständiger Fiktionsraum konstruiert, der *„durch das Raffinement flexibler, ‚freier' Projektionsvorstellungen"*[431] nicht die Entrückung des Freskos, sondern die bewußte Einführung des Betrachters in einen Bildraum über dem Realraum zum Ziel hat. *„Die Loslösung geschieht ... dadurch, daß das Trennende zwischen dem Existenzraum des Beschauers und dem gemalten Illusionsraum „augenfällig" betont wird. Markant wird zwischen den beiden Konsistenzgraden unterschieden. Die rotbraune Färbung der Scheinarchitekturen ist in beabsichtigtem Kontrast gegen das kalkige Weiß der Umgebung ausgespielt"*.[432] Stauders Arbeiten in Weißenau (1719/1720) und Donauwörth (1720/1721) vergleichbar, sind auf Podesten von geringer räumlicher Tiefe vasenbekrönte Balustraden und Pilaster mit hohen Sockeln angeordnet, die, ergänzt durch Möbelstücke und ins Bild hereinwehende Vorhangdraperien, den Eindruck beschaulicher, häuslich-intimer Interieurs vermitteln. Vor diesem baumeisterlich konstruierten Hintergrund agieren die Figuren wie Protagonisten in einem Theaterstück und präsentieren sich nach der Regie des Malers am vordersten Bühnenrand. Dabei werden die heilsgeschichtlichen Begebenheiten nicht als visionäre Ereignisse hingestellt, sondern als stimmungsvolle theatralische Inszenierungen vor einer illusionistischen Kulisse.

Ein weiterer Anhaltspunkt sind die Figuren *„von ländlichem, handfestem Schlag"*,[433] die in weite voluminöse Gewänder gehüllt sind und eine schauspielhafte Gebärdensprache an den Tag legen. In ihnen *„bekundet sich des Malers humorige Fabulierlust, seine Vorliebe für volkstümliche, mit genrehaften Details angereicherte Schilderungen"*.[434] Eine ergänzende Parallele erschließt sich im Kolorit, das *„von saftiger, prunkender, sprunghaft unruhiger Buntheit"*[435] ist. Satte Lokalfarben herrschen vor, wobei warmes, teilweise nachgedunkeltes Rotbraun die architektonischen Versatzstücke lastend schwer macht.

Nimmt man aufgrund all der genannten Indizien an, daß die Fresken wirklich von Stauder stammen, wie ließen sie sich dann aber in sein Leben und Werk eingliedern? Seine frühesten Zyklen hat Stauder in den mächtigen, erneut von Beer errichteten Abteikirchen von Münsterlingen (1718/1719) und Weißenau (1719/1720) geschaffen, was auf eine Vermittlung des Architekten bei der Auftragsvergabe schließen läßt. Als im Herbst 1721 in Wörishofen die Ausmalung bevorstand, hatte er soeben die Arbeiten in der Heilig-Kreuz-Kirche zu Donauwörth abgeschlossen und stand für die nächste Aufgabe zu Verfügung.⁴³⁶■ Freilich dürfte er schon wesentlich früher durch seinen Förderer Beer, mit dem er ständigen Kontakt hatte, von dem Projekt gewußt haben. Er könnte aber auch noch von dritter Seite informiert worden sein, als er im April 1721 im nahen Ottobeuren weilte, um im Speise-„Salettl" eine Probe seines Könnens abzuliefern, und möglicherweise hat er bereits auf der Rückreise nach Donauwörth erste Gespräche in Wörishofen geführt. Mit Sicherheit war er den vor Ort Verantwortlichen kein Unbekannter mehr, zumal er 1718/1719 im thurgauischen Katharinental Malereien ausgeführt hatte, also in jenem Dominikanerinnenkloster, das nachweislich enge Beziehungen zum Augsburger Schwesterkonvent unterhielt und dessen Priorin Dominica Josepha von Rottenberg mit ihrem festen Willen zur strengen Observanz den Bau des Klosters in Wörishofen mitinitiiert hatte.⁴³⁷ Auch könnte Stauder bereits während seines Studienaufenthalts in Augsburg um das Jahr 1715 erste Kontakte mit den dortigen Dominikanerinnen im Hinblick auf etwaige spätere Aufträge aufgenommen haben. Nachdem sowohl das enge Beziehungsgeflecht als auch die zeitliche Werkfolge durchaus für Stauder sprechen, warum hinterließ er dann aber in Wörishofen einen Torso?

Hierfür mag es mehrere Gründe geben. Einerseits übertrugen ihm die Zisterzienser von Pielenhofen bei Regensburg 1721 mit der Ausmalung ihrer (wiederum von Beer errichteten) Kirche eine weitaus anspruchsvollere Aufgabe, die auch seinem Gestaltungswillen bedeutend mehr Freiraum ließ, andererseits hatte er 1720 Weißenau zugunsten seines Donauwörther Auftrags unvollendet hinterlassen (!) und sah sich deshalb genötigt, die Arbeiten 1722/1723 kontraktgemäß abzuschließen. Außerdem finden wir ihn in dieser Zeit in Überlingen, Münsterlingen und Ottobeuren, wo er bis 1724 im Kaisersaal sein herausragendes Opus schuf. Stauders Terminkalender war also so dicht gedrängt und die Wegstrecken zwischen den einzelnen Orten so beträchtlich, daß Wörishofen nur mehr schwer einzuplanen gewesen wäre. Dort suchte man, vielleicht aus Verärgerung über seinen plötzlichen Abgang, mit Sicherheit aber wegen des Zeitdrucks, einen adäquaten Ersatz und fand ihn in Johann Baptist Zimmermann, der mit den kurz zuvor fertiggestellten Fresken in Maria Medingen beste Präferenzen hatte. Daß er erst zu diesem Zeitpunkt seinen Bruder Dominikus mitgebracht hat, ist eher unwahrscheinlich. Einleuchtender erscheint vielmehr, daß Dominikus von Anfang an als Stukkator vorgesehen war und die Zwangslage dazu genutzt hat, um seinen Bruder nachzuholen. Für diesen bedeutete der Wörishofener Auftrag den Abschluß seines frühen Schaffens, denn bereits mit seinen nächsten Fresken im Bibliothekssaal des Benediktinerklosters Benediktbeuern 1724 beschritt er neue Wege.

*Abb. 121
Der heilige Georg erschlägt den Drachen und rettet dadurch die lybische Königstochter. Fresko von Jacob Carl Stauder (1694–1756) in der Kirche des Dominikanerinnenklosters Bad Wörishofen. 1721.*

Altäre, Kanzel, Kirchengestühl und Orgel in der Wörishofener Klosterkirche

Dagmar Dietrich

Zum herausragenden Kunstgut der Wörishofener Klosterkirche gehören die drei Altäre und die Kanzel in der Laienkirche. Sie sind in aufwendiger Weise mit Intarsien aus verschiedenen Hölzern und kostbaren Einlegearbeiten aus Metallen, Elfenbein und Horn – sogenannten Boullemarketerien – geschmückt und nehmen damit als kunsthandwerklich hervorragende Leistung in der Sakralkunst Bayerns einen besonderen Rang ein.[438]

Im Gefüge der Kirche mit ihrem schlichten einräumigen Gemeindesaal, dem nicht eingezogenen Chor und dem östlich an den Altarraum wiederum in gleicher Breite anschließenden Nonnenchor ist der Trias von Haupt- und Seitenaltären eine wichtige raumgliedernde Rolle zugewiesen. Sie sind als trennende und zugleich den Altarraum ausgrenzende Elemente zwischen die Laienkirche und den Nonnenchor einkomponiert, wobei die schräg gestellten Seitenaltäre gleichsam als Ersatz für den fehlenden Chorbogen den Altarraum einengen und mit ihren flach gehaltenen Säulenretabeln den Blick auf den reich instrumentierten Hochaltar leiten. Auch verdecken sie den Ansatz einer den Altarraum begleitenden Empore, die vom Nonnenchor aus zugänglich ist.

Untereinander sind die Altäre als dreiteilige Bild- und Schauwand aufeinander abgestimmt, indem die Seitenaltäre mit ihrer einfach gehaltenen Doppelsäulenarchitektur den tiefenräumlich gegliederten Hochaltar mit seiner jeweils dreifachen Säulenstellung gleichsam präludierend vorbereiten. Indem der puttenbesetzte Auszug des Hochaltars bis an die Decke reicht und sich hier aus dem Deckengemälde plastische Wolken herausschieben, werden Altar und Bildwelt der Decke in reizvoller Weise miteinander verbunden.

Der Kunstschreiner Valentin Zindter

Die Altargehäuse und auch die Kanzel an der Südwand des Kirchenschiffs, die in Wörishofen noch vor den Altargemälden und -figuren vorrangiges Interesse beanspruchen dürfen, sind das Werk des Valentin Zindter (Zündter),[439] den der Wörishofener Klosterchronist Pater Andreas Roth als den Kistler der Kirche verzeichnet.[440] Aus der Werkstatt des Kunsthandwerkers kamen auch das Beicht- und Laiengestühl und die beiden verlorengegangenen Orgelgehäuse; weiterhin lieferte der Kistler sicher auch das Chorgestühl im Nonnenchor, die Einrichtung der Sakristei und fertigte diverse Türen für die Sakralräume. Weiterhin sind intarsiengeschmückte Reliquienpyramiden und -kästen, Bilderrahmen u. a., die sich im Besitz des Klosters erhalten haben, wegen ihrer handwerklich vergleichbaren Ausführung dem Valentin Zindter und seinen Mitarbeitern zuzuweisen.

In seiner erwähnten Klosterchronik teilt Andreas Roth mit, daß es sich bei dem Kunstschreiner um den *„brueder Valentino, einen Conventualen des Convents Prediger Ordens zu Augsburg"* – das heißt einen Laienbruder des Augsburger Dominikanerklosters Sankt Magdalena – handelte, welcher *„der nation nach ein Schwabe"* war.[441] Man nimmt daher sicher zurecht an, daß Valentin Zindter sein Handwerk als Kistler bei einem der führenden Augsburger Kunstschreiner erlernte und dort auch in der für wertvolles Mobiliar zeittypischen Kunst der Boulletechniken geschult wurde.[442] Zindters Geburts- und Todesjahr sind bisher nicht bekannt. Aus den überlieferten Lebensdaten läßt sich schließen, daß er vermutlich in den späten achtziger oder frühen neunziger Jahren des 17. Jahrhunderts geboren wurde und ein relativ hohes Alter erreichte. Mit seinem ersten, bisher bekannt gewordenen Auftrag, der zwischen etwa 1717 und August 1721 zumindest in wesentlichen Teilen gefertigten Ausstattung für die Klosterkirche des Dominikanerklosters Obermedlingen im Landkreis Dillingen an der Donau, tritt Zindter bereits als routinierter Kunsthandwerker in Erscheinung, der seine Ausbil-

◁ *Abb. 122*
Papst Pius V. (reg. 1566–1572). Skulptur am Hochaltar in der Kirche des Dominikanerinnenklosters Bad Wörishofen. Künstler nicht bekannt. 1723

Abb. 123
Der heilige Benedikt († 547).
Öl auf Leinwand. Originaler Rahmen. Maler nicht bekannt. 130 cm × 92 cm (mit Rahmen).
1. Drittel 18. Jahrhundert. Kirche des Dominikanerinnenklosters Bad Wörishofen.

dungszeit längst abgeschlossen hatte und zudem inzwischen genügend Erfahrung besaß, um in der dortigen Klosterschreinerei einem sicher umfangreichen Werkstattbetrieb vorstehen zu können.[443]

Unmittelbar anschließend an den großen Auftrag für Obermedlingen wirkte Bruder Valentin wohl von 1721 bis 1723/24 im Kloster Wörishofen, wohin ihn das Augsburger Dominikanerinnenkloster Sankt Katharina als Mutterkloster der Wörishofener Niederlassung vermittelt hatte. Auch im Anschluß an Wörishofen arbeitete Zindter hauptsächlich im Auftrag seines Ordens; so in der Pfarrkirche Sankt Peter und Paul in Kirchheim an der Mindel, die der Dominikanerniederlassung angegliedert war.[444] Später führten ihn Ordensverbindungen nach Landshut, wo ihm aufgrund stilistischer und technischer Merkmale das um 1747/1749 oder wenig später entstandene Chorgestühl der Dominikanerklosterkirche Sankt Blasius zugeschrieben wird.[445] Valentin Zindters bekannte Schaffenszeit umfaßte mehr als 45 Jahre, denn auch noch in den sechziger Jahren ist sein Name in den Archivalien der Landshuter Niederlassung verzeichnet – ein letztes Mal im Jahr 1767.[446] Außerhalb des Ordens wurde der Kunstschreiner – soweit bisher bekannt – lediglich von der bedeutenden, alten, reichsunmittelbaren Zisterzienserabtei Kaisheim in Anspruch genommen. Hier hatte er vermutlich ab 1726 im Auftrag des in Kunstdingen höchst anspruchsvollen Abtes Rogerius II. Friesl (reg. 1723–1739) und vielleicht auch noch unter dessen Nachfolger Cölestin I. Mermos (reg. 1739–1771) die prächtige Einrichtung der Klosterbibliothek zu fertigen.[447] Der Kaisheimer Auftrag schloß sich sicher an die von Valentin Zindter geschaffene Bibliothekseinrichtung des Klosters Obermedlingen an, deren Qualität die Zisterzienseräbte des nicht weit entfernten Klosters Kaisheim beeindruckt haben dürfte.

Zindters in mehr als vier Jahrzehnten entstandenes Werk bewegt sich stets auf höchstem kunsthandwerklichem Niveau; es zeigt zudem, daß sich der Kunstschreiner während dieser langen Periode in seinen Entwürfen offenbar verschiedensten Einflüssen öffnete und stets zu Stilanpassungen fähig war.[448]

Zur Wörishofener Tätigkeit des Dominikanerlaienbruders haben sich wenige zeitgenössische Mitteilungen erhalten. So berichtete der Klosterchronist anläßlich der Kircheneinweihung, daß „*brueder Valentin ... das ganze werck der orglen, der Altären, und was von schreiner arbeit ist verfertiget worden, mit beyhilf von ihme wohl unterrichteter bey 16 oder 17 schreiner gesellen dirigirt, und in so herrlichen stand gesetzt ...*" habe.[449] Dies geschah offenbar zur völligen Zufriedenheit der klösterlichen Auftraggeber, denn am Tag der Einweihungsfeierlichkeiten lud man Bruder Valentin wohl als Auszeichnung für seine Leistungen als „*aufwarther zur tisch zeit*".[450] Die Notiz belegt, daß die Kirchenausstattung, soweit man diese für die Feier der Liturgie unbedingt benötigte, zur Einweihung des Gotteshauses am 23. September 1723 bereits im Kirchenraum aufgestellt war; lediglich kleinere Ausstattungsarbeiten dürften auch noch nach 1723 für Zindter und seine Gehilfen angefallen sein.[451] Die Entstehung der Altäre fällt demnach in den knapp bemessenen Zeitraum zwischen dem zumindest vorläufigen Abschluß des Obermedlingener Auftrags im August 1721[452] und dem Wörishofener Weihefest vom Frühherbst 1723. Die Aufbereitung der vom Sägmüller geschnittenen Furniere,[453] das zum Teil komplizierte Zurichten der übrigen, für die Intarsienarbeiten und Boullemarketerien benötigten Materialien und ihre weitere Verarbeitung waren überaus zeitaufwendig, so daß sie in diesen knapp zwei Jahren wohl nur mit Hilfe einer gut eingespielten, wahrscheinlich von Obermedlingen übernommenen Werkstatt zu leisten war. Als Ausgaben für diesen Betrieb verzeichnet die Klosterchronik außerordentlich hohe Beträge. An die „*schreiner gesellen mit ihrem Meister, welche im tag oder wochenlohn gearbeitet hatten, welche zuweilen 17 oder 18 Persohnen gewesen seind ...*"[454] wurden 2437 Gulden 49 Kreuzer ausbezahlt. Da Laienbruder Valentin selbst als Ordensangehöriger kostenlos arbeitete, ging der Lohn ausschließlich an die von außen beigezogenen Gesellen. Hinzu kamen die gesonderten Ausgaben für Bildhauer- und Schlosserarbeiten sowie für die Vergoldung samt Material von 2125 Gulden 15 Kreuzer für die vier Altäre und 977 Gulden, 53 Kreuzer für Kanzel und Orgel.

Daß Valentin Zindter sich im zünftisch noch streng organisierten frühen 18. Jahrhundert auf einen solch umfangreichen Mitarbeiterstab stützen konnte, verdankte er seiner Sonderstellung als Kunsthandwerker eines Klosters, denn nur die Künstler und Kunsthandwerker an Fürstenhöfen oder in geistlichen Konventen waren zunftbefreit und somit nicht an die einengenden bürgerlichen Zunftordnungen gebunden, die in der Regel jedem Meister nur eine begrenzte Zahl von Werkstattangehörigen – darunter höchstens zwei oder drei Gesellen – zubilligten.

Weitere Hilfe erhielt Zindter auch von *„hiesigen Schreinern"* und einem Schlosser, das heißt von ortsansässigen Handwerkern, die wohl für das grobe Zurichten der Holzaufbauten eingesetzt wurden beziehungsweise die erforderlichen Eisenarmierungen herstellten.

Ungeklärt ist, ob der Kistler Valentin Zindter auch die Entwürfe zu seinen Altären und der Kanzel lieferte. Der Hochaltar, dessen Grundaufbau weitgehend den herkömmlichen Regeln der Architektur entspricht, dürfte wohl auf die Umsetzung und Überarbeitung eines von anderer Hand vorgegebenen Entwurfsmodells zurückzuführen sein. Die Seitenaltäre und die Kanzel dagegen gehen wohl auf Zindter zurück; sie erweisen sich weit stärker als Entwurfsarbeiten eines an der Möbelkunst orientierten Kunsthandwerkers und lassen sich mit den Obermedlinger Arbeiten des Dominikaners vergleichen. Vor allem bei den Seitenaltären fällt eine gewisse Unbekümmertheit im Umgang mit dem klassischen Architekturrepertoire auf. Überhaupt beeindrucken an den Retabelarchitekturen des Klosterbruders in Wörishofen neben der handwerklichen Meisterschaft das Unkonventionelle und Überraschende der Ausführung.

Maler, Bildhauer, Faßmaler

Das Altargemälde des Hochaltars trägt die Signatur Franz Haagens († 1734), der in Neuburg an der Donau die Stelle eines pfalzneuburgischen Hofmalers bekleidete und vor allem in der Umgebung seiner Heimatstadt tätig war.[455] Mit dem Wörishofener Dominikanerinnenkloster verbanden ihn persönlich-familiäre Beziehungen, denn der Künstler lieferte – wie die bereits erwähnte Chronik des Paters Roth zu berichten weiß – nicht nur das Hochaltarbild, sondern auch die Gemälde der beiden Seitenaltäre anstelle einer Aussteuer *„gratis wegen seiner Jungfrau tochter Maria gabriela, Professin und Chorfrau allhie"*,[456] die am 29. September 1721 dem Dominikanerinnenkloster Sankt Katharina in Augsburg beigetreten war. Einen Monat später gehörte sie zu den ersten Konventualinnen, die man von dort aus in die neu entstehende Tochterniederlassung nach Wörishofen entsandte.[457]

Der Name des an den Altären beteiligten Bildhauers ist in den Archivalien nicht überliefert.[458] Man hat ihn wahrscheinlich unter den kleinstädtisch-ländlichen Meistern der Region zu suchen. Seine figuralen Werke in der Klosterkirche zeigen eine gewisse stilistische Uneinheitlichkeit, was wohl auf die Beteiligung durchaus tüchtiger, jedoch nicht unter dem stilprägenden Gestaltungskonzept eines bedeutenden Meisters wirkender Hände schließen läßt. Der Faßmaler und Vergolder wird in den Quellen als *„Mahler von Oberhausen"* zitiert. Man vermutet daher, daß es sich um den mehrfach in Schwaben erwähnten Faßmaler Johann Jakob Schubert handelt.[459]

Der Hochaltar

Das Gehäuse des 1723 aufgestellten Hochaltars ist dem Stil der Zeit entsprechend als raumhaltiger und zugleich lichtdurchlässiger Kolonnadenaltar[460] entwickelt, der das bis zu Beginn des Jahrhunderts übliche Schema einer flächig-geschlossenen Triumphbogenarchitektur bereits weit hinter sich gelassen hat und in durchaus moderner Form aus sich verselbständigenden Architekturelementen in lockerer Komposition zusammengefügt ist.

Über einem zurückgesetzten Sockel, vor den die stipesförmige Mensa mit dem hohen Tabernakel gerückt ist, erhebt sich das Retabel mit dem großen, portalartig gerahmten Altargemälde. Das Bild wird seitlich von je drei schlanken Altarsäulen begleitet, die sich raumgreifend aus der vom Altargemälde gegebenen rückwärtigen Ebene hinausschieben. Das auf den Säulen aufliegende Gebälk besteht lediglich aus stark verkröpften Teilstücken, so daß der klassische Ordnungskanon von tragenden und lastenden Architekturelementen aufgelöst wird und die tragenden Teile als *‚Freisäulen'* auftreten. In unkonventioneller Weise wird dieses Motiv weitergespielt, indem die diagonal gestellten Konsolen der Säulen nicht

Abb. 124
Der heilige Wendelin. Öl auf Leinwand. Originaler Rahmen. Maler nicht bekannt. 130 cm × 92 cm (mit Rahmen).
1. Drittel 18. Jahrhundert. Kirche des Dominikanerinnenklosters Bad Wörishofen.

Abb. 125

*Abb. 125 ▷
Der Hochaltar in der Kirche des Dominikanerinnenklosters Bad Wörishofen. Architektur ausgeführt von dem Dominikaner Valentin Zindter. Gemälde von Franz Haagen († 1734). Der Bildhauer des Figuralschmucks ist nicht bekannt. 1721–1724.*

in traditioneller Weise auf Sockeln ruhen, sondern von jeweils drei gebückten Engelsatlanten herbeigeführt werden. Indem die äußeren Säulen über dem Gesims steil aufragende, nach außen gewandte Volutenstücke – gleichsam als weit auseinander gerückte Reste eines herkömmlichen Sprenggiebels – tragen, ist auch die architektonische Gliederung des Altaraufsatzes aufgebrochen, und es entsteht Raum für eine plastisch gefügte „Himmelsszenerie" mit knienden Engelsgestalten, die über dem inneren Säulenpaar angeordnet sind. Mit ihren Gesten vermitteln sie zu dem flachen Kranz aus Strahlen und Wolken, der das Zentrum des Auszugs über dem Altargemälde bildet. Über der Aureole erscheint das geschweifte Abschlußgebälk, auf dem sich ebenfalls Putten niedergelassen haben. In der Mitte des Strahlenkranzes ist als spätere Zutat ein auf Leinwand gemaltes Marienmonogramm eingelassen; ursprünglich war das Auszugszentrum aller Wahrscheinlichkeit nach lichtdurchlässig gestaltet und ähnelte so wohl den Strahlenaufsätzen der Seitenaltäre. Die geschnitzten Strahlen, die das Bild umgeben, dürften als Begleitung realer, möglicherweise durch gelbfarbenes Glas getönter Lichtstrahlen gedacht gewesen sein. Den ikonographischen Gepflogenheiten der Zeit entsprechend, war im Zentrum vermutlich ein geschnitztes Marienmonogramm eingefügt.[461]

Das vor allem für die morgendlichen Gottesdienste wichtige Licht fällt von Osten auch zwischen den seitlichen Altarsäulen in den Raum, denn in den Prozeß der Aufgliederung und Verräumlichung ist auch der Aufbau der seitlichen Travéen einbezogen. Die Säulen sind hier so weit auseinander gerückt, daß sie gleichsam lichtdurchlässige Nischen für die Seitenfiguren des Altars bilden.

Das Hochaltargemälde

Das Hochaltarbild, das die Signatur des Malers „*Fran: Haagen/ Pinxit 1721/ Neuburg*" (Franz Haagen, Neuburg, hat es 1721 gemalt) trägt, nimmt ikonographisch Bezug auf das Patrozinium der Kirche und zeigt als zentrale Figur die jungfräuliche Maria, die im weißen Kleid und mit dem blauen Mantel der ‚Immaculata' von einer Schar teils musizierender Engel und Putten begleitet, über Wolken emporschwebt. Zwei Engel tragen ein Szepter herbei und halten eine goldene Krone über das mit Strahlen umgebene Haupt der somit zur „*Königin der Engel*" Erhöhten. Eine weitere Bedeutungsebene, nämlich die der „*Himmelfahrt Mariä*", wird durch das Erscheinen der Heiligen Dreifaltigkeit angesprochen, die im oberen Bildbereich dargestellt ist: Hier erwarten Gottvater und der auferstandene Christus die in den Himmel emporschwebende Gottesmutter. Von der im Zenit von einer Lichtaureole umgebenen Taube des Heiligen Geistes geht ein Gnadenstrahl aus, der auf die Brust der Maria fällt und von dort weitergeleitet wird auf einen Schild, den ein großer Engel am linken Bildrand hält. Das Feld dieses Schildes trägt ein in Gold aufgesetztes ligiertes Marienmonogramm unter einer Krone (womit das Thema der Himmelskönigin nochmals anklingt) und dazu die Inschrift „SUB TUUM PRAESIDIUM" (Unter deinem Schutz); vom Schild abgeleitet, trifft der Gnadenstrahl auf das Kloster der Wörishofener Dominikanerinnen, das als Vedute vor der Bergkette der Alpen am unteren Bildrand dargestellt ist. Der Konvent unterstellt sich so der Himmelskönigin, um durch sie die Gnade und den Schutz des Allerhöchsten zu erflehen.

Durch die Lichtführung und die Verteilung von Hell und Dunkel ist die vielfigurige Szene dramatisch strukturiert: Hellster, kühler Glanz sammelt sich auf Haupt und Gestalt der weiß gewandeten Maria und hebt sie als Hauptfigur hervor. Das Blau ihres weit bauschenden Mantels, dessen Faltenwurf von einem Putto gerafft wird, ist als kühle Komplementärfarbe zu den tonigen Werten der Wolken und den gebrochenen rotbraunen und ockerfarbenen Tönen im Mantel Gottvaters und der Engel gesetzt. Im leuchtenderen Rot der Gewänder Christi und des szeptertragenden Engels steigert sich das Farbenspiel. Mit dem herabfallenden sphärisch weichen Licht und der abendlichen Stimmung über dem Kloster am unteren Bildrand hat der Maler weitere subtile Lichtfacetten ins Bild einkomponiert.

Vergleicht man das Gemälde hinsichtlich seiner Bildgestaltung mit den sonst eher spröd-additiv aufgebauten Gemälden des Franz Haagen, so fällt am Hochaltarbild die besonders gelungene Komposition des figurenreichen Aufbaus mit seiner dynamisch-

räumlichen Tiefenstaffelung auf, ebenso das vielfältige und dennoch ausgewogene Gegeneinander der Richtungsimpulse, das durch die agierenden Gestalten gegeben ist. Es darf daher angenommen werden, daß sich der Maler an ein bedeutendes – vielleicht italienisches – Vorbild des 17. Jahrhunderts anlehnte, das ihm als Kupferstich oder Nachzeichnung zur Verfügung stand.

In der logischen Gestaltung des Anatomischen zeigt sich die akademische Schulung des Malers, die dieser vermutlich in den Niederlanden erfuhr; auch nimmt man an, daß seine tonige Malweise mit der „*Einbettung der Buntfarben in einen einheitlichen Grund*"[462] durch niederländische Vorbilder des mittleren 17. Jahrhunderts angeregt worden sein könnte. Ähnliche Vorbilder hat auch die stimmungshafte Klosterlandschaft im unteren Bildteil.

Der Figuralschmuck

Die Schar der Engel, die Maria als Himmelskönigin dienend umgeben, bleibt nicht nur auf die Darstellung im Altargemälde beschränkt. Engel und Putten sind auch über die gesamte Altararchitektur verteilt. Engelkinder raffen eifrig einen schweren goldenen Vorhang, um den Blick auf das Altarbild freizugeben, während große Engel zu Seiten des Auszugs Weihrauchfaß und -schiffchen tragen bzw. den Rahmen des Altargemäldes begleitend halten. Zugleich verweisen sie wie Protagonisten mit ausgestreckten Armen auf die sich im Bild ereignende himmlische Szene. Als Atlanten stehen Engel auch unter den Säulen des Retabelaufbaus, den sie wie eine Monstranz herbeizutragen scheinen, um ihn über dem Sockel hinter der Mensa abzusetzen.

Abb. 130

Dies für den Wörishofener Hochaltar besonders auffällige Motiv geht wohl auf Vorbilder zurück, die südlich der Alpen ihren Ursprung haben. Engel als Träger von Artefakten – von Heiligenattributen bis hin zu großen Gemälden – wurden wohl vor allem durch italienisch geschulte Stukkatoren und über die Kunst der Bildhauer Oberösterreichs und des Innviertels auch jenseits der Alpen bekannt. In Kremsmünster stützen und tragen um 1682/1684 geschaffene Engel von Michael Zürn dem Jüngeren die Altargemälde, Bildhauer Meinrad Guggenbichler setzte um die gleiche Zeit in der Stiftskirche von Mondsee ganz ähnlich wie in Wörishofen Putten als Atlanten unter die Säulen seines Corpus-Christi-Altars,[463] was im Inn-Salzach-Raum zahlreiche Nachahmer fand. Auch geflügelte Puttenköpfchen unterhalb der Säulenbasen sind in der Altarbaukunst des späten 17. und frühen 18. Jahrhunderts immer wieder anzutreffen. Engelatlanten, die einen Altar stützend herbeizutragen scheinen, finden sich auch in geographisch nächster Nähe zu Wörishofen: Engelputten wie in Mondsee setzt ein zur Gruppe der aus Tirol eingewanderten und im Dienste des Zisterzienserreichsstiftes Kaisheim tätigen Bildhauer nach 1680 am Choraltar der zum Zisterzienserinnenkloster Oberschönenfeld gehörenden Wallfahrtskirche in Violau ein.[464] Um 1676 verwendet der auf seiner Wanderschaft wahrscheinlich unter anderem in Österreich geschulte Bildhauer Lorenz Luidl altartragende Engel in der Frauenkirche Schwabmünchen, das gleiche Motiv wiederholt er 1680 am großen Hochaltar der Stadtpfarrkirche in Landsberg am Lech, den er zusammen mit dem Kistler Jörg Pfeiffer errichtete. Etwa zeitgleich mit Wörishofen – nämlich 1724 beziehungsweise 1726 – sind der Seitenaltar Maria-Schnee und die beiden Altäre der Heiligen Walburgis und Amandus in der Klosterkirche Donauwörth entstanden, an denen Engel die Funktion von Altarsäulen übernehmen und das Gebälk tragen.[465] Bei Valentin Zindter begegnen wir dem Motiv der Engelatlanten bereits in Obermedlingen. Dort agieren Gruppen von Putten unter den Säulen der Seitenaltäre; ihre Komposition erscheint wie ein unmittelbarer Rückgriff auf den erwähnten Seitenaltar Meinrad Guggenbichlers in Mondsee bzw. den Violauer Hochaltar. Putten in der Rolle von Trägern finden sich auch unter dem Fuß der Obermedlinger Kanzel. Während die Engelkinder die schweren Altar- und Kanzelarchitekturen in Obermedlingen dank ihrer überirdischen Existenz mit spielerischer Leichtigkeit herbeiführen und stützen, mühen sich in Wörishofen eher robustknabenhaft gestaltete Engelatlanten zum Teil sehr irdisch um diese Aufgabe. Der Bildhauer schildert den Kraftakt ihres Tragens und Stemmens mit anatomisch genauer Beobachtung. Die unterschiedlichen Physiognomien und Körpergestaltungen der Engel sind wohl auf die Ausführung durch verschiedene Hände zurückzuführen.

◁ *Abb. 126*
Der Hochaltar (Ausschnitt) in der Kirche des Dominikanerinnenklosters Bad Wörishofen.

Abb. 127, Abb. 128 und Abb. 129
Christus bricht das Brot mit zwei Jüngern in Emmaus (43,5 cm × 40 cm). Christus trifft die Ehebrecherin am Brunnen (57,5 cm × 73,5 cm). Christus speist die Zehntausend (57,5 cm × 73,5 cm). Holz, geschnitzt, vergoldet. Die Reliefs wurden 1906 beim Umbau des Hochaltars in der Mensaverkleidung angebracht. Bildhauer nicht bekannt. 1721–1724. Kirche des Dominikanerinnenklosters Bad Wörishofen.

Abb. 130 ▷
Engel tragen die Säulen des Hochaltars (Ausschnitt). Höhe der Engelfiguren 122 cm. Kirche des Dominikanerinnenklosters Bad Wörishofen.

Die bewegten Engelsgestalten am Altar unterscheiden sich auch deutlich von den beiden großen Altarfiguren, die in eher statuarischer Steifheit in die Intercolumnien der äußeren Säulenpaare gestellt sind. Ihre in Gold gefaßten Gewänder und Attribute reflektieren das rückwärts einfallende Licht ebenso wie das Blütenwerk, das schwebende Putten über ihren Häuptern arrangieren. Die beiden Altarfiguren verkörpern wichtige historische Gestalten des Domikanerordens: Links der aus dem Predigerorden auf den Papstthron berufene Papst Pius V. (reg. 1566–1572). Der Ordensmann bemühte sich um die Durchsetzung der Tridentiner Reform und förderte im Zusammenhang mit der Seeschlacht von Lepanto von 1571 die Rosenkranzverehrung. Er ist mit einem Stab mit Doppelkreuz und der Tiara auf dem Haupt dargestellt, über seinem Haupt halten Putten in Anspielung auf seine Rolle als Nachfolger Petri zwei große Schlüssel. Die Physiognomie des Heiligen mit dem langen wallenden Bart orientiert sich allerdings nicht an der mit kurzem Kinn- und Backenbart überlieferten ‚vera effigies‘, welche die zeitgenössischen Münzen und Medaillen von Papst Pius V. zeigen.[466]

Sein Gegenüber auf der rechten Seite im Ornat eines Bischofs ist der heilige Antonius Pierozzi. Der 1459 gestorbene Erzbischof von Florenz war ebenfalls Mitglied des Predigerordens und wirkte zunächst in den Klöstern von Fiesole und S. Marco in Florenz; dort tat er sich als rechtskundiger Humanist der Renaissance und besonnener kirchlicher Reformer hervor, der für die Hebung der allgemeinen Moral in seinem Orden wie in der Gesamtkirche eintrat. 1523 wurde er für sein vorbildliches Wirken heiliggesprochen.

Spätere Veränderungen am Hochaltar

Der Hochaltar ist – wie bereits bei der Beschreibung des Auszugs angesprochen – nicht unverändert auf uns gekommen. In den Aufzeichnungen des Klosters wird von einer Renovierung der Altäre im Jahr 1862 berichtet, die der Klosterbeichtiger Sebastian Kneipp betrieb. Für die Arbeiten ist die nicht unbeträchtliche Summe von 1352 Gulden verzeichnet, zusätzlich wurden am 21. Dezember 1862 nochmals 789 Gulden verauslagt.[467] Pfarrer Kneipp veranlaßte auch die nächsten Renovierungen, bei denen die Kirche 1882 von dem Maler Kleinhenne „stilgerecht ausgemalt" wurde. Auch 1886 wurde in der Kirche gearbeitet und nochmals ein Gerüst aufgestellt.[468] Aus den Nachrichten geht allerdings nicht hervor, ob man auch an den Altären Veränderungen oder Renovierungen vornahm. Für den Hochaltar ist dies erst für das Jahr 1893 mit Sicherheit anzunehmen, als ein neuer Altar im Nonnenchor aufgestellt wurde. Da sich dieser Aufbau unmittelbar an die Rückseite des Hochaltars anschließt, veränderte man den zuvor sicher transparent gehaltenen Auszug des Hochaltars und setzte hier ein Leinwandbild ein.[469] Auch ein weiterer, bei einer Renovierung der Laienkirche im Sommer 1906 vorgenommener Umbau hat das Aussehen des Hochaltars verändert.[470] Architekt Joseph (?) Müller,[471] der mit der Restaurierung befaßt war, ließ das Tabernakelgehäuse um etwa 40 cm weiter nach vorn rücken, so daß spätestens seit dieser Veränderung seitlich hinter dem Tabernakel ursprünglich verdeckte Partien des Blindholzes sichtbar offenliegen. Zugleich wurde die Tür vor der Tabernakelnische und der abschließende Aufsatz des Gehäuses erneuert, um eine größere Monstranz unterbringen zu können. Um den Gesamteindruck des Altars zu wahren, erhielt die Tür wiederum reichen Intarsienschmuck, der in seiner kunsthandwerklichen Ausführung an die Boullemarketerien des Valentin Zindter angelehnt ist, sich jedoch der Formsprache des späten 19. Jahrhunderts bedient. Vermutlich wurde im Zuge dieses Umbaus oder nur wenig später auch die kleine, mit einer reliefierten Emmaus-Szene geschmückte Tür vor dem Gehäuse für das Allerheiligste ausgewechselt und durch eine neue, ebenfalls reich mit Einlegearbeiten verzierte Tür ersetzt. Das Emmaus-Relief transferierte man in die gleichzeitig erneuerte Mensaverkleidung, die zudem mit zwei weiteren Reliefs geschmückt wurde. Sie stellen mit der Speisung der Zehntausend und der Begegnung mit der Ehebrecherin am Brunnen zwei weitere Begebenheiten aus dem Leben Christi dar.

Abb. 130

Die Seitenaltäre

Gegenüber dem Hochaltar nicht viel niedriger, jedoch lediglich mit Doppelsäulen ausgestattet, wirken die ebenfalls reich mit

Abb. 131 ▷
Der südliche Seitenaltar in der Kirche des Dominikanerinnenklosters Bad Wörishofen. Ausgeführt von dem Dominikaner Valentin Zindter. 1721–1724. Altargemälde von Franz Haagen († 1734). Der Maler des Auszugsbildes ist nicht bekannt. Der Altar wird auch Rosenkranzaltar genannt. Vor ihm hält die Rosenkranzbruderschaft ihre Andachten ab.

Intarsien geschmückten Architekturen der beiden Seitenaltäre ruhiger, flächenhafter. Auch durch Verzicht auf figuralen Bildschmuck – bis auf die Putten über dem Gebälk der Auszüge – ordnen sie sich dem Hochaltar unter. In ihrer Grundkomposition sind die Retabel mit jenem vergleichbar, doch zeigen sie auch differierende Merkmale. Wie beim Hochaltar treten auch bei den Seitenaltären die Säulen als Freisäulen vor die Retabelrückwand. Sie stehen auf schlanken Sockeln, deren Fronten durch eingetiefte Blendnischen fein gegliedert werden. Die großflächigen Altarblätter der Seitenaltäre und die ebenfalls mit Gemälden geschmückten Auszüge sind lediglich durch ornamentverzierte Rahmen und das schmale Stück eines segmentbogigen Simses voneinander getrennt. Auffällig und in ihrem formalen Duktus abweichend vom Hochaltar ist dagegen die architektonische Rahmung der Auszugsbilder geformt. Sie ist aus vielen übereinandergeordneten Voluten- und Gebälkstücken zusammengesetzt und wirkt auch in ihrer Detailgestaltung kleinteilig-additiv. Ebenso unkonventionell sind die Gebälkstücke über den Säulen gestaltet, die mit ihren vielfältigen zackigspitzen Verkröpfungen und Brechungen gleichsam zu ‚vibrieren' scheinen und eine bereits am Hochaltar beobachtete Gestaltungstendenz bis ins Manieristische steigern.

Abb. 170

Zwischen die Säulenpostamente der Retabel sind in der hohen Predellenzone hölzerne Vitrinen mit geschweiftem Abschluß und mit von Putten getragenen Ornamentkartuschen eingestellt. Hinter ihren gefelderten Holzläden verbergen sich Vitrinen mit reich geschmückten Heiligen Leibern der Märtyrer „Honestinus" (rechter Altar) und „Gaudentius" (linker Altar), die nur an hohen Feiertagen gezeigt wurden und werden. Die Vitrinengehäuse wurden offenbar erst nachträglich in die Altaraufbauten eingefügt oder später verändert, da sich an den sonst mit äußerster handwerklicher Sorgfalt ausgeführten Kistlerarbeiten hier mehrfach Unstimmigkeiten nachweisen ließen.[472]

Die Bilder der Seitenaltäre

Die Blätter der Seitenaltäre stammen von dem Neuburger Maler Franz Haagen. Im südlichen Seitenaltar ist die Rosenkranzspende dargestellt: Vor der auf Wolken thronenden Muttergottes, die das göttliche Kind auf ihrem Schoß hält, knien die Heiligen Dominikus und Katharina von Siena. Der Jesusknabe greift spielerisch nach dem Rosenkranz, der ihm auf einem samtenen Kissen von einem Engel dargeboten wird; Engel halten Rosen über dem Haupt der heiligen Nonne, während die Attribute des heiligen Ordensgründers, der Hund mit einer Fackel im Maul vor der Weltkugel und eine Lilie, im Bildhintergrund erscheinen.[473] Der Auszug zeigt die Transverberation der heiligen Theresia von Avila: Ein Engel durchbohrt mit dem flammenden Pfeil göttlicher Liebe das Herz der hinsinkenden, von Visionen und Extasen heimgesuchten Mystikerin des Karmelitenordens. Aus dem in einem transparenten Strahlenkranz über dem Altar angebrachten, mit einem Blütenkranz umwundenen Herzen Mariä schlagen Flammen göttlicher Liebe.

Abb. 32

Abb. 136

Weitere figurale Darstellungen finden sich an den Sockeln der Altarsäulen; hier sind die Gestalten zweier bisher nicht identifizierter Frauen des Dominikanerinnenordens als Intarsienarbeiten mit verschiedenen Hölzern und Elfenbein gestaltet. Eine der Frauen trägt einen Fürstenhut, der auf ihre adelige Herkunft verweist.[474]

Abb. 181

Im nördlichen Altar ist das Hauptbild der heiligen Büßerin Maria Magdalena gewidmet, die im Mittelalter als „Apostolorum Apostola" besondere Verehrung erfuhr.[475] In einer düsteren Szene wird die Heilige mit ihren Attributen Totenkopf, Kreuzstab und Salbengefäß sterbend in einer Felsenhöhle gezeigt. Engel mit einer Fackel stützen die Hinsinkende, darüber erscheint in himmlischem Licht Christus, umgeben von Engeln. Von oben fällt ein Gnadenstrahl herab auf das Haupt der Magdalena.

Abb. 170

Die im Auszugsbild dargestellte Heilige ist die Patronin des Augsburger Mutterklosters, die heilige Katharina von Alexandrien. Die Märtyrerin ist als halbfigurige Frauengestalt mit dem Palmzweig des Sieges und ihren Attributen Rad und Schwert gegeben.

Über dem Altar ist in dem bekrönenden Strahlenkranz wie bei seinem Gegenüber ein Herz eingefügt; als Herz Jesu wird es von einer Dornenkrone umschlossen und zeigt eine Wunde; aus den Flammen, die auch aus diesem Herzen schlagen, erwächst ein Kreuz.

Abb. 132 ▷
Blick auf die Empore der Kirche des Dominikanerinnenklosters Bad Wörishofen mit der Orgel, den gefaßten, geschmiedeten Gittern und der gefaßten, geschnitzten Emporenbrüstung.

Die Fastentücher

Während der Fastenzeit können alle drei Altäre mit Fastentüchern verhängt werden. Die Tücher für die beiden Seitenaltäre, die auch heute noch jährlich aufgehängt werden, stammen aus dem letzten Drittel des 18. Jahrhunderts. Die Darstellungen sind in Tempera auf Leinwandbahnen gemalt und zeigen in etwa quadratischen Bildfeldern Szenen aus der Passion Christi: Auf dem südlichen Altar die Dornenkrönung, auf dem nördlichen die Geißelung Christi. Auf dem vermutlich um 1900 erworbenen Behang für den Hochaltar ist ein Kreuz dargestellt.

Die Kanzel

An der Südseite des Schiffs wurde die Kanzel angebracht, sie ist über den angebauten Klosterflügel von außen zu betreten.

Abb. 183

Mit ihrem spitz zulaufenden Fuß, dem über einem gestelzten Halbkreis entwickelten Korb und dem figurengeschmückten, über einem von einem vielfach gebrochenen Gesims entwickelten Schalldeckel lehnt sich der Aufbau eng an das Kanzelgehäuse an, das Valentin Zindter kurz zuvor in Obermedlingen geschaffen hat. In besonders reicher Weise ist der säulengeschmückte Kanzelkorb gestaltet und mit Intarsien geschmückt. Säulen mit eingelegten Blütengirlanden gliedern den Korb, dessen Mittelfeld als kleine architekturgerahmte und von einem Stoffbaldachin überfangene Nische ausgeführt ist. Basis- und Abschlußgesimse sind reich verkröpft und zeigen mit ihren zackenförmigen Versprüngen wiederum typische Merkmale der Zindterschen Werkstatt. Die Grate des polygonal trichterförmig gestalteten Fußes sind mit Blattfestons und kleinen geflügelten Engelsköpfchen besetzt.[476]

Der pyramidale Grundaufbau der Schalldeckelarchitektur wird bis auf das wiederum reich mit Kreissegmenten und spitzen Zacken gebrochene Gesims von Figuren und Ornamenten reich überlagert. Als Bekrönungsfigur erscheint auf der Spitze der heilige Ordensgründer Dominikus mit Buch und Doppelkreuz, vor seinen Füßen seine Attribute – der Hund als vergoldete Plastik und ein Engelkind mit einem Stern in der Hand. Darunter tummeln sich weitere Putten, deren Ornamentkartuschen mit der Inschrift „DOCETE" „OMNES" „GENTES" (Lehret alle Völker, Matthäus 28,19) auf die Bedeutung der vom Predigerorden besonders gepflegten Kanzelpredigt verweisen. Die geschnitzte silberne Taube an der Unterseite des Schalldeckels symbolisiert die Inspiration des Heiligen Geistes, die sich auf den Predigenden übertragen soll. In der additiv entwickelten Komposition und der eigenwillig spröden Art, mit der Gebälk- oder Gesimsformen mit scharfen Spitzen gebrochen und verkröpft werden, läßt sich auch bei der Kanzel die entwerfende Hand des Kistlers Valentin Zindter feststellen. Sie kennzeichnen auch die Ausstattung der Klosterkirche Obermedlingen wie das Mobiliar der Kaisheimer Klosterbibliothek und lassen sich geradezu als Leitmotiv im Oeuvre des Kunstschreiners ausmachen.

Die Orgel und die Beichtstühle

Nach Aufzeichnungen der Klosterchronik lieferte Valentin Zindter auch zwei Orgeln, von denen eine wohl für die Laienkirche, die andere für den Chor der Nonnen bestimmt war. Beide Orgeln sind verloren. Das Orgelwerk im Schiff wurde einer archivalischen Notiz zufolge 1746 oder 1749 vom Kaufbeurer Orgelbauer Johann Baptist Cronthaler wohl innerhalb des alten Gehäuses ersetzt;[477] doch auch diese Orgel verschwand, als Franz Borgias Maerz aus München 1898 mit einer neuerlichen Auswechslung des Werks beauftragt wurde und zugleich auch ein neues Gehäuse gestaltete. Verlorengegangen sind auch die „*zwei beichtstüehl*", die bei der Einweihung der Kirche von 1723 erwähnt sind und für die man den Rechnungen zufolge 15 Gulden bezahlte.[478] Heute steht ein geräumiges Beichtgehäuse unter der Empore, das man im Zuge der Renovierung von 1955/56 anschaffte. Die intarsierten Fronten des alten Beichtgestühls wurden unter anderem zu einer Kredenz verarbeitet.[479]

Der Altar im Nonnenchor

Der Altar im Nonnenchor ist ein jüngeres Werk, das erst aus den Jahren 1892/1893 stammt. Er ersetzt einen Aufbau, der vermutlich ebenfalls um 1723 geschaffen wurde. Denn der bereits mehrfach zitierten Klosterchronik zufolge hatte man Aufwendungen für „*4 (!) Altäre in der Kirchen*",[480] womit neben den drei Altären der Laien-

kirche wohl auch der Altar im Nonnenchor gemeint war. Aus den Archivalien des Klosters ist weiterhin zu entnehmen, daß die Klosterfrauen während des 18. Jahrhunderts wiederholt textilen Schmuck für ihren „Choraltar" anschafften.[481] Der Altar hatte auch einen Tabernakel, denn aus einem Briefwechsel zwischen Priorin Maria Columba Böck (reg. 1838–1851) und dem Ordinariat von 1843 geht hervor, daß das Allerheiligste seit der „*Erbauung des Klosters*" aufgrund eines Privilegs durch den Heiligen Stuhl „*im Chor*" der Nonnen aufbewahrt werden durfte. Mittels eines heute verlorenen Mechanismus mit Walze konnte es aus der tiefer gelegenen Laienkirche auf den Choraltar heraufgetrieben werden.[482]

Ob Verfall und Schäden an dem im Ostchor stark dem Sonnenlicht ausgesetzten Altar oder geschmackliche Gründe schließlich zur gänzlichen Auswechslung des Retabels führten, ist nicht mehr auszumachen. Unter Priorin Maria Augustina Müller (reg. 1856–1895) wurde der Altaraufbau 1893 jedenfalls nach Entwurf des Münchner Architekten Joseph (?) Müller erneuert[483] und mit einem ‚modernen' figurenreichen Hochaltarbild geschmückt. Das Bild kam laut Signatur von dem akademischen Maler „*B(onifaz). Locher/München 1893*". Der Name des am Altar beteiligten Bildhauers ist nicht überliefert. Merkwürdigerweise zeigt eine alte Photographie von 1898,[484] daß zwei eindeutig nicht zusammengehörende Figuren in den Seitennischen Aufstellung gefunden hatten und auf der Südseite die wesentlich kleinere Statue eines heiligen Dominikus plaziert war.[485] Erst 1931 wurde diese Figur unter Priorin Maria Christina Hörmann (reg. 1930–1950) durch die Statue des heiligen Albertus Magnus ersetzt,[486] der im gleichen Jahr heiliggesprochen worden war. Das Bildwerk des im Bischofskleid gegebenen Albertus Magnus ist stilistisch an sein Gegenüber, den durch ein Buch und das Sonnenzeichen auf der Brust ausgewiesenen heiligen Thomas von Aquin, angepaßt.[487]

Das Retabel ist unmittelbar an die Rückwand des Hochaltars im Laienhaus gelehnt und erhebt sich vor der Folie einer braun gestrichenen Holzverkleidung; seitlich gleitet der Blick an dem Gehäuse vorbei in das Gewölbe des Laienhauses. In seinen Proportionen ist der flächig breit gelagerte Aufbau auf die Dimensionen des relativ niederen Nonnenchores abgestimmt; die Balustraden der das Altarhaus der Laienkirche rahmenden Emporen schließen sich an seinen Stipes an. Der Altaraufbau ist gestalterisch auf die übrige Ausstattung des bis 1723/1724 ausstuckierten und freskierten einfachen Saalraumes bezogen und in neubarockem Stil gehalten. Mit Architektur und Bildschmuck entwickelt das Retabel jedoch eine eigene, von barocken Altären deutlich unterscheidbare Formensprache. So sind die klassizistisch anmutenden schlanken Säulen seitlich vor die flache Retabelwand gestellt; sie tragen ein für die Höhe des Altars fast zu mächtig erscheinendes Gebälk, das in seiner Anordnung und Profilierung auf den Hochaltar im Laienhaus bezogen ist und die beiden Rücken an Rücken gelehnten Altäre gleichsam verklammert. In der Mitte über dem rundbogig schließenden Altargemälde steigt es in weitem Bogen auf und überfängt auch die beiden seitlich in die ebene Rückwand eingefügten flachen Figurennischen. Auch bildet es den Sockel für den Auszug, der als reich gerahmter Tondo mit einem Relief Gottvaters gestaltet ist.

Das Gemälde von Bonifaz Locher stellt die Vision des heiligen Dominikus dar. Der Ordensgründer kniet im traditionellen Habit vor einem Betstuhl, daneben sein Attribut, ein gefleckter kleiner Hund mit der Fackel im Maul. Über ihm – auf Wolken – erscheint die Heilige Jungfrau mit dem Kind als Schutzmantelmuttergottes, deren von Engeln weit ausgebreiteter Mantel Heiligen und Bekennern des Dominikanerordens Schutz gibt. Zur Linken Mariens knien heilige Männer, unter denen die Heiligen Albertus Magnus mit Bischofsornat und Thomas von Aquin mit einem Sonnensymbol auf der Brust ausgewiesen sind. Ein weiterer Heiliger ist durch Abtstab und Rosenkranz ausgezeichnet. Gegenüber, unter den Frauen, hält die heilige Katharina von Siena als Autorin des Werkes „*De providentia Dei*" Buch und Feder, die heilige Rosa von Lima trägt die Dornenkrone Christi in Händen.

Dem Gemälde, das noch ganz im Stil nazarenischer Akademiemalerei gehalten ist, wurde von Zeitgenossen höchstes Lob gestiftet; man bewunderte „*die hehre Komposition*" ebenso wie die „*ernste, ruhige Stimmung*" und Innigkeit des Ausdrucks. Pfarrer Sebastian Kneipp sorgte dafür, daß das in der Klausur der Öffentlichkeit ja nicht

◁ Abb. 133
Der Altar im Nonnenchor des Dominikanerinnenklosters Bad Wörishofen. Entworfen von dem Münchner Architekten Joseph (?) Müller; 1893. Gemälde von dem Münchner Maler Bonifaz Locher, 1893. Im Vordergrund Volksaltar von Toni Mayer, Mindelheim, 1970.

▽ Abb. 134
Sogenannter Karwochentabernakel. Holz, furniert, mit Elfenbein eingelegt. 66 cm × 55 cm × 55 cm. 1. Hälfte 18. Jahrhundert. Der Tabernakel wird von Gründonnerstag bis Ostersonntag im Schwesternchor verwendet. Vermutlich handelt es sich bei ihm um den in den Chroniken verschiedentlich erwähnten „oberen Tabernakel", in dem das Allerheiligste im Schwesternchor aufbewahrt worden ist. Dominikanerinnenkloster Bad Wörishofen.

Abb. 136 ▷
Der Auszug über dem südlichen Seitenaltar in der Kirche des Dominikanerinnenklosters Bad Wörishofen. Das Gemälde zeigt die heilige Theresia von Avila. Maler nicht bekannt. 1721/1722.

zugängliche Werk als Reproduktionsdruck Verbreitung fand.[488]

Die reiche Ausstattung der Kirche und des Schwesternchores mit den verschiedenen Altären, der Kanzel und den Beichtstühlen wird durch weitere schmückende Elemente ergänzt. Hervorzuheben ist vor allem das Gestühl für die Laien im Kirchenraum und das für die Schwestern im Nonnenchor; beide stammen aus der Erbauungszeit des Gotteshauses. Die üppig geschnitzten Stuhlwangen deuten auf ihre Herkunft aus der Werkstatt Valentin Zindters hin. Raumprägend wirken die beiden großen, sich durch leuchtendes Kolorit auszeichnenden Ölgemälde Johann Baptist Zimmermanns (1680–1758) rechts und links von der Kanzel in die Kirche hinein. Bemerkenswert sind auch die verschiedenen aus Eisen geschmiedeten *„mit bleyweis bestrichenen Kirchengätter“*. Während die *„eisernen Gätter im vorderen und hinteren Chor … vom hiesigen Schlosser“* angefertigt wurden, schmiedete *„der Schlosser zu türckheimb“* das *„untere eiserne Gätter und an deres mehr“*.[489] Einige kleinere Gemälde und mehrere Skulpturen runden das Erscheinungsbild ab. Mit ihrer Einheitlichkeit zählt die Ausstattung des Gemeindesaals und des Schwesternchors der Dominikanerinnenklosterkirche zu Bad Wörishofen zu den bemerkenswertesten Andachtsräumen in Bayerisch-Schwaben.

Abb. 135
Das Abschlußgitter unter der Orgelempore in der Kirche des Dominikanerinnenklosters Bad Wörishofen. Schmiedeeisen, farbig gefaßt, teilvergoldet. 1721/1722.

Die Sakristei

Werner Schiedermair

Hinter dem Hochaltar, unter dem Schwesternchor, nach Osten an die Einfahrt in den ehemaligen Wirtschaftshof, die Schnittstelle von der Klosterkirche mit dem Konventbau, angrenzend, liegt die Sakristei. Ihre bauliche Anordnung wird vor allem durch das nach Westen abfallende, die Situierung der ganzen Klosteranlage charakterisierende Gelände geprägt, das es erlaubte, in dem an das Gotteshaus östlich anschließenden Gebäudeteil unter den beiden Hauptgeschoßen ein höheres Sockelgeschoß zu errichten;[490] Die Sakristei bildet dessen westlichsten Teil. Über zwei kleine, querovale Fenster, die diesen architektonischen Aufbau an der Fassade akzentuieren, im Gebäude aber über tiefe Laibungen in hochrechteckige Innenfenster übergehen, empfängt sie – in geringem Umfang – natürliches Licht. Sie ist über die Kirche und unmittelbar vom Klosterhof aus sowie vom Konventbau über den auf der gleichen Ebene wie der Kreuzgang liegenden Schwesternchor erreichbar; von letzterem führt eine schmale Treppe zu ihr hinab. Den 8,36 Meter breiten und 6,50 Meter langen Raum zeichnet eine vom Dominikus Zimmermann (1685–1766) elegant stuckierte Decke aus. Ihr ausladendes geschweiftes Zentrum umschließen mehrfach profilierte, breite Leisten, die zur Wandkante hin von schmalen Bändern umspielt werden. Diese wiederum schlingen sich in den Ecken zu auseinandergezogenen, kreisförmigen Herzen zusammen. Zusätzliches gelb und rosa gefaßtes Bandelwerk betont die Knotenpunkte. Die Wände sind im Gegensatz dazu schlicht weiß angestrichen. Den Bodenbelag bilden Keramikplatten des späten 19. Jahrhunderts. In der Südwestecke befindet sich eine Winde, über die in den Zeiten der strengen Observanz der Kontakt der Nonnen mit dem Mesner und seinen Gehilfen stattfand; sie, aber auch die verschiedenen Zugänge zur Sakristei erinnern daran, wie genau die Vorschriften über den „Verkehr mit der Welt" beachtet wurden. Nach Osten fügt sich eine schmale Kammer an, die als Werkplatz zur Vorbereitung von Kirchenzier dient.

Die Nutzung der Sakristei wird, wie bei allen anderen Gotteshäusern auch, von ihrem Zweck als Nebenraum der Kirche bestimmt.[491] In ihr bereitet man die Liturgie vor, dort versammeln sich der Priester und die Ministranten, um sich auf die heilige Feier einzustimmen. In erster Linie dient die Sakristei aber der Aufbewahrung der Vasa Sacra, der kultischen Gewänder, der Meßbücher und der verschiedenen, für Ordnung und Sauberkeit in der Kirche notwendigen Geräte. Der Kirchenschmuck ist bei den Dominikanerinnen in Wörishofen seit altersher überwiegend in der „*Kusterei*" deponiert, einem für diese Aufgabe bestimmten und dafür eingerichteten Raum im Klausurbereich. Wegen ihrer besonderen, auf das Gotteshaus und die liturgischen Feiern bezogenen Funktion, ordnete man der Sakristei ein eigenes Amt zu, das im 18. Jahrhundert der Mesner wahrnahm. Für die „*Kusterei*" war die

◁ *Abb. 137*
Blick in die Sakristei der Kirche des Dominikanerinnenklosters Bad Wörishofen mit der Stuckdecke von Dominikus Zimmermann (1685–1766). Schränke Werkstatt des Dominikaners Valentin Zindter. Um 1722.

Abb. 138
Die Winde in der Sakristei. Eiche. 78 cm hoch. Um 1722.

Schwester Küsterin verantwortlich, über deren umfängliche Pflichten eine erst jüngst aufgefundene Schrift mit dem Titel „*Biechlein, waß in der Custerey zu thuen Für das ganze Jahr*" berichtet.[492] Heute kümmert sich die Schwester Sakristanin, auch Schwester Küsterin genannt, einheitlich um Küsterei und Sakristei.

Die Ausstattung der Wörishofener Sakristei stammt aus der Zeit der Errichtung des Klostergebäudes, also von etwa 1721/1722. Ein schlichter, mit furnierten, von aufgelegten profilierten Leisten umschlossenen Feldern geschmückter, halbhoher Schrank mit zurückgesetztem Aufsatz steht an der Ostwand. Ein größerer Kasten der gleichen handwerklichen Art vor der Südwand beherbergt die Paramente. An der Westwand befindet sich der mächtige, ganz furnierte, begehbare „*Bruderschaftsschrank*".[493] In ihm werden die Fahnen und Prozessionsstangen sowie das sonstige Eigentum der Rosenkranzbruderschaft aufbewahrt, die 1724 von der Pfarrkirche Sankt Justina in die Klosterkirche übertragen worden ist.[494] Ob der Schrank schon damals in der Sakristei aufgestellt wurde, konnte nicht geklärt werden.

Vermutlich war er zunächst an einem anderen Ort untergebracht; dafür sprechen Veränderungen am oberen Gesimse. Zahlreiche Kastenbilder und Altarpyramiden mit prachtvoll gefaßten Reliquien bekrönen die Schränke, Gemälde schmücken die Wände.[495]

Trotz dieses Schmucks ist die Wörishofener Sakristei im ganzen gesehen bescheiden gehalten. Mit den prunkvollen Sakristeien der barocken Klosterdome, etwa jener der Benediktinerabtei Ottobeuren, aber auch der benachbarten Kommunitäten Maria Medingen und Obermedingen, kann sie sich nicht messen. Auch ist sie im Gegensatz zu vielen ihrer großen Geschwister nicht zum liturgiefähigen Raum ausgestaltet; über einen eigenen Altar verfügt sie nicht. Bei ihr steht vielmehr die dem Kult in der Kirche dienende Funktion ganz im Vordergrund. Sie erfüllt mit ihrer schlichten Ausstattung zugleich das dominikanische Gebot von Bescheidenheit und Einfachheit. Mit der festlichen Decke und der einheitlichen Möblierung sowie den prachtvollen Klosterarbeiten stimmt der stets in ein mildes Halbdunkel getauchte Raum würdig auf die Feier der Liturgie ein.

Abb. 140 ▷ ▽
Lavabo aus Zinn. 53 cm hoch, 37,5 cm breit. Marke des Augsburger Zinngießers Joseph Benedikt Tischer (1778–1809). Dominikanerinnenkloster Bad Wörishofen.

Abb. 139
Zwei Gefäße aus Zinn. Weihwasserkessel. 13,5 cm hoch. Nicht gemarkt. Kanne mit Monogramm M W, vermutlich für Kloster Maria Königin der Engel in Wörishofen. 23,5 cm hoch. Marke des Zinngießers nicht identifiziert. Dominikanerinnenkloster Bad Wörishofen.

Der Pflanzenhimmel in der Marienkapelle

Hans-Horst Fröhlich

Der Sakristei entgegengesetzt, am westlichen Ende der Kirche nach Süden anschließend, befindet sich die Marien- oder Gnadenkapelle; sie beherbergt die *„Einsiedelmadonna"*, die die Dominikanerinnen schon zur Zeit der Gründung ihres Klosters im Jahre 1721 von Augsburg nach Wörishofen verbracht haben. Ihre heutige Gestaltung erhielt sie 1956, nach einem verheerenden Brand am 11. Dezember 1955, dem nicht nur der Landwirtschaftstrakt des Dominikanerinnenklosters und das Anwesen Nägele, sondern auch die Gnadenkapelle zum Opfer gefallen waren. Damals wurde sie um etwa einen Meter verlängert und neu dekoriert. Ein wesentliches Gestaltungselement bildete dabei die Blumenmalerei an der stuckierten Decke. Sie wurde von Mater Donatilla von Eckart, Englisches Fräulein in München, ausgeführt; für ihre Arbeit erhielt sie neben Kost und Logis DM 800 als Lohn.

Am 23. April 1903 in München geboren, wuchs die Künstlerin in einer großbürgerlichen protestantischen Familie auf. Ihre Begabung stammte von ihrer Mutter, einer bekannten Portraitmalerin. Donatilla erlernte die Kunst des Webens und Teppichknüpfens und nutzte diese Fähigkeiten zur Restaurierung alter Textilien. 1930 konvertierte sie und trat in die Kongregation der Englischen Fräulein ein. Dort wirkte sie bis zur Auflösung der Schule im Jahre 1938 als Lehrerin. Zum Arbeitsdienst verpflichtet, ist ihr die Sicherstellung zahlreicher, vom Krieg bedrohter Kunstwerke zu verdanken. In Bayern wurde sie vor allem als die *„Wachsschwester"* bekannt; sie war im Laufe der Jahre zu einer Institution in Sachen Wachsrestaurierung geworden. Sie starb am 22. September 1988.

Leider gibt es keine Aufzeichnungen, welche Überlegungen Mater Donatilla zu der be-

Abb. 142 S. 164/165
Die Decke in der Marienkapelle des Dominikanerinnenklosters Bad Wörishofen mit den Fresken von Schwester M. Donatilla von Eckart (1903–1988). 1956.

Abb. 141
Blick in die Marien- oder Gnadenkapelle des Dominikanerinnenklosters Bad Wörishofen. Ausstattung von 1956.

Flockenblume
Schlehdorn
Mimosenart
Krokus
Ringelblume
Gnadenkraut
(Wiesen-)Salbei
Mierenart
Schwertlilie
Ackerglockenblume
Purpurkönigskerze
Johanniskraut
Tulpe
Christrose
Enzian
Glockenblume
Färberhundskamille
Ackerwinde
Mierenart
Tulpe
Nelke
Lein
Sanddorn
Wasserschwertlilie
Wacholder
Tulpe
Kuckuckslichtnelke
Karthäusernelke
Maiglöckchen
Distel

Distel
Kuckuckslichtnelke
Karthäusernelke
Maiglöckchen
Wacholder
Tulpe
Wasserschwertlilie
Lein
Sanddorn
Nelke
Tulpe
Mierenart
Ackerwinde
Färberhundskamille

Glockenblume

Enzian

Christrose

Tulpe

Johanniskraut
Purpurkönigskerze
Ackerglockenblume

Schwertlilie

(Wiesen-)Salbei
Mierenart
Gnadenkraut

Ringelblume
Krokus

Mimosenart

Flockenblume
Schlehdorn

Gänseblümchen

Kratzdistel   Heidelbeere   Tausendgüldenkraut

Arnika

Wegwarte

Feuerlilie   Frauenschuh

Eisenhut

Preiselbeere

Kamille   Rose

Kornrade

Erdbeere

Kornblume

Bergaster

Türkenbund

Huflattich

Flockenblume

Nelke

Schwertlilie

Spargel   Enzian

Tulpe

Akelei

Rose

Mannstreu

Rainfarn   Nelke

Kratzdistel
Gänseblümchen
Tausendgüldenkraut
Heidelbeere
Arnika

Wegwarte
Frauenschuh
Feuerlilie

Eisenhut
Preiselbeere

Rose
Kamille

Kornrade

Erdbeere

Kornblume
Bergaster
Türkenbund
Huflattich
Flockenblume
Nelke
Schwertlilie
Spargel
Enzian
Tulpe
Akelei
Rose
Mannstreu
Rainfarn
Nelke

merkenswerten Ausstattung der Decke der Marienkapelle bewogen. Doch wird berichtet, daß die Blumen einen Bezug zu den Heilkräutern von Pfarrer Sebastian Kneipp herstellen sollen. Wie wichtig jene für diesen waren, zeigt die Tatsache, daß er ihnen in seinem berühmten Buch „*Meine Wasserkur*" den zweiten Teil unter dem Titel „*Apotheke*" widmete.[496] Nach der Lobpreisung „*Benedicite universa germinantia in terra Domino*" (Jedes Kräutchen der Erde preise den Herrn) nennt er sieben Tinkturen, 36 Tees, 17 Pulver und neun Öle als Inhalt einer kleinen Hausapotheke. Kneipp erforschte die Volksmedizin, erprobte die gewonnenen Erkenntnisse und gab Bewährtes an seine Patienten weiter: „*Der allgütige Schöpfer hat die Pflanzen und Kräuter nicht nur zur Zierde für die Erde und als Futter für die Tiere und Vögel erschaffen, sondern auch zum Heile der Menschheit*".[497] Doch forderte er auch, „*daß der Mensch nicht nur zu seinem Schöpfer um Gesundheit und langes Leben* (flehen)*, sondern daß er auch seinen Geist gebrauchen soll, um die Schätze zu finden und zu heben, welche der allgütige Vater in die Natur hineingelegt hat als Heilmittel für die vielfachen Übel des Lebens*".[498]

Unter den Blumen und Kräutern, die die Decke der Wörishofener Gnadenkapelle zieren, befindet sich eine Reihe von bewährten und bekannten Heilpflanzen, die Sebastian Kneipp lobte, so

– magenstärkendes, bitteres Tausendgüldenkraut: „*Als Heilmittel für Magenleiden müssen wir dem Tausendgüldenkraut die erste Note geben*".[499]

– schmerzlindernde Arnika: „*Arnika besitzt in der ganzen Welt den Ruf einer vorzüglichen Heilpflanze. Bei Quetschungen, Kontusionen ist die Wirkung oft zauberhaft*".[500]

– hustenlösenden Huflattich: „*Er ist der rechte Fegwisch für die Brust im Innern*".[501]

– beruhigendes, nervenstärkendes Johanniskraut: „*Sein Tee ist ein vorzügliches Heilmittel*".[502]

– entzündungshemmende Kamille: „*Kamillen sind heilend, verhindern eine weitere Entzündung und ziehen gewaltig ein*".[503]

– desinfizierenden Salbei: „*Verschleimungen im Gaumen, Hals und Magen entfernt Tee von Salbei*".[504]

– wassertreibenden Wacholder: „*Bei Stein und Grieß, bei Nieren- und Leberleiden haben die Wacholderbeeren seit allen Zeiten guten Ruf*".[505]

Alle diese Kräuter konnten von der Wissenschaft als wirksame Arzneipflanzen bestätigt werden. Sicher wußte Mater Donatilla um deren Wirkung. Vielleicht wollte sie die Pflanzen aber auch als Lobeshymne auf den Schöpfer gemäß dem Kneippschen Ausspruch dargestellt wissen: „*Sind wir dem unendlich gütigen Schöpfer nicht allen Dank schuldig, daß er uns im Sommer alle Kräuter, alle Heilmittel wachsen läßt? Sie wachsen hervor aus der Erde; der allmächtige Schöpfer ruft das Wort der Auferstehung in die Pflanzenwelt hinein, damit wir etwas haben, wenn Krankheiten uns plagen, damit wir aber auch ihn nicht vergessen und ihm unsere Dankbarkeit bezeugen sollen*".[506]

Neben den Pflanzen, die in der Kneippschen Phytotherapie eine bedeutende Rolle spielen, begegnen wir auch einer Reihe von Blumen und Kräutern mit bedeutsamem Bezug zur Pflanzensymbolik. Da das Gnadenbild der Kapelle die Muttergottes dar-

Abb 143
Beweinung Christi. Relief.
Holz, geschnitzt und gefaßt.
56 cm × 49 cm.
Mitte 16. Jahrhundert.
Marienkapelle des Dominikanerinnenklosters Bad Wörishofen.

stellt, verwundert es nicht, daß viele der Blumen Maria zugeordnet werden können. Deutlich wird dies vor allem bei dem zentralen Medaillon mit dem Thema „Maria Verkündigung". Zwischen Maria, die vom Heiligen Geist empfängt und dem Erzengel Gabriel, der die frohe Botschaft verkündet, befinden sich in einer Keramikvase Weiße Lilien (Lilium candidum). Diese Blume ist seit dem achten Jahrhundert ein Attribut Marias; als Symbol der unbefleckten Empfängnis fehlen ihr die gelben Staubgefäße.

Um das zentrale Fresko gruppieren sich vier Segmente mit über sechzig Blumen und Kräutern, die in klaren Formen und zarten Farben gemalt sind:

Im Südosten, dem Gnadenbild und Kreuz am nächsten, weist die Schwertlilie (Iris germanica L.) als Symbol der Himmelskönigin auf Maria hin. Sie ist in der christlichen Kunst die Blume der Verkündigung und fungiert in zahlreichen Darstellungen als Attribut Mariens. Ihre Blüte repräsentiert ein reines Herz. In der Offenbarung der heiligen Birgitta heißt es hierzu: *„Liebet die Mutter der Barmherzigkeit. Sie ist gleich der Blume der Schwertlilie, deren Blatt zwei scharfe Kanten hat ... Wie dieses Blatt der Schwertlilie hat auch Maria scharfe Schneiden, das ist der Schmerz des Herzens über das Leiden des Sohnes und die standhafte Abwehr gegen alle List und Gewalt des Teufels".*[507] Bei Hildegard von Bingen hieß diese Pflanze *„Swertula"*; sie wurde als Mittel bei Nierenleiden und Lepraerkrankung empfohlen. Sie findet sich unter den Blumen eines Paradiesgärtleins im Museum Städel in Frankfurt am Main, das ein oberrheinischer Maler um 1410 schuf.

Die Wegwarte (Cichorium intybus L.) mahnte die Menschen des Mittelalters, den rechten Weg des Glaubens zu nehmen. Ihr wurde Abwehrkraft gegen Böses zugeschrieben. Als häufig gebrauchte Zauberpflanze begegnet sie uns in Segenssprüchen alter Handschriften. Eine Wegwarte ist auch auf dem Gemälde der Geburt Christi des bekannten Memminger Malers Bernhard Strigel abgebildet, das ebenfalls im Frankfurter Museum Städel hängt. Man glaubte früher, daß sich eine Geburt beschleunige, wenn die Hebamme der Gebärenden eine Wegwartenwurzel unterlegt.

Während der Huflattich (Tussilago farfara L.) als altes Heilkraut bereits in den beiden ersten nachchristlichen Jahrhunderten von Dioscurides und Galenus sowie später von Hildegard von Bingen bei Erkrankungen der Atemwege empfohlen wurde, gehört die Nelke (Dianthus caryophyllus L.) zu den Blumen, die die Sieben Gaben des Heiligen Geistes bedeuten (Veilchen, Rose, Nelke, Rosmarin, Lilie, Hyazinthe und Marienbettstroh). Nelkengewächse sind zugleich Symbole für die göttliche und für die irdische Liebe.

Die Rote Taglichtnelke (Melandryum rubrum Garke) wurde auch Marienröschen genannt. Die Echte Nelke nannten italienische Codices im 15. Jahrhundert *„Oculus Christi – Christusauge"*. Ihr Saft wurde als Heilmittel gegen Augengeschwüre verwendet. Die ebenfalls an der Decke abgebildete Kuckuckslichtnelke (Lychnis flos-cuculi L.) symbolisierte Ehebruch. Daneben führte sie aber auch die Namen Herrgottsblut, Christi Blut, Blutblume. Hieronymus Bock berichtete im 16. Jahrhundert: *„Lydweich und Lychnis, die zwo zusammen nannt man Märgen Röslein, Rosa Mariana."* Unzählige Bilder stellen zwischen dem 15. und 17. Jahrhundert Maria mit Nelken geschmückt dar. Das Wort Nelke leitet sich im übrigen von *„Nägelein"* ab. Viele Künstler haben diese Blume daher auf Kreuzigungsbildern als Hinweis auf die Passion Christi dargestellt.

Während Tulpe (Tulipa ssp.) und Türkenbund (Lilium martagon L.) wohl mehr aus floristischem und dekorativem Interesse in den Pflanzenhimmel der Gnadenkapelle aufgenommen worden sein dürften, kommt dem Mannstreu (Eryngium campestre L.) wieder großes historisches und symbolisches Gewicht zu. So findet es sich beispielsweise auf einem im Louvre in Paris aufbewahrten Selbstbildnis des jungen Albrecht Dürer. Nach Dioscurides sollen die Wurzeln dieser Distel, auf heiße Geschwüre gelegt, die Hitze nehmen und gutes Blut machen. Mannstreu war wie Marienbettstroh, Bittersüß, Holunder oder Wacholder wichtiger Bestandteil eines Mittels gegen *„angezauberte Krankheiten"*.

Der unscheinbare blaue Enzian (Gentiana ssp.) gilt als Symbol für die Erlösung durch Jesus Christus, für Liebe und Treue. Seit über 2000 Jahren werden Enziangewächse als Heilpflanzen für Mensch und Tier herangezogen. Ein besonderes Symbol für die Heilstat Christi bildete in der mittelalterlichen Mystik der Kreuzenzian (Gentiana

Abb. 144
Stehendes bekleidetes Jesuskind (Prager Jesulein). 83 cm hoch. Geschnitzter, gefaßter Baldachin. Mitte 18. Jahrhundert. Marienkapelle des Dominikanerinnenklosters Bad Wörishofen.

cruciata L.), an dem alles kreuzförmig angelegt ist: Blattpaare, Blüten, Stengel, Wurzelmark. Ein altes Kirchenbild in Werder bei Potsdam zeigt Christus als Apotheker, der auf einer Handwaage die Sünden der Menschen mit Kreuzenzian ins Gleichgewicht bringt.

In beiden östlichen Segmenten sind Rosen dargestellt. Ihr Symbolgehalt ist besonders groß. Rosen waren sowohl Attribut der antiken Liebesgöttinnen, als auch von Maria, sowie von vielen anderen Heiligen und Märtyrern. Bei aller überwältigender Schönheit in Gestalt, Farbe und Duft gibt es keine Rose ohne Dornen. Hierauf spielen viele bildliche Darstellungen dieser Pflanze an. In Mitteleuropa kannte man früher nur die Heckenrose (Rosa canina L.), sie wurde auch *„Mutter Rose"* genannt. Das *„Unter der Rose Gesagte"* galt als absolut vertraulich, daher zieren viele geschnitzte Rosen alte Beichtstühle. Steinerne Rosen bekrönen gotische Kirchtürme als Zeichen dafür, daß sich das irdische Leben erst im Jenseits entfaltet. Die Rose ist die Marienblume schlechthin, das Symbol der verehrten Frau. *„Maria im Rosenhag"* bildete ein beliebtes Motiv in der Kunst des 15. und 16. Jahrhunderts. Maria ist die Fürbitterin, der die Rosa mystica, die geistige Rose, geweiht wird. Eine dornenlose Rose symbolisiert auch die Unbefleckte Empfängnis und die Reinheit Marias. Die dornige Rose setzte man dagegen mit der Dornenkrone Christi gleich, mit der Passion. Als Sinnbild Christi verkörperte sie auch die Unsterblichkeit der Seele.

Die dritte Tafel zeigt die prächtige Feuerlilie (Lilium bulbiferum L.) und den sehr giftigen Eisenhut (Aconitum napellus L.). Mit seinen giftigen Eigenschaften symbolisiert er den Tod. Auf dem Bild *„Maria Lactans"* des Meisters von Flemalle im Museum Städel in Frankfurt am Main weist er bedrohlich auf das Leiden Christi und seinen Opfertod hin. Darüber finden wir die Echte Kamille (Matricaria chamomilla L.), die in ihrer wunderbaren, heilkräftigen Art dem Wesen Marias vergleichbar ist. Sie wird bereits seit 1485 im Mainzer Hortus Sanitatis als weichmachend und besänftigend beschrieben. An der Seite dieser milden Pflanze befindet sich der prachtvoll blühende Frauenschuh (Cypripedium calceolus L.). Orchideen gelten als Symbol für Fruchtbarkeit, Lust, Reichtum und Macht. Die Künstlerin hat den Frauenschuh wohl wegen seiner Schönheit dargestellt. Im krassen Gegensatz dazu blüht bescheiden das Gänseblümchen (Bellis perennis L.), auch Maßliebchen oder Marienblümchen genannt. Auch dieses ist ein Attribut Marias, aber auch des mystischen Lamm-Gottes; zugleich fungiert es als Symbol für Mutterliebe, für die Wiederkehr Christi und für Reinheit. Auf zahlreichen Tafelbildern großer mittelalterlicher Meister erscheinen Gänseblümchen auf einem Grasteppich zu Füßen von Maria, Jesus oder von Heiligen. Nach einer alten Sage ist das Maßliebchen aus den Tränen Marias auf der Flucht nach Ägypten entstanden. Fromme Christen sahen in den weißen Blüten die geretteten Seelen ihrer Toten. Das Weiß war aber auch Sinnbild für die Keuschheit der Mutter Maria.

Während das dreizählige Blatt der dargestellten Kleearten die Dreifaltigkeit symbolisiert, steht die Ackerdistel (Cirsium arvense L.) für Kraft, Treue und Ausbreitung des Christentums. Ihr Volksname lautet Mariendistel. Heute bezeichnen wir als Echte Mariendistel (Silybum marianum L.) eine bestimmte leberschützende Heilpflanze. Meist wurde die Distel in der Nähe Marias oder Jesu Christi dargestellt. Die Sage berichtet, daß ein Milchtropfen auf die Pflanze fiel, als Maria auf der Flucht nach Ägypten den Jesusknaben säugte. Symbolische Bedeutung kommt auch dem raffinierten Aussaatmechanismus der Disteln zu, der eine schnelle Ausbreitung garantiert; er deutet auf die Mission als wichtigem Ziel der christlichen Kirchen hin. Die Distel ist aber nicht nur Attribut Marias, sondern sie verweist auch auf die Dornenkrone Christi und erinnert damit an die Leidensgeschichte des Herrn.

Seit dem frühen Mittelalter sind die Buchmaler von den dekorativen Möglichkeiten der Ackerwinde (Convolvulus ssp.) entzückt. Auch Mater Donatilla nutzte diese. Da die Winde auch auf schlechten Böden gedeiht, bildet sie ein Symbol für christliche Bescheidenheit. Auch der Krokus (Crocus sativus L.) verschönt die Decke der Gnadenkapelle. Als Zeichen der Hoffnung und der Unsterblichkeit wird er noch heute in Griechenland auf die Gräber von Verstorbenen gepflanzt.

Im südwestlichen Segment begegnen uns noch drei weitere wichtige Heilpflanzen, die Sebastian Kneipp schätzte und die in der

Abb. 145 ▷
Heiliger Sebastian. Holz, geschnitzt und gefaßt. Bildhauer nicht bekannt. 207 cm hoch. Um 1720/1730. Süddeutsch. Konventbau des Dominikanerinnenklosters Bad Wörishofen.

Marienmythologie Bedeutung haben, die Ringelblume, der Salbei und das Johanniskraut (Hypericum perforatum L.). Dieses wird im Volksmund auch Unser Frauen Bettstroh, Muttergotteskraut oder Hergottsblut genannt. Der rote Saft, der beim Reifen der Blütenblätter erscheint, galt lange als Symbol für das Blut Johannes des Täufers, für Christi Opfer und Marias Schmerz. Das Johanniskraut gehört schon immer zu den segensreichen Heilpflanzen, die Krankheit und Kummer vertreiben. Die moderne Wissenschaft konnte die antidepressive Wirkung, bei seelischen Ursachen, bestätigen. Von der Ringelblume (Calendula officinalis L.) berichtet Hildegard von Bingen bereits im 12. Jahrhundert. Weitere Namen wie Goldblume, Liebfrauenblume oder Marygold im Angelsächsischen weisen auf Maria hin. In einem niederländischen Marienlied aus dem 4. Jahrhundert liest man: *"God gruet di ... goltbloem, alder werlt troest, dat bistu edele maghet vrie, help ons, dat wi werden verloest ... ave maria."* Der Kräuterspaziergang in der Wörishofener Gnadenkapelle sei mit einem Hinweis auf die wichtigste Heilpflanze abgeschlossen, den Salbei, das *"Kräutlein wider den Tod"*. Sein Name leitet sich von dem lateinischen Wort *"Salvare = heilen, sich wohl befinden"*, ab. Symbolische Bedeutung haben die südeuropäischen Arten des Echten Salbei (Salvia officinalis L.) und des Muskateller Salbei (Salvia sclarea L.), sie symbolisieren Gnade, göttliches Heil, Errettung und Gesundheit. Die Tugendkraft des Muskateller Salbeis wurde in England so hoch eingeschätzt, daß man ihn auch *"Officinalis Christi"* oder *"Auge Christi"* nannte. Eine christliche Legende berichtet, daß Maria auf der Flucht nach Ägypten die Blumen des Feldes bat, sie zu verbergen. Allein der Salbeibusch bot ihr Schutz unter seinen Blättern. Dafür dankte sie der Pflanze und sagte, der Salbei werde von nun an bis in die Ewigkeit eine Lieblingsblume des Menschen sein, mit der Kraft, sie von jeder Krankheit zu heilen – sogar vor dem Tod, so wie er Maria errettet hatte.[508]

Mater Donatilla hat es auf einprägsame Weise verstanden, die Schönheit der Blumen, die Heilkraft der Kneippschen Kräuter und die christliche Pflanzensymbolik als harmonische Einheit am Pflanzenhimmel der Gnadenkapelle zum Lobe Gottes und zur Verehrung Mariens darzustellen.

Die bewegliche historische Ausstattung des Dominikanerinnenklosters in Bad Wörishofen

Werner Schiedermair

Abb. 146 ▷
Blick in einen Lichthof im ersten Stock des Konventbaus des Dominikanerinnenklosters Bad Wörishofen. Der Schrank aus Eiche rechts im Bild gehört zur ursprünglichen Ausstattung des Klosters aus den Jahren 1721/1722. Die Figur links stellt den heiligen Dominikus dar. Holz, geschnitzt und gefaßt. 132 cm hoch. 2. Hälfte 19. Jahrhundert.

Das Dominikanerinnenkloster in Bad Wörishofen verfügt sowohl in dem von 1718 bis 1721 erbauten Konventgebäude wie auch in der von 1721 bis 1723 errichteten Kirche über einen ansehnlichen Schatz von beweglicher Ausstattung. Er ist über das ganze Haus verteilt und schmückt die Gänge ebenso wie die Gemeinschaftsräume und den Schwesternchor. Im Vordergrund stehen Gemälde mit Motiven aus der Leidensgeschichte Christi, mit Darstellungen der Mutter Gottes sowie von Heiligen vor allem des Dominikanerordens. Reich ist der Bestand an kleinen Gegenständen der Andacht, insbesondere von Klosterarbeiten der verschiedensten Art, und von Rosenkränzen. Hinzu kommen Möbel zur Ausstattung des Kapitelsaals, des Priorats, der Empfangs- und Gästezimmer sowie der Zellen. Die fast ausnahmslos religiös geprägten Objekte erinnern nicht nur an die gläubigen Überzeugungen der Nonnen und an ihre treue Beständigkeit Generation um Generation, an dem nach langer Probezeit eingeschlagenen monastischen Lebensweg festzuhalten. Sie machen auch das Heilige sichtbar. Zumal mit den Bildern von schon in das Paradies eingegangenen Seligen vergegenwärtigen sie die göttliche Welt und schaffen auf diese Weise eine heilswirksam erlebbare irdische Gegenwart. Der Konventbau, die Wohnung der Frauen, empfängt durch sie wesentlich seine Identität als Ort eines heiligmäßigen Lebens, das ganz der Gottsuche geweiht ist. Dabei handelt es sich bei den Ausstattungsstücken, abgesehen von den Altären in der Kirche, weit überwiegend nicht um materiell wertvolle Gegenstände aus kostbaren Materialien oder um überragende Kunstwerke. Vielmehr tragen die Objekte der Forderung des heiligen Dominikus nach Bescheidenheit und Demut Rechnung. Sie repräsentieren darüber hinaus fast ausnahmslos regionales Handwerkskönnen und Kunstschaffen und dokumentieren auf diese Weise die Verwurzelung der Wörishofener Schwesterngemeinschaft im schwäbischen Umland. Mit den Klostergebäuden bilden sie historisch und spirituell, aber auch landschaftlich und künstlerisch eine Gesamtheit von bemerkenswertem Rang.

Die bewegliche historische Ausstattung des Dominikanerinnenklosters stammt im großen und ganzen aus zwei Perioden, aus der Erbauungszeit 1718 bis 1723 und aus den Jahren nach der Rekonstitution 1842. Dem ersten Zeitraum können vor allem mehrere, in gleicher Weise ausgeführte kleinere und größere Kästen und Schränke zugeordnet werden. Sie sind durchweg aus Eichenholz gefertigt und sparsam mit von geohrten, profilierten Leisten eingefaßten Kissen verziert. Wahrscheinlich dienten sie einer einheitlichen Ausstattung der Zellen. Nur im Kapitelsaal befindet sich ein aufwendig mit feuervergoldeten Beschlägen versehener, reich gestalteter Schrank; vermutlich war er, der hierarchischen Ordnung der Räume des Klosters entsprechend, von Anfang an für das Priorat oder eines der Gemeinschaftszimmer bestimmt. Außerdem gehören zu dieser Gruppe zahlreiche Gemälde. Sie zeichnen sich fast durchweg durch breite, furnierte, mit Bändern eingelegte, gleichsam ein Erkennungszeichen für die erste Ausstattungsphase bildende Rahmen aus. Stilistisch gesehen stammen die Gemälde meist aus dem Augsburger Kunstkreis. Doch ist die künstlerische Urheberschaft nur bei einigen von ihnen gesichert; sechs schuf der Pfalz-Neuburgische Hofmaler Franz Haagen (†1734), zwei sind von dem Mindelheimer Franz Josef Riggenmann (†1758) signiert, eines von Peter Brandel (1668–1739), ein weiteres von Joseph Hartmann (1721 – nach 1789). Aus der Chronik wissen wir, daß Johann Baptist Zimmermann 1723 die beiden Bilder in der Kirche links und rechts von der Kanzel malte.[509] Nicht geklärt werden konnte dagegen, wer sich hinter den Bezeichnungen *„Hanß Georg*

Abb. 97

Abb. 34 ff.

Abb. 147,
Abb. 161

Abb. 160

Abb. 77, 7

*Abb. 147
Heiliger Thomas von Aquin. Öl auf Leinwand. Signiert und datiert „Haagen fecit 1723". 115,5 × 79 cm (ohne Rahmen). Franz Haagen († 1734) war Hofmaler in Neuburg an der Donau. Eine seiner Töchter lebte als Schwester M. Gabriela (1698–1778) im Wörishofener Dominikanerinnenkloster. Dominikanerinnenkloster Bad Wörishofen.*

*Abb. 148
Heiliger Dominikus. Pendant zu dem Gemälde Abb. 147. Nicht signiert und datiert, doch zweifelsfrei von Franz Haagen († 1734). Dominikanerinnenkloster Bad Wörishofen.*

„Kunstmahler zu Pferschen" und „Mahler von Oberhausen" verbirgt, von denen die Chronik vermerkt, daß sie für die Anfertigung mehrerer Gemälde vergütet worden sind.[510] Einige Objekte besitzen einen unmittelbaren Bezug zur Umgebung Wörishofens, wie etwa die Gemälde mit den Gnadenbildern der Wallfahrtsorte Tiefenried und Nassenbeuren. Von den in großer Zahl vorhandenen Klosterarbeiten werden manche noch in Augsburg entstanden sein. Dies könnte auch auf den heiligen Sebastian von 1720/1730 zutreffen, der seit altersher einen der Lichthöfe in den Klausurgängen schmückt; er dürfte kunstgeschichtlich ebenfalls nach Augsburg zu lokalisieren sein.

Abb. 162, 16

Abb. 145

Ein wesentlicher Teil der Gegenstände der ersten Ausstattungsperiode wurde von den Schwestern bereits im Jahre 1718 mitgebracht. Die Chronik berichtet, wie man alles, „*was man den Tag zuvor auf drei schwer beladenen Wägen an Strohseckhen, Bethern, Bethstetten und anderen Notwendigkeiten an Hausrath heraufgeführt*" hat, versorgte.[511] An anderer Stelle heißt es, daß „*alles zur Vollkommentlicher wohnung vorgekehrt, auch etlich mahl durch wohl beladene wägen und fuhren aller nothwendiger Hausrath, die Cellen auszustaffiren, zuvor und zeitlich heraufgeschickt worden*" sei.[512] Auch hielt die damalige Schaffnerin des Mutterklosters Sankt Katharina in Augsburg Schwester Maria Vinzentia Dürr in ihrer „*Beschreibung und Rechnung des ney erbauthen Closters Maria Königin der Englen*" 1724 ausdrücklich fest: „*Weitheres bleibt unverrechnet die Schene und Kostbare Monstranz. Auch bareß gelt: Und Ander Kirchen, und brauchbahre Sachen So die Frau Priorin M: Maximilliana Ruppin Aus dem Priorat in daß Closter Maria Königin der Englen zu Wörißhoffen geben hat …Wiederumb bleibt unvorrechnet was S: Catharina Closter Aus der Custerey An Kirchenparamenten, Altarzier und Andreß in die Sacristey geheriges geben hat … Abermahlen bleibt unvorrechnet Zinn Kupfer böther Leinwath, Tuech, und Zeig zu weiß Und Schwarze Habit: und Andren Haußgereth so in grosser Menge. S: Catharina Closter in Augsburg: in daß ney erbauthe Closter Maria Königin der Englen in Wörißhoffen geben hat*".[513]

Zahlreiche Gegenstände der frühen Ausstattungsphase wurden im Rahmen der Baumaßnahme für die neuen Gebäude angefertigt. Pater Andreas Roth führte sie in seiner Chronik ausdrücklich auf:

	fl	kr
„item für die zwey schöne mit öhlfarb an der mauer auf beyden seithen der Canzl verfertigte gemähl ...	30	
item für zwey Altärlein im schlafhaus u. Novitiat ...	87	40
item für allerley andere gemähl ...	21	40
item für starcke leinwath du denen gemählen ...	29	52
item für ein grosses und zwey kleine Creuz ...	21	10
dem Schlosser zu Türckheimb für die untere eiserne gätter und anderes mehres bezahlt ...	356	
item für das doppelte eisene gätter in der Mutter Schaffnerin Stüblein oder Redzimmer	29"[514]	

Ähnliche Hinweise finden sich in der schon erwähnten *„Beschreibung und Rechnung des ney erbauthen Closters Maria Königin der Englen"* von 1724. Dort heißt es beispielsweise:

	fl	hl
„Für Truckherlohn der Choralbüecher ...	431	1
Für 6 bahr Mayen, 3 Lederne Meß Kisten und 2 bahr Zünner Opfer Kenthlen ...	21	12
Für underschidliche Sachen zu Einrichtung der Apotec ...	79	31
Für 52 Taglohn ...		
... dem Hanß Georg Kunstmahler zu Pferschen bezalt	20	48"[515]

Abb. 287

Vieles wurde dem Kloster damals auch gestiftet, so das Gnadenbild der Maria von Einsiedeln, welches *„Herr Matthaeus gunay handls Herr in Augspurg und leiblicher Vater obangezogener frau Maria Michaela vom gefürsteten Abbten zu Einsidl erhalten nach dessen Benedicirung und gescheener berührung an dem Original gnadenbild allda"*.[516] Dieser Kaufmann stiftete dem marianischen Gnadenbild auch *„das erste Kleid"* und einen *„Schenen kelch, auch schene Kelch Tüechlein Corporaltaschen Und Andere zum h: Altar gehörige Sachen in die Custerey"*. Die Mutter der Schwester Maria Dominika Kentl ließ dem Kloster *„ein schenen Ornat ... ma-*

Abb. 149
Heiliger Joseph.
Öl auf Leinwand.
Ursprünglicher Rahmen. Maler nicht bekannt.
78 cm × 62,5 cm (mit Rahmen).
2. Viertel
18. Jahrhundert.
Dominikanerinnenkloster
Bad Wörishofen.

Abb. 150
Heiliger
Hyazinth.
Öl auf Leinwand.
Ursprünglicher Rahmen. Maler nicht bekannt.
80 cm × 66 cm (mit Rahmen).
2. Viertel
18. Jahrhundert.
Dominikanerinnenkloster
Bad Wörishofen.

Abb. 151 und Abb. 153 Herz Jesu, Herz Mariä. Kupfer, vergoldet. Applikationen Silber, getrieben und graviert. Bunte Glassteine. 70 cm × 28 cm. 1. Hälfte 18. Jahrhundert. Dominikanerinnenkloster Bad Wörishofen.

Abb. 152 Auferstandener Christus im Schrein. Holz, geschnitzt und gefaßt. Schrein geschnitzt, versilbert und vergoldet. 46 cm × 35,5 cm × 18,7 cm. Mitte 18. Jahrhundert. Dominikanerinnenkloster Bad Wörishofen.

chen".[517] Als großzügiger Stifter erwies sich der schon erwähnte Maler Franz Haagen, dessen Tochter Maria Gabriela zu den ersten Schwestern gehörte, die die ewigen Gelübde auf das neu erbaute Kloster in Wörishofen ablegten; er schenkte den Dominikanerinnen die drei Altarblätter in der Kirche sowie „neben einem kleinen Rosencranzblättlein im Capitlhaus" ein Gemälde mit dem heiligen Dominikus und eines mit dem heiligen Thomas von Aquin.[518] Auch Klosterangehörige traten als Stifter hervor, wie mehrere handschriftliche Notizen berichten. Im Jahre 1751 hat „Herr Pater Beichtvatter Valentin Wagner ... den Englischen gruß lassen mahlen, welcher 6 fl gekost".[519] „Anno 1751 hat eine liebe mitschwester in Unsern cor die Neue Virhänglein und andebende machen lassen ... Anno 1752 hat eben diese liebe schwester 2 schöne Mayen in cor machen lassen. Die Mayen haben 8 fl gekost, die Mayen grig fl 1.30kr. gott Vergelts ihr".[520] „Anno 1758 hat eine liebe schwester in den cor die blaue Vorhenglein sambt den andebendj machen lassen".[521] Viele der kleinen Andachtsgegenstände, insbesondere die Klosterarbeiten, stellten die Schwestern selbst her,[522] wenngleich kein Objekt des 18. Jahrhunderts mit Sicherheit als Werk Wörishofener Schwestern identifiziert werden konnte; einige Gegenstände dürften von den Klosterfrauen auch erst im Laufe der Jahre erworben worden sein, wie etwa der Kerkerchristus, der um 1750 entstanden ist.

Wie schon erwähnt, waren die im Zuge der Baumaßnahme nach Wörishofen gelangten Ausstattungsstücke zu allererst für eine angemessene Möblierung des ganzen Klosters bestimmt. Manchen kamen dabei aber von Anfang an besondere Aufgaben zu, so etwa den Mayen und Reliquienpyramiden, die der Mesner an Festtagen als zusätzliche Altarzier in der Kirche aufstellte.[523] Die Gemälde und Skulpturen mit ihren religiösen Motiven beschworen die Gemeinschaft der Heiligen und regten zur Nachfolge Christi, zur frommen „imitatio", an. Als Zimmerschmuck werden vor allem die kleineren Gegenstände verwendet worden sein, die dann in der Zelle für eine stille Andacht verfügbar waren. Die Gruppe der Jesuskindfiguren weist auf spezifisch frauliches Brauchtum der Dominikanerinnen hin; wahrscheinlich besaß im 18. Jahrhundert jede Nonne, wie in manch

Abb. 186

Abb. 157, 1

anderem Frauenkloster auch, eine solche Skulptur. Welche gewichtige Rolle der Ordensstifter als spirituelles Vorbild spielte, unterstreichen die vielen Gemälde mit Darstellungen des heiligen Dominikus. Die verschiedenen Kopien der Einsiedelmadonna bezeugen, wie sehr diese von den Schwestern verehrt worden ist. An die besondere Frömmigkeitswelt der Frauen erinnern einige häufiger vorkommende Andachtsbilder, wie etwa Darstellungen des heiligen Alexius, der Heiligen Sieben Zufluchten, des wahren Antlitzes Jesu, des Herzens Jesu und des Herzens Mariä und natürlich der Gottesmutter Maria, deren Namen jede Nonne bis heute trägt.[524]

Leider ist die im 18. Jahrhundert entstandene Ausstattung des Wörishofener Dominikanerinnenklosters nicht vollständig erhalten. Schwere Verluste mußten am 23. Mai 1800 hingenommen werden, als französische Truppen in die Gebäude eindrangen. Sie nahmen aus allen Zellen und Zimmern mit, *„was ihnen anständig war"*.[525] Sie brachen in der Kirche den Tabernakel auf und entwendeten das Ziborium, eine Kreuzpartikel in einem silbernen Gefäß sowie einen großen silbernen Becher und zwei aus demselben Material gearbeitete Kelche. Der Chronist beklagt wortreich den entstandenen Schaden: *„Uebrigens aber ist sehr vieles an Korporalien, Purifikatorien, Chorröken, an Alben und Kirchenleinwand mitgenommen, und auch vieles an Kirchenkleidern an den Kästen und Sakristeythüren ruiniert worden. Auch haben diese Räuber sehr vieles an Silbergefässen, Rosenkränzen, Zucker, Kaffe, Lioners und Süssigkeiten, welche sie bei den Klosterfrauen gefunden, fortgenommen, dann mehrere Ziehen, Leibacher und dergleichen, in welches sie geraubte Sachen eingepackt"*.[526] Nur die *„große Monstranz"* im oberen Tabernakel konnte damals gerettet werden. Der Überfall des Jahres 1800 dürfte die Hauptursache dafür sein, daß sich in dem Kloster keine Gebrauchsgegenstände aus dem 18. Jahrhundert erhalten haben, wie Gläser, Besteck, Textilien oder Geschirr. Doch zog auch die Säkularisation erhebliche Verluste nach sich. Die Chronik berichtet, daß am 1. Juli 1803 die *„Mobiliarschaft"* im Klosterhof versteigert wurde, *„als Kuchelgeschirr, Betten, Tische, Sessel, Stühl, Kästen, Bilder, Leinwand, Zinn, Kupfer und ferneres Gutschen, Wägen, Pflüge usw"*.[527]

Abb. 154
Vier Reliquiare. Kupfer, getrieben, versilbert und vergoldet. Bunte Glassteine. Höhe der Reliquiare von links nach rechts: 29,6 cm, 32,5 cm, 32 cm, 27,7 cm. Mitte 18. Jahrhundert. Dominikanerinnenkloster Bad Wörishofen.

Abb. 155
Kelch mit originalem Etui. Kelch Silber, getrieben und vergoldet. Meisterzeichen IM im Rechteck für Joseph Heinrich Mussmann († nach 1865). Augsburger Marke mit dem Jahresbuchstaben T für 1808. Lederetui 29,3 cm hoch, gepunzt mit der Aufschrift „von A.J.G. 1846. Zum Andenken für Herrn Pfarrer J.St.".

Abb. 156
Kruzifix. Holz, Bein und Perlmutt eingelegt. Corpus Christi Elfenbein. Reliquien. 49,2 cm × 20,2 cm. Unten Inschrift: „... etiges Creuz/ ist zu Bethlehem in dem/ heil. Stall, wie auch zu /Jerusalem in dem aller/ heiligen Grab Christi Jesu/ ist geweyht worden./ Auch die hh. Orth des Hail./ Landts berührt hat. Ver/erb dem hochlöbl. Jung Fr./Closter Wörishoffen./ 749. Fr. Matthias Ziegler./ Franciscus F. Vicarius/ in Conventu Campolylian".

Ein Inventar, das im Zuge der Säkularisierung aufgestellt wurde, faßt im wesentlichen zusammen, was im Jahre 1803 an beweglicher Ausstattung im Kloster noch vorhanden gewesen ist. Dort heißt es unter anderem:

„Inventarium
über die sowohl in dem Kloster als auch in der Kirchen mehrentheils zum taglichen Gebrauch vorfindige Mebels und andres. Extrahiert den 28. July 1803

Kirche

Bey dem Klosterthor durch den Bogen herein linkerhand ist die Klosterkirchen an das Koster angebauet, in welcher 3 Altäre, dann 1 Kappelle, worinnen

1. Altar, auf welchem das Mariabild von Einsiedeln, und in der Kirche mehrere Tafeln von Ordensheiligen, ohne sonstige Silberfassung und derley Ausziehrungen vorhanden.

2. Kor der fodere hinter den Koraltar der Ordinari Klosterkor mit 7 Koralbücher und einer Orgel, sodann

in der Kirche selbst, oben der Musik-Chor, worauf eine gleichergestalten schöne Orgel, dann ein Kasten, worinnen die Musikinstrument, als etwelche Geigen, 1 Pauken, 6 Trompeten darin, wovon aber nur 3 brauchbar.

In dem fodern Kor

1. Altar, worauf 2 Statuen St. Maria und St. Joseph

2. große Tafeln Herz Jesu und Maria, bey dem Eintritt in den Kor ein kleines Altärl, übrigens lauter Teses (Tefes?)

Kirchen-Ornat

Paramenten, dann andere Kirchensachen.
1 Monstranz von Kupfer und gut vergoldet mit Zieraten v. Silber.
1 Ziborium, wovon der Oberetheil Silber; der Fuß aber Kupfer und versilbert ist.
Ferners findet sich ein Kupfer und übersilberter Becher vor, worinnen heil. Hostien verwahret werden.
2 Kelch von Silber und vergoldet, und einer von welchem der obere Theil die Kupe Silber; der Fuß aber Kupfer und übersilbert ist ...
1 Rauchfaß von Messing und übersilbert samt Schifeln oder Weyhrauchbehältniß,
1 schlechteres deto auf alle Täge,
1 Lavor blos von Zinn,
6 hölzerne und vergoldete Piramitten mit Reliquien auf den Hochaltar und 4 kleinere auf zweyen Nebenaltären,

6 größere Blumenstök mit vergoldeten Fußgestell und mehrern kleinere auf alle Altäre von eigener Klosterarbeit ...

Refectorium

Darinen 5 lange Tafeln, 1 großer eiserner Ofen, 1 Cruzifix, ein = und andere große Tafeln oder Bilder der Heiligen, 1 zinener Weyhwaßerkößel, 1 kupferner Schwenkkößel, nebst 3 beschlagen = erdenen Krüegen ...

Noviziatstube

worinen 1 großer Tisch, 1 eiserner Ofen, 2 strohene Sessel, 1 Cruzifix an der Wand die Geißelung Christi vorstellen, nebst etwelcher geistlichen Bilderen.

Der Novizenmeisterin Zell

1 Tischl, 1 Bettstat samt Bett und grünen Vorhängen, 1 Bettstüelle (Betstuhl) nebst etlichen Bildnußen als Eigenthum.

Die Noviziatskapelle

1 Altar nebst einem Mariabild mit etwelchen kleinen Täfelen.

2 bewohnt = und 4 unbewohnte Novizenzellen,

welche sehr bauvöllig
1 Cruzifix, 1 Altärl, 2 kleine Kästlein, etwelche geistliche Bildnißen ...

Das große Sprachzimer

worinen 2 lange Tafeln, 2 Sessel, 1 kleines Altärl, 1 großer eiserner Ofen, 3 Teßes

Das Kleine Sprachzimmer

1 Cruzifix, 1 Tisch, 2 Kästen, 2 Sessl, 1 Apothekerkasten gleich im Conrent, worinen Schallen und Coffeezeug ...

Das Arbeitszimmer

Darinen 10 kleine Tischlen, etwelche hölzerne kleine Sesseln, 1 großer Tisch, 2 Wandkästen, 1 Ofen von unten herauf mit einem Gater bedekt, 1 Zinenes Lavor.

Schwesternstube

2 Tischlein, 1 eiserner Ofen.

Zweyter Stock Schnizkammer

mit unbedeitenden Schreinwerk und etwas Schniz.

Abb. 158
Salzburger Loretokindl im Schrein. Wachs. Draht. Perlen. Bunte Glassteine. Schrein Holz, gefaßt und bemalt.
36,5 cm × 29 cm × 15 cm.
Mitte 18. Jahrhundert.

Abb. 157 und Abb. 159
Zwei Reliquienpyramiden. Holz, geschnitzt und gefaßt. Reliquien Drahtarbeit mit reichem Perlenbesatz.
75 cm × 38,5 cm × 16,5 cm.
1. Hälfte 18. Jahrhundert.

Abb. 155–159
Dominikanerinnenkloster Bad Wörishofen.

Abb. 160
Heilige Familie. Öl auf Leinwand. Signiert „Joseph Hartmann pinxit". 104 cm × 67 cm (mit Rahmen). Mitte 18. Jahrhundert. Joseph Hartmann (1721–nach 1789) war als Maler in Augsburg tätig. Dominikanerinnenkloster Bad Wörishofen.

Abb. 161
Heilige Katharina von Alexandrien. Öl auf Leinwand. Ursprünglicher Rahmen. Signiert „Fra. Jos. Riggenmann pinxit". 56,2 cm × 39 cm (mit Rahmen). 1. Hälfte 18. Jahrhundert. Franz Joseph Riggenmann († 1758) war als Maler im nahegelegenen Mindelheim tätig. Dominikanerinnenkloster Bad Wörishofen.

10 unbewohnte Zellen,
worinen in einer jeden gleich 1 angerichtete Bettstat, 1 Bettstuhl, 1 Kastel, 1 Tischl, dann etweliche Tafeln der Heiligen …

Kleinhabitzell
1 fünffacher großer Kasten, worinen die Habit und Scapulier von Wiffling als ihr Eigenthum, 1 Truhe, worinen einige Stückel zum Habitflecken, 1 großer Kasten mit unbedeutenden Flicksachen, 3 mittere Kärb.

Großes Habitzimmer
26 große Kästen, worinen in einem jeden ein alter Habit nebst Scapulier sich befindet, 1 Tisch nebst einer Truhe, worinen abermal Fleck zum Habitflecken, 1 Scapulierpreß, 1 lange Tafel.

Priorat
Darinen 3 eichene Kästen, item 4 Behältnißkästen von Thannholz alle leer, 1 leere Truhen, 1 Tisch, 9 alte Sessel, 1 Altärl mit zerschiedenen Täfelen, 2 Bettstaten samt dem Bett, welches Bett aber der Frau Priorin Eigenthumlich, 1 Komodkästel worauf ein kleines Altärl, ein kleines Nebentischel, 1 Hanguhr, 1 zinenes Lavor, 9 alte Täfelen der Heiligen …"[528]

Soweit identifizierbar, befinden sich viele dieser Gegenstände noch heute im Konventgebäude, wenngleich manches kostbare Ausstattungsstück noch nach 1803 verloren ging. So mußte beispielsweise ein großer *„45 Lot schwerer Kelch"* 1806 an das K. Landgericht Türkheim abgegeben werden.[529] Einige Gegenstände wurden auch verschenkt, wie etwa zwei geschnitzte Reliefs des 18. Jahrhunderts, die sich heute in der Sammlung des Herzoglichen Georgianums in München befinden.[530]

Betrachtet man die jetzt noch vorhandenen, im 18. Jahrhundert zur Ausstattung des neu errichteten Klosters nach Wörishofen verbrachten Gegenstände in ihrer Gesamtheit, so fällt auf, daß sie durchweg solide gearbeitet und gestaltet sind. Nicht nur die Qualität des damaligen schwäbischen Handwerks sondern auch die sozial und wirtschaftlich hohe Stellung des Mutterklosters Sankt Katharina schlugen sich, bis heute erkennbar, darin nieder. Von einer großzügigen, reichen Möblierung kann aber nicht die Rede sein, Aufwand oder gar Luxus wurden offensichtlich vermieden. Sichtbar trugen die Schwestern vielmehr dem

Armutsgebot ihres Ordens Rechnung. Bezeichnend ist, wie die Ausstattung im Zuge der Säkularisierung im Protokoll über die „Churpfalz bajerische Civil = Besitznahme" charakterisiert wurde: *„Die sämmtliche Einrichtung und Mebeln dieses Klosters sind so fast nicht beträchtlich noch kostbar, sondern so überhaupts so einfach beschaffen, daß dasjenige, was in den von den Conventualinnen bewohnten Zellen nemlich an denen stipuliert hereingebrachten bedürftigen Einrichtung als Eigentum behauptet wird, in ein wie in der anderen nur in einem Bett, Sessel, Cruzifix und Betstuhl, dann einigen Muttergottes, und heiligen Ordensbildern besteht".*[531]

Die in der zweiten Ausstattungsperiode, also im 19. und im 20. Jahrhundert, hinzugekommenen Objekte geben im Gegensatz zur ersten Ausstattungsphase ein vielfältiges, ja uneinheitliches Bild wieder. Überwiegend handelt es sich um Biedermeiermöbel; ganze Sitzgarnituren, aber auch Kommoden, Uhren und Vitrinen sind aus dieser Zeit erhalten. Viele Gegenstände beschäftigen sich mit Pfarrer Sebastian Kneipp; zahlreiche gerahmte Fotografien von ihm und Gemälde, die auf seine Person Bezug nehmen, bewahren die Schwestern bis zum heutigen Tag auf. Manchen Gegenstand schenkten den Schwestern auch dankbare Kurgäste. Bei einem Vergleich mit der Ausstattung des 18. Jahrhunderts fällt auf, daß nur ein geringer Teil der im 19. Jahrhundert in das Kloster verbrachten Objekte einen vergleichbaren religiösen Bezug repräsentiert. Die heterogene Herkunft der Gegenstände ist ebenso spürbar, wie der mit der Übernahme praktischer Aufgaben einhergehende Wandel des innerklösterlichen Geistes. Auch *„Massenware"* fand damals Eingang in den Konventbau, wie etwa eine aus Gips serienmäßig hergestellte, bunt gefaßte Figurengruppe mit dem vor dem Kreuz knieenden heiligen Dominikus; die in einigen Bereichen ganz allgemein für das 19. Jahrhundert charakteristische künstlerische und religiöse Verflachung hat auch hier ihre Spuren hinterlassen. Eine besondere Stellung nehmen allerdings die Klosterarbeiten ein, die damals entstanden sind und mit deren Anfertigung die Dominikanerinnen eine in die Anfänge des Klosters zurückreichende Tradition wieder aufnahmen; sie waren im 19. Jahrhundert, auch als Andenken an den aufstrebenden, jungen

Abb. 266

Abb. 164

Abb. 162
„Das marianische Gnadenbild in Dieffenried". Kopie des Gnadenbildes der Wallfahrtskirche Maria Hilf in Tiefenried bei Kirchheim an der Mindel. Öl auf Leinwand. Maler nicht bekannt. 82 cm × 67,5 cm (mit Rahmen). Mitte 18. Jahrhundert. Dominikanerinnenkloster Bad Wörishofen.

Abb. 163
Muttergottes von Nassenbeuren bei Mindelheim. Kopie des Gnadenbildes Maria-Schnee von Santa Maria Maggiore in Rom. Öl auf Leinwand. Maler nicht bekannt. 109 cm × 72 cm (mit Rahmen). Mitte 18. Jahrhundert. Dominikanerinnenkloster Bad Wörishofen.

Abb. 164
Andachtsbilder des 19. Jahrhunderts. Gips, gegossen und bemalt.
Dominikanerinnenkloster Bad Wörishofen.

Abb. 165 ▷
Die Heilige Familie auf der Flucht. Rupfen bemalt.
Maler nicht bekannt.
209 cm × 145,5 cm.
Mitte 18. Jahrhundert.
Dominikanerinnenkloster Bad Wörishofen

Kurort Wörishofen, überaus begehrt. Überblickt man die nach der Rekonstitution erworbenen Gegenstände im ganzen, kann die gleiche Feststellung getroffen werden, die schon für die Ausstattung des 18. Jahrhunderts gemacht wurde. Nie trieb das Kloster unangemessenen Aufwand, nirgendwo zeigt sich Prunksucht oder materielle Übertreibung. Bei aller Vielfalt blieben die Schwestern auch nach der Wiederherstellung ihres Hauses dem Gebot ihres Ordensgründers treu, daß alle Einrichtung „einfach" sein müsse. Nicht zuletzt diese Tatsache dürfte wesentlich dazu beigetragen haben, daß das Kloster Maria Königin der Engel noch heute einen so umfangreichen Bestand an historischen Ausstattungsstücken besitzt.

Wie die Einrichtung des Konventgebäudes zeigt, haben es die Schwestern von Bad Wörishofen verstanden, die aus dem 18. Jahrhundert stammende, noch vorhandene und die im 19. und zu Beginn des 20. Jahrhunderts hinzugekommene historische bewegliche Ausstattung in die heutige Nutzung ihres Hauses zu integrieren. Die Möbel und Gemälde früherer Generationen schmücken stimmungsvoll die Gänge, Zimmer und Zellen, noch immer dienen die prachtvollen Reliquienpyramiden an Festtagen als zusätzliche Altarzier, manches Andachtsbild genießt eine besondere Verehrung. Behutsam erweitern die Dominikanerinnen den Bestand dieser Objekte um Werke jetzt lebender Künstler. Sichtbar durchdringen sich auf diese Weise Vergangenheit und lebendige Gegenwart. Mit der bewußten Integration der historischen Ausstattung in den Klosteralltag dokumentieren die Schwestern nicht nur die Werte der Beständigkeit und der Kontinuität, denen sie verpflichtet sind, sondern sie demonstrieren zugleich das unerschütterliche Bewußtsein, daß ihr besonderes gottgeweihtes Leben sinn- und wertvoll ist und vor Zeit und Ewigkeit bestehen kann.

Die Restaurierungsgeschichte des Dominikanerinnenklosters in Bad Wörishofen

Susanne Fischer

Zur Frage, wie man ein altes Baudenkmal konservieren und restaurieren kann, unterschied der Tübinger Kunsthistoriker und Philosoph Konrad Lange anläßlich eines Festvortrages am 25. Februar 1906[532] grundsätzlich zwei Fälle: *"Es kann nämlich sein, daß ein Bauwerk bereits außer Gebrauch ist und nur als Denkmal, gewissermaßen als Ruine, erhalten werden soll. Es kann aber auch sein, daß es noch in praktischer Benützung steht, vielleicht sogar noch demselben Zweck dient, zu dem es einstmals bestimmt war. ... Im ersteren Fall handelt es sich vorwiegend um die Pflicht der Erhaltung, da die Anpassung an einen praktischen Gebrauch zunächst nicht in Frage kommt. Im letzteren handelt es sich zwar auch um die Erhaltung, daneben aber um eine dem aktuellen Bedürfnis entsprechende Wiederherstellung und Erweiterung. Doch lassen sich beide Fälle in der Praxis nicht immer scharf voneinander trennen, greifen vielmehr oft ineinander über. Immer ist es indessen die genaue Grenze zwischen der Pflicht der Konservierung und dem Rechte der Restaurierung, und die Grundsätze, nach denen beides zu erfolgen hat, worum sich der Streit dreht"*.[533] Diese Differenzierung – entwickelt zu einem Zeitpunkt, als auch in Deutschland die Diskussion um Prinzipien für die Definition und den Umgang mit Denkmälern einen ersten Höhepunkt erreicht hatte[534] – umreißt bereits vollständig die Problematik einer Konzeptfindung für den Umgang mit historischen Bauwerken. Die Charta von Venedig umschrieb später, 1964, genau, was das Ziel einer Restaurierung heute zu sein hat, nämlich *"die ästhetischen und historischen Werte des Denkmals zu bewahren und zu erschließen. Sie* [die Restaurierung] *gründet sich auf die Respektierung des überlieferten Bestandes und auf authentische Dokumente"*.[535] Im Gegensatz zur reinen Konservierung, die vorrangig eine Sicherung des materiellen Denkmalbestandes und den Schutz vor weiterem Verfall anstrebt, *"hat die Restaurierung die Gesamterscheinung des Denkmals als geschichtliches und künstlerisches Zeugnis im Auge"*.[536] Dieser ungleich höhere Anspruch bedingt im konkreten Fall die Notwendigkeit einer detaillierten Auseinandersetzung nicht nur mit der ursprünglichen künstlerischen Intention eines Bau- oder Kunstdenkmals sondern vielmehr auch mit den Veränderungen, die im Lauf der Zeit aus unterschiedlichsten Gründen daran vorgenommen wurden. Auch sie stellen einen unverzichtbaren Bestandteil eines historisch gewachsenen, inhomogenen Zustandes dar, der heute letztlich jedes Denkmal charakterisiert.

Die Restaurierungsgeschichte des Dominikanerinnenklosters in Bad Wörishofen und seiner Kirche spiegelt die von Generation zu Generation unterschiedliche Auseinandersetzung mit dem historischen Bestand wider. Im Gegensatz zu den meisten bayerischen Klöstern, die baulich in der Regel eine bis in das Mittelalter zurückgehende Tradition aufweisen können, wurde es in der ersten Hälfte des 18. Jahrhunderts errichtet. Am 4. August 1719 erfolgte die Grundsteinlegung, die ersten Räumlichkeiten waren bereits nach der kurzen Bauzeit von knapp zwei Jahren bewohnbar. Mit der Weihe der Kirche am 12. September 1723, also nach vier Jahren, waren nicht nur die baulichen Maßnahmen abgeschlossen sondern auch die künstlerische Ausgestaltung.[537] Bau und Ausstattung entstanden somit innerhalb kürzester Zeit als vollständige barocke Neuschöpfung. Es gab weder eine bauliche noch eine künstlerische Notwendigkeit, beispielsweise aus Gründen von Pietät und Traditionsbewußtsein, Reste älterer Anlagen einzubeziehen oder Bestandteile früherer Ausstattungen zu integrieren.[538] Eine Klosteranlage von seltener stilistischer Einheitlichkeit, ausschließlich geprägt von der Formensprache des frühen 18. Jahrhunderts, konnte so entstehen.

Die Jahrzehnte nach der Errichtung, das ganze 18. Jahrhundert hindurch, wurden im

Abb. 167
Pendel der Standuhr von Abb. 166 mit einem Bildnis der heiligen Cäcilie.

◁ Abb. 166
Blick in den Gang im ersten Stock des Konventbaus des Dominikanerinnenklosters Bad Wörishofen. Stukkaturen von Dominikus Zimmermann (1685–1766). Standuhr: Gewichtantrieb, Hinterpendel, Viertelstundenschlagwerk. Zifferblatt Eisen, bemalt. Gehäuse Holz, gefaßt. 305 cm hoch. Spätes 18. Jahrhundert.

wesentlichen von einem ruhigen, kontinuierlichen Klosterleben gekennzeichnet, das durch die strengste Klausur und Weltabgeschiedenheit, entsprechend den buchstabengetreu befolgten dominikanischen Ordensregeln, bestimmt wurde. Für die Restaurierungsgeschichte bedeutete dies vor allem den Verzicht auf größere Modernisierungsmaßnahmen, die an anderen Bauten in der zweiten Hälfte des 18. Jahrhunderts bereits entscheidende Veränderungen, beispielsweise an der Fassung von Fassaden, an Räumen oder Ausstattungsgegenständen, bedingten.[539] Zwei in den Jahren 1989 und 1993 durchgeführte Befunduntersuchungen an der Raumschale der Kirche wie auch detaillierte Nachforschungen zur Geschichte der Ausstattung bewiesen auch, daß es hier weder vollständige Neufassungen noch größere Veränderungen gegeben hat. Allerdings mußte ein statischer Schaden behoben werden, *„da der Bau in aller Schnelle und Eyl, wo man nit genug dirres Holz gehabt und das Maiste mit grünem Holz gepaut worden und sich hernach in 15 oder 20 Jahren baldt dort baldt da ein Schaden sich gezaigt, daß es gesunkhen und man unterstitzen hat müssen, daß solcher orth nit gar zusammengefahlen"*; für die Kosten der Maßnahme mußte das Mutterkloster Sankt Katharina in Augsburg *„das maiste Capital"* beisteuern.[540]

Weitere Hinweise in den Quellen betreffen vorrangig geringfügige Arbeiten, wie zum Beispiel die Stiftung neuer Antependien 1751 oder eines blauen Stoffbaldachins für den Choraltar 1755.[541] Historische Ereignisse, wie die Übertragung der in der Pfarrkirche bestehenden Rosenkranzbruderschaft in die Klosterkirche am 15. August 1724, mögen, wenngleich nicht belegbar, zusätzliche Stiftungen begünstigt haben; von baulichen Maßnahmen, die sie ausgelöst haben könnten, ist aber nichts bekannt. Sicherlich wird es im Lauf der Jahre, abgesehen von der oben erwähnten statischen Stützmaßnahme, noch eine Reihe von weiteren notwendigen Bauunterhaltsarbeiten an den Gebäuden gegeben haben, wie etwa das Auswechseln einzelner Dachplatten oder die Erneuerung einzelner Fenster; über sie wird jedoch nicht berichtet, sie wären auch unter dem Aspekt der Restaurierungsgeschichte lediglich von untergeordnetem Interesse.

Am 23. Mai 1800 endete diese für das Kloster so friedliche Zeit mit der Besetzung durch französische Soldaten im Zuge der napoleonischen Kriege. Nach den Quellen kam es den Plünderern jedoch vor allem auf etwaige Kirchenschätze an; sie sprengten deshalb sogar den Tabernakel des Hochaltars auf. Von größeren baulichen Beschädigungen wird nichts überliefert. Den nächsten und wesentlich folgenschwereren Schlag, der das Kloster kurz darauf treffen sollte, bildete die Säkularisation. Am 29. November 1802 verkündete der kurfürstliche Landvogt zu Mindelheim Wolfgang Heiling den im Refektorium versammelten Schwestern die *„Civil-Besitznahme"* des Klosters. In den folgenden Tagen, bis zum 8. Dezember 1802, wurde eine ausführliche Inventarisierung der klösterlichen Besitztümer durchgeführt, deren Protokoll überliefert ist.[542] Über den baulichen Zustand berichtet der Landvogt leider nichts; neben der detaillierten Aufstellung des Klostervermögens an Bargeld und Realien äußert er sich lediglich mehrfach über die bescheidene bewegliche Ausstattung des Konventbaus mit Mobiliar und liturgischen Gerätschaften.[543] Auch weist er auf das knappe Archiv (nur zwei Kästen!) und das Fehlen einer Bibliothek sowie von Naturalien- bzw. Kunstsammlungen hin. Kirchenschätze waren nach seiner Auffassung wegen der bescheidenen Klostermittel ohnehin nie in größerem Ausmaß vorhanden gewesen oder spätestens während der französischen Invasion geraubt worden. Der bemüht aufgeklärte Text seiner Aufstellung spiegelt jedoch nicht nur die Bescheidenheit der Wörishofener Dominikanerinnen und den Mangel an wirtschaftlich verwertbaren, materiellen Schätzen wider, sondern vermittelt auch ein anschauliches Bild von dem Kloster während des ersten, von Zurückgezogenheit geprägten, historischen Zeitabschnittes seiner Existenz im 18. Jahrhundert.

Die folgenden Jahre, als sich die Gebäude in staatlichem Besitz befanden, bildeten keine Blütezeit für das Kloster. Dies ergibt sich äußerst anschaulich aus einem Brief von Schwester Maria Karolina Schmid vom 19. Februar 1846 an das Bischöfliche Ordinariat in Augsburg.[544] In ihm berichtet sie von dem *„scandalösen Anblick"*, den die Baulichkeiten *„nach einem bereits 40jährigen Verfalle"* böten: *„Manche Zellen sind gar nicht bewohnbar und sie könnten füglich*

*Abb. 168
Das Dominikanerinnenkloster Bad Wörishofen von Nordosten. Photographie von Fritz Grebmer Wörishofen. 9,7 cm × 14,5 cm. Um 1890. Die ‚welligen' Dachfirste lassen den schlechten Bauzustand erahnen.
Archiv Dominikanerinnenkloster Bad Wörishofen.*

bald den nächtlichen Raubtieren zum Asyl dienen ... andere Baugegenstände, wie zum Beispiel Mauern, Gewölbe und selbst der Kirchturm drohen dem baldigen Einsturze." Ein großes Stück der Decke im hinteren Schiff der Kirche sei bereits vor kurzem von der Decke gefallen, klagt sie und dann, einige Zeit später am 9. Dezember 1846, schreibt sie:[545] *„Das schon längst Befürchtete ist endlich in Erfüllung gegangen. Der Glockenstuhl im Kirchturm ist aus seiner Verbindung gewichen und die große Glocke stürzte am verfloßenen Montag bebend als am 7. des M(onats), als man sich eben anschickte das Gebeth zu läuten, mit einer Heftigkeit herab."* Als Gründe für den verwahrlosten baulichen Zustand benannte die Verfasserin des Briefes die Gewohnheit des Staates, nur das Allernotwendigste auszubessern und dieses noch mangelhaft sowie die unsolide, zu wenig kontrollierte Verwendung derjenigen staatlichen Gelder, die jährlich für den Bauunterhalt hätten ausgeben werden sollen.

Bessere Zeiten brachen für Kloster und Kirche erst nach 1860 wieder an, als – nach einigen Jahren der systematischen Behebung baulicher Schäden – der Rückkauf der Gebäude vom Staat bewerkstelligt werden konnte. Die gelungene Wiedereinsetzung der Dominikanerinnen in ihr angestammtes Eigentum und das verstärkte Engagement von Sebastian Kneipp, der seit 1855 als Beichtvater der Schwestern in Wörishofen wirkte, bereiteten den Boden für eine erste eigentliche ‚Restaurierung' der Klosterkirche. Der wegen seiner Tatkraft bekannte Spiritual veranlaßte bereits im Jahre 1862 die stilgemäße ‚Restauration' des Choraltares sowie sämtlicher Altäre der Kirche.[546] Mit dem Terminus ‚Restauration' wurde im 19. Jahrhundert jedoch etwas von heutiger Auffassung grundsätzlich Verschiedenes bezeichnet. ‚Restauration' beziehungsweise ‚Restaurierung' bedeutete damals im wesentlichen die Auseinandersetzung mit mittelalterlichen Bauformen und Ausstattungen, die man für den eigentlichen deutschen Beitrag zur europäischen Kunst erachtete. ‚Restaurieren' hieß vielfach, Bauwerke zu ‚regotisieren'. Das folgende Zitat kann dies beispielhaft verdeutlichen. *„Es ist mir schon früher bey dem Besuche der erzbischöflichen Metropolitankirche zu Bamberg unangenehm aufgefallen, daß dieses herrliche, große Denkmal des teutschen Baustyles einige Verunstaltungen und Renovationen erhalten hat* [gemeint ist die barocke Umgestaltung und Ausstattung], *welche dem Kunstsinne widerstreben. Um diese zu ver-*

Abb. 169
Blick in die Kirche des Dominikanerinnenklosters Bad Wörishofen. Photographie. 15 cm × 12 cm. Vor 1893. Die Mensa des Hochaltars ist noch nicht umgestaltet und mit den Reliefs Abb. 127 mit Abb. 129 geschmückt.
Bayerisches Landesamt für Denkmalpflege.

Abb. 170 ▷
Die heilige Maria Magdalena. Öl auf Leinwand. 298 cm × 168 cm (ohne Rahmen). Gemalt von Franz Haagen (†1734). Nördlicher Seitenaltar in der Dominikanerinnenkirche Bad Wörishofen.

bessern, und den ungestörten Anblick dieses erhabenen Tempels in dem Geiste seines reinen Styles wieder herzustellen, ist es Mein Wunsch, daß der große verunstaltende Altar hinwegkomme; dann der weisse Anstrich der Kirche bis auf die Spur abgerieben werde, so daß der Stein in seinen natürlichen Farben erscheine, desgleichen daß die Oelfarbe, mit welcher die Bildsäulen übertüncht wurden, abgemeisselt werde, wenn selbe auf keine andere Art wegzunehmen wäre".[547] So schrieb König Ludwig I. von Bayern 1826 an den Bamberger Erzbischof. Die Beispiele für gleichartige Maßnahmen sind im Bayern des 19. Jahrhunderts Legion. Im übertragenen Sinne hätte dies für Bad Wörishofen ohne weiteres bedeuten können: Abschlagen von Stuck und Deckengemälden, vollständige Neufassung der Raumschale in intensiver Farbigkeit, Entfernung, zumindest aber deckende Überfassung der kompletten barocken Ausstattung und ähnliches. Daß es dort trotz mancher Umbau- und Restaurierungsmaßnahmen während der zweiten Hälfte des 19. Jahrhunderts in keinem Fall zu derart endgültigen und einschneidenden Veränderungen kam, dürfte im wesentlichen auf zwei Ursachen zurückzuführen sein: Zum einen auf die bereits eingangs erwähnte, ins Auge fallende historische und stilistische Einheitlichkeit der ganzen Anlage, die sicherlich, trotz der damals völlig anders gesetzten Restaurierungsschwerpunkte, auch dem 19. Jahrhundert zugänglich war und deren Eigenständigkeit es sich vermutlich nicht entziehen konnte und zum anderen die besonders enge emotionale Bindung der Wörishofener Schwestern an den baulichen Bestand, den sie gegen so vielfältige Widerstände bis zu diesem Zeitpunkt bewahrt und gepflegt hatten und der – in noch stärkerem Maß als es ein weltoffeneres Kloster hätte sein können – ihren eigenen, abgeschlossenen Kosmos verkörperte. Der Beginn der Tätigkeit von Pfarrer Kneipp auf dem Gebiet der Krankenpflege – 1886 erschien erstmals sein grundlegendes Werk „Meine Wasserkur" – markiert gleichzeitig den Endpunkt jener beschriebenen, eher zurückgezogenen Lebensweise der Wörishofener Schwestern. Seit den späten 80er Jahren verzeichnete nicht nur der Ort Wörishofen eine Bautätigkeit sondergleichen, so auch den Bau der Bahnstrecke von Türkheim nach Wörishofen, auch die Klostergebäude selbst mußten im Zuge der neuen Aufgaben des Klosters, der Mithilfe bei den Kuranwendungen und der schulischen Anforderungen, erweitert werden.[548] 1896 erfolgte zu diesem Zwecke die weit nach Süden vorstoßende Verlängerung des Westflügels des Konventbaus. Bei der Errichtung von Stallungen in diesem Flügel wurde die Gnadenkapelle nach Westen verbreitert und ihre gewölbte, freskierte und stuckierte Decke durch eine Flachdecke ersetzt. 1890 richtete man im Kreuzgarten das erste Badehaus ein, das dort bis 1924 verblieb. Mit den neuen Nutzungen verbundene Umbauten im Inneren der Klostergebäude sind leider im einzelnen nicht mehr nachzuvollziehen. Der feierliche Übertritt der Schwestern in den Dritten Orden des heiligen Dominikus im Jahre 1894 läßt sich heute noch an der Ausstattung der Kirche, vor allem am Umbau von Tabernakel und Windeneinrichtung am Hochaltar, ablesen. An dessen Rückseite, im Schwesternchor,

Abb. 71

Abb. 79

war schon 1893 ein neuer Altar in neubarocken Formen errichtet worden. Wohl zum gleichen Zeitpunkt ersetzte man die ursprüngliche Orgel, deren Gehäuse höchstwahrscheinlich der Augsburger Dominikaner Valentin Zindter gestaltet hatte, durch einen neubarocken, fünfteiligen Prospekt. Insgesamt werden fünf Renovierungsarbeiten an der Kirche überliefert, und zwar für die Jahre 1862, 1886, 1893 und 1906.[549] Trotzdem konnte bisher, auch bei der jüngsten Befunduntersuchung der Raumschale im Jahr 1993,[550] nur eine Fassung des 19. Jahrhunderts gefunden werden. Diese bildete wohl die erste vollständige Überfassung der barocken Flächen. Nachgewiesen werden konnten spärliche Reste einer relativ starkfarbigen Leimfarbenfassung (zum Teil nur Grundierungsreste), die man 1955 nahezu vollständig abgewaschen hatte. Die genauere Farbverteilung ist nicht überliefert. Eine Schwarz-Weiß-Aufnahme vor 1893 zeigt allerdings schablonierte Wandflächen im unteren Wandbereich. Zu dieser Raumfarbigkeit standen helle Fenster in neubarocker Ornamentverglasung, die jedoch ebenfalls nur aus alten Ansichten bekannt sind; die Scheiben wurden 1955 durch blanke Rundverglasungen ersetzt.

Betrachtet man rückblickend die einzelnen in der Kirche durchgeführten Maßnahmen des 19. Jahrhunderts, so kann zusammenfassend festgestellt werden, daß der Raum unter weitgehender Belassung des Bestandes im Sinne eines Neo-Barock interpretiert worden ist. Die Notwendigkeit, mit Bandwerk- und Akanthusstuck sowie barocken Deckengemälden auskommen zu müssen, legten wohl unter anderem die klare Rautenornamentik der Schablonenmalerei und die helle Ornamentverglasung der Fenster nahe.

War man trotz der relativ guten Quellenlage im Wörishofener Kloster bis dato oftmals auf Vermutungen angewiesen – Vieles ist aufgrund der Selbstverständlichkeit von Reparaturen beziehungsweise Renovierungen nicht oder zumindest nicht detailliert vermerkt worden – so bieten die Akten des Bayerischen Landesamtes für Denkmalpflege[551] ab dem Zweiten Weltkrieg einen verhältnismäßig ausführlichen Überblick über die nachfolgenden Maßnahmen, außerdem dokumentieren sie anschaulich,

welche Restaurierungskriterien damals den Arbeiten zugrunde gelegt wurden. Mit Schreiben vom 26. März 1950 meldete die Priorin kriegsbedingte Schäden an den Klostergebäuden; infolge von Sprengungen waren die Butzenverglasungen der Fenster eingedrückt worden und Sprünge entstanden, große Fehlstellen am Deckenstuck in den Gängen des Klausurbereiches und in einzelnen Räumen wurden beklagt. Die Verglasungen erneuerte man umgehend. Für die Restaurierung der Stuckdecken benannte das Landesamt für Denkmalpflege auf Anfrage des Klosters Fachfirmen, ein kleiner Zuschuß konnte bewilligt werden. Leider umfaßten diese Maßnahmen damals nicht nur Festigungs- und Ergänzungsarbeiten, sondern auch eine *„außerordentlich gründliche Freilegung"*, die stellenweise bis auf die blanken Stuckoberflächen drang und von den barocken Fassungen nur Reste übrig ließ. Refektorium und Festsaal wurden so behandelt, wobei im letzteren große Teile

Abb. 172
Blick in die Kirche des Dominikanerinnenklosters Bad Wörishofen vor der Restaurierung von 1993/1995. 20 cm × 14 cm. 1989.
Bayerisches Landesamt für Denkmalpflege.

◁ *Abb. 171*
Blick auf den Stuck von Dominikus Zimmermann (1685–1766) über der Kanzel in der Dominikanerinnenkirche von Bad Wörishofen. Zustand nach der Restaurierung von 1993–1995.

des Deckenstucks ergänzt werden mußten. Ebenfalls mit Zustimmung der Fachbehörde ersetzte man 1953 die beiden barocken Beichtstühle in der Kirche durch neue, von ihnen findet sich lediglich ein kleiner Rest, umgestaltet zu einem Kredenztisch, in der Sakristei.

Die wohl einschneidendsten Eingriffe in die barocke Substanz von Konventbau und Kirche erfolgten kurze Zeit darauf. Am 11. Dezember 1955 zerstörte ein Brand die Ökonomiegebäude des Klosters, die Marienkapelle brannte vollständig aus. Der Konventbau und die Kirche konnten zwar vor dem Feuer bewahrt werden, doch wurde vor allem das Gotteshaus durch Qualm und Ruß stark verschmutzt. Das eingedrungene Löschwasser führte zu gravierenden Schäden an Raum und Ausstattung. Unmittelbar nach der Brandkatastrophe besichtigten die Fachbehörden das Ausmaß der Schäden. Einen Monat später erfolgte ein ausführliches Instandsetzungskonzept für die einzelnen notwendigen Instandsetzungsarbeiten.[552] Die erheblich verrußten Wände sollten abgekratzt, freigelegt (Stuck) und in Kalkweiß getüncht beziehungsweise nach der an der Emporenuntersicht zutage getretenen Originaltönung farbig gefaßt werden; alle Putzausbesserungen hätten in Kalkmörtel zu erfolgen. Auch für die Deckengemälde wurde eine Reinigung und Restaurierung angestrebt, deren endgültiger Umfang nach Gerüsterstellung festgelegt werden sollte. Interessant ist, daß auf die Stichkappenmedaillons im Kirchenschiff mit der Bemerkung, daß sie *„möglicherweise barocke Malereien enthielten"*,[555] besonders eingegangen wurde; vermutlich waren sie vor 1955 übertüncht gewesen und wurden erst im Zusammenhang mit den Restaurierungsarbeiten wieder freigelegt. Unbedingte Forderung war – wie leider so oft in diesem Zeitraum – *„der Ersatz der ganz minderwertigen Farbfenster durch eine farblose Rundverbleiung in Antikglas"*.[554] Die Maßnahmen an der Holzausstattung sollten sich auf das Reinigen und Ausbessern der Furnierschäden beschränken. Leider geht jedoch aus den Rechnungen der beauftragten Firma sehr deutlich hervor, daß nicht nur gereinigt und repariert, sondern in großem Umfang abgebeizt, abgelaugt, neu vergoldet oder versilbert wurde. Zahlreiche originale Fassungen und Lacke gingen in Wörishofen auf diese Weise erst 1956 verloren; ein solches Vorgehen stellte im übrigen keine Ausnahme dar, vielmehr handelte es sich um die damals gebräuchliche ‚sorgfältige' Vorbehandlung des Untergrundes für eine erneuerte Fassung. Besonders schwere Schäden wiesen die Leinwandgemälde der Seitenaltäre sowie diejenigen an der Südwand neben der Kanzel auf. Durch Ruß und Löschwasser war die Malerei stellenweise fast bis auf die Grundierung weggebeizt. Man warf deshalb zunächst die Frage auf, ob sie völlig neu gemalt werden sollten. Anläßlich einer Musterrestaurierung in den Amtswerkstätten des Bayerischen Landesamtes für Denkmalpflege stellte sich der Schaden glücklicherweise als weniger gravierend dar, vollständig erneuert wurde dann nur die vergraute und krepierte Firnisschicht.

Die ausgebrannte Gnadenkapelle mußte vollständig neu gestaltet werden. Statt der Flachdecke des 19. Jahrhunderts wurde eine

Abb. 173
Türe der Kusterei im ersten Stock des Konventbaus des Dominikanerinnenklosters Bad Wörishofen mit der ursprünglichen Farbgebung von ca. 1720. Im Hintergrund die einfachen, bemalten Schränke aus derselben Zeit.

Flachtonne mit Stichkappen über den Fenstern ausgeführt, verziert mit Stuck in neubarocken Formen. Die Fresken stammen von Lothar Schwink, die Blumenmalerei von Mater Donatilla von Eckhardt, der Altar von Jakob Schnitzer aus Augsburg.

Im Ergebnis war die Klosterkirche nach Abschluß der Arbeiten 1956 so wiederhergestellt, wie die Interpretation der Befunde es damals für einen barocken Raum als angemessen erscheinen ließ. Die Raumschale zeigte unterschiedliche, zartfarbige Rücklagen, der Stuck im wesentlichen Weiß mit farbigen Akzenten und einigen Vergoldungen. Die Medaillons in den Stichkappen waren wieder freigelegt, die Deckengemälde nicht nur vom Ruß gereinigt, sondern auch zum Teil großflächig übermalt und mit einem unpigmentierten Überzug versehen, die Altäre bis aufs Holz abgebeizt, die Metallauflagen partiell erneuert und sämtliche Flächen gewachst. Dieser Eindruck blieb während der folgenden 30 Jahre im wesentlichen unverändert bestehen. Einige notwendige Maßnahmen betrafen den Bauunterhalt von Fassaden und Dächern. 1966 wurde der Putz an der Nordfassade und am Ostgiebel der Kirche zu großen Teilen erneuert; eine Befunduntersuchung während der Arbeiten brachte zwar Farbspuren zu Tage, eine schlüssige Fassadenmalerei konnte jedoch nicht nachgewiesen werden; nach mündlicher Überlieferung soll eine solche aber vorhanden gewesen sein.

Eine umfassende Instandsetzung der gesamten Klosteranlage bahnte sich im Jahr 1976 an. Damals führte eindringendes Wasser infolge von Sturmschäden an der Dachhaut an einigen Stuckdecken zu schadhaften Stellen, die unmittelbar repariert werden konnten. 1978 entstanden erste umfassende Überlegungen für eine bauliche Gesamtsanierung der Klosteranlage. In fünf Bauabschnitten sollten Mauerwerk und Putz, nach Einbau einer Horizontalsperre gegen aufsteigende Feuchtigkeit, saniert werden, die Dächer waren neu in Biber zu decken, Spenglerarbeiten sollten ausgeführt werden. Bis zum endgültigen Baubeginn verstrichen dann doch einige Jahre; die Erstellung von Detailplanungen sowie die Ausarbeitung eines Finanzierungskonzeptes beanspruchten erhebliche Zeit. Am 7. Mai 1985 war es dann soweit. Im Rahmen eines ersten gemeinsamen Ortstermins wurde ein Katalog der notwendigen Maßnahmen festgelegt, eine Baukommission wurde eingesetzt, die das Vorhaben beratend begleiten sollte.

Raumklimatische Probleme hatten vor allem in der Kirche nicht nur zu starken Verschmutzungen an der Raumschale, sondern vor allem zu schwerwiegenden Schäden an den besonders qualitätvollen Marketerien geführt; stellenweise lösten sich die Furniere bereits vom Blindholz, weitreichende Substanzverluste mußten befürchtet werden. Der zweite große Schadensbereich betraf die Statik der Klostergebäude und des Dachwerks über der Kirche. Im Konventgebäude lag die Ursache der Schäden bereits in der ursprünglichen baulichen Konstruktion. Da Gang und Zellen in den Geschossen nicht stimmig übereinander liegen, sondern zueinander versetzt sind, stehen die Innenwände der außenseitigen Zellen im Obergeschoß auf den darunter liegenden Holzbalkendecken auf. Trotz deren vergleichsweise

Abb. 174
Einzeigrige Telleruhr mit Vorderpendel aus dem Kapitelsaal des Dominikanerinnenklosters Bad Wörishofen. Messing, getrieben und vergoldet. Zeiger Stahl, gebläut. Antrieb mit Kette und Schnecke. Schlagwerk zur vollen Stunde auf Glocke. Signiert „Mattheus Geyll/Fridtberg". 51 hoch, 40 cm Ø. Um 1680. Matthäus Gail aus Friedberg lebte von 1633–1705. Die Restaurierungsmaßnahme von 1985–1995 umfaßte auch wesentliche Teile der originalen Ausstattung des Klosters; in sie einbezogen wurde auch diese bedeutende Friedberger Uhr. Dominikanerinnenkloster Bad Wörishofen.

Abb. 175
Christus in der Rast. Kopie des Gnadenbildes der Wallfahrtskirche Herrgottsruh bei Friedberg. Holz, gefaßt. 19 cm hoch. Mitte 18. Jahrhundert. Dominikanerinnenkloster Bad Wörishofen.

geringen Gewichtes (Fachwerkwände), kam es im Bereich der Stuckdecken des Erdgeschosses im Lauf der Jahre zu starken Verformungen, die den Bestand der qualitätvollen Stuckierungen von Dominikus Zimmermann bereits vielfach gefährdeten. Im Dachwerk über der Kirche waren es dagegen Schäden, die sich im Lauf der Jahre eingestellt und verschlimmert hatten; abgefaulte Füße der Dachsparren und akuter Schädlingsbefall hatten hierzu beigetragen. Schwerste Schäden an der Stuckdecke, die zeitweilig sogar eine Sicherung mit Netzen veranlaßten, mußten registriert werden. Detaillierte Instandsetzungskonzepte sahen eine Aufhängung der Wände und Decken im Konventbau mittels Zugstangen in das Dachwerk vor sowie eine Reparatur des Bestandes in Verbindung mit Verstärkungsmaßnahmen am Dachstuhl der Kirche. Nach der Durchführung dieser aufwendigen Sicherungs- beziehungsweise Instandsetzungsmaßnahmen sowie einiger dringend erforderlichen Modernisierungen im Klausurbereich (Lift, Küche) wurde, aufbauend auf ausführliche Voruntersuchungen, ein Restaurierungskonzept für Raumfassungen, Stuck und Ausstattung in den Räumen des Konvents und in der Kirche erarbeitet. Von November 1991 bis August 1992 erfolgten Messungen des Raumklimas und der Holzfeuchte, die in eine gutachterliche Empfehlung für die Heizung und die Heizweise mündeten. Begleitet von einer exakten Fotodokumentation der Vor-, Zwischen- und Endzustände erarbeiteten Fachrestauratoren in enger Zusammenarbeit mit den Werkstätten des Landesamtes für Denkmalpflege nicht nur exakte Dokumentationen der Befundsituation, sondern sie erforschten zugleich in diesem Zusammenhang historische Techniken, Materialien und Archivalien; Musterrestaurierungen konnten vorgestellt werden.

Nach der Festigung und partiellen Ergänzung des Stucks vor allem im Bereich des Überganges von der Hohlkehle zur flachen Decke wurde die Raumschale lediglich gereinigt, die Farbfassung von 1956, die sich an den barocken Bestand anlehnte, konnte im wesentlichen beibehalten werden. An den Deckengemälden erwies sich die zunächst ebenfalls vorgesehene Trockenreinigung als zu wenig effektiv und im Langhaus sogar konservatorisch angesichts der Übermalungen und Überzüge der 50er Jahre bedenklich. Nach Abnahme vergrauter Überzüge und besonders störender Retuschen beziehungsweise Übermalungen von 1956 bieten die Deckengemälde hinsichtlich Detailreichtum und Farbigkeit heute wieder einen geschlossenen, homogenen Gesamteindruck. Die Restaurierung der holzsichtigen Ausstattung wurde modellhaft durchgeführt. Da an den Leinwandgemälden im Zuge der nach den Brandschäden 1956 notwendig gewordenen Arbeiten auch interpretierende und wenig qualitätvolle Übermalungen vorgenommen worden waren, entschloß man sich zu einer erneuten Reinigung. Das Schließen von Rissen, Randdoublierungen sowie die Entfernung unsachgemäßer Reparaturen waren darüberhinaus zur Sicherung des Bestandes unabdingbar. Erst die Abnahme der gealterten Firnisüberzüge der 50er Jahre und die Entfernung der stellenweise störenden Übermalungen konnten den Gemälden ihr ursprüngliches Erscheinungsbild wiedergeben. In Anlehnung an die helle barocke Erstfassung wurde schließlich das bauzeitliche Metallgitter zwischen Vorhalle und Kirchenschiff in mit Holzkohle versetztem Bleiweiß gefaßt, die Blattspitzen erhielten eine Ölvergoldung.

Im Bereich der Räumlichkeiten des Konvents sind besonders die Maßnahmen im Refektorium, im Kapitelsaal und im Festsaal zu erwähnen. Da kleine Freilegungsmuster von Anfang an feinste Stuckdetails erkennen ließen, entschied man sich, eine aufwendige Freilegung des gesamten Stucks durchführen zu lassen. Diese und eine Überfassung nach Befund des 18. Jahrhunderts lassen die ursprüngliche Qualität der farbigen Ausstattung dieser Räume heute wieder nachvollziehen. Für die 67 barocken Innentüren des Klosters konnte eine bemerkenswerte Smaltefassung der Barockzeit festgestellt werden. Deshalb erwog man zunächst, eine Rekonstruktion, also eine Überfassung nach Befund, zu realisieren. Aus Kostengründen mußte davon aber abgesehen werden; mit Ausnahme einer Mustertüre an der Kusterei wurde eine schlichte Überfassung ausgeführt. Gleichermaßen war an den Schränken der Kusterei die qualitätvolle Barockfassung erhalten. Auch hier legte man der Restaurierung im Ergebnis aus Kostengründen ein – allerdings nur wenig –

Abb. 77, 78

Abb. 173

eingeschränktes Konzept zugrunde. Nach einer Reparatur konstruktiver Schäden wurde die Fassung gereinigt, mechanische Beschädigungen wurden ohne größere Retuschen belassen; die Oberflächen schützt heute ein dünner Überzug. 1995 konnte die Instandsetzungsmaßnahme schließlich beendet werden.

Neben den ausführlicher beschriebenen ‚Hauptmaßnahmen' gab es im Lauf der zehn Jahre andauernden Gesamtinstandsetzung von Konventbau und Kirche eine nahezu unübersehbare Menge von einzelnen Entscheidungen und Arbeiten, die Details angingen, angefangen von der mühevollen Auswahl neuer Beleuchtungskörper für die Kirche bis hin zur Suche wirkungsvoller UV-Schutzfolien für die neuen Isolierglasfenster. Die möglichst exakte Dokumentation aller Maßnahmen sowie sämtlicher verwendeter Materialien war ein besonderes, für künftige Arbeiten wichtiges Anliegen der nunmehr abgeschlossenen, letzten, umfänglichsten Restaurierung des Klosters. Ihr Hauptziel war die bauliche und konservatorische Sicherung des bedeutenden barocken Bestandes in der Form, in der er einschließlich einer gewissen Alterung der Oberflächen nach mehr als 250 Jahren überliefert ist. Das heutige Aussehen vor allem des Kircheninneren unterscheidet sich dabei nicht wesentlich von seinem ursprünglichen Erscheinungsbild – dank des glücklichen Umstandes von meist überwiegend bewahrenden Maßnahmen im Lauf der Jahrhunderte.

So bietet das in den Jahren von 1719 bis 1723 gebaute Kloster der Dominikanerinnen in Bad Wörishofen nach den von 1985 bis 1995 durchgeführten, von den Schwestern mit großer Geduld ertragenen Bau- und Restaurierungsarbeiten eine im Sinne der einleitend zitierten Rede von 1906 gelungene Kombination aus historischem und künstlerischem Denkmal sowie lebendigem Klosterbetrieb.

Abb. 176
Blick in den Dachstuhl des Konventgebäudes des Dominikanerinnenklosters Bad Wörishofen. Um 1720.

Untersuchung und Restaurierung der Ausstattung der Dominikanerinnenklosterkirche in Bad Wörishofen

KATHARINA WALCH

Die furnierte Ausstattung der Klosterkirche zu Wörishofen zählt zu den bedeutendsten ihrer Art in ganz Bayerisch-Schwaben. Sie entstand 1721 bis 1724, also in einer Zeit, in der man noch nicht zwischen Kunst und Kunsthandwerk unterschied. Ihre Stifter waren die Dominikanerinnen des Augsburger Sankt Katharinenklosters. Sie wußten, daß der Preis derart aufwendig marketierten Mobiliars sehr hoch war. Dies lag nicht nur an dem ungeheueren Arbeitsaufwand, sondern vor allem auch an den Kosten, die durch die Anschaffung beträchtlicher Holzmengen, insbesondere exotischer Furniere, anfielen. Für Wörishofen scheute man diese enormen Ausgaben aber nicht. Vermutlich wollten die Augsburger Nonnen mit der qualitätvollen Ausstattung der Kirche auch dokumentieren, welch hoher spiritueller Rang der Neugründung als Kloster der strengsten Observanz zuzumessen ist.

Die Schwestern beauftragten den Dominikanerfrater Valentin Zindter mit der Durchführung der Arbeiten, einen Künstler, der sich zuvor bei der Ausstattung des Dominikanerklosters Obermedlingen in außerordentlicher Weise bewährt hatte.[555] Er findet in den Chroniken Wörishofens mehrfach Erwähnung, so beispielsweise als *„F. Valentinus Layenbrueder des Ordens, welcher ein künstlicher Schreiner oder Künstler, das ganze herrliche werck der Altär, und aller Künstlerausschneidarbeit unter seiner Direction führte, ja die meiste hand anlegte"*.[556] Bruder Valentin verfügte damals über 16 bis 18 Mitarbeiter; faktisch leitete er also eine große Werkstatt, was angesichts seines Könnens und Rufes als Meister seines Faches sowie angesichts des Umfangs des Auftrags nicht verwundern kann.[557] Möglicherweise hat es sich bei den Mitarbeitern auch um Laienbrüder des Ordens gehandelt.[558] Bei der Restaurierung im Jahre 1990 wurde neben einer Bleistiftskizze mit dem Symbol des Dominikanerordens, einer Lilie, eine – allerdings nur schwer zu lesende – Inschrift im Hochaltar gefunden, deren Inhalt lautet: *„... Schmid Schreinergeselle bei Zindter im Jahre 1724"*.

Die Chroniken vermerken, welche kostbaren Materialien und welche Arbeiten bezahlt worden sind:

„Für Lohn, gold und arbeit der 4 Altär in der Kirchen, wie auch zugleich dem Bildhauer und Schlosser bezahlt 2125 fl 15 kr
- *item eben disem* (Maler) *für zwischgold in ausziehrung der mit bleyweis bestrichenen Kirchengätter, wie die hölzerne ausgeschnittene mit metall, auch zur belohnung der arbeit bezahlt 150 fl 18 kr*
- *item für die Canzl, für die Orgl, für gold den mahler, schreiner, bildhauer und schlosser bezahlt 977 fl 53 kr ...*
- *item für zwey beichtstuehl in der Kirchen 15 fl ...*

Kösten für allerley holz und dessen bearbeitung
- *Erstlich für Schnidbäum bezahlt 1309 fl 5 kr*
- *item für Aichenholz bezahlt 833 fl 45 kr*
- *für holz zu fällen und zu hackhen 984 fl 56 kr*
- *für holz zu fihren 364 fl 26 kr*
- *dem hiesigen Segmiller fün schneidlohn 331 fl 15 kr*
- *denen frembden Segmillern für bretter, latten und Rembling, wie auch furnier 1884 fl 52 kr*
- *denen schreiner gesellen mit ihrem Meister, welche im tag- oder wochenlohn gearbeitet hatten, welche zuweilen 17 oder 18 Personen gewesen seind, ist Summativ bezahlt worden 2473 fl 49 kr*
- *denen hiesigen Schreineren sind bezahlt worden 189 fl 59 kr ...*
- *item für Nussbaum, Maser und olivenholz ..."*.[559]

Der besondere Rang der Wörishofener Kirchenausstattung liegt nicht nur in der Verarbeitung dieser kostbaren Materialien, sondern auch in der kunsthandwerklichen Ausführung. Bildschnitzereien und Schreinerarbeiten greifen nahtlos ineinander.

◁ *Abb. 177*
In Boullearbeit eingelegtes Podest am Hochaltar der Kirche des Dominikanerinnenklosters Bad Wörishofen nach der Restaurierung 1994. 36,5 cm hoch. Werkstatt des Dominikaners Valentin Zindter. 1721–1724.

*Abb. 178
Gebälkzone am Hochaltar
der Kirche des
Dominikanerinnenklosters
Bad Wörishofen. Werkstatt
des Dominikaners Valentin
Zindter. 1721–1724.*

*Abb. 170
Abb. 183*

Nahezu alle Register der damaligen technischen Möglichkeiten des Schreinerhandwerks werden gezogen. Markante optische Effekte sind die mit verkröpften Profilleisten umrahmten, *„hervorspringenden"* Kassetten bzw. Kissen oder die vertieften Nischen und Füllungen. Kunstvoll verzierte Säulen wechseln mit Pilastern ab. Besonders auffallend und typisch sind die Gebälkzonen der Altäre sowie der Schalldeckel der Kanzel. Aufwendigste Profile wurden mit Nußbaum-, sowie mit Wurzelmaserholz furniert und zusätzlich mit vergoldeten Halbrundstäben gehöht. Bei der Ornamentik der Marketerien finden sich figürliche Motive, Blatt- und Blütenranken, schlicht rahmendes und ineinander verschlungenes Bandwerk, Gitterwerk, aber auch mit Blütensträußen verzierte Vasen.[560] Die ornamental variierten Zinn-, Messing- und Hornfurniere stellen hierbei eine Besonderheit dar; ihre Verarbeitungstechnik wird heute als *„Boulletechnik"* bezeichnet.[561] Sowohl die Boulletechnik als auch das immer wiederkehrende Schildpattimitationsverfahren der Hornfurniere sind wesentliche Charakteristika der Werkstatt Valentin Zindters.

Die restauratorische Ausgangslage

Auslösend für den Beginn der Restaurierung im Jahre 1991 war der äußerst schlechte Erhaltungszustand der Altarausstattung. Die Ursachen hierfür waren vielfältig. Im Jahre 1800 wurde das Kloster von Franzosen geplündert. Die Chronik beklagt die Beschädigung von Kästen und Sakristeitüren und berichtet: *„In der Kirche ist der untere Tabernakel aufgesprengt, das Ciborium, ein Heilig-Kreuz-Partikel in einem großen silbernen Becher, zwee silberne Kelche in der Kusterey, ein heilig Partikel des heiligen Peter Martyreus entwendet worden ... Den oberen großen Tabernakel, wo die Monstranz war, haben sie nicht aufgebracht, folglich ist selbe unversehrt erhalten worden"*.[562] Im Jahr 1862 veranlaßte Pfarrer Kneipp die *„stilgemäße Restauration"* des Choraltars, des Hochaltars vor dem Chor und der beiden Seitenaltäre.[563] Weitere Renovierungen fielen in die Jahre 1886, 1893 und 1906, wobei die von 1893 vermutlich die umfassendste war. Damals ersetzte man die originale Türe des Hochaltartabernakels durch eine neue, die Boulletechnik imitierende Türe, deren

Abb. 134

Qualität aber den umliegenden Einlegearbeiten nicht entsprach. Die ursprüngliche Türe befindet sich seither in der Mensa.[564] Auch die Beseitigung einer Windeneinrichtung, mit der seit der Klostergründung das Allerheiligste vom Hochaltar der Laienkirche in den Tabernakel des Altars im Schwesternchor hinaufgezogen werden konnte, könnte damals geschehen sein. Außerdem erfolgte nach einem schweren Brand in der Klosterkirche im Jahre 1955 eine umfassende Instandsetzung durch eine Augsburger Malerfirma. Laut Rechnung wurde damals ein Großteil der Altäre „*abgelaugt, abgeschliffen, abgekratzt und neu gestrichen*".[565] Weitere Schäden an Altären und Kanzel entstanden durch massive raumklimatische Probleme. Der Zustand der Altarausstattung im Jahre 1991 war also durch eine Vielzahl von Ursachen geprägt, die sich nachteilig auf die Marketerien ausgewirkt hatten.

Die Restaurierung der Boullemarketerien

Um eine fachgerechte Restaurierung durchführen zu können, mußte zunächst ein Restaurierungskonzept erarbeitet werden. Dies begann mit einer genauen Untersuchung der Boullemarketerien, mit denen der Hochaltar, die Seitenaltäre und die Kanzel neben teuren Furnierhölzern belegt worden waren. Hierzu waren Zinn-, Messing-, Elfenbein- und schildpattimitierendes Horn verwendet worden. Zindter bediente sich dabei eines raffinierten, schon im 17. Jahrhundert angewandten Schildpattimitationsverfahrens durch transparent gepreßtes Horn, in das künstlich schwarze Tupfen geätzt wurden. Nach der Applikation wurden die Marketerien graviert.

Um den immer wieder oxidierenden Metallen ihren ursprünglichen Glanz zurückzugeben, wurden diese Boullemarketerien zusätzlich zu den erwähnten Renovierungen ständig geputzt und abgeschliffen. Dies führte besonders in den Bereichen, die leicht zu erreichen waren, zum Verlust vieler Gravuren und zur partiellen Reduzierung der originalen Furnierdicke bis hin zu gänzlichem Durchschliff auf das Blindholz. Derartig behandelte Flächen wurden bei der letzten Restaurierung grob durch Gold- und Silberbronze auf dem Blindholz nachgemalt. An Stellen, an welchen die Furniere besonders dünn geschliffen waren, wirkte sich der Trocknungsschwund des Blindholzes so aus, daß sich im weichen Zinnmaterial vermehrt kleine Blasen bildeten. Unter dem Mikroskop zeigte sich außerdem, daß, vermutlich im 19. Jahrhundert, die gesamten Flächen der Säulen mit Blattmetall überzogen worden waren, das aber später, zu einem nicht bekannten Zeitpunkt, wieder entfernt worden ist.

Die aufwendige Feststellung der Schadensursachen und die exakte Beschreibung des Schadensbildes gestatteten es, ein wirksames Restaurierungskonzept für die notwendigen Arbeiten zu entwickeln:[566] Zunächst wurden alle gelösten Boullefurniere mit Hausenblasenleim gefestigt. Optisch war dies besonders für die Hornfurniere wichtig. Um den Blick durch die transparenten Hornpartien auf das Bindholz zu verhindern, hatte sich Zindter einer damals üblichen Technik bedient, bei der verschieden zusammengesetzte Leimschichten mit Zinnober und Mennige pigmentiert wurden. Hierdurch machte man nicht nur das Blindholz unsichtbar, es ergab sich auch ein leuchtend roter Effekt, der durch das transparente Horn hindurchstrahlte. Die Festigung der gelösten Furniere ließ die Farbwirkung zu den angrenzenden, noch festen Hornpartien wieder entstehen.

Um der konischen Säulenrundung zu folgen und besser auf die Niveauunterschiede der Boullefurniere eingehen zu können, wurde der nötige Druck während der Leimtrocknung mit Hilfe von spannbaren Gurtbändern ausgeübt. Die meisten Nägel, deren man sich anläßlich späterer Reparaturen zur Festigung bedient hatte, wurden belassen. Sie waren zum Teil eingerostet. Ihre Entfernung wäre ohne Schäden an den Furnieren nicht möglich gewesen. Die Reste der vermutlich vom Anfang des 19. Jahrhunderts stammenden Blattzinnauflage wurden unter dem Mikroskop abgenommen. Schwierig war es, das Blattzinn von den Hornfurnieren zu entfernen. Das hygroskopisch leicht reagierende Horn wurde an den betroffenen Stellen mit einem kaum feuchten Wattestab bearbeitet. Dadurch wurde die Oberfläche weicher, und die Blattzinnpartikel ließen sich wegreiben. Im gleichen Arbeitsgang wurde das Horn durch Zugabe von etwas Tripel geglättet, was das Tiefenlicht der Hornfurniere wiederbrachte. Hierbei ent-

Abb. 179
Säule von einem Seitenaltar der Kirche des Dominikanerinnenklosters Bad Wörishofen. Werkstatt des Dominikaners Valentin Zindter. 1721–1724.

fernte man unter Zugabe von Aceton gleichzeitig Kreidekittergänzungen, die auf noch vorhandenen Furnieren lagen.

Ebenso wurden unverkittete Fehlstellen restauriert. Da die noch vorhandenen originalen Furniere durch das bereits erwähnte häufige Nachschleifen unterschiedliche Stärken hatten, mußte das Material für die Ergänzungen in diesen Stärken ausgearbeitet werden. Zur Ergänzung fehlender Hornmarketerien wurde Horn gespalten, zur Platte gepreßt, auf die gewünschte Stärke gehobelt und mit politierten Messingplatten auf die exakte Dicke gebracht. Die Schildpattimitation färbte man passend zu den angrenzenden originalen Furnieren. Hierbei bediente man sich eines historischen Verfahrens, das zuvor durch genaues Quellenstudium und technologische Untersuchung des Originals ermittelt worden war. In Erwägung der großen Entfernung zwischen den Kirchenbesuchern und den Marketerien an den Altären wurde größtenteils darauf verzichtet, die Ergänzungen wieder zu gravieren. Soweit solche partiell doch zwingend erforderlich schienen, führte man sie vor der Verleimung durch.

Die verschmutzten und oxidierten Metalloberflächen wurden, um eine mögliche Farbveränderung durch chemische Behandlung auszuschließen, mechanisch gereinigt. An vielen Stellen war der leicht oxidierte Oberflächenzustand durch Paraffinspritzer von Altarkerzen konserviert. Die dadurch entstandenen helleren Flecken auf den Metallfurnieren wurden als Anhaltspunkt für den Helligkeitsgrad genommen. Auch hier ermöglichte ein leicht feuchter Wattestab mit feinstem Tripel oder Diamantine die differenzierte, kleinteilige Reinigung; ebenso konnten tiefe Kratzer, durch früher verwendete grobe Schleifmittel entstanden, gereinigt werden.

Die Restaurierung der Holzmarketerien

Das gravierenste Schadensbild an den Holzmarketerien entwickelte sich an den großen Altarsäulen, insbesondere am Hochaltar. Die hauptsächliche Ursache bildete der komplizierte holztechnische Aufbau: Jede Säule besteht aus einem gedrechselten Nadelholzstamm, der längs aufgesägt von innen bis zu einer Wandungsstärke von etwa 60 mm ausgehöhlt ist. Durch die Längsteilung konnten die einzelnen Säulenhälften leichter furniert werden.[567] Zunächst zog man ein zum äußeren Säulenschaft quer verlaufendes Nadelholzblindfurnier auf, um eine gleichmäßige, ebene Oberfläche zu schaffen. Darauf wurde das Grundfurnier aus Nußbaumholz aufgeleimt, in das schließlich die Marketerien eingeschnitten werden konnten. Hierfür setzten die Handwerker exotisches Padoukholz oder brandgeschwärztes Birnenbaumfurnier ein. Das Bandelwerk wurde durch Ahornbegleitadern kontrastiert. Am Ende dieser in der damaligen Zeit sehr mühsamen Furnierarbeiten verleimte man die Säulenhälften miteinander und verklammerte sie mit Metallspangen.

Die Säulen des Hochaltars ragen durch ihre Gesamtlänge von 3,50 m weit in den Schwesternchor hinein. Daher sind sie zwangsläufig zwei Räumen, der Laienkirche und dem Nonnenchor, mit jeweils unterschiedlichem Klima ausgesetzt.[568] Dies führte zu extremen Holzfurnierablösungen, teilweise standen die Sägefurniere bis zu zwanzig Zentimeter vom Blindholz ab. Die Festigung der vielen lockeren Sägefurniere war eine der wesentlichsten und zeitraubendsten Aufgaben der Restaurierung. Sie konnte an den Säulen und deren Rücklagen nur durch einen Säulenausbau bewältigt werden. Spezielle Zwingen und Verstrebungen oder Spreizen zum Gerüst mußten konstruiert werden; denn die Benutzung von Glutinleim, entsprechend dem Original, erforderte stundenlange konstante Ausübung von Druck. In der selben Technik fügte man auch Furnierergänzungen ein.

In Fällen, wo eine optische Holzartenbestimmung des Originals nicht mit Sicherheit vorzunehmen war, wurden mikroskopische Analysen in Auftrag gegeben, um die Ergänzungshölzer richtig auswählen zu können.[569] So wurden beispielsweise für das Bandelwerk der Altarsäulen schwarze, ebenholzartig aussehende Furniere verwendet. Die Analyse ergab, daß es sich hierbei um Birnbaumholz handelt, das durch Wärmebehandlung geschwärzt worden war. Häufig verwendete die Werkstatt Zindters auch Maserfurniere, die als Erlenmaserholz identifiziert werden konnten, das mit einer Beize auf Sandelholzbasis partiell gefärbt worden war, um gezielt knollenartige Hell- und Dunkeleffekte zu erzeugen.[570]

Die Restaurierung der geschnitzten Ausstattung

Valentin Zindter und seine Gesellen schufen auch die geschnitzten Applikationen der Altäre und der Kanzel sowie die figürlichen Skulpturen und außerdem die Chor- und Emporengitter. Der Erhaltungszustand ihrer Fassung war unterschiedlich. In vielen Fällen lag noch die Originalfassung vor, wenngleich partiell überfaßt. Der Großteil dieser Überfassung stammte aus den Jahren 1862 und 1893. Aus finanziellen Gründen verzichtete man weitgehend auf eine Freilegung der Erstfassung. Die Oberflächen wurden vielmehr nur, soweit nötig, gefestigt und gereinigt. Größere Fehlstellen kittete man und retuschierte sie. Einige Vergoldungen der Profilleisten an den Sockelzonen der Altäre waren durch mechanischen Abrieb so reduziert, daß partiell nachvergoldet werden mußte. Die Vielfalt der originalen Gelb- und Weißmetallauflagen (Zwischengold, Schlagmetall, Blattgold und Blattsilber) wurden bei den früheren Restaurierungen nicht erkannt und sind daher leider ausschließlich durch Blattgold überfaßt worden.[571] Die Chor- und Emporengitter überstrich man sogar mit Goldbronze; hier entschloß man sich, die nahezu vollständig erhaltene Erstfassung so frei zu legen, daß auch noch vorhandene Lackreste bewahrt blieben.[572]

Die Rekonstruktion der Marketerieoberflächen

Bei der Untersuchung der Marketerieoberflächen konnte festgestellt werden, daß diese ursprünglich lackiert gewesen sind. Im wesentlichen waren Öllacke verwendet worden, die Sandarak, Lärchenterpentinharz, Mastix sowie kleinere Zuschläge von Bernstein, Gummigutt und Drachenblut beinhalteten. Die beiden letztgenannten Materialien dienten der Farbintensivierung des Lackes ins Rötlichgelbe. Eine auf der Basis von Spiritus gelöste, ähnliche Harzmischung konnte an anderer Stelle nachgewiesen werden.

Die erwähnten Lacke waren anläßlich der Restaurierung in den 50er Jahren weitestgehend entfernt worden. Dies geschah auf den Furnieroberflächen, aber auch auf den massiven Hölzern, etwa des Laiengestühls. Die

Abb. 180
Hochaltar (Ausschnitt) in der Kirche des Dominikanerinnenklosters Bad Wörishofen. Werkstatt des Dominikaners Valentin Zindter. 1721–1724.

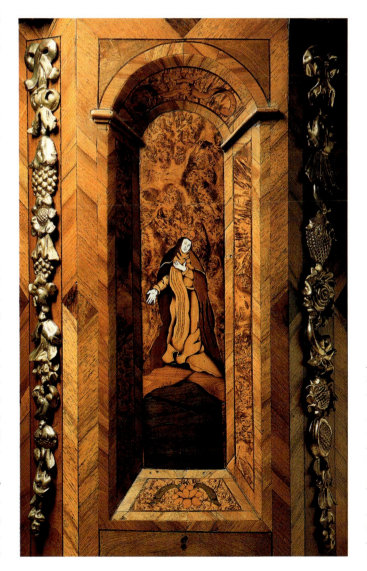

Abb. 181
Einlegearbeit in Holz und in Elfenbein am südlichen Seitenaltar der Dominikanerinnenkirche Bad Wörishofen. Höhe der Figur 19,5 cm. Werkstatt des Dominikaners Valentin Zindter. 1721–1724.

Abb. 183 ▷
Der Schalldeckel über der Kanzel in der Kirche des Dominikanerinnenklosters Bad Wörishofen. Werkstatt des Dominikaners Valentin Zindter. 1721–1724.

Ausstattung wurde damals „neu gestrichen". Für diesen Neuanstrich benutzte man Parafinwachs. Aus konservatorischer Sicht sind Wachsüberzüge für Holzoberflächen höchst ungeeignet, nicht nur weil sie für barocke Möbel damals kaum Anwendung fanden, sondern auch weil sie über Jahrzehnte weich bleiben und dadurch jeglichen Staub und Schmutz aus der Luft binden. Nachleimungen von Furnieren werden durch die von oben einsinkenden Wachsaufträge oft erheblich erschwert. Die Wachsoberflächen der Wörishofener Ausstattung waren nach 1990, also fast 40 Jahre nach dem Auftrag, noch immer extrem klebrig, sie waren vergraut und stark verunreinigt. Man entschloß sich, den neuzeitlichen Überzug mit Terpentinöl und Benzin zu entfernen, was auf Anhieb die Eigenfarbe der vielfältigen Furniere intensivierte. In einem weiteren Arbeitsgang wurden diesem Gemisch noch etwa 5% Leinöl zugegeben, um den erreichten optischen Effekt zu stabilisieren. Nach der Entfettung der obersten Holzschicht trug man, wie im 18. Jahrhundert zumeist üblich, eine Isolierschicht mit einem Hautleimwasser auf.

Während des gesamten Restaurierungsvorgangs bemühte man sich, letzte originale Lackreste zu finden, die eine Bestimmung der hierfür verwendeten Materialien erlaubten. Dies war wegen der Oberflächenabnahmen des Jahres 1957 fast aussichtslos geworden. Nur an drei Stellen fanden sich hinter Applikationen die gesuchten Reste, die dann mit komplizierten naturwissenschaftlichen Analysen im Detail untersucht wurden.[573] Da auf den Boullemarketerien trotz mikroskopischer Betrachtung keine Überzugreste zu finden waren, trug man hier einen Mastixlack zur Verhinderung von Metalloxidation auf. Die Rekonstruktion des Lackes der Furnieroberflächen wurde schließlich mit einem Spirituslack vorgenommen, dem Anteile von Sandarak, Lärchenterpentinharz, Mastix und Balsamterpentinöl beigefügt wurden. Zur Farbgebung fügte man in Anlehnung an den Befund Gummigutt und Drachenblut bei. Der Lack wurde zwei- bis dreimal aufgestrichen und erhielt einen Zwischen- und einen Endschliff.

Die Rekonstruktion der Lackoberflächen zählt zu den herausragenden Leistungen bei der Restaurierung der Kirchenausstattung von Wörishofen. Mit ihr konnte ein Glanzgrad wiedergewonnen werden, der die Altararchitektur in vorher nicht mehr vorstellbarem Maße nach Erscheinung und optischer Wirkung hob. Die Struktur und die Farbigkeit der vielfältigen Furniere konnten enorm intensiviert werden. Erst durch die Rekonstruktion dieses Lackes wurden die vielen handwerklichen Details, die verschiedenen technischen Raffinessen, die die gesamte Ausstattung prägen, wieder erlebbar.

Nach Abschluß der gelungenen Restaurierung der historischen Ausstattung präsentiert sich die Klosterkirche der Dominikanerinnen von Wörishofen erneut in dem Glanz, der ihr im 18. Jahrhundert vom Mutterkloster Sankt Katharina zugedacht worden war. Eine der kostbarsten Kirchenausstattungen der ersten Hälfte des 18. Jahrhunderts kann heute wieder in ihrem annähernd ursprünglichen Erscheinungsbild bewundert werden.

Abb. 182
Heiliger Florian. Öl auf Leinwand. Ursprünglicher Rahmen. Maler nicht bekannt.
1. Drittel 18. Jahrhundert. Kirche des Dominikanerinnenklosters Bad Wörishofen.

Leben im Kloster

Die Gemeinschaft der Wörishofener Dominikanerinnen

Hinweise zu Lebensbildern einzelner Wörishofener Dominikanerinnen

Der Welt verborgen – Die gottselige Schwester Maria Cäcilia Mayr

*Formen der Frömmigkeit und Zeugnisse des Gebetes im Kloster
Maria Königin der Engel*

Wörishofener Klosterarbeiten

Brauchtum bei den Dominikanerinnen in Bad Wörishofen

Der Gute Hirte – Die Gute Hirtin

*Das Kirchenjahr im Rokoko –
„Waß in der Custerey zu thuen Für das ganze Jahr"*

Musikpflege im Dominikanerinnenkloster zu Bad Wörishofen

Die Bibliothek der Wörishofener Dominikanerinnen

*Die spirituellen Aufgaben eines Hausgeistlichen im Dominikanerinnenkloster
zu Bad Wörishofen*

*Sebastian Kneipp –
Spiritual der Wörishofener Dominikanerinnen*

*Rosenkranz und Rosenkranzbruderschaft
im Dominikanerinnenkloster Bad Wörishofen*

Die Wallfahrt zur „Einsiedelmadonna"

*Das Sebastian-Kneipp-Museum
im Dominikanerinnenkloster Bad Wörishofen*

Von der Sonn- und Werktagsschule zum Kurheim

Die Gemeinschaft der Wörishofener Dominikanerinnen

Werner Schiedermair

Von der Gründung in den Jahren 1718/1721 bis heute (1998) wirkten insgesamt 330 Frauen im Kloster Maria Königin der Engel in Wörishofen. Alle verpflichteten sich der gleichen Aufgabe, nämlich ihr Leben nach der Weisung des heiligen Dominikus (um 1170–1221) und nach der Tradition seines Ordens zu führen. Mit dieser Zielsetzung repräsentierten die jeweils lebenden Schwestern eine apostolische Gemeinschaft entsprechend den Bedürfnissen der Zeit, in die sie hineingestellt wurden. Maßgebend für ihr Leben waren und sind bis in die Gegenwart, neben der Regel des heiligen Augustinus, die Konstitutionen, die der Ordensgründer mit seinen Brüdern erarbeitete, Jordan von Sachsen (um 1185–1237) ergänzte und Raymund von Peñafort (um 1175–1275) in den Jahren 1238 bis 1240 neu ordnete; sie gelten zur Zeit in einer Fassung von 1968.[574] Die Führung eines einträchtigen, gemeinsamen Lebens, die treue Beobachtung der *„evangelischen Räte"*, Eifer im Gebet, die regelmäßige Feier der Liturgie, besonders der Eucharistie und des Chorgebets, sowie Beharrlichkeit in der Betrachtung der Glaubenswahrheiten bilden seit jeher die tragenden Prinzipien der klösterlichen Kommunität.

Für die Wörishofener Frauengemeinschaft galten bis zur Säkularisation darüber hinaus die Bestimmungen der *„strengen Observanz"*. Hierunter verstand man die uneingeschränkte Beachtung der Satzung des Dominikanerordens, insbesondere den dauernden Verzicht auf Fleischspeisen sowie die vollständige Klausurierung in Einsamkeit und Stille.[575] Diese Regeln bestimmten das Leben der damaligen Schwestern. Ihre Bedeutung ergab sich schon allein daraus, daß das Haus in Wörishofen nur zu dem Zweck erbaut worden war, neben dem Kloster Sankt Katharinental bei Diessenhofen in der Schweiz noch an einem zweiten Ort die Ideale der strengen Observanz, zur Erneuerung des religiösen Lebens, beispielgebend verwirklichen zu können. Ein besonderes Gewicht kam in diesem Zusammenhang dem Gebot zu, das Klostergebäude vom Tag der Ablegung der ewigen Gelübde an bis zum Tod nicht mehr zu verlassen. Es hieß in der Regel: *„Wir verbieten den Schwestern bey Straff der Excommunication, daß keine niemahlen aus der Clausur hervorgehe; ausser so etwann eine Feurs=Noth entstünde, oder das Hauß begunte einzufallen, oder ein Gefahr des Lebens von Mördern und Gottlosen den Schwestern vor Augen schwebte; oder endlich so etwann eine aus billiger Ursach mit Erlaubnus des General-Meisters in ein anders Convent ... soll geschicket werden".*[576] Das Kloster stellte also, nach der Ablegung der ewigen Gelübde, den ausschließlichen Lebensraum der Nonnen dar. Die Konzentration ihres ganzen Daseins auf diesen winzigen räumlichen Bereich war total. Kontakte nach außen fanden nur in sehr beschränktem Umfang statt. Nicht einmal Gebetsverschwisterungen wurden mit anderen klösterlichen Gemeinschaften gepflegt. Allein mit dem Mutterkloster Sankt Katharina in Augsburg bestanden, wie in den Gründungsbestimmungen vereinbart, engere Beziehungen.[577] Zeitweise gab es solche auch mit einigen Franziskanern von Klosterlechfeld.[578] Dabei empfanden die Frauen die rigorose Klausurierung nicht als Isolation oder bedrückende Vereinsamung, vielmehr begriffen sie ihr Leben in selbstgewählter Abgeschiedenheit als Chance, sich voll in das Geheimnis Gottes einzulassen und der All=einigkeit mit ihm näher zu kommen. Deshalb bezeichneten sie ihre Klausur auch als *„glückselige Einsamkeit".*[579]

Mit der Säkularisation im Jahre 1802 wurde nicht nur das Kloster aufgehoben, zugleich setzte man die Beachtung der Regel der *„strengen Observanz"* außer Kraft. Die Kommunität entschied sich damals aber, von den bisher für ihr Leben maßgeblichen Bestimmungen nicht abzuweichen. Dies galt in der Grundhaltung auch über den 29. November 1842, also den Zeitpunkt der Wiederherstellung des Klosters, hinaus. Faktisch

Abb. 187
Kartusche mit Blumenmalerei und Aufschrift über dem Portal zum ehemaligen Noviziat im Erdgeschoß des Dominikanerinnenklosters Bad Wörishofen.
Holz, geschnitzt und farbig gefaßt. Bemalt und beschriftet. 142 cm × 146 cm.

◁ *Abb. 186*
Christus an der Geißelsäule. (Ausschnitt). Holz, geschnitzt und farbig gefaßt. 220 cm hoch. Bildhauer nicht bekannt. Süddeutsch. Mitte 18. Jahrhundert. Dominikanerinnenkloster Bad Wörishofen.

◁◁ *Abb. 185 S. 203*
Heiliger Dominikanermönch (Bußprediger). Gouache auf Pergament. 5,5 cm × 5,2 cm (mit Rähmchen). 1. Hälfte 18. Jahrhundert. Auf dem aufgeschlagenen Buch steht „timete Deum" (fürchtet Gott). Dominikanerinnenkloster Bad Wörishofen.

◁◁◁ *Abb. 184 S. 202*
Christus als Kind geleitet eine Dominikanerin durch einen Garten. Darstellung der heiligen Rosa von Lima (1586–1617). Öl auf Leinwand. Originaler Rahmen. 128 cm × 104 cm (mit Rahmen). Maler nicht bekannt. 1. Hälfte 18. Jahrhundert. Die Legende berichtet von der Heiligen, daß ihr Christus in ihrem Garten oftmals in der Gestalt eines Knaben erschienen sei. Dominikanerinnenkloster Bad Wörishofen.

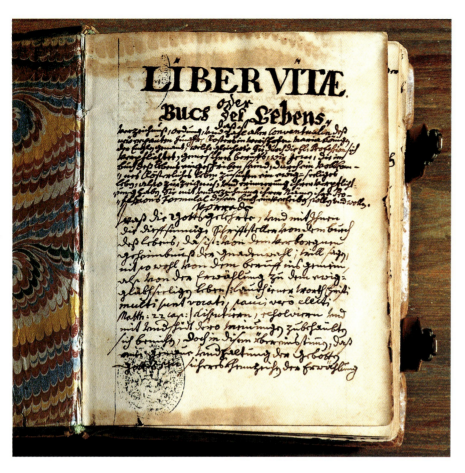

Abb. 188
Erste Seite des „LIBER VITAE oder Buch des Lebens". Papier, mit Tinte beschriftet. 20 cm × 16 cm. 1721–1800. Archiv Dominikanerinnenkloster Bad Wörishofen.

konnte die herkömmliche Ordnung aber, allein wegen der Übernahme neuer Aufgaben auf den Gebieten der Mädchenbildung und der Erziehung „verwahrloste(r) und verwaiste(r) Kinder weiblichen Geschlechts",[580] nicht mehr in der gewohnten Treue beachtet werden. Mehr und mehr beanspruchten praktische Arbeiten die Zeit der Klosterfrauen. Da sich diese Enwicklung verstärkte, als die Kommunität unter dem Spiritual Sebastian Kneipp (1821–1897) anfing, Kuranwendungen anzubieten, wurde die „buchstäbliche Einhaltung der strengen Ordensregel des 18. Jahrhunderts ... unmöglich".[581] Nicht nur bei den Schwestern, sondern auch bei der bischöflichen Aufsichtsbehörde in Augsburg wuchs die Einsicht heran, die Kommunität vom Zweiten Orden des heiligen Dominikus in den Dritten überzuführen. Die dazu erforderliche Profeßablegung fand schließlich, nach gründlicher Vorbereitung, am 25. September 1896 statt. Seit dieser Zeit steht bei den Dominikanerinnen zu Wörishofen die praktische Tätigkeit als ein Weg, ihrer apostolischen Berufung zu entsprechen, im Zentrum des täglichen Geschehens. Die rein kontemplative Lebensweise, für die das Kloster ursprünglich allein gegründet und gebaut worden war, gaben die Schwestern also, den veränderten Verhältnissen entsprechend, zugunsten einer mehr aktiven auf. Auch wenn an der klösterlichen Lebensform, dominikanischer Überzeugung folgend, festgehalten wurde, änderte sich mit dem Wechsel zum Dritten Orden die Gestaltung des Tagesablaufs wesentlich. Unübersehbar unterstreicht das ab 1896 errichtete, in den Jahren nach 1980 zu einem Kurheim ausgestaltete, langgestreckte, den Konventbau und die Klosterkirche weit überragende Schulgebäude den Umwandlungsprozeß des 19. Jahrhunderts.

Die Namen aller Frauen, die ihr Leben im Wörishofener Kloster in der Zeit von 1718/1721 bis zur Säkularisation, erfüllt von der Ganzhingabe an Gott, verbrachten, sind im „Liber vitae", verzeichnet.[582] Jede Schwester schrieb eigenhändig „mit Freyheit des Geistes" die Profeßformel in dieses „Buch des Lebens" ein und unterzeichnete sie. Vor dem Hintergrund der Regeln der „strengen Observanz" wird verständlich, daß die Wörishofener Gemeinschaft dem Prinzip der Freiwilligkeit absolute Priorität zumaß; niemand durfte gegen seinen Willen zu einem Leben im Kloster gezwungen werden. Mit dem eigenhändigen Eintrag der ewigen Gelübde in das Buch sollte nachdrücklich dokumentiert werden, daß sich jede einzelne Nonne aus freien Stücken zu einem Dasein in Einsamkeit und Stille entschieden hat. Nicht ohne Stolz heißt es in der Vorrede zum „Liber Vitae": *„Angesehen umb so höcher die Würdigkeit in allem, und unermeßner die Hochheit dessen ist, welchem daß Versprechen ohne Zwang in aufrichtigkeit deß Hertzens ervolgt, umb so nothweniger ist dessen unumgängliche erfüllung, oder eine desto gefährlichere Veranthwortung und schärpfere bestrafung, dern sich die wahre Observantinen umb so weniger werden zu fürchten haben, als sicherer nit eine straf, sondern eine verdiente reichliche Belohnung nach sich ziechet einer bis zum End stettig fortgesetzte strenger Observanz Unterhaltung. Die unüberwindliche starckhe gnad Gottes fürkhere zu aller Zeit sowohl der nach volgenden Müttern, Frauen und Schwestern Hertzen als der ieztmahligen ersten Conventualen gemüts Neigungen zu allem deme, wohin sie ihr angetrettner Clösterlicher Stand verleiten, und Verpflichten thut".*[583]

Die Einträge in das „*Buch des Lebens*" beginnen, nach der „*Vorrede*", mit den Namen der neun Religiosen, welche für „*das Hochlobl. Jungfrauen Closter S. Catharina in Augspurg Prediger Ordens die gewöhnliche Profeßion abgelegt, aber durch besondere anordnung Gottes mit wissen und willen der hochen Obern von dannen in hiesiges Gotthaus Mariä Königin der Englen seind übersezt worden mit der entschließung hier zu leben und seelig zu sterben.*" An vorderster Stelle wird Schwester Maria Christina a Santo Alexio Eckart genannt, die erste Priorin der neugegründeten Kommunität.[584] Dann folgen die Namen der vier Frauen, die zwar noch im Mutterkloster in Augsburg, aber schon „*für daß Gotts=Hauß und neu fundirte, auch neuerpaute Jungfrauen Closter Maria Königin der Englen in Werishofen Profeßion … in Freyheit des Geists abgelegt, und sich zur strengen Observanz laut des Fundations-Briefs, nemblich nach dem Buchstaben der Regel, und ihres Ordens Satzungen zu leben verpflichtet, und verbunden haben*";[585] diese Aufzählung beginnt mit Schwester Maria Michaela a Santo Josefo Gunay (1700–1742). Dann folgen „*diejenige, welche nach vollendtem gepeu und eingefirter Clausur in diesem ihrem Nativ=Convent oder Closter Mariae Königin der Englen würckhlich ihre Heilige Profeßion … abgelegt haben, und in künftigen zeiten under göttlicher Veranleitung, under dem gnaden Schutz Hilf, obsorg, Und starckher Hand Gottes werden ablegen*".[586] Die Eintragungen in den „*Liber vitae*" enden am 7. Mai 1800; damals legte Maria Afra Müller (1782–1858) aus Eppishausen die ewigen Gelübde ab und nahm den Namen Maria Hyazintha a Santo Michele an.[587] Nach der Wiedererrichtung des Klosters 1842 wurde das Buch nicht fortgeführt, vielmehr werden die ewigen Gelübde seit diesem Zeitpunkt auf eigenen Blättern niedergeschrieben und den Personalunterlagen der einzelnen Schwestern beigefügt. Bis zur Säkularisation schwuren diese dem Ordensgeneral in Rom Gehorsam, nach 1842 dem nunmehr zuständigen Diözesanbischof.

Die Art der Aufbewahrung der Profeßformel seit 1842 deutet ganz allgemein das Ausmaß der Veränderungen an, die der Konvent nach seiner Säkularisierung durchmachte. Für die Zeit des 18. Jahrhunderts bildet der eigenhändige Eintrag der ewigen Gelübde in den „*Liber Vitae*", dieser für die monastische Existenz im Kloster ausschlaggebende Akt, in der Regel die einzige persönliche Erinnerung an die Frauen, die damals in Wörishofen, entsprechend ihrem Gelübde, ein geistliches Leben in Verborgenheit nach den strengen Ordensbestimmungen führten. Sie gingen ganz in ihrem Streben auf, „*diese Welt*" verlassen zu müssen, um schon hier auf Erden der ewigen göttlichen Güter in besonderer und möglichst vollkommener Weise teilhaftig zu werden. Ihr Dasein erfüllte sich gleichsam im Vollzug der gläubigen Überzeugung. Die wenigen überlieferten, aber sich fast ausschließlich mit dem Ablauf und der Gestaltung des durch und durch religiös geprägten Alltags im Kloster beschäftigenden handschriftlichen Notizen verschiedener Schwestern dokumentieren diese Tatsache in beeindruckender Weise. So heißt es beispielsweise: „*Wann übles und schlimmes Wetter, daß man nit kan ausgehen, wird unter Bettung der Litanei der heilige Segen in der Stille gegeben. Das Hoch*(*würdigste*) *Exponirt, der heilige Rosencrantz gebettet und nach dem wir danken dir, fangen die Closterfrauen an, die Litaney zu singen, Und gehen in dem Creutzgang herumb. Indessen geht man zum Opfer zur Rosencrantz*

Abb. 189
Kleines Andachtsbild. Dargestellt ist die mystische Vermählung einer Nonne mit Christus in Gegenwart des heiligen Dominikus und der heiligen Katharina von Siena. Gouache auf Pergament. 15,5 cm × 10 cm. Mitte 18. Jahrhundert. Das Kleine Andachtsbild ist mit Versen aus dem Hohen Lied Salomons beschriftet: Oben: „Veni de libano, Sponsa, veni, Coronaberis" (Komme herab vom Libanon, [meine] Braut, komme [mit mir], die Krone zu empfangen). Unten: „An dem Tage ihrer Vermählung, und an dem Tage, da ihr Hertz in Freuden ware" (Cant. 3,11). Das ligierte Monogramm mit den Buchstaben C M B D konnte nicht entschlüsselt werden. Vermutlich handelt es sich um ein Kleines Andachtsbild, das einer Nonne zur Einkleidung gewidmet worden ist.
Archiv Dominikanerinnenkloster Bad Wörishofen.

Königin. *Nach vollendeter Litaney folgt das Salve Regina... Nach der predigt in der Kirchen vor ausgesetztem Venerabili ist der Rosencrantz gebett worden, nach welchem gleich der figurierten Salve Regina und dann der Bruderschaft geopfert worden. Nach dem Salve Regina haben wir erst im Creutzgang unsere procession gehalten, und süßen Namen Jesu Christi ... Anno 1753 hat Schwester Maria Michaela Schererin dem Konvent freiwillig mit Erlaubnis geben 50 Gulden, von ihrem Deposido zur Stiftung eines Öl-Ämpele in der Noviziat Capel, daß dies alle Samstäg, Muttergottes Abend und hohe Fest sollte angezündet werden, welches bewilliget die Priorin Johanna Mayrin, Novizenmeisterin M. Alexia Schmidin samt allen Rathsmittern ... Anno 1772 hat man dies große Creuz den 1. Juli im Garten eingesetzt, man hat allerheiligen Litanei darbei gesungen, Herr Beichtvater Pater Cystortj Pfendler hats einbenediciert: Unter der Litanei, hernach ist man prozessionaliter stillschweigend wieder in Chor gangen*".[588]
Aus allen diesen Bemerkungen atmen gleichsam die spirituellen Ideale, die sich mit den Begriffen „Reformkloster" oder „strenge Observanz" verbinden. Für das Ansammeln irdischer Schätze, und sei es auch nur persönlicher Erinnerungsstücke, blieb bei einer solchen konsequent verfolgten Lebensgestaltung kaum Platz. Aus der ersten Periode des Klosters gibt es deshalb nur sehr wenige Nachrichten über einzelne Schwestern, die diese als individuelle Persönlichkeiten faßbar werden lassen. Zu diesen Ausnahmen zählen die erste Priorin Maria Christina Eckart (reg. 1723–1733) sowie die letzte Priorin des alten Konvents Maria Catharina Haggenmüller (reg. 1803–1838); Hinweise in den Chroniken lassen Rückschlüsse auf ihre Charaktere und Leistungen zu. Entsprechendes gilt für die von ihrem Vater Franz Haagen († 1734) zur Kunstmalerin ausgebildete Schwester Maria Gabriela Haagen (1698–1778), von der sich einige handschriftliche Notizen erhalten haben. Einen Fall besonderer Art bildet die Klosterfrau Maria Cäcilia Mayr (1717–1749), deren Leben detailliert aufgezeichnet worden ist. Vereinzelt finden sich in den Chroniken Hinweise auf besondere Begabungen und Fertigkeiten von Religiosen aus der Frühzeit der Wörishofener Gemeinschaft. So ist bekannt, daß Schwester Maria Michaela Gunay Apo-

Abb. 190 Apothekerschrank. Holz, bemalt. 143,5 cm × 176 cm × 58,5 cm. 1. Hälfte 18. Jahrhundert. Der Schrank gehörte zur Ausstattung der schon 1721 eingerichteten klösterlichen Apotheke. Er erinnert zugleich an die Schwester Maria Michaela Gunay (1700–1742), die erste „Apothekenschwester" des Klosters. Dominikanerinnenkloster Bad Wörishofen.

Abb. 206

Abb. 288

thekerin war, Anna Maria Jehler das Amt einer Organistin versah und Maria Dominika Kentl die „Kleiderkammer versorgte".[589] Auch traten verschiedene Nonnen als Meisterinnen der Klosterarbeiten hervor; doch wissen wir nur von der ersten Priorin mit Sicherheit, daß sie Reliquien faßte,[590] im übrigen sind Namen nicht tradiert, kein einziges einzelnes Werk kann einer bestimmten Nonne zugeordnet werden. Bezeichnend ist auch, daß sich, vom Gruppenbild der Familie des Malers Franz Haagen abgesehen,[591] kein Bildnis von einem Mitglied des Wörishofener Konvents erhalten hat; das Votivbild von 1768 mit der Einsiedelmadonna, das auch eine Dominikanerin zeigt, besitzt keine portraithaften Züge.[592] Auch von den vom Konvent auf Zeit gewählten Klostervorsteherinnen sind keine Bildnisse aus dem 18. oder frühen 19. Jahrhundert vorhanden. Von 1842 an liegen dagegen durchweg persönliche Aufzeichnungen über die Schwestern vor, die von da an in Wörishofen gelebt haben. Die seitdem angelegten Totenbücher zählen ihre besonderen Leistungen auf. Die Existenz der einzelnen Nonne wird auf diese Weise greifbar, jede tritt als Individuum hervor. Der Wandel in der Bewertung der Einzelpersönlichkeit dürfte nicht zuletzt darauf zurückzuführen sein, daß die Schwestern vom Tag der Wiedererrichtung ihrer Gemeinschaft an auch öffentliche Aufgaben, wie etwa die Mädchenerziehung, übernehmen mußten. Das ausschließliche Leben für Gott, die ungeteilte Ganzhingabe an den Erlöser als himmlischen Bräutigam, konnte mit der Übernahme von Pflichten im Interesse der Allgemeinheit, bei allem Bemühen der Konventualinnen, weiterhin die Regeln der strengen Observanz zu erfüllen, nicht mehr im alten Sinne aufrechterhalten werden. Die monastische Existenz in Verborgenheit, weitgehend unsichtbar für die Welt, wurde abgelöst von einer aktiven Mitgestaltung der ganzen das Kloster umgebenden dörflichen Gemeinschaft.

Die Veränderungen, die der Konvent im Lauf der Jahrhunderte durchmachte, schlugen sich im Wandel der sozialen Stellung der Frauen nieder, die die Wörishofener Gemeinschaft bildeten und das Kloster von 1721 an formten. Im 18. und im 19. bis weit in das 20. Jahrhundert hinein herrschten hierarchische Überzeugungen vor. Man unterschied von der Gründung an bis zum Jahre 1950 zwischen Chorschwestern und Laienschwestern. Erstere widmeten sich vornehmlich dem Chorgebet, dem Lobpreis Gottes und seiner Verherrlichung im Psalmengebet, in Gesängen und im Lesen der Heiligen Schrift, letzteren oblag schwerpunktmäßig die Haus- und Handarbeit. Dazu kamen die Novizinnen, die sich auf die Ablegung der ewigen Gelübde vorbereiteten. Heute unterscheidet die Gemeinschaft nicht mehr zwischen Chor- und Laienschwestern. Sie kennt nur einheitlich Schwestern mit ewiger Profeß sowie Postulantinnen, Novizinnen und Juniorinnen. Nur die Frauen, die die die ewigen Gelübde abgelegt haben, bilden den Konvent, auch Kapitel genannt. Weder die Postulantinnen, noch die Novizinnen, noch die Juniorinnen haben in ihm Sitz und Stimme; dasselbe galt früher auch für die Laienschwestern. Das Kapitel ist das oberste Leitungsorgan der monastischen Gemeinschaft. In ihm werden sämtliche das Kloster als Ganzes angehende Fragen erörtert und die wichtigen Entscheidungen, die den Bestand des Hauses betreffen, gefällt. Dazu zählen die Zulassung einer Schwester zur Profeß auf Lebenszeit, die Planung des

Abb. 191
Eßgeschirr aus Zinn mit Tellern, einem Krug, einem Leuchter und einem Löffel. Der untere Teller mißt 24,5 cm Ø, der zinnerne Krug ist 9,5 cm hoch. Teller gemarkt. 18. Jahrhundert. Dominikanerinnenkloster Bad Wörishofen.

Abb. 192
Urkunde des Dominikanerprovinzials Onuphrius Sutton vom 24. August 1736, mit der eine Wiederwahl der Priorin Maria Maximiliana Harrath (reg. 1733–1736) ermöglicht werden sollte. Ihre Nachfolgerin wurde dann allerdings, aus Gründen, die nicht überliefert sind, Schwester Maria Michaela Gunay (reg. 1736–1742). Maria Maximiliana Harrath wurde erst 1761 erneut zur Priorin gewählt.
Papier. 30 cm × 20 cm.
Datiert 1736.
Zur Transskription des lateinischen Textes und zu seiner Übersetzung siehe im Anhang Anm. 593.
Archiv Dominikanerinnenkloster Bad Wörishofen.

Abb. 194 ▷
Heilige Maria, bekrönt von der Taube des Heiligen Geistes. Öl auf Leinwand. Maler nicht bekannt. Reich geschnitzter, vergoldeter Rahmen. 120 cm × 95 cm (mit Rahmen). Mitte 18. Jahrhundert. Seit alters her gehört dieses Gemälde zur Ausstattung des Kapitelsaales.
Dominikanerinnenkloster Bad Wörishofen.

Abb. 193 ▽
Holztafel, bemalt. 113 cm × 79 cm. Datiert 1736. Vielleicht wurde sie zur Begrüßung des Provinzials Onuphrius Sutton am 24. August 1736 hergestellt.
Dominikanerinnenkloster Bad Wörishofen.

Haushalts, die Aufstellung der Hausordnung und vieles andere mehr. Das Kapitel wählt die Priorin, also die Leiterin der Gemeinschaft, sowie den Schwesternrat und die Subpriorin. Aufgabe des zur Zeit aus vier Religiosen bestehenden Schwesternrats ist die Mitwirkung im Priorat. Die Subpriorin vertritt die Priorin im Falle ihrer Verhinderung; in der Regel obliegt ihr als dauernde zusätzliche Aufgabe die Verwaltung der Wirtschaftsgüter des Klosters.

Hervorragende Bedeutung kommt seit altersher der Priorin zu. Sie wacht über die Einhaltung der Ordensregel und die Durchführung der jeweils geltenden Satzungen. Das geistliche und das leibliche Wohl der Schwestern sind ihr anvertraut. Sie hat die Aufgabe, die Kommunität zu einer Gemeinschaft in Christus zu formen. Als Oberin vertritt sie das Kloster darüberhinaus nach außen. Im Gegensatz zu den Äbtissinnen etwa der Benediktinerinnen- und Zisterzienserinnenklöster, die ihr Amt auf Lebenszeit ausüben, wählen die Dominikanerinnen ihre Priorinnen seit 1619[594] auf Zeit, ursprünglich auf drei Jahre, heute auf vier. Eine Wiederwahl ist zulässig. Das Prinzip der zeitlichen Befristung der Leitungsfunktion hat zur Folge, daß die Priorinnen, von wenigen Ausnahmen abgesehen, nur selten prägend hervortreten. Sie bleiben in der Regel, wie alle anderen Schwestern auch, in der gemeinsamen Lebensform verborgen.

Der Wörishofener Gemeinschaft standen bis einschließlich 1998 32 Priorinnen vor:

1723–1733	M. Christina Eckart (Eggart)
1733–1736	M. Maximiliana Harrath
1736–1742	M. Michaela Gunay
1742–1746	M. Dominika Kentl
1746–1749	M. Seraphina Jehler
1749–1752	M. Dominika Kentl
1752–1758	M. Johanna Mayr
1758–1761	M. Vincentia Schuster
1761–1767	M. Maximiliana Harrath
1767–1773	M. Johanna Mayr
1773–1779	M. Alberta Spötl
1779–1785	M. Walburga Schuster
1785–1788	M. Antonia Zech
1788–1794	M. Viktoria Brentano
1794–1797	M. Alberta Spötl
1797–1800	M. Viktoria Brentano
1800–1803	M. Josefa Ziegler
1803–1838	M. Catharina Haggenmüller
1838–1851	M. Columba Böck
1851–1853	M. Josefa Binswanger
1853–1856	M. Dominika Würth
1856–1895	M. Augustina Müller
1895–1916	M. Alberta Hörmann
1916–1923	M. Ursula Beck
1923–1927	M. Josefa Haug
1927–1930	M. Immakulata Trieb
1930–1950	M. Christina Hörmann
1950–1961	M. Alberta Angerer
1961–1971	M. Aquinata Martin
1971–1980	M. Imelda Weh
1980–1997	M. Regina Vilgertshofer
1997–	M. Johanna Lackmaier

Die erste, Schwester Maria Christina Eckart, wurde von dem damaligen Ordensprovinzial Dominikus Widmann 1723 in ihr Amt berufen. Seitdem wird die Oberin in geheimer Wahl vom Konvent gewählt. Folgende Religiosen, die das Amt der Priorin wahrnahmen, seien besonders genannt: Schwester Maria Christina Eckart, die ihre Funktion als Leiterin der Gemeinschaft 10 Jahre lang, bis zu ihrem Tod 1733, ausübte, Frau Maria Michaela Gunay, die erste Schwester, die auf die Neugründung in Wörishofen die ewigen Gelübde ablegte, regierte von 1736 bis 1742, Schwester Maria Dominika Kentl nahm das Amt der Priorin zweimal wahr,

von 1742 bis 1746 und von 1749 bis 1752, ebenso Maria Johanna Mayr von 1752 bis 1758 und von 1767 bis 1773, Schwester Maria Alberta Spötl von 1773 bis 1779 und von 1794 bis 1797 sowie Frau Maria Viktoria Brentano von 1788 bis 1794 und 1797 bis 1800. Eine sehr lange Amtsperiode durchlief Schwester Maria Catharina Haggenmüller von 1803 bis 1838, die den Konvent nach der Säkularisation zusammenhielt und über die schweren Jahre hinweg leitete, in denen keine Novizinnen aufgenommen werden durften. Schwester Maria Columba Böck, die die Rekonstitution des Klosters im Jahre 1842 erlebte, war Priorin von 1838 bis 1851. Sie wurde von ihrer späteren Nachfolgerin, Maria Augustina Müller, an Amtsjahren noch übertroffen; sie stand der Gemeinschaft von 1851 bis 1895 als Oberin vor.

Der Wörishofener Konvent war, von einigen Jahrzehnten zu Beginn unseres Jahrhunderts abgesehen, stets klein. 1718 umfaßte er vier Frauen, 1721 neun, 1725 fünfundzwanzig. Diese Zahl blieb bis zur Säkularisation in etwa konstant. 1840 sank die Mitgliederzahl auf sieben herab. Sie stieg sprunghaft nach dem Übertritt zum Dritten Orden an und erreichte im Jahre 1900 die Zahl 67 und im Jahre 1935 mit 103 Schwestern ihren Höhepunkt. Heute umfaßt das Kapitel 32 Mitglieder. Seit der Gründung im Jahre 1718 haben den Konvent 21 Mitglieder nach der Ablegung der ewigen Gelübde wieder verlassen; der erste Austritt erfolgte 1812. Bis 1950 waren von den 330 Schwestern 78 als Laienschwestern tätig. Im übrigen kamen die Religiosen zum größten Teil aus der unmittelbaren Umgebung von Wörishofen sowie aus Bayerisch-Schwaben. Doch finden sich als Geburtsorte auch Eichstätt (1), Hannover (1), München (5), Nürnberg (1), Würzburg (1) und sogar Wien (1). Die Frauen entstammten überwiegend dem Bürgertum, vorwiegend dem Kaufmanns- und dem Handwerkerstand. Im 18. Jahrhundert traten dem Konvent auch Töchter aus adeligen und alten Patrizierfamilien bei, wie etwa Schwester Maria Victoria Freiin von Thainer (1688–1751), Schwester Maria Ludovica Freiin von Freyberg (1713–1775), Schwester Maria Euphemia Imhof (1661–1729) und deren leibliche Schwester Maria Elisabeth (1677–1733). Nach der Wiedergründung des Klosters im Jahre 1842 änderte sich die Sozialstruktur

*Abb. 195
Rosenkränze mit Rosenkranzanhängern. Elfenbein, geschnitzt und mit vergoldetem Metall gerahmt. Anhänger ca. 7,6 cm hoch, 6,2 cm breit. Mitte 18. Jahrhundert. Dargestellt sind (von links nach rechts) die Heiligen Dominikus mit einem Rosenkranz, Nepomuk mit einem Kreuz in der Hand, Katharina von Siena mit einer Dornenkrone auf dem Haupt und einem Kruzifix in den Händen sowie der Dominikanerpapst Pius V. Dominikanerinnenkloster Bad Wörishofen.*

des Konvents. Die meisten Religiosen heute stammen aus bäuerlichen Familien.

Die Namen aller Wörishofener Klosterfrauen sind auf der Totentafel festgehalten, die seit alters her im Kreuzgang neben dem Eingang zum Schwesternchor hängt, und deren erster Eintrag die Chorfrau Maria Euphemia Imhof betrifft, die am 3. Mai 1729 verstarb. Jeder Vermerk enthält die wichtigsten Lebensdaten, Form und Inhalt haben sich seit der erstmaligen Benutzung bis zum heutigen Tage nicht verändert. Wie kein anderer Gegenstand in dem Klostergebäude repräsentiert deshalb die Totentafel die Wörishofener Schwesternschaft in ihrer Gesamtheit, die Lebenden wie die Toten. Bestattet wurden die Verstorbenen von 1729 bis 1802 in der Gruft unter der Marienkapelle. Deren weitere Benutzung für Begräbnisse verbot eine kurfürstliche Verordnung vom 21. Januar 1805. Damals wurde angeordnet, die Schwestern „*wie alle übrigen Bewohner Wörishofens auf dem gewöhnlichen Begräbnisplatz zu beerdigen*".[595] Dies war der heute aufgelassene Friedhof um die Pfarrkirche Sankt Justina. Eine Wiederbelegung der Gruft wurde von 1851 bis 1899, nach der Rekonstitution des Klosters, gestattet. Allerdings weihte Pfarrer Sebastian Kneipp wegen der wachsenden Schwesternzahl schon am 2. November 1895 eine große Grabstätte für die Dominikanerinnen auf dem neuen Friedhof in der Sankt-Anna-Straße ein. Durch das regelmäßige „*Memento*" im gemeinsamen Gebet, durch Grabpflege und Friedhofbesuch gedenken die lebenden Klosterfrauen ihrer Vorfahrinnen, sie halten im November sowohl in der Gruft wie auch auf dem Friedhof eine gemeinsame Andacht.

Betrachtet man den Wörishofener Konvent vom Beginn des Klosters in den Jahren 1718/1721 an bis heute, so wird deutlich, wie die Schwestern am monastischen Leben, trotz aller Veränderungen, dominikanischer Lebensauffassung entsprechend, treu festgehalten haben. Sie verkörpern in ihrer Gesamtheit, aber auch jede einzelne für sich, Glaubenskraft und Treue zu ihrem apostolischen Auftrag aus gläubiger Überzeugung heraus. Im Gedenken hieran zählt die nachfolgende Aufstellung alle Schwestern auf, die im Wörishofener Kloster seit 1721 dominikanische Lebensideale verwirklichten.

Abb. 197 S. 214 ▷
„Memento Mori". Die geschlossene Totentafel im Dominikanerinnenkloster Bad Wörishofen. Holz, gefaßt, bemalt.
120 cm × 102 cm. 1. Hälfte 18. Jahrhundert. Die kniende Nonne sagt „Cupio, Dissolvi" (Ich wünsche mir, erlöst zu werden).

Abb. 196
Die geöffnete Totentafel im Dominikanerinnenkloster Bad Wörishofen.
120 cm × 171 cm (in geöffnetem Zustand).
1. Hälfte 18. Jahrhundert.

Die Wörishofener Dominikanerinnen

Jahr der Gelübde	Name	Chorfrau	Laienschwester	Geburtstag	Geburtsort	Todestag	Sterbeort
1677	M. Christina Eckart (Eggart)	Chorfrau		04. 07. 1659	München	11. 09. 1733	Wörishofen
1680	M. Euphemia Imhof	Chorfrau		22. 09. 1661	Augsburg	03. 05. 1729	Wörishofen
1688	M. Antonia Mutzerharth	Chorfrau		07. 05. 1671	Augsburg	19. 09. 1758	Wörishofen
1696	M. Elisabeth Imhof	Chorfrau		10. 07. 1677	Augsburg	17. 02. 1733	Wörishofen
1698	M. Hyazintha Kraus	Chorfrau		04. 09. 1678		14. 08. 1737	Wörishofen
1708	M. Viktoria Freiin von Thainer	Chorfrau		05. 01. 1688		18. 08. 1751	Wörishofen
1708	M. Agatha Mayr		Laienschwester	1682	Röfingen	20. 02. 1733	Wörishofen
1711	M. Gertrud Weinschenkh		Laienschwester	07. 07. 1683		18. 04. 1754	Wörishofen
1718	M. Maximiliana Harrath	Chorfrau		11. 09. 1699		19. 04. 1774	Wörishofen
1721	M. Michaela Gunay	Chorfrau		10. 03. 1700	Augsburg	29. 11. 1742	Wörishofen
1721	M. Seraphina Jehler	Chorfrau		13. 12. 1700	Wöllenburg	19. 04. 1781	Wörishofen
1721	M. Dominika Kentl	Chorfrau		26. 02. 1701	Augsburg	16. 03. 1770	Wörishofen
1721	M. Gabriela Haagen	Chorfrau		08. 07. 1698	Reichstadt	03. 05. 1778	Wörishofen
1722	M. Rosa Schadl		Laienschwester	14. 10. 1693	Derndorf	12. 07. 1765	Wörishofen
1722	M. Barbara Vötterl		Laienschwester	05. 08. 1696		23. 02. 1778	Wörishofen
1722	M. Margareta Sailer		Laienschwester	1701		04. 08. 1754	Wörishofen
1723	M. Theresia Einweg	Chorfrau		1701	Mantel	13. 02. 1763	Wörishofen
1724	M. Christina Pfleger	Chorfrau		10. 07. 1701	Kaufbeuren	03. 09. 1749	Wörishofen
1724	M. Osanna Leser		Laienschwester	16. 08. 1693	Schwabbrugg	02. 03. 1764	Wörishofen
1724	M. Angela Roth		Laienschwester	31. 01. 1701		29. 04. 1762	Wörishofen
1724	M. Franziska Langenheinrich		Laienschwester	1701	Augsburg	28. 03. 1766	Wörishofen
1724	M. Josefa Maylinger		Laienschwester	06. 02. 1701	Friedberg	07. 04. 1766	Wörishofen
1725	M. Agnes Gaibinger	Chorfrau		01. 11. 1704		29. 01. 1768	Wörishofen
1725	M. Magdalena Spaz		Laienschwester	27. 02. 1699	Hiltenfingen	13. 06. 1767	Wörishofen
1726	M. Alexia Schmid	Chorfrau		09. 04. 1710	Wörishofen	16. 06. 1791	Wörishofen
1728	M. Johanna Mayr	Chorfrau		10. 03. 1712	Röfingen	01. 09. 1775	Wörishofen
1728	M. Augustina Hohenleidter	Chorfrau		20. 11. 1708	Herrsching	20. 11. 1787	Wörishofen
1730	M. Catharina Maylinger	Chorfrau		30. 10. 1710	Friedberg	27. 11. 1771	Wörishofen
1730	M. Anna Holzapfl	Chorfrau		1710		26. 02. 1776	Wörishofen
1731	M. Columba Stadler	Chorfrau		22. 07. 1713	Weilheim	03. 07. 1776	Wörishofen
1731	M. Clara Wilhelm		Laienschwester	25. 02. 1708		10. 05. 1777	Wörishofen
1735	M. Raymunda Einweg	Chorfrau		1666	Mantel	30. 10. 1737	Wörishofen
1735	M. Ludovica Freiin von Freyberg	Chorfrau		17. 07. 1713		11. 06. 1775	Wörishofen
1736	M. Cäcilia Mayr	Chorfrau		05. 09. 1717	Röfingen	27. 11. 1749	Wörishofen
1736	M. Vinzentia Grundner	Chorfrau		20. 09. 1715	Erding	08. 07. 1739	Wörishofen
1738	M. Hyazintha Haggenmüller	Chorfrau		30. 10. 1718	Engetrüdt	17. 04. 1791	Wörishofen
1740	M. Vinzentia Schuster	Chorfrau		08. 04. 1716	Honsolgen	05. 06. 1791	Wörishofen
1744	M. Alberta Spötl	Chorfrau		28. 06. 1728	Perrenbach	11. 06. 1802	Wörishofen
1746	M. Aloysia Maylinger		Laienschwester	17. 09. 1715	Friedberg	09. 07. 1796	Wörishofen
1749	M. Antonina Zech	Chorfrau		07. 09. 1731	Waicht	24. 08. 1794	Wörishofen
1749	M. Michaela Scherer	Chorfrau		1732		25. 09. 1795	Wörishofen
1749	M. Walburga Schuster	Chorfrau		19. 09. 1729	Augsburg	19. 02. 1811	Wörishofen
1752	M. Agathe Embacher		Laienschwester	1723	Dietenheim	12. 11. 1789	Wörishofen
1753	M. Viktoria Brentano-Mezzegra	Chorfrau		01. 07. 1733	Augsburg	25. 03. 1800	Wörishofen
1754	M. Benedikta Bauhofen	Chorfrau		17. 03. 1738	Haunstetten	05. 12. 1758	Wörishofen
1756	M. Cäcilia Schmid	Chorfrau		28. 03. 1736	Röfingen	23. 09. 1811	Wörishofen
1756	M. Adelgundis Bsaidl	Chorfrau		1735	Eichstädt	06. 12. 1763	Wörishofen
1756	M. Catharina Lichtensterner	Chorfrau		1739	Honsolgen	03. 09. 1769	Wörishofen
1756	M. Creszentia Wiedemann		Laienschwester	02. 04. 1731	Sigmarszell	10. 05. 1810	Wörishofen
1763	M. Pia Rosa Berchtold	Chorfrau		07. 04. 1745	Kirchdorf	25. 03. 1824	Wörishofen
1763	M. Bernarda Magg	Chorfrau		1743	Irsee	18. 05. 1788	Wörishofen
1764	M. Raymunda Endress		Laienschwester	08. 05. 1741	Augsburg	11. 09. 1821	Wörishofen
1765	M. Henrica Arnold	Chorfrau		1744	Bottenkirch	12. 06. 1789	Wörishofen
1767	M. Margareta Dorner		Laienschwester	13. 11. 1738	Gradensdorf	20. 01. 1788	Wörishofen
1767	M. Osanna Marx		Laienschwester	07. 03. 1740	Utingen	30. 08. 1809	Wörishofen
1767	M. Benedikta Scheidl		Laienschwester	1747	Anglberg	05. 11. 1767	Wörishofen
1768	M. Josefa Ziegler	Chorfrau		1746	Landsberg	19. 01. 1824	Wörishofen
1769	M. Rosa Egger		Laienschwester	30. 06. 1743	Axhoim	28. 01. 1817	Wörishofen
1770	M. Aquinata Grueber	Chorfrau		10. 11. 1749		30. 12. 1808	Wörishofen
1770	M. Magdalena Kloz	Chorfrau		25. 02. 1746	Hiltenfingen	17. 04. 1805	Wörishofen
1770	M. Floriana Hueber		Laienschwester	28. 01. 1749	Landsberg	02. 02. 1825	Wörishofen
1778	M. Theresia Gradl	Chorfrau		1753	Rain a. L.	13. 06. 1787	Wörishofen
1778	M. Catharina Haggenmüller	Chorfrau		10. 12. 1758	Engetrüdt	23. 03. 1838	Wörishofen
1781	M. Dominika Federl		Laienschwester	21. 12. 1758	Altenbaindt	02. 07. 1834	Wörishofen
1783	M. Columba Böck	Chorfrau		09. 03. 1765	Landsberg	17. 07. 1851	Wörishofen
1789	M. Augustina Mayr	Chorfrau		08. 01. 1772	Raunau	11. 01. 1843	Wörishofen
1790	M. Henrica Hannes	Chorfrau		09. 05. 1774	Mattsies	08. 05. 1855	Wörishofen
1791	M. Jolanda Ertl	Chorfrau		09. 08. 1774	Kirchheim	09. 07. 1835	Wörishofen
1791	M. Johanna Bleicher	Chorfrau		11. 11. 1771	Epfenhausen	15. 02. 1843	Wörishofen

1793	M. Agnes Barth	Chorfrau		17. 01. 1777	Depeshofen	08. 05. 1799	Wörishofen
1793	M. Agatha Scharpf		Laienschwester	29. 04. 1770	Wörishofen	11. 12. 1847	Wörishofen
1797	M. Antonina Mayr	Chorfrau		21. 10. 1777	Hürbel	10. 11. 1853	Wörishofen
1800	M. Hyazintha Müller	Chorfrau		16. 01. 1782	Eppishausen	24. 05. 1858	Wörishofen
1830	M. Karolina Schmid	Chorfrau		04. 04. 1802	Graben	05. 05. 1851	Wörishofen
1830	M. Theresia Friederiko	Chorfrau		29. 05. 1811	Rottenburg	08. 05. 1877	Wörishofen
1844	M. Josefa Binswanger	Chorfrau		04. 05. 1820	Höchstädt	02. 07. 1853	Wörishofen
1844	M. Katharina Mair	Chorfrau		21. 08. 1807	Großried	27. 11. 1870	Wörishofen
1844	M. Dominika Würth	Chorfrau		16. 11. 1822	Donauwörth	15. 03. 1883	Wörishofen
1844	M. Ludovika Müller	Chorfrau		07. 03. 1819	Wörishofen	14. 08. 1899	Wörishofen
1845	M. Benedikta Daniel	Chorfrau		14. 12. 1819	Pfaffenhofen	26. 06. 1854	Wörishofen
1845	M. Augustina Müller	Chorfrau		04. 11. 1822	Aletshausen	04. 07. 1855	Wörishofen
1845	M. Franziska Greif		Laienschwester	05. 01. 1814	Waal	27. 03. 1858	Wörishofen
1845	M. Magdalena Stiefenhofer		Laienschwester	15. 10. 1817	Hinterreuthe	14. 08. 1866	Wörishofen
1845	M. Aquinata Rieder		Laienschwester	21. 03. 1810	Salgen	04. 10. 1876	Wörishofen
1846	M. Pia Schindele		Laienschwester	31. 08. 1815	Saulgrein	31. 05. 1851	Wörishofen
1852	M. Jolanda Brunner	Chorfrau		28. 02. 1830	Wemding	10. 07. 1867	Wörishofen
1852	M. Martina Schwaiger	Chorfrau		30. 01. 1827	Burggen	26. 02. 1868	Wörishofen
1852	M. Petronilla Kramer	Chorfrau		06. 02. 1826	Hürbel	13. 11. 1869	Wörishofen
1852	M. Michaela Kaufmann	Chorfrau		19. 03. 1823	Würzburg	23. 01. 1879	Wörishofen
1852	M. Maximiliana Müller	Chorfrau		11. 07. 1826	Hürbel	01. 06. 1890	Wörishofen
1852	M. Wendelina Schaumann		Laienschwester	17. 09. 1812	Amberg	16. 03. 1871	Wörishofen
1855	M. Alberta Glavina	Chorfrau		25. 05. 1832	Augsburg	03. 10. 1856	Wörishofen
1855	M. Walburga Gastel	Chorfrau		30. 03. 1834	Gammenried	13. 02. 1876	Wörishofen
1855	M. Xaveria Moser	Chorfrau		04. 07. 1834	Babenhausen	28. 02. 1900	Wörishofen
1855	M. Rosa Scharpf	Chorfrau		22. 08. 1827	Wörishofen	21. 02. 1901	Wörishofen
1855	M. Theresia Stark	Chorfrau		29. 09. 1828	Stockheim	16. 06. 1902	Wörishofen
1855	M. Alfonsa Dobler	Chorfrau		21. 08. 1833	Ummendorf	31. 10. 1906	Wörishofen
1855	M. Agnes Huller	Chorfrau		02. 02. 1831	Mädlhofen	05. 01. 1918	Türkheim
1855	M. Johanna Kramer		Laienschwester	06. 07. 1823	Siebnach	03. 04. 1871	Wörishofen
1855	M. Pia Schwab		Laienschwester	27. 08. 1827	Magnetsried	20. 03. 1887	Wörishofen
1855	M. Klara Degenhart		Laienschwester	31. 07. 1815	Unterigling	24. 03. 1906	Wörishofen
1857	M. Karolina Egger	Chorfrau		21. 11. 1835	Denklingen	14. 05. 1869	Wörishofen
1857	M. Josefa Himmelmaier	Chorfrau		30. 05. 1833	Vilsbiburg	31. 05. 1872	Wörishofen
1857	M. Aloisia Beringer	Chorfrau		15. 11. 1834	Hardheim	22. 05. 1909	Wörishofen
1857	M. Agathe Merk		Laienschwester	08. 07. 1823	Unterigling	25. 03. 1885	Wörishofen
1857	M. Radegunde Ledermann		Laienschwester	19. 07. 1824	Wörishofen	03. 04. 1893	Wörishofen
1859	M. Benedikta Mayr	Chorfrau		24. 05. 1827	Möhringen	28. 10. 1881	Wörishofen
1860	M. Xaveria Simair	Chorfrau		15. 11. 1836	Landsberg	17. 01. 1895	Wörishofen
1862	M. Alberta Hörmann	Chorfrau		29. 06. 1838	Ottobeuren	14. 05. 1916	Wörishofen
1862	M. Raymunda Heckel		Laienschwester	28. 09. 1839	Beckstetten	12. 04. 1909	Wörishofen
1862	M. Vinzentia Moser		Laienschwester	24. 07. 1837	Altenstadt	15. 12. 1917	Wörishofen
1864	M. Ursula Stark	Chorfrau		19. 01. 1830	Stockheim	21. 11. 1874	Wörishofen
1864	M. Ignatia Prestele	Chorfrau		24. 04. 1839	Augsburg	25. 04. 1896	Wörishofen
1864	M. Antonina Mayer	Chorfrau		06. 07. 1841	Pfaffenhausen	26. 09. 1905	Wörishofen
1864	M. Hyazintha Bihler	Chorfrau		29. 09. 1837	Oberottmarshausen	24. 04. 1921	Wörishofen
1864	M. Columba Fischer		Laienschwester	12. 11. 1822	Oberbeuren	14. 01. 1874	Wörishofen
1864	M. Franziska Hörmann		Laienschwester	30. 03. 1832	Ottobeuren	31. 03. 1904	Wörishofen
1865	M. Salesia Wiedemann	Chorfrau		05. 01. 1840	Bachhagel	13. 05. 1872	Wörishofen
1865	M. Pankratia Kneipp	Chorfrau		02. 07. 1835	Kammlach	25. 01. 1883	Wörishofen
1865	M. Reginalda Hartmann		Laienschwester	19. 11. 1837	Schweinlang	05. 02. 1895	Wörishofen
1868	M. Henrika Fleschhut	Chorfrau		08. 05. 1843	Rieden	07. 04. 1882	Wörishofen
1868	M. Udalrika Huber	Chorfrau		13. 11. 1846	Wörishofen	04. 12. 1902	Wörishofen
1868	M. Bernhardina Ferling	Chorfrau		21. 06. 1841	Êggenthal	08. 07. 1906	Wörishofen
1871	M. Jordana Singer	Chorfrau		14. 07. 1844	Wörishofen	16. 10. 1920	Wörishofen
1871	M. Jolanda Zedelmair	Chorfrau		28. 07. 1844	Ruderatshofen	31. 07. 1906	Wörishofen
1871	M. Notburga Striegel		Laienschwester	17. 04. 1828	Unterthürheim	03. 05. 1890	Wörishofen
1874	M. Bonifatia Reichart	Chorfrau		06. 02. 1841	Martinszell	13. 04. 1902	Wörishofen
1874	M. Sebastiana Mayer	Chorfrau		24. 06. 1846	Pfaffenhausen	31. 10. 1904	Wörishofen
1874	M. Justina Miller	Chorfrau		31. 12. 1846	Wörishofen	31. 12. 1917	Wörishofen
1874	M. Magdalena Schedel		Laienschwester	17. 05. 1849	Erkheim	27. 08. 1912	Wörishofen
1876	M. Salesia Zöhr	Chorfrau		31. 07. 1850	Burggen	04. 05. 1897	Wörishofen
1878	M. Filomena Bock	Chorfrau		28. 03. 1854	Tauberbischofsheim	27. 08. 1887	Wörishofen
1878	M. Josefa Wißmiller	Chorfrau		16. 09. 1848	Warmisried	25. 10. 1890	Wörishofen
1878	M. Katharina Braun	Chorfrau		22. 02. 1853	Hurlach	02. 09. 1908	Wörishofen
1878	M. Anna Wolfgang		Laienschwester	10. 10. 1848	Buch	16. 05. 1935	Wörishofen
1878	M. Thekla Fleschhut		Laienschwester	04. 02. 1842	Rieden	12. 02. 1918	Wörishofen
1880	M. Karolina Reichart	Chorfrau		04. 05. 1857	Rückholz	02. 03. 1925	Wörishofen
1880	M. Alexia Kiebler	Chorfrau		23. 08. 1839	Rottum	26. 01. 1908	Wörishofen
1880	M. Aquinata Heinle	Chorfrau		27. 08. 1853	Weitnau	04. 05. 1915	Wörishofen
1882	M. Petra Joas	Chorfrau		20. 12. 1857	Unterjoch	03. 10. 1893	Wörishofen
1882	M. Johanna Schlecht	Chorfrau		12. 03. 1860	Wallerdorf	21. 01. 1941	Wörishofen
1882	M. Gertraud Höfele		Laienschwester	29. 11. 1851	Affing	26. 08. 1935	Wörishofen

Jahr	Name	Status		Geburtsdatum	Geburtsort	Sterbedatum	Sterbeort
1884	M. Henrika Mayr	Chorfrau		29. 03. 1858	Betzers	25. 02. 1885	Wörishofen
1884	M. Angela Rösch	Chorfrau		25. 02. 1862	Erbenschwang	22. 07. 1945	Wörishofen
1884	M. Benedikta Daiser	Chorfrau		06. 06. 1861	Ohlstadt	09. 08. 1935	Wörishofen
1884	M. Ursula Beck	Chorfrau		01. 03. 1859	Burlafingen	16. 07. 1935	Wörishofen
1887	M. Pankratia Hörberg	Chorfrau		29. 10. 1842	Legau	06. 02. 1887	Wörishofen
1888	M. Pankratia Scheigl	Chorfrau		20. 12. 1866	Eichstädt	07. 04. 1900	Wörishofen
1888	M. Michaela Räth	Chorfrau		17. 08. 1854	Legau	06. 05. 1918	Wörishofen
1888	M. Floriana Weißenhorn		Laienschwester	18. 07. 1854	Sontheim	05. 03. 1927	Wörishofen
1888	M. Walburga Wiedemann		Laienschwester	02. 05. 1866	Nassenbeuren	20. 08. 1933	Wörishofen
1891	M. Dominika Först	Chorfrau		10. 01. 1865	Augsburg	22. 02. 1922	Wörishofen
1891	M. Amanda Stirner	Chorfrau		07. 04. 1863	Heißenöd	21. 05. 1911	Wörishofen
1891	M. Honestina Heinzelmann	Chorfrau		06. 01. 1867	Eppishausen	03. 01. 1923	Wörishofen
1891	M. Leonharda Merbele	Chorfrau		30. 05. 1866	Ruderatshofen	31. 12. 1914	Wörishofen
1891	M. Mauritia Nußbaumer	Chorfrau		05. 03. 1863	Augsburg	25. 05. 1927	Wörishofen
1893	M. Josefa Haug	Chorfrau		22. 11. 1868	Türkheim	27. 05. 1927	Wörishofen
1893	M. Imelda Weihmayr	Chorfrau		19. 04. 1869	Zusmarshausen	02. 01. 1938	Wörishofen
1893	M. Agathe Neubrand		Laienschwester	27. 03. 1861	Wiedergeltingen	07. 07. 1914	Wörishofen
1893	M. Wendelina Filser		Laienschwester	27. 02. 1860	Schweinlang	07. 11. 1905	Wörishofen
1895	M. Diana Schweiger	Chorfrau		14. 03. 1868	Nesselwang	06. 02. 1900	Wörishofen
1895	M. Gundisalva Schmid	Chorfrau		24. 07. 1871	Marktoberdorf	16. 09. 1930	Wörishofen
1895	M. Ambrosia Birle	Chorfrau		24. 06. 1871	Schwabmünchen	23. 02. 1904	Wörishofen
1895	M. Philomena Dorn	Chorfrau		16. 08. 1868	Simmerberg	08. 10. 1909	Wörishofen
1895	M. Cäcilia Hefele	Chorfrau		08. 03. 1872	Nesselwang	14. 05. 1906	Wörishofen
1895	M. Columba Uhlemayr		Laienschwester	08. 05. 1867	Gerats-Vorderburg	01. 06. 1914	Wörishofen
1895	M. Pia Baur		Laienschwester	05. 02. 1868	Mindelheim	12. 11. 1941	Wörishofen
1897	M. Augustina Bichler	Chorfrau		19. 12. 1872	Haselbach	16. 10. 1901	Wörishofen
1897	M. Scholastika Schmölz	Chorfrau		27. 03. 1872	Stötten	08. 04. 1922	Wörishofen
1897	M. Alkantara Koppolt		Laienschwester	07. 12. 1873	Wengen	04. 09. 1927	Wörishofen
1898	M. Elisabeth Streng	Chorfrau		09. 12. 1873	Erkheim	28. 12. 1943	Oberaudorf
1898	M. Laurentia Ostenried	Chorfrau		16. 11. 1873	Pforzen	18. 11. 1945	Wörishofen
1898	M. Stephana Schwärzle	Chorfrau		27. 12. 1872	Unterroth	25. 05. 1899	Wörishofen
1898	M. Ignatia Wiedemann	Chorfrau		24. 02. 1869	Waltenhofen	26. 09. 1918	München
1898	M. Petra Settele	Chorfrau		11. 11. 1874	Enisried	13. 06. 1945	Türkheim
1898	M. Barbara Baur		Laienschwester	01. 02. 1876	Mattsies	07. 02. 1929	Wörishofen
1898	M. Martha Wagner		Laienschwester	17. 06. 1876	Nesselwang	31. 07. 1899	Wörishofen
1898	M. Margareta Birle		Laienschwester	13. 11. 1874	Obermeitingen	14. 10. 1948	Wörishofen
1900	M. Christina Hörmann	Chorfrau		25. 07. 1873	Dorfen	27. 04. 1954	Wörishofen
1900	M. Salesia Wiedemann	Chorfrau		28. 01. 1877	Scheuring	03. 11. 1949	Wörishofen
1900	M. Radegundis Schleich		Laienschwester	20. 03. 1877	Etzlensberg	30. 05. 1901	Wörishofen
1900	M. Juliana Wiedemann		Laienschwester	09. 05. 1872	Schwabmünchen	19. 03. 1951	Wörishofen
1900	M. Osanna Perzl		Laienschwester	12. 06. 1877	Gurnöbach	25. 09. 1960	Wörishofen
1901	M. Ludovika Schöpf	Chorfrau		25. 07. 1879	Pfaffenhausen	18. 02. 1912	Wörishofen
1901	M. Immakulata Trieb	Chorfrau		24. 08. 1877	Ebenried	15. 11. 1930	Wörishofen
1901	M. Reginalda Pfänder		Laienschwester	06. 05. 1879	Langerringen	01. 03. 1967	Wörishofen
1901	M. Gaudentia Drexel		Laienschwester	11. 10. 1873	Dirlewang	22. 07. 1947	Wörishofen
1902	M. Rosaria Prestele	Chorfrau		17. 03. 1877	Türkheim	31. 05. 1947	Wörishofen
1902	M. Bertranda Kerler	Chorfrau		04. 09. 1878	Türkheim-Berg	20. 06. 1913	Wörishofen
1902	M. Xaveria Bihler	Chorfrau		03. 02. 1878	Oberottmarshausen	10. 08. 1905	Wörishofen
1902	M. Euphemia Haas	Chorfrau		29. 06. 1873	Oberdorf	25. 12. 1918	Wörishofen
1902	M. Diana Wiedemann	Chorfrau		07. 04. 1870	Schwabmünchen	24. 07. 1944	Wörishofen
1902	M. Kreszentia Kees	Chorfrau		19. 02. 1879	Mauerstetten	03. 06. 1945	Wörishofen
1902	M. Innozentia Wiest	Chorfrau		30. 04. 1873	Ringschnait	28. 05. 1951	Wörishofen
1903	M. Gratiana Zech	Chorfrau		03. 02. 1878	Pfronten	19. 12. 1965	Wörishofen
1903	M. Berchmana Bayr	Chorfrau		05. 05. 1880	Dischingen	13. 03. 1955	Wörishofen
1903	M. Armella Scherb	Chorfrau		02. 11. 1873	Mörsach	23. 09. 1952	Wörishofen
1903	M. Augustina Gernlein	Chorfrau		04. 08. 1880	Augsburg	30. 04. 1941	Wörishofen
1903	M. Ottilia Kleinhans		Laienschwester	18. 04. 1879	Ob	03. 04. 1961	Wörishofen
1905	M. Bonifatia Huber	Chorfrau		09. 02. 1881	Wörishofen	21. 05. 1909	Wörishofen
1905	M. Maximiliana Huber	Chorfrau		06. 12. 1881	Schaban-Soyen	26. 03. 1948	Wörishofen
1905	M. Theresia Kerler	Chorfrau		22. 01. 1876	Türkheim-Berg	16. 05. 1948	Wörishofen
1905	M. Luzia Rohrmoser		Laienschwester	25. 03. 1877	Oberdorf	11. 12. 1923	Wörishofen
1905	M. Afra Bayerl		Laienschwester	28. 02. 1879	Wehrbach	03. 01. 1920	Wörishofen
1905	M. Antonia Kustermann		Laienschwester	14. 11. 1877	Wörishofen	24. 03. 1943	Wörishofen
1906	M. Rosa Streng	Chorfrau		07. 02. 1882	Erkheim	20. 11. 1959	Oberaudorf
1907	M. Aemilia Ledermann	Chorfrau		27. 09. 1885	Uffing	08. 07. 1958	Wörishofen
1907	M. Consilia Rappl	Chorfrau		23. 07. 1885	Donauwörth	10. 10. 1936	Wörishofen
1907	M. Ambrosia Holzhey	Chorfrau		04. 09. 1880	Großkitzighofen	18. 05. 1957	Wörishofen
1907	M. Seraphika Blessing	Chorfrau		10. 04. 1873	Vöhrenbach	01. 03. 1907	Wörishofen
1907	M. Bonaventura Dietmaier		Laienschwester	04. 03. 1878	Langerringen	09. 07. 1922	Wörishofen
1907	M. Raphaela Schmid		Laienschwester	01. 05. 1876	Unterrammingen	06. 10. 1942	Wörishofen
1908	M. Klara Wörmann	Chorfrau		09. 11. 1884	Kienberg	30. 10. 1920	Wörishofen
1908	M. Xaveria Schretter	Chorfrau		03. 04. 1885	Ohlstadt	23. 07. 1912	Wörishofen
1908	M. Bernhardina Herbst	Chorfrau		06. 08. 1882	Unteregg	05. 04. 1944	Türkheim

1908	M. Antonina Höflsauer	Chorfrau		13. 03. 1885	Neustift	12. 07. 1936	Wörishofen
1908	M. Alphonsa Dietmaier	Chorfrau		01. 12. 1879	Langerringen	27. 06. 1925	Wörishofen
1908	M. Jolanda Bolz	Chorfrau		05. 07. 1885	Weil	13. 02. 1953	Wörishofen
1909	M. Canisia Hölzle	Chorfrau		04. 01. 1885	Ottobeuren	25. 02. 1921	Wörishofen
1909	M. Gabriela Müller	Chorfrau		25. 11. 1885	Honsolgen	21. 11. 1927	Wörishofen
1910	M. Seraphina Freudling	Chorfrau		18. 11. 1882	Trampoi	19. 10. 1919	Wörishofen
1910	M. Cäcilia Merk	Chorfrau		06. 01. 1889	Stetten	11. 03. 1961	Wörishofen
1910	M. Katharina Haug	Chorfrau		29. 12. 1883	Apfeltrang	29. 03. 1956	Wörishofen
1910	M. Baptista Waggin		Laienschwester	19. 01. 1888	Beckstetten	09. 09. 1963	Wörishofen
1910	M. Wendelina Greiner		Laienschwester	26. 07. 1885	Wörishofen	02. 11. 1952	Wörishofen
1910	M. Benvenuta Herz		Laienschwester	16. 05. 1876	Bedernau	20. 02. 1955	Wörishofen
1911	M. Humberta Mayer	Chorfrau		10. 01. 1888	Markt Rettenbach	07. 07. 1917	Wörishofen
1911	M. Aloysia Walther	Chorfrau		12. 10. 1886	Kadeltshofen	22. 01. 1966	Wörishofen
1911	M. Blanka Bolz	Chorfrau		06. 07. 1884	Weil	13. 01. 1951	Wörishofen
1911	M. Benigna Mendler	Chorfrau		08. 04. 1890	Kardorf	13. 04. 1962	Wörishofen
1911	M. Raymunda Buttner	Chorfrau		07. 03. 1887	Geretshausen	11. 05. 1979	Oberaudorf
1913	M. Alana Hiller	Chorfrau		06. 01. 1891	Günzburg	12. 07. 1920	Wörishofen
1913	M. Emmanuela Prestele	Chorfrau		03. 08. 1888	Türkheim	05. 10. 1918	Wörishofen
1913	M. Udalrika Meier	Chorfrau		26. 07. 1878	München	06. 02. 1941	Wörishofen
1915	M. Ludwiga Iversen	Chorfrau		19. 12. 1889	Landsberg	30. 03. 1940	Oberaudorf
1915	M. Amanda Föhr	Chorfrau		09. 04. 1893	Unterbinnwang	05. 02. 1980	Kaufbeuren
1915	M. Magdalena Ziegler		Laienschwester	30. 01. 1888	Ingenried	04. 03. 1927	Wörishofen
1915	M. Martha Linder		Laienschwester	17. 01. 1889	Boos	08. 01. 1927	Wörishofen
1917	M. Martina Heider		Laienschwester	31. 12. 1889	Münster	29. 07. 1953	Türkheim
1917	M. Ruperta Schmid		Laienschwester	18. 04. 1888	Aufkirch	03. 12. 1935	Oberaudorf
1919	M. Aquinata Martin	Chorfrau		30. 10. 1896	Marktoberdorf	22. 12. 1990	Mindelheim
1919	M. Annunciata Krikawa	Chorfrau		06. 11. 1894	Wien	26. 06. 1983	Mindelheim
1919	M. Rita Dreier	Chorfrau		02. 12. 1892	Heimertingen	09. 08. 1971	Wörishofen
1920	M. Bonifatia Nagrauft	Chorfrau		20. 01. 1897	Edelstetten	20. 01. 1923	Wörishofen
1920	M. Bertranda Wiedemann	Chorfrau		22. 10. 1893	Unterbergen	26. 11. 1966	Wörishofen
1220	M. Hildegard Emmerle	Chorfrau		25. 06. 1892	Oberigling	20. 08. 1974	Wörishofen
1921	M. Humberta Zedelmayer	Chorfrau		26. 11. 1898	Stetten	16. 01. 1976	Mindelheim
1921	M. Regina Baur	Chorfrau		01. 02. 1898	Wörishofen	06. 10. 1956	Türkheim
1921	M. Vinzentia Dobler	Chorfrau		02. 06. 1895	Unteressendorf	15. 06. 1957	Wörishofen
1921	M. Thaddäa Abele	Chorfrau		16. 12. 1900	Legau	17. 09. 1926	Wörishofen
1921	M. Paula Coy	Chorfrau		16. 10. 1892	Heldenbergen	22. 03. 1981	Kaufbeuren
1921	M. Dolorosa Bruckmeier		Laienschwester	30. 03. 1899	Landsberg	11. 04. 1991	Mindelheim
1921	M. Franziska Würfl		Laienschwester	20. 10. 1896	Oberpeiching	17. 11. 1980	Kaufbeuren
1923	M. Maria v. Lourdes Weißenhorn	Chorfrau		01. 01. 1895	Westerheim	05. 06. 1984	Wörishofen
1923	M. Dominika Weber	Chorfrau		16. 02. 1898	Türkheim	25. 12. 1941	Wörishofen
1923	M. Euphemia Krebs	Chorfrau		22. 10. 1899	Bobingen	27. 02. 1989	Mindelheim
1923	M. Jordana Kornes	Chorfrau		01. 11. 1899	Kirchdorf	01. 03. 1990	Wörishofen
1923	M. Leonharda Mayr	Chorfrau		27. 02. 1888	Erisried	02. 06. 1943	Wörishofen
1924	M. Emmanuela Hilgert	Chorfrau		24. 04. 1902	Nürnberg	04. 06. 1979	Wörishofen
1924	M. Stephana Kratzer	Chorfrau		26. 06. 1899	Friedberg	09. 12. 1974	Wörishofen
1924	M. Michaela Wilhelm	Chorfrau		13. 09. 1896	Rupolz	29. 05. 1991	Wörishofen
1925	M. Alberta Angerer	Chorfrau		29. 05. 1899	Allmannsberg	13. 08. 1988	Wörishofen
1925	M. Hyazintha Pfefferle	Chorfrau		30. 10. 1899	Engratsried	17. 05. 1983	Mindelheim
1926	M. Alana Rauh	Chorfrau		01. 07. 1900	Marktoberdorf	29. 03. 1980	Wörishofen
1926	M. Bartholomäa Heiler		Laienschwester	28. 08. 1901	Erisried	05. 01. 1972	Wörishofen
1926	M. Columba Wolf		Laienschwester	18. 08. 1899	Holzara	18. 03. 1940	Wörishofen
1927	M. Ignatia Schregle	Chorfrau		09. 02. 1897	Unterschönegg	13. 04. 1971	Wörishofen
1927	M. Gerarda Vogler	Chorfrau		26. 02. 1903	Speiden	02. 12. 1938	Wörishofen
1928	M. Markolina Schmid	Chorfrau		19. 10. 1898	Oberschönegg	02. 06. 1983	Oberaudorf
1929	M. Dominika Klara Fenth	Chorfrau		30. 11. 1901	München		
1939	M. Alexandrina Schmid	Chorfrau		07. 12. 1896	Aufkirch	04. 02. 1975	Wörishofen
1929	M. Theresia Würfl		Laienschwester	21. 11. 1903	Oberpeiching	30. 12. 1974	Oberaudorf
1930	M. Honestina Heinzelmann	Chorfrau		28. 06. 1904	Eppishausen	05. 10. 1987	Wörishofen
1930	M. Amata Fünfer	Chorfrau		07. 10. 1901	Oberottmarshausen	11. 12. 1955	Wörishofen
1930	M. Auxiliatrix Schön	Chorfrau		09. 11. 1901	Görisried	23. 07. 1985	Mindelheim
1930	M. Jakoba Musch	Chorfrau		13. 10. 1900	Unterbinnwang	30. 03. 1951	München
1930	M. Sebastiana Rothfelder		Laienschwester	10. 02. 1903	Dirlewang	11. 02. 1987	Wörishofen
1931	M. Ancilla Dürr	Chorfrau		25. 06. 1905	Heinrichsheim	16. 09. 1993	Wörishofen
1931	M. Konradina Fischer	Chorfrau		16. 04. 1905	Schweighausen	24. 04. 1987	Wörishofen
1932	M. Gabriela Pfänder	Chorfrau		27. 02. 1911	Traunried	12. 06. 1993	Oberaudorf
1932	M. Bonaventura Mayr	Chorfrau		25. 12. 1901	Diepolz	15. 05. 1990	Mindelheim
1932	M. Karolina Wohlfahrt	Chorfrau		20. 12. 1901	Brunnhof	06. 08. 1949	Wörishofen
1932	M. Alexia Reiter	Chorfrau		22. 08. 1898	Tegernbach	13. 01. 1980	Wörishofen
1934	M. Alfonsa Rabl	Chorfrau		29. 10. 1908	Bergen		
1934	M. Justina Schmid	Chorfrau		26. 07. 1910	Oberschönegg	08. 06. 1988	Wörishofen
1934	M. Scholastika Settele	Chorfrau		29. 09. 1907	Enisried	17. 09. 1947	Wörishofen
1934	M. Bonifatia Huber	Chorfrau		05. 03. 1906	Unterammergau	09. 08. 1980	Oberaudorf
1934	M. Thaddäa Demmeler	Chorfrau		30. 04. 1910	Amberg	06. 04. 1942	Wörishofen

1934	M. Irmengard Auer	Chorfrau		07. 02. 1905	Großholzhausen	02. 07. 1993	Oberaudorf
1934	M. Sybillina Seitz	Chorfrau		05. 06. 1907	Langenneufnach	22. 12. 1949	Wörishofen
1935	M. Martha Hummel	Chorfrau		17. 07. 1911	Aitrang	12. 06. 1961	Krumbach
1935	M. Barbara Dirnberger	Chorfrau		08. 08. 1910	Harmoning		
1937	M. Walburga Pfaffenzeller	Chorfrau		10. 07. 1906	Eisingerdorf	26. 06. 1981	Kaufbeuren
1937	M. Gundisalva Mayr	Chorfrau		13. 08. 1909	Westerham	23. 01. 1983	Wörishofen
1937	M. Gertrudis Prestele	Chorfrau		12. 04. 1911	Türkheim	24. 08. 1964	München
1937	M. Luzia Schellhorn		Laienschwester	08. 03. 1909	Geblatsried	22. 04. 1985	Kaufbeuren
1938	M. Seraphina Riedmüller	Chorfrau		07. 09. 1914	Heimertingen	24. 06. 1976	Ottobeuren
1938	M. Afra Wiest	Chorfrau		28. 09. 1905	Greuth		
1938	M: Alvara Zehetmeier	Chorfrau		27. 10. 1910	Reith - Au		
1941	M. Notburga Dreier		Laienschwester	28. 05. 1915	Oberschönegg		
1948	M. Dominika Linder	Chorfrau		15. 11. 1914	Zwieselried	27. 10. 1989	Wörishofen
1949	M. Rosaria Schmid	Chorfrau		18. 09. 1921	Buchloe		
1950	M. Bernarda Schädle			26. 09. 1925	Buxheim		
1950	M. Augustina Hefele			17. 05. 1924	Gutenberg		
1950	M. Leonharda Mangold			09. 01. 1924	Jengen		
1950	M. Benedikta Rauh			06. 05. 1923	Heimertingen		
1951	M. Mediatrix Weber			09. 05. 1925	Türkheim		
1951	M. Imelda Weh			04. 12. 1926	Bobingen		
1951	M. Margaretha Horn			04. 03. 1920	Lamerdingen		
1952	M. Elisabeth Freutsmiedl			13. 06. 1919	Diepertsham		
1953	M. Angela März			13. 12. 1927	Wiedergeltingen		
1953	M. Josefine Holzheu			12. 12. 1930	Türkheim		
1956	M. Ulrika Berchtold			19. 06. 1926	Unterjoch		
1957	M. Marita Hartung			04. 12. 1924	Bronnen		
1958	M. Consilia Schöllhorn			17. 09. 1922	Kronburg	28. 04. 1987	Wörishofen
1958	M. Bernadette Weber			06. 01. 1922	Thal		
1958	M. Ludwiga Freutsmiedl			13. 01. 1916	Diepertsham	25. 12. 1994	Wörishofen
1960	M. Johanna Lackmaier			21. 04. 1936	Waldhausen-Zipfleck		
1960	M. Columba Weiß			09. 06. 1935	Türkheim		
1961	M. Pia März			08. 06. 1920	Wiedergeltingen		
1961	M. Agnes Marquart			09. 11. 1933	Kleinwalstadt		
1961	M. Regina Vilgertshofer			14. 06. 1938	Mindelheim		
1961	M. Raphaela Wanner			02. 06. 1931	Egmating		
1964	M. Martina Schmid			14. 01. 1939	Oberrieden		
1967	M. Carmen Schweier			09. 01. 1944	Siebnach	30. 07. 1994	Kaufbeuren
1967	M. Thomasia Rogg			24. 10. 1947	Egelhofen		
1970	M. Katharina Friedl			02. 06. 1937	München		
1983	M. Sabina Schwarz			15. 03. 1920	München		
1989	M. Franziska Brenner			30. 04. 1962	Nattheim		
1994	M. Christine Riepe			26. 05. 1932	Hannover		

Hinweise zu Lebensbildern einzelner Wörishofener Dominikanerinnen

Werner Schiedermair

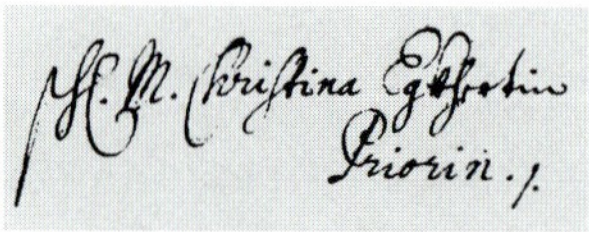

*Abb. 199
Eigenhändige Unterschrift der ersten Priorin des Klosters, Maria Christina a Santo Alexio Eckart (reg. 1723–1733). Archiv Dominikanerinnenkloster Bad Wörishofen.*

*Abb. 201 ▷
Bildtafel mit einer Darstellung der heiligen Christina (um 300) mit zwei Pfeilen in der rechten Hand. Wachsbüste umgeben von vier Reliquien in reicher Drahtarbeit. Perlchen, bunte Glassteine, Cedulae. Rahmen Holz, geschnitzt und vergoldet, umgeben von ebenfalls geschnitzten, vergoldeten, großen, dekorativen Akanthusblattvoluten auf stark gekehltem Profilsockel. 55 cm × 33 cm. Um 1730. Dominikanerinnenkloster Bad Wörishofen.*

Personalunterlagen über die Dominikanerinnen von Wörishofen existieren erst von 1842 an, dem Jahr der Wiedererrichtung des Klosters nach der Säkularisation. Hinweise, die es erlauben würden, Schwesternpersönlichkeiten des 18. Jahrhunderts umfassend zu charakterisieren, gibt es, von den Berichten über die außergewöhnliche, heiligmäßige, den üblichen Rahmen monastischer Existenz sprengende Vita der Schwester Maria Cäcilia Mayr (1717–1749) abgesehen,[596] nicht; das Leben nach den Regeln der strengen Observanz, ganz abgeschieden von der Welt, das unablässige Ringen um die persönliche Heiligung und die restlose Hingabe an Gott ließen, verbunden mit den Idealen größter Bescheidenheit und Demut, Aufzeichnungen über die individuelle Existenz der einzelnen Klosterfrau entbehrlich erscheinen. Dennoch wird im folgenden versucht, die Persönlichkeiten der Gründungspriorin Maria Christina a Santo Alexio Eckart (1659–1733), auf die die Chroniken zu sprechen kommen, und der Schwester Maria Gabriela Haagen (1698–1778), von der sich einige eigenhändige Notizen erhalten haben, ansatzweise zu skizzieren. Ergänzend folgen Hinweise zu den Lebensbildern der Priorinnen Maria Catharina Haggenmüller (1758–1838), und Maria Augustina Müller (1822–1895), die sich große Verdienste um den Bestand der Wörishofener Gemeinschaft im 19. Jahrhundert erworben haben. Schwester Maria Cäcila Mayr wird anschließend ein eigener Beitrag gewidmet.

Priorin Maria Christina a Santo Alexio Eckart

Maria Christina Eckart (Eggart) war die Gründungspriorin des in den Jahren 1718 bis 1721 errichteten Wörishofener Reformklosters. Sie wurde am 4. Juli 1659 in München geboren. Ihre ewigen Gelübde legte sie am 10. Oktober 1677 im Augsburger Kloster Sankt Katharina ab. Am 24. Juli 1718 traf sie in Wörishofen ein, um dort als Vikarin das neue Kloster Maria Königin der Engel aufzubauen. Auf Vorschlag des Hausgeistlichen Pater Andreas Roth (1654–1735) ernannte sie der damalige Provinzial der oberdeutschen Provinz des Dominikanerordens, Dominikus Widmann, im September 1723 zur Priorin des inzwischen bezogenen neuen Hauses.[597] Das neue Amt übte sie bis zu ihrem Tod am 11. September 1733, also fast auf den Tag genau 10 Jahre lang, aus. Der Eintrag auf der Totentafel lautet: *„Anno 1733 den 11. Septembris ist morgens zwischen 4 und 5 gestorben die Hochwürdige in Gott Gaistliche Frau M: Maria Christina Egghartin ihres Alters im 76ten; unser Frau Muetter Priorin und Jubilaria in den neu Gebauten Closter Werißhofen ist die erste Gewest, so von Gotteshaus St. Catharina nach Werishofen geschickt worden."*

Die frühesten Nachrichten über die Persönlichkeit der Gründungspriorin reichen in die Zeit zurück, als sie Chorfrau im Mutterkloster in Augsburg war. Sie trat als Reliquienfasserin hervor.[598] Später übernahm sie das Amt der Subpriorin, also der Wirtschafterin.[599] Ihrem persönlichen Einsatz ist die Errichtung der Wörishofener Kommunität zu verdanken. Der Chronist des Klosters, Pater Andreas Roth, charakterisiert sie wie folgt: *„Die liebe dermahlen vicaria hiesiges Gottshaus von gleichsamb ersten iahren ihres Clösterlichen stands ware eine Eyfferin des gueten, und zihlete solchem immerdar mit größerer Frombkeit zu erfüllen, hatte auch eine*

*Abb. 200
Stein über dem Grab der Priorin Maria Christina Eckart (1659–1733) in der Gruft des Dominikanerinnenklosters Bad Wörishofen. Solnhofener Kalkstein. 34 cm × 32 cm.*

*◁◁ Abb. 198 S. 219
Blick in die Gruft des Dominikanerinnenklosters Bad Wörishofen.*

*Abb. 202
Urkunde über die Echtheit der Reliquien des heiligen Honestinus. Sogenannte „Authentik". Papier. 22 cm × 31,5 cm. Datiert 1726. Archiv Dominikanerinnenkloster Bad Wörishofen.*

freud von warhaftig fromen und vollkommenen Clösterlichen Persohnen villes auferbauliches zu hören, wiewollen sie selten oder nit leichtlich von der vernommenen frombkeit denen glauben zumessete, welche von dergleichen frommen discurirten. Dise hatte öfters von unterschidlichen sachen unter unterschidlichen Vorstellungen und figuren zu nachts visionen, von welchen nichts melde. Die würdigste und dermahlen sicheriste ist, von welcher sie niemahl hat können abgehalten werden, wan man sie schon als eine fabulantin verdachete, benandtlich, daß zu Werishofen müsse und werde durch die mitl des Closters S: Catharina in Augsburg ein Jungfrau Closter erbauet und gestiftet werden. Dises als sie wehrender Prioralischer Verwaltung der Mutter Rosalia Schadin, da die Mutter Maria Christina Eggartin damahlen das ambt einer klugen, verständigen und embsigen Schaffnerin verrichtete, wegen denen so villen und großen schäden, so durch die theils beambte theils durch andere weg von der Herrschaft Werishofen das Closter S: Catharina gelitten habe, und anoch leyde, bey gedachter frau Priorin widerhollte und urgirte, nemblich den Closterbau zu Werishofen, wurde sie öfters mit einer Correction abgewiesen mit Clarem beweisthumb, daß dises ein unmögliches werk seye, theils wegen abgang der dahin erforderlichen kösten, theils auch wegen der sicher zu vermuthenden Contradiction und widersprechung des Convents".⁶⁰⁰ Hartnäckigkeit und Überzeugungskraft aus gläubiger Gewißheit gaben sich also bei der ersten Priorin des Wörishofener Klosters die Hand. Hinzu traten als weitere wesentliche Eigenschaften Durchsetzungsvermögen und Sinn für das Machbare. Sie wurden bei ihrem Kampf um die Unabhängigkeit des neuen Hauses besonders sichtbar. Um diese zu erreichen, scheute sie selbst vor Auseinandersetzungen mit dem Mutterkloster nicht zurück. Mißhelligkeiten zwischen diesem und dem Tochterkloster entstanden, „die jedoch durch die Großherzigkeit der Priorin von Sankt Katharina M. Maximiliana und die Klugheit des damaligen Priovinzials glücklich beigelegt wurden".⁶⁰¹ Zwar mußte Maria Christina Eckart, was die Übertragung der Hoheitsrechte anging, zunächst zurückstecken; im ganzen sicherte sie aber weit vorausschauend das ihr anvertraute Kloster juristisch so gut ab, daß die ersehnte Übertragung der Hoheitsrechte dann doch, wenngleich nach ihrem Tode, in zwei Schritten, 1778 und 1793, erfolgen konnte.⁶⁰² Von dem damals mit dem Mutterkloster geführten Briefwechsel legen die Ant-

*Abb. 203
Heiliger Honestinus im Schrein auf dem rechten Seitenaltar in der Kirche des Dominikanerinnenklosters Bad Wörishofen. Die Gebeine reich gefaßt mit Draht, Perlen und bunten Glassteinen. Um 1726.*

worten der Augsburger Priorin noch heute Zeugnis ab; die Schreiben der Maria Christina Eckart sind leider nicht mehr vorhanden.⁶⁰³ Der praktische, zukunftsorientierte Sinn der Wörishofener Oberin äußerte sich auch in der Anlegung eines „Urbariums" im Jahre 1732; damals ließ sie alle dem Kloster gehörenden Felder und Wälder vermessen.⁶⁰⁴ Daß sie auch um den geistlichen Rang ihrer Gemeinschaft bemüht war, läßt der Erwerb der Gebeine zweier Katakombenheiliger erahnen, die sich heute noch in der Klosterkirche auf den Seitenaltären befinden.

In ihrem Konvent scheint die Gründungspriorin Anerkennung gefunden zu haben. In einer handschriftlichen Notiz der Schwester Maria Alexia Schmid (1710–1791) wird sie „unsere liebst Wohlehrwürdige Frau Mutter Priorin" bezeichnet.⁶⁰⁵ An anderer Stelle vermerkt sie: „Waß unser liebe und gottseelige Frau Mutter Priorin Maria Christina Eggartin außgestandten und gelitten hat ist vill und ybervill geweßt – und von uns noch Lebenten, als nach uns kommenten, würdt gewiß in keine undankbare Vergessenheit gesetzet werden …". Das „Buch des Lebens", in dem die ewigen Gelübde aller Wörishofener Nonnen festgehalten sind, enthält folgenden Nachruf: „Der allgüttigst, reichist, und freygebigste Gott, als welchem beliebte diese Mutter durch seine göttliche anordnung, und Weisheit vor allen anderen zu erwählen, und zum dichtigen Instrument zu gestalten, diese große Werckh und neu von grund auf erpautte, und gestifte Closter … in disen so herrlichen Stand zu setzen, wolle alle ihr ununterbrochenen sorg, mihe, und arbeit, allen ungemacht, beschwerde, und unterlaufende Vertrüeßlichkeiten in der Zeit und Ewigkeit mit Überfluß seiner gaaben und Gnaden hier mit seinem göttlichen Seegen und langwühriger gesegneter, dorten mit himlisch ewiger belohnung, so Gott selbsten ist, vergelten und ersetzen was ihre Anvertraute durch all ihre Kräften, und zuständige erkhantlichkeit nit vermögen".⁶⁰⁶

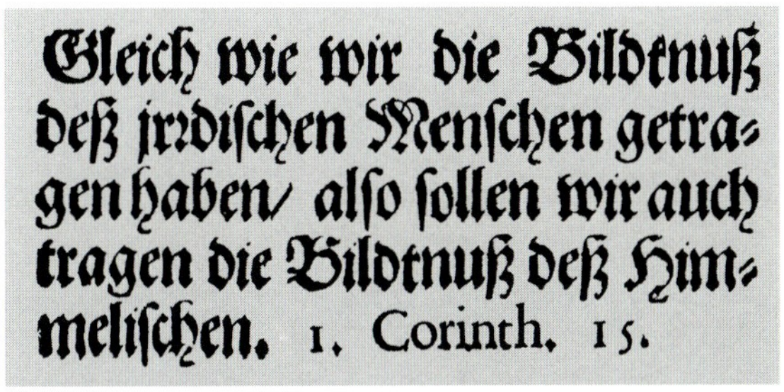

Gleich wie wir die Bildtnuß deß jrdischen Menschen getragen haben/ also sollen wir auch tragen die Bildtnuß deß Himmelischen. 1. Corinth. 15.

Schwester Maria Gabriela Haagen

Schwester Maria Gabriela Haagen wurde am 8. Juli 1698 in Reichstadt in Böhmen als Tochter des späteren Churpfalz-Neuburgischen Hofmalers Franz Haagen († 1734) und der Maria Ursula Haagen geb. Schalckh († 1745) geboren.⁶⁰⁷ Ihr Vater bildete sie zur Kunstmalerin aus. Am 29. September 1720 trat sie in das Dominikanerinnenkloster Sankt Katharina in Augsburg ein und legte ihre ewigen Gelübde am 29. September 1721 ab „in dem Chor des Hochlöbl. Gotshaus S. Catharine in Augspurg doch für das damahlen im Pau stehende Jungfrau Closter Mariae Königen der Englen in Werishofen nach gewohnlicher von seiner Hochwürden P. Magistro Provinciali P. P. Dominico Widmann alda vollendeter Proßions Sermon Solche in die Händ der Hochwürden Fr. Mutter priorin Ma: Maximiliana von der Cron Christi obermehlter maßen".⁶⁰⁸ In Wörishofen befand sie sich vom 18. Oktober 1721 an. Dort übte sie das Amt der Novizenmeisterin 1746 aus.⁶⁰⁹ Der Eintrag auf der Totentafel lautet: „… Anno 1778 den 3. Mai frühmogens nach 3 Uhr ist in Gott selig verschieden die Wohlehrwürdig in Gott geistliche Frau Maria Gabriela Hagin mit den heil. Sacramenten der heil. Beicht und Wegzehrung wohl versehen und in den göttlichen Willen allzeit bestens ergeben. Ihres Alters in dem 80ten Jahr und in dem 57ten ihrer heil Proßion. R.I.P."

Aus dem Besitz der Schwester haben sich zwei mit ihren Initialen gekennzeichnete Bücher erhalten, eines von 1566 mit dem Titel „Iluminirbuch, Künstlich alle Farben zu machen und bereyten, allen Schreibern, Brieffmalern, und anderen solchen Künsten liebhabern, gantz lustig und fruchtbar zu wissen, Sampt etlichen newen zugesetzten Kunsttücklin, vormals im Truck nie außgangen, durch Valentinum Boltzen von Rufach"⁶¹⁰ und ein weiteres handgeschriebenes Missale.⁶¹¹ Schwester Maria Gabriela Haagen füllte manche freie Seite mit persönlichen Notizen. So finden sich Daten über ihre Familie, die bezeugen, wie sie das Schicksal ihrer Eltern und Geschwister aus der Ferne begleitete. Oftmals hielt sie auch Tagesgeschehnisse im Kloster fest. Manche Aufschreibung diente vermutlich auch der Dokumentation und der Tradierung von Gebräuchen. Aus allen Notizen spricht eine gläubige, warmherzige Frau, die lebhaft am

Abb. 204 Eigenhändig geschriebenes Gelübde der Schwester Maria Gabriela Haagen (1698–1778) im Buch des Lebens. Der Text lautet: „Ich schwester Maria gabriela de corde Jesu thue Proßion Und gelobe gehorsamb Gott dem Herrn der heiligen Jungfrauen Maria dem hl. Vatter Dominico Und Euch schwester Maria Maximiliana de Corona Domini Priorin dißes Closters an statt deß hochwürdigsten Patris generalis Augustiny Pippia obrister Meister der brüder prediger ordens Und seinen Nach Kommen Nach der regel Sancti Augustinij und sazungen deren schwestern die bemelten orden anbefohlen sein das ich euch Und Anderen meinen Priorißinnen will gehorsam sein bis in Dodt, also bezeuge es eigenhändig".

◁ *Abb. 205 Widmungsspruch eines Andachtsbuches mit dem Titel „Warhaffte Bildtnuß Jesu Christi. Das ist: Kurtze zu Sinn-Legung, Wie ein Gottliebende Seel in ihrem sterblichen Leib das Leben JESU mit lebhafften Farben Der Nachfolgung Christi Durch den Pensel der Wercken solle entwerffen." Von R. P. Marian Schott. Konstanz 1693. Bibliothek Dominikanerinnenkloster Bad Wörishofen.*

Geschehen im Kloster Anteil nahm und die genau beobachtete. In der Schlichtheit und Unmittelbarkeit der Aussagen wird der Geist, der in dem Kloster herrschte, erkennbar; er war offensichtlich von Güte, Hingabe, Gebetseifer und beharrlichem Ringen um die gesteckten geistlichen Ziele geprägt.

Einige der handschriftlichen Vermerke seien im folgenden zitiert:

„Anno 1720 bin ich Sor. Maria Gabriela Haagin in das Closter gangen den 7. July. Den 8. July ist mein geburz Dag gewest. bin meines alters 22 Jahr alt gewest, am Fest St. Michaeli bin eingekleidet und Profes worden.

Anno 1745 den 3. Oktober zu Morgens umb 8 Uhr am hl: Rossencranzfest ist meine liebe Frau Mutter seel: gestorben mit Namen Maria Ursula Haagin ihres Alters 77 Jahr. Nach ihrem dott hat der Convent mit rechtmässiger Theilung an gelt was beihanden wahr 41 Gulden bekommen an Silber 52 loth, nämlich zwei silberne becher mit Deckhel, vier silber leffel, ein kleines vergoltes messerbesteckh, vier silberne Schnallen, drei goltene ring, 70 Ellen guthe weisse leinwanth. Sor. gabriela hat bekommen 10 Gulden: an gelt, ein zinerns Handböckh, ein silber gefaßten rossencrantz und ein silber beschlagenes Buch. Vor das Erb an gelt das Convent 500 Gulden – 41 Gulden – bekommen, ich Sor. gabriela 100 Gulden – vor ein regreation gelt. Gott Vergelts meinen lieben Eltern seel:

Wann der Hochl. Pater Mag: Provincial visidirdt, so legt man auf den Disch in der Borden Stuben einen Debich Und stelt ein Crucifix auf den Disch sambt papier und schreibzeig. Wan das Capitel so legt man in der großen Stuben einen schönen Debich, darauf das Crucifix, zwei Zinner leichter und zindt die Lichter an, das missal legt man auch auf den Disch. Zu der visitation und Capitel legt man keinen Mandtl an. Der hochl: Pater Magister Provinz bettet auch die oration nach den capitelgebett.

Anno 1755 hab ich Lebzelte gemacht. Von zwei und einhalb Maß Hönig darzu gebraucht:

3 loth Zimet,
2 loth Negeln
1 loth Muskat Nußh
1 loth Imber
4 Zittronen

Davon bekommen 20. Und sein recht gut geweßt.[612]

Abb. 206
Franz Haagen († 1734), Familienbild. Öl auf Leinwand. 145,5 cm × 170 cm. Ca. 1725/1730.
Vorn Schwester Maria Gabriela (Maria Ursula) Haagen (1698–1778).
Personen von links:
– Maria Ursula Haagen geb. Schalkh († 1745), Ehefrau des Malers,
– Franz Haagen († 1734), Selbstportrait des Malers,
– Gottfried Haagen († 1739), Jesuit,
– Josef Anton Haagen († 1767), Dominikaner im Kloster St. Magdalena, Augsburg,
– Schwester Maria Juliana (Marianna) Haagen (1701–1772), Zisterzienserin im Kloster Oberschönenfeld,
– Carel (Franz Rudolf) Haagen († 1769), Augustinerchorherr in Wettenhausen und
– Margaretha Sophia Schueller geb. Haagen († 1772).

Priorin Maria Catharina Haggenmüller

Maria Catharina Haggenmüller wurde am 10. Dezember 1758 in Engetrüdt, Landkreis Unterallgäu, geboren. Ihre ewigen Gelübde legte sie am 20. Oktober 1778 ab. Als *„Schaffnerin"* war sie in den Jahren um 1800 bis zur Säkularisation für die wirtschaftlichen Verhältnisse des Klosters verantwortlich. Obwohl bei ihr im Jahre 1803 gelegentlich einer *„Bestandsaufnahme"* eine *„schwache Gesundheit"* festgestellt werden mußte,[613] wurde sie dennoch am 11. Juli des gleichen Jahres vom Provinzial des Dominikanerordens Pater Carolus Welz aus Augsburg als Priorin rechtmäßig bestätigt. Sie übte dieses Amt bis zu ihrem Tode am 23. März 1838 aus; begraben wurde sie auf dem Friedhof bei der Pfarrkirche Sankt Justina. Die Klosterchronik widmet ihr folgenden Nachruf: *„Am 23. März 1838 starb die ausgezeichnete Priorin M. Catharina Haggenmüller im 79. Jahr ihres Lebens, nachdem sie in dieser schweren Zeit mit nicht geringem Eifer für die klösterliche Observanz, wie mit Klugheit und Umsicht 35 Jahre hindurch das Kloster geleitet hatte".*[614]

Maria Catharina Haggenmüller kommt das überragende Verdienst zu, den Konvent der Dominikanerinnen in der Zeit nach der Säkularisierung des Klosters zusammengehalten zu haben. Zwar durfte sie in ihrer langen Regierungszeit keine Novizinnen aufnehmen. Auch mußte sie erleben, wie die klösterliche Kommunität immer kleiner wurde; 14 Sterbefälle waren zu verkraften, drei Schwestern verließen das Kapitel. Doch setzte sie diesen außerordentlichen Erschwernissen offensichtlich ein solches Maß an Beständigkeit und Geduld entgegen, daß der Konvent als monastische Gemeinschaft überleben konnte. Ein *„Protokoll"* vom 16. Dezember 1833, mit dem eine Alterszulage für die noch lebenden Schwestern erbeten wurde, läßt ahnen, welche Schwierigkeiten zu bewältigen waren. Dort heißt es: *„Wir* (die Klosterfrauen) *sind ganz mittellos. Leben blos von unserer geringen schmalen Pension, haben viele Auslagen auf ärztliche Hülfe ... Schon sehr oft überzeugte man sich Landgerichts seits von der dürftigen Lage dieser Kloster Individuen. Hierzu trägt sehr viel bei der Umstand, daß die so häufig nothwendige ärztliche Hülfe wegen Entfernung des Arztes immer mit Kosten verbunden ist, auch die meisten Lebensmittel wieder mit Kösten durch eigene Bothen beigebracht werden müssen".*[615]

Von Schwester Maria Catharina Haggenmüller hat sich ein eigenhändiger, an die damalige Schaffnerin des Mutterklosters Sankt Katharina in Augsburg, Maria Cäcilia Scherer, gerichteter Brief vom 25. Juli 1800 erhalten, aus dem die Persönlichkeit der langjährigen Wörishofener Priorin plastisch hervortritt. In ihm berichtet sie über die Plünderungen durch Franzosen am 23. Mai 1800:

„Hochwürdige in Gott Hochzuehrende Frau Mutter Schaffnerin!

Sie nehmen mir nicht ungnädig, daß ich Ihnen mit schreiben zur Last falle, wo sie imer mit sich selbst zu sinnen und zu trachten haben und Sorgen haben. Da nun das Kloster wie die Gemeinde zu dero Absicht, den Schaden in Rauben und Blindern als auch Requisitionen nie geben sollte, so hab ich nur obenhin einen Überschlag gemacht, ohne genau zu nehmen und berechnete solchen auf 10 648 Gulden, ohne die 163 Scheffel Haber, 1 Ochsen, 10 Stück Hammel, die zwar für die Gemeinde von uns sind abgefordert worden.

Mir grauste es selbsten, wie ich's summierte und glaubte niemal einen solchen Wert in unserem Kloster zu haben. Da aber von etlich Hunderten von Mittag 11 Uhr bis abend 7te Stund geblindert und ausgetragen und geführt wurde, sahen wir erst, was man in einem Kloster brauchen und haben mußte. ... Teuerste Freundin alles lieber, nur nicht rauben, denn da war ein Greuel der Verwüstung. Furcht und Schrecken ist gar nicht zu beschreiben, in dieser Lage. ...Gott bewahre uns ferneres vor solchen Übeln und alle anderen, sonders ihr Hoch-löbliches Kloster. Ich bitte auch anbei schätzbarste Freundin, tragen Sie doch Geduld wegen dem Bestand; es wird ja doch einmal noch besser werden, daß wir unsere Schuld abführen können. Erhalten sie mir ferneres ihre Gewogenheit, die ich mit ausgezeichnetster Hochachtung bin, Euer Hochwürdgen Fr. Mutter Schaffnerin"[616]

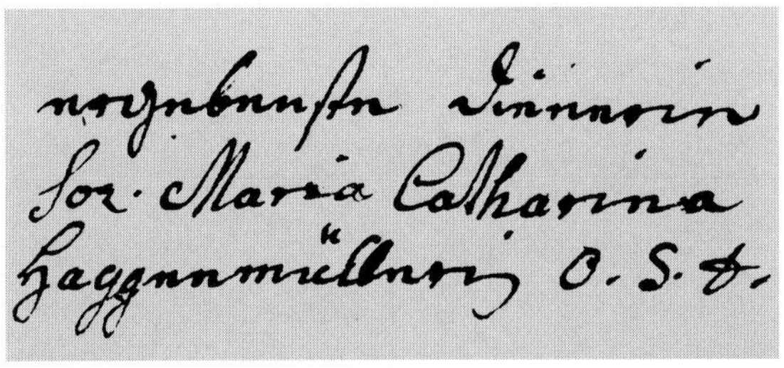

Abb. 207
Eigenhändige Unterschrift der Priorin Maria Catharina Haggenmüller (reg. 1803–1838).
Archiv Dominikanerinnenkloster Bad Wörishofen.

*Abb. 208
Foto mit dem Bildnis der Priorin Maria Augustina Müller (reg. 1856–1895). Sebastian-Kneipp-Museum Bad Wörishofen.*

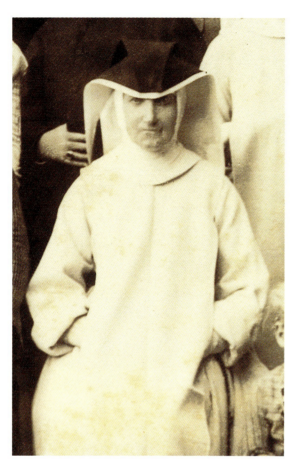

*Abb. 209
Stein über dem Grab der Priorin Maria Augustina Müller (1822–1895) in der Gruft des Dominikanerinnenklosters Bad Wörishofen. Solnhofener Kalkstein. 50 cm × 32 cm.*

Priorin Maria Augustina Müller

Maria Augustina Müller wurde am 4. November 1822 in Aletshusen bei Krumbach geboren. Ihre Einkleidung fand am 26. Juni 1843 statt, ihre ewigen Gelübde legte sie am 21. Oktober 1845 ab. Sie gehörte also zu den Schwestern, die durch ihren baldigen Eintritt nach der Rekonstitution den Bestand des Wörishofener Konvents sicherten. Maria Augustina Müller wurde am 4. Oktober 1856 zur Priorin gewählt; dieses Amt übte sie bis zu ihrem Tod am 4. Juli 1895 aus. Ihr Grab befindet sich in der Klostergruft. Die Chronik widmete ihr folgenden Nachruf: *„Am 4. Juli 1895 morgens 4 Uhr verschied sie seelig im Herrn, betrauert und beweint nicht bloß von ihren geistlichen Töchtern, sondern auch von vielen Außenstehenden, die ihre große Güte und Mildtätigkeit in den verschiedensten Bedrängnissen oft und oft an sich erfahren hatten. Sie war von tiefer, aufrichtiger Frömmigkeit und stets von bestem Willen beseelt"*.[617]

Die Regierungsperiode der Priorin zählt zu den Blütezeiten der Wörishofener Kommunität. Damals gelang nach der Rekonstitution im Jahre 1842 die Anpassung an die neuen Zeitverhältnisse, der Wechsel vom alten zum neuen Kloster. Der Tod der letzten Pensionärin des alten Konvents im Jahre 1858 einerseits und die damals wieder auf 25 Personen angewachsene Schwesternzahl andererseits markieren den erfolgreichen Übergang. Maria Augustina Müller widmete sich in erster Linie der Sicherung des Bestands ihres Hauses. Sie gründete im Jahre 1859 eine Filiale im nahe gelegenen Türkheim, um dort die Mädchenvolksschule zu übernehmen. 1860 gelang ihr der Rückkauf des Klostergebäudes vom Staat. Während des deutsch-französischen Krieges 1870/71 bot sie ihr Haus als Lazarett an. Eine Haushaltungs- und eine Molkereischule richtete sie 1885 ein. Die Umgestaltung des Schwesternchores, insbesondere die Anschaffung des neuen Altares im Jahre 1892, wurde von ihr betrieben. Während ihrer Amtszeit war Pfarrer Sebastian Kneipp von 1855 bis zu ihrem Ableben Hausgeistlicher bei den Dominikanerinnen. Manche Anfrage an das bischöfliche Ordinariat belegt noch heute, welche Schwierigkeiten bei der Integration der Kneippschen Vorstellungen in den apostolischen Auftrag der Schwestern gerade auch von der Priorin zu bewältigen waren.[618]

Die lokale Zeitung würdigte sie am 8. Juli 1895 wie folgt: *„Die Ehrwürdige Frau Augustine Müller, Priorin des Dominikanerinnenklosters dahier, wurde heute den 6. ds. zur letzten Ruhestätte geleitet. Nicht nur die nun verwaisten ehrwürdigen Frauen und Schwestern dieses Klosters, welchen die Verstorbene so lange eine treu besorgte Mutter gewesen, ganz Wörishofen trauert um den Verlust dieser edlen, hochherzigen Frau, dieser Trösterin der Betrübten, dieser Wohltäterin der Armen … Wie viel Gutes die edle Frau in dieser langen Zeit gewirkt, wie viel Segen sie um sich her zu verbreiten wußte, das beweist die Liebe, welche ihr von allen Seiten entgegen gebracht wurde, die allgemeine Trauer, welche sich heute bei der Leichenfeier kundgab. Ganz Wörishofen, sämtliche Vereine unseres Kurortes, zahllose Kurgäste eilten nach der Trauerstätte, und hin zu dem einfachen Sarg in der Klosterkapelle … Die Leichenfeier gestaltete sich zu einem imposanten öffentlichen Zeugnis der Verehrung, welche die Verstorbene im Leben genossen. Die Kirche vermochte die Zahl der Leidtragenden nicht zu fassen …"*.

Der Welt verborgen –
Die gottselige Schwester Maria Cäcilia Mayr

HANS PÖRNBACHER

Klostergeschichten und Klosterbeschreibungen befassen sich in erster Linie und notgedrungen mit äußeren, mit sichtbaren und meßbaren Gegebenheiten: Der Gründungs- und Besitzgeschichte, den Bauten und Kunstwerken, den wissenschaftlichen und kulturellen Leistungen, den Biographien der Oberen und deren Tätigkeiten auf all diesen Gebieten. Das ist wichtig und unerläßlich; aber in einer Klostermonographie muß an erster Stelle das geistliche Leben stehen. Das aber ist weitgehend *„der Welt verborgen"*.[619] Natürlich sagt die Geschichte eines Klosters, sagen die Biographien ihrer Vorsteher und die Beschreibungen der Bauten und ihrer Einrichtung Entscheidendes auch über das dahinter verborgene geistliche Leben aus, sprechen Ordensregel und lokale Gewohnheiten oder *„Consuetudines"* ebenfalls eine deutliche Sprache. Aber meßbar und beschreibbar ist das geistliche Leben letztlich nicht. Das ist gut so, denn gerade dieser empfindliche Bereich braucht Schutz, und wenn man sich ihm nähern möchte, dann darf dies nur mit größter Ehrfurcht und Diskretion geschehen. Am ehesten aber wird etwas vom geistlichen Leben einer Gemeinschaft sichtbar und erfahrbar, wenn dieses aufleuchtet in den außerordentlichen Gnadengaben heiligmäßig lebender Mitglieder eines Klosters, soweit solche Gnaden eben nicht *„der Welt verborgen bleiben"*. Aus dem Leben einer Wörishofener Schwester, nämlich von Schwester Maria Cäcilia Mayr (1717–1749), sind Einzelheiten ihrer religiösen Begnadung überliefert, und davon soll in diesem Beitrag berichtet werden.[620]

*Frömmigkeit und Theologie
im 18. Jahrhundert*

Jedes Jahrhundert hat viele Gesichter. Was ließe sich vom 18. Jahrhundert, dem Zeitalter der Vernunft und der Aufklärung, des überaus verfeinerten höfischen Lebens nach französischer Art, der Blüte der Künste und der Musik auch auf dem flachen Land, des sehr bewußten Strebens nach Glück, nach dem irdischen und dem ewigen, nicht alles sagen?[621] Etwas wird bei der Beschreibung dieses Säkulums allerdings leicht übersehen, nämlich die intensiv gelebte Frömmigkeit im katholischen Süden des deutschen Sprachraums, in Altbayern und Oberschwaben, in Tirol und in den österreichischen Landen und nicht zuletzt in dem Gebiet, das wir heute Bayerisch-Schwaben nennen, zu dem ja Wörishofen gehört. Es scheint so, als ob erst nach den Wirren und alles höhere Streben erstickenden Zeiten des Dreißigjährigen Krieges der religiöse Impuls, der vom Konzil in Trient ausging, in diesen heimgesuchten Gebieten zur Wirkung kommen konnte. Wie stark aber diese Wirkung war, ahnt man angesichts der damals gebauten Kirchen und ihrer wohldurchdachten und alles umfassenden Theologie, einer Verkündigung[622] auch, die bis heute anhält. Von ihrer Kraft lassen auch die geistliche Literatur der Zeit[623] etwas ahnen, die Musik in den Klöstern[624] und die an den Höfen oder unter dem Patronat von adeligen und geistlichen Mäzenen entstandene, die in erster Linie für den Gottesdienst, für festliche Messen und Andachten (Kantaten, Litaneien etc.) komponiert wurde; auch die Anfänge der geistlichen Volksmusik reichen in diese Zeit zurück. Das bunte und vielfältige, oft sehr poetische und anrührende religiöse Brauchtum ist Teil dieser Frömmigkeitsübungen, die Wallfahrten, die zahlreichen Feiertage, die dem Jahr seinen Rhythmus gaben und ein intensiveres Erleben des Kirchenjahres ermöglichten, schließlich die unzähligen Wegkreuze und Kapellen, die die Landschaft zum Teil heute noch prägen. Diese Aufzählung könnte fortgeführt werden, doch das Gesagte reicht, um zu zeigen, wie sehr dieses Jahrhundert durch die Religion bestimmt war. Eine Beobachtung aber darf nicht unerwähnt bleiben, nämlich daß es sich um eine beglückende Religionsausübung handelte, eine Verkündigung, die wie zu keiner anderen Zeit in der Geschichte die christliche Freude in den Mittelpunkt stellte. *„Herzerfrischend"* nennt

*Abb. 210
Gemälde mit einer
Darstellung der Schwester Maria Cäcilia
Mayr (1717–1749).
Öl auf Leinwand.
Originaler Rahmen.
Maler nicht bekannt.
10,5 cm × 52,5 cm (mit Rahmen). Um 1900.
Dominikanerinnenkloster Bad Wörishofen.*

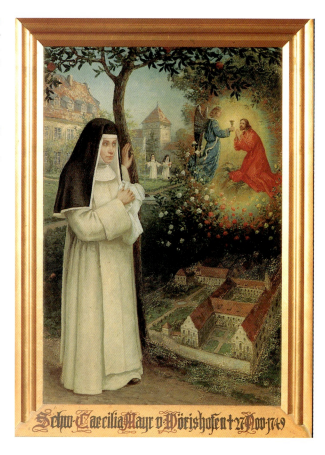

sie Augustin Grieniger (1638–1692), um nur diesen geistlichen Autor der Zeit zu zitieren. Die Freude für den Christen, das Positive, ja das Schöne der Religion stand im Vordergrund. Nicht daß der Ernst gefehlt hätte, an Warnungen mangelte es so wenig wie in der Bibel, aber die Verkündigung der frohen Botschaft des Evangeliums war das Wesentliche, war das eigentliche Anliegen. Trotz dieses durchaus heiteren Bildes sei nicht übersehen, daß es natürlich auch Unfug gegeben hat, Aberglauben und Fehlhaltungen wie immer im menschlichen Leben. Vor diesem – notdürftig skizzierten – Hintergrund stehen die mystischen Phänomene, von denen im folgenden zu handeln ist.

Beispiele geistlichen Lebens im 18. Jahrhundert

Die religiösen Einflüsse der Zeit waren stark genug, um große Teile der Bevölkerung zu prägen, auch zeitlich weit über diese Epoche hinaus. Wie konnte es schließlich anders sein, als daß die Christen und ihr Alltag ganz von dieser Religiosität bestimmt waren, die unter dem Eindruck der Verhältnisse ein bewußtes und intensives Christentum leben wollten und das auch taten. Wenige Beispiele geistlichen Lebens nur seien hier genannt, in erster Linie das Leben von Frauen wie Maria Anna Josepha Lindmayr (1657–1726) in München, Schwester Columba Weigl (1713–1783) in Altenhohenau,[625] Schwester Columba Schonath (1730–1787) in Bamberg[626] und Crescentia Höß (1682–1744) von Kaufbeuren,[627] die einzige dieser Frauen, die später, im Jahre 1900, noch seliggesprochen wurde (Kanonisationen waren im 18. Jahrhundert viel seltener als heute!). Alle diese Klosterschwestern waren ausgezeichnet durch Visionen, manche von ihnen trugen sogar die Stigmata, die Wundmale, alle haben geistliche Schriften hinterlassen, die von ihren mystischen Erfahrungen berichten. Daß davon wenig nur veröffentlicht ist, wirft ein Licht auf die mangelhafte Pflege dieser geistlichen Literatur in diesem Lande.

Die Lindmayrin trat spät noch in das auf ihre Veranlassung hin gegründete Karmelitinnenkloster in München ein; Columba Weigl und Columba Schonath gehörten dem Orden der Dominikanerinnen an und die selige Crescentia war Franziskanerin. Zitate aus den Schriften dieser Schwestern müßten sprechen, um eine Vorstellung von dieser Art Literatur und religiöser Aussage zu vermitteln.[628] Man hat, was naheliegend ist, das religiöse Leben dieser Ordensfrauen[629] *„eine zweite Blüte der Mystik"* genannt,[630] eine Aussage, die zu denken gibt. Hier ist nicht der Ort für eine Definition oder Beschreibung von Mystik. Nur soviel sei gesagt, Mystik ist eine außergewöhnliche Erfahrung des Göttlichen, des Übernatürlichen, die notwendig auch zu einer außerordentlichen Gottesliebe führt. Zu den Begleiterscheinungen mystischer Erfahrung aber gehört eine alles bestimmende Frömmigkeit, gehören Visionen, ja mitunter sogar die Stigmata, also die am Körper sichtbaren und spürbaren Wundmale Christi. An dieser hier nur angedeuteten intensiven religiösen Erfahrung des 18. Jahrhunderts hatte auch das Kloster Maria Königin der Engel in Wörishofen durch ihre Schwester Maria Cäcilia Mayr Anteil.

Das Leben der Schwester Maria Cäcilia Mayr und ihr Chronist Pater Dominikus Gleich

Die Wörishofener Dominikanerin Maria Cäcilia stammt aus der Pfarrei Röfingen unweit von Burgau in Schwaben. Ihre Eltern, Dionysius Mayr (oder Mair) und Ursula Schaiden aus Mönstetten, Pfarrei Waldkirch, heirateten am 31. Juli 1708 in Röfingen.⁶³¹ Sechs Kinder, vier Mädchen und zwei Buben, wurden dem Paar geschenkt; das erste Kind, ein Mädchen, wurde am 2. November 1710 getauft, das letzte am 10. September 1722. Am 5. September 1717 wurde als ihr vorletztes Kind die Tochter Maria Anna getauft, die am 12. April 1735, also mit 18 Jahren, in Wörishofen eingekleidet wurde und den Namen Maria Cäcilia erhielt.

Viel ist aus dem Leben von Schwester Cäcilia nicht bekannt. Die wichtigste Quelle, von den Taufmatrikeln ihrer Heimatpfarrei abgesehen, sind die Aufzeichnungen des Franziskanerpaters Dominikus Gleich (1712–1791),⁶³² die in einer Handschrift von 470 eng beschriebenen Seiten im Kloster Wörishofen aufbewahrt werden.⁶³³ In diesen aus Schriften und Aussagen von Schwester Cäcilia und Kommentaren des Franziskanerpaters bestehende Manuskript ist die Beschreibung von 19 Donnerstagabenden vom 22. Juni bis zum 26. Oktober 1747 durch Schwester Maria Ludovica von Freyberg (1713–1775) integriert; Schwester Ludovica war eine Vertraute von Schwester Cäcilia Mayr, die ihr nahestand und ihr deshalb auch von der Priorin zur Betreuung zugeteilt war.⁶³⁴ Die Berichte handeln vom mystischen Mitleben der Ölbergstunden des Heilandes. Pater Dominikus Gleich bemerkt dazu: *„Nur habe ich da und dort einen Text mit einfließen lassen, um den geneigten Leser zur eifrigen Nachfolge anzutreiben."*

Pater Dominikus selbst stammt aus Steppach bei Augsburg; 1732 wurde der Zwanzigjährige Franziskaner und wirkte dann lange Zeit als Prediger und Beichtvater in Klosterlechfeld und bei Sankt Georg in Augsburg, wo er 1791 starb.⁶³⁵ Einige Predigten von Pater Dominikus wurden veröffentlicht:

„Puer Divinus | De Bethlehem | Christus Jesus ... Augsburg 1758". Die Predigt erschien zwei Jahre später in deutscher Sprache mit dem Titel *„Das | Göttliche Kind von Bethlehem | Christus Jesus, | Von dem | Seraphischen H. Vatter Francisco | aus Zärtigkeit der Liebe also genennet; | ... Das ist: | Geistlich- und Sittliche | Bedencken, | Über das Marianische Lob- und Kirchen-Gesang: | O Gnadenreiche Mutter des Erlösers & . | ... Augsburg 1760."*

Abb. 211
Heilige Rosa von Lima (1585–1617). Öl auf Leinwand. Originaler Rahmen. Maler nicht bekannt, vielleicht aber von Schwester Maria Gabriela Haagen (1698–1778) geschaffen, von der überliefert ist, daß sie viele „Ordensheilige im Chor" gemalt habe, und zwar „recht sauber". 68 cm × 47 cm (mit Rahmen). Mitte 18. Jahrhundert. Dominikanerinnenkloster Bad Wörishofen.

„Des | P. Dominicus Gleich | Franciscaners | Predigten | Für alle Mariä-Fest des ganzen | Jahrs in vermehrter Zahle ein- | und vorgetragen, 4 Theile. Augsburg 1767."

„Lehrreiche und sittliche | Predigten | von dem | höchsten und allerheiligsten | Sacramente | des Altars, | ... Vier Theile. Augsburg 1777."

„Auserlesene neun Diensttägige | Andacht | zu dem großen, und in der ganzen christ- | lichen Welt wunderwirkenden | Heiligen | Antonius | von | Padua | ... Augsburg 1781."

Pater Dominikus war aber auch ein begnadeter Seelenführer und hatte Verständnis für mystische Frömmigkeit, wie die Aufzeichnungen über Schwester Maria Cäcilia, aber auch persönliche Kontakte mit Crescentia von Kaufbeuren, nahelegen. Crescentia von Kaufbeuren war übrigens eine große Verehrerin der Wallfahrt nach Klosterlechfeld, dem langjährigen Wirkungsort dieses Franziskanerpriesters, und ist als Ordensfrau selbst dorthin gepilgert.⁶³⁶ Persönliche Kontakte hatte Pater Dominikus auch zu Schwester Cäcilia in Wörishofen; in der Einleitung zu seinem Bericht schreibt er: *„Öfters hatte ich auch Gelegenheit mit ihr (der Dienerin Gottes Maria Cäcilia Mayr), zu*

Abb. 212
Titel eines Buches mit Predigten von Pater Dominikus Gleich († 1791), dem Chronisten der Schwester Maria Cäcilia Mayr (1717–1749).
17,5 cm × 10,5 cm.
Bibliothek Dominikanerinnenkloster Bad Wörishofen.

sprechen und kann folglich ihrer ungemeinen Frommheit nicht weniges Zeugnis geben."

Das Gerüst seines Manuskriptes besteht aus Texten und Äußerungen von Schwester Cäcilia. Die spärlichen Berichte aus der Jugendzeit dieser Klosterfrau dienen allein dazu, ihre spätere Tugendhaftigkeit ins rechte Licht zu setzen. Pater Dominikus schreibt: *„Kurz vor sie in das Kloster eingetreten, wurde das unschuldige Kind von einem mutwilligen Jüngling, mit dem sie notwendigerweise über Feld reiten mußte, zur Unzucht angereizt. In dieser Gefahr nahm sie zum Himmel ihre Zuflucht, der sie mit so tapferem Mut gestärkt und im Werk bestätigt. Die Liebe Gottes ist der wüstesten Gefahr ja sogar dem Tod überlegen. In der Tat sprach sie mit dem hl. Paulus: ‚Wer will mich von der Lieb und Treu meines göttlichen Gespons scheiden, niemand, nicht einmal der Tod!' Sie wagte dann, was ihre Jahre, ihr Geschlecht, Kräfte und Mut zu übersteigen schien. Um des unkeuschen Jünglings Gottlosigkeit zu entfliehen stürzte sie sich in kalter Winterszeit über das Pferd in einen Strom oder Bach. Bis zu ihrem Tod vermeinte sie, daß dieses frühe Erlebnis und der erfahrene Schrecken über das schändliche Begehren, die Ursach geworden zu ihrer so schmerzlichen Nervenkrankheit, deren Ursprung die Liebe zu Gott und die Furcht vor der Sünde ist".*[637]

Und aus ihrem Noviziat berichtet er: *„Sie war in der Welt von großer zornmütiger Natur. Gleich zu Beginn des geistlichen Standes hat sie diese Neigung dermaßen unterdrückt, daß ihre Mitschwestern diese nicht ein einziges Mal gemerkten, sondern von allen als eine einfältige (schlichte, einfache) und von Natur sanftmütige Klosterfrau angesehen wurde, die nichts empfinden könne. Es bewies sich in Cäcilia, was der hl. Hieronimus zu sagen pflegte: Die böse Natur, das verderbte Fleisch können wir zwar nicht ausziehen, doch können wir sie unterdrücken und überwinden".* Und weiter: *„Ihr Noviziat war weniger eine Lehrschul um in den christlichen Tugenden und Vollkommenheiten unterwiesen zu werden, als vielmehr ein Beispiel und Vorbild, aus welchem die schon lang geübten Klosterfrauen die christliche Vollkommenheit, zu ihrer Verwunderung ersehen und erlernen konnten."*

Eine Tatsache wird von den Zeitgenossen offenbar als Selbstverständlichkeit betrachtet, nämlich daß Schwester Cäcilia lesen und schreiben konnte. Sie las vor allem Schriften der heiligen Theresia von Avila und sie schrieb Gebete auf, mystische Erfahrungen und Anleitungen zum geistlichen Leben, Anleitungen, die ganz von der Heiligen Schrift geprägt sind. Dennoch ist nicht nur diese Fähigkeit bemerkenswert, sondern auch die Art und Weise, mit der man sie zur Kenntnis nimmt, als sei dies weiter gar nicht der Rede wert. Dabei ist Maria Cäcilia in einem Dorf aufgewachsen; selbst dort gab es eine Schule. Die Lesefähigkeit der Bevölkerung im 18. Jahrhundert wird, jedenfalls für die südlichen Breiten, noch immer in Frage gestellt. Man denke an Schlagwörter wie *„Volk ohne Buch"*. Doch sprechen hier alte Vorurteile mehr als zuverlässige Quellen, die wenig bekannt sind. Maria Cäcilia war auch in der Lage, das Clavicord zu spielen und darauf liturgische Gesänge zu begleiten. Auch das paßt zu ihrer Bildung, von der wir sonst nicht viel wissen, außer daß sie gut zu formulieren verstand, wenn sie ihre mystischen Erlebnisse aufzeichnete.

Ein Porträt der Mystikerin hat sich nicht erhalten, wenn es je eines gegeben hat. Ein großes im Besitz der Wörishofener Dominikanerinnen befindliches Gemälde aus der Mitte des 18. Jahrhunderts schildert zwar, wie der Schutzengel die Dominikanerin von einer Station des Leidens Christi zur anderen führt, das heißt von den wichtigsten Begebenheiten der Leidensgeschichte vom Gründonnerstag abend bis zum Nachmittag des Karfreitags, beginnend mit der Einsamkeit Jesu auf dem Ölberg – diese Einsamkeit beschäftigte die Mystikerin besonders – bis zu seiner Kreuzigung. Doch ist kaum anzunehmen, daß der Künstler bei der Dominikanerin auf dem Bild, mit der natürlich Schwester Cäcilia gemeint ist, auf äußere Ähnlichkeit geachtet hat. Aus der Zeit um 1900 existiert im Kloster ein Ölgemälde, das Cäcilias Vision der Todesangst Christi am Ölberg im Garten des Wörishofener Klosters zeigt; die dreißigjährige Schwester durchlebte sie am Donnerstag, den 22. Juni 1747 zum erstenmal und von da an neunzehnmal, den ganzen Sommer über bis in den Oktober hinein.

Hier sei darauf hingewiesen, daß Maria Cäcilia im Kloster jede nur mögliche Hilfe zuteil wurde, daß sie viel Verständnis fand; es gab keinen spürbaren Unwillen, keine falschen Verdächtigungen, im Gegenteil. Das ist auch in einer geistlichen Gemeinschaft nicht so selbstverständlich. Denn Schwester Cäcilia brauchte jahrelang Pflege und Wartung, Unterstützung selbst beim Gehen, und, was wohl noch mehr Kraft verlangte, viel Verständnis für ihr un- oder außergewöhnliches religiöses Leben. Der Klostergemeinschaft gereicht dieses vorbildliche Verhalten bis heute zur Ehre. Sie versuchte im übrigen, die mystischen Erscheinungen, entsprechend dem Wunsch ihrer Mitschwester, *„mit Gott allein bekannt (zu sein), der Welt hingegen verborgen (zu) bleiben"*, so gut es ging zu verbergen. Ein Beispiel dafür stehe für viele. Schwester Ludovica, die sich besonders um Cäcilia kümmerte, traf sie eines Abends in der Fastnachtszeit ohnmächtig und physisch völlig zerschlagen vor dem Tabernakel im Chor an. *„Ich schüttelte sie lang um sie zu sich zu bringen. Nachdem sie zu sich gekommen, waren die Kräfte in den Füßen so lang ausgeblieben – wir befürchteten, die Schwestern möchten dazu kommen, – schleifte ich sie wie einen leblosen Leib die Stiege hinauf in ihre Zelle. Um die Sache zu verbergen, gab sie mir einen Rosenkranz, daß wenn eine Schwester entgegen kommt, sollte ich diesen aufreißen und mit ihr so tun, als wollten wir die Perlen des gebrochenen Rosenkranzes suchen, nur um die Ehr zu vermeiden. (O welche einfältige, fromme und heilige List.)."*

Nach dem Noviziat wurde Schwester Cäcilia am Karfreitag (12. April) 1736 zur Profeß zugelassen. Daß dies am Karfreitag geschah, war ihr sicher eine besondere Auszeichnung. Ihr voller Klostername aber lautete: Maria Cäcilia a Santo Thoma de Aquino. Die Erinnerung an diesen Heiligen ihres Ordens, der ein Verehrer und Verteidiger der heiligen Eucharistie war und theologisch tiefsinnige Sakramentshymnen und Sequenzen gedichtet hat,[638] war für sie gewiß nicht ohne Bedeutung.

Der Titel der Aufzeichnungen von Pater Dominikus Gleich

Pater Dominikus hat seine Niederschrift über Schwester Cäcilia Mayr 1751 abgeschlossen, zwei Jahre nur nach ihrem Tod. Das bedeutet zweifellos zusätzliche Gewähr für ihre Authentizität. Für ein Werk der geistlichen Barockliteratur aber kommt das Büchlein eher spät und doch trägt es noch einen typisch barocken Titel, der, wie damals üblich, eine Art Inhaltsangabe der ganzen Schrift ist, ähnlich wie heute ein guter Klappentext. Der Titel lautet:

„Angeflammte Lieb und auserlesne Andacht zu dem
Allerheiligsten Sacrament des Altares,
zu Ihm dem schmerzvollen Heyland und Erlöser der Welt,
zu dessen von Ihm geheiligten Weg des Kreuzes und heiligen Kreuz,
wie auch zu der Schönen LiebsMutter Maria,
in dem hohen Tugend-Wandel der Dienerin Gottes Maria Cäcilia Mayrin, aus dem Orden des heiligen Vaters Dominici strikt. Observ. des hochlöblichen Klosters und Gotteshauses Wörishofen
unter dem Titel
Maria Königin der Englen
ehemaligen Einwohnerin und Professin entworfen und beschrieben von P. F. Dominico Gleich
Ordens der Minderen Brüder des hl. Francisci, der Recollecten und stengeren Observanz, Straßburger oder Oberteutscher Provinz, Priester und Prediger.
Anno 1751".

Die wichtigsten Gegenstände von Schwester Cäcilias Frömmigkeit werden alle angegeben, nämlich die Verehrung des Altarsakramentes, ihre Liebe zum leidenden Heiland, besonders in seinen Ölbergstunden, ihre Liebe zum Kreuz, die sich nicht nur auf die Verehrung des Kreuzes in Biberbach konzentriert, schließlich die Liebe zur Gottesmutter.[639] Wenn von Cäcilias Tugendwandel die Rede ist, steht ihre Demut an erster Stelle: *„So auserlesene Demut erlärnte halt M. Cäcilia in der göttlichen Tugendschul ihres allerliebsten Gespons Christi Jesu, der von sich selbst bekannt: Lernet von mir, denn ich bin sanftmütig und von Herzen demütig."* Die Demut als Gegenpol zum Hochmut, dem Hauptlaster, ist wichtig. Zur Demut kommt ihre *„engelgleiche Reinigkeit"*, ihr *„Gehorsam in allen Dingen"* und die *„klösterliche Armut in vollkommener Genügsamkeit"*; das sind die evangelischen Räte, Gegenstand zugleich der klösterlichen Gelübde. Hier fällt auf, wie sehr die im Titel des Manuskriptes genannten Andachtsgegenstände mit der Andacht zu den *„Heiligen Sieben Zufluchten"* übereinstimmen, auch

Abb. 213
Titelblatt der Niederschriften von Pater Dominikus Gleich († 1791) über Schwester Maria Cäcilia Mayr (1717–1749). 17 cm × 12 cm. Datiert 1751.
Archiv Dominikanerinnenkloster Bad Wörishofen.

*Abb. 214
Kleines Andachtsbild mit Blick auf den marianischen Großwallfahrtsort Maria Hilf auf dem Lechfeld. Pater Dominikus Gleich († 1791) war Mitglied des dortigen Franziskanerklosters. Kupferstich. 14,8 cm × 8,6 cm. 2. Hälfte 18. Jahrhundert. Wohl Augsburg. Archiv Dominikanerinnenkloster Bad Wörishofen.*

wenn von den Heiligen und den Armen Seelen hier nicht eigens die Rede ist. Der Gedanke an die Armen Seelen findet sich bei Schwester Maria Cäcilia oft, wie übrigens bei all den anderen oben genannten mystisch begabten Frauen jener Zeit. Für Reinheit, Genügsamkeit (Armut) und Gehorsam, also für die im Kloster besonders beachteten evangelischen Räte, ist der heilige Alexius ein Vorbild, der bei den Dominikanerinnen in Wörishofen nicht zuletzt aus diesem Grund verehrt wurde und noch heute verehrt wird.

Mystik und Krankheit

Ehe von den Inhalten der religiösen Erfahrungen von Schwester Maria Cäcilia die Rede sein kann, muß ihre Krankheit erwähnt werden. Pater Dominikus schreibt: *„Die Dienerin Gottes wurde von Zeit ihrer hl. Profeß an von ihrem gekreuzigten göttlichen Gespons mit starken schmerzlichen Krankheiten heimgesucht und beladen; also daß sie keinen Tag mehr ihr ganzes Leben hindurch, ohne Schmerzen gewesen."*

Und er fährt fort: *„Mit Jesu an dessen schmerzliches Kreuz sie sich durch die 3 hl. Gelübde freiwillig angeheftet, lebte sie und erstarb an dem Kreuz. Es suchte beinebens die geliebte Braut Christi diese ihre Schmerzen von anfang soviel wie möglich vor anderen zu verbergen. So daß sie bei Tag und Nacht in den Chor ging und ungehindert mit anderen das göttliche Lob absang, den gewöhnlichen Andachten Gebet und Betrachtung eifrigst oblag."*

Körperliche Krankheit, physisches Leiden ist also gleichsam der Hintergrund, vor dem sich das mystische Erleben abspielt. Das ist nicht nur bei Schwester Maria Cäcilia so gewesen, ja, es scheint, daß Krankheit geradezu Voraussetzung ist für diese Art mystischer Erfahrung. Pater Dominikus schreibt: *„Das Leben M. Cäcilias war nichts anderes als eine bittere Kreuzesschul, geübt in den verschiedenen Krankheiten, innerer und äußerlicher Schmerzen."*

Wie sehr aber Krankheit des Leibes und Empfinden der Seele hier zusammenhängen, sagt Schwester Cäcilia selbst: *„M. Cäcilia bekannte mir, Solche Schwachheiten und Ohnmachten (vor dem Altarsakrament) werden zwar als Gebrechen des Leibes gehalten, was dem aber nicht so ist, sondern es ist die aufwallende Lieb; die große Hitz und Inbrunst hat mich zu Boden geworfen."*

Und weiter: *„In dergleichen Lieb-stand sehen die Augen nur halb, die Ohren hören nur halb und ist der ganze Mensch (weilen der Willen nit daheim) stumm und taub, ja nur halb und halb ein Mensch.*

Doch von dem was innerlich die Seel genießt, wird dem Leib alsobald wieder eine Stärke zugeworfen. Oft kann ein so liebende Seel nit fassen, wie doch der Leib ertragen könne, was von ihm verrichtet und folglich dem Leib aufgebürdet wird.

Muß derowegen klar ersehen, daß es ein pure und lautere Wirkung der Almacht Gottes sei."

Diese Worte von Schwester Maria Cäcilia haben einen eigenen Klang. Der eher nüchterne und strenge, hoch gebildete und in mystischer Theologie bewanderte Freisinger Professor Magnus Jocham (1808–1893) aus dem Allgäu, Verfasser u. a. einer neuen Ausgabe der „Bavaria Sancta. Leben der Heiligen und Seligen des Bayernlandes (1861 f.)", hielt sich im Herbst 1873, vielleicht zur Kur, in Wörishofen auf und schrieb in einem Brief vom 19. Oktober 1873 an Bischof Karl Greith von Sankt Gallen, der wohl beim Kloster um Auskunft über Schwester Cäcilia gebeten hatte, über deren Texte: *„Ich habe gestern und heute sehr Vieles in den Manuscripten gelesen; ich finde durchweg reine, echte, Katholische Mystik, ganz ähnlich den Schriften des seligen Heinrich Seuse.*

Die Mitteilungen der Klosterfrau sind ganz einfach, wunderlieb, die Aufzeichnungen des Franziskaners sind etwas geschnörkelt, allein der Inhalt ist vortrefflich. Das Lieblichste sind die Auszüge aus dem, was die gottselige Maria Cäcilia selbst geschrieben; ...".

Schwester Maria Cäcilia Mayr und ihr mystisches Erleben

Die Dienerin Gottes, wie Pater Dominikus Gleich sie meistens nennt, hat fleißig aufgeschrieben, *„was Gott durch die Lieb in ihrer Seel, Herz und Gemüt wirke, damit sie sich der Heftigkeit der Liebe in etwas hindere. Hernach aber habe sie das Geschriebene ins Feuer geworfen, damit es niemand in die Hand komme. Letzteres aber habe ich (Pater Dominikus) ihr untersagt, dagegen angeraten dergleichen Aufsätze zum Nutzen anderer aufzubewahren. Diesen Rat hat sie in tiefster*

Demut willig angenommen und gleich darnach etwas ausgehändigt, was ich in folgenden Absätzen bringen werde."

Es ist schwer, ja unmöglich, den umfänglichen und inhaltsreichen Bericht von Pater Dominikus in einer kurzen Zusammenfassung auf befriedigende Weise wiederzugeben.[640] Auch ist es nicht ganz leicht, die von Schwester Maria Cäcilia verkörperte Art religiösen Lebens dem heutigen Leser zu vermitteln. Deshalb sei an dieser Stelle darauf hingewiesen, daß jeder, der sich mit dem Leben und Erleben dieser Klosterfrau beschäftigen will, vor allem zwei Gesichtspunkte nicht aus dem Auge lassen darf, zum einen den unbedingten Vorrang des Religiösen, der Gottesbeziehung, allem anderen gegenüber, und zum anderen die Art und Weise, in der man alle religiösen Wahrheiten gesehen hat: Man ließ sie nicht nur gelten, sie wurden ernst genommen und für das tägliche Leben, für jeden Augenblick des irdischen Lebens, in ihrer tiefsten Bedeutung ausgelotet.

Pater Dominikus bringt dies öfter zum Ausdruck, so auch in folgendem Absatz:

„Sie (Schwester Cäcilia) war eine kluge Lehrmeisterin, in ihrer Tugendschul konnte man erlernen, Gott allein und sich selbsten zu erkennen, man konnte das Lieben erlernen. So oft ich bei ihr war, so kommt mir vor, als kehrte ich wie ein ganz anderer Mensch in mein Marianisches Klösterlein zu Maria Hilf auf dem Lechfeld wieder zurück. Gott gebe ihr für alle Lehr den ewigen Lohn, mir aber seine Gnad, allem künftighin nachzukommen, alles in dem Werk bis auf den letzten Augenblick meines Lebens auszuwirken und zu erfüllen, damit ich hierdurch in meiner seraphischen Religion (im Franziskanerorden) die Kron des ewigen Lebens erhalten möge. ...".

Die Dienerin Gottes war nicht nur eine Lehrmeisterin der Tugend, sie warnte auch vor jeder Sünde, die ihr als Beleidigung Gottes etwas Schreckliches war. Davon handeln viele Stellen des Manuskriptes.

Ein Problem, das sich für Schwester Maria Cäcilia, für ihre Mitschwestern und für die geistlichen Betreuer, wie die Beichtväter und Ordensoberen, immer wieder stellte, war die Frage, ob nicht hinter all dem ein Betrug des Satans stehe. Schwester Maria Cäcilia schreibt: *„Was aber mich in diesen Begebenheiten ängstig macht, ist dieses, daß ich wohl weiß und erkenne, daß meine so großen und abscheulichen Sünden* (so redete von sich die demütige Cäcilia) *gar keine solchen Gnaden verdient haben. O der Güte Gottes! der ich in alle Ewigkeit nicht genugsames Lob geben kann. Sollte es aber vom Satan sein, so hab ich doch diese Freud, da er mich so zum Lobe Gottes antreibt, dieweil er selbsten Gott nicht loben kann; wollte wünschen, alle seine Mitgesellen täten bei allen Menschen was dieser (wann es einer sein sollt) an mir tut, auf daß doch Gott unabläßlich gelobt würde."*

Ähnliche Vorsicht dem Satan und anderen Trugbildern gegenüber wiederholt sich regelmäßig.

Die Andacht von Schwester Maria Cäcilia Mayr zum Allerheiligsten Altarsakrament

In seinem Büchlein beginnt Pater Dominikus mit der Andacht von Maria Cäcilia zum Allerheiligsten Altarsakrament. Er handelt *„Von verschiedenen wunderbaren Wirkungen der brennenden Liebe der Dienerin Gottes M. Cäcilia zum hochheiligen Sakrament"*, bringt Proben ihrer Gebete vor dem Allerheiligsten, beschreibt ihr *„Vertrauen, Lieb und Andacht"* und berichtet *„von Ergüssen ihres Herzens zu diesem Allerheiligsten Sakrament"*. Zweimal, so Pater Dominikus, kam auf unerklärliche, wunderbare Weise eine Hostie zu Maria Cäcilia, die damals nicht zur Kommunion gehen konnte, aber sich nach der Vereinigung mit ihrem Heiland sehnte. Das Urteil darüber überlasse er der unergründlichen Allwissenheit Gottes und den höheren Obern. Aber dann schließt er mit einer Bemerkung, die so gut in das Denken und so schön zur Gottesvorstellung des 18. Jahrhunderts[641] paßt: *„Nur sage ich, daß der verliebte Gott spiele mit denen, die Ihn in diesem göttlichen Liebesgeheimnis wahrhaft und von Herzen (zu) lieben suchen und nach ihm Hunger und Verlangen tragen."*

Verehrung der Kindheit Jesu

Pater Dominikus berichtet auch *„Von der Lieb und Andacht, die M. Cäcilia zu dem im Fleisch aus Maria der Jungfrau geborenen göttlichen Kind in Bethlehem in der heiligen Nacht dessen gnadenreicher Geburt gepflogen hat und welche Guttat sie dadurch wunderbarer Weis empfangen hat."* Hier hat es vermutlich Berührungen mit Altenhohenau und vor allem mit Schwester Maria Columba

*Abb. 215 S. 234/235 ▷▷
Das Leiden Christi in den Visionen der Schwester Maria Cäcilia Mayr (1717–1749). Öl auf Leinwand. Originaler Rahmen. Maler nicht bekannt. 164 cm × 265 cm (mit Rahmen). Spätes 18. Jahrhundert, vielleicht im 19. Jahrhundert übermalt. Dominikanerinnenkloster Bad Wörishofen.*

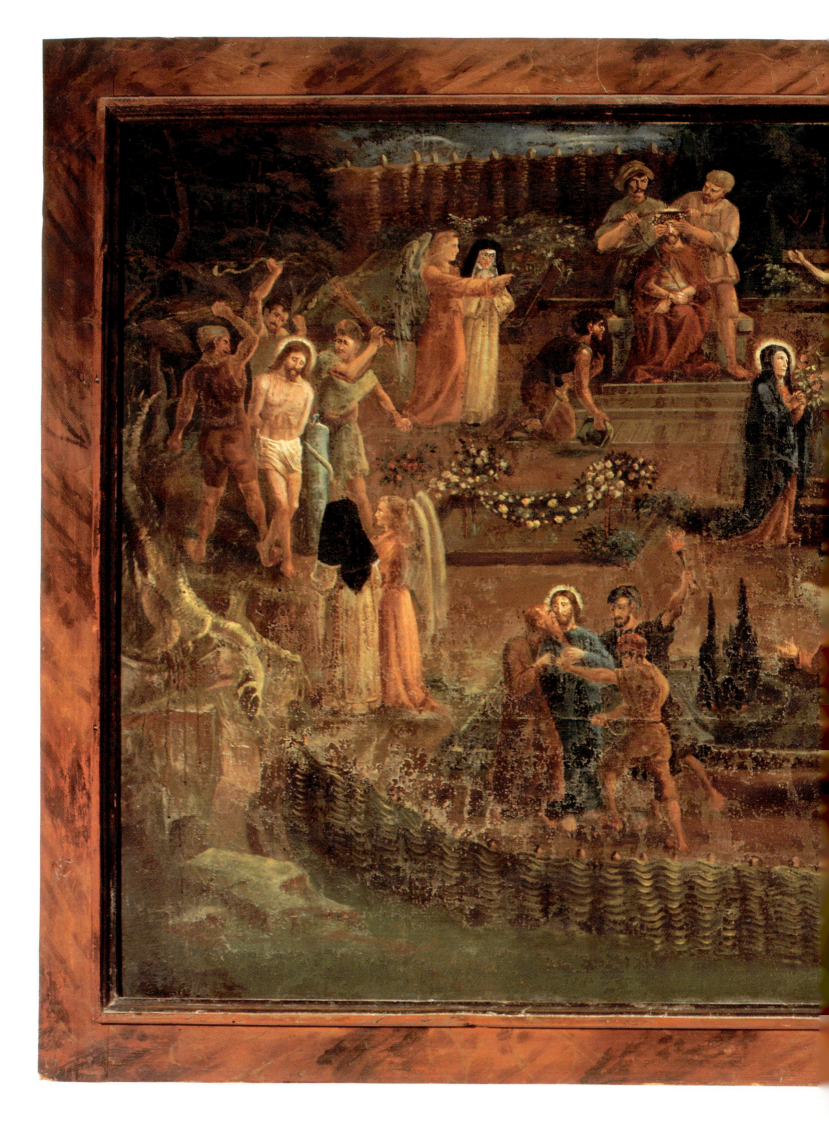

*Abb. 216 ▷
Antlitz Christi, Vera Icon. Öl auf Leinwand. Originaler Rahmen. Maler nicht bekannt. 68,5 cm × 56,5 cm (mit Rahmen). 1. Hälfte 18. Jahrhundert. Inschrift: „VERA EFFiGiES VULTUS DÑi IESU CHRi: ABAGARO REGi EDESSAE MiSSA" (Wahres Abbild des Antlitzes des Herrn Jesus Christus, wie es Abgar, dem König von Edessa, geschickt worden ist). Die Darstellung des Gesichts Christi in Frontalansicht, mit langfallendem gescheiteltem Haar, geöffneten Augen, ohne Dornenkrone und ohne Zeichen innerer Bewegung entspricht einer historisch gewachsenen Tradition, der verschiedene, auf vielfache Weise miteinander verknüpfte Erzählungen zugrunde liegen. Häufig wird sie mit dem Bericht des Evangelisten Matthäus (Mt 9, 20) in Verbindung gebracht, wonach eine Frau, die an Blutfluß litt, dadurch geheilt worden sei, daß sie den Saum des Kleides Jesu Christi berührt habe. Diese Frau soll Bernike = Veronika (=Vera Icon) geheißen, sie soll ein Bild Christi durch den Abdruck seines Gesichts in ein Tuch erhalten haben. Dieses habe sie dem kranken König Abgar von Edessa geschickt. Die Verehrung des Antlitzes Christi nach der Veronikatradition weist auf weibliche Christusverehrung, auf frauliche Spiritualität, hin. Zahlreiche Andachtsbücher erinnern daran, daß im 18. Jahrhundert auch bei den Dominikanerinnen in Wörishofen die Verehrung des Bildnisses Christi eine große Rolle gespielt hat. Dominikanerinnenkloster Bad Wörishofen.*

Weigl gegeben, aber auch mit einem Thema, das ihren Seelenführer selbst, wie sich aus seiner Predigt von 1758 ergibt, beschäftigt hat. Im Herbst und Winter 1744 litt Maria Cäcilia an anhaltenden Nerven- und Darmkrämpfen. Am Weihnachtsfest aber empfand sie Heilung von diesen Gebrechen durch das Jesuskind im Krankenzimmer. Vorher schon, 1743, fühlte sie sich plötzlich geheilt durch das heilige Kreuz der Wallfahrtskirche zu Biberbach.

Von der besonderen Andacht, Lieb und hitziger Betrachtung Maria Cäcilias des Blutschwitzenden Heilands am Ölberg

Die Beschreibungen der Andacht zum leidenden Heiland am Ölberg nehmen viele Seiten ein, zumal Pater Dominikus die Aufzeichnungen von Schwester Maria Ludovica von Freyberg aus dem Jahr 1747 (beginnend mit dem 22. Juni) in seine Schrift mit aufgenommen hat.[642] Die Lektüre dieser Berichte, die Intensität des Miterlebens, die darin zum Ausdruck kommt, hat etwas Erschütterndes.

Ein Beispiel mag für die vielen stehen: Am zwölften Donnerstag, es war der 7. September 1747, war Schwester Maria Cäcilia in großer innerer Not. *„Weilen ich heut den ganzen Tag nichts von meinem Geliebten noch gehört, noch gespürt, noch gesehen habe. Ach Schwester! sagte sie weiter unter vielen Zähren und Seufzern: Ach wie will ich armselige oder wie kann ich ohne seine Hand und Waffen streiten und obsiegen? Wie kann ich ohne mein Herz lieben? Wie kann ich ohne ihn leiden und sterben? Wer wird mir meinen Verlust ersetzen können? Wer wird mich trösten können als allein seine liebste Gegenwart?*

Nach diesen Worten wurde sie kraftlos, daß sie nicht mehr auf den Füßen stehen konnte. Die anwesende Schwester (Maria Ludovica) ermahnte die Dienerin Gottes, ihren Willen mit dem göttlichen zu vereinigen und (zu) bedenken, daß Gott alles zu ihrem besten verhänge, sie habe ja wegen ihrer Sünden noch mehr verdient. Sie solle ihr Verlassenheit mit der ihres Geliebten am Ölberg vereinen."

Maria Cäcilia fiel ihr in die Rede: *„Es ist wahr, meine Verlassenheit und Traurigkeit ist keines wegs mit der Verlassenheit Jesu Christi zu vergleichen. Doch brauchte mein Geliebter nicht zu fürchten, er hätte seinen himmlischen Vater in etwas beleidigt. Doch für mich arme Sünderin wäre es billig alle Torturen der ganzen Welt, ja selbst alle höllischen Peinen ertragen zu müssen. Liebe Schwester, mein Herz würde mir zerspringen, wenn mich nicht auch der, der sich in mir verbirgt, nicht durch den Gehorsam zurückhalten würde. Die Schwester* (Maria Ludovica) *erwiderte: Eben jetzt ist die Zeit dies zu erfüllen. Darauf entgegnete Maria Cäcilia: Ja Schwester, heute umfange ich mit einem Arm den Willen Gottes, mit dem anderen den Willen meiner Obern. Ich hoffe, daß mein allwissender, treu göttlicher Gespons beide so vereinen werde, daß freiwillig keiner verletzt werde. Ab heute ist allein der Wille Gottes mein Trost …".*

Ein anderes Beispiel, vom siebzehnten Donnerstag (17. Oktober 1747), sei noch zitiert: *„Schwester* (sagt Maria Cäcilia zu Ludovica), *mein Geliebter ist mein und ich bin sein. Heut kann ich*

  nichts sagen als von der Lieb,
  nichts tun als durch die Lieb,
  nichts hören und wissen als von der Lieb,
  nichts sehen als die Lieb,
  nichts verlangen als die ewige Besitzung der Lieb. Als die Mitschwester sie ermahnte, sie solle dem Willen und der Obrigkeit gemäß diese so heftigen Anmutungen ausschlagen, damit sie selben nicht unterliegen müsse, antwortete die fromme Dienerin: Ich bin's nit, sondern die Lieb ist's und wirkt in mir: wer will aber der Lieb widerstehen? Wie will sie ihrer Feder, die leblos ist, das Schreiben verbieten, wann sie doch selbst wirklich durch ihre Hand regiert wird? Hat die Feder oder sie geschrieben? Eben auf schier gleiche Weis geht es mit mir. Ach! daß Jesus durch mich seine Liebe in aller Herzen einschriebe, und wann ich also abgenützt, daß er mich nicht mehr brauchen könnte, so verbrenne er mich in seiner Lieb und streue meine noch glühende Aschen durch die vier Teil der Welt aus, damit die ganze Welt in seiner Lieb entzündet und verbrennet werde."

„Daß Jesus durch mich …" – hier wird eine wichtige Funktion dieser Mystik, das Wirksamwerden für die Kirche, für die anderen, deutlich angesprochen. Für die Gemeinschaft der Gläubigen hat sie Bedeutung, weil sie nicht nur die Mitschwestern, sondern auch viele andere Menschen die christlichen Wahrheiten besser erkennen läßt, sie ihnen in ihrer Tiefe und Tragweite erst bewußt macht.

Von der heißen Lieb, Hochschätzung und Andacht der Dienerin Gottes zum hl. Kreuzweg unseres Herrn und Heilandes

Schwester Maria Cäcilia hat, weil sie oft nicht in der Lage war, in den Schwesternchor zu gehen, für ihre Zelle einen eigenen Kreuzweg erhalten. Das erinnert an die Wertschätzung dieser Andacht durch Schwester Maria Crescentia Höß in Kaufbeuren. In eigenen Schriften, die Pater Dominikus zitiert, hat Maria Cäcilia ihre große Liebe zum Leiden Jesu Christi, und die Frucht und den Nutzen der Übung des Kreuzwegs dargelegt, ferner ihre *„gekreuzigte Lieb in Gottes Barmherzigkeit"*, und ihre *„große Freud, Lieb und Andacht zu einem Ecce-Homo-Bild des schmerzvollen Heilandes Christi Jesu"*, an das sie ein ergreifendes Gebet richtet. Schließlich handelt ein Abschnitt von *„Andacht, Lieb und Vertrauen zu der seligsten Jungfrau und Mutter Maria"*. Die restlichen Seiten bringen Gebete, darunter eine kurze Vaterunser-Betrachtung, liebenswerte Erinnerungen an einzelne Ereignisse in der Bibel, die ihr besonders teuer waren – zugleich ein spielerisches Hereinnehmen biblischer Szenen in ihren Alltag; ferner Rezepte für das religiöse Leben und einen Bericht über die letzte Krankheit der lange schon leidenden Schwester sowie ihren erbaulichen Tod um ¾12 Uhr in der Nacht vom Donnerstag zum Freitag am 27. November 1749.

Pater Dominikus schließt sein Manuskript mit einigen bedenkenswerten Bemerkungen. Ihre Mitschwestern, so schreibt er, hätten den Tod der Dienerin Gottes beweint und wegen des Verlustes eines so hellerleuchtenden Tugendbeispiels geseufzt. *„Das Evangelium Christi trug sie in ihrem Herzen, drückte es durch die Tat, durch gottseligen Lebenswandel hervor. Die mit ihr lebten, konnten in ihr einen vollkommenen Abriß des Leben, Leidens und Todes Jesu Christi ersehen."* Was dürfte man diesen Worten noch anfügen? Und doch sei der Blick noch einmal zurückgelenkt auf das Kloster in Wörishofen und ein letztes Mal Pater Dominikus zitiert: *„Verba movent, exempla trahunt, dan die Wort bewegen, die Beyspihl ziehen. In Maria Cäcilia wohin? Zu ihrem einzigen Entzweck, zu Gott, den sie allein, vor allen, in allen, über alles liebte. O dann glickseeliges Kloster unter dem Titel Maria Königin der Englen zu Werishofen, welches du so kostbares Kleinod in Besitz bekommen und gleich der Meermuschl solch unschäzbahres Perlein in dir verborgener eingeschlossen hast!*

... Gott gebe, daß die Nachfolg so hellglänzender Tugenden in mir und in allen erfolge."

Formen der Frömmigkeit und Zeugnisse des Gebetes im Kloster Maria Königin der Engel

Hans Pörnbacher

Jede Ordensregel läßt der einzelnen Klostergemeinschaft Freiheit für gewisse Eigenheiten, Spielraum für Individualität. Das gilt auch für das Kloster in Wörishofen. Schon der Name *„Maria Königin der Engel"* weist auf eine Besonderheit hin, hat gewisse Feste, bestimmte Gebete und verehrungswürdige Bilder zur Folge. Hier sollen aus einer reicheren Vielfalt zwei Andachtsformen näher vorgestellt werden, die Andacht zu den *„Heiligen Sieben Zufluchten"* und die zum heiligen Alexius, ohne daß sie in allen ihren Erscheinungen erschöpfend behandelt werden können. Sie gehören zu den Zeugnissen der Frömmigkeit, die von den Wörishofener Dominikanerinnen schon in der Barockzeit gepflegt worden sind. Verschiedene Bilder, die heute noch im Kloster bewahrt und verehrt werden, sowie gedruckte und ungedruckte Gebetstexte belegen dies.

Die Andacht zu den Heiligen Sieben Zufluchten

Die im katholischen Süden überaus volkstümliche Andacht zu den Heiligen Sieben Zufluchten ist im letzten Drittel des 17. Jahrhunderts entstanden.[643] Die *„Zufluchten"*-Kirche von Affing bei Aichach von 1688 scheint eine der ersten, wenn nicht die erste, gewesen zu sein,[644] von dort aus hat dann wohl diese Andachtsform ihren Weg durch die Lande genommen. Das war vierzig Jahre nach dem Dreißigjährigen Krieg, zu einer Zeit, als sich auch auf dem flachen Land allmählich Besserung und normale Verhältnisse einstellten, so daß man wieder an Kirchenbauten denken konnte, was Hof und Prälatenklöster schon zwanzig Jahre früher zu tun vermochten. Vergessen aber war der Schrecken des Krieges noch lange nicht. Dieser zeitgeschichtliche Hintergrund ist wichtig für das Verstehen der Andacht.

Zehn Jahre nach dem Kirchenbau in Affing, 1696, entsteht der prachtvolle *„Sieben-Zufluchten"*-Altar von Grassau, und bald darauf erhalten die Ursulinen in Neuburg an der Donau ein großes *„Zufluchten"*-Bild. Um 1710 datieren die Fresken zu diesem Thema in der Kirche des Damenstifts von Edelstetten. Die Aufzählung könnte lange fortgesetzt werden. So rasch also findet die Verehrung der *„Sieben Zufluchten"* Verbreitung. 1689 taucht selbst im weit entfernten Fulda ein Bild auf und etwa um die gleiche Zeit auch im katholischen Frankenland, wenngleich das bekannte Bamberger Andachtsbild erst um die Mitte des 18. Jahrhunderts von Augsburg aus (Englische Fräulein) dorthin gelangt. Die Andacht wird zur gleichen Zeit auch im Oberschwäbischen und in Tirol heimisch und erhält selbst in der Kaiserstadt Wien 1782 eine Kirche an der Lerchenfelderstraße, deren Altarbild aus den kaiserlichen Gemäldesammlungen die *„Sieben Zufluchten"* darstellt.[645] Diese wenigen Beispiele genügen, um die rasche und weite Verbreitung zu veranschaulichen.

Daß diese Andacht bald nach dem Dreißigjährigen Krieg, dieser Zeit extremer Hilflosigkeit und Not, aufkommt, braucht nicht zu wundern. Wer Not leidet und sich nicht mehr zu helfen weiß, der sucht ein Refugium, einen Ort, wo er Zuflucht findet. *„Du bist meine Kraft, meine Stärke und meine Zuflucht am Tag der Trübsal"*, heißt es in einem Gebet beim Propheten Jeremias (16,19), und ähnlich klingt es wiederholt in den Psalmen. *„Zuflucht"*, die Übersetzung des lateinischen *„refugium"*, ist ein biblisches Wort, Ausdruck der Hoffnung und des Trostes. Vor dem Hintergrund des Entsetzens, ausgelöst durch Pest, Hunger und Krieg über eine ganze Generation hinweg, suchten die Menschen nach Möglichkeiten der Zuflucht, nach Schutz und Schirm. Die neue Andacht weist sie ihnen. Auffällig, daß sie in vielen Frauenklöstern gepflegt wird, in Edelstetten bei den Chorfrauen, in Bamberg bei den Englischen Fräulein, im Chiemsee bei den Benediktinerinnen auf der Fraueninsel, in Reutberg bei den Franziskanerin-

*Abb. 218
Maria mit dem Jesuskind.
Öl auf Leinwand. Originaler Rahmen. Maler nicht bekannt. 86 cm × 61 cm (mit Rahmen). Süddeutsch. 1. Hälfte 18. Jahrhundert. Das Gemälde zählt zu den zahlreichen Darstellungen der Mutter Gottes, die im Wörishofener Kloster, nicht zuletzt angeregt durch das Patrozinium „Maria Königin der Engel", besonders verehrt worden ist. Dominikanerinnenkloster Bad Wörishofen.*

◁ *Abb. 217
Die Sieben Zufluchten. Öl auf Leinwand. Originaler Rahmen. Maler nicht bekannt. Süddeutsch. 74,5 cm × 61 cm (mit Rahmen). 2. Drittel 18. Jahrhundert. Schwesternchor des Dominikanerinnenklosters Bad Wörishofen.*

*Abb. 219
Titelblatt eines Andachtsbüchleins zu den „sieben heiligen Zufluchten".
14 cm × 9,5 cm.
Mainz 1933.
Bibliothek Dominikanerinnenkloster Bad Wörishofen.*

nen, in Neuburg bei den Ursulinen und schließlich auch bei den Dominikanerinnen in Wörishofen; bezeichnend auch, daß vor allem die einfache Bevölkerung diese Hilfe braucht, diese Zusage von Zuflucht, die Geborgenheit und Trost zu geben vermag.

Sieben, die heilige Zahl

Nicht eine Zuflucht stellt diese Andacht vor, sondern deren sieben. Sieben ist die heilige Zahl, zusammengesetzt aus drei und vier. Sieben Tage zählt auch die Woche. So bleibt jedem Wochentag *eine* Zuflucht reserviert – eine gute Ökonomie, pastoral klug, weil für den gläubigen Beter leichter zu verkraften.

So einfach diese Andacht aussehen mag, sie umfaßt doch die Fülle des Heils: Das Geheimnis der Schöpfung durch den Vater, die Erlösung durch den Sohn, die Heiligung durch den Geist. Es ist ein überaus reiches Angebot, das von liebevoller Fürsorge durch die Seelsorger, von denen diese Andacht ausgeht, zeugt.

Die einzelnen Zufluchten

Die *erste* Zuflucht – der Begriff mag unserem Sprachgebrauch fremd sein, soll aber hier verwendet werden – ist der dreifaltige Gott, der Vater, der Sohn und der Geist. Deshalb findet man „Sieben-Zufluchten"-Bilder häufig in Dreifaltigkeitskirchen, haben umgekehrt „Sieben-Zufluchten"-Kirchen immer das Dreifaltigkeitspatrozinium.[646]

Der dreifaltige Gott als Zuflucht in jeglicher Not, müßte das nicht reichen? Natürlich, wenn der einzelne die Zeit und die Gabe hätte, von hier aus weiterzudenken, wenn er auch den Mut hätte, in seiner Armseligkeit ohne andere Fürsprecher sich dem unfaßbaren Gott allein zu nähern. Christus aber ist Mensch geworden, sichtbar und erfahrbar. Deshalb stellt die Andacht den Erlöser gleich zweimal vor, einmal in der *zweiten* Zuflucht entehrt und entäußert am Kreuz und weiter in der *dritten* Zuflucht verborgen im Altarsakrament. So beziehen sich die ersten drei Zufluchten ganz auf Gott. Das ist zweifellos pädagogisch sinnvoll, aber es zeugt auch von großer Ehrfurcht und von tiefem theologischem Wissen.

Die *vierte* Zuflucht aber ist die Gottesmutter. Natürlich darf die Frau nicht fehlen, die Gott so nahe steht, zu der die Christenheit im ältesten Mariengebet spricht: *„Sub tuum praesidium"* – unter Deinen Schutz *„fliehen* (Zuflucht!) *wir, o heilige Gottesgebärerin..."*. Maria leitet die zweite Ordnung der Zufluchten ein, jene bei geschaffen Wesen, bei der Mutter Gottes, bei den heiligen Engeln, bei allen Heiligen und bei den Armen Seelen.

Inhalt und Auswahl

Die Komposition der Sieben-Zufluchten-Bilder ist fast immer gleich, so daß die Abbildungen in diesem Buch eine ausreichende Vorstellung für alle vermitteln: In der Mitte oben die Dreifaltigkeit, darunter Kelch oder Monstranz mit dem eucharistischen Herrn, flankiert vom gekreuzigten Heiland links und der Gottesmutter rechts. Unter dem Kreuz die heiligen Engel, meist vertreten durch die Erzengel Michael den Seelenwäger, Raphael mit dem Stab und Gabriel mit der Lilie, dem Symbol der Reinheit, weil er der reinen Jungfrau die Geburt des Heilandes verkündet hat. Meist führt Raphael die Armen Seelen aus dem Fegfeuer, manchmal, wie in den Wörishofener Beispielen, ein eigener „Schutzengel". Unter der Gottesmutter findet der Betrachter die Schar der Heiligen. Der Konvent in Wörishofen bewahrt zwei Sieben-Zufluchten-Bilder. Das eine wird Johann Wolfgang Baumgartner[647] zugeschrieben, das andere Johann Andreas Wolf. In beiden Wörishofener Bildern stehen hinter Maria Anna, ihre Mutter, und der heilige Joseph, ihr Mann; im ersten Bild kommen darunter vier heilige Frauen, nämlich Barbara (mit dem Kelch), Margareta (mit dem Schwert), Ursula (mit den drei Pfeilen) und Cäcilia an der Orgel; dann eine Vierergruppe von Männern, Franz Xaver, der populäre Missionar, Thomas von Aquin, der große Theologe des Dominikanerordens, der heilige Johann Nepomuk, 1729 erst heiliggesprochen und dann fast überschwenglich verehrt, und schließlich der Ordensgründer Dominikus; neben diesem aber kniet Katharina von Siena, ebenfalls eine Heilige des Ordens; im zweiten Wörishofener Bild, dessen Anordnung und Komposition dem ersten ähnelt, sind Thomas von Aquin und die heilige Margareta weggelassen.

Zu den vier letzten Zufluchten sei noch ein Wort der Erklärung angefügt. Maria, die Engel, die heiligen Männer und Frauen, sie alle gehören zur *„Gemeinschaft der Heiligen"*, also zu denjenigen, die das *„Heil"* haben und von denen ein eigener Artikel im Glaubensbekenntnis handelt. Denn so wichtig ist diese Gemeinschaft für die Kirche. Sie bedeutet viel mehr als nur Trost und Hilfe, nämlich auch Verantwortung für das Heil des Nächsten. Eigenartig mag die siebte Zuflucht anmuten, die bei den Armen Seelen im Fegfeuer gesucht und gefunden wird. Brauchen diese Armen Seelen nicht viel eher selbst das Gebet? Das brauchen sie freilich, andererseits sind sie kraft ihres Gnadenstandes Gott nahe, gilt gerade für sie der Gedanke der gegenseitigen Verantwortung. In einem 1919 gedruckten Sieben-Zufluchten-Gebet kommt dies deutlich zum Ausdruck, wenn es heißt: *„Bittet Gott für mich, daß ich die christliche Liebe und Barmherzigkeit gegen euch (Arme Seelen) also aufrichtig bezeuge, daß ich zu seiner Zeit gleiche Barmherzigkeit zu erfahren habe."* Wie tief und schlicht zugleich der Glaube dieser Andacht ist, kann hier nicht dargelegt werden. Gebetbücher haben diesen Reichtum ausgelotet und fruchtbar gemacht,[648] aber zweifellos auch regelmäßige Vorträge und Unterweisungen in den Klöstern und in den Gemeinden.

Gebetsformen

Die Gebetsformen rund um die Sieben-Zufluchten-Andacht sind mannigfach. Ferdinand Holböck führt in seiner vorzüglichen Schrift verschiedene Formen an, die fast alle Erklärung und Betrachtung zugleich sind. Solche Gebete sind heute noch bei den Englischen Fräulein, den Maria-Ward-Schwestern, in Bamberg im Gebrauch. Holböck druckt ferner eine Sieben-Zufluchten-Litanei ab, einen Sieben-Zufluchten-Segen und eigene Lieder. Im Wörishofener Konvent haben sich solche Gebete erhalten: Ein *„Uraltes Gebet zu den 7 Zufluchten"* (neu gedruckt 1919) sowie ein Andachtsbüchlein von 1933. Erhalten haben sich vor allem aber die beiden Gemälde. Sehr bezeichnend, daß es

Abb. 220
Die Sieben Zufluchten. Öl auf Leinwand. Maler nicht bekannt. 71 cm × 53,5 cm (ohne Rahmen). Süddeutsch. Mitte 18. Jahrhundert. Dominikanerinnenkloster Bad Wörishofen.

zwei Bilder sind, eines im Schwesternchor, das andere an leicht zugänglicher Stelle im Kloster, so daß eine Darstellung immer zur stillen Betrachtung erreichbar ist.

Die Verehrung des heiligen Alexius

Im Unterschied zum 18. Jahrhundert ist der heilige Alexius heute nicht mehr allgemein bekannt; der Name vielleicht, kaum aber die Geschichte dieses Heiligen. An Möglichkeiten zur Information fehlt es zwar nicht. Da gibt es zu seinem Fest am 17. Juli einen ausführlichen Eintrag in der Legenda Aurea;[649] Konrad von Würzburg († 1287), der große Erzähler des 13. Jahrhunderts, hat 1275 die Legende des heiligen Alexius (1414 Verse) verfaßt, schön und leicht zu lesen;[650] und natürlich fehlt dieser Heilige nicht in Martins von Cochem (1634–1712), dieses *„einfältig tief erleuchteten Mannes"* (Clemens von Brentano), *„Verbesserte(r) Legend der Heiligen",* die viele Auflagen erfahren hat.[651] Aber niemand erzählt diese rührende Geschichte besser und schöner als Johann Wolfgang von Goethe (1749–1832).

Der heilige Alexius

Goethe hat in einem Brief aus der Schweiz vom 11. November 1779, geschrieben 6 Uhr abends, die Geschichte des Heiligen so festgehalten:[652]

„In unserm Mittagquartier begegnete uns was Angenehmes. Wir traten bei einer Frau ein, in deren Hause es ganz rechtlich aussah. ihre Stube war nach hiesiger Landesart ausgetäfelt… Wir bemerkten auch eine Sammlung wohl eingebundener Bücher über der Tür… Wir nahmen die Legenden der Heiligen (von Martin von Cochem) herunter und lasen drin, während das Essen für uns zubereitet wurde. Die Wirtin fragte uns einmal als sie in die Stube trat, ob wir auch die Geschichte des heiligen Alexis gelesen hätten? Wir sagten nein, nahmen aber weiter keine Notiz davon und jeder las in seinem Kapitel fort. Als wir uns zu Tische gesetzt hatten, stellte sie sich zu uns und fing wieder von dem heiligen Alexis an zu reden. Wir fragten, ob es ihr Patron oder der Patron ihres Hauses sei, welches sie verneinte, dabei aber versicherte, daß dieser heilige Mann so viel aus Liebe zu Gott aus-

*Abb. 221
Heiliger Alexius unter der Treppe. Fresko von Jacob Carl Stauder (1694–1756) im Schwesternchor der Dominikanerinnenkirche Bad Wörishofen.*

gestanden habe, daß ihr seine Geschichte erbärmlicher (erbarmungswürdiger) vorkomme, als viele der übrigen. Da sie sah, daß wir gar nicht unterrichtet waren, fing sie an uns zu erzählen. Es sei der heilige Alexis der Sohn vornehmer, reicher und gottesfürchtiger Eltern in Rom gewesen, sei ihnen, die den Armen außerordentlich viel Gutes getan, in Ausübung guter Werke mit Vergnügen gefolgt; doch habe ihm dieses noch nicht genug getan, sondern er habe sich in der Stille Gottes ganz und gar geweiht, und Christo eine ewige Keuschheit angelobet. Als ihn in der Folge seine Eltern an eine schöne und treffliche Jungfrau verheiraten wollten, habe er zwar sich ihrem Willen nicht widersetzt, die Trauung sei vollzogen worden; er habe sich aber, anstatt sich zu der Braut in die Kammer zu begeben, auf ein Schiff das er bereit gefunden gesetzt, und sei damit nach Asien übergefahren. Er habe daselbst die Gestalt eines schlechten Bettlers angezogen und sei dergestalt unkenntlich geworden, daß ihn auch die Knechte seines Vaters, die man ihm nachgeschickt, nicht erkannt hätten. Er habe sich daselbst an der Türe der Hauptkirche (in Edessa) gewöhnlich aufgehalten, dem Gottesdienst beigewohnt und sich von geringem Almosen der Gläubigen genährt. Nach drei oder vier Jahren seien verschiedene Wunder geschehen, die ein besonderes Wohlgefallen Gottes angezeigt. Der Bischof habe in der Kirche eine Stimme gehört, daß er den frömmsten Mann, dessen Gebet vor Gott am angenehmsten sei, in die Kirche rufen und an seiner Seite den Dienst verrichten sollte. Da dieser hierauf nicht gewußt wer gemeint sei, habe ihm die Stimme den Bettler angezeigt, den er denn auch zu großem Erstaunen des Volks hereingeholt. Der heilige Alexis, betroffen daß die Aufmerksamkeit der Leute auf ihn rege geworden, habe sich in der Stille davon und auf ein Schiff gemacht, willens weiter sich in die Fremde zu begeben. Durch Sturm aber und andere Umstände sei er genötigt worden, in Italien zu landen. Der heilige Mann habe hierin einen Wink Gottes gesehen und sich gefreut eine Gelegenheit zu finden, wo er die Selbstverleugnung im höchsten Grade zeigen konnte. Er sei daher geradezu auf seine Vaterstadt losgegangen, habe sich als ein armer Bettler vor seiner Eltern Haustür gestellt, diese, ihn auch dafür haltend, haben ihn nach ihrer frommen Wohltätigkeit gut aufgenommen, und einem Bedienten aufgetragen, ihn mit Quartier im Schloß und den nötigen Speisen zu versehen. Dieser Bediente, verdrießlich über die Mühe und unwillig über seiner Herrschaft Wohltätigkeit, habe diesen anscheinenden Bettler in ein schlechtes Loch unter der Treppe gewiesen, und ihm daselbst geringes und sparsames Essen gleich einem Hunde vorgeworfen. Der heilige Mann, anstatt sich dadurch irre machen zu lassen, habe darüber erst Gott recht in seinem Herzen gelobt, und nicht allein dieses, was er so leicht ändern können, mit gelassenem Gemüte getragen, sondern auch die andauernde Betrübnis der Eltern und seiner Gemahlin über die Abwesenheit ihres so geliebten Alexis mit unglaublicher und übermenschlicher Standhaftigkeit ausgehalten. Denn seine vielgeliebten Eltern und seine schöne Gemahlin hat er des Tags wohl hundertmal seinen Namen ausrufen hören, sich nach ihm sehnen und über seine Abwesenheit ein kummervolles Leben verzehren sehen. An dieser Stelle konnte sich die Frau der Tränen nicht mehr enthalten und ihre beiden Mädchen, die sich während der Erzählung an ihren Rock gehängt, sahen unverwandt an der Mutter hinauf. Ich weiß mir keinen erbärmlichern Zustand vorzustellen, sagte sie, und keine größere Marter, als was dieser heilige Mann bei den Seinigen und aus freiem Willen ausgestanden hat. *Aber Gott hat ihm seine Beständigkeit aufs herrlichste vergolten, und bei seinem Tode die größten Zeichen der Gnade vor den Augen der Gläubigen gegeben. Denn als dieser heilige Mann, nachdem er einige Jahre in diesem Zustande gelebt, täglich mit größter Inbrunst dem Gottesdienste beigewohnt, so ist er endlich krank geworden ohne daß jemand sonderlich auf ihn acht gegeben. Als darnach an einem Morgen der Papst, in Gegenwart des Kaisers und des ganzen Adels, selbst hohes Amt gehalten, haben auf einmal die Glocken der ganzen Stadt Rom wie zu einem vornehmen Totengeläute zu läuten angefangen; wie nun jedermänniglich darüber erstaunt, so ist dem Papste eine Offenbarung geschehen, daß dieses Wunder den Tod des heiligsten Mannes in der ganzen Stadt anzeige, der in dem Hause des Patricii soeben verschieden sei. Der Vater des Alexis fiel auf Befragen selbst auf den Bettler. Er ging nach Hause und fand ihn unter der Treppe wirklich tot. In den zusammengefalteten Händen hatte der heilige Mann ein Papier stecken, welches ihm der Alte, wiewohl vergebens, herauszuziehen suchte. Er brachte diese*

243

Nachricht dem Kaiser und Papst in die Kirche zurück, die alsdann mit dem Hofe und der Klerisei sich aufmachten, um selbst den heiligen Leichnam zu besuchen. Als sie angelangt, nahm der Heilige Vater ohne Mühe das Papier dem Leichnam aus den Händen, überreichte es dem Kaiser, der es sogleich von seinem Kanzler vorlesen ließ. Es enthielte dieses Papier die bisherige Geschichte dieses Heiligen. Da hätte man nun erst den übergroßen Jammer der Eltern und der Gemahlin sehen sollen, die ihren teuren Sohn und Gatten so nahe bei sich gehabt und ihm nichts zugute tun können, und nunmehr erst erfuhren wie übel er behandelt worden. Sie fielen über den Körper her, klagten so wehmütig, daß niemand von allen Umstehenden sich des Weinens enthalten konnte. Auch waren unter der Menge Volks, die sich nach und nach zudrängte, viele Kranke, die zu dem heiligen Körper gelassen und durch dessen Berührung gesund wurden. Die Erzählerin versicherte nochmals, indem sie ihre Augen trocknete, daß sie keine erbärmlichere Geschichte niemals gehört habe; und mir kam selbst ein so großes Verlangen zu weinen an, daß ich große Mühe hatte es zu verbergen und zu unterdrücken. Nach dem Essen suchte ich im Pater Cochem die Legende selbst auf, und fand, daß die gute Frau den ganzen reinen menschlichen Faden der Geschichte behalten und alle abgeschmackten Anwendungen dieses Schriftstellers rein vergessen hatte."

Kult und Legende

Besser als Goethe könnte man die wirklich rührende Geschichte dieses Heiligen nicht erzählen, eine Geschichte so überwältigend in ihrer Unerbittlichkeit, in ihrer Härte und zugleich so rührend und bewegend, wie sie auch der junge Goethe empfand. Wen wollte es da Wunder nehmen, daß das „Leben" des heiligen Alexius lange Zeit überaus populär war, so populär, daß zum Beispiel drei Wallfahrer aus Oberaudorf am Inn, die 1775 zu Fuß nach Rom pilgern, nicht nur San Alessio auf dem Aventin besuchten, sondern auch die Güter des Euphemianus, des Vaters von Alexius. Das Alexiusfresko in der Unterkirche von San Clemente war damals nicht zugänglich, sonst hätten die drei schlichten Pilger wohl diese Erinnerung an den ihnen wichtigen Heiligen auch noch besucht. Aber in Oberaudorf wurde ja 1769 ein Alexiusspiel aufgeführt, das die Pilger sicher gesehen hatten. So war ihr Interesse groß.[653]

Die Legende selbst ist alt und hat, wie alle Legenden, einen echten Kern.[654] Ihre Heimat aber ist der Orient, vornehmlich Edessa, wo sich Alexius um das Jahr 400 aufgehalten hat,[655] während im Abendland die Verehrung des heiligen Alexius erst um das Jahr 987 beginnt, dann aber rasch aufblüht, erst in Rom, bald auch in allen anderen europäischen Ländern. Für Süddeutschland ist das Jahr 1119 ein wichtiges Datum für diesen Kult, denn in diesem Jahr wird in der Klosterkirche von Prüfening bei Regensburg eine Alexiuskapelle geweiht, die erste, von der man weiß; 1324 wird ein Alexiusaltar im berühmten Kloster Tegernsee errichtet, andere folgen. Stiftungen für elende, das heißt heimatlose, Pilger werden zu seinem Andenken gemacht, Leprosenhäuser und Spitäler tragen seinen Namen.[656] Konrads von Würzburg oben erwähnte Dichtung ist im deutschen Sprachraum lediglich das beste Beispiel aus vielen anderen. Doch davon braucht hier nicht so ausführlich die Rede zu sein. Im literarischen Barock, also von 1600 bis etwa 1750, spielt Alexius noch in der Predigt- und Legendenliteratur eine gewisse Rolle, und nicht zuletzt im Volksschauspiel.[657]

Alexius-Verehrung in Frauenklöstern

Wichtig ist die Tatsache, daß der Alexius-Kult, vor allem „*Alexius unter der Treppe*" – weil er als unerkannter Bettler im Elternhaus unter einer Treppe seinen Platz hatte –, in süddeutschen Frauenklöstern eine unübersehbare Rolle spielt, in Sankt Walburg in Eichstätt, in Kloster Seligenthal zu Landshut, in Maria Medingen nördlich von Dillingen, im Ursulinenkloster zu Wien und eben im Wörishofener Dominikanerinnenkloster, wo nicht nur eine Alexiusfigur buchstäblich „*unter der Treppe*" zu finden ist, sondern auch ein Fresko mit dem Heiligen im Schwesternchor. Der Grund liegt natürlich nicht in dem Patronat des Heiligen für Bettler und Pilger, er wird in diesen Klöstern auch nicht in erster Linie verehrt als Fürsprecher in den Gefahren von Erdbeben (wegen seiner eigenen Standhaftigkeit), oder als Fürsprecher bei Gefahren durch Blitz und Unwetter (wegen seines Festes mitten im Sommer). In Wirklichkeit ist Alexius derjenige, der Vater,

Mutter und Braut verläßt, der auf alles Angenehme und Schöne dieser Welt verzichtet, auf zeitliche Güter und weltliche Ehren, um ein neues Leben zu beginnen, das ganz Gott geweiht ist. Um dieses Vorbild geht es bei der Alexius-Verehrung in den Frauenklöstern. Dazu kommen seine Demut und Geduld, Tugenden, mit denen er als unerkannter Bettler im Haus der Eltern die großen und kleinen Schikanen der Dienstboten zu ertragen wußte. Gab es da nicht genug zu betrachten, genug auch an Anregungen für das eigene Leben der Gottsuche und des Gottesdienstes im Kloster? Verkörpert nicht gerade der heilige Alexius die Tugenden der Armut, der Keuschheit und des Gehorsams auf *„heroische"* Weise? In Wörishofen hat sich eine Litanei[658] erhalten, in der ähnliche Gedanken zum Ausdruck kommen. Einige Anrufungen an den Heiligen seien zitiert:

„Du Spiegel der jungfräulichen Zucht und Ehrbarkeit
Du Beispiel der Gottesfurcht und Mäßigkeit
Du engelgleiches Vorbild der Reinigkeit und Keuschheit
Du Seraphim in der Liebe zu Jesus
Du heldenmüthiger Verächter der zeitlichen Ehren und Güter,
Du Muster echt-christlicher Geduld und der Beharrlichkeit bis an's Ende."

In Wörishofen trugen nicht nur die ersten beiden Priorinnen, Maria Christina a Santo Alexio Eckart (1659–1733) und Maria Euphemia a Santo Alexio Imhof (1661–1729), sondern auch eine Reihe von weiteren Schwestern den Namen des Heiligen, die bisher letzte ist Frau Maria Alexia Reiter (1898–1980); auch dies liebenswerte Zeichen der Verehrung.

Für das geistliche Leben im Kloster sind die beiden Andachten zum heiligen Alexius und zu den *„Heiligen Sieben Zufluchten"* sicher nicht das Wichtigste. Im Zentrum steht die Ordens- oder Lebensregel der Dominikanerinnen. Aber Andachten, wie die hier aufgeführten, sind Hilfen, sie machen die Schönheit der Abwechslung erkennbar, die Freude an der Vielfalt und am Spiel auch im religiösen Leben, ohne dabei dem Ernst des frommen Strebens Abbruch zu tun. Denn alle diese Formen und Variationen weisen hin auf das eine große Ziel.

Abb. 222
Heiliger Alexius in einer Nische aus Tuffsteinen unter der Treppe im südwestlichen Treppenhaus. Holz, geschnitzt und farbig gefaßt. 25 cm × 87 cm. 1723. Dominikanerinnenkloster Bad Wörishofen.

Wörishofener Klosterarbeiten

Werner Schiedermair

Die Dominikanerinnen in Bad Wörishofen hüten einen großen Schatz überwiegend im Kloster selbst hergestellter Gegenstände der Andacht, von Klosterarbeiten.[659] Viele Erscheinungsformen sind vertreten: Fassungen aus Draht von Reliquien, Heiligen Leibern, von Agnus Dei, Annahänden und Nepomukzungen, Stickereibilder, Stoffapplikationsbilder, Stoffklebebilder, Kasten- und Kulissenbilder, Miniaturen, Spitzenbilder, genadelte, gestanzte und gemodelte Papierarbeiten, Krüllarbeiten, Garderoben für Jesulein sowie Paramente. Aus allen spricht das Bemühen ihrer Hersteller, zur Ehre Gottes und der Heiligen mit Hingabe und Frömmigkeit schöne Dinge zu gestalten und kostbar zu verzieren. Gemeinsam ist ihnen, daß sie aus den verschiedensten Stoffen, mit einfachen händischen Instrumentarien, in der Regel unter großem Aufwand von Geduld, angefertigt worden sind. Der Gebrauch billiger Materialien, der Einsatz schlichtester technischer Mittel und die Menge der aufgewendeten Zeit trugen den klösterlichen Idealen der Armut, der Demut und der vollständigen Hingabe an Gott Rechnung. Hinter den Klosterarbeiten steht die gläubige Gewißheit, daß auch die armseligsten Dinge im Himmel den höchsten Stellenwert genießen können, wenn sie nur mit der rechten Gesinnung gefertigt worden sind. *„Dann Gott, welcher unserer Dienste nit bedarff, beobachtet nit so fast die Größe und Wichtigkeit des Werckes, so man wegen seiner verrichtet, als die Weis, mit welcher solches geschieht"*, heißt es in einem Andachtsbuch des 18. Jahrhunders.[660] Wie verschiedene Untersuchungen der letzten Jahre ergeben haben, sind Klosterarbeiten ihrer ursprünglichen Bedeutung nach als charakteristische Erzeugnisse eines gottgeweihten Lebens zu begreifen; der Würdigung des Herstellungsvorgangs als religiöser Handlung kommt entscheidendes Gewicht für ihre wesensmäßige Erfassung zu.[661] Ihre Anfertigung kann geradezu als eine besondere Form der Andacht angesehen werden. Sie sind nicht nur Ergebnisse der Sammlung in Gott, sondern schon vom Entstehungsprozeß an Devotionalien. Man kann sie als Gebete bezeichnen, die Gestalt angenommen haben, als *„bildgewordene Andacht"*.

Die in Wörishofen aufbewahrten Klosterarbeiten lassen sich unter dem zeitlichen Gesichtspunkt in zwei große Gruppen einteilen, nämlich zum einen in Objekte des 18. und des frühen 19. Jahrhunderts und zum anderen in jene, die nach der Wiedererrichtung des Konvents im Jahre 1842 bis weit in das 20. Jahrhundert hinein geschaffen worden sind. Beide legen Zeugnis dafür ab, welche Bedeutung der Anfertigung von Schönen Arbeiten im täglichen, monastischen Leben zukam.

Schon in den Gründungsbestimmungen, die das Augsburger Mutterkloster mit Schreiben vom 22. Dezember 1719 dem Ordensgeneral in Rom zur Genehmigung übersandte, findet sich ein entsprechender Hinweis. Danach soll die Priorin des Tochterklosters in Wörishofen der Vorsteherin von Sankt Katharina jährlich zum Namenstag *„einige Clostergaab überschicken"*.[662] Was hierunter zu verstehen ist, ergibt sich aus der römischen Bestätigung der *„Fundationspunkte"* vom 21. August 1723. Dort wird nämlich der junge Konvent verpflichtet, *„etwas von schöner Arbeit"* zum Namenstag zu übersenden, um damit *„jene Erkenntlichkeit zu bezeugen, welche eine Tochter der Mutter zu leisten hat"*.[663] Noch deutlicher drückt sich die damalige Wirtschafterin von Sankt Katharina in ihrem Bericht *„beschreibung und Rechnung des ney erbauthen Closters Maria Königin der Englen in Wörishoffen"* aus dem Jahre 1724 aus; sie hält ausdrücklich fest, daß die *„Mutter Vicaria"* zu allen Zeiten *„verbundten"* sein solle, der *„Frau Mutter Priorin bey S. Catharina in Augsburg zu ihrem Namenstag Jehrlich etwas von Schener Closter Arbeith zu schickhen"*.[664] Aus der Aufnahme einer solchen Verpflichtung in die Gründungsurkunde kann man ermessen, welche Wertschätzung die Schwestern untereinander den Klosterarbeiten als Erzeugnissen der Geduld und der Andacht, als Zeichen der ständigen Vergegenwärtigung Gottes und der Heiligen, also als Dokumen-

◁ *Abb. 223*
„Das Marianische Gnadenbild in der prediger-Kirchen auf dem Rossen Krantz Altar in Landshut" mit einer Kreuzpartikel. Klosterarbeit aus Pergament, Draht, farbigen Glassteinen, Perlchen, Cedulae. Originaler Rahmen. 40 cm × 35 cm (mit Rahmen).
Mitte 18. Jahrhundert.
Die Reliquien nehmen auf die verschiedenen Rosenkranzgeheimnisse Bezug.
Dominikanerinnenkloster Bad Wörishofen.

Abb. 224
Heiliger Augustinus. Stoffklebebild. Pappe, Papier, Seide, Spitze. Rahmen Holz, geschnitzt und gefaßt. 44 cm × 29 cm × 3 cm (mit Rahmen). 2. Hälfte 18. Jahrhundert. Dominikanerinnenkloster Bad Wörishofen.

ten eines frommen, monastischen Lebens, entgegenbrachten. Wahrscheinlich spielte bei ihrer Verankerung in den Fundationsbestimmungen aber auch eine Rolle, daß Maria Christina Eckart, die erste Oberin der jungen Frauengemeinschaft, als Fasserin von Reliquien hervorgetreten war. Sie hat nämlich, zusammen mit ihrer Mitkonventualin Maria Theresa Retter, die seit dem Jahre 1628 im Augsburger Katharinenkloster aufbewahrten Leiber der Heiligen Hippolyt und Konkordia *„mit Gold und Perlen umgeben"*.[665] Ein weiterer Hinweis auf die Herstellung von Schönen Arbeiten in Wörishofen ergibt sich aus der Beschreibung der Feierlichkeiten zur Einweihung der Klosterkirche im Jahre 1723. Dort wird hervorgehoben, daß Abt Willibald Grindl (reg. 1704–1731) vom Benediktinerstift Irsee *„mit seinen Herrn das mittägliche Closter Süpplein nit ausgeschlagen, sondern mit dem ergebenen aufrichtigen Willen der Closterfrauen, mit ihren Closterverehrungen und schöner Closterarbeit sich begnügen"* ließ.[666] Endlich stellt eine vor dem 21. November 1802 verfaßte *„summarische Übersicht"* über die in 10 Jahren gemachten durchschnittlichen Ausgaben und Einnahmen des Klosters fest, daß 24 Gulden *„an Materialien zu den schönen Arbeiten ein Jahr ins andere ... angeschafft wurden"*.[667] Die durchschnittlichen jährlichen Ausgaben für die Herstellung von Klosterarbeiten scheinen also 24 Gulden betragen zu haben.

Trotz dieser Hinweise, die den Schluß auf die Entstehung von Klosterarbeiten im Wörishofener Dominikanerinnenkonvent schon bald nach seiner Gründung im Jahre 1721 rechtfertigen, ließen sich bisher keine Objekte aus dem 18. Jahrhundert nachweisen, die archivalisch belegbar, also mit Sicherheit, von den Dominikanerinnen in Wörishofen angefertigt worden sind. Doch kann man davon ausgehen, daß jedenfalls die beiden Heiligen Leiber, also die ganzfigurigen Reliquien zweier Katakombenheiliger, die sich heute noch auf den Seitenaltären, im Sockelteil der Altaraufbauten, in der Klosterkirche befinden, von den Schwestern selbst gefaßt wurden. Wie sich aus der erhaltenen Authentik vom 7. Februar 1726/22. Juni 1728 ergibt, gelangte der heilige Honestinus im Jahre 1728 nach Wörishofen; der Leib des heiligen Gaudentius, des zweiten in der Klosterkirche aufbewahrten Katakombenheiligen, dürfte, da die Authentik unter dem 6. Mai 1725/ 8. September 1729 ausgestellt wurde, erst im Jahre 1729 in Wörishofen angekommen sein. Mit Schreiben vom 29. Februar 1728 bat die Priorin *„besagtes Sacrum Corpus S. Onestini Martyris samt allen zugehörigen Audenticis wohl verschlossen und verwahrt ... zu übermachen"*.[668] Hieraus kann gefolgert werden, daß die Reliquien der Heiligen, wie damals üblich, ungefaßt in einem Behältnis übergeben worden sind. Vermutlich haben die Schwestern die Heiligen Leiber dann, nach ihrer Ankunft, geschmückt und verziert. Die

Abb. 203

Fassungen sind als Drahtarbeiten mit viel Bouillon ausgeführt. Zu Blüten und Blättern von großer Variabilität geformt, überziehen sie, mit bunten Steinen und vor allem Wachsperlen durchsetzt, *„in himmlischer Kostbarkeit"*, die geweihten Gebeine. Unter den anderen in Wörishofen erhaltenen Drahtarbeiten fallen einige Bilder auf, die hinsichtlich Stilgefüge und Technik Gemeinsamkeiten aufweisen. Sie gestalten sich aus dem Kontrast einer Grundfläche von kleinteilig gebrochenem, teilweise geknäueltem Silberlahn, gegen den großflächige, vegetabile Ornamente in Goldwickelarbeit gesetzt sind. Da es sich um Altartafeln handelt, wurden sie vermutlich einmal als Altarzier, für den Gebrauch im Kloster, hergestellt. Zu dieser Gruppe zählen auch verschiedene Reliquienpyramiden, die sich paarweise, in vielen Größen, erhalten haben. Zahlreiche Wörishofener Objekte zeichnen sich durch die auffallend reiche Einbeziehung von fantasievollen, bunten, oft lackierten Kunstblümchen, seien es Gipsmodelblüten, Stoff-, Faden- oder Papierblümchen, aus. Zusammen mit der lebhaften Kleinteiligkeit der Drahtarbeiten und der dadurch bedingten Brechung des Lichtes lassen sie den Eindruck inniger Heiterkeit entstehen. Da sich Gerätschaften aus dem 18. Jahrhundert für die Herstellung gestanzter Blümchen im Kloster erhalten haben, darf vermutet werden, daß diese Arbeiten nicht nur dort entstanden sind, sondern daß die reiche Verwendung von Kunstblüten unterschiedlichster Art ein für Wörishofen typisches Dekorelement darstellt. Auch eine Reihe von Stoffklebebildern, Aquarelle mit bekleideten Figuren, scheinen sich seit dem 18. Jahrhundert in Klosterbesitz zu befinden. Da sich vergleichbare Arbeiten, vielleicht von derselben Hand, in verschiedenen schwäbischen Konventen, auch im ehemaligen Dominikanerinnenkloster Maria Medingen bei Dillingen und im Zisterzienserinnenkloster Oberschönenfeld, erhalten haben, muß allerdings offen bleiben, ob diese Objekte in Wörishofen geschaffen worden sind.

Nach der Wiedererrichtung der Kommunität im Jahre 1842 wurde die infolge der Säkularisation abgerissene Tradition klösterlichen Wirkens wieder aufgenommen. Zahlreiche archivalische Schriften legen Zeugnis dafür ab, welche Schwestern in welchem Umfang Klosterarbeiten herstellten. Von Maria Alfonsa Dobler (1833–1906) berichtet die Chronik, daß sie sich *„besonders gut ... auf das Fassen von Reliquien"* verstanden habe.[669] Maria Hyazintha Udalrika Bihler (1837–1921) wird wie folgt gewürdigt: *„Zahlreich sind die Meßgewänder, Traghimmel, Fahnen, die sie in verschiedensten Gotteshäuser stickte, zahlreich die Krönchen, die den neugeweihten Priester an seinem Ehrentag schmückten und wohl in die tausende gehen die heiligen Gebeine, die ihre Hand in Gold und Edelstein faßte zu kostbaren Reli-*

Abb. 225
Heiliger Hieronymus. Stoffklebebild. Pappe, Papier, Seide, Spitze. Rahmen Holz, geschnitzt und gefaßt.
44 cm × 29 cm × 3 cm (mit Rahmen). 2. Hälfte 18. Jahrhundert.
Dominikanerinnenkloster Bad Wörishofen.

*Abb. 226
Freudenreiches Herz Mariä. Reliquien. Wachs, Draht, farbige Glassteine, Perlen, Gipsmasse, Federkiel. Rahmen von großen dekorativen Akanthusblattvoluten umfaßt, als Bekrönung Palmette. Holz, geschnitzt und vergoldet. 40,5 cm × 26 cm × 4,5 cm (mit Rahmen). Mitte 18. Jahrhundert. Die Miniatur ist in einen dichten Teppich von sehr farbiger Drahtarbeit inkrustiert. Charakteristisch die dichte Verwendung von Perlen sowie die reiche Auszier mit bunt lackierten Blüten. Dominikanerinnenkloster Bad Wörishofen.*

*Abb. 227
Schmerzhaftes Herz Jesu. Reliquien. Wachs, Draht, farbige Glassteine, Perlen, Gipsmasse, Federkiel. Rahmen von großen dekorativen Akanthusblattvoluten umfaßt, als Bekrönung Palmette. Holz, geschnitzt und vergoldet.
40,5 cm × 26 cm × 4,5 cm (mit Rahmen).
Mitte 18. Jahrhundert.
Die Miniatur ist in einen dichten Teppich von sehr farbiger Drahtarbeit inkrustiert. Charakteristisch die dichte Verwendung von Perlen sowie die reiche Auszier mit bunt lackierten Blüten.
Dominikanerinnenkloster Bad Wörishofen.*

Abb. 228
Agnus Dei mit Reliquien.
Agnus Dei bezeichnet
„Innozenz XI." (= Papst
Innozenz XI. reg.
1676–1689).
Wachs, Draht, Perlen, bunte
Blütchen, bunte Glassteine.
Profilierter, geohrter,
gefaßter Rahmen.
45 cm × 40 cm × 6 cm
(mit Rahmen). 1. Hälfte
18. Jahrhundert.
Dominikanerinnenkloster
Bad Wörishofen.

quiaren".[670] Von Schwester Maria Maximiliana Huber (1881–1948) schließlich heißt es, daß sie *„bei den Schwestern in Lohhof die Fasserei erlernte … Bis nach Amerika wanderten an Weihnachten noch ihre wunderschön gefaßten Reliquienkreuze"*.[671] Viele Entwürfe für Klosterarbeiten in Draht und in Papier haben sich aus der Hand dieser Schwestern erhalten. Ihr Arbeitsstil weist wenig Unterschiede auf; man könnte vielmehr von einem *„Wörishofener Klosterstil"* des ausgehenden 19. und beginnenden 20. Jahrhunderts sprechen. Betrachtet man die Arbeiten näher, so ergibt sich, daß aus dem alten Repertoir an Drahtarbeiten einige Teile übernommen wurden, vor allem die Arbeiten mit Bouillon, während solche mit Lahn zurücktraten. Zwei Blattformen entwickelten die Dominikanerinnen im 19. Jahrhundert neu: Eine um eine Mittelrippe geknotete Drahtgestalt und eine mit ausgezogenem Bouillon überspannte Drahtschlaufe, ein sehr zartes Gebilde, das zu Blüten weiterverarbeitet werden konnte und mitunter großformatig wurde. Zarte Vegetabildekore werden auf die Unterlage gesetzt,

*Abb. 229
Kulissenbild. Enthauptung der heiligen Katharina von Alexandrien. Pergament, Papier, Seide, Federn, Goldborte, Silberblech. Profilrahmen mit Rocaillefüßen, Applikationen und Bekrönung. Holz, geschnitzt und vergoldet.
42 cm × 50,5 cm × 10 cm (mit Rahmen).
3. Viertel 18. Jahrhundert.
Dominikanerinnenkloster Bad Wörishofen.*

kompaktes Drahtwerk wird in einer zweiten Schicht zentimeterhoch darübergestellt. Bei noch immer hervorragender technischer Qualität ist allerdings ein gewisses Dünnerwerden des Bildkonzeptes nicht zu übersehen. Besondere Bedeutung kommt den Krüllarbeiten zu, auf die sich alle drei Schwestern offensichtlich spezialisiert hatten. Bei ihnen wurde das Papier in schmale Streifen geschnitten, zu Ornamenten gerollt und verleimt. Die Schnittkanten vergoldete man oftmals zusätzlich. Zwei Maschinchen zum Falten der Papierstreifen befinden sich heute noch im Besitz des Klosters. Das Archiv verwahrt auch ein Musterbüchlein mit Entwürfen für Krüllarbeiten in Reliquienrosenkranzkreuzen.[672]

Für die Existenz des Klosters nach seiner Wiedererrichtung im Jahre 1842 wurde die Herstellung von Paramenten bedeutsam. Verschiedene, genau geführte Verzeichnisse für die Jahre 1857 bis 1864 sind erhalten. Sie werden durch ein *„fortlaufendes Verzeichnis verschiedener Kirchenparamente, welche seit dem Monat November 1864 im hiesigen Kloster verfertigt worden sind"*, ergänzt.[673] Wei-

253

*Abb. 230
Werkzeuge und Materialien zur Anfertigung von Klosterarbeiten. Darunter befinden sich ein Notizbuch mit Entwürfen für Krüllarbeiten, zwei Maschinchen zum Falten von Papierstreifen, eiserne Model zum Ausformen von Blüten und Blättern sowie verschiedene Musterstücke. 18./19. Jahrhundert.
Dominikanerinnenkloster Bad Wörishofen.*

tere Angaben können einem „*Tagebuch*" entnommen werden, das von der Priorin Maria Dominika Würth (reg. 1853–1856) geführt worden ist.[674] Nadelarbeiten wie Meßgewänder, Stolen, Kichvela, Fahnen und Chorröcke überwogen. Aber auch Drahtarbeiten wie Reliquienpyramiden, Primizkronen und gefaßte Reliquien werden erwähnt. Bekannt ist schließlich noch, daß sich die Wörishofener Schwestern auch als Restauratorinnen betätigt haben; die von ihnen ausgeführten Reparaturen sind in den schon genannten „*Verzeichnissen*" besonders erwähnt. Aus ihnen ergibt sich auch die Verbreitung der Wörishofener Klosterarbeiten. Etwa 130 verschiedene Orte werden in den Aufzeichnungen genannt.[675] Die Bestellungen kamen zum größten Teil aus der näheren Umgebung und aus ganz Schwaben, aber auch aus Franken und Oberbayern sowie darüber hinaus von weit her, etwa aus Hamburg. Kleinere Arbeiten, vor allem Werke aus Draht und aus Papier, dürften auch von den Gästen des aufstrebenden Kurorts erworben und auf diese Weise in ganz Europa verbreitet worden sein.

Über die Verwendung der Klosterarbeiten sind wir in Wörishofen besonders gut informiert. Da es sich im 18. Jahrhundert, bis zur Säkularisation, um eine Kommunität der strengsten Observanz gehandelt hat, dürfte die Anfertigung von Klosterarbeiten zu allererst als ein Beten mit den Händen, als eine Möglichkeit andächtiger Hingabe, als Akt devoter Aufopferung, zu würdigen sein. Dazu kam, entsprechend den damaligen Glaubensüberzeugungen, das Bedürfnis, die Reliquien der Heiligen zu verzieren und damit präsentabel zu machen. Entsprechendes gilt für das Schmücken von Heiligendarstellungen und Andachtsbildern. Zahlreiche Aufschriften auf diesen berichten von dem alten klösterlichen Brauch, innerhalb des Klosters oder mit befreundeten Konventen Andachtsbilder als fromme „*Klostergaben*" auszutauschen. Sicher dienten Klosterarbeiten vielfach als frommer Zellenschmuck. In diesen Zusammenhang gehört auch die schon erwähnte Verpflichtung der Nonnen, dem Mutterkloster jährlich „*etwas von schöner Arbeit*" zu übersenden. Einige handschriftliche Aufzeichnungen einer Wörishofener Dominikanerin aus dem Jahre 1737 mit dem Titel „*Waß in der Custerey zu thun Für das ganze Jahr*" berichtet schließlich, an welchen Feiertagen und in welchem Umfang Klosterarbeiten als Altarzier verwendet worden sind.[676] Am Fest der heiligen zwei Märtyrer, am 31. Oktober, schmückte man die Altäre auf das Prächtigste. Man gibt „*auf alle altär die rothe andebendy, alle Piramites, alle schönen Dafeln, die 4 schöne leichter, schöne Mayen*". An Christi Himmelfahrt verwendeten die Schwestern vier große Pyramiden und sechs schöne Mayen; außerdem zeigten sie die geschmückten Katakombenheiligen. Am Fest Mariä Verkündigung gab man auf den Hochaltar die schöne Tafel mit dem goldenen Rahmen, sechs Mayen, zwei große Pyramiden und vier kleinere. Wiederum zeigte man die geschmückten Heiligen Leiber. Dem Standbild der Einsiedelmadonna zog man ein „*schönes Röcklein*" an. Im 19. Jahrhundert, nach der Rekonstituierung der monastischen Gemeinschaft, haben, wie auch im 20. Jahrhundert, wirtschaftliche Notwendigkeiten die Herstellung von Schönen Arbeiten in Wörishofen gefördert. Nicht mehr der innerklösterliche Gebrauch, sondern der Verkauf zur Sicherung des Lebensunterhalts und zur Verbesserung der wirtschaftlichen Basis des Konvents trat als Zweckbestimmung in den Vordergrund. Ein Büchlein mit dem Titel „*Anweisung zur Erlernung der Filigranarbeit*",[677] wobei unter letzterer Drahtarbeiten gemeint sind, sowie verschiedene Ausgabebücher und Musterzeichnungen bezeugen jetzt noch die damalige Bedeutung der Klosterarbeiten für die Wörishofener Dominikanerinnen.

Heute werden keine Klosterarbeiten mehr von den Schwestern hergestellt. Doch hüten sie die ihnen tradierten Schätze liebevoll und sorgfältig. Sie versuchen, sie in Wiederaufnahme früherer Traditionen in das tägliche religiöse Leben einzubeziehen. Wie in vergangenen Jahrhunderten, so werden die Klosterarbeiten auch heute wieder an Festtagen als besonderer Schmuck auf die Altäre gestellt.

Abb. 231
Kreuzdarstellung in Krüllarbeit. Reliquien. Papier in Streifen, farbige Glassteine, Perlen. Goldene Profilleiste.
23 cm × 17 cm × 3 cm (mit Rahmen). Mitte 19. Jahrhundert. Dominikanerinnenkloster Bad Wörishofen.

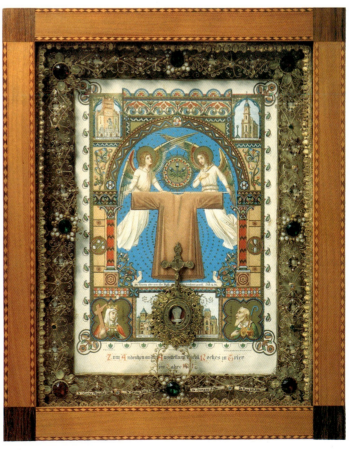

Abb. 232
Erinnerungsbild an die Ausstellung des Heiligen Rockes in Trier 1891 in Krüllarbeit. Reliquien. Papier, Goldpapierprägeborte, farbige Glassteine, Perlen. Glatter, heller Biedermeierrahmen mit aufgemaltem Randmuster und Ecken.
43,5 cm × 36 cm × 5,5 cm (mit Rahmen). Um 1900. Dominikanerinnenkloster Bad Wörishofen.

Brauchtum bei den Dominikanerinnen in Bad Wörishofen

Sr. M. Bernarda Schädle O.P.

Das entscheidende Motiv für die Gründung der Wörishofener Frauengemeinschaft in den Jahren 1718/1721 bildeten die Bemühungen des Papstes Clemens XI. (reg. 1700–1721), eine religiöse Erneuerung des Ordenslebens durch die Einführung der strengen Observanz in einigen ausgewählten Kommunitäten mitzuentfachen. Der vollständige Verzicht auf Fleischspeisen, das ausschließliche Leben in Einsamkeit und Stille und die Pflege von Gebet und Liturgie waren die Leitgedanken der angestrebten Erneuerung von innen. Doch konnte ihre Beachtung allein, trotz aller zeitlicher Reglementierung, das tägliche Leben innerhalb der Klostermauern nicht ausfüllen. Der Heilswille der Schwestern und ihr religiöses Empfinden durchdrangen vielmehr über die Gebetsstunden und die Gottesdienste hinaus alle Tätigkeitsbereiche und ließen das Bedürfnis entstehen, den Glauben in sämtlichen Phasen des Tagesablaufes sowie in allen Arten der Beschäftigung sichtbar werden zu lassen. So entstanden vielfältige Ausdrucksformen gläubigen Lebens. Sie prägten das Kloster in Bad Wörishofen seit seiner Entstehung. Manches religiöse Brauchtum hat sich über die Jahrhunderte hinweg bis zum heutigen Tag erhalten, wie etwa das Beten der Litaneien zu bestimmten Anlässen oder die Andacht zum heiligen Alexius, manches mußte im Rahmen der Säkularisation geopfert, manche religiöse Sitte den geänderten Verhältnissen nach der Aufgabe der *„strengen Observanz"* im Jahre 1896 angepaßt werden. Doch ist der Reichtum an religiösen Handlungen, in denen sich das Heilsbedürfnis der Schwestern des heiligen Dominikus in Bad Wörishofen sichtbar dokumentiert, noch immer groß. Über ihn soll, ausgehend vom Kirchenjahr, im folgenden berichtet werden.

Vom Beginn des Kirchenjahres an, dem 1. Adventssonntag, bis Weihnachten beteiligen sich die Schwestern am *„geistlichen Krippenbau"*. Sie ziehen aus einem Körbchen einen Zettel, der zwei Aussagen enthält. Zum einen nennt er Gegenstände oder Namen von Personen, die in unmittelbarer Beziehung zum Weihnachtsgeschehen stehen, wie Christkind, Maria, Josef, Engel, Hirte, Ochs, Eselein, Lamm, Krippe, Stroh, Heu usw. Jede Bezeichnung hatte und hat eine tiefere Bedeutung:

„Stall	*Demut*
Kripplein	*ein reines Herz*
Wind	*Armuth*
Heu	*Casteyung des Leibs*
Zaun	*Bewahrung der Sinne*
Kindlein	*Die Liebe Gottes*
Mutter	*Keuschheit*
Joseph	*Andacht*
Erster Engel	*Lieb des Nächsten*
Erstes Lämmlein	*Sanftmuth*
Anderes Lämmlein	*Geduld*
Erster Hirt	*Wachsamkeit*
Anderer Hirt	*Einfalt*
Dritter Hirt	*guter Willen*
Öchslein	*Stillschweigen*
Esel	*Fleiß im Gottesdienst"*

Zum anderen wird eine geistliche Aufgabe umschrieben, die die Frauen während der Adventszeit besonders beachten sollen, wie etwa *„Barmherzigkeit und Liebe gegenüber dem Nächsten"*, oder *„Freisein für Christus"* usw. Jede Schwester nimmt die ihr übertragene Aufgabe ernst und bemüht sich, sie nach besten Kräften zu erfüllen. Der Brauch des *„geistlichen Krippenbaus"* kann in Wörishofen auf eine reiche Geschichte zurückblicken. So verwahrt die Bibliothek seit altersher ein im Jahre 1741 verlegtes Büchlein mit dem Titel *„Geistlicher Krippen=Bau. Das ist Gottseelige Übungen ..."*. Es enthält zahlreiche Anregungen, wie, auf gleichsam spielerische Weise, in andächtigen Übungen, die Geheimnisse des Weihnachtsgeschehens erfahren werden können. Aus dem 18. Jahrhundert existiert auch noch ein Zettel, der einmal beim geistlichen Krippenspiel verwendet worden ist. Auf ihm ist ein *„Eselein"* als Sinnbild für den *„Fleiß im Gottesdienst"* zitiert. Die adventliche Aufgabe wird ausführlich wie folgt umschrie-

◁ *Abb. 233*
Jesuskind. Holz, geschnitzt und gefaßt, bekleidet.
75 cm hoch. Süddeutsch.
Mitte 18. Jahrhundert.
Dominikanerinnenkloster Bad Wörishofen.

*Abb. 234 a und b
Titelblatt und Titelkupfer
eines Andachtsbuches über
den geistlichen Krippenbau.
13,2 cm × 8,2 cm.
Augsburg 1741.
Dominikanerinnenkloster
Bad Wörishofen.*

*Abb. 236 ▷
Das „Hausherrle". Jesus-
kindfigur. Holz, geschnitzt
und gefaßt, bekleidet. 51 cm
hoch. Süddeutsch.
18. Jahrhundert.
Schwesternchor der
Dominikanerinnenkirche
Bad Wörishofen.*

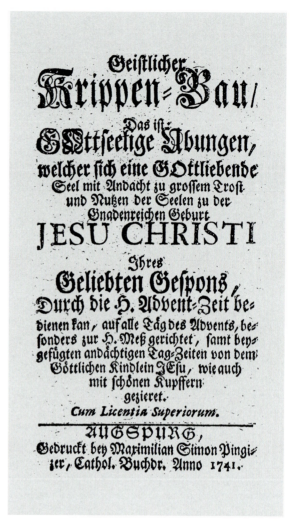

*Abb. 235
Loszettel für ein geistliches
Krippenspiel. Papier, mit
Tinte beschriftet. Der Text
lautet: „Daß Eselein. Sich
geben in Demuth. Sich für
die aller Unwürdigste Und
Unvollkommniste halten
Und sich aller gaben und
gnaden gottes unwürdig
schätzen und Gott allein zu
gefallen begehren."
4,3 cm × 10,5 cm.
Mitte 18. Jahrhundert.
Archiv Dominikanerinnen-
kloster Bad Wörishofen.*

ben: „Sich geben in Demut ... sich für die allerunwürdigste und unvollkommenste halten, Gott allein zu gefallen begehren." Der Brauch des geistlichen Krippenbaus wird bis heute auch in anderen Dominikanerinnen-klöstern gepflegt, z. B. von den Heilig-Kreuz-Schwestern in Regensburg.

Neun Tage vor Weihnachten beginnt die „Herbergsuche". Dieser Brauch kann unmittelbar auf die Schilderung der Geburt Jesu im Evangelium des heiligen Lukas zurückgeführt werden. Dort heißt es, daß Joseph und Maria bei ihrer Ankunft in Bethlehem in der Herberge keinen Platz gefunden haben. Mit dem Begriff „Herbergsuche" werden dementsprechend die andächtigen Übungen bezeichnet, die der Feier der Geburt Christi unmittelbar vorangehen. Auch an diesem Brauch sind alle Schwestern beteiligt. Der Konvent wird in durchschnittlich fünf gleich große Gruppen eingeteilt. Jede von diesen erhält eine im Kloster befindliche Muttergottesstatue. Dabei ist darauf zu ach-

ten, daß diese kein Kind auf dem Arm trägt. Schließlich geht es ja darum, die erst bevorstehende Geburt des Christkindes vorzubereiten. Innerhalb jeder Gruppe wandert das jeweilige Andachtsbild der Muttergottes von Zelle zu Zelle. Schon am ersten Tag der Herbergsuche wird festgelegt, wann welche Schwester den hohen Besuch erwarten darf. Die Herbergsuche, die seit unvordenklicher Zeit in Bad Wörishofen gepflegt wird, bildet ein Zeichen tiefen Glaubens und frommer Erwartung. Sie verbindet die klösterliche Gemeinschaft im Advent auf besondere innige Weise. Alle Schwestern achten deshalb darauf, daß der Brauch auch in unserer modernen Zeit fortgeführt wird.

Zum Weichnachtsfest selbst hat sich eine besondere Sitte erhalten. Im Kloster wird seit altersher eine wohl aus dem frühen 18. Jahrhundert stammende, bekleidete, geschnitzte Jesuskindfigur verehrt. Es handelt sich um das „Hausherrle". In der linken Hand hält es eine Traube, in der rechten eine Beere; erstere nimmt Bezug auf den Opfertod des Gottessohnes, letztere erinnert daran, daß sich dieser für jeden Menschen, für jede arme Seele, hingegeben hat und noch immer für jeden einzelnen da ist. Ihm gehört eine „Garderobe" aus sieben Kleidchen, die im Laufe des Kirchenjahres, entsprechend den Hochfesten, immer wieder gewechselt werden. Außerdem besitzt das „Hausherrle" passende kleine Stoffschuhe und zwei Paar Strümpfe. In der Weihnachtszeit wird es ganz oben auf den Hochaltar der Klosterkirche gestellt. Die Verehrung des „Hausherrle" weist auf das in vielen Nonnenklöstern zu findende Brauchtum um den himmlischen Bräutigam als Ausdruck spezifisch fraulicher Erbauung hin. Da sich mehrere Jesuskindfiguren im Wörishofener Kloster erhalten haben, kann davon ausgegangen werden, daß früher jede Schwester ein eigenes Christkind besaß. Die geschnitzten Andachtsbilder lassen noch heute erahnen, welche Bedeutung einer persönlichen Gestaltung des Weihnachtsgeschehens in den vergangenen Jahrhunderten zuerkannt worden ist.

Am Neujahrstag findet ein Losverfahren statt. Die „Jahrespatrone," „Jahresbeterinnen" und die Namen verstorbener Mitreligiosen werden gezogen. Die Ziehung wird von der Priorin und der Subpriorin gemeinsam vorgenommen. Jede Schwester erhält in diesem Losverfahren mehrere Aufgaben. Der „Jahrespatron", also ein Heiliger, soll sie nicht nur über das ganze Jahr hinweg begleiten; die Schwester hat vielmehr auch die Aufgabe, sich näher mit seinem Leben und seinem Gedankengut auseinanderzusetzen. Befindet sich im Kloster eine Statue des Heiligen, so kümmert sich die Nonne auch besonders um die Pflege dieses Andachtsbildes. Der Brauch der „Jahresbeterinnen" verbindet stets zwei Mitglieder der monastischen Gemeinschaft während eines Jahres eng miteinander. Jede hat für die andere zu beten. Sie begleiten sich auf diese Weise gegenseitig durch das geistliche Jahr. Der Brauch der Jahresbeterin läßt sich in Wörishofen schon für das 18. Jahrhundert nachweisen. So hat sich ein Kleines Andachtsbild erhalten, auf dem steht: „Befehle mich als ihre unwürdige Jahresbeterin Sor. M. Michaela de Corona Domini." Schließlich ist es auch Aufgabe jeder Schwester, der verstorbenen Mitschwester, deren Namen sie erhalten hat, im Gebet das ganze Jahr lang zu

*Abb. 237
Kleines Andachtsbild.
Kupferstich von Joseph
Erasmus Belling (um 1770).
14,8 cm × 9,2 cm. Augsburg.
2. Hälfte 18. Jahrhundert.
Auf der Rückseite befindet
sich folgende Widmung:
„Befehle mich in alls. hl:
Unwirtige Jahrsbetterin Sor.
M: Müchaela de Corona
Domini".
Das Bildchen wurde von
Schwester M. Michaela
Scherer (1732–1795)
verwendet.
Archiv Dominikanerinnen-
kloster Bad Wörishofen.*

gedenken. Alle drei Bräuche helfen mit, das Gemeinsame des klösterlichen Lebens einzuüben und immer stärker zu erleben. Nicht zuletzt durch sie wird die klösterliche Kommunität immer intensiver aneinander geschlossen.

Am 6. Januar, an Epiphanie, durchschreitet der Hausgeistliche, begleitet von zwei Schwestern, von denen eine die Küsterin ist, das ganze Kloster. Auf jede Türe schreibt er oder eine seiner beiden Begleiterinnen mit geweihter weißer Kreide die Buchstaben C + M + B. und fleht im Gebet den Segen Gottes auf das Klostergebäude herab. Der Brauch reicht in das 18. Jahrhundert zurück. *„Vom Pater Beichtvater* (wird) *das ganze Kloster aus benediziert und von Pater Prediger der ganze äußere Hof"*, heißt es in einer alten Notiz. Wie damals so wird auch heute noch die Weihe des Hauses vorgenommen. Früher deutete man die Buchstaben C + M + B mit den Namen der Heiligen Drei Könige Caspar, Melchior und Balthasar. Heute erklärt man sie mit *„Christus mansionem benedicat"* (Christus segnet das Haus). Aus dem 18. Jahrhundert ist überliefert, daß der Pater Beichtvater *„nach vollendeter Arbeit ... mit seinen Gehilfinnen im Priorat oder in der Arbeit Stuben ein Glas Wein belieben"* mag.

Heute wird die Segnung des Hauses mit einem Gebet in der Kirche abgeschlossen.

Das Dominikanerinnenkloster in Bad Wörishofen kennt auch für die Fastenzeit und für das Osterfest besondere Bräuche. So ist es seit jeher üblich, daß an den beiden Tagen vor dem Aschermittwoch in der Klosterkirche eine öffentliche Anbetung vor dem Allerheiligsten stattfindet. Sie wird heute *„zur Sühne für die Faschingssünden"* abgehalten. An Ostern werden in der Klosterkirche Ostereier und Osterbrot gesegnet. Diese Sitte erinnert daran, daß Christus sich selbst als *„das Brot des Lebens"* bezeichnet hat; sie nimmt aber auch Bezug auf das Brotbrechen als Zeichen der Eucharistie. Das Ei ist ein Symbol für die Auferstehung Christi, der *„wie ein Küken aus dem Ei"* aus dem Grab herausgetreten ist. Auch dieser Brauch läßt sich in Wörishofen bis in das 18. Jahrhundert, bis zur Gründung des Klosters, zurückverfolgen. Die Schwestern pflegen ihn wegen seiner sinnfälligen Bedeutung bis heute.

Eine besondere Stellung nimmt bei den Wörishofener Dominikanerinnen die Feier des Fronleichnamsfestes ein. Die Prozession wird im Kreuzgang durchgeführt. Die Chronik berichtet aus dem Jahre 1723, daß *„ganz besonders am Feste des zarten Fronleichnams unseres Herrn Jesu Christi das hochwürdigste Sakrament im Kreuzgang umgetragen"* wurde. Für den anschließenden Festgottesdienst schmückten die Schwestern die Klosterkirche auf das Prächtigste aus. Dies kann auch aus einer Notiz des Jahres 1742 geschlossen werden, in der eine Schwester festhielt, daß ausnahmsweise einmal kein Blumenschmuck angebracht werden konnte: *„Anno 1742 ist es kalt gewest, daß wir am Fest Corpuris Christi kein Laub und wir besen gewest sein."* Als das Kloster nach seiner Wiederrichtung im Jahre 1842 erzieherische Aufgaben erfüllte, nahmen auch die Zöglinge an der Prozession teil. Etwa 20 bis 30 weiß gekleidete Mädchen begleiteten die Prozession und streuten Blumen aus, über die der Hausgeistliche mit dem Allerheiligsten schritt. Heute beteiligen sich oftmals Kurgäste an der alljährlichen Fronleichnamsprozession, die wie früher im Kreuzgang stattfindet.

Von der Gründung des Klosters bis weit in das 20. Jahrhundert betrieben die Schwestern in Bad Wörishofen eine eigene, große Ökonomie. Dem Erntedank wurde deshalb auch ein großer Stellenwert zugemessen. Eine Notiz berichtet: „*Anno 1752 haben wir Gott Millionen tausend Dank gesagt, unsere liebe Feldfrüchte klicklich (glücklich) mit beten eingebracht und der gardten voller Opst geweßen, daß mir gleichsamb nit gewußt wo man alles hin tun soll von äpfl und birn Und über 6 Zentner Schwezen gedördt ohne waß nauß kommen und geßen sein worden.*" Das Erntedankfest wird auch heute noch feierlich begangen. In der Kirche werden Feldfrüchte wie Kartoffeln, Gemüse, Obst und Getreide festlich präsentiert. Die in der Kirche ausgelegten Früchte werden nach dem Gottesdienst an Kirchenbesucher verschenkt.

Seit altersher wird im Dominikanerinnenkloster zu Bad Wörishofen auch das „*Reliquienfest*" begangen. An diesem Tag, dem 31. Oktober, findet eine Prozession zu den beiden auf den Seitenaltären der Klosterkirche ausgestellten Katakombenheiligen statt. Eine eigene Litanei wird gebetet. Gerade im 18. Jahrhundert kam dem Reliquienfest eine hervorragende Bedeutung zu. Die Kirche wurde auf das Prächtigste ausgeschmückt. Besonders üppig fiel der Schmuck der beiden Seitenaltäre aus. Die beiden Holztafeln, die die Heiligen Leiber das ganze Jahr über verdecken, wurden entfernt, reich bemalte Antependien auf den Altären angebracht. Dieses Brauchtum knüpft an die besondere Verehrung an, die man den Katakombenheiligen im 18. Jahrhundert entgegengebracht hat. Man verehrte sie als Zeugen der himmlischen Herrlichkeit, als Märtyrer, die sich durch ihren Opfertod das ewige Leben, das Paradies, bereits erworben hatten.

Zum Brauchtum zur Gestaltung des Kirchenjahres traten seit der Gründung des Klosters 1718/1721 noch weitere andächtige Übungen hinzu. Dazu zählen insbesondere nach alter dominikanischer Tradition die Prozessionen. Sie fanden und finden bis heute in erster Linie im Kreuzgang statt. So heißt es in der Chronik zum Beispiel: „*... nach dem Salve regina haben wir erst im Creuzgang unser prozession gehalten, und süßen Namen Jesu litanei, und nicht von der Mutter Gottes, weil es der ander Sonntag im Monat geweßt also geordtnet*". Der erste Sonntag im Monat, der sogenannte Monatssonntag, war der Rosenkranzkönigin gewidmet. Eine Prozession wurde vom Hochaltar zur Muttergotteskapelle, also der Einsiedelkapelle, durchgeführt. An ihr nahmen die

Abb. 238
Jesuskind. Öl auf Leinwand.
Originaler Rahmen.
65 cm × 47 cm
(mit Rahmen).
Mitte 18. Jahrhundert.
Dominikanerinnenkloster
Bad Wörishofen.

Mitglieder der Rosenkranzbruderschaft teil. Der zweite Sonntag war dem heiligen Namen Jesu zugeordnet. Auch an ihm wurde eine Prozession abgehalten. Sie fand im Kreuzgang statt. Voran wurde das große Prozessionskreuz getragen. Dann folgten zwei Schwestern mit Kerzenleuchtern, die beiden Akolytinnen. Dann kamen alle Mitglieder des Konvents. Am Ende der Doppelreihe trug die Schwester, die während der Woche für das Vorbeten verantwortlich war, das „*Hausherrle*" mit. Während der Prozession beteten die Schwestern die Litanei zum heiligen Namen Jesu. Die Prozession am dritten Sonntag des Monats galt der Verehrung des heiligen Herzens Jesu. Bei ihr wurde eine aus dem 18. Jahrhundert stammende, aus Holz geschnitzte Herz-Jesu-Darstellung mitgetragen. Die Schwestern sangen die Herz-Jesu-Litanei. Am vierten Sonntag des Monats schließlich folgte die Prozession zu Ehren des Ordensgründers, des heiligen Dominikus. Die Schwestern trugen bei ihr eine kostbar gefaßte Dominikusreliquie mit. Sie sangen die Dominikuslitanei und das alte Lied „*O spem miram ... O lumen ...*". Leider erlauben es die Bedingungen unserer Zeit nicht mehr, diesen Rhythmus gleichmäßig einzuhalten. Prozessionen mit bren-

261

nenden Kerzen finden noch heute statt, wenn der Hausgeistliche nach der Karfreitagsliturgie die Monstranz mit dem Höchsten Gut vom Schwesternchor durch die Laienkirche hinunter in die Marienkapelle zum heiligen Grab bringt und wenn der Leichnam einer verstorbenen Schwester von ihrer Zelle, in der sie aufgebahrt wurde, zur Klosterpforte, zur Beerdigung auf dem Friedhof, begleitet wird. Täglich findet nach der Complet eine Salve-Regina-Prozession innerhalb des Schwesternchores statt. Dabei singen die Religiosen das „Salve-Regina" und anschließend das „O lumen..." zu Ehren des heiligen Dominikus. Täglich findet eine schweigende Prozession vom Schwesternchor bis zum Refektorium statt. Zu den klosterspezifischen Bräuchen zählt auch die Verehrung des heiligen Alexius. Sie geht auf die erste Priorin zurück, die mit vollem Namen Maria Christina a Santo Alexio Eckart (reg. 1718–1733) hieß. Sie ließ bei der Errichtung des Klostergebäudes unter der südwestlichen Treppe eine Nische mit dem Heiligen errichten. Leider wird die Alexiusandacht nicht mehr regelmäßig abgehalten.

Mancher alte Brauch ist erst in den letzten Jahren in Vergessenheit geraten. Beispielsweise war früher an einem Lichthof der großen Gänge in der Klausur ein dünnes Brett mit Leistchen angebracht. In dieses Brett wurden Bildchen der Tagesheiligen gesteckt. Die Schwestern sollten im Vorbeigehen daran erinnert werden, welcher Heilige an diesem Tag besonders gefeiert wird. Später steckte man neben das Kleine Andachtsbild noch Sterbebildchen hinzu, zur Erinnerung an verstorbene Mitschwestern, aber auch an Angehörige und Wohltäter des Klosters. Bis zum Jahre 1960 war es üblich, daß Nonnen, die ihre goldene Profeß feierten, einen „Altersstab" verliehen bekamen. Er wurde in der Regel während der feierlichen Messe von einer jungen Schwester, dem „Nebenbräutchen", getragen. Eine andere junge Mitschwester trug die Profeßkerze. Jeder Schwester war es im übrigen erlaubt, an den Jahrestagen der heiligen Profeß ihre Profeßkerze zum Altar zu bringen und dort während der gemeinschaftlichen heiligen Messe brennen zu lassen.

Das 20. Jahrhundert brachte für einige Jahrzehnte einen eigentümlichen Brauch hervor. Etwa ab 1920 bis etwa um 1970 war es im Noviziat eine beliebte Sitte, den Kirchweihausflug auf den Kirchturm der Klosterkirche zu unternehmen. Soweit die Leitern reichten, war dieser Ausflug sicher nichts besonderes. Ganz oben, in der Kuppel, gab es aber keine Leitern mehr. Um zu den Glocken zu gelangen, mußten die Schwestern über die Balken klettern. Nur die mutigsten wagten sich bis ganz nach oben. Da dieser Ausflug stets mit Frohsinn und Heiterkeit verbunden war, sprechen die älteren Schwestern noch heute von ihm.

In allen Bräuchen, die bei den Dominikanerinnen von Bad Wörishofen überliefert sind, offenbart sich die Frömmigkeitswelt der Schwestern. Solange die Regeln der *„strengen Observanz"* galten, zu deren Einhaltung das Kloster ausschließlich gegründet und erbaut worden ist, konzentrierten sich die Bräuche räumlich auf das Klostergebäude selbst. Sie bildeten einen wesentlichen Teil der Gestaltung des täglichen Lebens der Nonnen. Mit der Aufgabe der strengen Observanz Ende des 19. Jahrhunderts und der Übernahme neuer Aufgaben vor allem auch im Rahmen des Kurbetriebs während des 20. Jahrhunderts änderte sich das Brauchtum entscheidend. Auch in seinen gewandelten und oft vereinfachten Formen hilft es aber, die Ganzhingabe der Schwestern mit zu gestalten. Gerade mit dieser Zielsetzung werden die alten Bräuche des Klosters auch von den jungen Schwestern gerne angenommen.

Abb. 222

Abb. 239
Untersatz eines Altars (?). Holz, reich bemalt. Eingesetzte Reliquienkissen mit Wachsmedaillons. 30 cm × 246 cm × 22 cm. Mitte 18. Jahrhundert. Die ursprüngliche Verwendung des Untersatzes konnte nicht eindeutig geklärt werden. Dominikanerinnenkloster Bad Wörishofen.

Der Gute Hirte – Die Gute Hirtin

Karl Kosel

Zu den die Frömmigkeitswelt der Wörishofener Dominikanerinnen bezeugenden Dokumenten zählen zwei Gemälde mit den Darstellungen des Guten Hirten und der Guten Hirtin. Sie befinden sich im ersten Stock des Klosters, am westlichen Ende des Ganges im Südflügel. Christus und Maria sind, in wallende Gewänder modisch gekleidet, als junge Menschen dargestellt. Der Gottessohn trägt ein Lamm auf der Schulter. Ein leuchtender Strahlenkranz umgibt das brennende, mit der Dornenkrone umwundene Herz, das vor seiner Brust schwebt. Maria hält ein junges Schaf auf dem Arm, das Herz vor ihrer Brust ziert ein Kranz von Rosen.

Bei der *„Guten Hirtin"* denkt man wie selbstverständlich an die Schäferidyllik des Rokokos. Ohne Zweifel erreicht dieses Thema um die Mitte des 18. Jahrhunderts in der bildenden Kunst seine weiteste Verbreitung und zugleich seine endgültige bildliche Gestaltung. Es findet sich überall, im Bereich der Druckgraphik ebenso wie in der Volkskunst, z. B. auf Bauernmöbeln. Vor allem in Oberbayern tritt es meistens zusammen mit Christus als Gutem Hirten auf Schranktüren auf. Annähernd gleichzeitig mit dem Wörishofener Bild erscheint Maria als Gute Hirtin in einer *„ausgesprochen zart-ländlichen Darstellung"* auf einem Gemälde in der Wolfgangskirche zu Thaining bei Landsberg am Lech. Für diese beiden Gemälde diente offenbar ein Stich *„Protectrix Bona"* des Augsburgers Johann Martin Will als Vorbild. In ihm ist nicht nur die Kleidung der Guten Hirtin vorgebildet, sondern es erscheint auch das Motiv des feuerspeienden Höllenhundes zu Füßen der Muttergottes. Der Zusammenhang zwischen dem volkstümlichen Andachtsbild und der gestochenen Andachtsgraphik, die in Augsburg ihr bedeutendstes Zentrum hatte, kommt hier deutlich zur Geltung. Die Herkunft des Wörishofener Dominikanerinnenklosters von Augsburg übte hier sicherlich einen prägenden Einfluß auf die Ikonographie aus.

Eine der wesentlichen Wurzeln des Themenpaars *„Guter Hirt"* und *„Gute Hirtin"* ist in der religiösen Lyrik des 17. Jahrhunderts zu suchen. Hier sind vor allem die Gedichte des berühmten Jesuiten Friedrich Spee von Langenfeld (1591–1635) und des Kapuziners Laurentius von Schnifis (1633–1702) zu nennen. In ihren Gedichten tritt Christus als der Hirte Daphnis auf und erweckt die im Sündenschlaf liegende Seele Clorindas zu einem besseren Leben. Der Bildreichtum ihrer religiösen und lyrischen Sprache und die Fülle der Natursymbolik, die vor allem bei Spees *„Trutznachtigal"* große Dichtkunst ist, nimmt die Anmut und Volkstümlichkeit dieser Andachtsbilder vorweg.

Die zweite thematische Komponente der beiden Wörishofener Gemälde betrifft die Herzen Jesu und Mariens. Ihre Verehrung im Barock blühte zuerst in Frankreich vor allem durch Jean Eudes (1601–1680) und Marguerite Marie Alacoque (1647–1690) auf. Im Bistum Augsburg förderte besonders Bischof Alexander Sigismund (1690–1737) die Herz-Jesu-Verehrung. Im Jahre 1705 wurde am Augsburger Dom eine Herz-Jesu-Bruderschaft gegründet und 1707 der Herz-Jesu-Altar errichtet. Die Verbreitung der Verehrung und der künstlerischen Gestaltung nahm in der ersten Hälfte des 18. Jahrhunderts erheblich zu. Als frühe Beispiele seien die beiden Scagliola-Antependien von Dominikus Zimmermann (1685–1766) in der Wallfahrtskirche zu Biberbach (1712) erwähnt, die das IHS- bzw. Marien-Monogramm mit dem von Dornen umkränzten Herzen zeigen. Zahlreiche Andachtsbücher des 18. Jahrhunderts bezeugen noch heute, daß die Herz-Jesu- und die Herz-Mariä-Verehrung auch bei den Wörishofener Dominikanerinnen eine Rolle gespielt hat.

Sicher handelt es sich bei den beiden Gemälden nicht um Meisterwerke der Malkunst. Doch repräsentieren sie mit dem Liebreiz der Darstellung und der Unmittelbarkeit ihrer Ausdruckskraft in vorzüglicher Weise den Typus großer Andachtsbilder des 18. Jahrhunderts. Darüber hinaus findet in ihnen die Tradition mystischer Kontemplation bei den Dominikanerinnen einen Ausklang, in dem volkstümliche Frömmigkeit und Naturnähe als ein Bild der verklärten Idylle erscheinen.[678]

Abb. 241 und 242 ▷▷
S. 264/265
Gemäldepaar Christus als Guter Hirte und Maria als Gute Hirtin. Öl auf Leinwand. Originale Rahmen. Maler nicht bekannt.
218 cm × 138 cm (mit Rahmen).
Das Gemälde mit Christus als Gutem Hirten trägt unten die Inschrift „R(enoviert) 1890. Sch. M. Kl. R.O.S.D.".
Dominikanerinnenkloster Bad Wörishofen.

Abb. 240
„Protectrix bona", die gute Hirtin. Kupferstich von Johann Martin Will (1727–1806), Augsburg, Mitte 18. Jahrhundert. Dominikanerinnenkloster Bad Wörishofen.

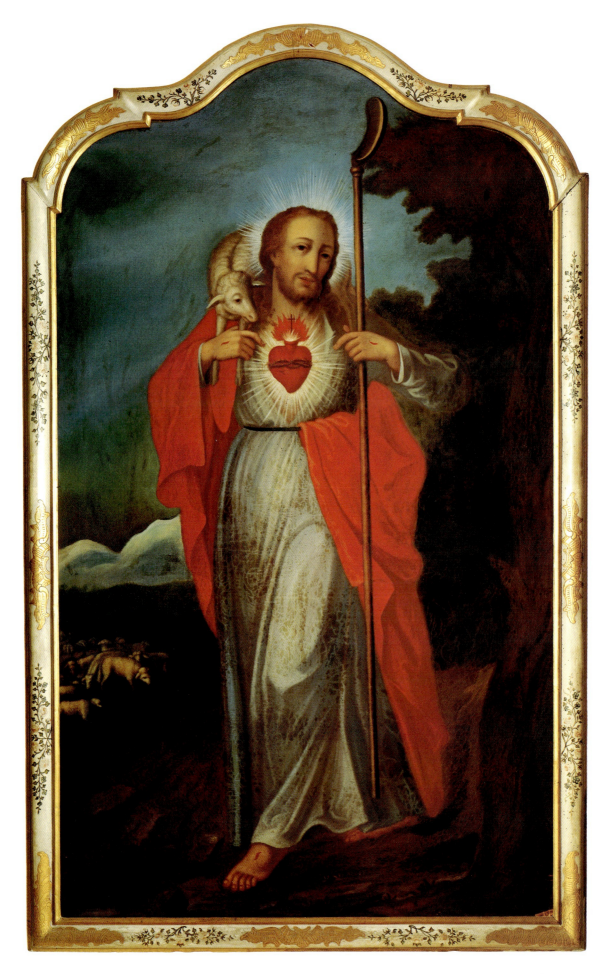

264

Das Kirchenjahr im Rokoko –
„Waß in der Custerey zu thuen Für das ganze Jahr"

SABINE JOHN

Vor einigen Jahren wurde in der Bibliothek des Wörishofener Dominikanerinnenklosters eine Handschrift mit dem Titel *„Biechlein waß in der Custerey zu thuen Für das ganze Jahr"* gefunden. Dieses *„Büchlein"* aus dem Jahre 1737 ist eine rare, bunte und aussagekräftige Quelle zu einem wichtigen Einzelaspekt des Klosterlebens, nämlich zur Vorbereitung der notwendigen Dinge für die Liturgie. Wegen seiner hervorragenden Bedeutung für den klösterlichen Alltag soll es im folgenden näher vorgestellt werden.[679]

Auf einen kurzen Nenner gebracht war die Küsterei verantwortlich für den Kirchenschmuck, die Vasa sacra, die Paramente und alle nötigen Vorbereitungen zu den Kirchenfesten. Dabei müssen wir uns bewußt machen, daß all dieser wohl abgewogene Schmuck – von jenem für den Schwesternchor im Obergeschoß mit eigenem Altar hinter dem Hochaltar abgesehen – wie auch die liturgischen Handlungen in der Kirche für die Nonnen höchstens durch die Gitter der Emporen sichtbar waren. Mehrmals wird

*Abb. 243
Blick in die Kusterei des Dominikanerinnenklosters Bad Wörishofen.*

dies ganz deutlich, wenn es etwa heißt, daß die geweihten Palmzweige und das Osterlicht durch das Kommuniongitter der Schwestern hereingereicht wurden. Besonders schlug sich die Beschränkung durch die Klausur in den Wendungen „herausgeben" und „hereinnehmen" nieder. Die Küstern und ihre Mitschwestern waren auch hier ganz auf die dienende Rolle und Zurückgezogenheit verwiesen, da sie ja im Barock die Klausur ihres ausdrücklich als Konvent der strengen Dominikanerobservanz neugegründeten Klosters nicht verlassen durften. Das anstrengende „Aufmachen", also Auszieren, von Kirchenwänden, Hoch- und Seitenaltären erledigte vor allem der an mehreren Stellen ausdrücklich genannte Schneider, der dafür wie andere Helfer mit Klostergaben, sowie einer Kerze an Lichtmeß und Ostern, bedacht wurde. Ihn unterstützte wohl der Pfarrmesner. Die Küstern konnte nur sozusagen hinter den Kulissen sorgsam herrichten und vorbereiten.

Die Aufzeichnungen im „Büchlein" beginnen mit einer Aufstellung der Feste, an denen die große Absolution erteilt wurde. Darunter ist eine in Wunschform gefaßte Generalabsolution, also Sündenlossprechung, zu verstehen, die als Festvorbereitung in Klöstern erteilt wurde und mit bestimmten Ablässen verbunden war. Am Ende des „Büchleins" sind zeitliche Abweichungen notiert, die sich im Zeitplan des Stundengebetes und klösterlichen Tagesablaufes mit Messen, dem für unsere heutigen Begriffe seltenen Kommunizieren, Stillschweigen, Betrachtung, Rosenkranz und sonstigem Gebet ergaben, je nachdem, ob eine Predigt stattfand oder nicht, ob die Tagzeiten gesungen oder gesprochen wurden oder ob es sich um liturgische Besonderheiten wie etwa an Weihnachten handelte. Die Küstern war demnach auch für die pünktlichen Glockenzeichen zu den Horen verantwortlich, später mag sich das geändert haben, da gerade diese Passagen gestrichen wurden.

Wie die detaillierten Anweisungen für das Ausräuchern an Dreikönig beweisen, amtierten in Wörishofen eine Ober- und eine Unterküstern. Angesichts der überreichen Festordnung sicher eine Notwendigkeit. Denn wir dürfen nicht von unseren sehr vereinfachten Verhältnissen heute ausgehen, sondern müssen uns die höchst differenzierte Praxis des Barock vor Augen halten:

Es gab nach dem liturgischen Rang einfache (simplicia) Feste und gehobene in drei Abstufungen (duplicia maius vel minus, mit der Zwischenstufe semiduplex), außerdem die Hochfeste (duplicia I. vel II. classis), die wieder in primäre und sekundäre Feste eingeteilt waren. Die Unterschiede zwischen den Festen betrafen teils die Liturgie in Stundengebet und Messe, teils die richtige Reihenfolge beim Zusammentreffen mehrerer Feste. Besonders mußte die Küstern in Wörishofen darauf achten, wann Seelämter innerhalb der Festordnung zulässig waren und wann, wie in der Oktav von Dreikönig, der Priester applizieren, also die geistlichen Früchte des Meßopfers der Gemeinde zuwenden mußte. Die Sitte, nach immer mehr Festen eine Oktav zu halten, d. h. eine Nachfeier in Form einer „Festwoche" mit Höhepunkt am achten Tag, komplizierte die Verhältnisse zusätzlich. Die Küstern mußte überdies nicht nur die Verwendung der liturgischen Farben – hier war übrigens statt des uns geläufigen Violett im Wörishofen des Barock das Blau üblich – ganz selbstverständlich beherrschen, sie mußte auch wissen, wann die Monstranz, das Venerabile, zur Aussetzung des Allerheiligsten und zum eucharistischen Segen herzurichten war, welcher Rauchmantel dazu und welches Velum. Ein nach der Säkularisation verfaßtes Inventar von 1803 erwähnt beispielsweise zwei „schönere" dieser Schultertücher zum Tragen des Allerheiligsten mit goldenen Spitzen und drei einfachere in Weiß, Rot und Blau.[680] Angesichts der Auswahl an Paramenten, die dieses Inventar nennt, verwundert es, daß relativ selten detailliert von Meßgewändern im „Büchlein" die Rede ist, wie etwa am Karfreitag, wo neben Meßgewand und Velum für den Priester für die assistierenden Leviten, den Diakon und Subdikon, Stola und Manipel auszugeben waren. Meist geht es nur um die unterschiedlich kostbaren Rauchmäntel.

Eher nebenbei vermittelt das „Büchlein" auch eine Ahnung von den vielfältigen musikalischen Gestaltungsmöglichkeiten des Konvents, wobei auch der Beichtvater einen wichtigen Part übernahm. Da das „Büchlein" vor allem die Festgestaltung festhielt, ist naturgemäß oft von den feierlichen figurierten Ämtern die Rede, bei denen die gesungenen Meßteile nicht im einstimmigen Choralgesang erklangen, sondern im kunstvollen,

Abb. 244
Kupferplatte (eine von zweien) zum Plätten von Weißwäsche. Handhaben Eisen. 67 cm × 89 cm (mit den Handhaben). 18. Jahrhundert. Den Gebrauch im 18. Jahrhundert erläutert ein „Verzeichnis wie man die Corporalien auf das Kupfer aufstreicht": „Erstlich die Kläry zu machen, muß man nur die weiße nemen, Und selbe ganz dickh gesothen, Wie ein schönes Mueß, als dan durch ein leines Duech gesichen, Und wan es erkaltet, Und die Corboralien oder Ballen recht gewaschen, Und wieder Völlig getrucknet, dunckht man es in die Kläry ein, Ziecht es gleich wider herauß, Und reibts Under der Hant starckh, damit von der Kläry überall getroffen würdt, hernach streicht mans auf der lingen seiten auf das Blat auf, Und ziecht es gleich widher herunder, alsdan erst recht auf die rechte seiden reibt mans auf dem Kupfer Blat Braff ein, Und ganz gleich. Und streichts mit dem Ballen an den Henden auß, auch daß es nirgends kein Feltlein hat, alßdan stelt man es an die Sonnen oder luft am Wind.
Von den Ofen laßt es trucknen, wann das Kupferblat nach 6 oder 7 mahligen aufstreichen fleißig gebuzt wirdt, gehen sie selber her Und. Die Blaten aber zu buzen ist ein Zeichen wan es rauch wirdt, mueß also erstlich mid frischen Wasser gebuzt werden. Her nach auf ein gluet gesezt, Und mit weißen Wax ... Wohl eingestrichen Werden, ...".
Dominikanerinnenkloster Bad Wörishofen.

267

Abb. 245
Aufsatz für den linken Seitenaltar der Kirche des Dominikanerinnenklosters Bad Wörishofen. Gegenstück zu Abb. 247.
36,5 cm × 233 cm × 26,5 cm. Dominikanerinnenkloster Bad Wörishofen.

Abb. 246
Vase. Holz, geschnitzt und vergoldet. 45 cm hoch. Mitte 18. Jahrhundert. Die Vase diente als Altarschmuck. Eine Notiz berichtet: „Anno 1751 hat unser liebe Schwester Osanna Leserin ... 2 schöne Mayen auf dem altar in unserem Cohr machen lassen. Die Mayen haben gekost 8 fl: die Mayenkrieg 1 fl: 30 kr Gott vergelts ihr und gebe ihr gott die Ewige ruhe".
Dominikanerinnenkloster Bad Wörishofen.

mehrstimmigen Satz. Wir hören auch von den gesungenen Tagzeiten, vor allem der Vesper, dem gesungenen Te Deum, der gesungenen Litanei oder dem musizierten Salve Regina, was wohl instrumentale Begleitung einschloß. Die Aufhebungskommissare fanden 1803 jedenfalls nicht nur Choralbücher auf dem Schwesternchor vor und Musikalien im Musikzimmer, sondern auch Instrumente.

Das umfangreiche Mittel- und Herzstück des „Büchleins" umfaßt die detaillierten Einzelanweisungen zu den Festen nach dem Gang des Kirchenjahres, beginnend mit dem „Christtag" und endend mit Angaben zu den Roratemessen, die offenbar in der Maria-Einsiedel-Kapelle gehalten wurden, und zum Fest der Unschuldigen Kinder am 28. Dezember. Das tragende Gerüst gaben der Weihnachts- und Osterfestkreis mit den Höhepunkten Weihnachten bis Dreikönig, Karwoche mit Ostern, Christi Himmelfahrt und Pfingsten. Ein weiterer Schwerpunkt lag auf dem Gedächtnis an Allerheiligen und Allerseelen. Gefeiert wurden aber auch heute weniger geläufige religiöse Gedenktage wie das Namen-Jesu-Fest am 14. Januar, die Feste Kreuzauffindung und Kreuzerhöhung im Mai und September oder auch Mariä Vermählung am 23. Januar.

Die spezielle Amtsperspektive einer Küsterin gewährt uns Einblick in sonst kaum überlieferte Einzelheiten, man lese nur beispielsweise die Anweisungen zum Gründonnerstag.[681] An den Hochfesten wie auch am Fest des Ordensgründers Dominikus (4. August, seit 1972 am 8. August), an Fronleichnam, an Mariä Himmelfahrt, dem Patroziniumsfest, wohl auch an Kirchweih, dem 14. September, oder am Rosenkranzfest wurde alles aufgeboten, was an Zier vorhanden war. Die Kirche wurde ausspaliert – am Fest des Ordensheiligen Thomas von Aquin (7. März) übrigens auch, doch nur im Chor, da das Fest in die Fastenzeit fiel –, „frichten und dapecerey" als Schmuck herausgegeben. Wie Spaliere und Früchte ausgesehen haben, darüber läßt sich nur spekulieren, Tapezereyen waren jedenfalls Wandbehänge oder gobelinartige Wandverkleidungen. Als weiteres beliebtes Requisit, um die Würde eines Festtages zu unterstreichen, ließ die Küsterin den Schneider Baldachine verschiedener Qualität anbringen. Eine solche Draperie rahmte etwa am Michaelitag (29. September) eine Darstellung des Engelsfürsten in goldenem Rahmen und bedeutete ein zusätzliche Reverenz zum Namenstag der 1737 amtierenden Priorin Maria Michaela Gunay, deren Vater die am Original anberührte Kopie der Einsiedler Madonna gestiftet hatte.

Abb. 287

Welch herausragende Bedeutung die Verehrung der Gottesmutter hatte, zeigte der reiche, immer wieder variierte Schmuck an den Marienfesten: Mariä Lichtmeß (2. Februar), Mariä Verkündigung (25. März), Mariä Heimsuchung (2. Juli), Mariä Himmelfahrt (15. August), Mariä Geburt (8. September), Mariä Opferung (21. November), Unbefleckte Empfängnis (8. Dezember). Meist stand das schönste Antependium, das „genete", wohl gestickte, am Hochaltar mit „2 Cracksteinlein", vielleicht zwei geschliffenen Steinen (von mundartlich Crack gleich Sprung) im Mittelpunkt der üppigen Zier. Für dieses Übergewicht der Marienfeste war nicht nur die zeitgenössische Frömmigkeit verantwortlich, es wurde durch die marianische Ausrichtung des dominikanischen Gebetslebens, die sich vor allem in der Förderung des Rosenkranzgebetes bündelte, und durch die Bruderschaft zu Ehren der Einsiedler Madonna noch gesteigert. Die engen Verflechtungen von Konvent und Bruderschaft dokumentieren neben der Pflicht zur Bewirtung für Helfer aus dem Kreis der Bruderschaft am Lichtmeßtag auch verschiedene Beiträge der Bruderschaft zum Festtagsschmuck der Kirche.

Nicht nur die Gnadenbildkopie in der Kapelle, auch eine Muttergottesfigur in der Kirche wurde an Marienfesten, an Christi Himmelfahrt, am Magdalenentag und wohl auch bei den Rorateämtern bekleidet; weiße, gelbe und geblümte „Röckl", dazu goldene Krone und Szepter vermerkt das „Büchlein" im einzelnen. Daß es sich um zwei bekleidete Madonnen handelte, ist nicht nur am einmal ausdrücklich gebrauchten Zusatz „in Capel" abzulesen, sondern auch dem Inventar zu entnehmen. Es nennt nämlich ein schönes Muttergotteskleid in der Kapelle mit Gold- und Seidenblumen eingewirkt, ein weiteres mit „romanischen" Borten, ferner „zur Muttergottes in der Kirch zwei Kleider mit etwas Seiden- und Goldblumen, auch guten Spitzen". Die fünf Gedächtnismessen für verstorbene Bruderschaftsmitglieder wurden ebenfalls nach Marienfesten bzw. dem Rosenkranzfest (7. Oktober, eingesetzt zum Gedächtnis an den Sieg in der Seeschlacht bei Lepanto 1571, den man dem Rosenkranzgebet zuschrieb) gelesen und am Schutzengelfest schmückte die Bruderschaftstafel den Hochaltar. Hier ist vermutlich ein Gemälde gemeint, doch wann es sich bei den mehrfach genannten „tafflen" um Bilder handelt, wann um Reliquientafeln in Klosterarbeit, ist im Einzelfall nicht immer zu entscheiden. Sicher letztere sind gemeint mit den „2 roth romanischen (= römischen) dafflen", die beispielsweise an Mariä Geburt zur Altarzier dienten.

Damit sind wir bei der typisch barock geformten Hochschätzung der Reliquien, die, durch die Wiederentdeckung der Katakomben Ende des 16. Jahrhunderts angefacht, im Kult der als Märtyrer angesehenen Katakombenheiligen gipfelte. So gab auch dem Festkalender in Wörishofen die Verehrung der beiden Heiligen Leiber des Gaudentius und Honestinus eine besondere Färbung. Die Schreine über Seitenaltartischen wurden nur zu bestimmten Terminen geöffnet, so daß das Sichtbarwerden der gefaßten Skelette als seltene und nachdrückliche Erscheinung die staunenden Gläubigen um so stärker beindruckte. Vor allem Marienfeste und Christi Himmelfahrt wurden durch diese heilige Schau im Rang unterstrichen. Am Tag der dem Orden besonders wichtigen Heiligen Sankt Magdalena (22. Juli) wurde nur der Gaudentiusschrein auf dem ihr geweihten linken Seitenaltar „aufgemacht". Beide Katakombenheilige waren auch in die großzügigen Kerzenopfer im religiösen Brauchtum des Klosters einbezogen; so wurde nicht nur zu Ehren des Pestpatrons Sankt Sebastian (Fest am 20. Januar) die ganze Festoktav hindurch eine halbpfündige Kerze brennen gelassen, sondern auch zwei Kerzen für die Katakombenheiligen entzündet. Ebenso gedachte man ihrer ausdrücklich im Rahmen des prächtig begangenen Festes aller heiligen Reliquien am 31. Oktober.

Als weitere Festgruppe im „Büchlein" fällt außerdem die Reihe der Apostelfeste auf, für die gemäß dem Martyrium dieser Heiligen die liturgische Farbe Rot vorgeschrieben war. Die mehrfach genannten „rothen fleckhlein" für die Nebenaltäre könnten vielleicht Tücher gewesen sein, ähnlich den Fensterbehängen an Fronleichnam, die ein aufwendiges Antependium wie am Hochaltar für die Seitenaltäre ersetzen sollten. Die spezifisch dominikanische Note verliehen dem Wörishofener Festkalender die eigenen Ordensheiligen. Wie am Gesamtfest aller Dominikanerheiligen im November war die liturgische Farbe in der Regel Weiß, ausgenommen der Gedenktag des als Blutzeuge verehrten Petrus von Mailand am 29. April. Die Festreihe der Dominikanerheiligen begann mit dem Gedächtnis des Dominikanereinsiedlers Gundisalvius von Amarante am 10. Januar, es folgten die Feste des heiligen Thomas von Aquin (7. März) und der Dominikanerterziarin Katharina von Siena (30. April), die mit Dominikus auf dem rechten Seitenaltarblatt

Abb. 203

Abb. 247
Altaraufsatz. Holz bemalt. 41 cm × 230 cm × 26,5 cm. Mitte 18. Jahrhundert. Der Aufsatz wurde auf die Mensa des rechten Seitenaltars der Kirche des Dominikanerinnenklosters in Bad Wörishofen aufgeschoben. Vermutlich diente er auch dazu, ein Antependium zu halten, das nur an besonderen Festtagen verwendet worden ist. Die beiden Öffnungen enthielten Reliquienkissen in reicher Faßarbeit; sie sind nicht mehr vorhanden.
Dominikanerinnenkloster Bad Wörishofen.

Abb. 248
Vase. Holz, geschnitzt und gold gefaßt. 41 cm hoch. Vielleicht handelt es sich bei ihr um die „schlechtere mayen", die im „Biechlein waß in der Custerey zu thuen Für das ganze Jahr" erwähnt wird.
Dominikanerinnenkloster Bad Wörishofen.

Abb. 249 und Abb. 250 Fastentücher mit der Darstellung der Geißelung und der Dornenkrönung Christi. Rupfen, bemalt. 112 cm × 172 cm. Mitte 18. Jahrhundert. Dominikanerinnenkloster Bad Wörishofen.

in der Wörishofener Kirche dargestellt ist. Des heiligen *„Vatters"* Dominikus wurde am 4. August gedacht, seiner Translation am 24. Mai und der wunderbaren Erscheinung seines Bildes in Soriano am 15. September. Mit Rosa von Lima (30. August) endete die Reihe. Doch zählte der Orden auch Bischof Augustinus (28. August) als Verfasser der Ordensregel, auf der die dominikanische basierte, zu seinen Heiligen und in gewisser Weise die Märtyrerin Katharina von Alexandrien (25. November), die Namenspatronin der heiligen Katharina von Siena und Schutzpatronin des Augsburger Mutterklosters. Die Heilige wurde daher im Aufsatzbild des Magdalenenaltars dargestellt. Von beiden Heiligen berichtet die Vita die Episode ihrer mystischen Vermählung mit Christus. In Wörishofen feierte man dieses Wunder freilich ohne figuriertes Amt am Gedenktag. Abgerundet wurde die reiche Festpalette in Wörishofen durch die Feiern zu Ehren volkstümlicher Heiliger wie Anna, Laurentius, Johannes Baptist oder Afra, die die Verbindung zum Bistum Augsburg dokumentieren.

In diesem Zusammenhang ist noch auf die vielfältigen Spuren religiösen und teils spezifisch klösterlichen Brauchtums hinzuweisen, von denen das *„Büchlein"* Zeugnis gibt. Das Bekleiden von Figuren wurde bereits erwähnt. Bekleidet waren auch die gerade in Frauenklöstern hochverehrten Nachbildungen des göttlichen Kindes. Entsprechend dominiert im *„Büchlein"* bei den Anweisungen für Weihnachten die liebevolle Aufzählung der aufgestellten fünf Christkindl, von denen sich als Typus nur ein *„Augustinerkind"* identifizieren läßt. Das Ausräuchern an Dreikönig beschreibt das *„Büchlein"* ebenso detailliert wie die Wachs- und Rosenkranzweihen an Lichtmeß, Blasius und am Agathentag, an dem auch Brot geweiht wurde, das als Schutz vor Feuer galt. An der ausführlichen Auflistung der Spenden von weißem und gelbem Wachs am Lichtmeßtag und weniger umfangreich an Ostern wird deutlich, welch wichtige Rolle nicht nur im religiösen Bereich die Kerzen spielten und daß Wachs auch als wertvoller Lohn betrachtet wurde. Ob die Sitte, die 12 Ministranten auszuspeisen, oder die genau festgelegten Wachsgaben, die Küsterin ist in allen Fällen verantwortlich dafür, bisher ungeschriebenes Recht zu garantieren oder

Freiwilligkeit („*aus Gnaden*") zu betonen. Das Kirchenwachs lagerte in der sogenannten Wachszelle des Konvents. Der Standard war die Vierlingkerze im Gewicht von einem Viertelpfund.

Manches wie das Einblaseln mit gekreuzten Kerzen zum Schutz vor Halsweh oder das Einascheln mit Asche der verbrannten Palmzweige des Vorjahres zu Beginn der Fastenzeit, das Anzünden von Kerzen bei Unwetter – in Wörishofen wurde der Osterstock dafür verwendet – sind uns auch heute noch geläufig. Dasselbe gilt für das Verhüllen der Altäre in der Fastenzeit. In Wörishofen werden noch heute Fastenbilder für diesen Zweck verwendet. Ein genuin monastischer Brauch begegnet uns in der eingehend geschilderten Fußwaschung am Gründonnerstag, auch die Kreuzverehrung am Karfreitag durch Küssen des Kreuzes ist überliefert. Vom Heiligen Grab vermerkt das „*Büchlein*" dagegen merkwürdigerweise nur, daß am Osterdienstag alles von der Küsterin hereingenommen werden solle, damit man es am Mittwoch abbrechen könne. Hier gibt das Inventar jedoch eine hilfreiche Ergänzung, wenn es erwähnt, daß in der Musikstube des Konventbaues „*gemahlte Scenen zum heiligen Grab*" gelagert wurden.

Zuletzt sei noch auf den Brauch der Monatssonntage eingegangen. Offenbar wurden sie am ersten Sonntag eines Monats gehalten und zwar, wie aus den Angaben zum Palmsonntag und Allerseelentag zu schließen ist, mit Prozession und Aussetzung des Allerheiligsten. Ob ein Zusammenhang mit der Bruderschaft besteht, wäre zu untersuchen, eine Verbindung zu den Monatsheiligen, die im Umkreis der Jesuiten üblich waren, ist nicht erkennbar.

Die Beschreibung der einzelnen Stücke, die zum Schmücken der Altäre verwendet wurden, ist so deutlich, daß sie für sich selber spricht. Die immer neuen Zusammenstellungen der unterschiedlich wertvollen und verschieden großen Reliquienpyramiden, der Mayen, der silbernen Herzel, der Leuchter (wobei die Beifügung „*schlechtere*" nur einfachere heißt), Altärlein (wohl eine besondere Art Reliquiar) und der vier Zwerglein (vielleicht Putten?), alles abgestimmt auf die Antependien, also gemalte oder textile Vorsatzstücke der Altarunterbauten, und Paramente erinnern an ein Musizieren in kunstvollen Variationen.

Sicher wurde von 1737 bis zur Säkularisation manches Stück ausgetauscht, doch kann ein Auszug aus der nüchternen Auflistung der Aufhebungkommissare im Inventar unter der Rubrik „*Kirchen-Ornat*" vielleicht eine willkommene Abrundung geben, zumal explizit darin bestätigt wird, daß in Wörishofen im 18. Jahrhundert Kloster- oder Schöne Arbeiten gefertigt wurden. Zwischen der Gruppe Vasa sacra und den Paramenten sind da genannt: „*Ein Lavor blos von Zinn, acht hölzerne und vergoldete Piramitten mit Reliquien auf den Hochaltar und vier kleinere auf zweyen Nebenaltären, sechs größere Blumenstök mit vergoldetem Fußgestell und mehrern kleinere auf alle Altäre von eigener Klosterarbeit, ein rothsametes Antibentium auf den Hochaltar, nebst vier geringeren von verschiedener Farb, nach Verschiedenheit der Feste, und so auch vier auf die Nebenaltäre*".[682]

Betrachtet man das „*Büchlein*" in seiner Gesamtheit, so zeigt sich, daß es nicht nur über die Aufgaben der „*Custerey*" berichtet, sondern vielmehr etwas ganz Allgemeines über den Geist aussagt, der in der Wörishofener Schwesterngemeinschaft des 18. Jahrhunderts herrschte. Es offenbart, wie erfüllt die Klosterfrauen von ihrer Aufgabe waren, und wie sich ihr Bemühen auch im Gestaltungsreichtum beim Auszieren und Schmücken ihrer Kirche entfaltete. So bildet das „*Büchlein*" zugleich ein vorzügliches Dokument für die Gläubigkeit der Nonnen.

Abb. 251
Wachstruhe. Sie stammt aus der ehemaligen Wachszelle des Klosters.
37 cm × 143 cm × 37 cm.
18. Jahrhundert. Eine Notiz aus dem 18. Jahrhundert berichtet: „*Anno 1740 haben wir das wax Von Dirckheim kommen lassen … Anno 1756 haben wir das erste mahl das wax Von mindelheim genohmen.*"
Dominikanerinnenkloster Bad Wörishofen.

Abb. 252
Blick in die Kirche des Dominikanerinnenklosters Bad Wörishofen während der Fastenzeit. Die Gemälde der Seitenaltäre sind mit den beiden Fastentüchern verhängt.

Musikpflege im Dominikanerinnenkloster zu Bad Wörishofen

Georg Brenninger

Aus Mangel an Berichten wissen wir nur wenig über die Aufführungspraxis von liturgischem Gesang und Musik im Dominikanerinnenkloster von Bad Wörishofen.[683] Lediglich einige Hinweise stehen uns zur Verfügung, die auf kirchenmusikalische Gestaltung schließen lassen. Dies gilt beispielsweise für die Notiz in einer Chronik von etwa 1754, daß 1720 von dem Mutterkloster Sankt Katharina in Augsburg aus zwei Schwestern nach Wörishofen delegiert wurden, die musikalisch vorgebildet waren. Eine davon ist Anna Maria Jehler aus Wellenburg stammend, die Organistin war, die andere Maria Hyacintha Kraus, die mit ihrer Mitschwester Maria Dominica Erhardt im Katharinenkloster den Kantorendienst versah.[684] Auch befinden sich im Klosterarchiv einige Zeitzeugen jener Praxis, so beispielsweise ein handgeschriebenes „OFFICIUM / DEFUNCTORUM / der / Todten=Vigil / wie man Es Pflegt im Prediger / Orden zu singen / Wie auch Weis und Manier / Nach Ordens Brauch die Kran= / cke Schwestern zu versechen, / und die Todte zu begraben / Sambt denen Responsorien zu den / processionen auf die Fest / zum Gebrauch / SOR: MARIAE MICHA: / ELAE De Corona Domini. / ord: S: P: Dominici Profes: in Wörishofen. / 1750." Ganz ähnlich ist die andere Handschrift betitelt: „OFFICIVM / DEFVNCTORVM / oder / Todten=Vigil / wie Man Es P[f]legt im prediger orden / zue Singen, wie auch weis undt Manier / Nach ordens Brauch die Kranckhe schwestern / zur versechen, undt die todte zue begraben / Sambt denen Responsorien / zue denen Procesionen auf die / Fest. / Sor: Maria: Walburga:". Ein weiteres liturgisches Gesangbuch stellt das „Psalterium / Zum Gebrauch Deß / Göttlichen Lobs Jn / Chor. / Vor Soror Maria Au= / gustina Hochenleituerin, / Ord: S: P: Dominici / Jn Dem Hoc[h]löblichen Closter / Maria Königin der Englen / Jn Werishofen / Geschriben in Jahr Anno 1771 / von / Maximilian Häberl / Buchbinder gesell Von Ingolstatt". dar. Noch eines ist zu erwähnen: „VIGIL und Todten / Biechlein / nach / Gebrauch / PREDIGER / ORDENS:". Einen weiteren Hinweis auf die Musikpflege in dem neugegründeten Kloster vermittelt eine Schilderung des Kirchweihfestes am 12. September 1723: „Die Music als Capell Meister die ganz 8 täg hindurch dirigirte titl. Herr Johann Pfleger des innern Raths und wohl verordneter Statt baumeister der freyen Reichsstatt Kaufbeyren, ihme secundirten sein Herr sohn Andreas Pfleger". Außerdem waren bei der Aufführung der Kaufbeurer Chorregent Rank und zwei Trompeter (Herr Christoph und Herr Anton) tätig unter „beyhilf der Closterfrauen, welche so wol guet vocalistinen als Chelistinen ihren Dienst zur Vergnüegenheit wusten und vermögten zu praestiren".[685] Alle diese historischen Belege weisen darauf hin, daß die Musikpflege bei den Dominikanerinnen in Wörishofen eine bedeutende Rolle bei der Gestaltung des klösterlichen Lebens gespielt haben muß und daß sich die Schwestern selbst musikalisch betätigten. Die Pflege des liturgischen Gesangs und der Musik im Gottesdienst scheint dabei, entsprechend dem Charakter von der strengen Observanz verpflichteten Gemeinschaften, im Mittelpunkt gestanden zu haben.

Die Klosterkirche verfügte von Anfang an über eine Orgel. Valentin Zindter verfertigte ihr erstes Gehäuse. Wer damals den musiktechnischen Teil übernahm, ist nicht bekannt. Es darf angenommen werden, daß ein gebrauchtes Spielwerk wiederverwendet wurde. Für die Mitte des 18. Jahrhunderts ist überliefert, daß der Kaufbeurer Orgelbauer Johann Baptist Kronthaler (um 1710–1773) am 4. August 1746 1000 fl erhielt.[686] Diese Summe könnte einem Orgelneubau entsprechen oder zumindest einen grundlegenden Umbau des vorhandenen Werkes bedeuten, falls dieses 1723 nur im Gehäuse und nicht auch im Spielwerk neu erstellt worden war, worüber die Chronik nichts aussagt. 1849 wurde jene Orgel repariert und dabei um einen halben Ton tiefer gestimmt. 1899

◁ Abb. 253
Trumscheite aus dem Dominikanerinnenkloster Bad Wörishofen. Die beiden äußeren 197 cm und das mittlere 186 cm hoch.

Abb. 254
„Psalterium". Liturgisches Gesangbuch.
30,5 cm × 22 cm.
Datiert 1771.
Bibliothek Dominikanerinnenkloster Bad Wörishofen.

Abb. 255 Handgeschriebenes liturgisches Gesangbuch aus dem Besitz der Schwester Maria Gabriela Haagen (1698–1778). Datiert 1751 ff. Bibliothek Domininkanerinnenkloster Bad Wörishofen.

schuf die Orgelbaufirma Franz Borgias Maerz aus München[687] als Opus 368 ein neues Werk,[688] das folgende Disposition erhielt:

I. Manual (C–f'''):
Bourdon 16', Principal 8', Gamba 8', Tibia 8', Octav 4', Mixtur 4fach 2⅔'.

II. Manual (C–f'''):
Salicional 8', Lieblich Gedeckt 8', Fugara 4'.

Pedal (C–d'): Violon 16', Subbaß 16', Octavbaß 8'.

Koppeln: II-I, Ok I, I-P, II-P.

Spielhilfen: P, Mzf, Volles Werk, Auslöser.

System: Kegellade, pneumatische Traktur bei freistehendem Spieltisch.

Prospekt: Fünfteiliger, neubarocker Prospekt mit drei hohen Achsen mit eingezogenen, segmentbogigen Gesimsen und aufgesetzten Schweifgiebeln bei überhöhtem Mittelfeld, vergoldeter Schleierdekor.[689]

Die Orgel kostete 5000 M, wobei Prälat Sebastian Kneipp 2000 M spendete. Für das neue Orgelgehäuse im barocken Stil verlangte Maerz zusätzlich (am 19. 4. 1898) 710 M. Bereits 1916 erfolgte ein Umbau durch die Firma Heinrich Koulen aus Augsburg mit der erweiterten Disposition:

I. Manual (C–f'''):
Bordun 16', Principal 8', Gamba 8', Tibia 8', Dolce 8', Gemshorn 8', Quintatön 8', Octav 4', Mixtur 2⅔'.

II. Manual (C–f'''):
Hornprincipal 8', Salicional 8', Vox cölestis 8', Lieblich Gedeckt 8', Traversflöte 4', Quintflöte 2⅔', Piccolo 2', Terzflöte 1⅗', Oboe 8'.

Pedal (C–d'): Violon 16', Subbaß 16', Stillgedeckt 16'.

Weitere Arbeiten an der Orgel erfolgten durch die Werkstätte von Max Offner aus Kissing: 1939 (Register Labialklarinette statt Cor anglais), 1957 bzw. 1994/95 die Restaurierung der Orgel.[690] Die Dispositon lautet nunmehr:

I. Manual (C–g'''):
Bourdon 16', Principal 8', Flöte 8', Quintadena 8', Gamba 8', Gemshorn 8', Dulciana 8', Octav 4', Mixtur 2⅔'.

II. Manual (C–g'''):
Geigenprincipal 8', Labialklarinette 8', Gedeckt 8', Salicional 8', Aeoline 8', Traversflöte 4', Quintflöte 2⅔', Piccolo 2', Terzflöte 1⅗', (Tremolo).

Pedal (C–f'): Principalbaß 16', Violonbaß 16', Zartbaß 16', Octavbaß 8'.

Koppeln: II-I, Ok II-I, Uk II-I, I-P, II-P.

Spielhilfen: Tutti, Handregister ab, Freie Kombination, Automatisches Pianopedal; Crescendowalze, Jalousieschweller.

System: Kegellade, pneumatische Traktur bei freistehendem Spieltisch.

Prospekt: Neubarock (von 1899, vgl. oben).

Gleichzeitig wurde vom Kloster eine fahrbare Kleinorgel bei der Firma Offner in Auftrag gegeben, die nun im Schwesternchor der Klosterkirche steht und folgende Disposition aufweist:

Manual (C–g'''):
Gedeckt 8', Salicet 8', Flöte 4', Quint 2⅔', Principal 2', Terz 1⅗', Sifflöte 1'.

Pedal (C–d'): Subbaß 16'.

Eine besondere Rarität bildet die kleine klösterliche Instrumentensammlung, die sich bis zum heutigen Tag in Wörishofen erhalten hat. Während die Violinen einen Rest der Musikkultur aus der Barockzeit widerspiegeln, sind die „Nonnengeigen" eine Kuriosität. Dabei kann das Kloster gleich drei an der Zahl aufweisen, also einen ganz ungewöhnlichen Bestand. In der Fachterminologie werden die „Nonnengeigen" lexikalisch unter Trumscheit geführt, auch Tromba marina, Marintrompete, genannt.[691] In der Ausstellung zum Thema „Säkularisation im bayerischen Oberland 1803" war 1991 im Kloster Benediktbeuern eine Nonnengeige aus dem Franziskanerinnenkloster Reutberg zu sehen, die im Heimatmuseum Bad Tölz aufbewahrt wird. Robert Münster schrieb dazu im Katalog, daß Trumscheite vom 12. bis zum 19. Jahrhundert Verwendung fanden und in der Barockzeit vor allem in Frauenklöstern wegen seines schnarrenden, trompetenähnlichen Tons als Trompetenersatz eingesetzt wurden. Musikliteratur für diese Instrumente gibt es selten. Zuletzt schrieb der Altöttinger Kapellorganist Max Keller 1836 drei Aufzüge für drei Marintrompeten und Orgel für das Franziskanerinnenkloster Gnadenthal in Ingolstadt.[692] Die Wörishofener Exemplare haben eine Höhe von (1.) 197 bzw. (2.) 186 × 32,5 × 20 cm bzw. (3.) 197 × 33 × 22 cm. Die Griffe sind in Buchstaben angegeben, lesbar sind noch (von unten): (1.) CFEDG (eine Darmsaite); (2.) HAGE (drei Metallsaiten); (3.) EGABC (zwei Darmsaiten). Die Fugen der Innenseiten des siebenseitig gewölbten Resonanzbodens sind bei zwei Instrumenten mit gotischen Minuskelschriftfragmenten, bei dem dritten sogar Stücken aus einer arabischen Handschrift überklebt, eine Praxis, die man besonders im 17. Jahrhundert antrifft, so daß die Instrumente sicher (mindestens) dem 18. Jahrhundert entstammen. Vielleicht sind die drei Trumscheite in den Jahren 1718/1721 vom Mutterkloster Sankt Katharina dem neugegründeten Wörishofener Konvent mitgegeben worden. Dafür spricht auch, daß man dort natürlicherweise nicht die modernsten Instrumente, sondern einen älteren Bestand abgegeben hat. Und wenn man die Praxis des Ausfugens von Brettlagen mit mittelalterlichen Handschriften mit jener von Buchbindern bei Kirchenrechnungen oder Matrikelbüchern vergleicht, so weist diese Methode eher auf den Beginn des 17. Jahrhunderts als auf das Ende desselben Jahrhunderts hin.[693] Ein weiteres Trumscheit befindet sich in den Städtischen Kunstsammlungen Augsburg. Es wurde Anfang des 18. Jahrhunderts von Gregor Ferdinand Wenger (1677–etwa 1760) in Augsburg angefertigt. In der Sammlung Rück im Germanischen Nationalmuseum findet sich ebenfalls ein schwäbisches Instrument, das 1732 Johannes Ott in Füssen herstellte.[694] Und aus diesem schwäbischen Bereich dürften auch die Wörishofener „Nonnengeigen" stammen. In der Instrumentensammlung des Klosters finden sich auch neun Geigen und eine Viola. Während einige davon dem 20. Jahrhundert angehören (als Geigenbauer konnten ermittelt werden: Wilhelm Herwig, Markneukirchen; Michael Ange, Paris um 1900 bei Jerome Thibouville & Lame; Piegendorfers Nachf. in Augsburg, Firma Ernst Rudolf Glier, Markneukirchen 1941 nach Modell Stradivarius), stammen einige noch aus der Zeit vor 1800: Als Signaturen findet man: „Antonius Stainer, in Absam, / prope Oenipontum 1654",[695] „Nicolaus Amati / faciebat 1680",[696] „Antonius Stradivarius Cremonensis / faciebat Anno 1745"[697] und „Alexander Gagliano fecit Neapoli 1790".[698] „Etwelche Geigen" wurden als vorhandener Bestand in einem Inventar um 1803 erwähnt. Um welche Instrumente es sich dabei handelt, ist leider nicht überliefert. Nicht bekannt ist auch, woher die Geigen stammen.[699] Abschließend wäre noch darauf hinzuweisen, daß das Kloster zu Beginn des 20. Jahrhunderts ein eigenes kleines Orchester unterhielt. Aus dieser Zeit stammen die Musikalien, die heute den Kern der Wörishofener Musikbibliothek bilden.

Abb. 256
Liturgische Gesangbücher aus der Bibliothek des Dominikanerinnenklosters Bad Wörishofen.
Hinten: „Officium Defunctorum" aus dem Besitz der Schwester Maria Antonina Zech (1731–1794). Datiert 1750. 20,5 cm × 17 cm.
Links:
„Officium Defunctorum" aus dem Besitz der Schwester Maria Michaela Scherer (1732–1795).
21 cm × 16,7 cm.
Datiert 1750.
Rechts:
„Vigil und Todten Biechlein…" vermutlich aus dem Besitz der Schwester Maria Dominica Kentl (1701–1770).
20,7 cm × 16,5 cm.

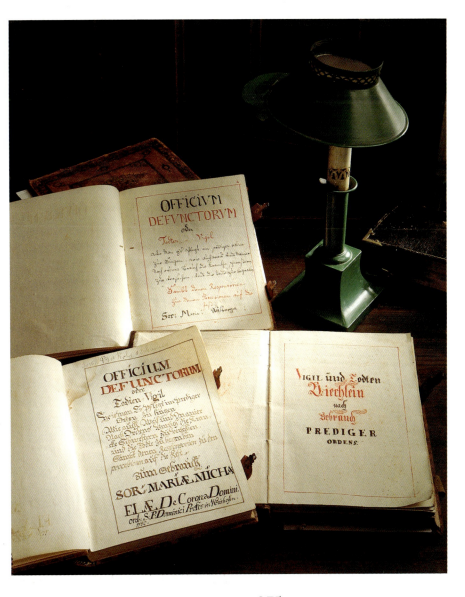

Die Bibliothek der Wörishofener Dominikanerinnen

EBERHARD DÜNNINGER

*Abb. 257 ▷
Blick in die Bibliothek des
Dominikanerinnenklosters
Bad Wörishofen.*

Zur Gründung und ersten Ausstattung eines Klosters gehört in der Regel auch wenigstens eine zunächst oft kleine Büchersammlung. Jede klösterliche Bibliothek spiegelt das religiöse und geistige Leben einer Ordensgemeinschaft von ihren Anfängen an wider, auch wenn der Buchbestand und seine Unterbringung nicht immer eine gesicherte und ungebrochene Entwicklung aufweisen. Die Klosterbibliothek der Dominikanerinnen in Bad Wörishofen stellt in ihrem bescheidenen Umfang ein gutes Beispiel für eine ungebrochene Kontinuität durch fast 280 Jahre seit der Gründung durch die Augsburger Dominikanerinnen von Sankt Katharina dar.[700] Auch in ihrer gegenwärtigen Aufstellung in dem um 1900 ausgestatteten Bibliotheksraum im Bereich der Klausur ist die von der Aufhebung des Klosters im Jahr 1802 nicht beeinträchtigte Büchersammlung des Konvents *„Maria Königin der Engel"* ein Spiegel seiner Geschichte.

Wenn auch eine genaue bestandsgeschichtliche Untersuchung der Bibliothek noch aussteht, so läßt sich doch eine Anzahl von Werken dem von Augsburg von den ersten Schwestern nach Wörishofen mitgebrachten Gründungsbestand zuordnen. Dazu gehören vor allem ein Brevier von 1674, das nach Ausweis einer handschriftlichen Zueignung sich im Besitz der Schwester Maria Antonia Mutzerharth (1671–1758) befand, sowie manch anderes Werk aus dem 15. bis 17. Jahrhundert. Besitzeinträge verschiedener Schwestern des Gründungsjahrhunderts lassen teilweise die gleiche Herkunft erkennen. So reichen die Ausgaben der Regeln des Dominikanerordens bis zu einer Inkunabel des Jahres 1485 zurück. Der Mystiker Johannes Tauler ist mit einer Ausgabe seiner bilderreichen Predigten aus dem Jahre 1508, aber auch mit späteren Editionen vertreten.[701] Die dem geistlichen Leben und vor allem der persönlichen Betrachtung dienende mystische und aszetische Literatur findet ihre Fortsetzung in neueren Werken zur Exerzitienpraxis. Dem Gottesdienst dienten wie in allen Klöstern die erhaltenen Werke zur Liturgie und Kirchenmusik. Bemerkenswert ist auch der Bestand an Psalmenausgaben und -dichtungen. Auch der kleine Bestand an Handschriften gehört überwiegend noch dem 17. und 18. Jahrhundert an. Zum Teil handelt es sich um Schenkungen und Hinterlassenschaften einzelner Schwestern, wie aus dem Besitz der 1736 bis 1742 als Priorin wirkenden Frau Maria Michaela Gunay. Unter den Handschriften finden sich Chorbücher, Werke zur Ordensgeschichte, Gebets- und Andachtsbücher. Bedeutsam für die Tradition des Konvents in Wörishofen sind vor allem die handschriftlichen Chroniken der Patres Andreas Roth (1654–1735) und Emerich Rueff (1744–1814).

Aufschlußreich für das Überleben des Klosters nach der Aufhebung durch die churbayerische Regierung im Jahr 1802, für sein weiteres geistliches Leben und seine neuen Aufgaben vor allem auf dem Gebiet der Mädchenerziehung, sind die Buchbestände des 19. und noch des 20. Jahrhunderts. Die Literatur zu Erziehung und Unterricht erinnert an die vom Konvent wahrgenommenen Aufgaben als Schulträger.[702] Die Auflösung der Niederlassung in Türkheim (1975) und von verschiedenen Schulzweigen brachten der Bibliothek ebenso Zuwachs wie schon im 19. Jahrhundert die Vermächtnisse von verstorbenen Hausgeistlichen. Der Bestand an Kräuterbüchern und sonstigen Werken zur Heilkunde entspricht der Bedeutung von Wörishofen und seines Dominikanerinnenklosters für das Gesundheitswesen bis zum heutigen Tag.

In neuerer Zeit hat sich um die Bibliothek vor allem Schwester Maria Aloysia Walther (1886–1966) verdient gemacht. Die Aufstellung nach dem vorliegenden *„Bibliotheks-Plan"* in fünf Gruppen mit einer Reihe von Untergruppen (wohl 1916–1919) und die Erfassung des bis dahin vorhandenen Bestandes in einem zweibändigen handschriftlichen Katalog zeugen von den Bemühungen dieser Schwester in der jahrhundertealten Tradition der Buch- und Bibliothekskultur in der Nachfolge des heiligen Dominikus.

Die spirituellen Aufgaben eines Hausgeistlichen im Dominikanerinnenkloster zu Bad Wörishofen

Hermann Lickleder

Wie allen Frauengemeinschaften der katholischen Kirche steht auch den Dominikanerinnen in Bad Wörishofen seit altersher ein Geistlicher zur Wahrnehmung der priesterlichen Aufgaben zur Seite. Er wird Beichtvater, Spiritual oder Hausgeistlicher genannt. Seine Stellung und seinen Tätigkeitsbereich regelt in grundsätzlicher Weise das Gesetzbuch der Kirche, das Corpus Iuris Canonici (CIC). Bei den Schwestern in Bad Wörishofen haben sich darüber hinaus zwei Urkunden erhalten, die konkret für das Kloster die Aufgaben des Spirituals umreißen, aus dem Jahre 1804 die Aufzeichnungen des damaligen Seelsorgers der Kommunität und zweiten Chronisten Pater Emerich Rueff O. P. (1744–1814) über die *„Verrichtungen eines Beichtvaters des löblichen Frauenklosters Mariä der Königin der Engeln nach der neuen Einrichtung im Jahre 1803"* und aus dem Jahre 1900 die *„Funktionen eines Hausgeistlichen im Kloster der Dominikanerinnen zu Wörishofen"*.[703] Diese seltene Quellenlage erlaubt es, auf die Bedeutung der Beichtväter als einen in der Literatur meist übersehenen, für das tägliche Leben der Religiosen aber wesentlichen Gesichtspunkt näher eingehen zu können. Eine ausführlichere Beschäftigung mit ihm erscheint bei der Wörishofener Kommunität auch deshalb angebracht, weil diese ihre heutige Existenz ganz wesentlich drei Spiritualen verdankt, zum einen dem späteren verdienstvollen ersten Chronisten, dem früheren Provinzial der deutschen Ordensprovinz der Dominikaner und nachmaligen Beichtvater des Mutterklosters Sankt Katharina in Augsburg, Pater Andreas Roth O. P. (1654–1735), ohne dessen Tatkraft die Gründung des Wörishofener Klosters nicht hätte bewerkstelligt werden können, zum anderen dem schon erwähnten Pater Emerich Rueff, der die Gemeinschaft über die Wirren der Säkularisation hinwegführte und damit ihren Bestand sicherte, und schließlich Pfarrer Sebastian Kneipp (1821–1897), dessen Erbe die Schwesterngemeinschaft bis zum heutigen Tag entscheidend prägt. Mit einer Beschreibung des Tätigkeitsbereichs der Spirituale in alter und neuer Zeit kann nicht nur ihnen ganz allgemein, sondern vor allem auch dem geistlichen Wirken dieser drei für den Wörishofener Konvent überaus verdienstvollen Persönlichkeiten ein Denkmal gesetzt werden. Im folgenden sollen deshalb die Funktionen der Hausgeistlichen vor dem Hintergrund des Corpus Iuris Canonici auf der Basis der zitierten historischen Materialien erläutert werden.

Zunächst ist der Beichtvater oder Hausgeistliche für die Gottesdienste einer Klostergemeinschaft verantwortlich, er ist Priester für die geistlichen Funktionen, wie tägliche Meßfeier, Andachten und Sakramentenspendung. Vor allem ist er auch für die Predigten in der Klosterkirche zuständig. Der Begriff „Hausgeistlicher" trägt diesem primären Aufgabenbereich sprachlich Rechnung. Mit dem Wort „Beichtvater" wird eine weitere, tiefere Dimension der Tätigkeit angesprochen. Es akzentuiert die priesterliche Stellung des Hausgeistlichen als Verwalter und Spender des Bußsakramentes. *„Besser als der lateinische Ausdruck ‚confessarius' drückt die deutsche Bezeichnung das Vertrauensverhältnis des beichthörenden Priesters zum Beichtenden aus. Die im Bußsakrament vermittelte Neuerteilung bzw. Vermehrung und Kräftigung übernatürlichen Lebens, die dabei geübte seelsorgerliche Liebe und Geduld rechtfertigen diesen Namen. Als Träger hoheitlicher Kirchengewalt hat der Beichtvater darüber zu entscheiden, ob der Bußwillige ein zum Empfang der Gnade des Bußsakraments genügendes Maß von Bußfertigkeit besitzt, um gegebenenfalls die Lossprechung zu erteilen. Als Seelenarzt bemüht sich der Beichtvater, zum Guten aufzumuntern und dem Bösen zu wehren. In den ersten Jahrhunderten übte der Bischof das Beichtvateramt aus, später mit seiner Ermächtigung auch der Priester. Das IV. Laterankonzil (1215) be-*

Abb. 259
Titel eines Andachtsbuches, das Pater Andreas Roth O. P. (1654–1735), der langjährige erste Spiritual des Wörishofener Klosters, verfaßt hat.
16 cm × 9,5 cm.
Augsburg 1728.
Bibliothek Dominikanerinnenkloster Bad Wörishofen.

◁ *Abb. 258*
Verkündigung an Maria. „Der Englische Gruß". Öl auf Leinwand. Originaler Rahmen. Maler nicht bekannt. 130 cm × 93 cm (mit Rahmen). Um 1750. Eine handschriftliche Notiz von 1751 berichtet hierzu: „Herr Pater Beichtvatter Valentinus Wagner ... hat den Englischen gruß lassen mahlen welcher 6 fl: kost. Gott der aller giettiste Belohns."
Dominikanerinnenkloster Bad Wörishofen.

*Abb. 260
Rosenkranzspende an den heiligen Dominikus. Öl auf Leinwand. Maler nicht bekannt. 136 cm × 101 cm (mit Rahmen). 1. Hälfte 18. Jahrhundert. Dominikanerinnenkloster Bad Wörishofen.*

stimmte als Beichtvater für die Gläubigen den Bischof, Pfarrer, im weiteren Sinn auch den vom Papst oder Ortsbischof Bevollmächtigten. Nicht zuletzt unter dem Einfluß der an Ordensleute, besonders an Bettelordensmitglieder, delegierten Beichtgewalt wurde seit Papst Bonifaz VIII. die Wahl des Beichtvaters frei".[704]

Das Beichtvateramt für Ordensleute unterliegt eigenen zusätzlichen Regeln: Der Beichtvater von Ordensschwestern bedarf einer speziellen Bevollmächtigung des Ortsbischofs. Ein Hausgeistlicher ist in allen Laienklöstern, die keiner Pfarrseelsorge unterstellt sind, anzustellen.[705] Die Ernennung oder Anstellung geschieht bei nichtexemten, also der bischöflichen Jurisdiktion unterworfenen Häusern, durch den Ortspfarrer auf Ersuchen der Oberen, in exemten, also nicht dem bischöflichen Stuhl unmittelbar zugeordneten Klöstern durch den zuständigen höheren Oberen. In der Praxis bedeutet dies, daß ein Ortspfarrer nicht ohne weiteres der Seelsorger für die Mitglieder einer klösterlichen Kommunität ist, die sich im Gebiet seiner Gemeinde ansiedelt. Er wäre nur dann ihr geistlicher Betreuer, wenn ihm diese Funktion ausdrücklich übertragen würde. Sebastian Kneipp verkörperte eine solche Doppelfunktion, als er zusätzlich zu seinem Amt als Spiritual der Wörishofener Dominikanerinnen zum Pfarrer der Pfarrgemeinde Sankt Justina bestellt wurde.

Das kirchliche Gesetzbuch sichert die Stellung des Beichtvaters rechtlich ab und äußert sich zu seinem Aufgabenbereich so:[706]

„§ 1. *Die Oberen haben den Mitgliedern die gebührende Freiheit zu lassen in Bezug auf das Bußsakrament und die geistliche Führung, jedoch unter Wahrung der Ordnung des Instituts.*

§ 2. *Die Oberen haben nach Vorschrift des Eigenrechts dafür zu sorgen, daß ihren Mitgliedern geeignete Beichtväter zur Verfügung stehen, bei denen sie häufig beichten können.*

§ 3. *In Nonnenklöstern, in Ausbildungshäusern und in größeren Laienkommunitäten haben nach Beratung mit der Kommunität vom Ortsordinarius (in den meisten Fällen der Ortspfarrer) anerkannte ordentliche Beichtväter zur Verfügung zu stehen, ohne daß jedoch die Verpflichtung besteht, sich an diesen zu wenden.*

§ 4. *Die Oberen dürfen die Beichte Untergebener nicht hören, außer Mitglieder bitten von sich aus darum.*[707]

§ 5. *Die Mitglieder sollen sich vertrauensvoll an ihre Oberen wenden, denen sie sich frei und von sich aus eröffnen können. Den Oberen ist es aber untersagt, sie auf irgendeine Weise anzuhalten, ihnen das Gewissen zu eröffnen.*"

Die beiden im Kloster von Wörishofen aufbewahrten Dokumente sind im Lichte dieser Ausführungen zu würdigen.

Die ältere Archivalie stammt aus dem Jahre 1804. Sie umfaßt zwölf handgeschriebene Seiten. Verfaßt wurde sie von dem damaligen Beichtvater des Klosters, Pater Emerich Rueff. Dieser kam am 25. September 1802 nach Wörishofen und wurde von der „Landesdirektion" in Ulm am 3. Dezember 1803 definitiv in seinem Amt bestätigt. Er gehörte dem Dominikanerorden an. Die Totentafel enthält folgenden Eintrag: „*Nr. 59 Anno 1814 29. 11. Nacht ¼ nach 10 ist an einem Schleimschlag*[708] *in Gott selig verschieden der Hochwürdige Hochgelehrte Herr Pater Praedicator Generalis Emerich Rueff Provinz Vraerius und 13 Jahre Beichtvater zu Wörishofen. Seines Alters im 71. und der heiligen Profeßion*[709] *im 51. Jahr. RIP*".[710]

Pater Emerich gliederte seine Aufschreibungen in zwei Hauptstücke. Das erste enthält drei Paragraphen. Zunächst geht es um das Messehalten: Der Beichtvater hält über das ganze Jahr täglich die heilige Messe, an Werktagen die Rosenkranzmesse um 6 Uhr, an Sonn- und Feiertagen ein gesungenes Hochamt ebenfalls um 6 Uhr, am ersten Sonntag eines Monats und an höheren Festen vor ausgesetztem Allerheiligsten.

Der zweite Paragraph ist dem Beichthören und Kommunizieren gewidmet: Beichtgelegenheit für die Nonnen besteht jeden Samstag in der Zeit von 7 Uhr 45 bis 9 oder 9 Uhr 30. Für Kranke im Kloster soll die Beichte nachmittags um 13 Uhr gehört werden. Zu den vier Quatemberzeiten[711] ist den Nonnen eine extra Beichte gestattet. Auch für Weltleute steht der Beichtvater zur Verfügung, um den Herrn Ortspfarrer zu entlasten.

Paragraph drei schließlich berichtet vom Predigen und von den Rosenkranzandachten:[712] Der Beichtvater soll an allen Sonntagen eines Monats und an den höheren Marienfesten eine Predigt halten. Die nachmittägliche Predigt am Sonntag wird unmittelbar an die um 14 Uhr angesetzte Vesper gehalten, darauf der Rosenkranz vor ausgesetztem Allerheiligsten gebetet. An höheren Festen wird zur Vesper ebenfalls ausgesetzt.

Die Darstellung des zweiten Hauptstücks, das von den besonderen Verrichtungen des Beichtvaters handelt, gliedert Pater Emerich nach dem jeweiligen Monat; es ist deshalb in 12 Paragraphen aufgeteilt:

Im Januar wird am Neujahrstag und am Fest der Erscheinung des Herrn den Klosterfrauen um 5 Uhr 45 die Kommunion gereicht, um 6 Uhr beginnt das feierliche Hochamt, danach Beichthören. Um 15 Uhr wird die feierliche Vesper gehalten, darauf das Rosenkranzgebet. Am Nachmittag wird das ganze Kloster mit Weihrauch und Weihwasser gesegnet. Am 19. Januar findet der Jahrtag für Herrn Josef Lichtenstern und seine Gemahlin Katharina statt; sie stifteten dem Kloster im Jahr 1763 100 Gulden.

Im Februar[713] treten vor allem die Feste Mariä Lichtmeß, Sankt Blasius und der Sonntag Sexagesima hervor. Um 5 Uhr 45 empfangen die Klosterfrauen nach gegebener Generalabsolution die heilige Kommunion, danach wird um 6 Uhr das feierliche Hochamt gehalten. Am Fest des heiligen Blasius erfolgt um 5 Uhr 45 in der Sakristei die Kerzenweihe, nach der Messe für die Verstorbenen der Rosenkranzbruderschaft erfolgt der Blasiussegen für die Weltlichen, darauf nach gesun-

Abb. 261
Rosenkranzspende an den heiligen Dominikus. Öl auf Leinwand. Originaler Rahmen. Gemalt von Franz Haagen († 1734).
91,5 cm × 63,7 cm (mit Rahmen).
Dominikanerinnenkloster Bad Wörishofen.

gener Litanei die Halssegnung für die Klosterfrauen. Am 13. Februar, dem Fest der heiligen Katharina von Ricci, einer Dominikanerin, wird um 6 Uhr ein feierliches Hochamt zelebriert. Am Aschermittwoch wird nach 8 Uhr die Asche geweiht mit anschließender Aschenauflegung für die Nonnen, nach gehaltenem Amt erfolgt die Zeichnung mit dem Aschenkreuz für das anwesende Volk.

Im März nimmt vor allem das Fest des heiligen Thomas von Aquin einen herausragenden Platz ein. Der Tagesablauf beginnt wie an hohen Kirchenfesten mit Generalabsolution und Kommunion der Schwestern, um 6 Uhr schließt die Frühmesse an. Um 8 Uhr singen die Schwestern das Veni creator spiritus,[714] darauf wird das feierliche Hochamt gehalten. Das Beichthören dauert bis fast 11 Uhr.

Am 19. März, dem Fest des heiligen Josef, wird das Hochamt bereits um 6 Uhr zelebriert, nachmittags 15 Uhr betet man den Rosenkranz. Am Palmsonntag entfiel die Predigt, da das Beichthören für das Volk viel Zeit in Anspruch nahm. Die liturgischen Verrichtungen für die Karwoche wurden von Pater Emerich gesondert in einem grün gebndenen Büchlein beschrieben.

Der April wird von der österlichen Liturgie geprägt. Am Karsamstag ist die Auferste-

Abb. 262 und Abb. 263 Leuchter, zwei von sechs, für eine feierliche Aufbahrung. Holz, bemalt. 130 cm × 54 cm. 1. Hälfte 18. Jahrhundert. Eine handschriftliche Notiz aus dem 18. Jahrhundert, die sich im Archiv des Klosters erhalten hat, berichtet, wie damals eine Beerdigung vorbereitet und dann durchgeführt wurde: „Anno 1766 den 28. Marzi am hl. Carfreytag zue morgens Umb 9 Uhr ist gestorben Unser liebe leyschwester Maria Francisca lang Heinrichen. Vor dem ambt hat sie noch besuecht der damahlige P. Magist.: P. Jodokus Härtinger alß beichtvatter. nach völligen

hungsfeier. Sie beginnt kurz vor 19 Uhr 45 mit der Mette der Nonnen. Pater Beichtvater geht im Rauchmantel mit sechs Ministranten zum Heiligen Grab. Nach Beräuchern des Allerheiligsten und dem Singen entsprechender Psalmverse wird das „Surrexit"[715] angestimmt. Die Figur des Leichnams Jesu wird aus dem Heiligen Grab genommen, die dort befindlichen Lichter gelöscht. Die Schwestern singen darauf die „Laudes".[716] Am Ostersonntag wird den Nonnen um 5 Uhr 45 die Generalabsolution erteilt, anschließend empfangen sie die heilige Kommunion. Um 6 Uhr wird das feierliche Amt vor ausgesetztem Allerheiligsten gehalten. Nachmittag um 14 Uhr findet eine feierliche Vesper statt, mit Prozession zum Heiligen Grab. Am Ostermontag kommunizieren die Schwestern zunächst, um 6 Uhr dann wird das Hochamt ohne Aussetzung gefeiert. Nachmittags um 15 Uhr feierliche Vesper mit Aussetzung des Allerheiligsten. Am Osterdienstag – es ist kein Feiertag – stille Messe um 6 Uhr. Die Vesper wird am Nachmittag nur von den Nonnen gehalten. Am Weißen Sonntag um 6 Uhr ein figuriertes[717] Amt. Nachmittags Rosenkranz ohne Predigt.

Der Mai ist durch die Bittage, Christi Himmelfahrt und Pfingsten geprägt. Am 3. Mai wird das Fest der Kreuzerhöhung gefeiert. Auf dem Hochaltar wird die Kreuzpartikel mit zwei Lichtern aufgestellt. Nach der Frühmesse gibt Pater Beichtvater die Reliquie zuerst den Klosterfrauen, dann dem zahlreich anwesenden Volk zum Küssen. Am Montag in der Bittwoche zieht man zusammen mit der Pfarrei um 5 Uhr nach Irsingen. Am Dienstag kommt die hiesige Pfarrgemeinde zur Klosterkirche, Pater Beichtvater empfängt die Bittgeher. Am Mittwoch Bittgang nach Schlingen um 5 Uhr. An Christi Himmelfahrt, frühmorgens Kommunion der Nonnen, um 6 Uhr feierliches Hochamt. Nachmittags wie an Hochfesten die feierliche Vesper. An den zwei Pfingstfeiertagen wird die Liturgie wie an den anderen Hochfesten gefeiert. Am Pfingstsonntag früh am Morgen Generalabsolution der Klosterfrauen mit anschließender Kommunion.

Der Juni ist von der Feier des Fronleichnamsfestes gekennzeichnet. Am Vorabend wird um 14 Uhr 45 die Vesper gehalten, um 17 Uhr die Mette gesungen. Am Festtag selbst kommunizieren die Nonnen um 5 Uhr 30, es folgt dann das Hochamt.

Um 8 Uhr 15 werden vor ausgesetztem Allerheiligsten die Terz[718] und die Sext[719] gebetet. 14 Uhr 15 figurierte[720] Vesper mit anschließendem Rosenkranz. Um 17 Uhr Mette mit Te Deum.

Im Juli feiert man das Skapulierfest. An diesem Sonntag wird ein Dankgottesdienst in der Klosterkirche zum Andenken an eine 1796 gnädig abgewendete Feuersbrunst gehalten. Nach der Vesper gibt Pater Beichtvater mit dem Allerheiligsten den Segen.

Im August feiert die Klostergemeinde das Fest Mariä Himmelfahrt. Am Vorabend wird nach der Komplet[721] die Litanei gebetet. Der Festtag wird wie an Mariä Lichtmeß gestaltet.

Im September feiert man am Sonntag nach Mariä Geburt das Kirchweihfest. Es wird ein Hochamt mit nachmittäglicher Vesper gehalten. Am Fest des heiligen Erzengels Michael (29. September) ist Pater Beichtvater nach Stockheim zum Beichthören eingeladen.

Im Oktober muß vor allem das Fest des heiligen Rosenkranzes hervorgehoben werden. Die Liturgie ist wie an Mariä Lichtmeß. Nach dem Asperges[722] erfolgt die Erneuerung des Treuegelöbnisses (Marianische Formel) im Beisein des Rates der Rosenkranzbruderschaft. Pater Beichtvater spricht die „Marianische Formel" vor.

Das Allerheiligenfest am 1. November wird wie alle anderen Hochfeste auch gefeiert. Die Nonnen erhalten nach der Generalabsolution die heilige Kommunion. Nach der feierlichen Vesper um 14 Uhr 15 folgt die Vesper für die Verstorbenen. Pater Beichtvater geht an die aufgebaute Bahre und spricht ein Gebet für die selig Verstorbenen. Am Allerseelentag erhalten die Klosterfrauen die Kommunion. An der Totenprozession um 8 Uhr sind nur die Nonnen beteiligt. Zum großen Seelen-Ablaß mit der Generalkommunion besteht so großer Zulauf, daß mehrere Aushilfspriester erforderlich sind. Am 11. November, dem Martinsfest, ist Patrozinium in Schlingen. Hierzu ist auch Pater Beichtvater eingeladen.

Im Dezember wird an allen Adventssonntagen um 6 Uhr das Rorate vor dem ausgesetzten Allerheiligsten gehalten. Am Weihnachtsfest (25. Dezember) finden das erste Hochamt um 5 Uhr, darauf die Rosenkranzmesse und um 8 Uhr 30 das zweite Hochamt statt. Nachmittags 5 Uhr wird feierliche Vesper gehalten.

Am zweiten Weihnachtsfeiertag findet früh um 6 Uhr das Hochamt statt, nachmittags 15 Uhr die Vesper, daran anschließend der Rosenkranz. Am Fest des heiligen Evangelisten Johannes wird eine Frühmesse gelesen, gegen 6 Uhr 45 wird zu Ehren des Heiligen in der Sakristei Wein geweiht und nach der Rosenkranzmesse den Klosterfrauen an der Kommunionbank gereicht.

Das zweite, jüngere Dokument über die Aufgaben eines Hausgeistlichen stammt aus dem Jahre 1900. Es umfaßt nur eine Schreibmaschinenseite. Verfaßt wurde es von der damaligen Priorin Maria Alberta Hörmann. 1838 in Ottobeuren geboren, gehörte sie dem Wörishofener Konvent von 1862 bis zu ihrem Tod am 14. Mai 1916 an. Sie stand dem Kloster insgesamt 21 Jahre von 1895 bis 1916 als Priorin vor. Der Text lautet:

„Funktionen eines Hausgeistlichen im Kloster der Dominikanerinnen zu Wörishofen:
1. *Konventmesse und Krankenprivisour.*[723]
2. *Austeilung der hl. Kommunion an die Kinder vor der Schulmesse und eventuell an einige Schwestern während derselben auf dem Klosterchor.*
3. *Weihen und Segnungen vorzunehmen, soweit der Pater hiezu die Vollmacht hat und soweit nicht der jeweilige Beichtvater, ein Kapuzinerpater aus Türkheim, der sie bis vor einigen Jahren vornahm, sich daran beteiligt, z. B. an der Aussegnung des Hauses am Dreikönigsfeste.*
4. *Die üblichen jährlichen Predigten in der Kirche zu halten, wenn nicht ein dem Hause nahestehender Geistlicher im einen oder anderen Falle darum ersucht wird.*
5. *Wenn möglich alle 8–14 Tage den Zöglingen und alle 3–4 Wochen den Waisenkindern eine Konferenz zu halten.*
6. *Alle kirchlichen Andachten zu halten zu der im Kloster üblichen Zeit und in der in der Diözese vorgeschriebenen Form.*
7. *Beichthören der Zöglinge, der Waisenkinder, des Hauspersonals (Dienstboten und Pensionärinnen).*
8. *Abhalten des feierlichen Amtes an Monatssonntagen, Festtagen, soweit es nicht von dem Geistlichen geschieht, der die Schulmesse hält.*

Sollten Änderungen notwendig sein, so kann das im Einvernehmen mit der Priorin geschehen. Daß der Hausgeistliche sich auch bei Ausflügen oder Reisen auf kurze Zeit vertreten lassen kann, ist selbstverständlich. Doch soll er dann der Priorin hievon Kenntnis geben und über den stellvertretenden Priester mit ihr konferieren.

Daß es dem einen wie dem anderen Teil freisteht, das Dienstverhältnis aufzuheben, liegt in der Sache selbst.

M. Alberta Hörmann, Priorin O.S.D".

Betrachtet man die beiden Dokumente, dann kann man zunächst feststellen, daß sie sich durchweg in dem Rahmen halten, der allgemein für Beichtväter eines Klosters festgelegt ist. Die Ausführlichkeit der Aufschreibungen des Pater Emerich mag nicht nur dadurch begründet sein, daß dieser Spiritual war und deshalb aus eigener Erfahrung berichten konnte, sondern vor allem auch dadurch, daß sie unter dem Eindruck der Säkularisation entstanden sind. Möglicherweise war es ihm ein ernstes Anliegen, das geistig-geistliche Leben der Wörishofener Dominikanerinnen zu festigen und zu bewahren.[724] Die Kürze des zweiten Dokuments wird nicht zuletzt aus der Tatsache erklärt werden können, daß die Oberin des Frauenklosters, also gleichsam eine „Betroffene", die „Anweisungen" verfaßte. Noch ein weiterer Gesichtspunkt unterscheidet die beiden Schriftstücke. Das ältere umfaßt alle Funktionen eines Hausgeistlichen, das jüngere gliedert die Aufgaben des Beichthörens der Schwestern, also der Religiosen, ausdrücklich aus. Im übrigen fällt bei einer Betrachtung der beiden Dokumente ins Gewicht, daß das erstere noch ganz von der strengen Regel geprägt ist, vom Leben einer klösterlichen Gemeinschaft, das vollständig dem Lobpreis Gottes im Gottesdienst, im Chorgebet und in jeder täglichen Verrichtung geweiht war, während das Schriftstück von 1900 zu einem Zeitpunkt entstand, als sich die Kommunität bereits der Dritten Regel des heiligen Dominikus mit dem Schwerpunkt der praktischen Tätigkeit zugewandt hatte. Jedenfalls war der Aufgabenkatalog Pater Emerichs wesentlich umfangreicher als der aus dem Jahr 1900.

Der Wörishofener Beichtvater des 18. und frühen 19. Jahrhunderts war voll eingespannt in den kirchlich-klösterlichen Tagesablauf. Den damit verbundenen geistigen und körperlichen Anstrengungen und Strapazen konnte nur ein im Glauben starker und in der Seelsorge voll aufgehender Priester gewachsen sein. Die Aufgaben des

gehaltenen gottsdienst ist ehr jn Cohr rock Und Stoll herein gangen, hat die leicht beraucht Und ist solche In daß groß redtzimmer getragen worden darin sie den Tag Und nacht durch gebliben bis vor der Begräbnis ... nach der laudes hat gleich die leicht oder Begrebnis angefangen. Im plufiall ist P. Magist: beichtvatter hereingangen in Cor und nach gesungenen versen hinnauß begleittet Under Vielem Volck, viele liechter auch in laternen hab ich Custeren auß der Custerey hergeben daß ein schene Beleuchtung geweßt ...".
Dominikanerinnenkloster Bad Wörishofen.

Hausgeistlichen heute entsprechen in etwa, mit zeitbedingten Änderungen, den Tätigkeiten, die das Dokument des Jahres 1900 festgehalten hat. Dieses besitzt in Wörishofen immer noch Geltung.[725] Nach alter Tradition ist der Hausgeistliche heute auch wieder der Beichtvater der Schwestern.

Abschließend sei all der Beichtväter gedacht, die bei den Dominikanerinnen in Bad Wörishofen gewirkt haben:[726]

1721–1735	P. Andreas Roth O. P.	1785–1789	P. Rochus Mez O. P.	1925–1926	P. Bernardin Wartenberg O. P.
1735–1742	P. Thomas Gerstler O. P.	1789–1791	P. Augustinus Krazer O. P.	1926–1927	P. Dominikus Gickler O. P.
1742–1744	R. Rupert Hueber O. P.	1791–1794	P. Casimirus Gröbl O. P.	1927–1930	P. Josef Breitscheid O. P.
1744–1746	P. Dominikus Hartenfels O. P.	1794–1797	P. Salesius Puthan O. P.	1931–1932	P. Gabriel Löhr O. P.
1746–1751	P. Valentinus Wagner O. P.	1797–1801	P. Balthasar Wörle O. P.	1932–1933	P. Bonifaz Trogemann O. P.
1751–1757	P. Ignatius Oberndorfer O. P.	1801–1802	P. Vitalis Buchner O. P.	1933–1935	verschiedene Aushilfen
1757–1761	P. Andreas Berchtold O. P.	1802–1814	P. Emerich Rueff O. P.	1935–1942	P. Hyazinth Hanser O. P.
1761–1763	P. Raymundus Fischler O. P.	1816–1827	P. Martin Gropper OSB	1942–1949	P. Hyazinth Amschl O. P.
1763–1767	P. Jodocus Artinger O. P.	1828–1834	P. Nikolaus Wacker OSB	1949–1958	P. Thomas Hegglin
1767–1770	P. Donatus Gaber O. P.	1843–1855	Michael Blum	1958–1961	P. Theodulph Knodt O. P.
1770–1772	P. Eustachius Spindler O. P.	1855–1896	Sebastian Kneipp	1961–1971	P. Ulrich Kaiser
1772–1772	P. Simpert Dorner O. P	1910–1912	P. Theodor Stehmann SVD	1971–1981	P. Matthäus Weiß O. P.
1773–1783	P. Joann Nepomuk Glauer O. P.	1913–1914	Johann Ebert	1982–1987	P. Karl Boemer OMI
		1914–1917	P. Bartholomäus Bremer O. P.	1987–1988	verschiedene Aushilfen
1783–1785	P. Ulrich Reiss O. P.	1917–1918	P. Leonhard Maurmann O. P.	1988–heute	P. Siegfried Dörpinghaus O. P.
		1918–1919	P. Hugo Krott O. P.		
		1919–1921	P. Mannes Rings O. P.		
		1921–1924	P. Alvarus Hespers O. P.		

Abb. 264 Konvolut von Kräuterbüchern aus der Bibliothek des Dominikanerinnenklosters Bad Wörishofen. Links hinten: „Kreuter Buch Darinn der Kreutter Unterscheid/Nammen und Würckung/so in unsern Teutschen Landen wachsen." 1551. 33 cm × 21 cm. Rechts: „Liber de arte Distillandi de Compositis. Das Buch der waren kunst zu distillieren…". Straßburg 1515. 29,5 cm × 19,5 cm. Vorne: „Loelum Philosophorum, Von heimlichkeit der Natur, das ist, wie man nicht allein auß Wein, sonder auch auß allen Metallen, Früchten, Fleisch, Eyren, Wurtzlen, Kreutern, und auß viel anderen dingen mehr, sol Destilliern…". Frankfurt/Main 1551. 31 cm × 21,5 cm.

Sebastian Kneipp –
Spiritual der Wörishofener Dominikanerinnen

P. Siegfried Dörpinghaus O. P.

Sebastian Kneipp war bis zu seinem Tode am 17. Juni 1897 insgesamt 42 Jahre hindurch als Spiritual im Dominikanerinnenkloster *„Maria Königin der Engel"* in Wörishofen tätig. In den letzten 16 Jahren seines Lebens betreute er außerdem noch seelsorglich die Pfarrgemeinde Sankt Justina. Im Kloster hat Kneipp in Zusammenarbeit mit den Schwestern seine Naturheilkunde entwickelt. Hier erfuhr er seine *„Habilitierung zum Wasserdoktor"*. Bis heute weiß sich das Kloster dem Erbe Kneipps verpflichtet.

Die Bedeutung Kneipps für die Gesundheit der Menschen ist in zahlreichen Veranstaltungen, Vorträgen und Veröffentlichungen immer wieder gewürdigt worden. Seine Tätigkeit als Hausgeistlicher des Klosters fand dabei durchweg nur am Rande Erwähnung. In einer vollen Würdigung seiner Person darf aber gerade dieser Aspekt seines priesterlichen Werdeganges nicht fehlen. Ihm nachzugehen erscheint umso berechtigter, als der vorrangige Auftrag seines Augsburger Bischofs an ihn bei der Berufung nach Wörishofen gerade die geistliche Betreuung der Dominikanerinnen beinhaltete.

Kneipp selbst hat sich nie grundsätzlich in schriftlicher Form über spirituelle Leitvorstellungen im Zusammenhang mit seinem Amt im Kloster geäußert. Solche aufzufinden, gestaltet sich deshalb schwierig. Es galt, den schriftlichen Nachlaß zu sichten und einschlägige Aussagen von Zeitzeugen ausfindig zu machen. Auf diese Weise wird im folgenden versucht, aus Äußerungen und Verhaltensweisen Kneipps seine priesterliche Existenz und sein seelsorgliches Wirken im Kloster der Dominikanerinnen zu skizzieren.

Der Berufsweg und die Berufung

Als Sebastian Kneipp auf Drängen seiner Freunde sein erstes Buch *„Meine Wasserkur"* schrieb, teilte er den Lesern in der Einleitung mit, wozu er in seinem Leben angetreten sei. Er erinnert an seine ersten selbständigen Schritte nach erreichter Volljährigkeit: *„Das Wanderbüchlein charakterisierte mich als Webergesellen. Doch seit meiner Kindheit Tagen stand es auf den Blättern des Herzens anders geschrieben ... Ich wollte Priester werden".*[727] Was immer er im Laufe seines Lebens auch unternahm, von diesem seinem inneren Auftrag duldete er keine Abstriche, jedenfalls nicht in Grundeinstellung und erklärter Absicht.

Der Berufsweg von Sebastian Kneipp war voller Hindernisse. Das Elternhaus wollte nichts von seiner Berufsabsicht hören. Mehr als zwanzig Geistliche rieten davon ab, Priester zu werden, und schließlich fehlte auch das Geld. An allen Stationen seines Weges zum Priestertum war Kneipp auf das Wohlwollen seiner Freunde angewiesen. Wiederholte ernsthafte Lungenerkrankung behinderte seine Ausbildung in Dillingen und München. Verunglimpfungen aller Art war er ausgesetzt, mischte er sich doch in manche außertheologische oder außerpastorale Dinge ein. Aber all diesen Erschwernissen zum Trotz behielt er sein Ziel im Auge, seine Berufung setzte sich durch.

Mit 23 Jahren begann er nach privater Vorbereitung seine Gymnasialstudien in Dillingen. Mit 31 Jahren erreichte er den erfolgreichen Abschluß seiner theologischen Studien in München (Georgianum). Im August 1852 – es war die Oktavwoche des Dominikusfestes – weihte ihn der Augsburger Bischof Petrus von Richartz (reg. 1836–1855) zum Priester. Der im gleichen Monat folgende Primizgottesdienst in Ottobeuren, seiner Heimatpfarrkirche, war überfüllt. Das Thema seiner ersten Predigt lautete: *„Rette deine Seele!"*

Alfred Baumgarten (1862–1924), der langjährige Freund und ärztliche Mitarbeiter Kneipps bemerkt dazu in seiner biographischen Studie über Sebastian Kneipp im Jahre 1898: *„Er, der borschtige Bua, der viel verspottete Baschtl, der von Pontius zu Pilatus gelaufen war, der sich von allen Menschen*

285

hatte hänseln, verspotten und verhöhnen lassen müssen wegen seiner törichten Einbildung, war schließlich an das Ziel seiner Wünsche gelangt".[728] Beeindruckt von dem Hindernislauf seines Freundes notierte er: *„Aussichtsloser ist noch niemals ein Mensch mit Bezug auf seine wichtigsten Wünsche und Bestrebungen gewesen"*.[729]

„Rette deine Seele!" – dieser Leitgedanke bestimmte viele Predigten bei Gemeindeerneuerungen bis in die Zeit vor und nach dem Ersten Weltkrieg. Für Kneipp war er damals bei seiner ersten Predigt sicherlich eine Art persönliche Rückblende auf die Umstände seiner Berufung. Auf dem Krankenbett, kurz vor seinem Tode, hat Kneipp in einem vertraulichen Gespräch mit Freunden erzählt, warum er im Grunde Priester hat werden wollen. Er gestand den Freunden: *„Zwei Dinge sind es gewesen, die ich in meiner Jugend besonders gefürchtet habe: Die Rute und die Hölle. Und um beiden zu entgehen, wollte ich alle möglichen Mittel aufwenden. Es sagte mir nun klar eine innere Stimme: Willst du der Hölle entgehen, so werde Priester. Dies aber geschah, als ich noch ein kleiner Junge war. Und seit dieser Zeit verließ mich der Gedanke nicht mehr, und ich war einzig und allein von dem Wunsch beseelt, Priester zu werden"*.[730] Eine Gotteserfahrung höchst persönlicher Art hatte also seinem Leben das entscheidende Siegel aufgedrückt.

Der Jünger und sein Meister

Berufungserfahrung erweist ihre Echtheit stets in ihrer verwandelnden Wirkung. Damaskus machte aus dem Saulus einen Paulus. Wer in einer faszinierenden und zugleich erschütternden Gottesbegegnung den Ruf zum Priestertum vernimmt, entdeckt die sein Leben bestimmende und verwandelnde Christusspur. Tiefe Dankbarkeit drängt diesen Menschen zu demütiger Verfügbarkeit, die er mit seinem *„adsum"* am Weihetag besiegelt. Der frühere Augsburger (Erz)Bischof Joseph Stimpfle (reg. 1963–1992) fand dazu in seiner Promotionsschrift von 1951 die Worte: *„Immer bildet der Gehorsam gegenüber Gottes Willen in der Nachfolge Jesu den Inhalt der christlichen Berufung."* Als geweihter Priester stand Sebastian Kneipp seinem Bischof Petrus von Richartz im Gehorsam zur Verfügung. Die Stationen seiner priesterlichen Tätigkeit suchte er sich nicht selbst aus: Biberbach, Boos, Augsburg und schließlich Wörishofen. In seinen priesterlichen Funktionen war er der Reihe nach Kaplan, Spiritual und Pfarrer. Alfred Baumgarten hat die gewissenhafte Berufsausbildung jahrelang beobachtet und sein Pflichtbewußtsein schätzen gelernt. *„So war der Priester Kneipp, im ganzen genommen, das Bild eines seeleneifrigen Lehrers, Predigers und Seelsorgers, der keine Mühe scheute, um die ihm auferlegten Pflichten gewissenhaft zu erfüllen und die ihm anvertrauten Seelen zur Wahrheit zu führen. Niemals überschwänglich, sondern stets nüchtern, praktisch und einfach in seinen Predigten und Ermahnungen, hat er vieles erwirkt, Hohes erreicht, und sein Andenken wird seinen Pfarrkindern und denen, die sich seiner Führung anvertraut hatten, niemals aus der Erinnerung schwinden können"*.[731]

Sendungsbewußtsein bedarf der Pflege des Gebetes. Allzuleicht verliert sich die innere Offenheit zu Gott in der Verengung des Alltags. Den Rat, den Kneipp anderen gab, gab er zuerst sich selbst: *„Suchet euch die Hilfe der Pflichterfüllung von oben"!*[732] In der Stille der Morgendämmerung pflegte er sein Tagewerk vorzubereiten in Gebet, Betrachtung und Eucharistiefeier.[733] Den Rhythmus von Gebet und Arbeit trug er in die kleinsten Verrichtungen hinein. *„Ein kurzes, herzliches Gebet ist immer der beste Anfang einer guten Kur"*.[734] Beten schaffte

Abb. 265
Blick auf Stephansried, den Geburtsort von Sebastian Kneipp (1821–1897). Öl auf Leinwand. Signiert und datiert „E. Sturli. Görz, 1894". 61,5 cm × 81,5 cm (ohne Rahmen). Dominikanerinnenkloster Bad Wörishofen.

für Kneipp ein Band, das den Beter mit Gott verbindet und zugleich die Menschen umschließt.[735] Vielleicht hat neben dem Elternhaus die benediktinische Nähe zu Ottobeuren diesen Einfluß gehabt: *„Bete und arbeite!"*

Das im Gebet genährte Sendungsbewußtsein befähigte Kneipp zu außerordentlichem Gottvertrauen und selbstlos energischer Tat. *„Unter seinen Händen wurden die unmöglichsten Dinge möglich"*, beobachtet sein Freund Baumgarten.[736] Kneipp unterlag aber bei aller Aktivität keinem vermessenen Tatendrang. Die Liebesgabe Gottes an ihn, seine Berufung, wollte er mit liebender Hingabe im Dienst der Menschen beantworten. *„Rastlos war sein Fleiß, mit dem er arbeitete, vom frühen Morgen bis in die späte Nacht. Er arbeitete für alle Leute, für die ganze Welt, für seine Pfarrei, für alle und für jeden, nur nicht für sich selbst"*.[737] In diesem Sinne folgte er seinem Meister auf den Fuß, der sein Leben vorbehaltlos hingegeben hatte für seine Schafe. Den oft zitierten Ehrentitel *„Wohltäter der Menschheit"* mögen die meisten Menschen dem Begründer der *„Kneipp-Kur"* zuordnen. Im Grunde gebührt er nicht zuletzt dem Priester in der Nachfolge und nach dem Herzen Jesu.

Kneipp selbst sah seine Wohltätigkeit ganz klar als eine Hilfe für den ganzen Menschen in seiner gottebenbildlichen Bestimmung. *„Immer hat mir die körperliche Heilung viel Freude und Trost gebracht, unendlich größer jedoch ist stets meine Freude, wenn es mir vergönnt ist, zugleich mit der Heilung des Körpers auch die Seele in den Stand der wahren Glückseligkeit zu bringen"*.[738] Voll Bewunderung sind Worte seines langjährigen Mitarbeiters und Freundes Baumgarten: *„Kneipp ist arm geboren, er hat arm gelebt, ist nahezu zum Millionär geworden, hat alles an die Armen gegeben, und ist an Vermögen arm, aber an Verdiensten reich gestorben, fürwahr eine seltene Uneigennützigkeit hat dieser Mann bis zu seinem letzten Atemzug bewahrt"*.[739]

Im Vorwort zu seinem Buch *„Meine Wasserkur"* zitiert Kneipp eine Lieblingsstelle aus der Bergpredigt: *„Selig sind die Barmherzigen, denn sie werden Barmherzigkeit erlangen!"* Worte wie diese aus der Bergpredigt hatten es ihm angetan und waren Wegweisung für sein ganzes Leben. Zur Nachfolge

Abb. 266
Foto von Sebastian Kneipp (1821–1897). Signiert und datiert „Prof. E. Hanfstaengl Frankfurt a. M. 1894".
92 cm × 81 cm
(mit Rahmen).
Dominikanerinnenkloster Bad Wörishofen.

Christi berufen, wollte Kneipp die ihn selbst erlösende Frohbotschaft seines Meisters im Dienst der Kirche weitergeben an die Menschen. Er jedenfalls war zutiefst überzeugt: *„Christus ist das Muster für alle Menschen".*[740]

Sebastian Kneipp hatte seinen Meister gefunden. Für den besten Meisterschüler hielt er sich nicht. Er wußte sehr wohl um sein mitunter schroffes und abstoßendes Wesen und bat darum, *„man möge seine harte Ausdrucksweise auf die Rechnung seiner herben und derben Gemütsart schreiben".*[741] Seine natürliche Mitgift legt einen Vergleich nahe mit dem struppigen und knorrigen Urwalddoktor von Lambarene, dem alemannischen Elsässer Albert Schweitzer († 1965). Kneipp konnte sehr wohl in einen barschen Umgangston fallen, besonders mit seinen Patienten. Eine Dame, die sich als Gräfin vorstellte, fuhr er an: *„Ich habe Sie nicht gefragt, wer Sie sind, sondern was Ihnen fehlt".*[742]

Für fein besaitete Gemüter war Kneipp nicht der Partner. Das Feine war ihm nicht angenehm und auch nicht angeboren. Baumgarten sieht mit wohlwollender Deutung in Kneipps Grobheiten einen gewissen Selbstschutz: *„Ohne diese Grobheit wäre er wahrscheinlich der törichten Weihräucherei seiner ihn hoch verehrenden Anhänger erlegen gewesen".*[743] Der Versuchung zur Ausfälligkeit steuerte Kneipp selbst mit Humor entgegen. *„Sein Humor bewahrte ihn vor dem schädlichen Einfluß zu heftiger Gemütsausbrüche. Anekdoten hatte er zu hunderten parat".*[744] Im allgemeinen war Kneipp auf Sachlichkeit bedacht. Schließlich hatte er ja auch einen akademischen Bildungsweg durchlaufen. *„Dennoch konnte Vater Kneipp seine sonnige Bauernnatur und seine innere Überlegenheit gegenüber Besserwissern nicht zurückhalten".*[745] *„So herzensgut er war, so ungehalten konnte er werden, wenn Kranke nicht seine Anweisungen befolgten".*[746] So komplimentierte er einmal eine Dame, die vorgab, das Kaffeetrinken nicht lassen zu können, aus dem Sprechzimmer hinaus: *„Dann gehen Sie hin und sterben Sie. Ich kann Ihnen nicht helfen. Der Nächste bitte!"*[747]

In seinem Streben, die Lichtseiten der von ihm erfundenen Wasserkur hervorzuheben, ging Kneipp manchmal zu weit. Es war das eine Charaktereigenschaft, die sich überhaupt bei ihm vorfand, auch in landwirtschaftlichen Dingen.[748] Durch die Bank galten Kneipps Worte wie ein Evangelium. Doch gab es auch kritische Stimmen, besonders aus theologischen und medizinischen Fachkreisen. Ein Confrater, dem Kneipps Reden zu aufschneiderisch vorkamen, äußerte einmal: *„Ist denn dem Kneipp überhaupt schon mal was mißglückt"?*[749]

Kneipps Anschauungsweise von menschlichen Dingen war höchst einfach. Er konnte sich schlecht vorstellen, daß es bei anderen anders sein konnte. Damit mußte er auf Widerstand stoßen. Enttäuschung und Verletzung im Umfeld der Kritik machten ihn mitunter verschlossen, ja sogar wankelmütig. Dann fielen ihm Entscheidungen schwer.[750] Diese und die vorhin angeführten Beobachtungen führen zu dem Schluß: Nicht alle Stolpersteine auf seinem Lebensweg kamen von äußerer Kritik oder Mißgunst, einige brachte er auch selbst mit.

Der Spiritual und sein Kloster

Am 2. Mai 1855 trat Sebastian Kneipp auf bischöfliche Anweisung im Dominikanerinnenkloster zu Wörishofen die Stelle eines Hausgeistlichen an. Die längste und wichtigste Epoche seines Lebens spielte sich seitdem im klösterlichen Bereich ab, obwohl der Religiosenweg mit seinen Evangelischen Räten nicht sein Weg war. Offensichtlich kam es zu positiver gegenseitiger Förderung zwischen Kneipp und den Schwestern. Einer seiner ihm nahestehenden Freunde äußerte in Kneipps Todesjahr zurückblickend: *„Ohne das Kloster wäre Prälat Kneipp nicht das geworden, was er jetzt ist."* Auch als Pfarrer in seinen späteren Lebensjahren verweilte Kneipp mit Vorliebe unter den Klosterfrauen, welche ihm so viel zu verdanken hatten, denen gegenüber aber auch er sich zu Dank verpflichtet wußte. Das Wörishofener Kloster war ihm zur zweiten Heimat geworden. Deswegen war es auch sein sehnlicher Wunsch, in diesem Kloster gegebenenfalls gepflegt zu werden und auch in diesem Kloster zu sterben. Ein Wunsch, der ihm in Erfüllung ging.[751]

Der bischöfliche Auftrag ließ Sebastian Kneipp großen Spielraum. Er sollte das religiöse Leben überwachen und dafür sorgen, daß in diesem Kloster der kirchliche Geist erhalten bleibe. Weiterhin sollte er sich um die den Klosterfrauen anvertraute Jugend

◁ *Abb. 267*
Kelch von Sebastian Kneipp (1821–1897). Silber, vergoldet, graviert und emailliert. Halbedelsteine.
*22,5 cm hoch. Signiert „Andreas Norz Oeniponti Fecit." 1890. Unten Inschrift: „C*AROL*V*S *XC*O*M*I*T I*B*V*S S*E*I*L*ERN *S*A*LVV*S *R*E*V*E*RENDO SEB*A*ST*I*ANO *K*N*E*I*PP."*
Dominikanerinnenkloster Bad Wörishofen.

kümmern. Nicht zuletzt galt es für ihn, die wirtschaftliche Existenz des Klosters zu sichern.[752] Besonderheiten dominikanischer Lebensweise finden in Kneipps Schriften allerdings keine Erwähnung. Nur hin und wieder wirft er einen Blick auf seinen Zuständigkeitsbereich als Spiritual. In seinem lebenskundlichen Buch „So sollt Ihr leben!" vergleicht er einmal die Klostergemeinschaft mit einer Familie und betont dabei: *„Wie nun in einem großen Hauswesen ein tüchtiger Hausvater notwendig ist, wie von diesem vorwiegend das Glück oder Unglück der Familie abhängt, so bedarf auch ein Kloster vor allem eines verständigen Vorstehers, und von ihm hängt vielfach das Wohl und Wehe der Gemeinschaft ab"*.[753] Als Kneipp das niederschrieb, war er bereits 34 Jahre geistlicher Betreuer der Schwestern. Die Selbsteinschätzung seiner Position im Kloster ist eindeutig erkennbar. Bestimmender Einfluß auf die inneren Angelegenheiten der Schwesternschaft blieb nicht aus. Praktisch bekleidete dieser „Beichtvater" das Amt eines Hausoberen.

In diesem Zusammenhang sei an einen Traum erinnert, den Kneipp selbst immer wieder gerne erzählte. Als er sich als junger Priester der ehemaligen Herrschaft der Christina von Fronhofen zur Amtsübernahme im Kloster näherte, war er beim Anblick der Dorfsilhouette von Wörishofen sehr gerührt. Denn die beiden Türme des Ortes waren ihm in früher Jugend einmal im Traum erschienen. Und er erinnerte sich einer Stimme, die ihm wissen ließ, er werde in ihrem Umkreis große Dinge verrichten.[754] In der Tat hat Kneipp große Dinge auf den Weg gebracht, die schließlich mit hohen staatlichen und kirchlichen Auszeichnungen bedacht wurden.

Im Kloster schaute man zunächst mit gemischten Gefühlen auf den neuen „Beichtvater". 34 Jahre war er gerade alt und wog 120 Pfund. Was sollte man von dem schwächlichen „Herrchen" erwarten?[755] Die Antwort ließ nicht lange auf sich warten. Kneipp ging optimistisch ans Werk. *„Die Fenster auf – die Herzen auf!"* So lautete die erste anspornende Ermahnung, die der „Neue" im Kloster der wohlehrwürdigen Priorin vor versammelter Kommunität (damals 20 Chorfrauen und 10 Laienschwestern) im Refektorium an einem strahlenden Maientag ans Herz legte.[756] Was Kneipp mit seinem Eröffnungsappell meinte, wurde den Schwestern bald deutlich. Die Seniorin des Konvents, die noch die Wirren der Säkularisation miterlebt hatte, äußerte sich anerkennend. Sie wußte sich glücklich unter Kneipp, denn seine kernhaften Grundsätze und seine Art und Weise, eine gediegene Frömmigkeit zu lehren, sagten der hochbetagten Ordensfrau durchaus zu. Der neue „Beichtvater", das schwächliche „Herrchen", erwies sich als Menschenkenner und als Feind aller religiösen Schwärmerei. Domkapitular Gerlein, ein Priester der Diözese Augsburg, hatte als Kaplan zwei Jahre unter Kneipp in der Pfarrei Sankt Justina gearbeitet. Aus dieser Zeit war ihm ein guter Eindruck von dem sich im Kloster neu entwickelnden Leben in Erinnerung geblieben, so daß er rückblickend schreiben konnte: *„Die von Kneipp geleiteten Klosterfrauen hatten einen Geist gesunder Frömmigkeit, vernünftiger Entsagung und Selbstverleugnung, pflichtbewußten Gehorsams, schlichter Einfachheit und ernster Arbeitsamkeit".*[757]

Sebastian Kneipp wußte, daß er es in Wörishofen mit einem Reformkloster strenger Observanz in einer Wiederaufbauphase nach der Säkularisation zu tun hatte. Das hinderte ihn nicht, von den Schwestern über ihr beschauliches Klosterleben hinaus hohen körperlichen Einsatz zu fordern, von den Arbeitsschwestern auch in Feld und Wald. Er tat es nicht zuletzt, damit leibliches Wohlbefinden und Harmonie der Seele gefördert werde und erhalten bleibe. Gegenüber solchen Direktiven duldete Kneipp keine Besserwisserei.[758] An Arbeit war auch kein Mangel. Seit Wiederherstellung normaler Klosterverhältnisse im Jahre 1842 war zu den anfallenden Wiederaufbauarbeiten die öffentliche Verantwortung in Schulunterricht und Heimbetreuung hinzugekommen. Kneipp fügte einen weiteren Einsatzzweig hinzu. Seine von ihm mit den Schwestern entwickelte physiotherapeutische Heilmethode wurde mehr und mehr in Heilpraxis umgesetzt. Die Einhaltung der strengen Ordensregel erwies sich für die Schwestern als zunehmend unmöglich. Deshalb entschlossen sie sich 1896 auf bischöflichen Rat hin, ihren ordensrechtlichen Status zu ändern. Bischof Petrus von Hötzel (reg. 1895–1902) aus Augsburg schätzte Kneipp als Naturgenie und hatte bei ihm eine Wasserkur gemacht. Dabei konnte er sich aus eigener An-

Abb. 268 ▷
Die heilige Familie mit dem Johannesknaben. Lieblingsbild von Sebastian Kneipp (1821–1897). Öl auf Leinwand. 150 cm × 107 cm (ohne Rahmen). Italienisch, 2. Hälfte 17. Jahrhundert. Dominikanerinnenkloster Bad Wörishofen.

*Abb. 269
Pfarrer Sebastian Kneipp (1821–1897) mit Erzherzog Joseph von Österreich im Kreis von Kurgästen und Anhängern der „Kneippkur". Fotografie von Fritz Grebmer.
17 cm × 23 cm.
Dominikanerinnenkloster Bad Wörishofen.*

schauung ein Urteil bilden über die tatsächliche Kursänderung im Klosterleben der Dominikanerinnen. Er war nach Äußerungen von Baumgarten auch der rechte Mann, als zuständiger Bischof dafür zu sorgen, daß Kneipp in Ausübung seines Samariterdienstes keine Entgleisungen zustießen.[759]

Kneipp hatte bei seiner Ankunft in Wörishofen für das Zusammenleben mit den Schwestern offene Fenster und offene Herzen gewünscht. Der wachsende Arbeitseinsatz in Schule und Internat und bei der Kurgästebetreuuung öffnete auch zunehmend die Klostertüren, eine Entwicklung, die nicht alle Schwestern glücklich stimmte. Ins Gewicht fiel dabei, daß Kneipp Fähigkeiten für mehrere Berufe mitbrachte. Ludwig Burghardt, Kneippspezialist und langjähriger Kurdirektor in Bad Wörishofen, charakterisierte die hieraus entstandene Situation einmal treffend mit der Feststellung: *„Für alle diese Fähigkeiten fand Kneipp ein überaus reiches Betätigungsfeld vor. Und weil er ein Tatmensch war, packte er auch sofort mit der ganzen Kraft und Fülle seiner Persönlichkeit zu".*[760] Die Wirkung seines Einsatzes blieb in der Öffentlichkeit nicht unbemerkt. Ehrungen von höchster Stelle wurden Kneipp zuteil. Nach einer anerkennenden Auszeichnung durch Prinzregent Luitpold von Bayern (reg. 1886–1912) ernannte ihn Papst Leo XIII. (reg. 1878–1903) zum päpstlichen Geheimkämmerer mit dem Titel Monsignore. Beim Rombesuch 1894 gewährte ihm der Papst vier Audienzen, ließ sich sogar von ihm behandeln und segnete ihn und sein Werk. *„Es bedeutete diese Reise nach Rom, der spezielle Segen des Heiligen Vaters und der außerordentlich herzliche Empfang, den Monsignore Kneipp dort fand, für ihn einen Wendepunkt in seinem Leben. Seit dieser Zeit hat sein Auftreten wesentlich an Sicherheit gewonnen; und er war der festen Überzeugung, daß seine Methode gut sein müsse, da er in so besonderer Weise den Segen des Papstes erhalten hatte. Von allen Reisen, die Kneipp je unternahm, dürfte wohl diese von der einschneidendsten Wichtigkeit in seinem Leben gewesen sein, sowohl was den Priester als auch was den Arzt und den Menschen betrifft".*[761]

Das Kloster und sein Spiritual

Die Dominikanerinnen haben sich verständlicherweise im Lichtkegel der Erfolge und Anerkennungen ihres Hausgeistlichen gesonnt – und tun dies bis auf den heutigen Tag (*„Wiege der Kneipp-Therapie"*). Bei vordergründiger Betrachtung könnte man geneigt sein, dem ehemaligen Kurseelsorger Pater Karl Bömer omi († 1987) vorbehaltlos Recht zu geben, der in der Gedenkschrift von 1981 schrieb: *„1855 hat das Dominikanerinnenkloster in Wörishofen in Sebastian Kneipp das große Los gezogen. Es war sicherlich ein Glücksjahr".*[762] Dieser Einschätzung läßt sich aber nur begrenzt zustimmen.

Die erfolgreiche Wasserheilmethode Kneipps hatte teilweise unvorhergesehene Folgen. Hilfesuchende strömten zahlreich ins Kloster, das einer Chroniknotiz zufolge allmählich zu einem *„Hotel International"* wurde. Die Schwestern sahen in dem wahllosen Ein- und Ausgehen der Patienten eine Gefahr für ihr klösterliches Leben. So verwundert es nicht, daß eine spätere Priorin Sebastian Kneipp *„wenig Verständnis für ein geschlossenes Kloster"* attestierte. *„Ja er suchte den Schwestern beizubringen, daß sie Gott danken sollten, daß sie auf diese Weise der leidenden Menschheit dienen könnten".*[763] Mit dieser kritischen Einschätzung brachte sie ihr Bedauern zum Ausdruck, daß das Kloster im Zuge seiner Wiederherstellung und seines Wiederaufbaus im 19. Jahrhundert nicht zuletzt unter dem Einfluß seines Hausgeistlichen Sebastian Kneipp zunehmend von seiner ursprünglich beschaulichen Lebensweise abgerückt war. Auch bischöflicherseits wurde noch zu Lebzeiten Kneipps der Verlust der früheren Klausur nicht ohne Sorge betrachtet. Die zeitbedingte Entwicklung brachte ihre eigenen Gesetze ins Spiel. Im Endergebnis wurde aus der beschaulichen eine tätige Klostergemeinschaft, dies allerdings im rechtlichen Rahmen der weltweiten dominikanischen Ordensgemeinschaft.

Sebastian Kneipp war zweifellos bemüht, das Christuscharisma im kirchlichen Leben des Klosters lebendig zu halten. Auffallend ist aber, daß die dominikanische Herkunft der Schwestern und die spirituelle Tradition ihres Ordens weder in seinen Schriften Erwähnung finden noch in seinem Wirken als Spiritual sichtbar werden. Dies verwundert umso mehr, als das für die Schwestern bedeutsame Grundcharisma des heiligen Dominikus auch den besonderen Zielen Kneipps gut getan hätte. Die Kirche verehrt Dominikus als „Lumen ecclesiae" (Licht der Kirche) und „doctor veritatis" (Lehrer der Wahrheit). Das apostolische Wahrheitszeugnis hat für die dominikanische Gemeinschaft seinen Quellgrund in der Kontemplation. So gibt es die „constitutio fundamentalis" der Ordenskonstitutionen an. Die Kirche ehrt Dominikus ferner als „praedicator gratiae" (Prediger der Gnade). Mit der frohbotschaftlichen Verkündigung der Gnade propagiert Dominikus gleichsam das therapeutische Verständnis von Christentum. In den Klöstern des Ordens schließt allabendlich das Tagesoffizium nach der Komplet mit der Antiphon „O lumen ecclesiae". Mit der täglichen Verinnerlichung des Grundcharismas wahrt der Orden seine Identität. Derartig spezifisch dominikanische Aspekte hätten sich vorteilhaft in die Kneippsche Ordnungstherapie einbringen lassen. Die Einbeziehung dominikanischer Spiritualität in die geistliche Betreuung der Schwestern hätte gerade dem Kloster „Maria Königin der Engel" gut getan, das 1721 als dominikanisches Reformkloster gegründet worden war, wo der Reformgedanke in den Wänden steckt. In geistlicher Hinsicht hat Sebastian Kneipp zu seiner Zeit den Schwestern *nur* seine Spiritualität vermittelt.

Das Dominikanerinnenkloster hatte eine „Ära Kneipp". Mit seiner Person und seiner dankenswerten Leistung steht Sebastian Kneipp in der langen Kette der Hausgeistlichen, die sich in den Dienst dieses Klosters gestellt haben. Die Wörishofener Dominikanerinnen müssen sich bei allem Kneipp-Gedenken aber immer wieder neu auf ihre Ursprünge besinnen. Der amtierende Augsburger Bischof Viktor Josef Dammertz OSB führte auf der IX. Römischen Weltbischofskonferenz im Oktober 1994 zum Thema Ordensleben aus, daß die Kirche von den Ordensleuten heute dieselbe charismatische, lebendige und erfindungsreiche Originalität erwartet, durch die sich die Ordensgründer ausgezeichnet hätten. Verlangt sei eine „dynamische Treue", die offen sei für die Ereignisse in der Kirche und für die Zeichen der Zeit. Diese Leitlinie gilt auch für die Dominikanerinnen in Bad Wörishofen. Dominikanerinnen gab es schon lange in Wörishofen, bevor Sebastian Kneipp als Spiritual die geistliche Betreuung im Dominikanerinnenkloster 1855 übernahm. Das Kloster besteht bis heute. Was seine spirituelle Identität angeht, muß es sich über Kneipp hinaus an seine Gründungszeit erinnern. „*Christuscharisma*" und „*Gründercharisma*" bleiben die geistlichen Quellen anstehender Erneuerung.

*Abb. 270
Kleines Andachtsbild. Rosenkranzspende an den heiligen Dominikus.
Gouache auf Pergament.
15,7 cm × 9,9 cm. Beschriftung: „Quasi Cypressus in monte Sion, et quasi plantatio Rosae in Jericho (wie eine Zypresse auf dem Berg Sion, und wie ein Rosengarten in Jericho). Wie die Sonne in ihrem glantz, so leuchtet Er in der Kirche Gottes."
Dominikanerinnenkloster Bad Wörishofen.*

Rosenkranz und Rosenkranzbruderschaft im Dominikanerinnenkloster Bad Wörishofen

Hans Frei

Das Rosenkranzgebet zählt zu den bekanntesten und wichtigsten Gebetsformen der katholischen Kirche.[764] Der Überlieferung nach gilt es als Schöpfung des Ordensstifters Dominikus (um 1170–1221). Ihm soll die Gottesmutter Maria im Kampf gegen die Ketzer im 13. Jahrhundert das Rosenkranzgebet geoffenbart und die erste Gebetsschnur gereicht haben. Die sogenannte Rosenkranzspende ist seit Jahrhunderten ein beliebtes und weitverbreitetes Motiv der Kunst auf Fresken, Altartafeln, Andachtsbildern und Gebetszetteln. Es zeigt den heiligen Dominikus, wie er den Rosenkranz von Maria entgegennimmt und an die Christenheit weiterreicht. Der Dominikanerorden hat sich seit dem 15. Jahrhundert in besonderer Weise der Förderung und Verbreitung des Rosenkranzgebetes angenommen und fühlt sich dieser Aufgabe auch in unserer Zeit verpflichtet und verbunden. Die Bestimmung, daß nur ein Dominikaner oder ein von seinem Orden bevollmächtigter Priester einen Rosenkranz in der rechten Weise weihen und Mitglieder einer Rosenkranzbruderschaft aufnehmen könne, hat allerdings schon lange keine Gültigkeit mehr.

b. 260, 261

Rosenkranzgebet und Rosenkranz

Tatsächlich jedoch entwickelte sich das Rosenkranzgebet in den mittelalterlichen Klöstern, insbesondere bei den Zisterziensern und Kartäusern.[765] Die Vorstellung, daß die Wiederholung und Häufung das Beten besonders wirkungsvoll mache, spielte dabei ebenso eine Rolle wie die Anreicherung der täglichen Gebete mit Meditationen über das Erlösungswerk Christi und das Leben Mariens. Die Hochblüte der Marienverehrung im späten Mittelalter rückte neben dem „*Paternoster*" mehr und mehr das „*Ave-Maria-Gebet*" in den Mittelpunkt. So entstand die Gepflogenheit, dem Namen Jesu am Ende eines jeden Ave eine clausula, also einen Relativsatz, hinzuzufügen, in dem bedacht wurde, was Jesus den Menschen Gutes getan, was er gelehrt und gewirkt hat. Die dem Evangelium entnommenen Betrachtungen entsprechen dem Heilsgeschehen des Weihnachts-, Passions-, Oster- und Pfingstfestkreises und spannen den Bogen von der Verkündigung über die Geburt Christi und seine Leidensgeschichte bis zur Sendung des Heiligen Geistes, zur Aufnahme Mariens in den Himmel und ihrer Krönung. So entstand eine feste Folge von Vaterunser- und Ave-Maria-Gebeten mit fünfzehn leicht zu merkenden Betrachtungen, die sich in einen freudenreichen, schmerzhaften und glorreichen Rosenkranz gliedern. Für die Entwicklung spielte die Reduktion des marianischen Psalters von ursprünglich 150 auf fünfzig Ave-Gebete, die bei jedem Rosenkranz gebetet werden, eine wichtige Rolle. Dabei wird jedes sogenannte Gesätz mit einem „*Vaterunser*" eröffnet. Ihm folgen zehn Ave, die jeweils durch die Betrachtungen an die Motive aus dem Heilsgeschehen erinnern. Ein zusätzliches Element bildete sich im 16. Jahrhundert als Eröffnungsteil heraus. Dieser besteht aus einem Credo, einem Paternoster, drei Ave-Maria mit den Anrufungen um die drei göttlichen Tugenden Glaube, Hoffnung und Liebe. Besonderen Gebetsanliegen, wie etwa dem Gebet für Arme Seelen, wird oft noch ein weiteres Gesätz gewidmet.

Für das Zählen der Gebete benützte man zunächst als Gedächtnisstütze einfache Schnüre aus Hanf oder Leder mit Knoten.[766] Solche Hilfsmittel kennt man auch im Hinduismus, Buddhismus und Islam. Die einfachen Knoten ersetzte man später durch Perlen aus Holz, Bein, Metall, Stein oder Glas. Die einzelnen Gesätze wurden durch das Einschieben von größeren Vaterunser-Perlen zwischen die Ave-Perlen voneinander getrennt. Für das Glaubensbekenntnis im Eröffnungsteil kam ein Kreuzsymbol hinzu. Der Rosenkranz in seiner heute gebräuchlichen Form umfaßt also einen geschlosse-

◁ *Abb. 271*
Der Bruderschaftsschrank in der Sakristei des Dominikanerinnenklosters Bad Wörishofen mit Prozessionsstangen und einer Prozessionsfahne. Schrank 310 cm × 347 cm × 100 cm. Um 1720. Der Schrank ist begehbar ausgestaltet. Er enthält Vorrichtungen zur Aufbewahrung der Prozessionsstangen und -fahnen. Erstere stammen aus dem 18. Jahrhundert, letztere wurden im 19. Jahrhundert angefertigt.

nen Ring mit fünfundfünfzig Perlen und einen schnurförmigen Fortsatz mit dem Credokreuz und den Perlen für den Eröffnungsteil.

Im Laufe seiner Jahrhunderte umfassenden Entwicklungsgeschichte als Gebetszählgerät wurde der Rosenkranz vielfältig ausgeschmückt und kunstvoll gestaltet. Bildhafte Darstellungen findet man häufig auf Epitaphien, Porträts oder Votivbildern, in der Hand betender Personen. Hinweise auf die Art und den Wert der Materialien sind in schriftlichen Quellen wie Amtsprotokollen oder Nachlaßinventaren überliefert.[767] Dazu kommen die in großer Zahl erhaltenen oftmals kostbaren Rosenkränze in Wallfahrtskirchen, Klöstern, Museen oder Privatsammlungen, die ein sehr vielseitiges Bild von dem Formenreichtum und der Materialfülle bis hin zu Anhängern und Einhängern vermitteln und die Rolle des Rosenkranzes als persönliches Zeichen der Frömmigkeit sowie als zur Schau gestelltes Schmuckelement dokumentieren.[768] Eine weitere wichtige Quelle sind die Darstellungen der Rosenkranzgeheimnisse auf Prozessionsstangen, Bruderschaftstafeln oder Kerzenschilden, die bei Festen und Prozessionen mitgetragen wurden und die Bedeutung des Rosenkranzgebetes in der Öffentlichkeit manifestierten.[769]

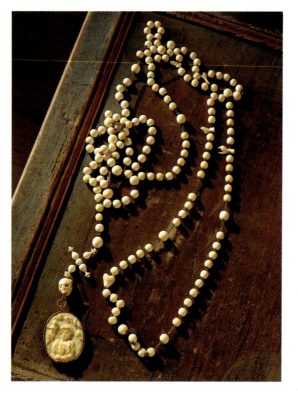

Abb. 272
Rosenkranz zu fünfzehn Gesätzen mit je zehn Avekugeln. Fünf Wundmale Christi, ergänzt durch einen Totenkopf. Credokreuz. Anhänger mit Bildnis der „Mutter der schönen Liebe". Elfenbein, gedreht und poliert, teilweise geschnitzt. Gesamtlänge 200 cm, Anhänger 8 cm hoch, 6 cm breit. 2. Hälfte 18. Jahrhundert. Archiv Dominikanerinnenkloster Bad Wörishofen.

Rosenkranzbruderschaft und Rosenkranzfest

Ein wesentliches Mittel zur Ausbreitung des Rosenkranzgebetes außerhalb der klösterlichen Gemeinschaft waren die Rosenkranzbruderschaften. Bruderschaften waren Laienvereinigungen mit religiösen Zielen, denen jedermann beitreten konnte. Sie entwickelten sich im späten Mittelalter zu einem festen Bestandteil des kirchlichen und gesellschaftlichen Lebens.[770] Neben wirtschaftlichen und sozialen Aufgaben verfolgten sie in erster Linie das Anliegen, das religiöse Leben des einzelnen in der Gemeinschaft mit Gleichgesinnten zu fördern und durch gute Werke der Frömmigkeit und der Nächstenliebe geistliche Hilfe für das Leben wie auch für den Tod zu erlangen. Von besonderer Bedeutung waren dabei zu Lebzeiten die Gewinnung von Ablässen durch Gebet, Buße und Empfang der Kommunion sowie die Sicherung des Gebetes der anderen Bruderschaftsmitglieder, wenn man einmal gestorben war. Neben den Bruderschaften zur Verehrung der Heiligen Eucharistie und der immerwährenden Anbetung (Corporis Christi bzw. Altarsakrament) entstanden seit dem 16. Jahrhundert zahlreiche Bruderschaften zur Verehrung Mariens und einzelner Heiliger, denen man als Mittler zu Gott eine wichtige Aufgabe zuordnete. Dazu kamen im 18. und 19. Jahrhundert zahlreiche Bruderschaften des Wallfahrtskultes, der Nächstenliebe und des Totengedenkens. Im 20. Jahrhundert gingen Zahl und Bedeutung der Bruderschaften stark zurück.[771]

Die ersten Rosenkranzbruderschaften rief der Dominikanermönch Alanus de Rupe (1429–1474) ins Leben. In einer Marienvision soll er den Auftrag erhalten haben, für die Verbreitung des „Psalterium beatae Mariae Virginis" einzutreten. Diesen Auftrag erfüllte er mit der Gründung von Rosenkranzbruderschaften an allen Orten seines Wirkens (Douai, Lille, Gent). Gut belegt ist die Gründung der Kölner Rosenkranzbruderschaft 1474 durch Jakob Sprenger, den damaligen Prior des dortigen Dominikanerklosters.[772] Im ersten Jahr schrieben sich bereits 5000 Mitglieder ein, drei Jahre später sollen es 100 000 gewesen sein, unter ihnen Kaiser Friedrich III. (reg. 1452–1493) und sein Thronfolger, der spätere Kaiser Maximilian I. (reg. 1493–1519). Die Mitglieder verpflichteten sich, wöchentlich wenigstens einmal den ganzen Psalter, also drei Rosenkränze mit je fünfzig Ave und fünf Paternoster mit Andacht und Betrachtung der Geheimnisse zu beten und einen Rosenkranz sichtbar am Gewand zu tragen.

In der Reformationszeit stagnierte die Rosenkranzbewegung, nicht zuletzt weil Martin Luther (1483–1546) starke Kritik an den Bruderschaften übte. Im Zeitalter der Gegenreformation erlebte sie einen neuen Aufschwung und weite Verbreitung. Dabei spielte der Sieg der christlichen Flotte 1571 über die Türken in der Seeschlacht von Lepanto eine wichtige Rolle. Nach der Überlieferung soll Papst Pius V. (reg. 1566–1572) während des Kampfes einen Rosenkranz gebetet haben. Zwei Jahre später rief Papst Gregor XIII. (reg. 1572–1585) aus Dankbarkeit das Rosenkranzfest aus, das in allen Kirchen, die einen Rosenkranzaltar besaßen, jeweils am ersten Sonntag im Oktober gefeiert und von Papst Clemens XI. (reg. 1700–1721) 1716 für die ganze Kirche vorgeschrieben wurde.

Eine Gründungswelle von Rosenkranzbruderschaften breitete sich im 17. und im 18. Jahrhundert aus.[773] Als Folge der Reformen des Konzils von Trient (1545–1563) kam dem öffentlichen Frömmigkeitsbekenntnis ein besonderer Stellenwert zu, und die Bruderschaften entwickelten sich zu wichtigen Trägern von Prozessionen und von Wallfahrten. Jetzt erfaßte das Bruderschaftswesen nahezu alle Pfarreien auf dem Lande. Die Bedeutung der Rosenkranzbruderschaften kommt in einer Vielzahl von Darstellungen auf reich geschmückten Fahnen, Andachtsbildern und Medaillen zum Ausdruck. Die Kritik der Aufklärungszeit und die Einschränkungen der Säkularisation behinderten das Bruderschaftswesen und verpönten das Rosenkranzgebet. Erst die kirchlichen Erneuerungen im Laufe des 19. Jahrhunderts stärkten wiederum die gemeinschaftlichen Frömmigkeitsformen. Der Marienverehrung und dem Rosenkranzgebet verlieh die Bestimmung des Monats Oktober als Rosenkranzmonat durch Papst Leo XIII. (reg. 1878–1903) 1883 eine neue Bedeutung. Dazu kam der Aufschwung durch die Marienerscheinungen von Lourdes (1858) und Fatima (1917) sowie die Erweiterung der Lauretanischen Litanei um die Anrufung Marias als *„Königin des heiligen Rosenkranzes"*. Das Aufblühen des bürgerlichen und kirchlichen Vereinswesens schmälerte das Interesse und das Bedürfnis für Bruderschaften, insbesondere bei den Männern.[774] Gebet und Andacht in der Gemeinschaft betrachtete man in erster Linie als *„Sache der Frauen"*. Bei der Liturgiereform von 1969 wurde das Rosenkranzfest als verpflichtender Gedenktag beibehalten – trotz verschiedener Änderungen und widersprüchlicher Meinungen über den Sinn und Wert des Rosenkranzgebetes. In jüngster Zeit findet die meditative Komponente des Rosenkranzgebetes wieder mehr Beachtung.[775]

Die Rosenkranzbruderschaft bei der Klosterkirche „Maria Königin der Engel" in Wörishofen

Seit der Errichtung des Dominikanerinnenklosters in Wörishofen (1718–1721) bildete die Rosenkranzbruderschaft ein wichtiges Bindeglied zwischen der in Klausur lebenden Schwesterngemeinschaft und dem religiösen Leben der Pfarrgemeinde. Doch gehen ihre Anfänge weit vor die Zeit der Klostergründung zurück. Obwohl Stiftungsurkunde und kanonische Bestätigung fehlen, belegen Eintragungen in die Pfarrmatrikel ihr Bestehen in der ersten Hälfte des 17. Jahrhunderts.[776] In zwei umfänglichen Namenslisten werden die Mitglieder der *„Confraternitatis Rosarii"*, getrennt nach Männern und

*Abb. 273
Rosenkranz zu fünf Gesätzen mit je zehn Avekugeln aus farbigem Glas. Paternosterkugeln und Credokreuz Silberfiligran. Verschiedene Anhänger mit Heiligendarstellungen aus Email in Fassungen aus Silberfiligran. Gesamtlänge 60 cm. Kreuzanhänger 9 cm hoch, 6 cm breit. Spätes 18. Jahrhundert.
Archiv Dominikanerinnenkloster Bad Wörishofen.*

Frauen, teilweise mit Angabe der persönlich festgelegten Betstunde, aufgeführt. Auf Grund einzelner Sterbedaten läßt sich die erste Eintragung auf die Zeit von 1663 bis 1670 festlegen. Die zweite Liste ist auf das Jahr 1662 datiert mit dem Hinweis des Pfarrers Augustinus Brunauer auf eine neue Einschreibung, *„da von meinem Vorgänger Jakob Mayr (1649–1662) keine Eintragungen"* vorgenommen wurden. Die genannten Personen dürften also bereits vor 1662 Mitglieder der Rosenkranzbruderschaft gewesen sein. An erster Stelle stehen zwei Amtspersonen, nämlich der Pflegeamtsverwalter Burkhard Kleinhans und der Untervogt Martin Hofer, sowie deren Ehefrauen. Sie übten als Bevollmächtigte des Augsburger Dominikanerinnenklosters Sankt Katharina in Wörishofen die Verwaltung und Gerichtsbarkeit aus. Sankt Katharina besaß auch das uneingeschränkte Recht der Pfarrpräsentation in der Pfarrkirche Sankt Justina. Man darf also annehmen, daß die Rosenkranzbruderschaft auf Anregung des Augsburger Dominikanerinnenklosters eingeführt wurde. Im nahegelegenen Kirchheim errichteten die Dominikaner bereits 1603, also zwei Jahre nach der dortigen Klostergründung, eine Rosenkranzbruderschaft. Vielerorts entstanden die Bruderschaften in der Zeit des Dreißigjährigen Krieges, als Kriegsnot und Seuchen die Bevölkerung bedrohten, z. B. in Kirchdorf 1626, oder nach dem Krieg wie in Irsee 1652.[777]

Der nächste Beleg stammt von 1712. In einer Beschreibung der Pfarreien des Landkapitels Baisweil, fälschlicherweise als *„Urbarium"* bezeichnet, wird für die Pfarrei Wörishofen unter dem Stichwort *„Bruderschaft"* vermerkt: *„Seyndt zwey eingesetzet, als perpetuo adorationis SS. sacramenti und idam SS. Rosariy cum annexa hora perpetua, werden beide monatlich gehalten, am ersten Sonntag cuius libet mensis vormittag ... "*.[778] In der Pfarrei Wörishofen bestand also neben der Rosenkranzbruderschaft eine Bruderschaft zur Verehrung des Heiligen Altarsakraments, über deren Entstehung bislang keine Belege bekannt sind. Ihre Einführung dürfte ebenfalls in das 17. Jahrhundert zurückgehen und mit der Verbreitung der Corporis-Christi-Prozessionen im Zeitalter der Gegenreformation zusammenhängen. Die 1539 in der Dominikanerkirche Santa Maria sopra Minerva in Rom gegründete Erzbruderschaft diente häufig als Vorbild. Die Dominikanerinnen von Sankt Katharina in Augsburg könnten also ebenfalls eine Rolle bei der Gründung gespielt haben.

Für das Jahr 1712 wird weiter berichtet, daß jeweils am ersten Monatssonntag nach dem Gottesdienst eine eucharistische Prozession der Sakramentsbruderschaft stattfindet und am Nachmittag nach einer Vesper mit Rosenkranzgebet und kurzer Predigt eine Prozession mit dem *„Marienbildnis"* abgehalten wird. Beide Bruderschaften begehen also ihre Monatsfeste am gleichen Sonntag, dabei steht ihnen das Opfergeld zu. Ausdrücklich wird vermerkt, daß die Bruderschaften eine gemeinsame Verwaltung und eine Kasse haben (*„communam causam et cassam"*). Man darf also annehmen, daß die zwei Bruderschaften mit ihren unterschiedlichen Inhalten und Anliegen eng miteinander verflochten waren und viele Gläubige beiden angehörten.

Einige Jahre später ergab sich mit der Errichtung des Dominikanerinnenklosters *„Maria Königin der Engel"* eine neue Situation. Die Rosenkranzbruderschaft wurde am 15. August 1724 von der Pfarrkirche in die Klosterkirche übertragen und ist seit diesem Zeitpunkt eng mit dem Schicksal des Dominikanerinnenklosters verbunden. Der Titel eines Erbauungsbuches, das der erste Beichtvater und Chronist des Klosters, Pater Andreas Roth, 1724 drucken ließ, verweist auf die Bedeutung des Rosenkranzes im Ordens-

Abb. 274
Kupferstich von Jakob Andreas Friedrich (1684–1751) mit Blick auf das Schloß und das Dominikanerkloster in Kirchheim an der Mindel. Inschrift „Monasterium F. F. Ord. Praed. Kirchheimense in Svevia". 9,3 cm × 13 cm. Archiv Dominikanerinnenkloster Bad Wörishofen.

leben: *"Marianischer Schatz=Kasten Der alt hergebrachten / jüngsthin aus der Pfarr-Kirchen deß Orths und Herrrschaft Werishofen / in das allda von Grund neu=erbaute Prediger-Ordens Jungfrau-Closter und schöne Kirchen Mariä Königin der Englen genannt/übersetzten Ertz=Bruderschaft deß Marianischen Psalters oder Heiligen Rosenkrantzes"*.[779]

Die Übertragung der Bruderschaft hing vermutlich eng mit der Fürsorge des Dominikanerordens für das Rosenkranzgebet zusammen. Mit dem Druck einer Erbauungsschrift erstrebte man eine Breitenwirkung in der Bevölkerung. Diese Intention kann auch für das ikonographische Programm in der Ausstattung der Klosterkirche eine Rolle gespielt haben.[780] Die Bildthemen der Fresken beziehen sich vorwiegend auf das Leben Mariens, ihre Freuden und Leiden und ihr Wirken zum Wohle der Menschheit. Dieses Programm entsprach zwar den damals üblichen Gepflogenheiten einer Marienkirche, doch kann man aus der vollständigen Wiedergabe aller Rosenkranzgeheimnisse in den Zwickelbildern des Nonnenchores und des Laienraumes auch einen übergeordneten Zusammenhang, nämlich eine Huldigung an Maria, *"die Königin und Urheberin des allerheiligsten Rosenkranzes"*, vermuten. Dafür spricht auch das Tafelbild am südlichen Seitenaltar mit der Darstellung der Rosenkranzspende an die Ordensheiligen Dominikus und Katharina. Dieser Altar wird in späteren Beschreibungen als Bruderschaftsaltar bezeichnet, an ihm wurden Bruderschaftsandachten gehalten, dort versprachen bzw. erneuerten die Bruderschaftsmitglieder ihre Gelöbnisse.

Für die neu errichtete Klosterkirche ließen die Dominikanerinnen 1725 die Echtheit mehrerer Reliquien von sogenannten Katakombenheiligen bestätigen (Justinus, Severus, Candidus, Vitalis, Maximus, Theodora). Vermutlich sollte damit der Zulauf zu den Gottesdiensten und Gebetsstunden gefördert werden. Die 1724 verfügte Stiftung einer ewigen Wochenmesse des Dekans des Landkapitels Baisweil und Pfarrers von Wörishofen, Joseph Burtscher, mit einer Dotierung von 2000 Gulden, in der Klosterkirche unterstreicht ebenfalls den Stellenwert des Klosters für das religiöse Leben in der Pfarrei. Aus dem engen Nebeneinander der beiden Kirchen ergaben sich in der Folgezeit auch Spannungen. So beschwerte sich 1772 der Pfarrer Federle, daß die Gottesdienste im Kloster zur selben Zeit wie die Pfarrgottesdienste abgehalten und die Pfarrangehörigen dadurch abgezogen würden.

Über die Entwicklung und Organisation der Rosenkranzbruderschaft sowie über Brauchtum und Gestaltung der Feste informieren uns zahlreiche schriftliche Quellen und wichtige Sachzeugnisse. Die Mitglieder verpflichteten sich, wöchentlich einen ganzen Psalter, also drei Rosenkränze mit 150 Ave-Maria und zehn Vaterunser zu beten und dabei die fünfzehn Geheimnisse mit frommem Sinn zu betrachten.[781] Zu den Anforderungen gehörte auch ein *"erbaulicher Lebenswandel und die stete Nachahmung der Tugenden Mariens"* sowie die Beichte und der Empfang der Kommunion, insbesondere am Tag des Rosenkranzfestes *"Festum sanctissimi rosarii de victoriam"*. Darüber hinaus sollten die Mitglieder rege an den Gottesdiensten und Prozessionen der höchsten Marienfeste (Geburt, Verkündigung, Empfängnis und Himmelfahrt) und der Monatssonntage teilnehmen. Ein wesentliches Ziel der Bruderschaft war die fortwährende *"Abbetung"* des Rosenkranzes, die auf dem Bruderschaftsbüchlein und den Aufnahmeformularen besonders herausgestellt wurde: *"Das Wesentliche dieser Bruderschaft ist eine fürwährende Abbetung des heiligen Rosenkranzes, welche bei allen Tages- und Nachtstunden das ganze*

Abb. 275
Titel eines Andachtsbuches, das Pater Andreas Roth (1654–1735), der erste Spiritual des Wörishofener Klosters, verfaßt hat.
15,5 cm × 8,5 cm.
Augsburg 1724.

Abb. 276
„Marianische Huldigung". Gebetszettel der Wörishofener Rosenkranzbruderschaft. 20 cm × 17 cm.
2. Hälfte 18. Jahrhundert.

Abb. 275 und 276
Archiv Dominikanerinnenkloster Bad Wörishofen.

Abb. 277, 278, 279, 280 Bruderschaftsschilde mit Kerzenhaltern (sogenannte Tortschen). Eisenblech bemalt. 34,2 cm hoch. 1758(?). Eine Notiz aus dem 18. Jahrhundert berichtet: „Anno 1758 haben wir von dem Spengler von Mindelheim 33 runde blechlein auf die convent Körzen Zur Procession machen lassen. Hat eines 5 und ein halben creuzer gekost, haben alle 3 fl: gekost." Zwischen jeweils zwei Heiligen des Dominikanerordens sind auf Schildern die Rosenkranzgeheimnisse aufgeschrieben. Von links nach rechts: Die Verkündigung und die Geburt Christi aus dem freudenreichen Rosenkranz sowie Christus am Ölberg und die Geißelung Christi aus dem schmerzhaften Rosenkranz. Dominikanerinnenkloster Bad Wörishofen.

Jahr hindurch von verschiedenen Gliedern der Rosenkranzbruderschaft für alle Brüder und Schwestern, die wirklich mit dem Tode ringen, aus Liebe angenommen und ununterbrochen fortgesetzt wird".[782]

In der Klosterkirche vollzogen sich die für die Barockzeit typischen Frömmigkeitsformen der Feste und Prozessionen. Das zentrale Kultobjekt, die bei den Prozessionen mitgetragene Rosenkranzmadonna, wird in Archivalien mehrfach erwähnt.[783] Um 1750 fertigte man ihr ein neues Kleid und einen neuen, mit goldenen Borten und Quasten verzierten Mantel *(„Paltakin"),* der 65 Gulden kostete. *„Echte Bekleidung"* und *„echter Schmuck"* sprachen die Sinnenfreude jener Zeit mehr an als geschnitzte oder gemalte Bildwerke. Die Marienfigur war vermutlich für die Klosterkirche angeschafft worden, da man die bisherige Bruderschaftsmadonna laut Bericht des Pfarrers Federle in der Pfarrkirche behielt, *„wo sie so gut als in einer anderen Kirche steht".*[784] Leider sind weder die barocken Marienfiguren noch Teile ihrer Bekleidung erhalten geblieben. Für das Auftreten der Bruderschaft bei Umgängen und zur Begleitung des Allerheiligsten bei Prozessionen spielten Fahnen, Stäbe und Kerzen eine wichtige Rolle. Sie wurden von den gewählten Mitgliedern des Magistrats der Bruderschaft als Zeichen des Amtes und der Würde getragen. Erhalten haben sich eine Fahne mit Darstellung der Rosenkranzspende in einem Medaillon aus dem 18. Jahrhundert, eine Prozessionstafel in Form eines Trageschildes in Metall sowie fünfzehn Bruderschaftsstäbe und ebenso viele Bruderschaftsschilde mit Kerzenhaltern, die bis in die Gegenwart verwendet werden. Die Stäbe sind an der Spitze mit einem IHS oder MRA im Strahlenkranz verziert, und sie tragen Stoffmäntelchen in den Farben Weiß, Rot und Gold, die auf die freudenreichen, glorreichen und schmerzhaften Geheimnisse hindeuten. Die Schilde der Kerzenhalter, die auch als *„Tortschen"* bezeichnet werden, enthalten in einer elliptischen Kartusche den Text der fünfzehn Rosenkranzgeheimnisse, jeweils flankiert von Heiligen oder Seligen des Dominikanerordens. Die Bruderschaftsrequisiten wurden in einem eigenen Bruderschaftsschrank verwahrt, der sich heute in der Sakristei der Klosterkirche befindet. Auf die Innenseite der Schranktüre ist ein Merkzettel für die Ablässe geklebt: *„Ewiger Gnadenerlaß – täglich anzeigend was für Ablaß in der heiligen Rosenkranzbruderschaft zu gewinnen sind."* Die Möglichkeiten der Ablaßgewinnung, die meist in den Bruderschaftsbriefen oder Bruderschaftszetteln detailliert vermerkt sind, forderten häufig Kritik heraus.

Aufschluß über die innere Organisation der Bruderschaft, die Verteilung der Ämter und die Aufgaben der Mitglieder bei den Prozessionen, vermittelt das Aufschreibebuch des *„Marianischen Magistrates".*[785] Hier wurden die alljährlich neu gewählten Mitglieder dieses Führungsgremiums der Bruderschaft eingetragen und verkündet. Folgende Ämter waren zu besetzen:

1. Präfekt und zwei Assistenten. Sie hat-

Abb. 271

ten die Einhaltung der Regeln und Statuten zu überwachen und die Zusammenkünfte zu organisieren.

2. Bruderschaftssekretär, dem die Verwaltung der Gerätschaften und die Protokollführung oblag.

3. Zwölf Ratgeber (Ratsverwandte), die an den Festen und Prozessionen mit Stäben oder Kerzen teilnahmen.

Bemerkenswert für die Bruderschaft in Wörishofen ist die doppelte Besetzung aller Ämter mit Ausnahme des Sekretärs durch Männer und Frauen. Die Wahlgänge fanden getrennt statt, oft an verschiedenen Sonntagen. Die Regelung entspricht dem Gedanken, daß Mann und Frau in einer Laienvereinigung gleichberechtigt sind und als Brüder und Schwestern die gleichen Aufgaben zu erfüllen haben. In der Bruderschaft war die Idee verwirklicht, daß es vor Gott keine Klassenschranken und Standesunterschiede gibt. Die Ämter des Marianischen Rates wurden nämlich von Bauern, Halbbauern, Söldnern, Handwerkern oder Taglöhnern, im 19. Jahrhundert auch von Kaufleuten, Post- und Bahnbediensteten oder Hotelbesitzern gleichermaßen besetzt.

Der Ablauf der Prozession an den Frauenfesten und Monatssonntagen wird mit namentlicher Nennung aller beteiligten Träger und Trägerinnen festgelegt:[786]
...

Genius oder Anführer der Prozession mit Kreuz und Schild
2 Vorgänger und Opfereinsammler
Kruzifixträger, neben ihm gehen 2 Personen mit brennenden Kerzen
Träger der ersten (weißen) Fahne und ein Fahnenschwinger
2 Laternenträger
1 Rauchfaßträger
2 Ministranten
4 Träger des Himmels (als Bürgermeister bezeichnet)
Pfarrer im Rauchmantel mit dem Allerheiligsten (Hochwürdigsten Gut)
neben ihm gehen 2 Mitglieder mit brennenden Kerzen
Träger der roten Fahne und ein Fahnenschwinger
Träger der gelben Fahne und ein Fahnenschwinger
Träger des Weihwasserkessels (Labrum ?)
Sakristan der Erzbruderschaft (= Messner der Klosterkirche)
4 Trägerinnen für das größere Muttergottesbild
4 Trägerinnen für das kleinere Muttergottesbild
...

Zum Abschluß der alljährlichen Einträge über die Ämterverteilung werden *„alle marianischen Brüder und Schwestern unserer Erzbruderschaft, in Besonderheit aber die marianischen Ratsmitglieder und Ratsverwandten herzlich ersucht, an den Monatssonntagen und an den Frauenfesten fleißig ... bei den Marianischen Gottesdiensten und Prozessionen sowie Predigten zu erscheinen, um sich der vielfältigen und großen, unserer marianischen Erzbruderschaft verteilten Gnadensätze teilhaftig zu machen".*

*Abb. 281, 282, 283, 284 Bruderschaftsschilde mit Kerzenhaltern (sogenannte Tortschen). Eisenblech bemalt. 34,2 cm hoch. 1758(?). Zwischen jeweils zwei Heiligen sind auf Schildern Rosenkranzgeheimnisse aufgeschrieben. Von links nach rechts: Die Kreuztragung aus dem schmerzhaften Rosenkranz sowie die Auferstehung Christi, die Sendung des Heiligen Geistes und die Krönung Mariens aus dem glorreichen Rosenkranz.
Dominikanerinnenkloster Bad Wörishofen.*

Bei geeigneter Witterung verliefen die Prozessionen außerhalb der Kirche durch das Dorf. Es wird immer wieder auf das Sauberhalten der Straßen und Gassen hingewiesen. Höhepunkte im Jahreslauf des Bruderschaftslebens waren alljährlich die Teilnahme an der Fronleichnamsprozession und die Feier des Rosenkranzfestes.

Für das 18. Jahrhundert ist auch eine Prozession in die Pfarr- und Wallfahrtskirche des benachbarten Dorfes Dorschhausen zu einem spätmittelalterlichen Gnadenbild überliefert. Auf dem Hinweg betete man den freudenreichen Rosenkranz. In der Kirche wurden eine Messe mit Predigt gehalten und der schmerzhafte Rosenkranz gebetet. Auf dem Rückweg kam der glorreiche Rosenkranz an die Reihe. Während der Prozession sangen die Dominikanerinnen die Marianische Litanei in der Klosterkirche.[787]

Die räumliche Ausstrahlung und der regionale Einzugsbereich der Rosenkranzbruderschaft im 18. Jahrhundert spiegeln sich in den Eintragungen des Mitgliederbuches[788] und des Sterbebuches[789], die beide für die Zeit ab 1780 überliefert sind. Die Eintragungen ab 1780 weisen zwar Lücken und Fehler auf, doch geben sie einen guten Einblick in die quantitative Mitgliederbewegung. Jährlich wurden zwischen zehn und fünfundzwanzig neue Mitglieder, vor allem am Tag des Rosenkranzfestes, aufgenommen. Als Herkunftsort ist vorwiegend Wörishofen mit den zugehörigen Ortsteilen vermerkt. Zahlreich sind die Nachbardörfer Dorschhausen, Lauchdorf, Stockheim oder Schlingen vertreten. Bei der Angabe von weiter entfernt gelegenen Dörfern, Märkten oder Städten wie Unterrammingen, Türkheim, Kaufbeuren, Mindelheim oder Ottobeuren handelt es sich wohl um auswärtige Verwandte oder Gäste, die sich in Wörishofen aufhielten oder die eine längere Anreise in Kauf nahmen, um sich gezielt in die Bruderschaft eintragen zu lassen. Dies gilt vor allem für den Klerus anderer Klöster (Augsburg, Landsberg, Neresheim, Ottobeuren) und die Ordensschwestern, die gelegentlich als geschlossene Gruppen eingetragen sind wie die Schwestern des Creszentia-Klosters Kaufbeuren. Im Einschreibebuch für die Verstorbenen, derer alljährlich beim Rosenkranzfest gedacht und für die eine Messe gelesen wurde, sind jährlich zwanzig bis dreißig Namen vermerkt. Der Tod eines Mitglieds wurde mit der Ablieferung des Bruderschaftszettels angezeigt. Aus der Gesamtzahl von etwa 3000 Aufnahmen und ca. 3500 Verstorbenen zwischen 1780 und 1883, also in 100 Jahren, läßt sich eine kontinuierliche Mitgliederzahl von ca. 1000 Personen ableiten, das sind mehr, als Wörishofen in diesem Zeitraum Einwohner zählte.

Mit einer systematischen Auswertung der Ortsangaben, der Berufe und der jährlich vergebenen Ehrenämter der Bruderschaftsmitglieder läßt sich die Mitgliederstruktur, die religiöse Wirksamkeit und die regionale Bedeutung der Bruderschaft intensiv untersuchen und erhellen.[790]

Einen Einblick in den Besitzstand und die materielle Stellung der Bruderschaft liefert der Bericht des Beichtvaters und Klosterchronisten Emerich Rueff (1744–1814), den er 1803, also nach der Auflösung des Klosters im Zuge der Säkularisation, an das Landgericht Mindelheim abzugeben hatte. Er erläutert kurz die Geschichte und den Zweck der Bruderschaft und legt eine detaillierte Einnahmen- und Ausgabenrechnung für das Jahr 1803 vor. Demnach besaß die Bruderschaft ein Vermögen von 840 Gulden, das auf Antrag und nach Bedarf an die Mitglieder gegen Zins ausgeliehen wurde. Die Bruderschaften erfüllten damit eine ähnliche Aufgabe wie die im 19. Jahrhundert gebildeten genossenschaftlichen Kreditkassen, nämlich die Abhängigkeit der Darlehensnehmer von privaten Geldverleihern zu mindern. Über Jahre hinweg war ein fester Zinssatz von vier Prozent üblich. Die Zinsen bildeten neben den Opfergeldern der Monatssonntage und der Bruderschaftsfeste sowie dem Verkaufserlös von Bruderschaftszetteln die wichtigste Einnahmequelle. 1803 standen den Einnahmen von 118 Gulden und 34 Kreuzern Ausgaben in Höhe von 46 Gulden und 32 Kreuzern für Messen, Bittgänge, Verehrungen, insbesondere für Wachs und Weihrauch, gegenüber. Insgesamt ergab sich ein Überschuß von 72 Gulden und 2 Kreuzern. Zur Bestätigung dieses Berichtes und der Schuldbriefe wurde der Berichterstatter auf das Landgericht Mindelheim geladen. Auch der Pfleger und Sekretär der Bruderschaft mußte vor dem Landgericht erscheinen, er wurde vereidigt und in seinem Amt provisorisch bestätigt. In einem Bericht des Landgerichts Mindelheim an die „*Churfürstliche Landesdirektion in Schwaben*" wird das sogenannte Liquidationsprotokoll der neuen staatlichen Obrigkeit vorgelegt.[791] In deren Auftrag prüfte alljährlich das zuständige Rentamt Türkheim die Rechnungslegung. Der Besitzstand der Bruderschaft läßt sich anhand der Rechnungsbücher im Pfarrarchiv Wörishofen kontinuierlich durch das ganze 19. Jahrhundert verfolgen.

Die Rosenkranzbruderschaft im 19. und 20. Jahrhundert

Mit der Auflösung des Klosters 1802 hatte die Rosenkranzbruderschaft die geistliche Betreuung durch den Orden verloren, doch blieb ihr die Klosterkirche als kultische Heimat erhalten. Neben der Kontrolle des Vermögens verfügte die neue Obrigkeit manche Einschränkung. So hatte die Churfürstliche Landesdirektion am 28. April 1803 alle Gerichts- und Polizeibehörden angewiesen, daß die Bruderschaften für alle Fälle, „*es mögen Prozessionen, Kreuz- und Bittgänge, Leichenbegängnisse oder Betstunden bei Titularfesten sein, nicht mehr in ihren Bußsäcken* (Bruderschaftskutten), *sondern in Mänteln*" zu erscheinen haben.[792] Ein Jahr später erlaubte man die Prozessionen nur noch am Fronleichnamsfest und an den ersten drei Tagen der Kreuzwoche. Diese Vorschrift wurde offensichtlich in Wörishofen eingehalten, denn im Aufschreibebuch des „*Marianischen Magistrates*" ist ab 1804 die Prozessionsordnung für die Frauenfeste und die Monatssonntage nicht mehr vermerkt. Wahlmodus und Bekanntgabe der Mitglieder des Marianischen Magistrates blieben unverändert. Die Namen der Amtsträger wurden weiterhin getrennt nach Männern und Frauen und in zahlenmäßiger Gleichberechtigung eingetragen. Ihre Erwähnung als Stab- und Kerzenträgerinnen und die namentliche Nennung der Muttergottesträgerinnen läßt darauf schließen, daß sich die Bruderschaften weiterhin bei den Fronleichnamsprozessionen in herkömmlicher Form beteiligten.

Das Einschreibebuch verzeichnet kontinuierlich die Aufnahme neuer Mitglieder, jährlich zwischen fünfzehn und fünfundzwanzig Personen, meistens aus Wörishofen und den umliegenden Ortsteilen. Häufig wurden ganze Familien eingeschrieben.

1827 lieferte der Ortspfarrer Franz Xaver Höss einen Situationsbericht an das Bischöfliche Ordinariat.[793] Er weist auf die zwei bestehenden Bruderschaften hin, „*die eine in der Pfarrkirche von dem Allerheiligsten Altarsakrament – die andere in der Klosterkirche vom Heiligen Rosenkranz*". Die Bruderschaft zum Altarsakrament hält an ihrem Hauptfest am 6. Januar, dem Dreikönigstag, sowie an den Monatssonntagen nach den Gottesdiensten die eucharistische Prozession, die von männlichen Mitgliedern begleitet wird. Das Hauptfest der Rosenkranzbruderschaft wird am Rosenkranzsonntag ebenfalls mit einer Prozession gefeiert, während die Umgänge an den Monatssonntagen seit der Auflösung des Klosters nicht mehr gehalten werden. Dem Bericht sind ein Bruderschaftszettel des 18. Jahrhunderts und die Erneuerungsformel des Gelöbnisses beigefügt mit dem Hinweis, daß diese nicht mehr ausgeteilt werden. Er schließt mit dem Hinweis, daß die Bruderschaft „*vieles zur Andacht und zum tugendlichen Wandel des gläubigen Volkes beitrage*" und mit dem Wunsch, „*daß sie fortbestehe und wieder in die Mutterkirche übersetzt werde, von welcher sie hergeliehen wurde*".

Nach dem Regierungsantritt von König Ludwig I. (reg. 1825–1848) ergaben sich in Bayern neue Rahmenbedingungen für das kirchliche Leben und das religiöse Brauchtum. Die Wiedererrichtung des Dominikanerinnenklosters 1842 brachte auch der Bruderschaft einen neuen Aufschwung. Die Zahl neuer Mitglieder erhöhte sich stetig, für manche Jahre sind bis zu fünfzig Namen verzeichnet. In einem Bruderschaftsbüchlein von 1851 wurde die Aufnahme in die „*vereinigten Bruderschaften*" vermerkt.[794] Damit könnte der Gedanke verbunden sein, daß sich jedes neu aufgenommene Mitglied den beiden traditionsreichen Bruderschaften zugehörig fühlen sollte. Im Jahr 1855 ist Sebastian Kneipp (1821–1897) eingetragen, der am 2. Mai dieses Jahres sein Amt als geistlicher Leiter des Dominikanerinnenklosters angetreten hatte. In den folgenden Jahren hielt der kräftige Zulauf an. Als Herkunftsorte der neuen Mitglieder nahmen weiter entfernt liegende Städte wie Augsburg, Dillingen, Neuburg/Donau oder Ulm ständig zu.

Als Sebastian Kneipp 1881 neben seinen Aufgaben im Kloster auch das Amt des Orts-

Abb. 285
Kleines Andachtsbild mit einer Darstellung der Rosenkranzspende im Kranz der Rosenkranzgeheimnisse. Kupferstich von I. Hutter. 11,4 cm × 6,9 cm. Augsburg, Mitte 19. Jahrhundert. Auf der Rückseite befindet sich folgender Text: „Im Jahre 1863 den 4. Okt. ist in die Bruderschaft des heiligen Rosenkranzes aufgenommen und eingeschrieben worden Christina Schwab von Wörishofen. Die Betstunde ist am Rosenkranzfest zu halten. Dieses Blatt ist nach dem Tod des Mitglieds in der Sakristei abzugeben in der Klosterkirche zu Wörishofen."
Archiv Dominikanerinnenkloster Bad Wörishofen.

pfarrers übernahm, kümmerte er sich eingehend um die Bruderschaftsangelegenheiten in seiner Pfarrei.[795] Im Dezember 1883 richtete er an das Bischöfliche Ordinariat in Augsburg die Bitte, die Altarsakramentsbruderschaft in der Pfarrkirche zu kanonisieren, um entsprechende Büchlein unter die Mitglieder verteilen zu können. Im Januar 1884 suchte er um die Erneuerung der Rosenkranzbruderschaft in der Klosterkirche zu Wörishofen nach, da *„mancherlei Zweifel über den Vorstand und seine Vollmachten entstanden waren"*. Er hatte sich vorher eine Errichtungsurkunde bei dem Leiter der deutschen Rosenkranzbruderschaften, Pater Thomas Leikes, besorgt und unterbreitete nunmehr diese *„samt dem Fundus der Ablässe und den Statuten der oberhirtlichen Stelle mit der untertenigsten Bitte um Genehmigung derselben"*.[796] Das Ordinariat bestätigte die Regelung, daß jede Neuaufnahme mit dem Eintrag ins Bruderschaftsverzeichnis durch den bevollmächtigten Vorstand (= Rektor) der Klosterkirche vollzogen wird. Um die Gültigkeit der Aufnahme und des Ablasses sicherzustellen, veranlaßte Kneipp ab 8. Oktober 1884 eine Neueinschreibung aller Mitglieder für die neuerrichtete Bruderschaft.[797] An erster Stelle dieses Verzeichnisses steht Sebastian Kneipp selbst. Ihm folgen der Kaplan, der Lehrer der Knabenschule sowie die Priorin und die 42 Schwestern des seinerzeitigen Konvents mit der Angabe ihres Heimatortes. Bis 1895 kamen weitere 1000 Einträge hinzu.[798]

Neben Wörishofen und den umliegenden Dörfern häuften sich jetzt weiter entfernte Herkunftsorte (München, Lindau, Wiesbaden, Breslau, Düsseldorf, Hildesheim u. a.) sowie Orte im Ausland (Luxemburg, Frankreich, Österreich, Polen, Litauen, Spanien, ja sogar USA). Unter den Eintragungen finden sich auch Mitglieder aus europäischen Adelshäusern. Die meisten Eintragungen erfolgten jeweils am Rosenkranzfest, doch verteilten sich die Aufnahmedaten jetzt auf das ganze Jahr. In der Herkunft und der sozialen Zusammensetzung der Mitglieder spiegelt sich zunehmend der Wandel des bislang bäuerlich geprägten Dorfes Wörishofen zu einem überregional bekannten Heilbad und Kurort. Sebastian Kneipp trug mit seinen Heilmethoden und vor allem mit seinen Aktivitäten als Stifter und Bauherr von Kuranstalten wesentlich zu dieser Entwicklung bei. Auf Kneipps Initiative war 1884 auch ein neues Bruderschaftsbüchlein gedruckt worden, das den Zweck, die Regeln, die Gebetsverpflichtungen und die Ablässe der Mitglieder beider Bruderschaften in Wörishofen verzeichnet.[799] Es enthält für jede Bruderschaft eine Aufnahmeseite mit Leerzeile zum Eintrag des Namens sowie den deutlichen Hinweis, daß die Bruderschaft vom allerheiligsten Altarsakrament in der Pfarrkirche Sankt Justina und die Bruderschaft des hochheiligen Rosenkranzes in der Klosterkirche zur Engelskönigin in Wörishofen 1884 neu errichtet worden sind. Die Zusammenfassung in einem Bruderschaftsbüchlein, das allen Mitgliedern ausgehändigt wurde, trug sicherlich dazu bei, daß sich in den folgenden Jahren die neuen Mitglieder beiden Bruderschaften zugehörig fühlten und an den gemeinschaftlichen Gottesdiensten, Andachten, Prozessionen und Festen teilnahmen. Diese vollzogen sich noch lange Zeit im gewohnten Ritus, erst im Laufe der letzten Jahrzehnte kam es zu Vereinfachungen.

Die Prozessionen am Rosenkranzfest und an den Monatssonntagen fanden jeweils im Anschluß an eine Nachmittagsandacht in der Klosterkirche statt. Der Hausgeistliche trug die Monstranz, die Begleitung bildeten die Männer des alljährlich gewählten Rates mit ihren Bruderschaftsstäben und die Frauen mit den Bruderschaftsschilden und den brennenden Kerzen. Die Dominikanerinnen sangen die Marienlitanei, die Schulmädchen aus dem Erziehungsheim des Klosters gingen in weißen Kleidern mit, ein Mädchen trug eine bestickte Fahne. Personelle und strukturelle Gründe, insbesondere der Rückgang der Mitgliederzahl, brachten es mit sich, daß die feierliche Prozession nur noch am alljährlichen Rosenkranzfest abgehalten wurde. Seit 1965 beschränkt sich die Feier des Hauptfestes auf einen feierlichen Gottesdienst am Rosenkranzsonntag in der Klosterkirche mit Zelebration und Predigt des Stadtpfarrers von Wörishofen. Der Gottesdienst ist zugleich Jahresmesse für die Verstorbenen der Bruderschaft. Die anwesenden Bruderschaftmitglieder erneuern ihr Gelöbnis und bringen ein sogenanntes Kerzenopfer dar, indem sie ihre mitgebrachten Kerzen der Bruderschaftskirche übergeben. Das Auftreten mit Bruderschaftsstäben und Kerzen als sichtbaren Insignien unterstreicht die Stellung der Bruderschaft in der Fronleichnamsprozession.

Im Laufe des 20. Jahrhunderts nahm die Zahl der eingeschriebenen Mitglieder stetig ab. Seit 1930 verzeichnet das Mitgliederbuch alljährlich nur wenige Neuaufnahmen, eine kurzzeitige Ausnahme bilden die letzten Kriegs- und die ersten Nachkriegsjahre. 1967 enden die Eintragungen im gebundenen Mitgliederbuch. Für die Zeit danach gibt es nur noch einzelne Aufnahmezettel in den Akten des Pfarrarchivs. Für die Bruderschaft des allerheiligsten Altarsakramentes legte man 1954 noch ein handgeschriebenes Mitgliederverzeichnis mit etwa 200 Namen an, davon waren rund zwei Drittel Frauen. Vieles läßt darauf schließen, daß sich ein wesentlicher Teil der eingetragenen Personen auch der Rosenkranzbruderschaft zugehörig fühlte und an ihren Festen teilnahm.[800] Die Auskünfte verschiedener Mitglieder verstärken den Eindruck, daß es, abgesehen von den Hauptfesten am Dreikönigstag bzw. am Rosenkranzfest, eine deutliche Unterscheidung der Bruderschaften im Bewußtsein vieler Mitglieder nicht mehr gibt. Als Teilnehmer an den Prozessionen und Gottesdiensten vertreten sie sich auch wechselseitig z. B. als Stabträger oder als Kerzenträgerin. Der Einzugsbereich ist heute ausschließlich auf die Stadt Bad Wörishofen und ihre Ortsteile begrenzt. Im Bewußtsein der Mitglieder spielen Gebetsanliegen und Totengedenken noch eine wichtige Rolle. Nach altem Brauch betet die Pfarrgemeinde an den Tagen zwischen Tod und Begräbnis für jeden Verstorbenen einen Seelenrosenkranz. Die Tradition des täglichen Rosenkranzgebetes wird jeweils um 16.30 Uhr in der Klosterkirche fortgeführt. Daran beteiligen sich gleichermaßen Mitglieder der Bruderschaften, Gläubige der Pfarrgemeinde und Kurgäste. Mitgliedsbeiträge werden nicht erhoben, die Einnahmen der Bruderschaft stammen ausschließlich von den Opfergaben der Jahresfeste und gelegentlichen Spenden. Im Vergleich zu ihrer Blütezeit im 18. und 19. Jahrhundert besitzt die Bruderschaft heute keine herausgehobene Stellung im Leben der Pfarrgemeinde mehr. Vor allem junge Menschen fühlen sich kaum angesprochen. Deshalb ist es schön und wichtig, daß die Tradition mit der alljährlichen Feier des Rosenkranzfestes gepflegt wird und das tägliche Rosenkranzgebet in der Klosterkirche noch lebendig ist.

Abb. 286
Prozessionstafel. Messing, getrieben und versilbert. Buchstaben Kupfer, vergoldet. Auf der Rückseite Griff zum Tragen des Schildes. 41,4 cm × 32 cm. Dominikanerinnenkloster Bad Wörishofen.

Die Wallfahrt zur „*Einsiedelmadonna*"

WALTER PÖTZL

„Maria Michaela Gunayin" (1700–1742), die erste Schwester, die 1721 die ewigen Gelübde auf die neue Gründung in Wörishofen ablegte, brachte aus Augsburg eine Nachbildung der Madonna von Einsiedeln mit, die ihr Vater vom großen Gnadenort in der Schweiz dorthin getragen hatte. Der *„Einsiedelmadonna"*, wie sie allgemein genannt wird, entboten die Nonnen von Anfang an große Verehrung. Davon zeugen heute verschiedene kleinere Nachbildungen, die das Kloster noch immer bewahrt. Darüber hinaus entstand in Wörishofen das, was wir eine Sekundärwallfahrt nennen.[801] Solche Sekundärwallfahrten entwickelten sich insbesondere bei den Nachbildungen der Gnadenbilder und den Architekturkopien von Loreto, Maria Einsiedeln und Altötting.

Maria Einsiedeln, die marianische Großwallfahrt für Schwaben

Vierzehn Jahre nach der Gründung des Benediktinerklosters, 948, wurde die Zelle des Einsiedlers Meinrad als Salvatorkapelle geweiht. Gegen Ende des 11. Jahrhunderts taucht erstmals die Meinung auf, Christus selbst habe, umgeben von Engeln, die Kapelle geweiht. Um 1300 lassen sich die ersten Spuren einer Wallfahrt zu dieser Kapelle nachweisen, die im 15. Jahrhundert ihren Höhepunkt erreichte. Als Hauptfest galt das sogenannte Engelweihfest, das aber nur dann begangen wurde, wenn der 14. September auf einen Sonntag fiel, das dann aber 14 Tage lang dauerte. Im Jahre 1466 sollen über 130 000 Pilger nach Einsiedeln geströmt sein.[802] Um die Mitte des 14. Jahrhunderts wurde ein Pilgerspital errichtet, das nicht nur denen diente, für die Einsiedeln Wallfahrtsziel war, sondern auch jenen, die sich hier sammelten, um nach Santiago de Compostela weiterzuziehen.[803]

Im 12. Jahrhundert fand ein Patroziniumswechsel statt: Das Salvatorpatrozinium der Kapelle wurde von einem Marienpatrozinium abgelöst. An das alte Marienbild der Kapelle erinnert das erstmals 1239 belegte Konventsiegel. Das jetzige Gnadenbild stammt aus der Mitte des 15. Jahrhunderts. Die stehende Madonna, die auf dem linken Arm das segnende Kind und in der rechten Hand ein Szepter hält, war ursprünglich naturfarben bemalt, doch schwärzte es der Rauch der vielen Kerzen. Seit dem Ende des 16. Jahrhunderts trat das Gnadenbild stärker hervor, seit ungefähr 1600 ist es bekleidet. Der im Jahre 1600 errichteten Rosenkranzbruderschaft kam eine große Bedeutung für die Entfaltung der Wallfahrt in Prozessionen und Theateraufführungen zu.

Die Einsiedler Mirakelbücher enthalten zahlreiche Einträge von Wallfahrern aus Baden und aus Württemberg.[804] Dennoch repräsentieren sie nur einen Bruchteil der gesamten Wallfahrer, und es käme einem Zufall gleich, wenn sich unter den Wallfahrern aus Bayern Matthäus Gunay, der Stifter des Gnadenbildes in Wörishofen, befände. Wir wissen nicht genau, wann er das Gnadenbild aus Einsiedeln nach Augsburg brachte. Vor 1720 nennen die Mirakelbücher Wallfahrer aus dem Allgäu (1647 und 1713), aus Günzburg (1617 und 1699), aus Bernbeuren (1655), aus Göggingen (1702), aus Illertissen (1610), aus Immenstadt (1639), aus Kaufbeuren (1657), Kempten (1661 und 1713), Landsberg (1687), Leipheim (1619), Lindau (1647 und 1693), Memmingen (1654), Niedersonthofen (1704), Peissenberg (1677), Pfersee (1718) und Ried bei Kempten (1698). Nach 1720 setzen sich die Belege in den Mirakelbüchern fort.[805] Wallfahrer brachten Andachtsbildchen und – wie Matthäus Gunay – Devotionalkopien mit. Die Kunsthistoriker datieren die Gnadenbildkopie, die in Dillingen in einer Nische des Gasthauses *„Zum Bären"* (Am Stadtberg 1) steht, ins 17. Jahrhundert.[806] Die Marienkapelle der Kartause in Buxheim gilt einer Kopie der Einsiedler Madonna, die 1696 dorthin gebracht wurde.[807] Eigene Kapellen für Kopien der Einsiedler Madonna wurden 1729 in Waal und 1762 in Hagmoos bei Bertoldshofen gebaut.[808] Zur Kapelle in Hagmoos entwickelte sich eine kleine Wallfahrt.

◁ Abb. 287
Die „Einsiedelmadonna" (Detail). Holz, geschnitzt und farbig gefaßt. 1. Hälfte 18. Jahrhundert. Marienkapelle des Dominikanerinnenklosters Bad Wörishofen.

Die Gläubigen nannten das Gnadenbild die *„Schwarze Muttergottes von Hagmoos"*.[809] Auf dem Altar der Wallfahrtskapelle *„Maria Einsiedeln"* bei Immelstetten dagegen steht ein großer Holzschnitt von J. St. Öchslin.[810] Im 18. Jahrhundert wurden in Einsiedeln zwei große Kupferstiche vertrieben. Gottfried Bernhard Göz (1708–1774) zeichnete 1738 das Thesenblatt mit der Engelweihe und den Einsiedler-Heiligen, das dann Joseph und Johann Klauber in Augsburg gestochen haben (143 cm × 73 cm).[811] Ein Anwander malte 1738 die Muttergottes von Einsiedeln, die in der Wallfahrtskirche Sankt Leonhard in Lauingen hängt.[812] Noch größer (147 cm × 82 cm) ist das Gemälde in der Pfarrkirche in Tapfheim.[813] Dem entspricht dann auch das Gemälde in der Sebastianskapelle in Großaitingen, das wohl in der ersten Hälfte des 18. Jahrhunderts entstand.[814] Der von F. X. Schönbächler wohl um die Mitte des Jahrhunderts geschaffene große Kupferstich (137 cm × 84 cm) findet sich koloriert und mit Stoffen und Blattgold belegt in der Kapelle Sankt Wolfgang und Wendelin in Bobingen und in einem Bobinger Bauernhaus.[815] Ein Schwabmünchner Bauernhaus (Frauenstr. 21) ziert ein Fresko des Gnadenbildes von Einsiedeln, das wohl 1798 angebracht wurde.[816] Die vor allem aus den Kunstdenkmälerbänden gewonnenen Beispiele lassen sich sicher noch vermehren. In den Heimatmuseen und in Privatbesitz findet sich sicher noch manches Zeugnis, das Wallfahrer aus Einsiedeln mitbrachten. Neben den großen Kupferstichen, den Rosenkranzanhängern und Wallfahrtspfennigen, bot Einsiedeln – wie andere große Wallfahrten auch – Schabfigürchen, Käppchen, Skapuliere und Breverl an.[817] Die genannten Beispiele bilden das Umfeld, in das es die Wörishofener Wallfahrt einzuordnen gilt.

Die Stiftung des Wörishofener Gnadenbildes

Devotionalkopien bedeutender Gnadenbilder standen hoch im Kurs, und deswegen war es gar nicht so ungewöhnlich, daß ein Vater seiner Tochter eine solche als *„geistliche Mitgift"* beim Eintritt ins Kloster vermachte. Der Stifter des Gnadenbildes, Matthäus Gunay, trägt nicht gerade einen schwäbisch klingenden Namen. Nachforschungen in den Hochzeitsprotokollen der Stadt Augsburg brachten Klarheit.[818] Dort heißt es zum 9. Juni 1694: *„Matthias Bernhard Kuney, vonn Villeins auß Savhoyen, Cramer vnd Maria Gertraut Ströterin, hiesig, beede ledig standts, seint bürgen Stephan Schneider, Kramer, vnd Johann Peter Riechart, Kramer, Ihr beystandt Heinrich Ströter, Cramer, der Vatter. Er solle seine Brief immer 2 monatlich lifern."* Als Randnotiz steht dabei *„ist mit seinen Briefen passiret worden"*. Das bedeutet: Der ledige Kramer aus Savoyen war vor kurzem erst (deswegen die *„Briefe"*) nach Augsburg gekommen. Um seine Niederlassung zu erleichtern, heiratete er die Kramerstochter Maria Gertraud Ströter. Es spricht vieles dafür, daß Gunay seinen Weg von Savoyen nach Augsburg über Einsiedeln genommen hat. Es gilt aber als unwahrscheinlich, daß er bereits damals die Gnadenbildkopie mitbrachte. Vielleicht unternahm er die Wallfahrt nach Einsiedeln von Augsburg aus als Dank dafür, daß er in der Reichsstadt vom Kramer zum Handelsherrn *„aufstieg"*, denn als *„Handelsherr"* bzw. *„Kaufmann"* bezeichnen ihn die Wörishofener bzw. Augsburger Quellen. Die Eheschließung war erst fünf Wochen später erfolgt. In der Heiratsmatrikel der Dompfarrei wird sie am 12. Juli vermerkt. Als Trauzeugen fungierten Johann Michael Blum und Paul Krumm. Am 16. Dezember 1695 wird den Eheleuten der erste Sohn geboren, der nach seinem Taufpaten Johann Peter (Rischard) heißt. Die Matrikel der Dompfarrei verzeichnet weitere Taufen am 9. Juli 1697, am 15. September 1698, am 10. November 1699, am 21. Februar 1704, am 12. März 1705, am 11. Oktober 1706, am 17. Juli 1709. Taufpate bleibt bis 1706 Johann Peter Rischard; die Patin Anna Maria Schneider wird 1704 und 1706 von Maria Kronhofer abgelöst. Im Taufeintrag der Tochter Maria Magdalena von 1709 erscheint Matthias Bernhard Gunay das letzte Mal in Augsburger Matrikeln. Irgendwann nach der Gründung des Klosters in Wörishofen scheint er aus Augsburg weggezogen zu sein, jedenfalls taucht er in keiner der Augsburger Sterbematrikel auf. Der Spiritual der Wörishofener Tochterniederlassung von Sankt Katharina in Augsburg, Pater Andreas Roth (1654–1735), schreibt in seiner Chronik: *„Die tröstlichiste begleithung aber nach gott ware das gnadenbild Mariae Einsidl, welches Herr Matthaeus gunay handls Herr in Augspurg und leiblicher Vater obangezogener frau Maria Michaela vom gefürsteten Abbten zu Einsidl erhalten* *nach dessen Benedicirung und gescheener berührung an dem Original gnaden bild allda, auch aus andacht und Hochachtung dises Schaz von Maria Einsidl aus auf seinem ruckhen bis nacher Augspurg getragen, allda in der Kirchen zu S. Catharina depositirt hatte, nit ohne geringe gutthaten, welche vill menschen durch lebhaftes Vertrauen und anflehen dahin trost-voll erhalten haben. Von disem etwas mehrers an seinem orth"*.[819]

Die „*Beschreibung und Rechnung deß Ney Erbauthen Closterß Maria Königen der Engeln in Wörißhoffen, zu Samen getragen vnd beschriben von Sor. Maria Vincentia Dürrin der Zeit Schaffnerin In S. Catharina Closter In Augspurg Anno 1724*" bemerkt: „*Von disen* (den Schwestern, die nach Wörishofen gingen) *ist die Erste gewesen Frau M. Michaela gonain dero Vatter Ein Kaufmann in Augspurg und sonderß grosser Liebhaber und Diener Jesu und Mariae. Diser hat auß freyem willen und Andacht das grosse und Miraculose bildt Maria Einsidlen Machen und vom Firsten zu Maria Einsidel selbsten weichen und benediciern Lassen wie dan ordtentlich das Atestatum dar von vorhanden, solcheß dem ney erbauten Closter Maria Königin der Englen in Wörishoffen verehrt welches gnadenbildt so gleich hat Angefangen Mit guetthaten vnd Mirackhlen zu leichten. Ein Eigne Capell zur sondern Ehren ist erbauth worden. Diser KaufMann als welcher Es für die greste Ehr gehalten, daß Seine Tochter das glückh gehabt, die Erste in das Ney Erbaute Closter Maria Königen der Englen Aufgenomen zu werden, hat dem Marianischen gnadenbildt das Erste Kleid und Einen Schenen Kelch, Auch Schenen Kelch Tiechlein, Corporal teschen und Andere zum h. Altar geherige Sachen in die Custerey Auß freyem Willen und Andacht Machen Lassen*".[820] Die unabhängig voneinander geschriebenen Berichte weichen in Einzelheiten voneinander ab, die aber wesentliches nicht betreffen. So erhielt Gunay nach dem ersten Bericht die Gnadenbildkopie vom Fürstabt, nach dem zweiten Bericht hat er sie anfertigen lassen. Nach dem ersten Bericht wurde das Gnadenbild in Sankt Katharina „*depositirt*", nach dem zweiten Bericht hat er es dem neu erbauten Kloster Maria Königin der Engel in Wörishofen verehrt. Gewichtiger erscheinen die Ergänzungen: Das Anrühren der Kopie am Original, das Ausstellen eines Attestats darüber und

über die Weihe, die Schilderung, daß er die Kopie „*auf seinem Rückhen bis nacher Augspurg getragen*", und die Ausstattung des Gnadenbilds mit dem ersten Kleid sowie die Stiftung von Kelch und Altarausstattung. Daß der Fürstabt selbst die Kopie weihte und noch mehr die Stiftung eines schönen Kelchs passen eher zum Handelsherrn oder Kaufmann als zum (einfachen) Kramer.

Das Gnadenbild in Wörishofen

Das Patrozinium der neuen Klosterkirche, Maria Königin der Engel, nimmt zwar eine Anrufung der Lauretanischen Litanei auf, doch scheint die Auswahl aus den vielen Anrufungen ihre Begründung in dem besonderen Bezug des Gnadenbildes zur Legende und zum Engelweihfest in Maria Einsiedeln zu finden.[821] Daß der Vorarlberger Franz II Beer von Bleichten (1660–1726) die Gnadenkapelle in Maria Einsiedeln nicht gekannt haben soll, erscheint kaum vorstellbar. Deswegen verwundert es, daß in Wörishofen nicht eine Architekturkopie der Einsiedler Gnadenkapelle gebaut wird – wie sie z. B. in Teising bei Mühldorf steht –, sondern eine beliebige Kapelle.[822] Die aus Augsburg gekommenen Schwestern stellten das Gnadenbild, ihre „*tröstlichste begleithung*", zunächst in der Pfarrkirche ab. Der Dekan und Pfarrer veranlaßte dann, daß es am nächsten Tag, am Sonntag, den 19. Oktober 1721, in einer Prozession ins Kloster gebracht wurde. Er verfügte, „*daß titl. Herr Cammerer und Pfarrer zu Kirchdorf, Herr Pfarrer zu Stockheim,*[823] *Herr Pfarrer zu Schlingen nach ihrem zu haus vollendten kurzen gottsdienst sich zu dem hiesigen verfiegt hatten, Ambt und Predig angehört, nach dessen Vollendung processionaliter in ihren Chorröcken das gnaden bild helfen zu begleithen in nachgesetzter Ordnung: F. Valentinus Layenbrueder des Ordens – welcher ein künstlicher Schreiner oder Küstler das ganze herrliche werck der Altär, und aller Küstler ausschneid arbeit unter seiner Direction führte, ia die meiste hand anlegte, auch durchaus von denen schreiners gesellen gegen 7 oder 8, welche tauglicher sich zeigten und embsiger in der arbeit ausm grundt wohl abgerichtet hatte – namme das Crucifix mit zweyen knaben neben ihme versehen mit leichter und brennenden Wachskerzen. Auf inne folgete das Convent die Closterfrauen mit weissen wachs-*

309

*Abb. 288 ▷
Votivtafel aus der Marienkapelle des Dominikanerinnenklosters Bad Wörishofen. Holz, bemalt. 51,5 cm × 35,5 cm. Datiert 1768. Die Darstellung mit einem bürgerlichen Ehepaar, einer Dominikanerin und einem Franziskanerpater erinnert vielleicht an Schwester Maria Josefa Ziegler (1746–1824), die ihre ewigen Gelübde 1768 in Wörishofen ablegte. Das Archiv des Klosters verwahrt zwei von einem „Fr. Matthias Ziegler" aus dem Franziskanerkonvent Klosterlechfeld unter dem 5. und dem 20. September 1743 verfaßte Briefe. Ein Geistlicher gleichen Namens vermittelte 1749 ein Kreuz aus dem heiligen Land (Abb. 156). Vielleicht handelt es sich bei den auf der Votivtafel dargestellten Personen um verschiedene Mitglieder der Familie Ziegler. Die Tafel wäre dann also ein „Familienbild" zu werten. Dominikanerinnenkloster Bad Wörishofen.*

kerzen versehen, nach disen wurde das gnadenbild von herrn Cappellan, weilen es schwer und gewichtig ware, in seinem weissen Chorrockh getragen. Die Closterfrauen aber sangen mit erhebter stimm, wie es im Orden gebräuchlich, die marianische Litaney. Auf das gnaden bild paar und paar begleitheten solches die geistlichkeit, als Herr Decanus mit dem P. Mgro. Andrea Roth als beichtvattern der Closterfrauen, alsdan Herr Cammerer mit dem Pater Prediger des gottshaus S. Catharina in Augspurg, als welcher auch die Predig in hiesiger Kirchen zuvor gehalten und perorirt hatte, nemblich P. Fidelis Enda; den Rayen der geistlichkeit schliesseten die drey übrige, als Herr Pfarrer von Stockheim, der von Schlingen und P. Petrus Schreiber als Socio des P. Beichtvaters. Endlich endigten dise Procession bis ins Capitl Haus, welches an das Refectorium oder Refent anstosset, in großer anzahl das bauers volck beyden geschlechts: im Capitl-Haus, allwo das gnaden bild ist abgelegt und gestellt worden zu Verehrung, wurde mit absingung des Ambrosianischen Lobgesangs dise Solemnität beschlossen, nachdem P. Mgr. beichtvater die Collect de S.S. Trinitate beygefiegt hatte".[824]

Das Mirakelbuch

Die allgemeinen Feststellungen der Chroniken, das Gnadenbild habe (bereits in Augsburg) *„nit ohne geringe gutthaten, welche vill menschen durch lebhaften Vertrauen und anflehen dahin trost voll erhalten haben"* gewirkt bzw. welches *„gnadenbildt so gleich hat, Angefangen mit guetthaten und Mirackhlen zu leichten"*, konkretisieren sich im Mirakelbuch. Das Mirakelbuch beginnt zunächst 1730 und führt die Wunder sukzessiv bis 1741 auf, dann klafft eine Lücke, und es folgen sechs Mirakel des Jahres 1766. Darauf bemerkt die Schreiberin *„damit aber die und schon länger geschehene gleichfalls nit möchten in Vergessenheit kommen, so habe ich auch diese hier zu Verzeichnen, dienlich zu seyn erachtet. Ist abr zu wüßen, daß unsere Marianische Gnaden Mutter gleich nachdem sie in den Gnaden Capell überführt worden, auch Wunder zu würcken habe angefangen."* Daran schließen sich die Mirakel von 1722 bis 1726 an.

Die insgesamt 37 Mirakel zeigen viele Gefährdungen des Alltags, denen die Menschen früher ausgesetzt waren, auf, sie dokumentieren aber auch das gläubige Vertrauen, mit dem sich Personen aller Schichten zum Gnadenbild wandten.[825] Die angegebenen Herkunftsorte umreißen das Einzugsgebiet, veranschaulichen die Ausstrahlung, die von einem Gnadenbild in die Region ausging. Die Einsiedlerwallfahrt in Wörishofen blieb eine ausgesprochene Nahwallfahrt. Fünfzehn Ortsangaben entfallen auf Wörishofen selbst, und die meisten der elf Mirakel ohne Ortsangaben beziehen sich wohl ebenfalls auf Wörishofen. Man gewinnt den Eindruck, die Schreiberin habe lediglich das *„hiesig"* oder das *„allhier"* vergessen. Die übrigen elf Mirakel mit Ortsangaben verteilen sich auf acht Orte, wobei Irpisdorf viermal auftaucht (wovon wiederum drei Mirakel dieselbe Familie betreffen). Die Orte liegen fast ausnahmslos in der unmittelbaren Nachbarschaft: Türkheim, Dorschhausen, Lauchdorf, Schlingen, Frankenhofen und Beckstetten; lediglich Eggenthal weist eine etwas größere Entfernung auf. Als marianische Großwallfahrt galt Maria Hilf auf dem Lechfeld, wo z. B. im Wallfahrtsjahr 1723/1724 112 Mirakel aufgezeichnet, 163 Prozessionen von Pfarreien und Gemeinschaften empfangen, 6600 Messen gelesen und 105 000 Kommunionen ausgeteilt wurden.[826] Auch die Pfarrei Wörishofen zog damals jedes Jahr nach Maria Hilf auf dem Lechfeld. Die Konkurrenz wird besonders im dritten Mirakel deutlich: *„darum der Schmerzhafte Bräutigam und Hochzeiter sich zu Maria Hülf auf daß Lechfeld, andere aber zu gleich sich zu unserer Marianischen Einsiedlichen Gnaden-Mutter in Werißhofen Verlobet mit einer heiligen Meeß hier lesen zu lassen".* Die Einsiedlerwallfahrt in Wörishofen blieb die Wallfahrt vor Ort, die auch die Gläubigen der benachbarten Pfarreien in 2/3 Stunden erledigen konnten. Sie enthielt aber auch den Hinweis auf das Original in der Schweiz. Der Bauer Johann Kohlhund in Irpisdorf hatte in Wörishofen bereits zweimal Hilfe erfahren, deswegen *„verrichte(te er) eine Wallfahrt nacher Maria Einsiedel ohne Zweifel all dorten wie in Werishofen der göttlichen Mutter den schuldigsten Dank abzustatten".*

Die wenigen Berufs- bzw. Standesangaben, die dennoch den Bogen von dem armen Weib Katharina, *„so sich durch den Bettel nähren mußte"*, bis zum churfürstlichen Hofgärtner Martin Leopold Jaser in

Türkheim spannen, dürfen als repräsentativ für die Sozialstruktur der Wallfahrer gelten. Das Mirakelbuch führt auch zwei Geistliche auf, verschweigt bei einem, „*der zu Nacht von schmerzlichen Seitenstechen geplagt worden*", allerdings den Namen. Dieser „*gewisse Priester*" hat „*Versprochen mit negster gelegenheit auf dem Einsiedler Mutter Gottes Altar die heilige Meß zu lesen*". Der andere, Pater Aegidius Göbel, „*gewester Prediger allhier*", geriet in Lebensgefahr, als bei der Rückfahrt von Irsee die Pferde ausbrachen und „*die ganze Gutschen ist zerrisssen und vertrümmert worden*". Die Schreiberin bemerkt dann noch: „*Er hat diese herrliche Guthat selbsten oft als Ein eifriger Verehrer der Mutter Gottes dem Volkh auf der Canzel vorgetragen.*" Es überrascht, daß das Mirakelbuch – im Gegensatz etwa zu Oberschönenfeld – keine Nonnen enthält.[827] Aus Wörishofen selbst nennt das Mirakelbuch die Bauern Augustin Vögele, Johannes Seyboldt („*wohnhaft in dem 3ten Haus under dem Pfleg Haus*") und Simon Wachter („*Schlooß Hof oder sogenannter Völl Bauer*"). Wirtschaftsgeschichtlich interessant ist dabei der Einleitungssatz zum zweiten Mirakel von 1730 (Seyboldt): „*Es pflegen die allhiesigen Bauren dem Winter hindurch Nach Landsberg zue fahren, um von dannen Salzfäßer nach Mindelheimb in dasigen Salz Stadl zu liefern.*" Aus Wörishofen tauchen auch die Söldner Magnus Röhle und Joseph Schuster sowie der Söldner und „*seiner Profeßion ein Schneider*" Peter Kuntz auf. Zu ihm gesellten sich die „*Charsweinerin … ein Schneiderin*" und der Weber Martin Bach. Als ungewöhnlich erscheint die Verbindung Metzger und Zimmermann bei Lorenz Thier. Die Frau des Wagners Ignatz Bucher fiel nach ihrer Entbindung „*in eine sehr beschwährliche und nach und nach gefährliche leibs Indisposition und Kränckhliche unbäßlichkeit*".

Vom Topos von den vergeblichen weltlichen Mitteln geprägt ist die weitere Erzählung, die aber die Gläubigkeit des Votationsvorgangs schön beleuchtet.[828] Theresia Bucher „*brauchte Mittel und Medicin; bediente sich raths Verständiger leuthen; wollte aber nichts verfangen und zeigte sich keines Weegs Einige Erwünschte weder Würckung noch Enderung. In solchen umständen Erinnerte Sie Ihr mann des Gnaden bilds mit Ermahnung, Sie sollte Ein lebhaftes Vertrauen, glauben und lieb zu der Heiligen Mutter Gottes in Ihrer gnadenreichen bildniß in ihrem Herzen erwäckhen, sich mit Einem Wachs, oder heiligen Meeß dahin verloben. Es werde ihr ehende alß durch natürliche Mittel geholfen werden. … Gleich darauf* (d. h. nach der Votation) *verspürte Sie Eine Empfindliche änderung, die Medicinen mußten auß dem Leib, die bösserung erfolgte und wurde in kurzen Tägen Völlig gesund. … So Viel Vermag daß kindliche Vertrauen die Kindliche Hofnung und - Eifrigste liebe zu maria unßer Einsiedliche Gnaden-Mutter, daß auch wann alle menschliche Wüz entfallen, sie allein als Himmlische Ärztin durch Ihr Viel Vermögende Verbitt helfen kann.*" Der letzte Satz enthält einen wichtigen Hinweis auf die Theologie der Votation: Die Heiligen, auch Maria, helfen nicht aus eigener Mächtigkeit, sondern durch ihre viel vermögende Fürbitte. Ins Konkrete tritt die Wendung von der vergeblichen weltlichen Hilfe im Mirakel, das der churfürstliche Hofgärtner aus Türkheim anzeigte. Sein Töchterlein war „*am ganzen leib also aufgeschwollen, daß sogar der Doctor von Landsberg auch der bader von Wiedergeltingen Ihr das leben abgesprochen und keine Medicin mehr reichen wollen*".[829] Die dem Votationsakt immanente Kausalität tritt in zwei Mirakeln hervor. Benedikt Verderich verlobte sich 1734 starker Rückenschmerzen wegen. „*Indem er nachgehends sein gelübt verschoben, ist ihm jähling ein Pferdt so krankh von der waid heimb kommen, das er geforcht, solches möchte ihm fallen, hat darauf sein gelübt erneuwert und das Pferdt ist gleich besser worden. Und weil er abermahl sein gelübt nit entricht, hat er sich zu solchem ermahnet bekennt, da ihme 2 Pferdt mit einem wagen also scheuch worden, das sie alles Geschirr und halb waagen zerrissen, sobald er Vorgenommen anderntags solches anzuzeigen und das gelübt abzulegen, sind die Pferdt also bald still gestanden, er aber wie er versprochen hat seinem gelübt mit Dankh genug gethan.*" Martin Leopold Jaser, der Hofgärtner in Türkheim, schrieb in seinem „Attestatum": „*Als ich aber mit dem gethanen Gelübt saumselig und etwas zu lang Verschoben, so hat sie* (sein Töchterlein) *Gott heuer und zwar unlängst mit Einer anderen Krankheit, welche gefährlicher als dieß geschwellen ware, heimgesucht, und zwar mit einem so heftigen nasen bluten, so in die*

Abb. 289
Einsiedelmadonna. Öl auf Leinwand. Maler nicht bekannt. 98 cm × 58 cm (ohne Rahmen). Mitte 19. Jahrhundert. Dominikanerinnenkloster Bad Wörishofen.

6 stund gethauert, daß unser Herr Pfarrer selbiger die heilige letzte Ölung Gereichet …". Beide Beispiele unterscheiden sich von denen anderer Mirakelbücher dadurch, daß die Betroffenen bei Säumigkeit oder gar Nichterfüllung des Gelübdes nicht in die gleiche Krankheit zurückfallen, sondern daß neues Unheil über sie hereinbricht.

Die vierzig Anlässe (in den 37 Mirakeln) bieten kein repräsentatives Bild des gefährdeten Alltags, aber dennoch werden Krankheiten und ihre Folgen oft anschaulich geschildert. Dem Peter Kurtz wurde *„Ein schädlicher Trunckh an seinem Hochzeit Tag zu gebracht und zu bereithet …, durch Welchen Er mit so schmerzlichen Wehetagen und Schwährmüthigkeit deß Herzens und deß Gemüths überfallen worden, daß Ihm gedunckte Er werde Solchem unterliegen und die Hochzeitliche Freuden in der Todtenpaar begraben müssen"* (1722 Nr. 3). Alexander Zech wurde *„mit solchen lenden Schmerzen und stechen überfahren, daß sie Ihm un Erträglich mehr scheinten"* (1722 Nr. 4). Ein krankes Kind hat *„Tag und Nacht geschryen"* (1722 Nr. 5). Eine Frau litt an Kopfschmerzen, daß sie meinte, *„Sie müßte von Sinnen kommen"* (1722 Nr. 6). Das Töchterlein der Kohlhundschen Eheleute in Irpisdorf *„wurde von denen Kindsblattern der massen übel her-genommen und geplaget, daß Eineß auß beeden Augen schon schier gänzlich Verlohren, weilen solches fast außgeflossen und daß arme Kind daß Aug nit mehr zum sechen brauchen kunte"* (1723 Nr. 8). Johannes Rösle *„ist nächtlicher Weill von einem so starcken Carthar überfallen wordten, das er vermeint, er müsse ersticken"* (1730 Nr. 3). Peter Kuntz litt an überstarkem Husten, daß er meint, *„es müßte Lung und Leber heraus"* (1730 Nr. 5). Benedikt Verderich (s. o.) hat *„sich dergestalten in dem Rücken verränkt …, das er vor Schmerzen sich in dem beth nit umbwenden konnte"* (1734 Nr. 1), Theresia Ripfler von Eggenthal *„ist von innerlichen Gemüthsqualen dergestalten beängstigt worden, daß sie sogar den Nahmen Maria nit mehr aus Sprechen kunte"* (1735 Nr. 5). Einer Frau in Beckstetten ist *„bey dem Böttmachen Ein Käfer in daß Ohr grochen. Sie leidete zwey ganzer Tag ungemeine Schmerzen"* (1766 Nr. 2). Maria Hanna Kustermann aus Wörishofen *„ist in schwähristen Kindes nöthen in ein solche Gefahr gerathen, daß man in höchsten Sorgen gestanden, Kind und Mutter werden beysammen verbleiben und diese Geburt werde beiden das Leben kosten"* (1766 Nr. 3). Das Bettelweib *„hatte durch einen harten Fall den Fuß gebrochen. Ist auch wegen Abgang der Mittel leider Gott also übel curiret worden, daß es das Ansehen gewann, sie werde Ihrer lebtag Ihrem Stücklein brod auch an Einer Krücken nit mehr nach kommen können"* (1766 Nr. 5). Der Metzger und Zimmermann hat *„an seinem linken Fuß drey ganze Jahr sehr große und zu weilen schier un Erträgliche Schmerzen … Ertragen müssen"* (1723 Nr. 1).[830] Die gleiche Erzählfreude und kräftige Sprache zeigt sich bei der Schilderung der sonstigen Gefährdungen des Alltags und der Unfälle.[831] Es überrascht, daß sich unter den wenigen Mirakeln drei Beispiele für Verirrungen finden. Der Wörishofener Bauer Augustin Vögele ist *„nächst dem underen Würthshaus bey nächtlicher Weill um 10 Uhr außgefahren, da er dann in den so genannten Hart kommen ist er so lang in dem selbigen Umgefahren, daß er nit mehr Gewußt Wo aus wo an. Zue Türkheimb hat er die Uhr 11, 12, 1, 2 schlagen hören, endlich er vollen angst Verspricht er ein hl. Mees zue der Mutter Gottes in der Einsiedlen Capell läsen zue laßen, wo fern er die rechte Landt Straß finden würdte und sehet, es stunde kaum etliche Vatter unser lang an, so kommt er zue der Marter Saul, bey welcher er sich dan erkennet"* (1730 Nr. 2). Fast Gleiches widerfuhr dem Bauern Johann Seyboldt. *„Dieser ist bey nächtlicher Weill durch den sogenannten Hart geritten und ist, weiß nit wie, die Gantze nacht in selbig Umbgeführt wordten, sein Pferdt schnaufte … ein Lichtlein hat er auch gesehen, er selbsten voller Forcht ruefet zue der Mutter Gottes in der Einsiedlen Capellen … auf das Gethane Versprechen komt er auf einen Anger, auf welchem ein Baum steht, bey diesem Baum hat er sich erkent undt ist ohne Schaden Morgens um 4 Uhr zue Haus ankommen, noch selbigen Tag hat er die ausgestandene Angst und das wunderbare Licht der Mutter Gottes erzehlet"* (1730 Nr. 3). *„Ein gewiße Mannpersohn hat sich bey finsterer Nacht in dem Wald von Kaufbeyren herunter also verirret, das er nicht mehr gewust, wo er seye, ob er auf oder ab gehe"* (1734 Nr. 2).

Es überrascht auch, daß sich unter den wenigen Mirakeln drei Beispiele für Feuersbrünste finden. Dem Söldner Joseph Schuster gelang es, ein ausgebrochenes Feuer zu

Abb. 290
Verschiedene Wachsstöcke.
9,5 cm–13 cm hoch.
19./20. Jahrhundert.
Zahlreiche Wachsstöcke wurden zum Gnadenbild der Wörishofener Marienkapelle gestiftet. Einige davon haben sich bis heute erhalten.
Dominikanerinnenkloster Bad Wörishofen.

„dämmen". Weil er allein daheim war, hatte es niemand gemerkt. *„Als er aber aus dem Stall in die Stuben gangen, sieht er mit Verwunderung, daß das obere Gedüll* (d. i. die Balken an der Decke) *brinne"* (1731 Nr. 1). Das geschah *„Under der 6 Uhr Mees in der Frühe". „Eine dergleichen gählinge Brunst ist auskommen in der Wohnung eines Wöbers Zue Dorschhausen under währenden Gottesdienst"* (1731 Nr. 2). Die älteste Tochter, Scholastika Sondheimer, setzt ihr Vertrauen auf die Einsiedler Muttergottes *„undt sie hat allein alles Feuer gestillet"*. Das erste Beispiel betrifft das Nachbarhaus des Magnus Röhle, *„welches schier gar von dem Feuer verzehret worden"*.[832] Weil *„sein Haus sogleich darneben stundte, ist glücklich beschüzet und bewahrt wordten"*, hat er *„sich zue der Mutter Gottes in der einsiedlen Capell mit 2 hl. Messen verlobet"* (1730 Nr. 1). Den drei Feuersbrünsten steht nur eine Wassernot gegenüber: *„Anna Nothelsterin von Schlingen ginge von Kaufbeuren nachen Haus, wo sie wegen außlaufender Wertha in die größte Waßersgefahr gerathen, also zwar, daß sie vermeinte, Würcklich zu Grund zu gehen, Schrie also in Ihrer größten Noth zu Mariam unserer Einsiedlichen Gnaden Mutter, wo dann geschehen, daß sie ungefähr Sich auf Einem truckhen Wasen sich befunden, wo Sie vor keinen Boden mehr verspühret hatte"* (1766 Nr. 1). Von dem Fuhrunglück, das Pater Aegidius Göbel widerfuhr, war oben bereits die Rede. Es nimmt nicht Wunder, daß in einer ländlich strukturierten Gesellschaft auch Viehverlöbnisse eine Rolle spielen. Johann Kohlhund von Irpisdorf *„war vor einem Jahr nemlich 1722 durch einen fatalen Fall zweyer guten Pferden, im Jahr 1723 durch Eine güftige Geschwulst deß tritten stattlichen Pferds Verlustiget worden. Kurz darauf wurde auch das 4te auf der Weid mit gleicher Geschwulst angriffen, und als Er nach Einem roßarzt geschicket, fiele Ihm ein die gütigste Gnaden Mutter ... mit Erinnerung was schon für große guthaten schon all da Seyen Erhalten worden."* Als er nach dem Verlöbnis nach Hause kommt, findet er, *„daß Sein Pferdt von einer güftigen Geschwulst Völlig Erlöset, angefangen, Sein Futter zu fressen, wie zuvor, mit kurzem sein Pferdt war frisch und gesund und starckh, wi es sein solle"* (1723 Nr. 7). Ein Verlöbnis eines Pferdes wegen leistet Maria Kohlhund 1726, als sich ihr Mann auf der Rückreise von Maria Einsiedeln in der Schweiz befand. Matthias Holtenberger von Wörishofen *„hat eine Krankhe s. v. Khue gehabt, an derselben aufkommen er sehr gezweifelt"*. Nach dem Verlöbnis ist die Kuh *„gleich von sich selbsten aufgestanden, da doch vorher ihrer 4 persohnen sie nit aufheben konnten"* (1734 Nr. 3). Von den zur Strafe für ein nicht erfülltes Gelübde erkrankten Pferden des Bauern B. Verderich von Irpisdorf war bereits die Rede. Der Weber M. Bach *„hat ein Stücklein von seinem Vieh verloren, sobald er eine heilige Mees zue der Mutter Gottes in der einsiedler Capell Verlobt, hat er selbs widrum gefunden"* (1735 Nr. 8).

Eine heilige Messe lesen zu lassen, insbesondere auf dem Gnadenaltar, steht fast in jedem Mirakel. Bisweilen nicht so häufig erscheint (daneben) das *„Opfer in stock"* (Johann Kohlhund aus Irpisdorf [zweimal], der churfürstliche Hofgärtner in Türkheim, Anna Nothelster von Schlingen). An geistlichen Tätigkeiten werden ferner versprochen: Ein Rosenkranz (Barbara Hintermayr von Wörishofen, der Hofgärtner in Türkheim). Eine Margareta aus Beckstetten *„hat aber ihr Vertrauen genomen zu unserer Einsiedlichen Mutter Gottes mit der Beicht und Heiligen Communion"* (1766 Nr. 2). Der Hofgärtner verlobte sich – neben Rosenkranz und Opfer – mit *„Versprechung Einer Wallfahrt anhero"*. Andreas Schuster aus Frankenhofen gelobte gar eine neunmalige

Abb. 291
Gnadenbild der Maria von Einsiedeln. Holz, geschnitzt und farbig gefaßt. 34 cm hoch. Mitte 18. Jahrhundert. Dominikanerinnenkloster Bad Wörishofen.

Wallfahrt (1766 Nr. 4). Zum (seltenen) Geldopfer tritt *„ein andereß in Wachs"*, das Johann Kohlhund aus Irpisdorf (s. o.) leistet. Eine Wachskerze bringt Agnes Müller aus Wörishofen (1734 Nr. 4). Mit einem interessanten Heilbrauch verbunden ist das Opfer der Barbara Hintermayr aus Wörishofen, die an einem langjährigen Rotlauf am Hals litt (1735 Nr. 1). Sie verlobte sich *„mit einem weißen Waxstengel, den sie um den schadhaften Hals herum gebunden und nachgehends in der Capell angezündet, ist gleich aller Schmerzen Vergangen"*. Die Hintermayrin übertrug gewissermaßen ihre Krankheit auf den Wachsstengel und verbrannte sie vor dem Gnadenbild. Der Wörishofener Metzger und Zimmermann hat sich *„mit Opferung eines Wachsfüßleins der mütterlichen Hülf anbefohlen"* (1766 Nr. 1). Als hinweisendes Zeichen hat der Schloßhofbauer Simon Wachter *„das Steinlein in der Capell aufzuhencken gebetten"*, das von seiner Frau, die an jämmerlichen Leibsschmerzen litt, abgegangen war (1735 Nr. 7). Mit einer heiligen Messe und *„aufhenkung Einer Krücken"* hat sich auch das arme Bettelweib verlobt (1766 Nr. 5). Neben den Votivgaben und den hinweisenden Zeichen erwähnt das Mirakelbuch auch Votivtafeln. Ein solches *„Täfelein"* versprachen Johann Kohlhund von Irpisdorf, Andreas Zech von Wörishofen und Anna Nothelster von Schlingen. Keine der aufgehängten Votivtafeln, die ins Bild brachten, was das Mirakelbuch erzählt, hat sich erhalten (ebensowenig wie Votivgaben und hinweisende Zeichen). Im Schwesternchor wird eine 1768 gestiftete Votivtafel aufbewahrt, die ein versierter Maler geschaffen hat, auf der aber eine textliche Erläuterung fehlt. Sie zeigt unter dem bekleideten Gnadenbild zwei weltliche Personen, eine Dominikanerin und einen Franziskaner.

Die 37 Mirakelberichte erweisen sich nicht nur als wichtige Quelle zur Wörishofener Wallfahrt, sondern auch als wichtige Quelle zur Orts- und Familiengeschichte und zur allgemeinen Kulturgeschichte.

Gebetserhörungen

Ein schwaches Abbild des Mirakelbuches bilden die seit 1936 verzeichneten Gebetserhörungen und die 14 – nach dem Brand von 1955 entfernten – Votivtafeln. Sie bleiben alle anonym. Etwas aus der Anonymität heraus treten dann die Familienmutter, die für die vollständige Genesung, und der Vater, der für die Wiederherstellung der Gesundheit dankt. Ein Mädchen verdankt *„der lieben Himmelmutter baldige glückliche Anstellung"* (zweimal). Wiederholt tauchen Kurgäste auf. Einer bedankt sich *„für Befreiung von langwieriger, schmerzlicher Krankheit"*, ein anderer für Hilfe in schweren Anliegen, ein langjähriger Kurgast läßt auf die Tafel schreiben: *„Maria hat geholfen ... Bad Wörishofen im Krieg 1942."* Der Krieg und seine Folgen bleiben auch sonst gegenwärtig. *„Ein Soldat kam im hohen Norden ganz unversehrt, von der lieben Mutter Gottes besonders beschützt an sein Ziel, während seine Kameraden sich verschiedene Schädigungen des Leibes zuzogen."* Ein Kurgast meldet: *„Die Liebe Mutter Gottes errettet."* Auf der Rückseite einer am 3. September 1946 gestifteten Votivtafel steht die Bemerkung: *„Mutter eines Rußlandheimkehrer"*. Der Gnadenmutter innigen Dank für glückliche Heimkehr sagte mittels einer Votivtafel ein Familienvater. Der innige Dank *„für Hilfe in einem Wohnunganliegen"* könnte noch mit den Kriegsfolgen zusammenhängen.

Die modernen Gebetsanliegen und Votivtafeln bleiben nicht nur anonym, sie enthalten meistens auch keine konkreten Angaben zu den Anlässen. Das gilt für die Wiedererlangung der Gesundheit ebenso wie für sonstige Anliegen. Am deutlichsten aus den mehr oder minder allgemeinen Formulierungen treten jene Anliegen heraus, die sich auf den Krieg beziehen. In welchem Anliegen *„Unsere liebe Frau von Einsiedeln und die hl. Mutter Anna"* geholfen haben, sagt die Gebetserhörung nicht, ebensowenig, worin die *„schwierigen Familienanliegen"* bestanden, in denen Maria half. *„Durch eine Novene zur Kapell-Mutter Gottes wurde der Familienfriede wieder hergestellt"*, heißt es in einer Gebetserhörung. Der moderne Mensch sucht zwar auch die übernatürliche Hilfe, er tritt aber nur selten aus seiner Privatheit heraus, während sich der barocke Mensch mit Namen, Stand und Herkunftsort öffentlich auf den Votivtafeln (und auch in den Mirakelbüchern, die an größeren Wallfahrtsorten wie in Maria Hilf auf dem Lechfeld von der Kanzel verlesen und in Büchern gedruckt wurden) zur erlangten Hilfe bekannte.

Abb. 292
Gnadenbild der Maria von Einsiedeln. Holz, geschnitzt und gefaßt. 71 cm hoch. 19. Jahrhundert. Dominikanerinnenkloster Bad Wörishofen.

Das Sebastian-Kneipp-Museum im Dominikanerinnenkloster Bad Wörishofen

Bartholomäus Ernst

Sebastian Kneipp (1821–1897), der große Helfer der Menschheit, wirkte von 1855 bis zu seinem Tod 1897 als Hausgeistlicher bei den Dominikanerinnen in Wörishofen. Stets waren sich die Schwestern bewußt, daß er zu den großen sozialen Persönlichkeiten des 19. Jahrhunderts gehört, die es verstanden haben, die Not der Menschen durch ihr Können und Wissen, aber vor allen Dingen mit ihrer Nächstenliebe, zu lindern; er zählte zu seinen Lebzeiten zu den fünf bekanntesten Männern der Welt. Während der vielen Jahre seiner Tätigkeit im und für das Kloster sammelten sich naturgemäß zahlreiche Gegenstände an, die an ihn und sein Wirken erinnern. Sorgfältig haben die Schwestern alle Erinnerungsobjekte aufbewahrt. Seit etwa 1977 bemühten sie sich zusammen mit dem Förderkreis Kneipp-Museum, die an verschiedenen Orten sichergestellte Kneippsche Hinterlassenschaft in ihrer Gesamtheit zusammenzufassen und ihr einen würdigen Rahmen zu geben. Die Bemühungen führten im Ergebnis dazu, ein eigenes Museum einzurichten, das Sebastian-Kneipp-Museum. Seine Zielsetzung ist in allererster Linie darauf ausgelegt, die Motivation des Helfens, die Sebastian Kneipp vorgelebt hat, wachzuhalten und weiterzugeben.

Das Museum ist in den Räumen des ehemaligen Noviziats des Dominikanerinnenklosters, im Erdgeschoß, im östlichen Kopfbau des Südflügels, untergebracht. Der Besucher betritt es von Osten. Im Eingangsbereich ist ein Archiv eingerichtet, in dem Dokumente aus Kneipps Zeiten bis in die

Abb. 293
Blick in das rekonstruierte Schlafzimmer von Sebastian Kneipp (1821–1897) im Dominikanerinnenkloster. Sebastian-Kneipp-Museum Bad Wörishofen.

Gegenwart aufbewahrt werden; es steht Interessenten zur Benutzung offen. Im ersten Ausstellungsraum wird dem Besucher die Geschichte des Ortes Wörishofen nahegebracht: Die Besiedelung in frühgeschichtlicher Zeit (ca. 8000 vor Christus) sowie in der Hallstattzeit (800–450 vor Christus), die erste urkundliche Erwähnung von 1067, die Urkunde vom 18. Mai 1243, mit der Christina von Fronhofen, die letzte Inhaberin der Herrschaft, ihren Besitz an den Dominikanerpater Friedrich von Rothenburg *„für gute Zwecke"* übergab, dann die Entwicklung des Ortes Wörishofen bis zur Gegenwart und schließlich die Geschichte des Dominikanerinnenklosters, der hauptsächlichen Wirkungsstätte Sebastian Kneipps, von der Gründung 1718/1721 an bis heute.

Die nachfolgenden Räume widmen sich dem Leben und Wirken Sebastian Kneipps. Im Mittelpunkt steht dabei die Ausformung seiner Wassertherapie. Unter diesem Aspekt ist zunächst sein Lebenslauf dargestellt:

1821 Geburt in Stephansried bei Ottobeuren.
1844 Erkrankung an Lungentuberkulose.
1849 Der lungenkranke Sebastian Kneipp kuriert sich nach der Anleitung des Büchleins *„Unterricht von der wunderbaren Heilkraft des frischen Wassers"* von Dr. Johann Sigmund Hahn.
1855 Kneipp zieht als Beichtvater in das Dominikanerinnenkloster in Wörishofen ein.
1886 Sein erstes Buch *„Meine Wasserkur"* erscheint.
1888 Errichtung des ersten Badehauses.
1889 Sein zweites Buch *„So sollt ihr leben"* erscheint.
1890 Sebastian Kneipp stiftet das Priesterkurhaus, das heutige Sebastianeum. Gründung des Kneipp-Vereins Wörishofen.
1893 Die zweite Kneippsche Stiftung, das Kinderasyl, heute Kneippsche Kinderheilstätte, wird ihrer Bestimmung übergeben.
1894 Gründung des internationalen Vereins der Ärzte Kneippscher Richtung.
1895 Die dritte Stiftung von Sebastian Kneipp, das Kneippianum, entsteht.
1897 Tod von Sebastian Kneipp.

In zwei Räumen werden Möbel aus dem Privatbesitz von Sebastian Kneipp gezeigt, sein Sekretär, ein Thonetsessel, ein Betschemel sowie persönliche Gebrauchsgegenstände. In diesem Zusammenhang wird auch ausführlich an seinen Studienaufenthalt in München erinnert, wo er in der Universitätsbibliothek das schon erwähnte Büchlein über die Heilkraft des Wassers fand; sein genauer Titel lautet: *„Unterricht von der wunderbaren Heilkraft des frischen Wassers bei dessen innerlichem und äußerlichem Gebrauche durch die Erfahrung bestätigt von Dr. Johann Sigmund Hahn, vormaliger Stadtarzt in Schweidnitz in fünfter Auflage, nach den allerneuesten Erfahrungen in der Wasserheilkunde, verbessert und vermehrt von Professor Dr. Oertel in Ansbach, dem Verfasser der Wasserkuren. Ilmenau 1831."*

Das Schreiben des Bischofs von Augsburg vom 13. April 1855, mit dem Sebastian Kneipp zum Hausgeistlichen der Dominikanerinnen ernannt wurde, wird im Original präsentiert. Mit ausschlaggebend für die Entsendung des Geistlichen nach Wörishofen waren seine guten landwirtschaftlichen Kenntnisse. Die Schwestern hatten nämlich darauf aufmerksam gemacht, daß der Wiederaufbau der Ökonomie wesentlich zur wirtschaftlichen Absicherung des Klosters beitragen könne. Kneipp widmete sich den damit in Zusammenhang stehenden Aufgaben mit großem Erfolg. Er kaufte Saatgut und Zuchtvieh, er führte neue Kleesorten ein, er entwarf sogar ein Entwässerungssystem für nasse Wiesen, er betätigte sich selbst als Imker und als Veredeler von Obstbäumen. Aus seiner Feder stammen fünf Bücher über landwirtschaftliche Themen. Verschiedene Ehrenurkunden und Ehrentaler machen deutlich, wie sehr seine Leistungen auf dem Gebiet der Landwirtschaft öffentliche Anerkennung fanden.

Das Wirken von Sebastian Kneipp hatte erhebliche Auswirkungen auf den Ort Wörishofen. Dieser entwickelte sich von einem kleinen schwäbischen Dorf zu einer internationalen Heilstätte. Fotos von prominenten Gästen unterstreichen, wie bekannt Wörishofen als Kurort geworden war. Darunter befinden sich Aufnahmen von

– Msgr. Dr. Andreas Ajuti, Erzbischof von Damiette und apostolischer Nuntius in München,
– Kardinal Graf Schönborn, Fürstbischof von Prag,
– Heinrich Prinz von Bourbon,
– Graf Bardi,

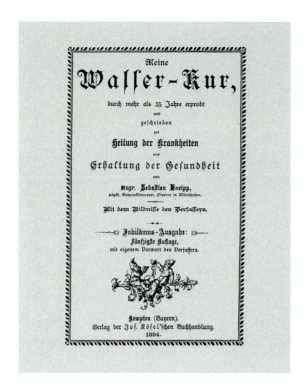

*Abb. 294
Titelblatt der ersten Veröffentlichung von Sebastian Kneipp (1821–1897). Jubiläumsausgabe. Kempten 1894.
18 cm × 12 cm.
Sebastian-Kneipp-Museum Bad Wörishofen.*

- Erzherzog Joseph von Österreich-Ungarn mit seinem Sohn Joseph-Augustin,
- Erzherzog Franz Salvator mit Erzherzogin Marie-Valerie und Kindern,
- Herzog und Herzogin Paul von Mecklenburg,
- Roger Prinz von Arenberg,
- Sir Sayadji Roa Gayakwad III., Maharadscha von Baroda,
- Prinz A. Bariatinsky aus Rußland,
- englischen und amerikanischen Kurgästen, darunter Kardinal Gibbons.

Kurpatienten waren auch zahlreiche geistliche Mitbrüder von Sebastian Kneipp, wie etwa der damalige Erzabt von Beuron, Maurus Wolter.

Erinnert wird aber auch an die vielen Helfer und Helferinnen, Freunde und Förderer, ohne deren Einsatz der Erfolg von Sebastian Kneipp nicht denkbar gewesen wäre. Das gilt etwa für die ersten Bademeisterinnen und Bademeister Rosina und Theresia Mayer, Nichten von Sebastian Kneipp, sowie Johann Kustermann und Fidel Kreuzer, der dann auf Drängen Kneipps eine „*Kneippsche Kuranstalt*" in Wörishofen eröffnete. Zu den Förderern Kneipps gehörte aber auch eine Anzahl Ärzte, die auf den ausgestellten Bildern zu finden sind: Dr. Bernhuber, der erste Arzt, den Kneipp zu seinen Sprechstunden zugezogen hat, Dr. Kleinschroth, der die ersten Versuche einer wissenschaftlichen Be-

*Abb. 295
Bierkrug mit einem Bildnis von Sebastian Kneipp (1821–1897). 14,5 cm hoch.
Datiert 1890.
Sebastian-Kneipp-Museum Bad Wörishofen.*

gründung der Lehre Kneipps machte, Dr. Alfred Baumgarten, der das besondere Vertrauen Kneipps besaß und streitbarer Verteidiger der Kneippkur wurde. Auf mehreren Fotografien ist Erzherzog Josef von Österreich-Ungarn zu sehen, der nicht nur ein persönlicher Freund Sebastian Kneipps war, sondern sich auch zu einem seiner wichtigsten Förderer entwickelte. Von dieser Freundschaft profitierte der Ort Wörishofen. Erzherzog Josef unterstützte zahlreiche Vereine, kümmerte sich persönlich um den Bau einer Bahnlinie nach Wörishofen. Gewürdigt wird auch Leonhard Oberhäusser, Inhaber der Engelapotheke in Würzburg. Er kam erstmals 1890 nach Wörishofen. Dort erlangte er das Vertrauen Kneipps und erhielt von ihm, zusammen mit seinem Geschäftspartner R. Landauer, die Berechtigung, alle Kneippschen Heilmittel und Spezialitäten im In- und Ausland zum Zeichen der Echtheit und der Güte mit dem Namenszug und dem Bild von Pfarrer Sebastian Kneipp zu versehen. Erinnert wird auch an den Kaufmann Hermann Aust, dem die weltweite Verbreitung des Katreiner Malzkaffees zu verdanken ist, sowie an Ludwig Auer, den Gründer des Cassianeums in Donauwörth, auf dessen Initiative die Gründung des Kneippvereins und damit die gesamte Kneippbewegung zurückgeführt werden kann.

In einem weiteren Raum werden die fünf Wirkprinzipien der Kneippschen Heilkunde dargestellt. In der Vitrine der Wasserheilkunde finden wir eine historische Gießkanne, eine Fußwanne, Wickeltücher, Wasserschläuche und ein Verordnungsbuch aus dieser Zeit. Die nächste Vitrine beschäftigt sich mit der Pflanzenheilkunde. Wir sehen Geräte, mit denen zu Kneipps Zeiten Kräuterextrakte, Pulver und Säfte hergestellt werden konnten, einen Mörser, einen Infundierapparat zur Herstellung von Kräuterabgüssen, eine Pflanzenpresse und eine Tinkturflasche. In der nächsten Vitrine ist das Bewegungsprinzip dargestellt. Sebastian Kneipp betrachtete die körperliche Bewegung als den wichtigsten Teil der Eigeninitiative des Patienten zur Gesunderhaltung. So sehen wir nicht nur den Hackstock und die Axt, womit er sinnvolle Bewegungsübungen und praktische Arbeit verband, sondern auch die berühmten Kneippsandalen, wie sie bis heute immer noch in Handarbeit angefertigt werden. In der vorletzten Vitrine wird auf das Prinzip der richtigen Ernährung eingegangen. Dargestellt ist, wie Sebastian Kneipp für einfache, möglichst naturbelassene Kost eintrat und seine Patienten zu sinnvollem Maßhalten mit der Ernährung zu erziehen versuchte. Das unter seiner Anleitung verfaßte Wörishofener Kochbuch „Die Wörishofener Küche im Sinne Sebastian Kneipps" aus dem Jahre 1897 liegt im Original auf. In diesem Zusammenhang wird auch der Malzkaffee gezeigt, weil er auf Kneipps Initiative hin entwickelt wurde. Die Kneippsche Ordnungstherapie, das fünfte Wirkprinzip seiner Lehre, wird in der Mitte des Raumes auf einer Säule präsentiert. Verschiedene wörtliche Zitate verdeutlichen den Kern seiner Lehre:

> „Der Mensch ist die unteilbare Einheit von Leib und Seele."
>
> „Wer naturgemäß lebt, der hat sich viel Mühseligkeit erspart."
>
> „Wer was erlangen will auf der Welt, muß es durch Arbeit zu gewinnen suchen, sonst erhält er nichts."
>
> „Abhärtung gegen Verweichlichung, Einfachheit gegen Eitelkeit und Genügsamkeit gegen Genußsucht."
>
> „Tausende von Menschen könnten ihr Leben verlängern, würden sie zu leben verstehen."
>
> „Darum halte Maß und Ziel und Ordnung in Nahrung und Erholung ein."
>
> „Von Zeit zu Zeit muß der Mensch fühlen, daß er von einem unendlich höchsten Wesen abhängig ist."
>
> „Die Erde bleibt unsere Welt, und man wird nie aus dieser Welt einen Himmel machen."

Abschließend gibt das Museum auf Schautafeln einen Überblick über die Entwicklung der Kneippbewegungen in der ganzen Welt. In diesem Zusammenhang werden zunächst die Reisen Kneipps dokumentiert. Seine wichtigste führte 1884 nach Rom zu Papst Leo XIII. Er wurde von ihm nicht nur in Privataudienz empfangen, sondern durfte ihn sogar mit Wasseranwendungen behandeln. Die zweite Tafel stellt die Kneippschen Kuranstalten von 1890 bis 1897, ausgehend vom Bad Wörishofener Sebastianeum, vor. Eine dritte Tafel ist den Kneippvereinen dieser Periode gewidmet, die vierte den Publikationen, die zu Kneipps Lebzeiten wesentlich zur Verbreitung seiner Ideen beitrugen:

– Den Kneippblättern von 1891,
– dem Kneippkalender 1891,

Abb. 296
Die Kirche zur „Heiligen Familie von Nazareth" in Rom. Öl auf Leinwand. Originaler Rahmen. 90 cm × 71,5 cm (mit Rahmen). Maler nicht bekannt. Datiert 1896. Das Gemälde erinnert daran, daß das Gotteshaus wesentlich mit Spenden errichtet wurde, die Sebastian Kneipp (1821–1897) vermitteln konnte.
Dominikanerinnenkloster Bad Wörishofen.

– dem Centralblatt für das Kneippsche Heilverfahren 1896/97,
– der Mitgliederliste der Kneipp-Ärzte,
– dem Wörishofener Kuranzeiger mit Fremdenliste 1892 und
– „Le Kneippiste" 1895.

Diesen Tafeln stehen Übersichtskarten gegenüber, die die Kneippbewegung heute zeigen, insbesondere die Verbreitung der Kneippvereine in Europa. Die fünfte Tafel beschäftigt sich mit dem Aufbau der Kneippbewegung in der ganzen Welt mit einer Liste der Kneipporganisationen einschließlich einer Übersicht über die Internationale Konföderation der Kneippbewegung seit 1962. Als weltweite Stützpunkte werden die Länder Australien, Belgien, Brasilien, Canada, CSSR, Chile, Dänemark, England, Frankreich, Holland, Indien, Irland, Israel, Italien, Japan, Jugoslavien, Luxembourg, Mexico, Österreich, Rumänien, Schweden, Schweiz, Spanien, Süd-Afrika, USA und Zeeland genannt.

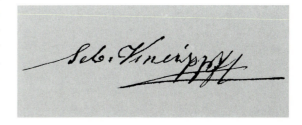

Abb. 297
Unterschrift von Sebastian Kneipp (1821–1897) aus dem Jahre 1884. Originale Größe.
Dominikanerinnenkloster Bad Wörishofen.

Von der Sonn- und Werktagsschule zum Kurheim

Sr. M. Imelda Weh O.P.

Am 29. November 1842, auf den Tag genau 40 Jahre nach der Säkularisation, genehmigte König Ludwig I. von Bayern (reg. 1825–1848) die Wiederherstellung des Wörishofener Dominikanerinnenklosters. Die Genehmigung wurde unter der Bedingung erteilt, daß das Kloster

„*1. Vorerst und sogleich die teutsche Sonn- und Werktagsschule für die weibliche Jugend der Pfarrgemeinde Wörishofen zu übernehmen* (und)

2. Späterhin und bey eingetretener Thunlichkeit eine Bewahr- und Erziehungsanstalt für verwahrloste und verwaiste Kinder weiblichen Geschlechts zu eröffnen" (hat).

Mit diesem Erlaß begann ein neuer Zeitabschnitt in der Geschichte des Klosters Maria Königin der Engel. Insbesondere bahnte sich nunmehr die Umwandlung von einer rein kontemplativ ausgerichteten Kommunität hin zu einer tätigen klösterlichen Gemeinschaft an.

Die Bedingungen, an die König Ludwig I. seine Entscheidung knüpfte, entsprachen nicht nur dem allgemeinen Zeitgeist. Sie trugen vielmehr auch den damals in Wörishofen schon vorhandenen örtlichen Gegebenheiten Rechnung. Dort wurde nämlich schon seit längerem – unterstützt vom damaligen Distrikts-Schulinspektor Wendelin Burkard (1778–1852), dem Augsburger Domdekan Karl Egger (1772–1849) und dem Wörishofener Ortsgeistlichen Dismas Rager (1789–1841) – der Plan verfolgt, „*wegen übergroßer Kinderzahl die Ortsschule zu trennen*" und für Buben und Mädchen jeweils eigene öffentliche Erziehungseinrichtungen zu schaffen. Die sieben noch lebenden Schwestern griffen diese Überlegungen in einem von der „*Königl. Landgerichts Commission*" Türkheim ausgestellten Protokoll vom 18. August 1842 auf und verpflichteten sich, eine Mädchenschule einzurichten; sie konnten dabei darauf hinweisen, daß sie vom Augsburger Dominikanerinnenkloster Sankt Ursula personell durch die Entsendung zweier für das Lehrfach geeigneter junger Schwestern unterstützt würden. Diese Aussagen der Klosterangehörigen bildeten mit die Grundlage für die positive königliche Entscheidung.

Mit der Übersiedelung der Lehrerinnen Maria Josefa Binswanger (1820–1853) und Maria Dominika Würth (1822–1883) am 28. April 1843 nach Wörishofen konkretisierte sich dann die Aufnahme des Schulbetriebs. Mit ihm wurde unmittelbar nach dem Eintreffen der beiden Schwestern am 15. Mai 1843 mit einem feierlichen Gottesdienst begonnen.

Von Anfang an waren die Wörishofener Dominikanerinnen aber auch bestrebt, der zweiten Bedingung Rechnung zu tragen, die der König gestellt hatte. Schon im Juli 1843 nahm das Kloster drei der ärmsten Kinder der Gemeinde zur Erziehung und Betreuung unentgeltlich in seine Obhut. Die Zahl der betreuten Mädchen wuchs alsbald auf zwölf heran. Unter dem 16. Juli 1847 konnte die Regierung von Schwaben und Neuburg schließlich die Eröffnung der „*Bewahr- und Erziehungsanstalt für verwahrloste und verwaiste Kinder weiblichen Geschlechts*" förmlich genehmigen. Die neue Bildungseinrichtung setzte sich in kurzer Zeit erfolgreich durch; 1855, als Sebastian Kneipp (1821–1897) zum Hausgeistlichen der Wörishofener Dominikanerinnen ernannt wurde, waren bereits 39 Kinder zu versorgen. Bis 1859 stieg diese Zahl auf 90 an, um schließlich im Jahre 1905 ihren Höchststand mit etwa 100 zu erreichen. Ab 1930 nannte sich die Erziehungsanstalt „*Schülerinnenheim*". Als sich der Mangel an Schwestern immer stärker bemerkbar machte, gestaltete man das Heim im Jahre 1971 zu einem Tageshort für Buben und Mädchen aus Bad Wörishofen mit einer Höchstzahl von 28 Kindern um. Er wurde 1982 aufgelöst; die Seele des Hortes, Schwester Maria Honestina Heinzelmann (1904–1987), die seit 1930 ihr ganzes Ordensleben mit aufopfernder Hingabe und Liebe den Kindern gewidmet hatte, mußte

◁ *Abb. 298*
Gnadenbild von Loreto. Leinen, bemalt und bedruckt. Reliquien mit Drahtarbeit reich gefaßt, Perlchen. Wachsblüten, gestanzt und bemalt. Cedulae.
38,5 cm × 34 cm (mit Rahmen).
Mitte 18. Jahrhundert.
Dominikanerinnenkloster Bad Wörishofen.

Abb. 299
Nachtlichtschirm. Leinen, gestickt. Bezeichnet „B. B." Holz, gedrechselt und schwarz poliert.
37 cm hoch. Mitte 19. Jahrhundert. Arbeit der Wörishofener Klosterschule. Dominikanerinnenkloster Bad Wörishofen.

Abb. 300
Umschlag für die Urkunde über die Gründung der „Haushaltungsschule Wörishofen in Schwaben". Seide, gestickt. Datiert 1896.
29,7 cm × 24 cm.
Dominikanerinnenkloster Bad Wörishofen.

ihr Amt aus Altersgründen aufgeben. Wie gut sich die klösterliche Schule seit ihrem Beginn 1842 im Laufe der Jahre entwickeln und welches Ansehen sie bei der Bevölkerung erwerben konnte, ergibt sich auch aus der Errichtung einer Filiale im nahegelegenen Türkheim im Jahre 1859; auf dringenden Wunsch des Pfarrers Thomas Völk hatte das Kloster ein Jagdschloß des Grafen La Roche erworben, um dort die Mädchenvolksschule zu übernehmen. Später errichteten die Dominikanerinnen in Türkheim für 43 000 Mark ein eigenes Schulhaus; dort unterhielten sie auch einen Kindergarten.

Ein Bericht aus dem Jahre 1866 beschreibt sehr eingehend, wie sich der Tagesablauf der Mädchen ursprünglich gestaltete:

„Die Kinder werden nach vollendetem vierten Lebensjahr in die Anstalt aufgenommen und haben darin ihr Verbleiben bis zum vollendeten 16ten Jahre. ... Die Mädchen sollen beim Austritte aus der Anstalt befähiget seyn, alle weiblichen Arbeiten und Geschäfte in einer Haushaltung zu übernehmen. An Ordnungsliebe und sittlich anständiges Benehmen gewöhnt, sollen sie sich ebenso durch Gottesfurcht wie durch Gewissenhaftigkeit und Treue in ihrem Dienst auszeichnen. ... Die größeren Mädchen stehen im Sommer schon um 4½ Uhr auf, die kleineren um 5 Uhr. Im Winter ist die Zeit des Aufstehens um eine Stunde später. ... Die Tischzeit dauert von 11¼ bis 12 Uhr. ... Das Vesperbrod, das sie Nachmittags um 3 Uhr bekommen, besteht in Brod mit Milch oder weißem Bier; im Herbst bekommen sie auch Obst zum Brode. Auch vormittags um 9 Uhr reicht man ihnen eine kleine Erfrischung. Der Abendtisch, um den um 6 Uhr geläutet wird, dauert eine halbe Stunde. Da bekommen die Kinder Suppe und Zuspeise. Ihr Getränk bei Tisch ist Wasser ...."

Neben der Erziehungsanstalt für arme und verwaiste Kinder unterhielten die Schwestern auch ein „Institut für Mädchen aus dem Bürger- und Bauernstande". In dem schon erwähnten Bericht aus dem Jahre 1866 wird auch hierzu ausführlich Stellung genommen:

„Dieses Institut dient zunächst zur Vervollständigung der Schulbildung für jene Familien, die ihren Töchtern einen bessern Unterricht, als man ihn in manchen Landschulen wegen Lokalverhältnissen nicht erlangen kann, möchten zukommen lassen. Dann dient es dazu, diesen Mädchen ... die religiöse Bildung beizubringen. Nebstdem sollen sie die nothwendigen Fertigkeiten in weiblichen, häuslichen Arbeiten erlernen. Darum müssen sie nähen, stricken, Kleider verfertigen und flicken, kochen, waschen, bügeln, Brod backen und überhaupt alles in die Hand nehmen, was in einer geordneten Haushaltung geschehen muß. Sie sollen in den Stand gesetzt werden, seinerzeit ein Hauswesen gut zu leiten".

Aus dieser Einrichtung entstand auf Anregung des Landwirtschaftlichen Bezirksausschusses Mindelheim und Türkheim vom 1. Oktober 1885 an eine „Haushaltungs- und Molkereischule".

Die verschiedenen vom Kloster angebotenen Bildungseinrichtungen entwickelten sich so positiv, daß sich die Schwestern entschlossen, für die Mädchenschule einen eigenen Neubau zu errichten. Er wurde in den Jahren 1895 und 1896 für eine Gesamtbausumme von 180 000 RM verwirklicht. Seine Einweihung fand am 8. Dezember 1896 statt.

In den folgenden Jahrzehnten wurde es im Hinblick auf die allgemeine Entwicklung des Bildungswesens in Bayern immer wieder notwendig, die verschiedenen erzieherischen und schulischen Angebote der Wörishofener Schwestern den sich ändernden Verhältnissen anzupassen, entsprechend neu zu organisieren und zu verbessern. Die Haushaltungs- und Molkereischule wurde deshalb später aufgegliedert in die „Haushaltungsschule" mit fünfmonatigen Kursen, den „hauswirtschaftlichen Grundlehrgang", einen Jahreskurs, der auf der achten Volksschulklasse aufbaute, eine „Präparandinnenschule" zur Vorbereitung auf einen Lehrberuf, die „Handelsschule", die zweijährig geführt wurde und zur mittleren Reife führte, sowie in „kurzfristige Kochkurse", die die Schwestern in den Sommermonaten nach jeweiligem Übereinkommen anboten. Die Präparandinnenschule mußte schon 1911 ihre Tätigkeit wieder einstellen. Die Handelsschule begann ihre Tätigkeit im Jahre 1921 mit kaufmännischen Kursen. Nach einer mehrjährigen Unterbrechung von 1942 an konnte sie im Jahre 1948 als zweijährige Handelsschule wieder eröffnet werden. Sie erlangte als dreijährige Handelsschule im Jahre 1967 die staatliche Anerkennung. Ihre Tore schloß sie im Jahre 1977. Im gleichen Jahr nahm die Wirt-

Abb. 301 ▷
Klosterarbeit. Agnus dei mit der Inschrift „Leo XIII PON MAX" (Papst Leo XIII. reg. 1878–1903), umgeben von mehreren Reliquien mit Cedulae und großen, aus Draht gebildeten Blütensternen, darunter eine Reliquie der heiligen „Kreszentia Kaufb". Agnus Dei datiert 1896 (?). 60 cm × 42 cm.
Dominikanerinnenkloster Bad Wörishofen.

schaftsschule des Zweckverbands in einem neu errichteten Schulgebäude am Ortsrand von Wörishofen ihren Unterricht auf. Die Schule in Türkheim hatte ihren Unterricht bereits 1974 eingestellt. Der hauswirtschaftliche Grundausbildungslehrgang, in dem die Schwestern durchschnittlich 30 bis 40 Teilnehmerinnen betreuten, mußte im Juli 1981 aufgegeben werden; die Gründung einer Staatlichen Berufsfachschule für Hauswirtschaft in Memmingen hatte zu einer drastischen Reduzierung der Schülerinnenzahl in Wörishofen geführt. Seither betreuen die Wörishofener Schwestern keine Schülerinnen mehr.

Neben den schulischen Angeboten unterhielten die Schwestern auch mehrere Kindergärten. Den ältesten bildete der Wörishofener Kindergarten, der schon im Jahre 1900 mit einem dazu bestimmten Vermächtnis von Sebastian Kneipp gegründet werden konnte. Ihm folgten Kindergärten in Türkheim (1904) und Oberaudorf (1930). Letztere wurden im Zuge der Aufgabe der Filialen 1974 bzw. 1993 eingestellt. Den Kindergarten in Wörishofen übernahm nach dem Tod der letzten Erzieherin 1994 die Pfarrkirchengemeinde Sankt Justina.

Der Kurbetrieb im Kloster der Dominikanerinnen von Bad Wörishofen entwickelte sich im Laufe der Zeit parallel zu den verschiedenen Bildungseinrichtungen. Er wurde von Pfarrer Sebastian Kneipp initiiert, der seit 1855 als Hausgeistlicher bei den Schwestern wirkte. Die ersten Nachrichten über die Beherbergung von Personen, die sich von Pfarrer Sebastian Kneipp behandeln ließen, gehen auf das Jahr 1857 zurück. Damals verfügte das Kloster über drei Gastzimmer für Patienten; nur Geistliche fanden im Kloster Unterkunft. Im Jahre 1881 konnten bereits 48 Kurgäste gezählt werden. In der *„Beilage"* der *„Wörishofener Blätter"* vom 8. April 1891 wird *„das Leben und Treiben der Kurgäste ..., die im Kloster Unterkunft zu befinden bevorzugt sind"*, ausführlich geschildert. Dort heißt es: *„Alle geistlichen Herren, die nach Wörishofen kommen, werden als Kostgänger im Kloster aufgenommen, wofür sie der Frau Priorin nach Schluß ihrer Kur nur M. 1.50 pro Tag zu entrichten haben. Dafür erhalten sie: ein Frühstück bestehend aus Kneippkaffee (Bohnen und Malzkaffee gemischt) mit Brod; um 11¼ Uhr Mittagsmahl aus Suppe und 2–3 Gängen, dazu ¼ Liter Honigwein oder einen halben Schoppen Wein oder ein Glas Bier; Nachmittags Kaffee wie am Morgen, und Abends das Nachtmahl, bestehend aus Suppe, Braten, 2 Gemüsen und einem Getränk wie Mittags. ... Wer von den geistlichen Herren im Kloster selbst Wohnung findet, hat dafür 50 Pfg. für die Nacht zu entrichten. Entschädigung für Bedienung wird nicht gezahlt, obgleich manche so krank sind, daß man ihnen viel Pflege zu leisten hat und z. B. auch alle Nahrung aufs Zimmer tragen muß. Die Vergütung für verbrauchtes Wachs ist dem Ermessen überlassen. Da sie meist nicht hoch ausfällt, erwächst dem Kloster durch diese Leistung und den Verschleiß der Meßgewänder usw. keine geringe Last. Die Zahl der Pflegebefohlenen des Klosters ist meist eine sehr große. In der eigentlichen Saison hat es schon manchmal 120 Tischgäste gegeben, selten aber weniger als 30."*

Im Kreuzgang mußten damals Tische und Bänke aufgestellt werden, da die Plätze im Speisezimmer für die Kurgäste nicht ausreichten. Mehrere *„Gästebücher"* und *„Eintrage-Bücher"* geben Auskunft, wer damals im Dominikanerinnenkloster verpflegt wurde. Ab dem Jahre 1900 konnten etwa 11 Personen im Kloster selbst untergebracht werden.

Solange Sebastian Kneipp bis zum Jahre 1881 im Kloster wohnte, gab er Kurgästen im Badehäuschen der Waisenkinder Wasseranwendungen. Nicht bekannt ist, ob er den wenigen Gästen, die im Kloster volle Unterkunft fanden, auch Zimmeranwendungen verabreichte. Als er in den Pfarrhof übersiedelte, verabreichte er seine Anwendungen in der dortigen Waschküche. Im Kloster selbst versorgte ein Bademeister aus dem Ort bis zum Jahre 1937 die Anwendungen. In diesem Jahr konnten zwei Schwestern in München ihre Ausbildung zu Krankenpflegerinnen und in Wörishofen zu Bademeisterinnen abschließen. Von da an war das Kloster selbst in der Lage, die Anwendungen mit eigenen Kräften durchzuführen. Im Jahre 1954 entschloß sich der Konvent, den zweiten Stock des Schulgebäudes für die Zwecke eines Damenkurheims auszubauen. Damals wurde auch ein besonderer Speisesaal für die Gäste eingerichtet, Bäder wurden installiert. Als eigene Erwerbsquelle trat das Kurheim von 1955 an in Erscheinung. Insgesamt verfügte das Kloster damals über 26 Gästezimmer. Systematisch verfolgte man den Ausbau der Badeabteilung. Als im Juli 1981 der hauswirtschaftliche Grundausbildungslehrgang eingestellt werden mußte, entschloß sich der Konvent, das Gebäude der Mädchenschule von 1896 insgesamt zu einem Kurheim umzubauen. Der Umbau wurde 1982 in Angriff genommen. Schritt für Schritt adaptierte man das alte Gebäude für die neue Zielsetzung. Ein Aufenthaltsraum und ein Fernsehraum wurden eingerichtet, einen Raum gestaltete man als Hauskapelle für die Kurgäste.

Heute (1998) bildet das Kurheim die hauptsächliche Erwerbsquelle der Wörishofener Dominikanerinnen. Die Ordensfrauen sind geprüfte Bademeisterin, Diätköchin, Masseurin, Kauffrau, Gärtnerin usw. Das Kurheim bietet durch Ausstattung und Dienstleistung in anheimelnder Atmosphäre alles, damit sich jeder Gast unbeschwert wohl fühlen kann. Genesung suchende Kurgäste mit ambulanten oder stationären Badekuren sind ebenso herzlich willkommen wie Erholung suchende Gesundheitsurlauber, die unter badeärztlicher Betreuung die Kneipptherapie erleben möchten.

Neben den modern gestalteten Einzel- und Doppelzimmern stehen allen Gästen Speise- und Aufenthaltsräume zur Verfügung. Besonders Bewegungshungrige können sich im Fitneßkeller abrackern, Ruhebedürftige auf der Liegewiese entspannen. Die Badeabteilung des Hauses verabreicht die vom Badearzt verordneten Kuranwendungen. Dazu zählen Wechsel-, Blitz- und Lumbalgüsse, Wannenbäder mit verschiedensten Zusätzen, Arm- und Fußbäder, Wickel, Waschungen und Heusäcke.

Bis heute, 100 Jahre nach seinem Tod, fühlen sich die Dominikanerinnen dem Erbe von Pfarrer Kneipp auf das engste verbunden. Nach wie vor gilt sein Satz: *„Man kann nicht den Leib erfolgreich in Kur schicken, wenn man die Seele dabei vernachlässigt."* Es ist daher das Bemühen der Schwestern, allen Gästen neben medizinischer Versorgung und natürlicher Ernährung auch jene helfende Gastfreundschaft zu gewähren, die der Seele rundum gut tut. Auf diese Weise binden sie die Ordnungstherapie ihres berühmten Hausgeistlichen in ihren apostolischen Ordensauftrag ein.

Abb. 302
Blick in ein Zimmer des Kurheims der Dominikanerinnen zu Bad Wörishofen.

Zeittafel

*Abb. 303 ▷
Dominikanermönche begießen den Garten Gottes. Öl auf Leinwand. 2. Viertel 18. Jahrhundert. 127 cm × 102 cm. Maler nicht bekannt. Die Darstellung symbolisiert den Bestand des Dominikanerordens. Die Mönche begießen in einem prächtigen, ummauerten Garten, der den Orden des heiligen Dominikus als geheiligte Stätte, gleichsam als paradisus claustralis, darstellt, Blumen, die die Mitglieder des Ordens repräsentieren. Das Wasser schöpfen sie aus dem Brunnen „mit dem Wasser des ewigen Lebens", in dessen Zentrum, auf einer Säule, Maria, die Mutter Gottes, als Mittlerin des Heils mit ihrem Sohn Jesus Christus auf dem Arm, dem Erlöser der Welt, steht. Das Gemälde ist Teil der historischen Ausstattung des Noviziats. Dominikanerinnenkloster Bad Wörishofen.*

Um 1170	Geburt des heiligen Dominikus in Caleruega/Spanien.
Um 1207	Gründung des ersten Frauenklosters durch den heiligen Dominikus in Prouille/Frankreich.
1216	Bestätigung des Dominikanerordens durch Papst Honorius III.
1221	Tod des heiligen Dominikus in Bologna/Italien.
1243	Christina genannt von Fronhofen stiftet ihren Wörishofener Besitz.
1716	Wahl der Maria Maximiliana Gräfin Ruepp von Falkenstein zur Priorin des Augsburger Dominikanerinnenklosters Sankt Katharina.
1717	Papst Clemens XI. richtet an das allgemeine Kapitel des Dominikanerordens die Bitte, in jeder seiner Provinzen zwei Klöster der strengen Observanz zu gründen.
1718	Beschluß des Konvents des Dominikanerinnenklosters Sankt Katharina zu Augsburg, in Wörishofen ein Kloster der strengen Observanz zu gründen. Schwester Maria Christina Eckart als Vikarin und drei weitere Nonnen nehmen ihren Wohnsitz in Wörishofen.
1719	Grundsteinlegung für den Neubau des Klosters in Wörishofen.
1721	Im neu errichteten Konventgebäude wird der erste Gottesdienst gefeiert.
1722	Fertigstellung der Klosterkirche.
1723	Weihe der neuen Kirche. Einführung der strengen Observanz.
1725	Unterzeichnung des „Fundationsbriefes" durch das Mutterkloster und das Tochterkloster in Wörishofen.
1778	„Jurisdiktion Bestand-Accord" zwischen den beiden Klöstern.
1800	Besetzung des Klosters durch französische Truppen.
1802	Säkularisierung.
1842	Wiedergründung des Wörishofener Dominikanerinnenklosters durch König Ludwig I. von Bayern.
1843	Gründung einer Mädchenschule durch das Kloster.
1844	Erste Profeßfeier nach der Wiedererrichtung des Klosters.
1855	Sebastian Kneipp wird Hausgeistlicher.
1859	Einrichtung einer Filiale in Türkheim.
1860	Rückkauf des Klostergebäudes.
1896	Übertritt zum Dritten Orden des heiligen Dominikus. Einweihung des Anstaltsbaus, des heutigen Kurheims des Klosters.
1897	Tod von Sebastian Kneipp.
1929	Gründung einer weiteren Filiale in Oberaudorf.
1954	Einrichtung eines Kurheims durch das Kloster.
1955	Brand der Ökonomiegebäude.
1965	Gründung einer Arbeitsgemeinschaft aller Dominikanerinnenklöster in der Diözese Augsburg.
1975	Aufgabe der Filiale Türkheim.
1981	Schließung der Hauswirtschaftsschule.
1985	Beginn der Instandsetzung von Konventgebäude und Kirche.
1994	Aufgabe der Filiale Oberaudorf.
1995	Abschluß der Instandsetzungsmaßnahme.

Anmerkungen

Vorbemerkung

Die Geschichte des Dominikanerinnenklosters Maria Königin der Engel in Bad Wörishofen ist in zwei Chroniken festgehalten:
- Die ältere trägt den Titel *„Schriften und Urkunden, welche die Stiftung des Klosters betreffen"*. Ihr Verfasser war P. ANDREAS ROTH O.P. (1654–1735), der erste Hausgeistliche der Wörishofener Gemeinschaft, der die Gründung des Klosters intensiv betrieb. Seine handschriftlichen Aufzeichnungen bestehen aus 95 losen Folioblättern, die von 1 bis 95 durchnumeriert sind. Sie behandeln die Gründungsgeschichte des Klosters von den ersten Anfängen bis zur Abfassung des Fundationsbriefes 1725. Das Original der Chronik befindet sich im Archiv des Dominikanerinnenklosters in Bad Wörishofen. Es wurde in den Jahren 1956/1957 von der damals in Wörishofen ansässigen Oberlehrerin i. R. Maria Vögele in Maschinenschrift transferiert. Die Chronik wird im folgenden einheitlich, unter Berücksichtigung der Umschrift, Chronik ANDREAS ROTH zitiert.
- Die zweite Chronik wurde von P. EMERICH RUEFF O.P. (1744–1814) verfaßt, der von 1802 bis zu seinem Tod Hausgeistlicher der Wörishofener Kommunität gewesen ist. Der erste Teil seiner Chronik ist *„Beschreibung der Reichsritterlichen Herrschaft Wörishofen, und der vom Frauenkloster zu St. Katharina in Augsburg im Jahr 1718 gemachten Stiftung des Klosters Mariä der Königin der Engeln daselbst Bis zur Kurpfalzbaierischen Besitznehmung den 29.ten November 1802"* überschrieben, der zweite Teil trägt den Titel *„Beschreibung der Herrschaft und des Klosters Wörishofen, nachdem selbe vermöge des mit Frankreich den 9.ten Febr. 1801 zu Luneville geschlossenen Friedens, und des von der außerordentlichen Reichsdeputation zu Regensburg den 26. Nov. 1802 verfassten Hauptschlusses, als ein Entschädigungsantheil, an Kurpfalzbaiern gefallen ist."* Die Aufzeichnungen sind in zwei Bänden zu 289 bzw. 157 Seiten zusammengefaßt. Das Original der Chronik befindet sich im Archiv des Dominikanerinnenklosters in Bad Wörishofen. Es wurde ebenfalls von Maria Vögele 1956/1957 in Maschinenschrift umgeschrieben. Die Chronik wird im folgenden einheitlich, unter Berücksichtigung der Umschrift, Chronik EMERICH RUEFF zitiert.

Darüber hinaus sind die Gründungsgeschichte wie auch die Baugeschichte des Wörishofener Klosters ausführlich in zwei weiteren Dokumenten des 18. Jahrhunderts von Mitgliedern des Konvents des Mutterklosters Sankt Katharina in Augsburg dargestellt:
- Zum einen von Schwester M. VINCENTIA DÜRR. Ihre Aufschreibung von 1724 trägt den Titel *„Beschreibung und Rechnung des ney erbauthen Closters Maria Königin den Englen in Wörishoffen"*. Es befindet sich im Staatsarchiv Augsburg, Signatur Kl. Augsburg-St. Katharina/MüB, Lit. 14. Diese Handschrift wird im folgenden einheitlich zitiert VINCENTIA DÜRR, Beschreibung.
- Zum anderen von der Schwester M. DOMINICA ERHARD(T) von etwa 1753. Sie setzt sich mit der Gründung des Klosters in Wörishofen im Rahmen der von ihr verfaßten Chronik über die Geschichte des Klosters Sankt Katharina in Augsburg auseinander: *„Kurzer bericht wie daß Jungfraukloster Maria der Englen genannt zu Wörißhofen ... ist Erbauet ... wordten"*, Blatt 126 ff. Die Chronik befindet sich im Archiv des Bistums Augsburg Signatur ABA HS 96. Sie wird im folgenden einheitlich zitiert DOMINICA ERHARD, Chronik.

Zu WERNER SCHIEDERMAIR, Das Dominikanerinnenkloster

1 Chronik ANDREAS ROTH, 6. Kapitel §3/Umschrift S. 93. Zur Geschichte des Wörishofener Klosters siehe allgemein: ANTON STEICHELE, Das Bisthum Augsburg, 2. Band, Augsburg 1864, S. 404 ff. MAGNUS JOCHAM, Das Kloster und die Rettungsanstalt Wörishofen, in: Kalender für katholische Christen, Sulzbach 1866, S. 113 ff. G. LÖHR, Das Dominikanerinnenkloster in Wörishofen, in: Der Marienpsalter 58–60 (1918/19), S. 151 f. P. HIERONYMUS WILMS O.P., Geschichte der deutschen Dominikanerinnen 1206–1916, Dülmen 1920, S. 274 ff., 280, 358. W. WAIBL, Das Dominikanerinnenkloster in Wörishofen, in: Schwäbischer Postbote 1922, H. 9–11. O.V., In der Muttergotteskapelle steht wieder die Schwarze Madonna, in: Mindelheimer Zeitung vom 15. 12. 1956. I. VOLLMAR, Maria Einsiedeln in Bad Wörishofen, in: *„Maria Einsiedeln"*, Oktober 1961, S. 474 f. HEINRICH HABEL, Lkr. Mindelheim (= Bayerische Kunstdenkmale Band 31 Kurzinventar), München 1971, S. 51 ff. ANGELUS WALZ O.P., Dominikanerinnenklosterkirche Bad Wörishofen (= KKF Nr. 930), München/Zürich 1972². WERNER SCHIEDERMAIR, Das Dominikanerinnenkloster *„Maria Königin der Engel"* in Bad Wörishofen, in: GISLIND M. RITZ und WERNER SCHIEDERMAIR, Klosterarbeiten aus Schwaben, Gessertshausen 1995², S. 112 ff. REINHARD H. SEITZ, Wörishofen und der Dominikanerorden in der ostschwäbischen Klosterlandschaft, in: 275 Jahre Dominikanerinnen in Bad Wörishofen, Bad Wörishofen 1995, S. 15 ff. MARTIN STANKOWSKI, Klosterkirche der Dominikanerinnen Bad Wörishofen (= KKF Nr. 930), Regensburg 1995⁵.
2 VINCENTIA DÜRR, Beschreibung, S. 2.
3 Vgl. hierzu ausführlich REINHARD H. SEITZ, Wie Wörishofen zu den Dominikanerinnen von Sankt Katharina in Augsburg kam, in diesem Buch S. 51.
4 Siehe zur Gründungsgeschichte zusammenfassend WERNER SCHIEDERMAIR, Das Zisterzienserinnenkloster Oberschönenfeld von 1211–1994, ein geschichtlicher Abriß, in: DERS. (Hg.), Kloster Oberschönenfeld, Donauwörth 1955, S. 16 ff.
5 Siehe die Festschrift *„Dillinger Franziskanerinnen 1241–1991"*, Dillingen 1991, S. 26 ff.
6 Siehe zur Geschichte des Dominikanerordens von der Reformation bis zur Säkularisation HILARIUS BARTH, Dominikaner, in: WALTER BRANDMÜLLER (Hg.), Handbuch der bayerischen Kirchengeschichte, 2. Band, Von der Glaubensspaltung bis zur Säkularisation, Sankt Ottilien 1993, S. 707 ff., 718.
7 WILMS (wie Anm. 1), S. 264. BARTH (wie Anm. 6), S. 726.
8 BARTH (wie Anm. 6), S. 724, 726 ff.
9 Zitiert nach WILMS (wie Anm. 1), S. 274.
10 Chronik ANDREAS ROTH, 2. Kapitel §3/Umschrift S. 12.
11 Chronik ANDREAS ROTH, 2. Kapitel §4/Umschrift S. 15.
12 EBENDA.
13 VINCENTIA DÜRR, Beschreibung, S. 2. Chronik ANDREAS ROTH, 3. Kapitel §1/Umschrift S. 16 f.
14 VINCENTIA DÜRR, Beschreibung, S. 4.
15 Chronik ANDREAS ROTH, 3. Kapitel §2/Umschrift S. 18.
16 A.a.O., 3. Kapitel §3/Umschrift S. 21.
17 A.a.O., 3. Kapitel §4/Umschrift S. 22.
18 EBENDA.
19 Staatsarchiv Augsburg, KL Augsburg – St. Katharina/MüB, Lit. 14.
20 Alle Chroniken heben hervor, daß der Ordensgeneral seine Zustimmung gegeben hat, ein Datum wird jedoch nicht genannt. Chronik ANDREAS ROTH, 3. Kapitel §2/Umschrift S. 18. Chronik EMERICH RUEFF Teil I, 3. Kapitel §2/Umschrift S. 8. VINCENTIA DÜRR, Beschreibung, S. 4. DOMINICA ERHARD, Chronik, Blatt 127 v.
21 REINHARD H. SEITZ, Wörishofen und der Dominikanerorden in der ostschwäbischen Landschaft (wie Anm. 1), S. 21.
22 Chronik ANDREAS ROTH, 2. Kapitel §3/Umschrift S. 12.
23 A.a.O., 3. Kapitel §5/Umschrift S. 27.
24 A.a.O., 3. Kapitel §5/Umschrift S. 28.
25 EBENDA.
26 Chronik ANDREAS ROTH, 4. Kapitel §2 und §3/Umschrift S. 31 und 42.
27 A.a.O., 4. Kapitel §3/Umschrift S. 39.
28 A.a.O., 5. Kapitel §1/Umschrift S. 52, 53.
29 A.a.O., 5. Kapitel §4/Umschrift S. 65. Eine Abschrift der Urkunde über den Vergleich vom 24. 7. 1719 befindet sich im Archiv des Dominikanerinnenklosters in Bad Wörishofen.
30 VINCENTIA DÜRR, Beschreibung, S. 5. DOMINICA ERHARD, Chronik, Blatt 128 v.
31 Vgl. zur Baugeschichte GEORG PAULA, Die Klosteranlage und ihre Baugeschichte, in diesem Buch S. 91 ff.
32 VINCENTIA DÜRR, Beschreibung, S. 5.

33 Chronik Andreas Roth, 6. Kapitel §3/Umschrift S. 92.
34 Dominica Erhard, Chronik, Blatt 129 v.
35 Chronik Andreas Roth, 6. Kapitel §3 am Ende/ Umschrift S. 95.
36 A.a.O., 7. Kapitel §1/Umschrift S. 96.
37 A.a.O., 7. Kapitel §4/Umschrift S. 107 f.
38 A.a.O., 8. Kapitel §1/Umschrift S. 109 f.
39 Dominica Erhard, Chronik, Blatt 132. Sie erklärt auch, daß die Schwester M. Michaela von Baumgarten wieder nach Augsburg zurück ging.
40 Chronik Andreas Roth, 8. Kapitel §1/Umschrift S. 113.
41 Chronik Emerich Rueff, Teil I, 7. Kapitel §2/Umschrift S. 34.
42 Chronik Andreas Roth, 7. Kapitel §§2 und 3/Umschrift S. 99 ff.
43 Das Schreiben des Ordensgenerals vom 21. 8. 1723 ist abgedruckt in der Chronik Emerich Rueff, Teil I, 4. Kapitel §3/Umschrift S. 31, sowie in der Chronik der Dominica Erhard, Blatt 132 v ff.
44 Chronik Andreas Roth, 8. Kapitel §1/Umschrift S. 112. Roth versucht zwar, die Übertragung der Hoheitsrechte als Erfolg darzustellen. Doch muß er selbst einräumen, daß ein förmlicher notarieller Akt unterblieb.
45 Vincentia Dürr, Beschreibung, S. 2 f. Chronik Emerich Rueff, Teil I, 7. Kapitel §2/Umschrift S. 34, trifft den Kern der Sache, wenn er resümiert: *„Wäre diess Instrument auf der Stelle verfasset und beyderseits unterschrieben, und mit beyder Conventer grossem Sigill verwahret worden, so würden sich die weltliche Projektanten niemals unterfangen haben, diese Huldigung und Übergabe umzustossen, und sie hätten auch weder zu Rom coham judice u. tribunalis competente, weder zu Wien, wohin man nochmals diese ganze klösterliche Sache gezohen hat, einiges Gehör gefunden. Unterdessen fielen bald nach vollzogener Huldigung zwischen beyden Klöstern einige Schwachheiten vor, welche das gute Verständnis ziemlich gestöret, und vermutlich einigen Anlass zu heftigern Ausbrüchen und grössern Gewalttätigkeiten gegeben haben."*
46 Beide Urkunden befinden sich im Staatsarchiv Augsburg, KL Augsburg – St. Katharina/MüB, Lit. 14. Sie sind abgedruckt im Anhang.
47 Chronik Emerich Rueff, Teil I, 7. Kapitel §2/ Umschrift S. 44. Chronik Andreas Roth, 9. Kapitel §1/Umschrift S. 120.
48 Chronikbüchlein I (= Anonyma, handschriftliche Aufzeichnungen über Gebräuche im Wörishofener Dominikanerinnenkloster während des Kirchenjahres), bezeichnet „Manuskript Nr. 57", 1742 ff., S. 40. Bibliothek Dominikanerinnenkloster Bad Wörishofen.
49 Sr. Maria Gabriela Haagen, handschriftliche Aufzeichnungen, in: Valentin Boltzen von Rufach, Iluminierbuch, Künstlich alle Farben zu machen und bereyten Allen Schreibern, Brieffmalern und anderen solchen Künsten liebhabern/gantz lustig und fruchtbar zu wissen, 1566, zwischen S. 58 und 59. Bibliothek Dominikanerinnenkloster Bad Wörishofen.
50 Chronik Emerich Rueff, Teil I, 7. Kapitel §1 (am Ende)/Umschrift S. 33.
51 Erklärung der Priorin Sr. M. Christina Eckart vom 29. 2. 1728. Archiv Dominikanerinnenkloster Bad Wörishofen.
52 Siehe hierzu den Beitrag von Hans Pörnbacher, Die gottselige Schwester Maria Cäcilia Mayr von Röfingen, in diesem Buch S. 227.
53 Chronik Emerich Rueff, Teil I, 7. Kapitel §2/Umschrift S. 44. Siehe auch den Beitrag von Reinhard H. Seitz, Zur Grundherrschaft des Augsburger Dominikanerinnenklosters Sankt Katharina in Dorf und Amt Wörishofen, in diesem Buch S. 73 ff.
54 Haagen (wie Anm. 49), drittletzte Seite ff.
55 Ebenda.
56 Siehe hierzu ausführlich P. Balthasar Wörle, Kurzer Beschrieb des französischen Einfalls in allhiesiges Kloster und Dorf Wörishofen am 22. Mai des 1800. Jahres, Manuskript, Archiv Dominikanerinnenkloster Bad Wörishofen sowie die Matrikel der Stadtpfarrkirche Sankt Justina in Wörishofen; der Tod Riedlers ist dort unter dem 6. September 1800 vermerkt.
57 Ebenda.
58 Chronik Emerich Rueff, Teil II/Umschrift S. 4.
59 A.a.O., S. 5.
60 *„Protokoll so bei der Churpfalzbayerischen Civil-Besiznahme zu Wörishofen in dasigem Frauenkloster Ord. Domici durch den hiezubevollmächtigten Kurfürstlichen Landvogt zu Mindelheim Wolfgang Heiling nachfolgendermaßen abgehalten worden, den 29. et 30. November, dann 1., 2., 3., 4., 5., 6., 7. et 8. December 1802."* Archiv Dominikanerinnenkloster Bad Wörishofen.
61 Chronik Emerich Rueff, Teil II/Umschrift S. 6.
62 Protokoll (wie Anm. 60), ad 2.
63 Chronik Emerich Rueff, Teil II/Umschrift S. 14.
64 A.a.O., S. 20.
65 A.a.O., S. 37.
66 A.a.O., S. 7, 20.
67 A.a.O., S. 48.
68 Zur Geschichte dieses Klosters siehe Reinhard H. Seitz, Zur Geschichte des Dominikanerinnenklosters Sankt Katharina in Augsburg, in diesem Buch S. 63 ff.
69 Archiv des Dominikanerinnenklosters Bad Wörishofen.
70 Alle Zitate aus dem Protokoll vom 18. 8. 1842. Archiv Dominikanerinnenkloster Bad Wörishofen.
71 Urkunde vom 29. 11. 1842. Archiv Stadt Bad Wörishofen.
72 Schwester M. Karolina Schmid (1802–1851), Geschichtliche Darstellung der Entstehung beziehungsweise der Wiedererrichtung des hiesigen Frauenklosters, Handschrift, Wörishofen um 1848. Archiv Dominikanerinnenkloster Bad Wörishofen.
73 A.a.O. Das Kloster hatte aber auch Freunde. So wird der Landarzt Kling als *„Geistlicher Vater des Konvents der Dominikanerinnen zu Wörishofen"* bezeichnet. Akte der Regierung von Schwaben und Neuburg, Schriftstück vom 24. 1. 1850. Staatsarchiv Augsburg Nr. 180/98.
74 Brief der Schwester M. Karolina Schmid vom 19. 2. 1846 an das Bischöfliche Ordinariat Augsburg. Archiv Dominikanerinnenkloster Bad Wörishofen.
75 Chronik des Dominikanerinnenklosters Bad Wörishofen ab 1842 f., bezeichnet „Manuskript 22", S. 84 ff. Bibliothek Dominikanerinnenkloster Bad Wörishofen.
76 A.a.O., S. 85.
77 A.a.O., S. 119.
78 Festschrift zur Feier des Abschlusses der Instandsetzungsmaßnahme im August 1995, Bad Wörishofen 1995.

Zu Isnard Frank, Wie die Dominikaner zu den Dominikanerinnen kamen

79 In alphabetischer Reihung sind dies: Altenhohenau, Augsburg St. Katharina, Augsburg St. Margaretha, Bamberg, Engelthal, Frauenaurach, Maria Medingen, Nürnberg, Obermedlingen, Pettendorf, Regensburg, Rothenburg, Schwarzhofen, Würzburg; alle Konvente bis auf Nürnberg und den erst nach 1303 gegründeten Bamberger angeführt in einem Klosterverzeichnis von 1303; ed. Hieronymus Wilms, Das älteste Verzeichnis deutscher Dominikanerklöster (Quellen und Forschungen zur Geschichte des Dominikanerordens in Deutschland 24), Leipzig 1928, S. 15–20; die Liste ist lückenhaft; S. 21–104 zu allen Konventen Zusammenstellung der wichtigsten Daten; zu den einzelnen Konventen in Bayern s. unten Anm. 128 ff.
80 Gesamtstatistik bei Wilms (wie Anm. 79) mit Stand von 1303; lücken- und fehlerhaft die Liste bei Angelus Walz, Dominikaner und Dominikanerinnen in Süddeutschland (1225–1966), Meitingen 1967, S. 16–18; William A. Hinnebusch, The History of the Dominican Order. Origins and Growth to 1500, Staten Island/N.Y. 1965, S. 377–400. Überblick zur Ausbreitung mit statistischen Angaben bei L. A. Redigonda, Domenicane, in: Dizionario degli istituti di perfezione 3 (1976), S. 780–783; die unterschiedlichen statistischen Zahlenangaben in Quellen und Literatur spiegeln die verschiedenen Maßstäbe für die Zuordnung eines *„Dominikanerinnenklosters"* zum Predigerorden.
81 Die seit 1974 nicht mehr gültige Bezeichnung Zweiter Orden wird hier aus Verständnisgründen beibehalten; sie wurde seit dem Spätmittelalter und wahrscheinlich in Nachahmung der Gliederung des Minderbrüderordens in den Ersten, Zweiten und Dritten Orden üblich. Auf die Dominikanerinnen des Dritten Ordens (= Terziarinnen), die zwar auch reguliert lebten, aber nicht auf Regel und Konstitutionen verpflichtet waren, vor allem aber nicht der Jurisdiktion des Ordens unterstanden, wird in diesem Überblick nur kurz eingegangen; s. dazu unten S. P; zum weiblichen Zweig der Familia dominicana siehe auch Isnard W. Frank, Dominikanerinnen, in: Lexikon für Theologie und Kirche 3 (1995), S. 315–317.
82 Ausführlich zu dem seit 1206 in Entstehung begriffenen Prouille (Südfrankreich) Marie-Humbert Vicaire, Geschichte des hl. Dominikus, Deutsche Übersetzung, 2 Bde., Freiburg 1962/63, hier Bd.1, S. 151–211; Ders., L'action de S. Dominique sur la vie régulière des femmes en Languedoc, in: Cahiers de Fanjeaux 23 (1988), S. 217–240; zusammenfassender Überblick bei Hinnebusch (wie Anm. 80), S. 97–99, 390–391; ebd. S. 60 zu Madrid; S. 60, 91–100 zu Rom; S. 101–104 zu Bologna; zu Prouille, Madrid, Rom auch Redigonda (wie Anm. 80), S. 781–782; zum Kloster St. Sixtus in Rom, bes. wichtig für die Anschlußbewegung von Frauengemeinschaften an den Orden wegen der rezipierten Institutiones dieses Klosters, siehe Vladimir J. Koudelka, Le *„monasterium Tempuli"* et la fondation dominicaine de San Sisto, in: Archivum Fratrum Prae-

329

dicatorum 31 (1961), S. 5–81; zu St. Agnes/Bologna s. auch Ders., Dominikus, Gotteserfahrung und Weg in die Welt, Olten 1983, S. 195–198 mit Textauszug aus der Chronik von St. Agnes zu den Anfängen; die enge Bindung des Konventes an den Orden auch ersichtlich aus den Briefen Jordans von Sachsen, Ordensmeister von 1222 bis 1237 an Diana, der Gründerin und Priorin des Klosters; die Briefe sind ediert von Angelus Walz, Beati Jordani de Saxonia Epistulae (Monumenta Ordinis Fratrum Praedicatorum Historica 23), Rom 1951; ediert auch von Berthold Altaner (Quellen und Forschungen zur Geschichte des Dominikanerordens in Deutschland 20), Leipzig 1925, S. 6–61; deutsch: Johannes Mumbauer, Die Briefe des seligen Jordan von Sachsen, Vechta 1927. Zu dem Konvent in Bologna, dessen Entstehung bereits mit Schwierigkeiten und Widerständen im Orden verbunden war, siehe Herbert Grundmann, Religiöse Bewegungen im Mittelalter, Darmstadt 1977 (verbesserte und erweiterte Fassung der Erstauflage 1935), S. 213–219.

83 Zu Anfängen und Ordensidee ausführlich Vicaire (wie Anm. 82); gestraffter Überblick bei Guy Bedouelle, Dominikus. Von der Kraft des Wortes. Deutsche Übersetzung. Graz 1984; Hinnebusch (wie Anm. 80), S. 13–118; Koudelka (wie Anm. 82) mit wichtigen Quellenauszügen in deutscher Übersetzung.

84 Gelegentlich zwar bei den Waldensern auch Frauenpredigt; vgl. Kurt Victor Selge, Die ersten Waldenser (Arbeiten zur Kirchengeschichte 37/1), Berlin 1967, S. 136 f., 269; dabei ist natürlich nach der Art dieser „Predigt" und nach dem Hörerkreis (waldensische Schwesternkommunität bzw. Erweckungszirkel) zu fragen. Um ein ahistorisches Konstrukt handelt es sich bei der von Heribert Christian Scheeben, Die Anfänge des Zweiten Ordens des hl. Dominikus, in: Archivum Fratrum Praedicatorum 2 (1932), S. 284–289, vorgetragenen Meinung, Dominikus habe in seiner Missionsstation Prouille Frauen als Erzieherinnen und „Seelsorgshelferinnen" eingesetzt; die gleiche Auffassung vorgetragen von Ders., Der hl. Dominikus, Freiburg 1927, S. 66–91; siehe dazu die Kritik bei Grundmann (wie Anm. 82), S. 209–212; aufschlußreich für die von Grundmann, a.a.O., S. 208–215 unterstrichene monastische Grundausrichtung ist auch der Brief des Dominikus an die Schwestern von Madrid (1220); abgedruckt in Vladimir J. Koudelka / Raymond J. Loenertz (Hg.), Monumenta Diplomatica S. Dominici (Monumenta Ordinis Fratrum Praedicatorum Historica 25), Rom 1966, S. 125f., Nr. 125; vgl. dazu auch Simon Tugwell, Saint Dominic's letter to the nuns in Madrid, in: Archivum Fratrum Praedicatorum 56 (1986), S. 5–13.

85 Es handelt sich dabei um eine vom heiligen Augustinus (†430) verfaßte Regel; bei den Dominikanern (und damit auch bei den Dominikanerinnen) galt der Text der Regula recepta; diese beginnt mit dem ersten Vers der älteren und Ordo monasterii genannten Regel mit dem Incipit „Ante omnia", woran sich der gesamte Text des Praeceptum (genannt auch Dritte Regel des heiligen Augustinus) anschließt mit den Anfangsworten „Primum propter quod in unum estis congregati"; Text beider Regeln in deutscher Übersetzung von Winfried Hümpfner, in: Hans Urs von Balthasar (Hg.), Die großen Ordensregeln, Zürich 1988⁶, S. 161–171; ebd. S. 137–157 Adolar Zumkeller, Zur Entstehung und Überlieferung der Regeln; kurzer Überblick über den Forschungsstand bei Luc Verheijen, Regula Augustini, in: Dizionario degli Istituti di Perfezione 7 (1983), S. 1542–1554. Zur Regula recepta, bei Kanonikern und 1216 von Dominikus und seiner Kanonikergemeinschaft übernommen, Antonin H. Thomas, De oudste constituties van de Dominicanen. Vorgeschiedenis, Tekst, Bronnen, Onstaan en Ontwikkeling (1215–1237) met Uitgave van de Tekst (Bibliothèque de la Revue d'Histoire Ecclesiastique 42), Löwen 1965, S. 9–25, 60–63; welche Textvariante zunächst übernommen wurde, ist nicht mehr festzustellen; die unkritische Edition in Analecta S. Ordinis Fratrum Pradicatorum 2 (1895/96), S. 616–619 geht zurück auf die Textkorrektur durch Humbert von Romans, die 1257 als verbindlicher Text vom Orden rezipiert wurde; 1259 auch verbindlich für die moniales ordinis; siehe dazu auch Vera Sack, Bruchstücke von Regel und Konstitutionen südwestdeutscher Dominikanerinnen aus der Mitte des 13. Jh.s (um 1241/42), in: Zeitschrift für die Geschichte des Oberrheins N.F. 84 (1975), S. 127–131; Edition des Regelfragments S. 150–155; siehe auch Angelus Walz, Magne Pater Augustine. Dominikanisches zur Regel des hl. Augustinus, in: Angelicum 31 (1954), S. 223–226.

86 Siehe dazu Raymond Creytens, Les Constitutions primitives des sœures dominicaines de Montargis (1250), in: Archivum Fratrum Praedicatorum 17 (1947), S. 50–60; Vicaire (wie Anm. 82), Bd. 2, S. 293–304: Anhang VIII: Die Regel von Sanctus Sixtus; Thomas (wie Anm. 85), S. 91–96; Sack (wie Anm. 85), S. 131–133; Textfassung nur überliefert in der Adaption der Institutiones durch die Reuerinnen, denen Papst Gregor IX. (1232, Oktober 23) die Institutionen von St. Sixt vorschrieb; siehe dazu André Simon, L'Ordre des pénitentes de Ste. Marie-Madeleine en Allemagne au XIIIe siècle, Fribourg 1918, S. 29–38, S. 142–153 Edition der Institutiones sororum Sancti Sixti de Urbe.

87 Urkundlich zu belegen mit den zahlreichen Schenkungen für Prouille seit 1207; s. Koudelka/Loenertz (wie Anm. 84); bis 1215 war allerdings Prouille zugleich auch der Stützpunkt für die missionarische Tätigkeit des heiligen Dominikus und seiner Gefährten; nach Gründung von Toulouse 1215 blieb in Prouille eine Brüderkommunität mit einem Prior zur Betreuung der Schwestern; siehe dazu Anm. 89.

88 In den Constitutiones Sancti Sixti keine Einzelheiten bzgl. Bau, aber starke Betonung des monastischen Charakters; vgl. Nr. XVII De clausura, Nr. VII zum Silentium; dabei auch die Rede von einem Parlatorium. In den Statuta der Reuerinnen die Vorschrift: „Mediocres domos et humiles habeant sorores nostre, ita quod nec ipse expensis graventur nec alii saeculares vel religiosi in nostris sumptuosis edificiis scandalizentur", zit. nach Edition bei Simon (wie Anm. 86), S. 166; die Statuten, wahrscheinlich 1232 zusammengestellt, rezipieren mit Adaption für Frauen die damals gültige Fassung der Konstitutionen des Predigerordens; hier in Distinctio II, caput 35: „Mediocres domos et humiles habeant fratres nostri, ita quod murus domorum sine solario non excedat in altitudine mensuram duodecim pedum et cum solario viginti, ecclesia triginta. Et non fiat lapidibus testudinata nisi forte super chorum et sacristiam", zit. nach Thomas (wie Anm. 85), S. 366 f. Aufschlußreich der Brief an die Nonnen von Madrid: Nach Bereitstellung von „satis idonea edificia" können sie mit dem Klausurleben beginnen; refectorium, dormitorium und oratorium werden dabei eigens genannt; siehe Koudelka/Loenertz (wie Anm. 84), S. 127.

89 Siehe Nr. 25 der Constitutiones Sancti Sixti: „In qualibet autem domo, si fieri poterit, sint sex fratres ad minus ... ex quibus tres ad minus sacerdotes existant", zit. nach Edition bei Simon (wie Anm. 86), S. 153; diesen Kleinkommunitäten stand ein Prior vor; siehe dazu Raymond Creytens, Les Convers des moniales dominicaines au moyen-âge, in: Archivum Fratrum Praedicatorum 19 (1949), S. 7–10; siehe auch Marie-Humbert Vicaire, Prouille futil un convent double? In: Mémoire Dominicaine 1 (1992), S. 119–128.

90 Aufschlußreich dafür sind die Briefe Jordans von Sachsen an Diana, die Priorin des Frauenklosters St. Agnes/Bologna; u. a. auch Information des Briefschreibers über seine Erfolge bei der Gewinnung von Novizen unter Studenten und Lehrern verschiedener Universitäten; dabei Dank für und Bitte um Gebet für diese Erfolge; z. B. „Ceterum, sicut rogastis Dominum, et exaudita estis in scholaribus Paduanis, ubi bene viginti boni et probi postea intraverunt" (S. 4); „Christus namque traxit ad ordinem decem et octo viros idoneos, quos tibi recommendo" (S. 10); „Gratias agite Deo uberes pro multis magnis viris et probis clericis quos hoc anno ad ordinem nobis dedit" (S. 14); „Orationes tuae et sororum tuarum innotuerunt non modice apud Deum, qui dedit nobis circa triginta novitios" (S. 30); „Ut Deus suorum pauperum desiderium audiat, ut numerum nostrum benignus adaugeat et Parisiensium Scholarium pie et efficaciter corda tangat" (S. 45), zit. nach Walz (wie Anm. 82).

91 Bei den Zisterziensern wurden jedoch keine Mönche zur seelsorglichen und keine Konversen aus der zuständigen Abtei zur ökonomischen Betreuung der Nonnenkommunitäten freigestellt; angestellt waren Weltgeistliche und der Äbtissin zu Gehorsam verpflichtete Konversen; siehe dazu Creytens (wie Anm. 89), S. 42–45; zur Zuordnung der Frauenkonvente an die „Vaterabtei" siehe die Hinweise in der Anm. 97 angegebenen Literatur.

92 Rezipiert in den ältesten Konstitutionen Distinctio II, caput 27: „In virtute Spiritus sancti et sub pena excommunicationis districte prohibemus, ne aliquis fratrum nostrorum de cetero laboret vel procuret, ut cura vel custodia monialium seu quarumlibet aliarum mulierum nostris fratribus committatur. Et si quis contraire presumpserit, pene graviori culpe debite subiaceat. Prohibemus etiam ne aliquis de cetero aliquam tondeat vel induat vel ad professionem recipiat"; zit. nach Edition bei Thomas (wie Anm. 85), S. 360.

93 „Weil ich sehe, daß gegenwärtig euer Gewissen wie ein zitterndes Blatt sich ängstigt, da ihr

glaubt, daß jene Konstitution, durch die den Brüdern verboten wird, Frauen die Haare abzuschneiden, den Habit zu verleihen und zur Profeß zuzulassen, zur Beeinträchtigung der Schwestern von St. Agnes erlassen worden sei, so glaubt ihr gewisse Geistern, in diesem Stücke „nicht aus Gott sind", und erhebt eine für euch selbst ganz unnütze Frage. Denn niemal ist das irgend einem der Definitoren in den Sinn gekommen, außer freilich wegen derjenigen Brüder, die in einigen Provinzen, wie in Deutschland und auch sonstwo, wenn sie zum Predigen ausgingen, Dirnen und ganz jungen Mädchen, die sich entweder zur Buße bekehren wollten oder sich zum Gelübde der Keuschheit anboten, die Tonsur und den Habit zu erteilen und sie zur Profeß zuzulassen pflegten. Denn ich, der ich die Verhandlungen, die Beschlüsse und die Absichten aller grundlegenden Kapitel genau kenne, weiß, daß, als die vorgenannte Konstitution erlassen wurde, mit keinem Worte die Absicht auf die Schwestern des Ordens gerichtet wurde. Aber auch gesetzt den Fall, daß wir so etwas hätten beschliessen wollen. Hätten wir es überhaupt gekonnt? Ganz und gar nicht: Denn wir würden dann die Rechte des Papstes beeinträchtigt haben, durch dessen Vorschrift wir ihnen wie auch den anderen Brüdern des Ordens verpflichtet sind. Darüber soll von nun an keine Meinungsverschiedenheit mehr bei euch entstehen, weil es nicht zuträglich ist, durch Erwähnung dieser Dinge bei anderen das in Zweifel zuziehen, was unbesorgt und ohne jedes Bedenken angenommen werden kann"; zit. nach: Brief Nr. 49 nach: MUMBAUER (wie Anm. 82), S. 99–100; im Schlußabschnitt Verweis auf das päpstl. Mandat vom 17. Dezember 1226, das die Brüder in Bologna zur seelsorglichen Betreuung von St. Agnes verpflichtete; siehe dazu GRUNDMANN (wie Anm. 82), S. 217f.

94 Siehe dazu z. B. die einzelnen Abschnitte bei FERDINAND SEIBT (Hg.), Europa im Hoch- und Spätmittelalter (Handbuch der europäischen Geschichte 2), Stuttgart 1987, S. 6–137; RICHARD W. SOUTHERN, Kirche und Gesellschaft im Abendland des Mittelalters, Berlin 1976, bes. S. 203–290; DERS., Geistes- und Sozialgeschichte des Mittelalters, Stuttgart 1980², bes. S. 137–150.

95 Generell zu Doppelklöstern siehe MICHEL PARISSE, Recherches sur les formes de symbioses religieuses et religieuses au Moyen-Age, in: KASPAR ELM/MICHEL PARISSE, Doppelklöster und andere Formen der Symbiose männlicher und weiblicher Religiosen im Mittelalter (Berliner Historische Studien 18, Ordensstudien VIII), Berlin 1992, S. 9–12; zu den Wanderpredigern Norbert von Xanten (†1134) und Robert von Arbrissel (†1117), die Männer und Frauen um sich sammelten und zu Gründern von Doppelklöstern wurden, siehe MICHEL PARISSE, Fontevraud monastère double, in: ELM/PARISSE, S. 135–148 (begründet von Robert v. A.); FRANÇOIS PETIT, Norbert et l'origine de Prémontrés, Paris 1981; zu benediktinischen Doppelklöstern in der Reformbewegung des 11./12. Jahrhunderts in Oberdeutschland siehe ELSANN GILOMEN-SCHENKEL, Frühes Mönchtum und benediktinische Klöster des Mittelalters in der Schweiz, in: Helvetia Sacra III/1, Bern 1986, bes. S. 71–82; DIES.: Engelberg, Interlaken und andere autonome Doppelklöster im Südwe-

sten des Reiches (11.–13. Jahrhundert), in: ELM/PARISSE, S. 115–134.

96 Aufschlußreich dafür die Nekrologe mit Eintragungen der fratres et sorores; zahlreiche Hinweise bei GILOMEN-SCHENKEL, Frühes Mönchtum (wie Anm. 95), S. 75; ebd. S. 73 Engelberger Urkunde (13. März 1292): *„Arnoldus abbas monasterii Montis Angelorum ordinis s. Benedicti … necnon conventus tam dominorum quam dominarum eiusdem monasterii"*. Die Frauenklöster, geleitet von einer magistra, waren in spiritualibus et temporalibus vom Abt des *„Mutterklosters"* abhängig; zahlreiche Hinweise dafür bei NORBERT BACKMUND, Monasticon Praemonstratense. 2 Bde, Berlin 1983²; siehe auch JOHANNES BAPTISTA VALVAKENS, Premonstratensi, II: Le canonichesse, in: Dizionario degli istituti di perfezione 7 (1983), S. 741–746; die Einzelheiten prämonstratensischer seelsorglicher Betreuung ihrer Nonnenklöster sind von der Forschung noch nicht genügend aufgehellt; wichtige Hinweise dazu von einem Einzelkloster bei BRUNO KRINGS, Das Prämonstratenserkloster Arnstein a.d. Lahn im Mittelalter (1139–1527), Wiesbaden 1990, bes. S. 59–63, 333–348.

97 Vgl. dazu BRIGITTE DEGLER-SPENGLER, Zisterzienserorden und Frauenklöster, in: Kasper ELM (Hg.), Die Zisterzienser. Ordensleben zwischen Ideal und Wirklichkeit, Ergänzungsband, Köln 1982, S. 213–218; DIES.: Die Zisterzienserinnen in der Schweiz, in: Helvetia Sacra III/3, 2. Teil, Bern 1982, S. 507–574; MAREN KUHN-REHFUSS, Zisterzienserinnen in Deutschland, in: Die Zisterzienser. Ordensleben zwischen Ideal und Wirklichkeit. Eine Austellung des Landschaftsverbandes Rheinland (Aachen 3. Juli–28. September 1980), Bonn 1980, S. 125–147.

98 Hinweise dazu bei BRIGITTE DEGLER-SPENGLER, Die religiöse Frauenbewegung des Mittelalters. Konversen – Nonnen – Beginen, in: Rottenburger Jahrbuch für Kirchengeschichte 3 (1987), S. 75–88; zum Klausurideal in der zeitgenössischen Frömmigkeit siehe auch ANNA BENVENUTI PAPI, *„In castro poenitentiae"*. Santità e società femminile nell' Italia medievale (Italia sacra. Studi e documenti di storia ecclesiastica 45), Rom 1990; in dem Formular für das päpstl. Anschlußmandat Apostolicae sedis benignitas (siehe unten Anm. 115) wird in der Arenga die klausurierte Lebensweise umschrieben mit *„vos incluse in castris claustralibus"*. Verlegung der Frauenkonvente u. U. auch mitbedingt durch Verselbständigungsbestrebungen sozialer und wirtschaftlicher Art. Bei BACKMUND (wie Anm. 96), Bd. 1, S. 81 Anm. 2. Hinweis dazu für die Prämonstratenser-Doppelkommunität Ursberg (gegr. 1115), wo nach einem Brand 1140 der Frauenkonvent verlegt wurde, ein Teil der Frauen sich jedoch in Edelstetten selbstständig machte *„nolentes reverti in statum humilem conversarum, quo vixerant Ursbergae"*.

99 Zur Kontroverse um den Begriff *„Religiöse Frauenbewegung"* überhaupt siehe MARTINA WEHRLI-JOHNS, Das mittelalterliche Beginentum – Religiöse Frauenbewegung oder soziale Scholastik. Ein Beitrag zur Revision des Begriffs *„religiöse Bewegungen"*, in: *„Zahlreich wie die Sterne des Himmels"*. Beginen am Niederrhein zwischen Mythos und Wirklichkeit (Bensberger Protokolle 70), Bensberg

1992, S. 9–39; siehe auch DEGLER-SPENGLER (wie Anm. 98), S. 75–88; in beiden Arbeiten kritische Vorbehalte gegen das Standardwerk zur *„Religiösen Frauenbewegung"* von HERBERT GRUNDMANN (wie Anm. 82). Zum monastischen Kontinuitätszusammenhang über die Bußbruderschaften siehe z. B. GILLES G. MEERSSEMAN, Ordo Fraternitatis. Confraternite e pietà dei laici nell' medioevo (Italia sacra. Studi e documenti di storia ecclesiastica 24–26), Rom 1977; DERS., Dossier de l'Ordre de la pénitence au XIIIe siècle (Spicilegium Friburgense 7), Fribourg 1961; PAPI (wie Anm. 98). Eigenständigkeit und Abhebung (und auch Gegensatz) zum tradierten monastischen Lebensstil betont ANDREAS WILTS, Beginen am Bodensee, Sigmaringen 1994, bes. S. 35–170; in einseitiger und zum Widerspruch herausfordernder Weise PETER DINZELBACHER, Rollenverweigerung, religiöser Aufbruch und mystisches Erleben, in: PETER DINZELBACHER/DIETER R. BAUER, Religiöse Frauenbewegung im Mittelalter, Köln 1988, S. 1–58; siehe bes. S. 13–23: Aufbruch und Verweigerung. Unerklärlich bleibt von diesem Ansatz her letztlich der starke Andrang von Frauen zur klausurierten monastischen Lebensweise im 13. Jh.; siehe dazu GRUNDMANN (wie Anm. 82), S. 312–318; OTTO LANGER, Mystische Erfahrung und spirituelle Theologie. Zu Meister Eckharts Auseinandersetzung mit der Frauenfrömmigkeit der Zeit (Münchener Texte und Untersuchungen zur deutschen Literatur des Mittelalters 91), München 1987, S. 23–37.

100 Siehe dazu auch die Hinweise zur Forschungskontroverse und zur Literatur in Anm. 95; dazu auch GRUNDMANN (wie Anm. 82), S. 319–354; WILTS (wie Anm. 99), S. 11–34 zur Forschungslage; S. 45–171 zur Frühzeit und seiner Interpretation der *„Verklösterlichung"*.

101 Generell zur Anschlußbewegung immer noch wichtig GRUNDMANN (wie Anm. 82), mit Zusammenschau von religiöser Bewegung, häretischen Strömungen, Verhalten von Prämonstratensern, Zisterziensern, Predigerbrüdern und Minoriten; wichtig dazu die Korrektur von BRIGITTE DEGLER-SPENGLER, *„Zahlreich wie die Sterne des Himmels"*. Zisterzienser, Dominikaner und Franziskaner vor dem Problem der Inkorporation von Frauenklöstern, in: Rottenburger Jahrbuch für Kirchengeschichte 4 (1985), S. 37–50; DIES., Die religiöse Frauenbewegung (wie Anm. 98); Zisterzienserorden (wie Anm. 97); Die Zisterzienserinnen (wie Anm. 97); JOHN B. FREED, Urban Development and the *„cura monialium"* in the Thirteenth Century Germany, in: Viator. Medieval and Renaissance Studies 3 (1972), S. 311–327. ANDREA LÖTHER, Grenzen und Möglichkeiten weiblichen Handelns im 13. Jahrhundert. Die Auseinandersetzung um die Nonnenseelsorge der Bettelorden, in: Rottenburger Jahrbuch für Kirchengeschichte 11 (1992), S. 225–240; WILTS (wie Anm. 99), S. 136–170 zu *„Verklösterlichung"* der sich an die Zisterzienser-Abtei Salem anschließenden oberschwäbischen Beginensammlungen. Für Ostschwaben kann auf die Sammlungen Nieder- und Oberschönenfeld verwiesen werden, die über die Zisterze Kaisheim den Anschluß an den Orden fanden; zu letzterer siehe WERNER

SCHIEDERMAIR, Das Zisterzienserinnenkloster Oberschönenfeld von 1211–1994, in: DERS. (Hg.): Kloster Oberschönenfeld, Donauwörth 1995, S. 16–17.

102 Bullarium Ordinis Fratrum Praedicatorum ... opera Thomae Ripoll, editum Antonio Bremond. Tom. I, Romae 1729, S. 481 Nr. 59; zum historischen Kontext vgl. GRUNDMANN (wie Anm. 82), S. 295–297.

103 Siehe oben Anm. 92; Überblick über die verschiedenen Bestimmungen bis 1259 bei GRUNDMANN (wie Anm. 82), S. 208–252, 284–302; OTMAR DECKER, Die Stellung des Predigerordens zu den Dominikanerinnen (1207–1267) (Quellen und Forschungen zur Geschichte des Dominikanerordens in Deutschland 31), Vechta 1935; LÖTHER (wie Anm. 101). Begründung der Ablehnung mit den Zielen des Ordens; zusammengefaßt zum Beispiel in der päpstl. Bulle vom 26. September 1252: *„...Evangelice predicationis officium, in quo vos habet incumbens assidue fidelium populorum pastoribus Ecclesiastice solicitudinis necessitas adiutores ... et turbatur in vobis lectionis et doctrine sacre profectus"*; zit. nach Bullarium I (wie Anm. 102), S. 217 Nr. 269; ebd. S. 160 Nr. 132: *„... ne cursus predicationis, quam ex iniuncto vobis officio diligentius exercetis ... valeat retardari"* in der Bulle vom 4. April 1246, in der Innozenz IV. eine Einschränkung der Betreuungspflicht aussprach. Die hier im einzelnen nicht aufgeführten *„frauenfeindlichen"* Kapitelsbeschlüsse sind insofern weniger Ausdruck von Frauenfeindlichkeit als der Auffassung über die primären Ordensziele. Die vier ersten Konvente versicherten sich der weiteren Betreuung auch durch entsprechende päpstl. Mandate; in einem Mandat für Madrid (7. April 1237) mit ausdrücklicher Berufung auf Dominikus: *„Cum beatus Dominicus, institutor vestri ordinis, possuisset aliquos fratres pro custodia praedicti monasterii et pro audiendis monalium ipsarum confessionibus necnon pro reficiendis ipsis cibo spirituali ..."*; zit. nach Bullarium, a.a.O., S. 87 Nr.153; für Bologna siehe oben Anm. 93.

104 Vgl. JORDAN VON SACHSEN über ihn im *„Libellus de principiis ordinis Praedicatorum"* Nr. 79: *„Er wurde als Prior nach Köln gesandt. Welch reiche und fruchtbare Ernte an Seelen er dort unter den Jungfrauen, Witwen und wahren Büssenden durch unermüdliche Predigt für Christus gewann und wie er eifrig das Feuer, das Christus auf die Erde zu bringen gekommen war, in den Herzen vieler entzündete und nährte, davon gibt heute ganz Köln laut Zeugnis"*, zit. nach MECHTHILD DOMINIKA KUNST (Übers.), Meister Jordan. Das Buch von den Anfängen des Predigerordens, Kevelaer 1949, S. 46. Hinweise dazu auch bei GRUNDMANN (wie Anm. 82), S. 458–462; generell zur Beginenseelsorge der Dominikaner in Köln siehe JUTTA PRIEUR, Das Kölner Dominikanerinnenkloster St. Gertrud am Neumarkt (Kölner Schriften zur Geschichte und Kultur), Köln 1983, S. 56–64; von den zahlreichen Beginenhäusern der Stadt suchte nur das an St. Gertrud gelegene Haus Anschluß an den Predigerorden, den Konvent gegen Widerstreben der Predigerbrüder schließlich 1263 erreichte.

105 Hinweise dazu bei GRUNDMANN (wie Anm. 82), S. 228–240 zu Straßburg und Oberdeutschland. WILTS (wie Anm. 99), S. 94–96; Kurzhinweise zu den sieben dem Orden angeschlossenen Frauenkommunitäten in Straßburg bei WILMS (wie Anm. 79), S. 52–58. ISABEL GRÜBEL, Bettelorden und Frauenfrömmigkeit im 13. Jahrhundert. Das Verhältnis der Mendikanten zu Nonnenklöstern und Beginen am Beispiel Straßburg und Basel, München 1987; siehe auch S. 42f zu den seelsorglichen Aktivitäten der Dominikaner von Augsburg, Würzburg und Regensburg; vgl. auch Verbote, die eine gegenteilige Praxis spiegeln, wie das auf dem Generalkapitel Trier 1249: *„Fratres non faciant sibi scribi psalteria vel alia scripta per moniales vel alias mulieres"*; zit. nach Acta capitulorum generalium I (Monumenta Ordinis Fratrum Praedicatorum Historica 3), Rom 1898, S. 47.

106 Zu den Konstitutionen siehe S. 38 mit Anm. 86; zur Verselbständigung als Regel des Ordo Sancti Sixti de Urbe siehe SIMON (wie Anm. 86), S. 29–46; GRUNDMANN, a.a.O., S. 233–235; THOMAS (wie Anm. 85), S. 91–96; CREYTENS (wie Anm. 86), S. 52–55.

107 Päpstl. Bestätigungen der monastischen Lebensweise mit den Formeln secundum Ordinem canonicum, secundum Ordinem Sancti Sixti, iuxta statuta ipsius ordinis besagen darum an sich noch nichts über die Beziehung der betreffenden Frauengemeinschaft zu den Predigerbrüdern; diese ist vielmehr aus dem jeweiligen konventsgeschichtlichen Kontext zu erschließen. In den erhaltenen Urkunden für Altenhohenau zwischen 1235 und 1246 wird der Status der Sorores mit Ordo sancti Sixti oder Ordo sancti Augustini beschrieben; beteiligt sind an Gründung und Ausstattung Adelige. Man könnte danach auf ein Kanonissenstift schließen, wenn nicht schon in der Gründungsurkunde angegeben wäre, diese sei erfolgt consilio praedicatorum, siehe Monumenta Boica, Tom. XVII, München 1806 Nn. 1–12; siehe auch unten Anm. 134. Wenn z. B. der Frauenkonvent Kirchberg in einer bischöflichen Urkunde vom 11. März 1240 als conventus ordinis praedicatorum bezeichnet wird, so ist das für 1240 im streng rechtlichen Verhältnis noch falsch, richtig jedoch in Bezug auf die tatsächliche Betreuung durch Esslinger Predigerbrüder; Hinweise dafür bei SACK (wie Anm. 85), 147–148; die fama publica, so kann man sagen, wußte, was die sorores wollten. Zu eindeutigen und den Rechtszustand spiegelnden Formulierungen nach 1259 siehe unten Anm. 121.

108 Abdruck der Satzungen bei SIMON (wie Anm. 86), S. 155–169, S. 36–46 zu Inhalt und Funktion als Instrument der Spezifizierung als besonderer Ordenszweig innerhalb des Ordo Sancti Sixti; siehe dazu auch CREYTENS (wie Anm. 86), S. 53–55; THOMAS, (wie Anm. 85), S. 96–102; SACK (wie Anm. 85), S. 131–133.

109 Vgl. dazu GRUNDMANN (wie Anm. 82), S. 251–237; im Unterschied zu CREYTENS (Anm. 86), der die Konstitutionen von St. Markus noch auf den Constitutiones antiquae der Predigerbrüder basieren läßt, ist SACK, gestützt auf das von ihr aufgefundene Freiburger Fragment, dezidert der Auffassung, daß diese Konstitutionen auf der Redaktion der Konstitutionen durch den Ordensmeister Raimund von Peñafort, die 1241 Gesetzeskraft erhielten, basierten und laufend dem aktuellen Stand der Gesetzgebung durch die Generalkapitel angepaßt wurden. Edition der Constitutionen von 1241 bei RAYMOND CREYTENS, Les Constitutions des Frères Prêcheurs dans la rédaction de saint Raymond de Peñafort (1241), in: Archivum Fratrum Praedicatorum 18 (1948), S. 29–68.

110 Mit der Auffindung einer mittelhochdeutschen Übersetzung von Fragmenten dieser Konstitutionen können sie zum Teil rekonstruiert werden; kritische Textedition bei SACK (wie Anm. 85), S. 156–167; übersetzt wohl von einem Dominikaner, der im Schwesternkonvent Kirchberg als Seelsorger tätig war; siehe SACK, a.a.O., S. 140–148.

111 Diese Überschrift in der einzigen hds. Überlieferung, danach ediert von CREYTENS (wie Anm. 86), S. 67–83; eingearbeitet sind die für Frauen relevanten Kapitelsbeschlüsse zwischen 1245–1250; die edierte hds. Überlieferung gibt wohl nicht die Urfassung aus der Gründungszeit des Klosters (um 1245) wieder, die wohl durch Humbert von Romans, dem damaligen Provinzial der Francia, redigiert wurde; zu den Einzelheiten siehe CREYTENS, a.a.O., S. 41–60.

112 *„De professione XV: Modus faciendi professionem talis est: Ego N. facio professionem et promitto obedientiam .. et tibi N. priorisse sancti dominici vici magistri ordinis fratrum predicatorum secundum regulam beati augustini et institutiones sororum"*, zit. nach ED. CREYTENS, a.a.O., S. 75 f. In dem Freiburger Regelfragment fehlt dieser Abschnitt. Nach VERA SACK sei die Formel auch in den Markuskonstitutionen gebräuchlich gewesen; die Gründe für diese Annahme sind allerdings nicht stichhaltig. Professformeln von Klöstern ohne Bezug zu einem Orden lauteten in etwa die der regulierten Beginen von St. Agnes/Trier, verordnet von der Diözesansynode 1255: *„Ego promitto omnipotenti Deo et Beatae Mariae Virgini in manu magistrae paupertatem, castitatem et oboedientiam secundum informationes [= Satzungen] Domini Reverendissimi Episcopi"*; zit. nach JOHANNES JACOBUS BLATTEAU, Statuta Synodalia, Ordinationes et mandata archidiocesis Trevirensis, Tom. I, Trier 1844, S. 46–47, Nr. 14; aus der Narratio der Urkunde wird klar, daß die bischöfl. Informationes aus einer Kurzfassung der Regula Augustini bestanden. In den Constitutiones der sorores s. Mariae Magdalenae lautete die Formel: *„Ego N. facio professionem et promitto obedienciam Deo et beate Marie Virgini et beatae Marie Magdalene et tibi priorisse talis loci, secundum regulam et consuetudinem vestri Ordinis, quod ero tibi obediens"*; zit. nach Edition bei SIMON (wie Anm. 86), S. 163; sie entspricht weithin der des Predigerordens (Dist. I. c. 16) bis auf magistro ordinis Praedicatorum und institutiones ordinis Praedicatorum. Bei den *„Dominikanerinnen"* werden bis zur offiziellen Angliederung an den Orden Formeln mit Hinweis auf die jeweils beachteten Konstitutionen in Gebrauch gewesen sein; aber wohl ohne Nen-

113 Zu Amicia siehe CREYTENS, a.a.O., S. 41–46; über Simon von Montfort siehe die in Anm. 83 angegebene Literatur zu Dominikus.

114 So überliefert in der Cronica Ordinis posterior: *„Ipsa quoque, sicut dixit, quia homo non erat, nec poterat esse frater, ut saltem soror fieret, fecit domum suorum de Montargis et bene dotavit ..."*; zit. nach CREYTENS, a.a.O., S. 44.

115 Bullarium I (wie Anm. 102), S. 148 Nr. 84; weithin identisch mit dem Mandat des Papstes für St. Agnes/Straßburg (7. Mai 1245): Bullarium I, S. 148 nr. 85. Bei GRUNDMANN (wie Anm. 102), S. 272–273 Abdruck der päpstl. Bulle mit dem Incipit *„Apostolice sedis benignitas"*; nach diesem Formular abgefaßt zahlreiche Angliederungsmandate; danach (aber mit anderem Incipit) auch das für St. Agnes/Straßburg; die Abweichungen und Ergänzungen im Grundtext sind bei GRUNDMANN am linken Rand ausgewiesen; die von Montargis (mit anderem Incipit) am unteren Rand; zu weiteren Abweichungen siehe S. 279 Anm. 175 (darunter auch das Mandat für Altenhohenau).

116 *„Nos ad supplicationem dilecte in Christo filie nobilis mulieris Amicie domine de Jovignaco et Galcheti nati eius familiaris nostri"* in der Narratio der Urkunde. Erwähnung ihrer Intervention auch in der Cronica ordinis posterior (wie Anm. 114): *„Fuit autem tanti fervoris et animi in domus predicte promocione, quod cum fratribus multis se opponentibus licentiam construendi illam habere non posset aliquo modo ab ordine, in propria persona multotiens ivit ad curiam pape et obtinuit litteras efficacissimas ad suum desiderium consummandam"*; zit. nach CREYTENS, a.a.O., S. 44.

117 Bullarium I (wie Anm. 102), S. 158 Nr. 123: *„Consideratione dilecti filii nobilis viri Johannis comitis Montisfortis nobis pro vobis supplicantibus;* ebd. Nrn. 124–126 in Regestform für Gottesszell, Augsburg St. Katharina und Maria Medingen; siehe dazu in diesem Buch S. 47; Hinweis auf weitere Interventionen des I. v. M. bei GRUNDMANN, a.a.O., S. 249; zur Familie Montfort kurze Hinweise bei JOHN R. MADDICOTT, Simon de Montfort, Cambridge 1994, S. 85, 102 (Biographie des englischen Thronusurpators, Sohn Simons I. und Bruder der Amicia, gest. 1265).

118 S. dazu DECKER (wie Anm. 99), S. 92–95 mit Liste der deutschen Klöster; GRUNDMANN (wie Anm. 82), S. 248–252 mit zahlreichen Hinweisen auf adelige und einflußreiche Petenten; edb. S. 249 in Anm. 118 Zitat aus einem Brief des Kardinals Hugo von St. Cher (13. März 1254) von den *„monasteria, que ipse (= Innozenz IV.) ad preces et interventum multorum nobilium et magnatum auctoritate sedis apostolice ... nostro ordini univit"*.

119 Bullarium I (wie Anm. 102), S. 217 Nr. 269; ausgenommen waren auch Prouille und St. Sixtus/Rom; zu den entsprechenden Bemühungen des Ordensmeisters siehe DECKER (wie Anm. 99), S. 97–101; GRUNDMANN (wie Anm. 82), S. 284–287; DECKER.

120 Zusammenstellung der entsprechenden Aktivitäten bei J. H. SASSEN, Hugo v. St. Cher. Seine Tätigkeit als Kardinal, Bonn 1908, S. 154–158; genauer und ausführlicher belegt bei GRUNDMANN, a.a.O., S. 288–297; DECKER, a.a.O., S. 101–107; siehe auch EDWARD T. BRETT, Humbert of Romans and the Dominican Second Order, in: Memorie Domenicane N.S. 12 (1981), S. 1–25.

121 In der Enzyklika zur Promulgation der Konstitutionen (1259): *„Quod vos sub una regula et unius professionis vivitis voto, et in observantiis regularibus uniformes esse debetis, diversitates constitutionum, quas diverse sorores habeant, ad unam formam redegimus ..."*; zit. nach BENEDIKT MARIA REICHERT, Litterae encyclicae magistrorum generalium ab anno 1233 usque ad annum 1376 (Monumenta Ordinis Fratrum Praedicatorum Historica 5), Rom 1900, S. 51. In der inkriminierten Satzungsvielfalt spiegelt sich jedoch auch die rechtliche Unklarheit des Bezuges zu den betreuten Frauenkonventen. Die Verbote umging man mit eigenen nicht-offiziellen Regulierungstexten. Die Redaktion der Frauenkonstitutionen durch Humbert, bis 1930 verbindlicher Basistext, ist unkritisch ediert in: Analecta Sacri Ordinis Fratrum Praedicatorum 3 (1897/98), S. 337–348; zu diesen Konstitutionen siehe auch CREYTENS (wie Anm. 86), S. 59–64; der Bezug auf den Orden durch diese Konstitutionen in zeitgenössischen Urkunden mit entsprechenden Formeln; Hinweise dazu bei GRUNDMANN (wie Anm. 82), S. 298 Anm. 22, für Engelthal: *„Conventus sororum in E. sub regula S. Augustini et regimine fratrum ord. Praed."* (1271); Altenhohenau: *„Sorores inclusae ord. s. Augustini et secundum instituta et sub cura fratrum ord. Praed. viventes"* (1273); Schwarzhofen: *„Conventus devotarum feminarum ... sub habitu et regimine fratrum ord. Praed. famulantium"* (1265) sowie 1268: *„Conventus sororum s. Augustini ... secundum constitutionem fratrum praedicatorum deo militantium"*; Rothenburg (1265): *„Ordinis Sancti Augustini secundum instituta fratrum ordinis Praedicatorum"*; Beleg dazu bei KARL BORCHARDT, Die geistlichen Institutionen in der Reichsstadt Rothenburg o.d.T. und dem zugehörigen Landgebiet von den Anfängen bis zur Reformation, Bd. 1, Neustadt/Aisch 1988, S. 153.

122 Humbert in der zit. Enzyklika: *„Si que vero nollent huiusmodi formam recipere pro sororibus ordinis minime habeantur"*; zit. nach Acta capitulorum generalium; zitiert nach REICHERT, a.a.O., S. 51.

123 Aufzählung der Inkorporationsmerkmale bei DECKER (wie Anm. 103), S. 91–92; er folgt dabei den Angaben des Anschlußformulares Apostolicae sedis benignitas, in dem nur von commissio und nicht von incorporatio die Rede ist; die galt nur für Prouille und St. Sixt aus der Frühzeit, 1245 für Montargis und St. Agnes/Straßburg; vgl. dazu GRUNDMANN (wie Anm. 82), S. 274–279, 291–302; S. 279 Anm. 175 Hinweis auf das Anschlußmandat für Altenhohenau nach dem Kommissionsmandat Apostolicae sedis benignitas mit der Schlußweiterung bzgl. Temporalienverwaltung durch die Predigerbrüder; bis gegen Ende des 13. Jahrhunderts scheinen damit auch Fratres betraut gewesen zu sein; siehe dazu unten Anm. 134. Zuständigkeit für die Güterverwaltung scheint es zu dieser Zeit noch in mehreren deutschen Dominikanerinnenklöstern gegeben zu haben, wie aus den admonitiones der Provinziale und aus einem anonymen Traktat über die Immunität der Frauenklöster des Ordens aus der Zeit zwischen 1267/1277 zu schließen ist; ediert von EDMUND RITZINGER/HERIBERT CHR. SCHEEBEN in: Beiträge zur Geschichte der Teutonia in der zweiten Hälfte des 13. Jahrhunderts, in: Archiv der deutschen Dominikaner 3 (1941), S. 66–79; hier S. 71: *„Sub ipsorum magisterio (= der Ordensmeister) manere debeant et non solum in spiritualibus sed etiam in temporalibus"*; ebd. S. 92 in einem Brief des Kardinallegaten Johann Boccomazzi (päpst. Legat in Deutschland 1286): *„Probatur, quod sorores pertinent ad curam fratrum tam in spiritualibus quam in temporalibus, quod quidam hactenus negaverunt ..."*; siehe ebd. S. 32–34 die Anweisung eines Provinzials vor 1259 *„De recipiendis et novitiis et conversis et familia et capellanis"*: Vorschriften für Aufnahme und Anstellung von Konversbrüdern (nicht Laienbrüdern des Ordens) begründet mit: *„De conversis fratribus moderna sororum constitutio non facit mentionem"*; gemeint sind die Konstitutionen von 1259; verwiesen wird auf constitutiones antiquae (= Sixtkonstitutionen mit Statuten oder eine Variante davon?); siehe dazu ausführlich CREYTENS (wie Anm. 89), S. 16–36.

124 Edition von zeitlich nicht genau festlegbaren Anweisungen der Provinziale der Teutonia für die unterstellten Frauenklöster in RITZINGER/SCHEEBEN (wie Anm. 123), S. 13–39, sowie Verfügungen des Provinzials Hermann von Minden (1286–1290), S. 79–95.; siehe dazu auch GABRIEL LÖHR, Drei Briefe Hermanns von Minden OP über die Seelsorge und Leitung der deutschen Dominikanerinnenklöster, in: Römische Quartalsschrift für christliche Altertumskunde 33 (1925), S. 159–67; die Sorge um fratres docti, die den Nonnen häufig predigen sollten, bestimmte seine diesbezüglichen Richtlinien, die das Anliegen Humberts von Romans aufzugreifen schienen, der 1260 den Nonnen geschrieben hatte: *„Satagite sic magis continue ac magis in perfectione proficere, ut semper beatus Pater Dominicus et ordo suus glorificetur in vobis, et fratres, qui de vobis curam coguntur querere, vestris sanctis conversationibus exhilarati hoc potius faciant voluntarii quam gementes"*; zit. nach REICHERT (wie Anm. 121), S. 57. Zu der Frömmigkeit, die in der Forschung meist unter dem Begriff *Deutsche Frauenmystik* behandelt wird, die aber Klausur, Chorgebet und die Disziplin der den Alltag regelnden vita monastica zur Voraussetzung und Bedingung hatte, siehe MARTIN GRABMANN, Die deutsche Frauenmystik des Mittelalters. Ein Überblick. In: DERS., Mittelalterliches Geistesleben 1. München 1926 (Nachdruck 1956), S. 469–488; LANGER (wie Anm. 99), GRÜBEL (wie Anm. 105); KURT RUH, Die Mystik des deutschen Predigerordens und ihre Grundlegung durch die Hochscholastik, München 1996. Zur kontroversen Deutung DINZELBACHER (wie Anm. 99); LÖTHER (wie Anm. 101); unabhängig von der Deutung dieser Frauenfrömmigkeit ist fest-

zuhalten, daß die Frauenklöster wichtige Rezipienten und Verbreiter der von den Bettelorden produzierten Erbauungsliteratur waren.

125 Als Zusatz zu dist. II c. 27 gedacht und damit den Inkorporationsbemühungen Hugos von St. Cher zuwiderlaufend: *„Ut cura seu custodia monialium seu quarumlibet aliarum mulierum nostris fratribus committitur, addatur: sub eadem districtione prohibemus ne magister vel capitulum aliquod cura monialium ... recipiet, nisi per tria capitula fuerit approbatum"*; zit. nach Acta capitulorum (wie Anm. 105), S. 75. Die Bestimmung von 1255 ist in die Konstitutionen von 1259 aufgenommen: *„Inhibemus sub poena excommunicationis ne aliqua det operam directe vel indirecte scienter, quod aliqua domus sororum construatur vel constructa ordini fratrum praedicatorum committatur: nisi prius super hoc habeatur consensus capituli generalis"*; zit. nach Analecta (wie Anm. 121); S. 348; bei GRUNDMANN (wie Anm. 82), S. 295 Anm. 214 sind einige Klöster mit Generalkapitelserlaubnis angeführt; daß die in Frage kommenden bayerischen Klöster in keinem Generalkapitel angeführt sind, liegt an der Lückenhaftigkeit der Aktenüberlieferung.

126 So gab es keine Gegenwehr gegen die vom Kardinallegaten Boccomazzi am 20. November 1286 verfügte Inkorporation der circa 40 Reuerinnenklöster in Deutschland in den Orden bzw. in die Ordensprovinz Teutonia; siehe dazu SIMON (wie Anm. 86), S. 87–94; Inkorporationsmandat S. 250 Nr. 158; Nicolaus IV. widerrief am 1. Januar 1291 die Eingliederung und stellte den Orden scheinbar wieder her; in Wirklichkeit begann jetzt auf neue Weise der Anschluß einzelner Klöster an den Predigerorden; besonders jedoch an die Minoriten; so z. B. in Nürnberg und Regensburg. Ohne Widerspruch wurde hingenommen auch die von Boccomazzi am 8. Dezember 1286 vorgenommene Inkorporation aller in Deutschland von Dominikanern betreuten Frauenklöster (Regest bei RITZINGER-SCHEEBEN, wie Anm. 123, S. 86). Interessant auch der in Anm. 123 angeführte Traktat, der die Commissio der Frauenklöster durchgehend als incorporatio deutet und diese möglichst weit ausdehnt; nicht nur Profeß auf den Ordensmeister gehört als Merkmal dazu, sondern auch die Temporalienverwaltung (S. 71); lapidar zur rechlichen Wirkung der Profeß: *„Ad professionem receptio est ad ordinem incorporatio"* (S. 69); gemeint aber sicherlich die Profeßformel der Konstitutionen von 1259. Erst recht bemühte sich die Reformbewegung des 15. Jahrhunderts um Frauenklöster und Nonnenseelsorge; dabei kam es teilweise zur Reinkorporation von Konventen in den Orden, die sich im 14. Jahrhundert verselbständigt hatten, wie z. B. Regensburg; bei der Verselbständigung spielten auch strittige Einzelheiten um die cura monialium eine Rolle; Hinweise dazu bei CREYTENS (wie Anm. 89), S. 36–42.

127 Direkte Belege dafür zu dieser Zeit noch nicht; Hinweise bei MARTINA WEHRLI-JOHNS, Geschichte des Zürcher Predigerkonvents (1230–1524). Mendikantentum zwischen Kirche, Adel und Stadt. Zürich 1980, S. 110–116 zum Frauenkloster Ötenbach in dieser Funktion seit ca. 1270. Zur späteren Praxis der personae interpositae, mit denen Dominikaner und Franziskaner Besitz- und Einkunftsverbote umgingen, siehe BERNHARD NEIDIGER, Mendikanten zwischen Ordensideal und städtischer Realität. Untersuchungen zum wirtschaftlichen Verhalten der Bettelorden in Basel. (Berliner historische Studien 5. Ordensstudien III), Berlin 1981, S. 52–72, bes. 90–132.

128 WILMS (wie Anm. 79), S. 531; für die weiteren Konvente wird auf die Datenzusammenstellung von W. nicht eigens verwiesen. Anschlußmandat Bullarium I (wie Anm. 102), S. 158 Nr. 126; zum Petenten Johannes von Montfort siehe oben Anm. 117; bei POLYKARP SIEMER, Geschichte des Dominikanerinnenklosters St. Magdalena in Augsburg (1225–1808) (Quellen und Forschungen zur Geschichte des Dominikanerordens in Deutschland 33), Vechta 1936, S. 53 fälschlich als Graf Johann von Starkenberg genannt; ebd. 53–54 kurz zu den Anfängen; L. JUHNKE, Bausteine zur Geschichte des Dominikanerinnenklosters St. Katharina in Augsburg mit besonderer Berücksichtigung von Patriziat, Reform und Geistesleben, in: Jahresbericht der Oberrealschule Augsburg 1957/58, S. 60–110; siehe zur engeren Gründungsgeschichte des Klosters St. Katharina auch den Beitrag von REINHARD H. SEITZ, Wie Wörishofen im Jahre 1243 an den Dominikanerorden kam, in diesem Buch S. 51ff.

129 Knappe Angaben zu den Anfängen bei SIEMER (wie Anm. 128), S. 58–59; siehe auch ALBRECHT HAEMMERLE, Das Necrologium des Dominikanerinnenklosters St. Margaretha in Augsburg, Augsburg 1955.

130 Anschlußmandat: Bullarium I, S. 158 Nr. 126, kurze Angaben bei SIEMER (wie Anm. 128), S. 55–57; ausführlich M. CANISIA JEDELHAUSER, Geschichte des Klosters und der Hofmark Maria-Medingen von den Anfängen im 13. Jahrhundert bis 1606 (Quellen und Forschungen zur Geschichte des Dominikanerordens in Deutschland 34), Vechta 1936, S. 9–17; S. 113–115 fehlerhafter Abdruck und sinnentstellende Interpunktion des päpst. Privilegs Religiosam vitam eligentibus.

131 Siehe dazu die Angaben bei GRUNDMANN (wie Anm. 82), S. 223–228, 251 mit Anm. 122; GEORG VOIT, Engelthal – Geschichte eines Dominikanerinnenklosters im Nürnberger Raum (Schriften der Altnürnberger Landschaft 26), 1977; NORBERT BACKMUND, Die kleineren Orden in Bayern bis zur Säkularisation, Windberg 1974, S. 34–73, folgert (ohne Kenntnis der Sachlage) aus der Regel- und Statutengleichheit eine anfängliche Zugehörigkeit zu den Reuerinnen.

132 Siehe 750 Jahre Dominikanerinnenkloster Heilig Kreuz Regensburg 1233–1983, Regensburg 1983, S. 15–16; nur hier (S. 15) und ohne Beleg das Anschlußmandat angeführt; MARIANNE POPP, Die Dominikanerinnen im Bistum Regensburg, in: Klöster und Orden im Bistum Regensburg, hg. von GEORG SCHWAIGER/PAUL MAI (Beiträge zur Geschichte des Bistums Regensburg 12), Regensburg 1978, S. 259 f., 264–266; zu hinterfragen ist der Einleitungssatz (ebd. S. 259), wonach R. als ältestes Dominikanerinnenkloster Bayerns wenn nicht überhaupt Deutschlands anzusehen sei!

133 Siehe dazu MEINRAD SEHI, Die Bettelorden in der Seelsorgegeschichte der Stadt und des Bistums Würzburg bis zum Konzil von Trient (Forschungen zur Fränkischen Kirchen- und Theologiegeschichte), Würzburg 1981, 87–88, 90–95. Anschlußmandat von 10. Juli 1246 nach dem gebräuchlichen Formular Apostolicae Sedis benignitas; Regest in Bullarium I, S. 166 Nr. 153–154.

134 Kaum brauchbar für die Anfangsgeschichte ALOIS MITTERWIESER, Das Dominikanerinnenkloster Altenhohenau am Inn. München 1926; wichtig DERS., Regesten des Frauenklosters Altenhohenau am Inn, in: Oberbayerisches Archiv 54 (1915); GRUNDMANN (wie Anm. 82), S. 235 in Anm. 81 das Zitat aus der Gründungsurkunde; S. 279 Anm. 175 Hinweis auf den die Güterverwaltung durch die Ordensbrüder betreffenden Zusatz in dem Angliederungsmandat vom 21. April 1246; mehrfache Hinweise auf entsprechende Tätigkeit von Friesacher Ordensbrüdern in den Regesten; z. B. Nr. 28 (25. 1. 1273) als Zeugen: Frater Ortolfus sacerdos et frater Heinricus conversus ordinis praedicatorum de domo Frisacensi; zu Beginn des 14. Jahrhunderts war die Zuständigkeit von Friesach an den 1271 gegründeten Konvent Landshut übertragen worden. Bedingt durch die Anwesenheit von Brüdern für geistl. Betreuung und Güterverwaltung gab es in A. noch lange Zeit eine kleine Brüderkommunität; im beginnenden 14. Jahrhundert jedoch bereits eine nicht zum Orden gehörende Konversengemeinschaft.

135 Ausführlich dazu KARL BORCHARDT (wie Anm. 121), S. 151–157.

136 Kurze Hinweise bei JEDELHAUSER (wie Anm. 130), S. 57 f.; SIEMER (wie Anm. 128) S. 37; unbrauchbar für die Anfänge FRIEDRICH HERZOG, Abriß der Geschichte des ehemaligen Klosters Obermedlingen, Dillingen 1918.

137 Zu Schwarzhofen bei Neunburg vor dem Walde siehe POPP, Dominikanerinnen (wie Anm. 132), S. 264 f. Hinweis auf die Befolgung der Konstitutionen von 1259, oben Anm. 121 zu 1265 und 1273. Zu Pettendorf siehe ALBERT SCHMID, Die Anfänge des Klosters Pettendorf, in: Beiträge zur Geschichte des Bistums Regensburg 19 (1985), S. 285–301; danach ist zu berichtigen die sehr lückenhafte und in wichtigen Punkten falsche Darstellung von POPP (wie Anm. 132), S. 277–280.

138 Zu den einzelnen Konventen siehe H. KESSEL, Das Dominikanerinnenkloster Frauenaurach, in: Erlanger Bausteine zur fränkischen Heimatforschung 32 (1985), S. 113–129; W. FRIES, Kirche und Kloster zu St. Katharina in Nürnberg, in: Mitteilungen des Vereins für Geschichte der Stadt Nürnberg 25 (1924), S. 1–143; zu Bamberg WILMS (wie Anm. 79), S. 72.

139 Siehe dazu J. HEIDER, St. Katharina zu Schwernberg. Ein verschollenes mittelalterliches Dominikanerinnenkloster im Landkreis Neuburg, in: Zeitschrift für Bayerische Landesgeschichte 26 (1963), S. 370–377; bei WALZ (wie Anm. 80), S. 17 in der Liste der Zweitordensklöster zwischen 1280–1340 als Schwermberg angeführt.

ROMUALD BAUERREISS, Kirchengeschichte Bayerns, Bd. 4, St. Ottilien 1953, S. 15 führt durch eine Verwechslung mit Leuthau noch eine Niederlassung in Leitheim bei Donauwörth an.

140 Zur Entwicklung der Terziarinnen siehe HINNEBUSCH (wie Anm. 80), S. 400–404; L. A. REDIGONDA, Terz' Ordine Domenicano, in: Dizionario degli istituti di perfezione 4 (1977), S. 960–967; ebd. 3 (1976), S. 793 von I. VENCHI, Monasteri di Terziarie; die lückenhafte Zusammenstellung der oberdeutschen Klöster bei WALZ (wie Anm. 80), S. 18–19; die Zusammenstellung von WILMS (wie Anm. 79), S. 82–84 insgesamt unzuverlässig.

141 Unklar ist der Status als „Dominikanerinnen" einer Schwesternkommunität in Detwang bei Rothenburg, die von 1312 bis 1401 bestand; siehe dazu BORCHARDT (wie Anm. 135), S. 195–197.

142 Siehe SIEMER (wie Anm. 128), S. 59–61; WALZ (wie Anm. 80), S. 18 führt das Kloster zu 1364 fälschlich unter den inkorporierten Konventen an; trotz Regulierung, verordnet durch Bischof Burkard von Ellerbach am 3. November 1394, galt St. Ursula als nicht klausuriertes Terziarinnenkloster. So noch im Diözesanschematismus von 1762, der sieben Dominikanerinnenklöster anführt (Anhang 2, S. 67): *„Ex his septem ordinis S. Dominici Monasteriis Monialium quattuor, videlicet S. Cahtarinae Augustae, Cellae Dei ad Gamundiam, Mariae Medingense et Woerishofense, subsunt visitationis Ordinis Praedicatorum. Triae vero sequentia, videlicet S. Ursulae Augustae, S. Udalrici Dillingae et Frembdingen in Rhaetia subsunt immediate et serenissiomo DD. Ordinario"*; Fremdingen im Ries wurde erst 1737 gegründet; kurzer Hinweis dazu bei HILARIUS BARTH, Die Dominikaner, in: Handbuch der bayerischen Kirchengeschichte, Bd. 2, St. Ottilien 1993, S. 727; der ganze Beitrag (S. 707–744) eine ausgezeichnete Information über Dominikaner und Dominikanerinnen im neuzeitl. Bayern.

143 Erhoben aus den weithin unkritischen Angaben in den entsprechenden Beiträgen in: Bavaria Franciscana Antiqua 1–5 (1954/1961); die Aufarbeitung der Entstehung dieser Frauengemeinschaften, des Regulierungsprozesses sowie der Klausurierung, vor allem betrieben durch die Observanzbewegung des 15. Jahrhunderts, ist ein dringendes Forschungsanliegen; siehe dazu BRIGITTE DEGLER-SPENGLER, Der franziskanische Dritte Orden als Forschungsaufgabe, in: Collectanea Franciscana 49 (1979), S. 81–84; DIES.: Die regulierten Terziarinnen in der Schweiz (Allgemeine Einleitung), in: Helvetia Sacra V/1, Bern 1978, S. 609–662; WILTS (wie Anm. 98), S. 185–196, 217–274.

144 Das frömmigkeitliche Motiv von Buße und Interiorisierung des altmonastischen Ideals der eremitischen Lebensweise durch Klausierung darf dabei nicht übersehen werden; eindrucksvoll belegt anhand der Entwicklung in Mittelitalien vom 13. bis ins 15. Jahrhundert hinein von ANNA BENVENUTI PAPI, *„In castro poenitentiae"* (wie Anm. 98); siehe auch die Untersuchung von MEERSSEMAN (wie Anm. 99).

145 Gezählt sind nur die selbständigen Häuser (nicht deren Filialen) sowie die Zentralklöster internationaler Kongregationen Schlehdorf, Strahlfeld und Neustadt; Altenhohenau hat als Neugründung keine Kontinuität mit dem alten Kloster. Auf St. Ursula/Augsburg gehen zurück die Gründungen Donauwörth, Landsberg, Wettenhausen; indirekt auch Schlehdorf, Neustadt a. M., Strahlfeld; auf Heilig Kreuz/Regensburg Niederviehbach (1847; mit Wechsel zum Dritten Orden) sowie eine Gründung in USA (1853), aus der sich weitere selbständige Kongregationen entwickelten.

Zu REINHARD H. SEITZ, Wie Wörishofen 1243 an den Dominikanerorden kam

146 Vgl. zuletzt Probleme der Integration Ostschwabens in den bayerischen Staat: Bayern und Wittelsbach in Ostschwaben. Referate und Beiträge der Tagung auf der Reisensburg am 21./22. März 1980, hrsg. von PANKRAZ FRIED (= Augsburger Beiträge zur Landesgeschichte Bayerisch-Schwabens, Bd. 2), Sigmaringen 1982.

147 Vgl. z. B. BARNABAS SCHROEDER, Die Aufhebung des Benediktiner-Reichsstiftes St. Ulrich und Afra in Augsburg 1802–1806. Ein Beitrag zur Säkularisationsgeschichte im Kurfürstentum Bayern und in der Reichsstadt Augsburg (= Studien und Mitteilungen zur Geschichte des Benediktiner-Ordens und seiner Zweige, Ergänzungsheft 3), München 1929.

148 Vgl. LEONHARD HÖRMANN, Erinnerungen an das ehemalige Frauenkloster St. Katharina in Augsburg, in: Zeitschrift des Historischen Vereins für Schwaben und Neuburg, 9 (1882), S. [357]–386; 10 (1883), S. [301]–344; 11 (1884), S. [1]–10.

149 Vgl. ANTON STEICHELE, Einige Urkunden und Urkunden=Regesten des Klosters St. Katharina in Augsburg, in: Fünfzehnter und sechzehnter combinirter Jahres-Bericht des historischen Kreis=Vereins in Regierungsbezirk von Schwaben und Neuburg für die Jahre 1849 und 1850, Augsburg 1851, S. [73]–82.

150 Vgl. ANTON STEICHELE, Das Bisthum Augsburg, historisch und statistisch beschrieben, Bd. 3, Augsburg 1872, S. 159 Anm. 13. Aus Steicheles Besitz dürften auch die heute im Archiv des Bistums Augsburg aufbewahrten Urkunden von St. Katharina stammen, darunter die über die Schenkung des Besitzes zu Wörishofen (an das spätere Kloster St. Katharina) vom Jahre 1243.

151 Vgl. E. G. GERSDORF, Die Urkundensammlung der Deutschen Gesellschaft, in: Mittheilungen der Deutschen Gesellschaft zu Erforschung vaterländischer Sprache und Alterthümer in Leipzig, Bd. 1, Leipzig 1856, S. [125]–208.

152 Frdl. Auskunft des Sächsischen Staatsarchivs Leipzig (Frau Richter) vom 10. 7. 1995 an das Staatsarchiv Augsburg.

153 StAA, Kloster Augsburg-Katharina/MüB 12.

154 Vgl. GERSDORF (wie Anm. 151), S. 133–134 Nr. V.

155 Ein Steinwurf zählte etwa 80 Schritt (vgl. JACOB GRIMM und WILHELM GRIMM, Deutsches Wörterbuch, 10. Bd. II. Abt. II. Tl., Leipzig 1941 = Nachdr. Bd. 18, München 1984, Sp. 2161: ain gutter stainwurff oder bey achtzig schritten). Hochgerechnet käme man für diese Angabe auf etwa 400–450 m.

156 Vgl. LEO JUHNKE, Bausteine zur Geschichte des Dominikanerinnenklosters St. Katharina in Augsburg mit Berücksichtigung von Patriziat, Reform und Geistesleben, in: Bericht über das 125. Schuljahr 1957/58 der Oberrealschule Augsburg, (Augsburg 1958), S. [61]–[110], hier. S. 65. JUHNKE benutzte eine von Steichele angefertigte Abschrift, die ausführlicher ist als der Textabdruck bei STEICHELE (wie Anm. 149).

157 Vgl. STEICHELE (wie Anm. 150), S. 159 Anm. 13.

158 StAA, Kl. Augsburg-St. Katharina, Urk. 1. – Textabdruck in: Monumenta Boica, Bd. 30/1, München 1834, S. 272–273 (Nr. 762). Wiederabdruck des Textes bei JUHNKE (wie Anm. 156), S. 103 (mit Abbildung der Urkunde auf S. 64).

159 Vgl. GERSDORF (wie Anm. 151), S. 139–140 (Nr. VIII).

160 Vgl. GERSDORF (wie Anm. 151), S. 140–142 (Nr. IX).

161 Vgl. GERSDORF (wie Anm. 151), S. 143 (Nr. XI).

162 WALTER PÖTZL, AUGUSTA SACRA. Augsburger Patrozinien des Mittelalters als Zeugnisse des Kultus und der Frömmigkeit, in: Jahrbuch des Vereins für Augsburger Bistumsgeschichte, 9, 1975, S. 19–75, nennt sie nicht (ausdrücklich).

163 Der Ausdruck murus muß nicht immer unbedingt eine Steinmauer bezeichnen, sondern kann auch Erdwerke mit Pallisaden meinen.

164 Vgl. R[OBERT] HOFFMANN, Die Augsburger Vorstadt, der Wagenhals genannt. Ein Beitrag zur historischen Topographie der Stadt, in: Zeitschrift des Historischen Vereins für Schwaben und Neuburg, 9 (1882), S. [177]–192.

165 Die Gleichsetzung der zum Jahr 1239 genannten Hl.-Geist-Kirche mit der Kirche des ältesten Augsburger Spitals im Bereich des heutigen sog. Kapitelhofes und der Augsburger Lechkanäle ist allerdings nur unter der Voraussetzung möglich, daß dieses Quartier im Jahre 1239 noch nicht in den Zug der Augsburger Stadtbefestigung miteinbezogen gewesen war. Zur Lage des ältesten Augsburger Spitals vgl. zuletzt REINHARD H. SEITZ, Zur Topographie der älteren Judengemeinden in Augsburg und Lauingen (Donau), in: Geschichte und Kultur der Juden in Schwaben (= Irseer Schriften, Bd. 2), Sigmaringen 1994), S. [19]–55, S. 26–28. Untersuchungen zu den ältesten Stadtmauerzügen von Augsburg scheint es so gut wie nicht zu geben. Selbst ein so exzellenter Kenner und Erforscher der Frühzeit der Stadt Augsburg wie WALTER GROOS, Augsburg im 13. Jahrhundert, in: 17. Bericht der Naturforschenden Gesellschaft, Augsburg 1964, S. 56–78, sparte dieses Thema mehr oder weniger aus. Es ist aber durchaus denkbar, daß die älteste östliche Stadtmauer von Augsburg (wie heute noch in deren nördlichem Abschnitt) der Terrassenkante, also der Trennungslinie zwischen der (höher gelegenen) Hochterrassenebene im Westen und der (tiefer gelegenen) Niederterrassenebene (mit den Lechkanälen sowie dem Lech) im Osten

folgt. Der Rücksprung der ältesten Mauer der sog. Domstadt im Bereich des heutigen Straßenzuges Mauerberg heißt in den ältesten Stadtsteuerregistern von 1346/51 bis 1390 bezeichnenderweise „*Uf den Graben*"; vgl. dazu JÜRGEN KRAUS, Entwicklung und Topographie der Augsburger Steuerbezirke, in: Zeitschrift des Historischen Vereins für Schwaben 86, 1993, S. [115]–183, S. 136/137 Nr. 76, S. 167 Nr. 76 und S. 178 Nr. 76; hier schließt dann (nach Süden zu) die angenommene älteste östliche Stadtmauer der sog. Bürgerstadt an, die in den KRAUSSCHEN Karten sehr schön in der Ostbegrenzung der Steuerbezirke 79/80 (vgl. Karten Lit. C, S. 177 und Lit. A, S. 175) zu erkennen ist, welche(r) Steuerbezirk(e) beim Dominikanerkloster (und bei einem dort gelegenen älteren Stadttor [Steuerbuch 1346/ 51: „*gen der porten*"]) enden.

166 Das ältere, spitzovale Siegel (4,3 cm h, 2,8 cm br) ist überliefert an zwei Urkunden von 1273 VI 6 (StAA, Kl. Augsburg-St. Katharina, Urk. 16) und von 1279 (StAA, Kl. Augsburg-St. Katharina, Urk. 22; rote Siegelplatte auf braungelbem Wachssiegel!). Es zeigt – in der Mitte getrennt durch einen dreipaßartigen Bogen, oben zwischen zwei Weihrauchbecken eine sitzende Maria mit Szepter, das Kind auf dem Schoß, unten eine knieende Person (Adorantin?) mit betend aufgerichteten Händen vor einem Altar (mit Velum und einem auf dem Altar stehenden Kelch). Die z. T. nur undeutlich erkennbare Siegelumschrift ist zu deuten als: S COVETVS [mit übergesetztem Strich über dem E] S CATARINA AVGVSTE.

167 Das jüngere Rundsiegel (Ø 3,5 cm) zeigt eine stehende Maria mit Kind auf dem Arm. Es scheint erstmals an einer Urkunde von 1300 IX. 28 (StAA, Kl. Augsburg-St. Katharina, Urk. 44) überliefert zu sein.

168 Überliefert an einer Urkunde von 1279 (StAA, Kl. Augsburg-St. Katharina, Urk. 22). Das Rundsiegel (Ø 2,8 cm) zeigt eine auf einer Bank (vor einem Vorhang?) sitzende Maria mit einem Szepter in der Rechten, das Kind (mit Nimbus) auf ihrem abgewinkelten linken Fuß stehend. Die Umschrift ist fast nicht zu lesen und damit kaum zu deuten.

169 StAA, Kloster Augsburg-St. Katharina, Urk. 44 (1300 IX. 28).

170 Das Siegel (3,8 cm × 2,5 cm) ist spitzoval. Die Siegelumschrift ist nur bruchstückhaft zu erkennen: SIGILLVM P.P[RIOR?]IS.AVGVSTEN[...] (StAA, Kloster Augsburg-St. Katharina, Urk. 22 [1279]).

171 Grieß, mhd. griez, gruz, bedeutet Sand, Kies und bezeichnet oft auch ufernahes Gelände oder gar Kiesbänke. Der lateinische Ausdruck arena oder harena meint gleichfalls Sand, aber auch Ufer, Gestade.

172 Vgl. KARL HAUPT, Augsburg. Franziskaner-Konventualen, in: Bavaria Franciscana Antiqua, Bd. 5, München 1961, S. [341]–421.

173 StAA, Reichsstadt Augsburg, Urk. 1 (1251 V. 9). Druck: Monumenta Boica, Bd. 33, S. 78 – (Nr. 78). Regest: CHRISTIAN MEYER, Urkundenbuch der Stadt Augsburg, Bd. 1, Augsburg 1872, S. 11 (Nr. 10).

174 StAA, Reichsstadt Augsburg, Urk. 2 (1251 VII. 31).

175 Vielleicht verbirgt sich die ursprüngliche Klosterkirche der Dominikanerinnen gar hinter der „*capella antiqua beatae virginis*", die in vorreformatorischer Zeit eindeutig von dem Chor- oder Marienaltar der Barfüßerkirche unterschieden wird; vgl. zuletzt PÖTZL (wie Anm. 162), S. 53.

176 Zu den Augsburger Dominikanern vgl. POLYKARP M. SIEMER, Geschichte des Dominikanerklosters Sankt Magdalena in Augsburg (1225–1808) (= Quellen und Forschungen zur Geschichte des Dominikanerordens in Deutschland, H. 33), Vechta i. O. 1936.

177 In der mir bekannten Augsburg-Literatur ist mir keinerlei Hinweis auf solch eine räumliche Gleichsetzung des Dominikarinnenklosters St. Maria mit dem Barfüßerkloster, wie sie hier vorgeschlagen wird, begegnet. Es ist dies eine eigenständige gedankliche Überlegung. In meinem Aufsatz von 1995 (wie Anm. 179, S. 19) habe ich diese Frage noch völlig offen gelassen.

178 Möglicherweise war Friedrich von Rothenburg ein Mitglied der in Augsburg seit dem Jahre 1225 nachweisbaren Dominikaner.

179 Archiv des Bistums Augsburg, U 52/1 (1243 Mai 18). Nach dem Rückvermerk lag diese Urkunde zuletzt nicht im Klosterarchiv, auch fehlt sie auffallenderweise im Verzeichnis der Klosterurkunden aus der Zeit um 1580 (StAA, Kl. Augsburg-St. Katharina/MüB 12). Zur Geschichte der Schenkung vgl. auch REINHARD H. SEITZ, Wörishofen und der Dominikanerorden in der ostschwäbischen Klosterlandschaft, in: 275 Jahre Dominikanerinnen in Bad Wörishofen, Bad Wörishofen 1995, S. 15–25.

180 Abschrift der frühen 19. Jahrhunderts der Urkunde liegt in der Studienbibliothek Dillingen a.d. Donau: Bücherei Steichele-Schröder, Materialsammlung, Karton 68: St. Katharina, fol. 15 (frdl. Vermittlung von Herrn Rüdiger May). Vollständiger Abdruck der Abschrift folgt im Anhang.

181 Fronhofen (Gde. Fronreute) liegt 10 km nordwestlich von Ravensburg. Seit 1251 nannte sich die Linie der Herren von Fronhofen nach dem Sitz Königsegg (Gde. Guggenhausen; 20 km nordwestlich von Ravensburg). Ihre Nachkommen sind die heutigen Grafen von Königsegg (Reichsgrafenstand 1629), die seit 1681 (und heute noch) im benachbarten Königseggwald sitzen.

182 Eine Unterscheidung von Dienstmannen bzw. Ministerialen nach ihrer Zugehörigkeit zur Klientel der Welfen bzw. Staufer läßt sich nur für die Zeit vor 1191 geben, denn nach dem Tod Herzog Welfs VI. (1191) und dem Übergang des restlichen Welfenbesitzes an die mit ihnen verwandten Staufer wurden aus welfischen eben staufische Ministerialen (vgl. dazu die von KARL BOSL bearbeitete Karte Welfen- und Staufergüter in Schwaben vom 11. bis zum 13. Jahrhundert, in: Historischer Atlas von Bayerisch-Schwaben, hrsg. von HANS FREI, PANKRAZ FRIED, FRANZ SCHAFFER, Augsburg 1990², Karte V.3, die diesen Wechsel in der Ministerialität leider nur durch jeweils zwei Signaturen zwar erahnen, nicht aber durch eine Doppelsignatur, eindeutig erkennen läßt). Zu Welf VI. vgl. zuletzt PANKRAZ FRIED, Herzog Welf VI. und Schwaben, in: Jahrbuch für bayerisch-schwäbische Geschichte 1995. Beiträge und Berichte (= Augsburger Beiträge zur Landgeschichte Bayerisch-Schwabens, Bd. 6), Sigmaringen 1996, S. [21]–33.

183 Die Herren von Summerau benannten sich nach Summerau: Neusummerau (bei Neukirch) bzw. Altsummerau (bei Langnau), rd. 10 bzw. 7 km südöstlich von Tettnang.

184 Die Wellenburg am Westrand des Wertachtales zählt seit 1978 zum Stadtgebiet von Augsburg. Zur Familie vgl. zuletzt die Ausführungen von JOACHIM JAHN, Augsburg Land (= Historischer Atlas von Bayern/Teil Schwaben, H. 11), München 1984, S. 109–119.

185 Bei Tschars/Ciárdes im Etschtal, rd. 20 km westlich von Meran.

186 BHStA, Kloster Steingaden, Urk. 63. – Textabdruck: Monumenta Boica 6, München 1766, S. 528–529 Nr. XLI.

187 Vgl. dazu FRIEDRICH ZOEPFL, Das Bistum Augsburg historisch und statistisch beschrieben, Bd. 9, Augsburg 1934-1939, S. 352–357. Ferner RUDOLF VOGEL, Mindelheim (= Historischer Atlas von Bayern / Teil Schwaben, H. 7, München 1970), S. 48–53. Der ursprüngliche Sitz des Geschlechts war Mattsies. Ein Zweig erbaute sich dann bei seinem Besitz Tussenhausen (am jenseitigen Talhang) eine neue Burg Angelberg, welche offenbar nach dem angelförmigen Haken im Wappen der Mattsies-Angelberg benannt wurde. Hinsichtlich der Namensdeutung kann ich mich der Meinung von RALF-GERHARD HEIMRATH, Landkreis Mindelheim (= Historisches Ortsnamenbuch von Bayern / Schwaben, Bd. 8, München 1989), S. 7–9 Nr. 9, nicht anschließen; Angelberg scheint mir vielmehr ein heraldischer Burgenname zu sein und kein auf die Angelform des Berges zurückzuführender ursprünglicher Flurname, welcher dann nach dem Burgenbau zum Ortsnamen wurde.

188 Bekanntester Vorfahre des Johann von Ravensburg war Dieto von Ravensburg, der durch seine Heirat mit Adela von Vohburg für großes Aufsehen gesorgt hatte, denn diese war im Jahre 1153 von ihrem ersten Mann, König Friedrich I. Barbarossa, geschieden worden.

189 Eichstegen = Löwental liegt heute im nördlichen Stadtbereich von Friedrichshafen. Ursprünglich lag es jedoch nicht im Außenbereich der Reichsstadt Buchhorn, sondern im Territorium der Herrschaft Tettnang und gehörte zuletzt zu den österreichischen Vorlanden, welche erst durch den Preßburger Frieden vom 25. Dezember 1805 an Württemberg übergegangen sind.

190 Vgl. Monumenta Germaniae Historica/ Necrologia Germaniae, Bd. 1 (Dioeceses Augustensis, Constantiensis, Curiensis), Berlin 1888 = München 1983, S. 200 [7. Oktober] und S. 201 [31. Dezember].

191 Vgl. Europäische Stammtafeln. Stammtafeln zur Geschichte der europäischen Staaten, NF Bd. 5, hrsg. von DETLEV SCHWENNICKE, Marburg 1988, Tafel 46 (Die Fronhofen-Königsegg aus Oberschwaben). Eine Ehefrau des Berthold von Fronhofen ist hier nicht genannt.

192 1245 übergibt Johannes von Löwental, Gatte der Tuota von Angelberg, einen Hof zu Stockheim an das Kloster Irsee; 1258 ver-

macht Konrad von Angelberg einen Zins aus einem Stockheimer Hof dem Kloster Weingarten; 1280 übergeben Heinrich und Konrad von Angelberg einen Hof zu Stockheim an das Kloster Steingaden. Nach Vogel (wie Anm. 187) besitzt das Kloster Irsee im 18. Jahrhundert in Stockheim 2 Ganz-, einen Halbhof und 5 weitere Anwesen, das Kloster Steingaden einen Ganz-, einen Halbhof und zwei weitere Anwesen (S. 113). Der restliche Besitz zu Stockheim gehörte damals zur Herrschaft Mindelheim. Nachdem Stockheim östlich außerhalb der u. a. durch den Wettbach in Wörishofen gebildeten Mindelheimer Forst- und Wildbanngrenze liegt, könnte dies darauf hindeuten, daß der Mindelheimer Herrschaftsanteil an Stockheim vielleicht auf Besitz der Herren von Mindelberg zurückgeführt werden könnte, den diese durch Heirat einer von Mattsies/Angelberg erworben hatten. Durch Ausübung von Gerichtsbarkeit ließe sich erklären, wie dann Stockheim zum geschlossenen Bereich der Herrschaft Mindelheim als dessen östlichster Exponent gekommen sein könnte.

193 In die Stammtafeln bei Vogel (wie Anm. 187), S. 49 (Die Herren von Mattsies-Angelberg) und S 120 (Die Herren von Mindelberg), sind jeweils nur die männlichen Mitglieder der beiden Häuser aufgenommen.

194 Vgl. den Abdruck dieser Urkunde vom Juni 1245 bei Juhnke (wie Anm. 156), S. 103.

195 Der ersten bekannten Priorin dieses Klosters, Diemut, sind wir bereits oben (vgl. S. 52) bei der Gründung des Dominikanerinnenklosters St. Maria in Augsburg begegnet.

196 Vgl. zuletzt Friedrich Zoepfl, Maria Medingen. Die Geschichte einer Kulturstätte im schwäbischen Donautal, in: Jahrbuch des Historischen Vereins Dillingen an der Donau 59/60 (1957/58), S. [1]–77.

197 Dieses stand später wiederum in einem engeren Kontakt zum Kloster St. Katharina in Augsburg, wie sich aus den Einträgen im Jahrtagsbuch von St. Katharina [vgl. Anm. 211] ergibt.

198 Vgl. Steichele (wie Anm. 150), S. 141–148.

199 Vgl. Gersdorf (wie Anm. 151), S. 143 (Nr. XI).

200 Diese Hinweise auf besseren Schutz sprechen eigentlich dafür, daß – bei der Gleichsetzung der Marienkirche des zweiten = Dominikanerinnenklosters St. Maria mit der Marienkirche des Barfüßerklosters – damals die östliche, dem heutigen Straßenzug Mittlerer Graben folgende Stadtmauer von Augsburg im Bereich der Lechkanalebene noch nicht bestanden hat, denn sonst wäre ein zusätzlicher Schutz durch eine Stadtmauer schon gegeben und eine Verlegung in die (ummauerte) Stadt überflüssig gewesen.

201 Das Wort „officialis" deutet darauf hin, daß die Schenker in Diensten des Hochstifts gestanden hatten.

202 StAA, Kl. Augsburg-St. Katharina, Urk. 3.

203 Vgl. Gersdorf (wie Anm. 151), S. 149–150 (Nr. XVII). Albert(us Magnus) war vorher (vorübergehend) Bischof von Regensburg (1260–1262) gewesen. Vgl. Paul Mai, Urkunden Bischof Alberts II. von Regensburg (1260-1262), in: Verhandlungen des Historischen Vereins für Oberpfalz und Regensburg, 107 (1967), S. 7–45 (mit weiteren Literaturangaben).

204 Vgl. Heribert Christian Scheeben, Albertus Magnus (= Buchgemeinde Bonn: Religiöse Schriftenreihe, Bd. 8), Bonn am Rhein 1932, S. 177. Pfund ist hier ein Zählmaß, kein Gewicht.

205 Vgl. 750 Jahre Dominikanerinnenkloster Heilig Kreuz Regensburg. Katalog zur Ausstellung im Diözesanmuseum Regensburg […] 22. Juli bis 18. September 1983 (Kunstsammlungen des Bistums Regensburg Diözesanmuseum Regensburg: Kataloge und Schriften, Bd. 1), München, Zürich 1983, S. 17 f. und S. 78–79 [Zitat]. Vgl. auch Marianne Popp, Albertus Magnus und sein Orden im Bistum Regensburg, in: Verhandlungen des Historischen Vereins für Oberpfalz und Regensburg, 120 (1980), S. 391–406.

206 Der Ort lag „prope Gunzeburch", wobei aber wohl weniger, wie bisher immer versucht wurde, an Günzburg an der Donau als vielmehr an Obergünzburg zu denken ist (die Verlegung Meinhartshofen > Leuthau > Augsburg wäre dann in etwa in Fließrichtung der Wertach erfolgt, was logischer erscheint als eine Verlegung quer durch den schwäbischen Raum). Bislang wurde der sonst anscheinend nicht weiter bezeugte Ort Meinhartshofen ausschließlich bei Günzburg gesucht; vgl. Steichele (wie Anm. 150), S. 284–285, mit Teilabdruck der Urkunde von 1241 [Lagerort: StAA, Kl. Heilig-Kreuz, Urk. 7/1] auf S. 285 in Anm. 89.

207 Vgl. Alfred Schröder in: Friedrich Zoepfl, Das Bistum Augsburg, historisch und statistisch beschrieben, Bd. 9, Augsburg 1934–1939, S. 112–114.

208 Die heutige, als katholische Spitalkirche dienende Kirche St. Margareth geht zurück auf einen Neubau von 1594. Die nach Norden zu anschließenden ehemaligen Klostergebäude wurden 1915 niedergelegt (vgl. Bruno Bushart, in: Schwaben [= Georg Dehio, Handbuch der Deutschen Kunstdenkmäler. Bayern III], München; Berlin 1989, S. 76–77).

209 Bei dieser Gelegenheit wurde übrigens die 1235 gegründete Niederlassung der „Schwestern der willigen Armut" bei St. Ursula am Schwall, welche sich erst 1394 und gleichfalls dem Dominikanerorden angeschlossen haben, in den ummauerten Stadtbereich einbezogen.

Zu Reinhard H. Seitz, Zur Geschichte des Dominikanerinnenklosters St. Katharina

210 Mit der Geschichte des Augsburger Katharinenklosters beschäftigen sich ausführlicher nur die Studien von Ludwig Hörmann, Erinnerungen an das ehemalige Frauenkloster Katharina in Augsburg, in: Zeitschrift des Historischen Vereins für Schwaben und Neuburg, 9, 1882, S. [557]–386; 10, 1883, S. [301]–344; 11, 1884, S. [1]–10 und von Leo Juhnke, Bausteine zur Geschichte des Dominikanerinnenklosters St. Katharina in Augsburg mit Berücksichtigung von Patriziat, Reform und Geistesleben, in: Bericht über das 125. Schuljahr 1957/58 der Oberrealschule Augsburg, 1958, S. [60]–[110]). Das 18. Jahrhundert behandelt in größerem Rahmen die Arbeit von Hanneliese Haffner, Das Dominikanerinnenkloster St. Katharina in Augsburg im 18. Jahrhundert, Phil. Diss. München 1937, Augsburg 1938.

211 Staats- und Stadtbibliothek Augsburg, Handschrift 2° Cod. Aug. 470. Die in diesem Nekrolog verzeichneten Personen könnten bis in die Zeit Christinas von Fronhofen zurückreichen (vgl. z. B. mehrere Einträge der Herren von Mindelberg).

212 Das Burgauer Feuerstattguldenregister, hrsg. von Gerhart Nebinger und Norbert Schuster, in: Das obere Schwaben vom Illertal zum Mindeltal 7, 1963, S. 77–124 aus dem Jahre 1492 benennt den Klosterbesitz (S. 113–114 Nr. 698/729) in jenen Orten, welche in der Markgrafschaft Burgau gelegen waren.

213 Vgl. Hörmann (wie Anm. 210), Tl. 2. Nach Juhnke (wie Anm. 210), S. 104, Anm. 1, basierte dieser Teil auf einer handschriftlichen Klostergeschichte von Placidus Braun, welche aber nicht im Original, sondern nur über eine Abschrift von Alfred Schröder überliefert ist.

214 Die Beteiligung an der Grundherrschaft in Hausen = Lechhausen ist schon für 1245 nachweisbar. Das Kloster St. Katharina war dann bis etwa Ende 1603 (neben dem Domkapitel Augsburg und dem St. Jakobspital in Augsburg) entscheidender Grundherr in Lechhausen und hat diesen seinen unmittelbar östlich des Lechs gelegenen Besitz wahrscheinlich an das Herzogtum Bayern abgestoßen. Das Urbar von 1626 f. (StAA, Kl. Augsburg-St. Katharina, Lit. 12) enthält jedenfalls keinen Eintrag mehr zu Lechhausen, weshalb dieser Ort auch auf der Besitzkarte (vgl. Abb. 60) fehlt, da die Karte auf diesem Urbar basiert.

215 Vgl. Christian Meyer, Urkundenbuch der Stadt Augsburg, Bd. 2, Augsburg 1878, S. 23 Nr. 462 (nach dem Original im Stadtarchiv Augsburg).

216 Vgl. Rolf Kiessling, Bürgerliche Gesellschaft und Kirche in Augsburg im Spätmittelalter. Ein Beitrag zur Strukturanalyse der oberdeutschen Reichsstadt (= Abhandlungen zur Geschichte der Stadt Augsburg. Schriftenreihe des Stadtarchivs Augsburg, Bd. 19), Augsburg 1971, S. 135 (mit Anm. 19).

217 Vgl. Kiessling (wie Anm. 216), S. 133 (mit Anm. 11).

218 Ebenda S. 136 (mit Anm. 30).

219 Ebenda S. 137 (mit Anm. 32).

220 Ebenda S. 137 (mit Anm. 33 und 34).

221 Ebenda S. 139 (mit Anm. 48, 49 und 50).

222 Ebenda S. 137–138 (mit Anm. 39).

223 Ebenda S. 138–139 (mit Anm. 46).

224 Ebenda S. 141–142 (mit Anm. 68–70).

225 Vgl. die Abbildung bei Juhnke (wie Anm. 210), S. [72]. Vgl. dazu auch Kiessling (wie Anm. 216), S. 144 (mit Anm. 87).

226 Vgl. Die Chroniken der Deutschen Städte vom 14. bis in's 16. Jahrhundert, Bd. 5 (= Die Chroniken der schwäbischen Städte. Augsburg, Bd. 2), Leipzig 1866, S. 103–104. Ferner: Juhnke a.a.O., S. 81–82 sowie Kiessling (wie Anm. 216), a.a.O., S. 298–299 (mit Anm. 14–23).

227 Vgl. Juhnke (wie Anm. 210), S. 74–80 sowie Kiessling (wie Anm. 216), S. 266–267 und S. 270–287. Eine Liste der Nonnen von St. Katharina von 1526 als Empfängerinnen

eines Trostschreibens von Papst Clemens VII. ist abgebildet bei JUHNKE a.a.O., S. 88. Sie nennt folgende Namen, die hier alphabetisch aufgelistet sind und deutlich zeigen, daß gleichzeitig mehrere Nonnen mit gleichem Familiennamen im Kloster St. Katharina leben konnten: Anna Ansörgin – Felicitas Beütingerin – Appolonia Breyschiechin – Susanna Echingerin – Barbara und Felicitas Endorfferin – Felicitas Fuggerin – Helena Götzendorfferin – Barbara und Vrsula Greßlerin – Barbara Hämerlin – Anna und Dorothea Hauserin – Affra, Euphemia und Vrsula Herlerin – Anna Hoffmaistrin – Barbara Imhoff – Helena Jüngin – Anna Kötzerin – Martha Mötlingerin – Tecla Nörlingerin – Anna Öttin, Subpriorin – Anna und Barbara Rafenspurgerin – Brigita und Dorothea Rechlingerin – Katharina und Veronica Remyn – Helena Repheny – Elizabeth Reßlerin – Anna und Marina Reychingin – Anna Ridlerin – Sabina Schennerin – Anna und Katherina Seytzin – Vrsula Stamlerin – Appolonia Steydlerin – Felicitas und Magdalena Sultzerin – Ottilia Verberin – Anna Waltherin – Veronica Welserin, Priorin (unberücksichtigt blieben die Namen der Konversen).

228 Vgl. HÖRMANN (wie Anm. 210), Tl. 2, S. [301]–342 (nach den Vorarbeiten von PLACIDUS BRAUN) sowie JUHNKE (wie Anm. 210), S. 104–105. Sind Jahreszahlen in ( ) gestellt, bedeutet dies, daß eine Priorin urkundlich in diesen Jahren genannt ist und daß für sie keine Angaben über die genaue Regierungszeit vorliegen; res. bedeutet; ist ein Todesjahr bekannt, wurde in Klammern die Jahreszahl mit einem + beigefügt, starb aber eine Priorin im Amt, wurde nach der jeweils zweiten Zahl ein (+) gesetzt. Eine Priorin konnte übrigens nach einer früheren Resignation erneut ein weiteres Mal zur Priorin gewählt werden.

229 Der Name ist bei HÖRMANN, a.a.O., Tl. 2, S. 309 als Anna von Pruggheim (Burgheim) wiedergegeben, was sicherlich falsch ist. Der Familienname hängt nicht mit dem Ort Burgheim zusammen, sondern mit dem Beruf bzw. Amt des Bruck-hay, also des Brückenwärters.

230 Vgl. KIESSLING (wie Anm. 216), S. 287.

231 Vgl. IRMGARD BÜCHNER-SUCHLAND, Hans Hieber. Ein Augsburger Baumeister der Renaissance (= Kunstwissenschaftliche Studien, Bd. 32), München; Berlin 1962, S. 72–75. Ferner FRANZ BISCHOFF, „Hans Engelberg": der angebliche Sohn des Burkhard. Ein Beitrag zur Planungsgeschichte der Augsburger Dominikanerinnenkirche St. Katharina und zu Hans Hieber, in: Zeitschrift des Historischen Vereins für Schwaben, Bd. 83, 1990, S. [7]–29.

232 Vgl. die Abbildungen bei BÜCHNER-SUCHLAND (wie Anm. 231), Abb. 53 und 54, sowie im Katalog Welt im Umbruch. Augsburg zwischen Renaissance und Barock, Augsburg 1980, Bd. I S. 124 (von Daniel Hopfer; Blick von O nach W) und Bd. II S. 252 (Kopie nach Daniel Hopfer von Hieronymus Hopfer; Blick in den Chor).

233 Daß eine der drei Schwestern auch Priorin war, wie dies eine Klosterchronik angibt, ist nach den Inschriften auf der Tafel wenig wahrscheinlich (vgl. HANS HOLBEIN DER ÄLTERE UND DIE KUNST DER SPÄTGOTIK, Katalog zur Ausstellung im Augsburger Rathaus 1965, Augsburg 1965, S. 74–75 Nr. 29). Möglich ist aber durchaus, daß eine der Schwestern ein herausgehobenes Klosteramt bekleidete.

234 Vgl. ANTON UHL, Vom Katharinenkloster zur Oberrealschule (Versuch eines baugeschichtlichen Überblicks), in: Jahresbericht 119. Schuljahr 1951/52 der Oberrealschule Augsburg, Augsburg 1952, S. 55–79 (mit Abbildung des Grundrisses des Katharinenklosters von 1806 (S. 69). Wiederabbildung des Grundrisses bei BÜCHNER-SUCHLAND (wie Anm. 231), S. 71.

235 Zu diesem Abschnitt vgl. als letzten Überblick ROLF KIESSLING, Augsburg in der Reformationszeit, in: „... wider Laster und Sünde". AUGSBURGS WEG IN DIE REFORMATION. Katalog zur Ausstellung in St. Anna, Augsburg (= Veröffentlichungen zur Bayerischen Geschichte und Kultur, Nr. 33), Köln, Augsburg 1997, S. 17–43.

236 Vgl. FRIEDRICH ROTH, Augsburgs Reformationsgeschichte 1517–1530, München 1901², S. 345. Vgl. auch KIEßLING (wie Anm. 216), S. 141 (mit Anm. 216).

237 Vgl. FRIEDRICH ROTH, Augsburgs Reformationsgeschichte, Bd. 2, München 1904, S. 320–322.

238 Vgl. EBENDA Bd. 2 S. 348 Anm. 56.

239 Vgl. HAFFNER (wie Anm. 210), S. 46–47.

Zu REINHARD H. SEITZ, Zur Grundherrschaft

240 Vgl. zuletzt JOHANNA LAUCHS-LIEBEL, Steingaden und die Gründung des Prämonstratenserstiftes, in: Der Welf 4, 1996/97, S. 38–51. Zum Besitz vgl. auch PANKRAZ FRIED, Kleiner Historischer Atlas des Stiftes Steingaden. Die Herrschaftsbesitzungen in Altbayern und Schwaben, in: EBD., S. 308–331.

241 Vgl. WALTER PÖTZL, Geschichte des Klosters Irsee. Von der Gründung bis zum Beginn der Neuzeit. 1182–1501 (= Studien und Mitteilungen zur Geschichte des Benediktiner-Ordens, Erg.-Bd. 19), Ottobeuren 1969. Zum frühen Besitz vgl. dort S. 43–44. Vgl. auch Das Reichsstift Irsee. Vom Benediktinerkloster zum Bildungszentrum. Beiträge zu Geschichte, Kunst und Kultur (= Beiträge zur Landeskunde von Schwaben, Bd. 7), Weißenhorn 1981.

242 Bayer. Hauptstaatsarchiv, München: Plansammlung 2543.

243 Von der gemeindlichen Viehherde als Wideweg benutzter Weg.

244 Der Flurname weist auf die Stelle einer abgegangenen Burg hin.

245 Schach(e) bezeichnet einen einzeln stehendes Waldschopf, aber auch einen Waldsaum. Zum Ortsnamen vgl. RALF-GERHARD HEIMRATH, Landkreis Mindelheim (= Historisches Ortsnamenbuch von Bayern, Bd. 8), München 1989, S. 103 Nr. 212.

246 Vgl. JOSEF STRIEBEL, Als die Wörishofener den Weiler Schöneschach gründeten, in: Wörishofen, Beiträge zur Geschichte des Ortes, zugest. aus Anlaß der 900. Wiederkehr seiner ersten urkundlichen Erwähnung im Jahre 1067, hrsg. im Auftrag der Stadt Bad Wörishofen, Bad Wörishofen (1967), S. 73–77. Die Holzmark, daz Schönenschach ist schon 1382 genannt; vgl. MARIA VÖGELE, Die Herrschaft Wörishofen, in: Wörishofen (wie Anm. 246), S. 51–[71], hier: S. 55.

247 Diese Angaben nach der Agrikolstatistik von Wörishofen aus dem Jahre 1830 (StAA, Regierung 5166). Die Größenangaben beziehen sich auf die Ergebnisse der Landesvermessung der ersten Hälfte des 19. Jahrhunderts, die in bayerischem Normalmaß erfolgt ist. Auf welchem Längenmaß das in vorbayerischer Zeit in Wörishofen verwendete Flächenmaß Jauchert/Tagwerk basierte, ist bislang nicht bekannt.

248 Eine Veräußerung von Grund und Boden aus solch einem gebundenen Besitzkomplex heraus kam in der Regel nicht vor, allerhöchstens mit Zustimmung des Grundherrn, sie geschah dann in den wenigen Fällen meist nur unter entsprechendem Flächenausgleich. Diese gebundene Hofform ist in Schwaben und Altbayern die Norm, sie steht damit in krassem Gegensatz zur andernorts, z. B. der Pfalz üblichen Realteilung, wo Grund und Boden bis zu allerkleinsten Parzellen aufgeteilt wurde.

249 Jauchert, älter Juchart, ist ein Stück Feld, das mit einem Joch Vieh bearbeitet und bestellt werden konnte. Jauchert ist ein Flächenmaß für die Angabe der Größe von Feldern und Waldungen, für die von Wiesen wurde das Tagwerk verwendet.

250 Tagwerk ist das Stück Wiese, welches ein Mann an einem Tag mähen konnte.

251 Alle Angaben nach dem Stand der Agrikolstatistik von 1830 (wie Anm. 247).

252 Vesen ist praktisch der gedroschene Dinkel: dieser zerfällt beim Dreschen in kleine bespelzte, Vesen genannte Ährchen, das Getreidekorn war also noch von Spelzen umhüllt (daher auch der lateinische Name: Triticum spelta). Die Spelzen mußte man anschließend in der Mahlmühle mittels eines eigenen Gangs, dem sog. Gerbgang entfernen, der Vesen wurde also ge'gerbt'. Erst dadurch erhielt man das Kern genannte Dinkelkorn, welches entweder vermahlen oder aber als Handelsware weiterverkauft werden konnte.

253 Die Angaben zum Pflügen nach der Agrikolstatistik von 1830 (wie Anm. 247).

254 Sichere Angaben zum Viehstand lassen sich erstmals über die Agrikolstatistik von 1830 (wie Anm. 247) machen. Damals gab es in Wörishofen 206 Pferde und beim Hornvieh als Arbeitsvieh 71 Ochsen und 22 Stiere.

255 Angaben zur Wiesenbewirtschaftung nach der Agrikolstatistik von 1830 (wie Anm. 247).

256 Angaben nach dem Urbar von 1644 (StAA, Kl. Augsburg-St. Katharina, Lit. 27).

257 Vgl. JOSEF STRIEBEL, Der Burgstall „Versunkenes Schloß", in: Wörishofen (wie Anm. 246), S. 42–44.

258 Nach dem Salbuch von 1494 bekam der Amtmann als Ausgleich für die Haltung von Schäfer und Lämmerknecht jährlich 8 Sack Roggen und 3 Schafe im Herbst in die Küche, dazu 20 Hühner und 300 Eier, und für den Unterhalt der Hunde 8 Sack Haber (StAA, Kl. Augsburg-St. Katharina, Lit. 16, fol. 67–67').

259 Der „farre" ist das unverschnittene männliche Rind (norddeutsch und heute üblich: Bulle), „berschwein" das männliche

Schwein, der ber oder Eber (noch geläufig im abschätzigen Wort „Saubär", wobei aber das Wort ber mit Bär nichts zu tun hat).

260 Die ähnliche Rundung des e>ö konnten wir schon beim Begriff Esch beobachten, der in jüngerer Zeit stets als Ösch geschrieben wird. Der Aufseher über die Flur, der sog. Flurer, wurde entsprechend zunächst Eschay [= Esch-hay, also Heger des Esch] genannt, später Öschay u. ä.

261 Vgl. dazu HERMANN GREES, Ländliche Unterschichten und ländliche Siedlung in Ostschwaben (= Tübinger Geographische Studien, H. 56), Tübingen 1975.

262 Diese Angaben nach dem Urbar der Herrschaft Wörishofen von 1644 (StAA, Kl. Augsburg-St. Katharina, Lit. 27, fol. 59).

263 Diese Angabe nach dem Urbar der Herrschaft Wörishofen von 1494 (StAA, Kl. Augsburg-St. Katharina, Lit. 16, fol. 63').

264 Von einer Familie Wetzel werden zwei zu Altensteig und je einer zu Dorschhausen, Oberrammingen und Apfeltrach, von einer Familie Weber zwei zu Mindelau genannt.

265 StAA, Kl. Augsburg-St. Katharina, Lit. 16, fol. 66.

266 Wiesenbewässerung mit ähnlich genau durch Monatsangaben bzw. Kirchenfeste festgelegten Zeiten gab es auch im Bereich der Gemarkung Wörishofen.

267 StAA, Kl. Augsburg-St. Katharina, Lit. 27, fol. 116–117. Vgl. auch ROLF KIESSLING, Bürgerliche Gesellschaft und Kirche in Augsburg im Spätmittelalter. Ein Beitrag zur Strukturanalyse der oberdeutschen Reichsstadt (= Abhandlungen zur Geschichte der Stadt Augsburg, Bd. 19), Augsburg 1971, S. 137.

268 Vgl. RICHARD DERTSCH, Fränkische Wasserbauten im Kaufbeurer Raum: Kaufbeurer Geschichtsblätter, Band 5 (1966–1970), Nr. 4, S. [49]–50.

269 Angabe nach dem ältesten Grundsteuerkataster der Steuergemeinde Wörishofen.

270 Vgl. dazu den Beitrag von MARIA VÖGELE, Die Herrschaft Wörishofen, in: Wörishofen (wie Anm. 246), S. 51–[71], hier: S. 55–56. Das Urbar von 1494 enthält einen eigenen Abschnitt über Güter zu Wörishofen, welche anderen Herren gehörten. In ihm werden genannt: ein Hof mit 2 Hofstätten [Sölden] (hof [...] *mit hofräutin vor der kirchen hin[u]ber vnd gehern* [= gehören] *darain sunst auch ij* [= 2] *hoffstett vnnden Im dorff*") des Hl.-Geist-Spitals von Büren [= Kaufbeuren], das Drittel eines Hofes = Gütlein („*die drit hoffstat vnnderhalb der kirchen Im dorff*") [dann um 205 fl von St. Katharina aufgekauft], eine eigene Baind, eine angeblich eigene Hofstatt, ein eigener Acker (StAA, Kl. Augsburg-St. Katharina, Lit. 16, fol. 83–84).

271 Vgl. HEIMRATH (wie Anm. 245), S. 101–102 Nr. 207 (einige Belege aus dem 14. Jahrhundert sind allerdings falsch bezogen, sie gehören zu dem heute noch bestehenden Ort Schmiechen im Landkreis Aichach-Friedberg).

272 StAA, Kl. Augsburg-St. Katharina, Lit. 27, fol. 80. Zu Schmiechen vgl. auch die Ausführungen von RUDOLF VOGEL in: Mindelheim (= Historischer Atlas von Bayern, Teil Schwaben, H. 7), München 1970, S. 137 (mit Anm. 8).

273 Vgl. HEIMRATH (wie Anm. 245), S. 43 Nr. 81.

274 StAA, Kl. Augsburg-St. Katharina, Lit. 16, fol. 24–26; Lit. 27, fol. 60–65.

275 StAA, Kl. Augsburg-St. Katharina, Lit. 16, fol. 26'–28.

276 Vgl. RICHARD DERTSCH, Die Urkunden der Stadt Kaufbeuren (Stadt, Spital, Pfarrei, Kloster) 1240–1500 (= Schwäbische Forschungsgemeinschaft bei der Kommission für bayerische Landesgeschichte, Reihe 2a, Bd. 3), Augsburg 1955, S. 463–465 Nr. 1467 (die Vorlage liegt am Stadtarchiv Kaufbeuren).

277 1494 sitzt ein „*doni schorer*" [= Anton Schorer] auf einem der Halbhöfe (StAA, Kl. Augsburg-St. Katharina, Lit. 16, fol. 28'). In der Niederschrift erscheint dagegen noch ein Michel Schorer, welcher aussagt, daß sein Vater Petter Schorer zu jenen gehört hat, die den Wald gerodet hatten.

278 Abschrift z. B. StAA, Kl. Augsburg-St. Katharina, Lit. 27, fol. 114–115'.

279 StAA, Kl. Augsburg-St. Katharina, Lit. 29 (Ordnung vnd Satzung auch gebot vnnd verbott deß Gerichts zue Werißhofen). Weitere Bestimmungen finden sich in dem Urbar von 1494 (StAA, Kl. Augsburg-St. Katharina, Lit. 16, fol. 68'–69, 70–70' sowie ein Nachtrag aus dem 16. Jahrhundert auf fol. 71–74').

280 Vgl. dazu auch HEIMRATH (wie Anm. 245), S. 41 Nr. 76.

281 StAA, Kl. Augsburg-St. Katharina, Lit. 26.

Zu HEIDE WEISSHAAR-KIEM, Wörishofen in alten Ansichten

282 Bayerisches Hauptstaatsarchiv München, Abt. I, PLS: 2541–2543 (3 Expl.): Plan von Wörishofen und Umgebung, 2. Hälfte 16./Anfang 17. Jahrhundert, Papier auf Leinwand (vgl. Abb. 43).

283 Die westlichste Achse mit dem geschwungenen Giebel ist durch einen leichten Mauerrücksprung abgesetzt.

284 Vgl. dazu auch den Plan Ordo Fratrum Paedicatorum – Curia generalitia, Archivio, Roma: XII. 58100. Original derzeit nicht auffindbar (siehe Abb. 74).

285 „Kloster Woerishofen", Anfang 19. Jahrhundert, von Johann Graf. 24 cm × 39,5 cm, Mischtechnik. Archiv Dominikanerinnenkloster Bad Wörishofen.

286 Archiv Dominikanerinnenkloster Bad Wörishofen: „*Auf- und Grundriß* (von anderer Hand) *von dem Frauen Kloster zu Worishofen*", (Fertiger) Prestele, Zimmer Meister (wohl Übernahme-Vermerk). I. BauInspection Mindelheim (und) Staatssiegel. 44,5 cm × 52 cm.

287 Vgl. z. B. Hauptstaatsarchiv München, OBB-KuPl 1074, 1075, 1076. Siehe auch den Beitrag von Markus Weis, Die bauliche Erscheinung, in diesem Buch S. 101 ff.

288 Bildliche Darstellung fresco/secco, ca. 45 cm hoch. Die Inschrift lautet: „*Im Jahre 1800 den 25. Mai Nachts 12 Uhr wurde/beim Nachhausegehen der Klosterbaumeister/Georg Riedler von in Wörishofen/einquartierten Franzosen erschossen./Gott sei ihm gnädig-barmherzig/gedenke seiner in einem/Vaterunser.*" Die Stele befindet sich eingemauert beim Anwesen Fidel-Kreuzer-Str. 9. Abb. u. a. bei Ludwig Burghardt, 100 Jahre Veteranen- und Soldatenverein Bad Wörishofen e.V. (Bad Wörishofen 1971), S. 8. Siehe hierzu aber in diesem Buch Abb. 23 und die Bildlegende dazu.

289 Kalender für katholische Christen 26 (1866), S. 113–120: Die Rettungsanstalten in Bayern: das Kloster und die Rettungsanstalt Wörishofen.

290 Archiv Dominikanerinnenkloster Bad Wörishofen, Stahlstich, um 1900, 37,5 cm × 55 cm. In der Folge häufig in den Fremdenführern reproduziert, bis hin zu SEBASTIAN HIERETH, Wörishofen und Umgebung im Wandel der Zeiten, Kurzeitung, 1969, getr. Pag. und HEINRICH HABEL, Landkreis Mindelheim = Bayerische Kunstdenkmale Band 31 Kurzinventar), München 1971, S. 53.

291 Haushaltungsschule und Erziehungsanstalt der Dominikanerinnen in Bad Wörishofen, 1–2 Wasserburg a. I., Käser o. J. (nach 1899).

292 Illustrirter(!) Führer durch Wörishofen und Umgebung, München o. J. (um 1900).

293 Wegweiser für Wörishofen und die Kneippkur, Wörishofen o.J. (nach 1900).

Zu GEORG PAULA, Die Klosteranlage

294 Chronik ANDREAS ROTH, Vor dem 1. Kapitel/Umschrift S. 1.

295 Lebensdaten von Pater ANDREAS ROTH O.P.: Geboren 1654 in Weißenhorn; 1675 Profeß auf den Konvent in Augsburg; später Magister der Theologie auf dem Provinzkapitel in Eichstätt, wo er Prior und Vicarius Generalis der Ordensprovinz war; am 1. Mai 1701 erstmals zum Provincial der deutschen Ordensprovinz der Dominikaner gewählt; um 1708 Prior zu Augsburg und Beichtvater des dortigen Katharinenklosters; am 25. April 1717 in Kirchheim auf dem Ordenskapitel ein weiteres Mal zum Provinzial erwählt; vom 18. Oktober 1721 bis zum Tod am 23. Januar 1735 Beichtvater in Wörishofen; begraben in der Klosterkirche vor dem Hochaltar. Vgl. Abb. 14. Obwohl nicht ausdrücklich namentlich genannt, ist Andreas Roth der Verfasser der aus 95 losen Blättern bestehenden, noch heute von den Wörishofener Dominikanerinnen aufbewahrten Handschrift.

Als wertvolle Ergänzung und zugleich als Festschreibung der Angaben bei Roth ist eine Reihe von Archivalien anzusehen, die nicht nur die Vorgänge im Augsburger Katharinenkloster vor und nach der Gründung der Wörishofener „Filiale" beleuchten, sondern auch detailliert die anfallenden Kosten bei Bau und Ausstattung auflisten; vgl. dazu Staatsarchiv Augsburg, Kl. Augsburg-St. Katharina/MüB, Lit. 14.

296 Wichtigste Literatur: ANTON STEICHELE, Das Bisthum Augsburg, Zweiter Band, Augsburg 1864, S. 404 ff. MAGNUS JOCHAM, Das Kloster und die Rettungsanstalt Wörishofen, in: Kalender für katholische Christen, Sulzbach 1866, S. 113 ff. G. LÖHR, Das Dominikanerinnenkloster in Wörishofen, in: Der Marienpsalter 58–60 (1918/19), S. 151 f. W. WAIBL, Das Dominikanerinnenkloster in Wörishofen, in: Schwäbischer Postbote 1922,

H. 9–11. O.V. In der Muttergotteskapelle steht wieder die Schwarze Madonna, in: Mindelheimer Zeitung vom 15. 12. 1956. J. VOLLMAR, Maria Einsiedeln in Bad Wörishofen, in: *„Maria Einsiedeln"*, Oktober 1961, S. 474 f. HEINRICH HABEL, Landkreis Mindelheim (= Bayerische Kunstdenkmale Band 31 Kurzinventar), München 1971, S. 51 ff. ANGELUS WALZ O.P., Dominikanerinnenklosterkirche Bad Wörishofen (= KKF Nr. 930), München/Zürich 1977². WERNER SCHIEDERMAIR, Das Dominikanerinnenkloster *„Maria Königin der Engel"* in Bad Wörishofen, in: 275 Jahre Dominikanerinnen in Bad Wörishofen, Bad Wörishofen 1995, S. 11 ff. REINHARD H. SEITZ, Wörishofen und der Dominikanerorden in der ostschwäbischen Klosterlandschaft, in: 275 Jahre Dominikanerinnen, a.a.O., S. 15 ff. MARTIN STANKOWSKI, Klosterkirche der Dominikanerinnen Bad Wörishofen (= KKF Nr. 930), Regensburg 1995⁵.

297 Chronik ANDREAS ROTH, 1. Kapitel §1/Umschrift S. 4. Siehe auch den Beitrag von REINHARD H. SEITZ, Wie Wörishofen zu den Dominikanerinnen von St. Katharina in Augsburg kam, in diesem Buch S. 51ff.

298 LEONHARD HÖRMANN, Erinnerungen an das ehemalige Frauenkloster St. Katharina in Augsburg, in: Zeitschrift des Historischen Vereins für Schwaben und Neuburg 9 (1882), S. 357 ff., 10 (1883), S. 301 ff., 11 (1884), S. 1 ff. POLYKARP M. SIEMER, Geschichte des Dominikanerinnenklosters in Augsburg (1225–1808) (= Quellen und Forschungen zur Geschichte des Dominikanerordens in Deutschland, H. 33), Vechta i. O. 1936. LEO JUHNKE, Bausteine zur Geschichte des Dominikanerinnenklosters St. Katharina in Augsburg mit Berücksichtigung von Patriziat, Reform und Geschichte, in: Bericht über das 125. Schuljahr 1957/58 Oberrealschule Augsburg, Augsburg 1958, S. 61 ff.

299 Chronik ANDREAS ROTH, 2. Kapitel §3/Umschrift S. 12, 13.

300 ANGELUS WALZ O.P., Die süddeutsche Dominikanerprovinz, Leipzig 1927.

301 Chronik ANDREAS ROTH, 2. Kapitel §4/Umschrift S. 13.

302 EBENDA S. 14.

303 EBENDA.

304 Chronik ANDREAS ROTH, 3. Kapitel §1/Umschrift S. 16 ff. Siehe auch *„Beschreibung Und Rechnung des Ney Erbauthen Closters Maria Königin der Engelen in Wörishoffen, Zu Sammen getragen Und beschriben Von Sor: Maria Vincentia Dürrin der Zeit Schaffnerin In S. Catharina Closter Zu AugsPurg Anno 1724"*, Staatsarchiv Augsburg KL Augsburg-St. Katharina/MüB, Lit. 14.

305 Brief im Staatsarchiv Augsburg KL Augsburg-St. Katharina/MüB, Lit. 14.

306 Chronik ANDREAS ROTH, 3. Kapitel §3/Umschrift S. 22.

307 Chronik ANDREAS ROTH, 2. Kapitel §5/Umschrift S. 28.

308 Zu den Einzelheiten vgl. den Beitrag von WERNER SCHIEDERMAIR, Das Dominikanerinnenkloster Maria Königin der Engel in Bad Wörishofen von 1723–1998, Ein geschichtlicher Abriß, in diesem Buch, S. 17ff. – die „ordtendtliche Rechnung" über die Kosten, die den Augsburger Dominikanerinnen durch den Klosterbau in Wörishofen entstanden sind, berichtet, daß *„wegen der bauren Strittigkeit und process ... so in die 5 Jahr gedauret"* 2378 fl 49 kr ausgegeben werden mußten; vgl. Staatsarchiv Augsburg, KL Augsburg-St. Katharina/MüB, Lit. 14.

309 Leider sind die Namen der beiden Handwerker nicht überliefert.

310 NORBERT LIEB, Die Vorarlberger Barockbaumeister, München/Zürich 1976⁵, S. 27 ff.

311 Chronik ANDREAS ROTH, 3. Kapitel §4/Umschrift S. 23.

312 Chronik ANDREAS ROTH, 4. Kapitel §1/Umschrift S. 29.

313 Chronik ANDREAS ROTH, 3. Kapitel §4/Umschrift S. 26.

314 Chronik ANDREAS ROTH, 3. Kapitel §4/Umschrift S. 26.

315 Hierbei dürfte es sich um die beiden Grundrisse des Erd- und Obergeschosses handeln, die sich bisher im römischen Ordensarchiv befanden; vgl. Abb. 74.

316 Chronik ANDREAS ROTH, 6. Kapitel §2/Umschrift S. 74.

317 Chronik ANDREAS ROTH, 6. Kapitel §2/Umschrift S. 75.

318 Nach Chronik ANDREAS ROTH, 6. Kapitel §1/Umschrift S. 67 soll Johann Michael II Beer den Bau in Wörishofen *„zum End gebracht"* haben, was aber wohl nichts anderes bedeutet, daß er angesichts der vielen Verpflichtungen seines Vaters die Arbeiten vor Ort überwacht bzw. geleitet hat.

319 Von der Rothschen *„Specification"* – Chronik ANDREAS ROTH, 6. Kapitel §1/Umschrift S. 67ff. –, in der die einzelnen Posten detailliert aufgelistet sind, differiert in Diktion und Reihenfolge der Abrechnung des Augsburger Katharinenklosters im Staatsarchiv Augsburg, KL Augsburg-St. Katharina/MüB, Lit. 14:
*„Beschreibung und Rechnung des Ney Erbauthen Closters Maria Königen der Englen in Wörishoffen, Zu Samme getragen und beschriben Von Sor: Maria Vincentia Dürrin der Zeit Schaffnerin In S: Catharina Closter Zu Augspurg
Anno 1724
...
Volgt weithers die ordtendtliche Rechnung von Posten Zu Posten über die 72 700 fl 45 kr:
So S: Catharina Closter In Augspurg der Frau Maria Christina Eckhertin Vicaria In dem Neyen Closter Maria Königen der Englen auf Wörishoffen an bahrem gelt zu Erbauung des Closters Maria Königen der Englen geschickht hat.
Anno 1718
Ist dem Closter gebey der Anfang gemacht wordten In dem Monath 9bris hat Mann Einen blaz gekauft Zuer Erbauung Eines Neyen Haus vor den AmbtsVerwalter, damit Es von der gemeinbeschwernus befreidt Für Alles und Alles bezalt wie folgt
Rechnung
Für den blaz zue des Ambt-Verwalters Haus ... 604 fl 10 kr
Für Schneidt beym und brödter ... 1767 fl 35 kr 6 hl
Für Holz zu föllen und Hackhen ... 984 fl 56 kr
Für Aichen Holz ... 833 fl 45 kr
Für Stein Fuehren ... 659 fl 36 kr
Für Holz Fuehren ... 364 fl 26 kr
Für Allerley Eissen dem Eissen Schmidt ... 828 fl 25 kr
Für Eissen Öfen hert blatten und kleine ofen blatten Sambt zue geher ... 984 fl 56 kr 5 hl
Für den Ersten Stein in der Still zu Legen So den 4 August Ao: 1719 geschechen zue dem Closter gebey, so hernach Anno 1721 den 18 8bris von dem Convent bezochen ... 5 fl
Für VerEhrungen ... 133 fl 46 kr
Den Handtwerckhs Leidt underschidlich Mahl zum bösten gebe ... 456 fl 19 kr
Für Allerley werckhzeig ... 145 fl 50 kr
Für Kalch ... 9015 fl 20 kr 4 hl
Den welschen Zieglerin So 3 Jahr Stein gebrendt ... 8119 fl 45 kr
Von der herschafft Ziegel Stadel die Ziegel brandt bezalt ... 2130 fl 8 kr 4 hl
Latus hinüber ... 30113 fl 59 kr 3 hl
Dem SegMiller Für Schneidten bezalt ... 331 fl 15 kr 4 hl
Dem Frembden SegMiller Für bröther, Latten Rimling und furier ... 1883 fl 52 kr
Für fron Dienst bezalt ... 168 fl 19 kr
Für Stein und Andren Fuehren von Augspurg Für fuehrlohn und Zöhrung bezalt ... 228 fl 33 kr 4 hl
Dem Fremdten Schlosser Für Arbeith ... 181 fl 40 kr
Dem hiessigen Schlosser Für Arbeith ... 2648 fl 20 kr
Für das Eissen gitter, in der Kirchen und Einsidel Capell dem Schlosser zu Tirckheim bezalt ... 356 fl
Für das Redtgetter so von Sturz gemacht Für Sturz und Macherlohn bezalt ... 130 fl
Für das Redtgetter in der Schaffnerin Stible Macherlohn ... 29 fl
Für die Eisserne Thür in das Archiff ... 45 fl
Dem Wagner Für werckhzeig Schueb und Ziegel Kerren ... 194 fl 10 kr
Dem Sattler Für underschidliche Traggürtt
Für die Maurerbueben ... 60 fl 42 kr
Latus hinüber ... 36371 fl 51 kr 3 hl
Für Allerley Negel ... 1498 fl 45 kr
Für Dach blatten ... 2655 fl 42 kr 4 hl
Für Kupferne Niest, Seychen, Schlauchen und Ror ... 4446 fl 26 kr 4 hl
Dem glasser bezalt ... 2234 fl
Dem herrn stugator Für das Closter 1100 fl
Für die Kirchen und Nebengebey 832 fl 50 kr: thuet ... 1932 fl 50 kr
Dem herrn Freschgo Mahler vor die Kirchen ... 500 fl
Dem Maur Meister Für das Closter ... 8800 fl
Für die Kirchen und Nebengebey ... 200 fl
Für das versprochne Kleid 30 fl thuet fl ... 11030 fl
Für das was Ausser dem Acord der Maurer gemacht ... 337 fl 26 kr
Für die Clausur Maur ... 195 fl 50 kr
Dem Zimmer Meister Für das Closter ... 2933 fl
Für die Kirchen und Nebengebey ... 1000 fl
Für das Kleid 30 fl bezalt ... 3963 fl
Für das was Zimmer Meister Ausser dem Acord gemacht hat ... 961 fl 11 kr
Latus hinüber ... 66127 fl 2 kr 3 hl
Für den Kirchen durm den Maurer, Zimmer-Leidt Schlosser und Kupfer Schmidt 1346 fl 7 kr
Für den Im Feyr vergolten Knopf und Creiz Auf den Kirchen thurn ... 81 fl 42 kr

Denen Schreiner So in dem Taglohn gearbeithet ... 2473 fl 49 kr 5 hl
Für die 4 Alter dem Mahler und bildthauer bezalt ... 1520 fl 27 kr
Für die Canzel und orgel dem Schreiner, bildthauer, Schlosser und Mahler bezalt ... 977 fl 53 kr
Dem Haffner Für die öfen zu Sötzen ... 173 fl 40 kr
Sa: 72700 fl 41 kr"
Auf den folgenden acht Seiten werden die Ausgaben für verschiedene Ausstattungsstücke von Kloster und Kirche aufgelistet, von denen nur folgende Einzelposten noch erwähnenwert sind:

„Zur Solemnitet der Kirchweichung ... 400 fl
Für 24300 weisse Marbel Stein und Altar Stapflen ... 4216 fl
Für die 2 grosse Kirchen gloggen, Eine in dem Creiz gang Refectori glöggel und 6 Andere kleine glöggel ... 523 fl 32 kr
...
Für underschidliche Sachen zu Einrichtung der Apotec ... 79 fl 31 kr 6 hl
...
Für Eissene öfen dem Schmidt von Zemetshausen bezalt ... 448 fl
...
Für 52 Taglohn je: 24 kr: dem Hans georg Kunst Mahler zu Pferschen bezalt ... 20 fl 48 kr
...
Dem brueder Valentin underschidliche Sachen Ein zu kaufen geben ... 40 fl 34 kr"
Die Gesamtsumme *„der Ausgab des bahren gelts"* belief sich auf 86337 fl 6 kr 6 hl.

320 Chronik ANDREAS ROTH, 6. Kapitel §3/Umschrift S. 91.
321 Bereits am 18. März 1721 hatte das Augsburger Mutterkloster drei zusätzliche Chorfrauen geschickt; vgl. den Beitrag von WERNER SCHIEDERMAIR, Das Dominikanerinnenkloster Maria Königin der Engel in Bad Wörishofen von 1723–1998, in diesem Buch, S. 17ff., 20.
322 Chronik ANDREAS ROTH, 6. Kapitel §3/Umschrift S. 95.
323 Vgl. dazu den Beitrag von GEORG PAULA, Die Fresken in der Klosterkirche und im Schwesternchor, in diesem Buch S. 133ff.
324 Vgl. REINHARD H. SEITZ, Das Familienbild des pfalz-neuburgischen Hofmalers Franz Hagen, in: Bewahren und Umgestalten, Aus der Arbeit der Staatlichen Archive Bayerns, Walter Jaroschka zum 60. Geburtstag (= Mitteilungen für die Archivpflege in Bayern, Sonderheft 9), München 1992, S. 332ff. GEORG PAULA, Marginalien zum Leben und Werk des Neuburger Hofmalers Franz Hagen, in: Ars Bavarica 69/70, München 1993, S. 27ff.
325 Alle Chronik ANDREAS ROTH, 6. Kapitel §1/Umschrift S. 68.
326 Chronik ANDREAS ROTH, 6. Kapitel §1/Umschrift S. 71. Vgl. dazu vor allem KATHARINA WALCH, Das Werk des Dominikanerbruders Valentin Zindter, Zur Technik von Boulle-Marketerie in bayerischen Klosterausstattungen des 18. Jahrhunderts, in: Jahrbuch der Bayerischen Denkmalpflege 42 (1988), München 1993, S. 106ff.
327 Chronik ANDREAS ROTH, 7. Kapitel §1/Umschrift S. 97f.
328 Brief der Sr. M. ALEXIA SCHMID vom 13. September 1754 an das Mutterkloster St. Katharina. Archiv des Bistums Augsburg. H 595/2 (Beilage).
329 DOMINICA ERHARD, Chronik, Blatt 126 v.
330 Zum genauen Ablauf vgl. den Beitrag von WERNER SCHIEDERMAIR, Das Dominikanerinnenkloster Maria Königin der Engel in Bad Wörishofen von 1723–1998, in diesem Buch S. 17ff.
331 Chronik ANDREAS ROTH, 7. Kapitel §3/Umschrift S. 106.
332 O.V., Ein Marterl erzählt Ortsgeschichte, Wie der Klosterbaumeister erschossen wurde, in: Mindelheimer Zeitung vom 01. 06. 1956.
333 Vgl. dazu den zweiten Teil der Chronik von Pater EMERICH RUEFF sowie den Beitrag von WERNER SCHIEDERMAIR (wie Anm. 330).
334 Nach HABEL (wie Anm. 296), S. 71, wurde der pavillonartige Sechseckbau *„in den Garten des Hauses Hartenthaler Straße 10 (ehem. Kneippschule) übertragen, d.h. als Nachbildung wiederhergestellt"*.
335 Nur bei HABEL (wie Anm. 296), S. 59, findet sich die Information, daß auch die Gnadenkapelle *„im 19 Jh beim Einbau der Stallungen im Westflügel verbreitert und die Wölbung mit Stuck und Fresken durch eine Flachdecke ersetzt worden"* sei.

Zu MARKUS WEIS, Die bauliche Erscheinung

336 Zur Baugeschichte vgl. GEORG PAULA, Die Klosteranlage und ihre Baugeschichte, in diesem Buch S. 91ff. Grundsätzliche Literatur: HEINRICH HABEL, Landkreis Mindelheim (= Bayerische Kunstdenkmale 31 Kurzinventar), München 1971, S. 51–69; MARTIN STANKOWSKI, Klosterkirche der Dominikanerinnen Bad Wörishofen, Kleiner Kunstführer Nr. 930, Regensburg 1995[5].
337 Die Grundrisse von Erd- und Obergeschoß aus der Erbauungszeit sind sehr schlicht, teilweise schematisch gezeichnet und mit Beischriften in deutscher Sprache, sowie Nummern für eine getrennte Planlegende bezeichnet. Die Urheberschaft der Pläne ist nicht geklärt. Möglicherweise handelt es sich um Plankopien des Ausführungsprojekts (?). Siehe auch Abb. 74 und die Bildlegende dazu.
338 Es handelt sich um drei bisher unpublizierte Grundrisse des Kellergeschosses, des Erdgeschosses und des Obergeschosses mit einem Teilquerschnitt. HSTAM, OBB KuPl 1074, 1075, 1076. Der Erdgeschoßgrundriß trägt die Aufschrift: *„Grundriß von dem Frauenkloster samt Kirche zu Woerishofen, Rentamts Türkheim"*.
339 HSTAM, OBB KuPl 1074, alte Plannummer 16634, Grundriß des Sockelgeschosses (Kellergeschoß) bezeichnet: *„Grundriß von dem Frauen Kloster zu Woerishofen, Rentamts Türkheim"*. Die alte Bezeichnung *„Erdgeschoß"* verbessert in *„Kellergeschoß"*.
340 HSTAM OBB KuPl 1075, Grundriß des Erdgeschosses, alte Plannummer 166635.
341 HSTAM OBB KuPl 1076, Grundriß des Obergeschosses, alte Plannummer 166636, bezeichnet: *„Grundriß und Durchschnitt von dem königl. Frauen-Kloster zu Woerishofen, königl. Rentamts Türkheim"*.
342 vgl. PAULA (wie Anm. 336), S. 91ff.
343 Zu ANDREAS ROTH, vgl. auch Anm. 295 sowie S. 20f. ANGELUS WALZ O.P., Dominikaner und Dominikanerinnen in Süddeutschland (1225–1966), Freising 1967, besonders S. 98.
344 Die einzigen bauzeitlichen Baupläne sind im Ordensarchiv Rom erhalten (Abb. 74). Aus der Chronik des ANDREAS ROTH 6. Kapitel §2/Umschrift S. 74, wissen wir, daß der Ordensgeneral monierte, daß die Klosterzellen zu klein bemessen seien. Wegen der beengten Grundstücksverhältnisse konnte man keine Abhilfe schaffen; wahrscheinlich wollte man auch an der vorhandenen Planung festhalten und versuchte deshalb die Einwände des Ordensgenerals durch eine Stellungnahme des Architekten zu entkräften.
345 Chronik ANDREAS ROTH, 3. Kapitel §4/Umschrift S. 23.
346 Die Vorarlberger Barockbaumeister, Ausstellungskatalog, Einsiedeln/Bregenz 1973, S. 7 ; NORBERT LIEB, Die Vorarlberger Barockbaumeister, München und Zürich 1976[5], S. 27ff. Der Sohn des Michael Beer, dem Ahnherrn der *„Auer Zunft"* und damit auch dem Gründervater der Tradition der Vorarlberger Baumeister, die im 17. und 18. Jahrhundert eine beherrschende Stellung im süddeutschen Bauwesen einnahmen, erwarb sich in der Zeit um 1700 durch zahlreiche von ihm erbauten Klosterkirchen und Klosteranlagen Ruhm und hohes Ansehen. Sein großer Werkstattbetrieb stützte sich auch auf die Mitarbeit seines vor allem im Zeichnen versierteren Sohnes Michael Beer (1700–1767), dessen schöpferischer Anteil oft – so auch in Wörishofen – nur schwer vom Werk des Vaters getrennt werden kann. 1705–1722 war Franz II Beer in Konstanz am Bodensee ansässig und erhielt bei seiner Rückkehr in die Vorarlberger Heimat 1722 den Adelstitel *„mit dem Praedicat von Blaichten"* verliehen. Der Titel von Bleichten bezieht sich auf die Alpe Bleichten (Blaichten) im Mellental, die sich seit 1717 im Besitz des Franz Beer befand.
347 DIE VORARLBERGER BAROCKBAUMEISTER, Ausstellungskatalog Einsiedeln/Bregenz 1973, S. 8.
348 Beer, seit seinem sechsten Lebensjahr Vollwaise, lernte sein Handwerk bei seinem Vetter Michael Thumb (1640–1690) zu einer Zeit, als dieser eine Reihe der bedeutendsten Vorarlberger Wandpfeilerkirchen, wie Wettenhausen, Schönenberg bei Ellwangen und Obermarchtal, errichtete. LIEB (wie Anm. 346) S. 23f.
349 MICHAEL HARTIG, Kirche und Kloster in Holzen, in: Jahrbuch des Vereins für christliche Kunst 7 (1929), S. 171–183.
350 GEORG PAULA, Kloster Oberschönenfeld und seine Baugeschichte sowie Das Konventgebäude innen und außen, in: WERNER SCHIEDERMAIR (Hg.), Kloster Oberschönenfeld, Donauwörth 1995, S. 64ff., 109ff.
351 Vgl. Anm. 346. Von dem vortrefflichen Zeichner Michael II Beer sind mehrere Risse überliefert, während bis jetzt kein eindeutig gesicherter, eigenhändiger Entwurf des Vaters bekannt ist. LIEB (wie Anm. 11), S. 31.
352 HUGO SCHNELL, Kloster Siessen, Kleiner Kunstführer Nr. 276/277, München 1938; WALTER VON MATTHEY, Die Kunstdenkmäler

des Kreises Saulgau (Die Kunstdenkmäler von Württemberg), Stuttgart 1938.
353 Die Klosteranlage von Siessen wurde 1716 bis 1722 nach Plänen Beers als regelmäßige Vierflügelanlage errichtet. Es handelt sich hier um den dritten Flügel der Klosteranlage, zu dessen Errichtung Pater ANDREAS ROTH selbst am 18. 5. 1718 den Grundstein gelegt hatte. SCHNELL (wie Anm. 352).
354 Chronik ANDREAS ROTH, 3. Kapitel §4/Umschrift S. 23.
355 Chronik ANDREAS ROTH, 3. Kapitel §4/Umschrift S. 24. Auch auf das Anerbieten, den Bau um den gleichen Preis zu übernehmen, sah sich der Augsburger Meister nicht in der Lage, den Auftrag auszuführen.
356 Zitiert nach ANGELUS WALZ, Dominikaner und Dominikanerinnen in Süddeutschland (1225–1966), Freising 1967, S. 103.
357 Pater Meyer aus Obermedlingen, Lkr. Dillingen, Donau-Ries, hatte den in Günzburg beheimateten ebenfalls aus Vorarlberg stammenden Meister Valerian Brenner, der zuvor die Klosteranlage in Obermedlingen errichtet hatte, favorisiert.
358 ALBERT KNÖPFLI, Das Kloster St. Katharinenthal, Die Kunstdenkmäler des Kantons Thurgau, Band IV, Basel 1989, S. 124 und S. 129; ALBERT KNÖPFLI, Die Weesener Planmappe und die Projektierung von Kirche und Klosterbauten zu St. Katharinenthal, in: Zeitschrift für bayerische Landesgeschichte 35/I (1972) (Festschrift für Norbert Lieb), S. 232–265, hier besonders S. 236.
359 Über das Thema des Klosterbaus grundsätzlich: WOLFGANG BRAUNFELS, Abendländische Klosterbaukunst, Köln 1969; NORBERT LIEB, Die Stiftsanlagen des Barocks in Altbayern und Schwaben, in: Studien und Mitteilungen zur Geschichte des Benediktinerordens und seiner Zweige 79 (1968), S. 109–121; und zuletzt: LAURENTIUS KOCH OSB, Bau- und Raumgefüge barocker Klosteranlagen in Süddeutschland, in: Lech-Isar-Land (1996), S. 3–23.
360 Ein Versuch zur Einteilung in unterschiedliche Typen von Klosteranlagen geht auf NORBERT LIEB (wie Anm. 359) zurück. Vgl. hierzu auch: NORBERT LIEB, Die Vorarlberger Barockbaumeister, München und Zürich 1976⁵, S. 33 f. und FRIEDRICH NAAB und HEINZ JÜRGEN SAUERMOST, Klosterbauten, in: Die Vorarlberger Barockbaumeister, Ausstellungskatalog Einsiedeln/Bregenz 1973, S. 156–165, besonders S. 156 f.
361 Grundsätzliche Literatur: HEINRICH HABEL (wie Anm. 336), S. 51–69; MARTIN STANKOWSKI (wie Anm. 336).
362 Ein historischer Grundriß (Abb. 81) dokumentiert die ursprüngliche Aufstellung der Chororgel.
363 Im Werk von Franz II Beer erscheint eine vergleichbare Altaranordnung und Chorlösung erstmals in St. Urban in Luzern. Über dieses Motiv jüngst jedoch ohne Erwähnung von Wörishofen: CORNELIA ANDREA HARRER, Galerien und Doppelaltäre in süddeutschen Barockkirchen, München 1995.
364 MARTIN STANKOWSKI (wie Anm. 1), S. 22.

Zu EVA CHRISTINA VOLLMER, Die Stuckdekorationen

365 SIXTUS LAMPL, Dominikus Zimmermann, München–Zürich 1987, S. 264.
366 HUGO SCHNELL, Die Wies, München–Zürich 1979, S. 26.
367 HERMANN und ANNA BAUER, Johann Baptist und Dominikus Zimmermann, Regensburg 1985, S. 34.
368 BAUER (wie Anm. 366), S. 104.
369 Die bisweilen nur mit Vorbehalt für Dominikus Zimmermann in Anspruch genommene Stuckierung der Klosterkirche Obermedlingen ist ein zweifelsfreies Werk des Wessobrunners, das zudem archivalisch gestützt ist. Siehe SCHNELL (wie Anm. 366), S. 28 f., LAMPL (wie Anm. 365), S. 289 ff. und P. PAULUS WEISSENBERGER OSB/ALFRED SCHRÖDER, Dominikus Zimmermann in Neresheim, in: Archiv für die Geschichte des Hochstifts Augsburg, VI, Dillingen 1929, S. 654.
370 Dazu gehört der Bandwerkrahmen am Mittelbild der Decke, der mit verschlungenen Motiven in das Fresko eingreift.
Zahlreiche Abbildungen des Neresheimer Festsaals enthält der Band „900 Jahre Benediktinerabtei Neresheim", Aalen 1995, speziell im Beitrag von THOMAS WIECK über die Wiederherstellung des Festsaales, S. 113 ff.
371 Es sind dies die Obere Ratsstube und der Vorsal (Flöz) im Rathaus der Stadt Landsberg, wohin Zimmermann 1716 seinen Wohnsitz verlegt hatte, der Festsaal im Kloster Neresheim, das Sommerrefektorium im Dominikanerinnenkloster Siessen, die beiden Refektorien im Kloster Wörishofen, der Saal im Hinteren Schloß in Wörishofen, ferner zwei Säle im Schloß zu Maurach am Bodensee, der Sommerresidenz der Zisterzienserabtei Salem. Siehe dazu EVA CHRISTINA VOLLMER, Dominikus Zimmermann am Bodensee – Der Stuckzyklus in Schloß Maurach, in: Beiträge zur Heimatforschung, Wilhelm Neu zum 70. Geburtstag (= Arbeitsheft 54 des Bayer. Landesamts für Denkmalpflege), München 1991, S. 164–170 und EVA CHRISTINA VOLLMER, Festvortrag für Dr. Sigfrid Hofmann, in: Lech-Isar-Land 1984, S. 12 f. Auch das Sommerrefektorium im Kloster Siessen (um 1720/22) besitzt ein nur hier vorkommendes Motiv, nämlich Perlenschnüre aus goldenen Kügelchen, die Zimmermann zum Einfassen von Ornamentfeldern verwendet.
372 WEISSENBERGER-SCHRÖDER (wie Anm. 369), S. 658.
373 HEINRICH HABEL, Landkreis Mindelheim (= Bayerische Kunstdenkmale 31 Kurzinventar), München 1971, S. 52.
374 Chronik ANDREAS ROTH, 6. Kapitel, §3/Umschrift S. 95 f..
375 EBENDA, 6. Kapitel §1/Umschrift S. 68.
376 THOMAS MUCHALL-VIEBROOK, Dominikus Zimmermann, Leipzig 1912, S. 71.
377 Das eigenwillige Motiv der Stempelsternchen, das bisher nur in Werken Dominikus Zimmermanns im ersten Viertel des 18. Jahrhunderts aufgefunden worden ist, könnte ein Hinweis auf eine bislang nicht für Zimmermann in Anspruch genommene Stuckdekoration sein. Gemeint ist das Chorgewölbe in der Pfarrkirche St. Anna in Aichbirkland (Markt Peiting, Lkr: Weilheim-Schongau), dem Ort, aus dem die Familie Zimmermann ursprünglich stammte, bevor sie 1641 nach Wessobrunn umzog. Für diese Kirche, in welcher Zimmermanns Großvater Jakob getauft worden war, baute der Enkel Dominikus 1715 einen Stuckmarmoraltar mit datierten und signierten Scagliola-Einlagen. Der Birklander Choraltar ist der Forschung seit langem bekannt. Dem Beispiel St. Alban bei Aitrang (Lkr. Ostallgäu, früher Marktoberdorf) folgend, wo Zimmermann außer dem Hochaltar auch das Chorfresko schuf, könnte er in Birkland zusätzlich zum Altar auch den Chorstuck verfertigt haben. Außer dem Stempelmuster in den Stichkappen gibt es weitere Anhaltspunkte, nämlich a) die miteinander verknüpften Freskorahmen (Vorform der späteren komplizierten Bandwerkverschlingungen), b) die kühn durch die Freskorahmen hindurchgezogenen geriefelten Flatterbänder (Neresheimer Festsaal) und c) die Wolkenbildungen mit Puttenköpfchen am Scheitel von Stichkappen und über den seitlichen Bildkartuschen (Wörishofen, Winterrefektorium und Hinteres Schloß/Amtshaus).
378 Auf das Motiv der Achter hat erstmals MUCHALL-VIEBROOK (wie Anm. 376), S. 71, hingewiesen.
379 LAMPL (wie Anm. 365), S. 309.
380 Zur Unterscheidung des Puttentyps bei Johann Baptist und Dominikus Zimmermann siehe LAMPL (wie Anm. 365), S. 204–206.
381 HABEL (wie Anm. 373), S. 56.
382 Die Stuckreliefs mit den Evangelisten wurden von CHRISTINA THON, Johann Baptist Zimmermann als Stukkator, München–Zürich 1977, Anm. 575 (S. 265) als „etwas disproportioniert" angesehen, was ein zu hartes Urteil ist. Vielleicht hat sich Thon an dieser Stelle doch verleiten lassen, die stuckplastischen Fertigkeiten Dominikus Zimmermanns an denen seines auf diesem Gebiet fähigeren Bruders Johann Baptist zu messen, obwohl sie an anderem Ort völlig zu Recht auf die in ganz verschiedene Richtungen strebende künstlerische Entwicklung der Brüder hinweist, „die als höfisches und ländliches Rokoko die ganze Spannweite dieser vielgestaltigen Stilphase bezeichnen" (S. 148).
383 Chronik ANDREAS ROTH, 6. Kapitel §1/Umschrift S. 68.
384 Dem Eigentümer, Dr. Ludwig Waibl, sei an dieser Stelle für sein Entgegenkommen und seine freundliche Unterstützung bestens gedankt. Die Erstzuschreibung des Stucks im Haus Klosterhof 6 stammt von ALOIS EPPLE, ein bisher unbekannter Stuck von Dominikus Zimmermann in Bad Wörishofen, in: Zeitschrift des Historischen Vereins für Schwaben, 82. Band, S. 143–147. Dort auch mehrere Abbildungen.
385 SCHNELL (wie Anm. 366), S. 35.
386 THON (wie Anm. 382), S. 148.
387 THON (wie Anm. 382), S. 149.

Zu GEORG PAULA, Die Fresken

388 JOHANN BAPTIST SCHMID, Johann Baptist Zimmermann, Maler und kurfürstlich bayerischer Hofstuccateur, in: Altbayerische Mo-

natsschrift 2 (1900), H. 1, S. 9 ff.; H. 2/3, S. 65 ff.; H. 4/5, S. 97 ff. URSULA RÖHLIG, Die Deckenfresken Johann Baptist Zimmermanns, Diss. masch; München 1949. HENRY-RUSSEL HITCHCOCK, German Rococo: The Zimmermann Brothers, London 1968. GISELA RICHTER, Johann Baptist Zimmermann als Freskant, Das Frühwerk, München 1984. HERMANN und ANNA BAUER, Johann Baptist und Dominikus Zimmermann, Entstehung und Vollendung des bayerischen Rokoko, Regensburg 1985. HUGO SCHNELL/UTA SCHEDLER, Lexikon der Wessobrunner, München/Zürich 1988, S. 342 ff.

389 Chronik ANDREAS ROTH, 6. Kapitel § 1/Umschrift S. 67 ff.
390 Staatsarchiv Augsburg KL Augsburg-St.Katharina/MüB, Lit.14: *"Beschreibung Und Rechnung des Ney Erbauthen Closters Maria Königin der Englen in Wörishoffen, Zu Sammen getragen Und beschriben von Sor: Maria Vincentia Dürrin der Zeit Schaffnerin In S. Catharina Closter Zu AugsPurg Anno 1724".* Vgl. dazu auch den Beitrag von GEORG PAULA, Die Klosteranlage und ihre Baugeschichte, in diesem Buch S. 91 ff.
391 Zit. nach HEINRICH HABEL, Landkreis Mindelheim (= Bayerische Kunstdenkmale Band 31 Kurzinventar), München 1971, S. 56.
392 JAKOBUS VON VORAGINE, Legenda aurea, Heidelberg 1979⁹, S. 302 f.
393 Offenbarung 12.
394 Zu Georg und Michael als Verteidiger Mariens vgl. SIGRID BRAUNFELS-ESCHE, Sankt Georg, Legende – Verehrung – Symbol, München 1976, S. 119 ff.
395 Matth. 1, 20.
396 Luk. 1, 26 ff.
397 Nach RICHTER (wie Anm. 388), S. 206: *"Zwei Dominikaner (Heinrich Seuse?) mit Christus Salvator und weiteren Symbolen".* Näher dem wahren Sachverhalt dagegen HABEL (wie Anm. 391), S. 56: *"2 Dominikaner (der rechte wohl der sel. Heinrich Seuse) zeigen das Jesusmonogramm mit Jesuskind darüber".*
398 Nach HABEL (wie Anm. 391), S 56.
399 Nach RICHTER (wie Anm. 388), S 206.
400 Vgl. dazu J. PROCTER, Kurzgefaßte Beschreibungen der Heiligen und Seligen des Dominikanerordens, Dülmen 1903, S. 108 ff.
401 Wie beliebt die Darstellung des hl. Alexius unter der Treppe zu jener Zeit war, verdeutlicht die Tatsache, daß sie Zimmermann 1722 nochmals, wenn auch in veränderter Form an die Emporenunterseite der Kirche zu Maria Medingen in Mödingen zu malen hatte.
402 Legenda aurea, S. 466 ff. Die weibliche Gestalt am Fuß des Hügels ist möglicherweise die von Alexius verschmähte *"Jungfrau aus kaiserlichem Haus".*
403 LCI 5, Freiburg im Breisgau 1973, S. 90.
404 Vgl. dazu vor allem P. ANGELUS WALZ O.P., Der malerische Schmuck der Dominikanerinnenkirche in Bad Wörishofen, in: Kurzeitung Bad Wörishofen Nr. 7, März 1968, S. 5 ff., sowie RICHTER (wie Anm. 388), S. 92 f.
405 PROCTER (wie Anm. 400), S. 303 ff.
406 Vgl. dazu P. ANGELUS WALZ O.P., Die hl. Agnes von Montepulciano, Dülmen 1922.
407 Vgl. die grandiose Darstellung Giovanni Lorenzo Berninis von 1646 mit eben diesen Attributen in der römischen Kirche Santa Maria della Vittoria.

408 LCI 8, Freiburg im Breisgau 1976, S. 286 f.
409 Nach WALZ (wie Anm. 404), und nach RICHTER (wie Anm. 388), handelt es sich um Papst Pius V., zu dessen Lebzeiten die Seeschlacht von Lepanto stattgefunden hat, um den hl. Augustinus direkt oberhalb von Thomas von Aquin sowie um dessen Lehrer Albertus Magnus. Nicht berücksichtigt werden jedoch die beiden weiteren Bischöfe.
410 Inschrift: VNI TRINOQVE DOMINO SIT SEMPITERNA GLORIA.
411 Vgl. WALZ (wie Anm. 404), S. 5, sowie RICHTER (wie Anm. 388), S. 167 Anm. 362. Ebenso MECHTHILD MÜLLER, *"In hoc vince",* Schlachtendarstellungen an süddeutschen Kirchendecken im 18. Jahrhundert, Funktion und Geschichtsinterpredation, Frankfurt am Main 1991, S. 74 und 158.
412 Legenda aurea, S. 552.
413 LCI 8, S. 214. Vgl auch MÜLLER (wie Anm. 411), S. 158.
414 Luk. 1, 39 ff.
415 Luk. 2, 16.
416 Luk. 2, 21 ff.
417 Matth. 2, 41 ff.
418 Matth. 26, 30 ff. Mark. 14, 26 ff. Luk. 22, 39 ff. Joh. 18, 1 f.
419 Matth. 27, 27 ff. Mark. 15, 16 ff. Joh. 19, 1 ff.
420 Matth. 27, 30. Mark. 15, 21. Luk. 23, 26 ff. Genau genommen vereinigt die Darstellung drei zeitlich aufeinanderfolgende Abschnitte des Leidensweges: Links hilft Simon von Kyrene Christus beim Tragen des Kreuzes, vor ihm kniet die hl. Veronika mit dem Schweißtuch (nach Legenda aurea, S. 269 f.) und rechts sind Maria und die weinenden Frauen zu sehen.
421 Matth. 27, 32 ff. Mark. 15, 22 ff. Luk. 23, 32 ff. Joh. 19, 17 ff.
422 Matth. 28, 1 ff. Mark. 16, 1 ff. Luk. 24, 1 ff. Joh. 20, 1 ff.
423 Mark. 16, 19. Luk. 24, 51. Apg. 1, 9.
424 Apg. 2, 1 ff.
425 Legenda aurea, S. 588.
426 Legenda aurea, S. 592.
427 Vgl. RICHTER (wie Anm. 388), S. 95 ff.
428 THOMAS ONKEN, Der Konstanzer Barockmaler Jacob Carl Stauder 1694-1756, Ein Beitrag zur Geschichte der süddeutschen Barockmalerei, Sigmaringen 1972. Den Hinweis auf Stauder verdanke ich Bruno Bushart, Augsburg.
429 ONKEN (wie Anm. 428), S. 120.
430 EBENDA, S. 120.
431 EBENDA, S. 121.
432 EBENDA, S. 121.
433 EBENDA, S. 115.
434 EBENDA, S. 116.
435 EBENDA, S. 116.
436 Vgl. dazu ONKEN (wie Anm. 428), S. 135 ff. Ebenso EVA CHRISTINA VOLLMER, Die Deckengemälde, in: WERNER SCHIEDERMAIR (Hrsg.), Heilig Kreuz in Donauwörth, Donauwörth 1987, S. 68 ff. Stauder war am 9. Oktober 1721 in Donauwörth vom Bauherrn, Abt Amandus Röls, mit einem begeisterten Empfehlungsschreiben entlassen worden.
437 Vgl. dazu den Beitrag zur Baugeschichte von GEORG PAULA, in diesem Buch S. 91 ff.

Zu DAGMAR DIETRICH, Altäre, Kanzel

438 Zur Technik dieser Einlegearbeiten siehe KATHARINA WALCH, Das Werk des Dominikanerbruders Valentin Zindter. Zur Technik von Boulle-Marketerien in bayerischen Klosterausstattungen des 18. Jahrhunderts, in: Jahrbuch des Bayerischen Landesamtes für Denkmalpflege 42 (1988), München 1993, S. 106–137 sowie KATHARINA WALCH, Untersuchung und Restaurierung der Ausstattung der Dominikanerinnenkirche in Bad Wörishofen, in diesem Buch S. 195 ff.
439 Die Quellen überliefern beide Schreibweisen; in der Literatur hat sich erstere eingeführt; siehe HEINRICH HABEL, Landkreis Mindelheim (= Bayerische Kunstdenkmale Band 31 Kurzinventar), München 1971. FRANZ XAVER PORTENLÄNGER, Das Kaisheimer Bibliotheksgestühl in der Provinzialbibliothek zu Neuburg a. d. Donau, in: Neuburger Kollektaneenblatt 131 (1978), S. 90 ff. REINHARD H. SEITZ, Das Obermedlinger Bibliotheksgestühl in der Provinzialbibliothek zu Neuburg a. d. Donau, EBENDA, S. 115. WALCH, (wie Anm. 438).
440 Chronik ANDREAS ROTH sowie Chronik EMERICH RUEFF. Eine weitere Chronik wurde von 1842 an geführt. Archiv Dominikanerinnenkloster Bad Wörishofen.
441 Chronik ANDREAS ROTH, 6. Kapitel, §1/Umschrift S. 71.
442 WALCH (wie Anm. 438), S. 107.
443 An der umfassenden Ausstattung der geräumigen Klosterkirche von Obermedlingen mit ihren fünf großen Altären, der Kanzel, diversen Beichtstühlen, Wandverkleidungen usw. arbeitete Kunstschreiner Zindter vermutlich nicht länger als vier Jahre, was wohl nur mit einer größeren Anzahl von Zu- und Mitarbeitern zu leisten war; vgl. auch Wörishofen, wo Zindter den wesentlich kleineren Ausstattungsauftrag mit Hilfe von 16–18 Mitarbeitern bewältigte.
444 WALCH (wie Anm. 438), S. 113.
445 WALCH, a.a.O., S. 116 f.
446 WALCH, a.a.O., S. 117.
447 PORTENLÄNGER (wie Anm. 439), S. 90 ff.; s. auch WALCH (wie Anm. 438), S. 113 f.
448 Zindters diverse Aufträge von Obermedlingen und Wörishofen sind trotz ihrer zeitlichen Nähe in ihrem Gesamtentwurf teilweise sehr unterschiedlich, während schmückende Details leitmotivisch wiederholt werden und auf Arbeiten ein und derselben Werkstatt verweisen; gänzlich andere Stilformen weist verständlicherweise das erst 1747 entstandene Gestühl des Dominikanerklosters Landshut auf, doch gibt es auch hier handwerkliche Details, die aus einer früheren Schaffenszeit übernommen sind; s. WALCH (wie Anm. 438), S. 114 f.
449 Chronik ANDREAS ROTH, 7. Kapitel, §3/Umschrift S. 106; eine weitere, ähnlich lautende Mitteilung ergänzt den Werkkatalog und erwähnt neben den *"drey schöne[n] Altäre[n], beyde Orglen ... ausgeschnittene gätter und zierrathen an denen Altären ...";* EBENDA, 6. Kapitel, §1/Umschrift S. 71.
450 Chronik ANDREAS ROTH, 7. Kapitel, §3/Umschrift S. 106.
451 Der nächste archivalisch belegte Auftrag in

Kirchheim an der Mindel datiert erst in das Jahr 1726; s. Walch (wie Anm. 438), S. 113 f. Nach Walch, a.a.O., S. 111 fand sich zudem bei der letzten Restaurierung am Hochaltar die nur noch schwer lesbare Signatur „…Schmidt Schreinergeselle bei Zindter im Jahr 1724…", was auf (Ergänzungs?)-Arbeiten auch noch im Jahr nach der Konsekration verweist.

452 Die Weihe der Obermedlinger Kirche mit fünf Altären fand am 24. 8. 1723 statt; s. Werner Meyer, Landkreis Dillingen an der Donau (= Die Kunstdenkmäler von Bayern Band 7), München 1972, S. 793. Die zeitliche Abfolge wird in Wörishofen auch durch die Datierung des Altarbildes im Hochaltar von „1721" bestätigt; das Datum zeigt an, daß der Altarentwurf, nach dem der Maler sein Bild dimensionierte, zu diesem Zeitpunkt bereits vorlag.

453 Der Chronik Andreas Roth, 6. Kapitel, §1/Umschrift S. 68 zufolge zahlte man „für lohn, gold und arbeit der 4 [!] Altär in der Kirchen, wie auch zugleich dem Bildhauer und Schlosser … 2125 fl, 15 kr, … item für die Canzl, für die Orgl, für gold den mahler, schreiner, bildhauer und schlosser … 977 fl, 53 kr" und „denen frembden Segmillern für bretter, latten und Rembling, wie auch furnier … 1884 fl. 52 kr."; siehe auch Walch (wie Anm. 438), S. 110.

454 Chronik Andreas Roth, 6. Kapitel, §1/Umschrift S. 71.

455 S. Georg Paula, Marginalien zum Leben und Werk des Neuburger Hofmalers Franz Haagen, in: Ars Bavarica 69/70 (1993), S. 27–36.

456 Eigentlich: Sr. Maria Gabriela de corde Jesu; siehe Reinhard H. Seitz, Das Familienbild des pfalz-neuburgischen Hofmalers Franz Haagen, in: Bewahren und Umgestalten. Aus der Arbeit der Archive Bayerns. Walter Jaroschka zum 60. Geburtstag (= Mitteilungen für die Archivpflege in Bayern, Sonderheft 9), München 1992, S. 332–341 sowie in diesem Buch Abb. 206 und die Bildlegende dazu.

457 Ebenda.

458 Chronik Andreas Roth, 6. Kapitel, §1/Umschrift S. 68. Die Chronik spricht nur von dem „Bildhauer", der für seine Arbeiten zusammen mit dem „Schlosser" und dem „Maler" (gemeint ist der Faßmaler) entlohnt wurde und offensichtlich nicht dem Orden angehörte. Die Kosten für das benötigte Holz, für Gold, diverse Materialien und Pinsel sind gesondert verrechnet; s. auch Walch (wie Anm. 438), S. 110, 111.

459 Chronik Andreas Roth, 6. Kapitel, §1/Umschrift S. 68. Vgl. auch Chronik Emerich Rueff, Teil I/Umschrift S. 19; dort ist der Maler eindeutiger im Zusammenhang mit der Entlohnung für „Gold und Arbeit … der 4 Altär in der Kirchen" genannt. S. Martin Stankowski, Klosterkirche der Dominikanerinnen Bad Wörishofen (KKF 930⁵), Regensburg 1995, S. 17. Einer anderen, unstimmigen Deutung der Quellen folgend, hat man den „Maler von Oberhausen" auch mit den Gemälden unter den Südfenstern des Kirchenschiffs in Verbindung gebracht; s. P. Angelus Walch O.P., Dominikanerinnenklosterkirche Bad Wörishofen (KKF 930), München–Zürich 1970, S. 6; dem folgt mit Vorbehalt Susanne Fischer, Zur Restaurierung der Klosterkirche Maria Königin der Engel in Bad Wörishofen, in: 275 Jahre Dominikanerinnen in Bad Wörishofen, Bad Wörishofen 1995, S. 30. Siehe hierzu jetzt aber Werner Schiedermair, Die bewegliche historische Ausstattung des Dominikanerinnenklosters in Bad Wörishofen, in diesem Buch S. 170 mit Anm. 509.

460 Richard Zürcher, Die kunstgeschichtliche Entwicklung an süddeutschen Barockaltären, in: Der Altar des 18. Jahrhunderts (Forschungen und Berichte der Bau- und Kunstgeschichte in Baden-Württemberg Bd. 5), München–Berlin 1978, S. 56.

461 Die Veränderung des Auszugs datiert spätestens in das Jahr 1893, als der rückwärts an den Hochaltar angeschlossene Altar des Nonnenchors erneuert wurde (s. u.); eine im unteren Teil der Strahlenaureole erhaltene Konsole könnte zudem Beleg dafür sein, daß ursprünglich ein plastisches Bildwerk das Zentrum des Auszugs einnahm (freundliche Mitteilung von Sr. M. Bernarda/Schädle O.P., Bad Wörishofen).

462 Paula (wie Anm. 455), S. 33.

463 S. Herbert Spindler, Bayerische Bildhauer, Manierismus Barock, Rokoko im altbayerischen Unterland, München 1985, S. 73.

464 Abb. bei Alfred Lohmüller, Violau (KKF Nr. 792), München–Zürich 1973³, S. 8.

465 Benno C. Gantner, Walburgis- und Amandus-Altar, Maria-Schnee-Altar, in: Werner Schiedermair (Hrsg.), Kloster Heilig Kreuz in Donauwörth, Donauwörth 1987, S. 68.

466 Lexikon der Christlichen Ikonographie (Hrsg. von Wolfgang Braunfels), Band 8, Rom–Freiburg, 1976, S. 214.

467 Sog. Chronikbüchlein I, 1742ff. (= Anonyma, handschriftliche Aufzeichnungen) bez. „Manuskript Nr. 57", Bibliothek Dominikanerinnenkloster Bad Wörishofen, Eintrag von 1862, S. 72. Nähere Angaben, welche Arbeiten die einzelnen Beträge durchgeführt wurden, fehlen; erwähnt ist hier vor allem eine „stilgemäße Restauration des Choraltars", womit der Altar im Nonnenchor gemeint ist.

468 Sog. Chronikbüchlein I (wie Anm. 467), Eintrag 1882, S. 76.

469 Eine nach 1893 (angeblich 1896) entstandene Photographie im Archiv im Kloster der Dominikanerinnen, Bad Wörishofen, zeigt noch das alte, stilistisch in das späte 19. Jahrhundert gehörende Monogramm, das bei der Renovierung von 1955 durch die Kirchenmalerfirma Georg Hatzelmann, Augsburg, in stärker barockisierenden Formen erneuert wurde.

470 Archiv Dominikanerinnenkloster Bad Wörishofen, Chronikbüchlein (Oktavheft). Notiz von 1906 (Abschrift von Sr. M. Bernarda Schädle O.P., Bad Wörishofen).

471 Die Klosteraufzeichnungen nennen den Vornamen des Architekten nicht; in München gab es in den achziger Jahren mehrere Architekten Müller. Da etwa zur gleichen Zeit in Landsberg am Lech der Münchner Joseph Müller mit Vorbereitungen zu einer Renovierung der dortigen Stadtpfarrkirche beschäftigt war, könnte dieser damit als Fachmann für kirchliche Kunst nachgewiesene Architekt auch für die Arbeit in Wörishofen in Frage kommen.

472 Bayerisches Landesamt für Denkmalpflege (BLfD): Orstakten, Bestandsbeschreibung vom 18. August 1986.

473 Die Darstellung von Hund und Weltkugel bezieht sich der Legende nach auf einen Traum, den die Mutter des Heiligen hatte; sie deutete die Vision in Bezug auf ihren noch ungeborenen Sohn, der mit seiner Redegabe die Welt erleuchten würde. Andererseits wird mit dem Hund auf den Namen des Ordens als „Domini Canes" (Wachhunde des Herrn) angespielt.

474 Im Kloster Bad Wörishofen wird hier eine Darstellung der heiligen Margaretha von Ungarn vermutet.

475 P. Angelus Walch O.P., Dominikanerinnenklosterkirche Bad Wörishofen (KKF 930), München–Zürich 1970, S. 7.

476 Ein ursprünglich vorhandener Schmuck an der unteren Spitze des Kanzelfußes ist offenbar verlorengegangen; er wurde später durch eine neutrale Form ersetzt (s. BLfD: Ortsakten, Bestandsbeschreibung vom 18. August 1986). Möglicherweise agierten hier wie in Obermedlingen kleine Puttenatlanten.

477 Archiv Dominikanerinnen Kloster Bad Wörishofen, Notiz in einem Diurnium von 1752 „Johann Baptist Cronthaler, Orglmacher im Kaufbeuren, Anno 1746, den 4. August …, 1749 die Orgel gemacht 1000 fl" (Abschrift von Sr. M. Bernarda Schädle O.P., Bad Wörishofen).

478 Chronik Andreas Roth, 6. Kapitel, §1/Umschrift S. 68.

479 Freundl. Mitt. Sr. M. Bernarda Schädle O.P., Bad Wörishofen.

480 Chronik Andreas Roth, 6. Kapitel, §1/Umschrift S. 68. Vgl. Walch, Das Werk (wie Anm. 438), S. 110.

481 1751 hatte Sr. Osanna Leserin „in unseren Cohr zum Altar neue für Henglin und Andibendi machen lassen", wozu Tuche und Borten gekauft wurden. Zudem ließ sie auch zwei „schöne Mayen[krüge]" fertigen, während Frau Sr. Ludovica von Freyberg 1755 „einen von leintwant getruckten blauen Baldakon [Baldachin] in die Kirchen auf den Cohr Altar machen" ließ, den man ebenfalls reich mit Borten schmückte und an einen von einem Bildhauer geschnitzten Kranz befestigte; sog. Chronikbüchlein I, 1742ff. (wie Anm. 467), freundliche Mitteilung von Sr. Bernarda Schädle O.P., Bad Wörishofen.

482 Archiv der Dominikanerinnen, Bad Wörishofen, Briefwechsel 18. Februar/28. Februar 1843.

483 Sog. Chronikbüchlein I (wie Anm. 467), S. 95.

484 Dies belegen historische Photographien zwischen 1898 und etwa 1930; s. Alfred Baumgarten, Sebastian Kneipp. Biographische Studien, Berlin 1898, Abb. S. 31. Sowie Postkarte um 1930 im Archiv der Dominikanerinnen, Bad Wörishofen.

485 Dies erscheint auch ikonographisch unlogisch, da der heilige Ordensgründer bereits als zentrale Figur auf dem Altarblatt erscheint.

486 Freundliche Mitteilung Sr. M. Bernarda Schädle O.P., Bad Wörishofen.

487 Die wohl um 1880/90 entstandene Statue des heiligen Dominikus wird heute im Kloster

488 VERENA WAIBEL, Neueste Nachrichten, in: Wörishofer Blätter Nr. 216 vom 29. Januar 1895. Den Druck besorgte die Hofkunstanstalt Joseph Albert, München.
489 Chronik ANDREAS ROTH, 6. Kapitel, §1/Umschrift, S. 69.

Zu WERNER SCHIEDERMAIR, Die Sakristei

490 Vgl. hierzu im einzelnen den Beitrag von MARKUS WEIS, Die bauliche Erscheinung der Klosteranlage, in diesem Buch S. 101 ff.
491 Zur Funktion einer Sakristei siehe allgemein JOSEF HÖFER, KARL RAHNER (Hrsg.), Lexikon für Theologie und Kirche, 9. Band, Freiburg 1964, Artikel „Sakristei" von THEODOR SCHNITZLER.
492 Siehe hierzu den Beitrag von SABINE JOHN, Das Kirchenjahr im Rokoko – „Was in der Custerey zu thun Für das ganze Jahr", in diesem Buch S. 266.
493 Die Schränke sind, wie sich aus ihrer Konstruktion, der schreinerischen Gestaltung sowie der handwerklichen Bearbeitung der Oberflächen ergibt, von dem Dominikaner Valentin Zindter aus Augsburg und seinem Team angefertigt worden, der für die gesamte Altarausstattung der Kirche verantwortlich war.
494 Vgl. zur Bruderschaft im einzelnen den Beitrag von HANS FREI, Rosenkranz und Rosenkranzbruderschaft in der Wörishofener Dominikanerinnenkirche, in diesem Buch S. 295.
495 Die Ausstattung ist seit vielen Generationen unverändert; das gilt auch für ihren beweglichen Teil. Vermutlich geht sie in der heute vorhandenen Form, zumindest in Kern, auf das 18. Jahrhundert zurück. Allerdings ließ Pfarrer Sebastian Kneipp (1825–1897) an der Nordwand, am Pfeiler zwischen den Fensterlaibungen, eine hölzerne Altarmensa aufstellen; sie wird nicht für das Abhalten von Gottesdiensten verwendet, sondern dient vielmehr als zusätzliche Ablage.

Zu HANS HORST FRÖHLICH, Der Pflanzenhimmel

496 SEBASTIAN KNEIPP, Meine Wasserkur, 10. Auflage, Kempten 1889, S. 109.
497 Kneippblätter, 5. Jahrgang Nr. 19, 1895.
498 SEBASTIAN KNEIPP, So sollt ihr leben, 2. Auflage, Kempten 1889, S. IV.
499 SEBASTIAN KNEIPP, Neue Vorträge von S. Hochwürdigen Msgr. Sebastian Kneipp, Pfarrer und päpstlicher Geheimkämmerer, in dessen Auftrag gesammelt und herausgegeben von LUISE MARIE SCHWEIZER, 11. Lieferung 1894, Kaufbeuren und Wörishofen 1894, S. 219.
500 KNEIPP (wie Anm. 496), S. 121.
501 SEBASTIAN KNEIPP, Öffentliche Vorträge vor seinen Kurgästen in der Wandelhalle gehalten von Hochw. Herrn Prälaten Msgr. Sebastian Kneipp zu Wörishofen, 1890/91, Kempten 1896, S. 107.
502 KNEIPP (wie Anm. 496), S. 136.
503 KNEIPP (wie Anm. 501), S. 232.
504 KNEIPP (wie Anm. 496), S. 147.
505 EBENDA, S. 151.
506 KNEIPP (wie Anm. 501), S. 9.
507 Die Offenbarungen der heiligen Birgitta von Schweden, Buch 3, Kapitel 30, nach der römischen Ausgabe von 1628, übersetzt von E. SCHMÖGER, Regensburg 1883, S. 253/254.
508 Weiterführende Literatur zum Bedeutungsgehalt der Heil- und Zierpflanzen: L. BEHLING, Die Pflanzen in der mittelalterlichen Tafelmalerei, Köln und Graz 1969. M. PAHLOW, Das große Buch der Heilpflanzen, München 1993; H. ABRAHAM, I. THINNES, Hexenkraut und Zaubertrank, Greifenberg 1995; M. BEUCHERT, Symbolik der Pflanzen, Frankfurt und Leipzig 1995; W. DRESSENDÖRFER, Der Himmelgarten an der Decke von St. Michael, Bamberg 1995; E. GALLWITZ, Ein wunderbarer Garten, Frankfurt–Leipzig 1996; E. GALLWITZ, Kleiner Kräutergarten, Frankfurt–Leipzig 1996; Hans-Horst Fröhlich, Der Naturgarten des Sebastian Kneipp, München 1997.

Zu WERNER SCHIEDERMAIR, Die bewegliche Ausstattung

509 Chronik ANDREAS ROTH, 6. Kapitel §1/Umschrift S. 68. Die Formulierung der Chronik lautet: „Dem fresco maler, dessen Herrn bruedern für alle gemähl im Chor, Kirchen und Einsidler Capell seind bezahlt worden 500 fl, item für die zwey schöne mit öhlfarb an der mauer auf beyden seithen der Canzl verfertigte gemähl 30 fl". Das Wort „item" dürfte auf Johann Baptist Zimmermann zu beziehen sein, wie sich aus dem Satzgefüge und der Stellung des Wortes im Kontext ergibt. Dafür sprechen auch alle stilistischen Merkmale der beiden Gemälde. Anderer Ansicht P. ANGELUS WALCH O.P., Dominikanerinnenkloster Bad Wörishofen (KKF 1930), München–Zürich 1970, S. 6 und ihm folgt, wenngleich mit Vorbehalt, SUSANNE FISCHER, Zur Restaurierung der Klosterkirche Maria Königin der Engel in Bad Wörishofen, in: 275 Dominikanerinnen in Bad Wörishofen, Bad Wörishofen 1995, S. 30. Sie bringen beide Gemälde mit dem „Maler von Oberhausen" in Verbindung; doch ist diese Schlußfolgerung wenig einleuchtend, da der „Maler von Oberhausen" in der Chronik erst nach dem obigen Eintrag erwähnt wird. Siehe auch den Beitrag von DAGMAR DIETRICH, Altäre, Kanzel, Gestühl der Klosterkirche, in diesem Buch S. 143.
510 VINCENTIA DÜRR, Beschreibung, S. 20 und Chronik ANDREAS ROTH, 6. Kapitel §1/Umschrift S. 68. Verschiedentlich wird der Maler von Oberhausen mit Johann Jakob Schubert gleichgesetzt, siehe etwa HEINRICH HABEL, Landkreis Mindelheim (= Bayerische Kunstdenkmale Band 31 Kurzinventar), München 1971, S. 58.
511 Chronik ANDREAS ROTH, 3. Kapitel §5/Umschrift S. 27.
512 A.a.O., 6. Kapitel §3/Umschrift S. 91.
513 VINCENTIA DÜRR, Beschreibung, vorletzte Seite.
514 Chronik ANDREAS ROTH, 6. Kapitel §1/Umschrift S. 68.
515 VINCENTIA DÜRR, Beschreibung, S. 19.
516 Chronik ANDREAS ROTH, 6. Kapitel §3/Umschrift S. 92.
517 Alle Zitate aus VINCENTIA DÜRR, Beschreibung, S. 7.
518 Chronik ANDREAS ROTH, 6. Kapitel §1/Umschrift S. 68; VINCENTIA DÜRR, Beschreibung, Seite 7.
519 Sr. M. GABRIELA HAAGEN (?), handschriftliche Notizen, in: ANONYMUS, Rubrica generalis. Oder allgemeine Unterweisung, Das Previer Ordentlich zu betten/Nach dem Gebrauch Der Brüder/Und Schwestern Deß Heiligen Prediger = Ordens. Augsburg 1737, nach S. 239f. Bibliothek Dominikanerinnenkloster Bad Wörishofen.
520 Sr. M. GABRIELA HAAGEN (wie Anm. 49), nach S. 138. Bibliothek Dominikanerinnenkloster Bad Wörishofen.
521 EBENDA.
522 Siehe hierzu den Beitrag von WERNER SCHIEDERMAIR, Wörishofener Klosterarbeiten, in diesem Buch S. 247. Zahlreiche Gemälde schuf auch Schwester M. Gabriela Haagen (1698–1778), vor allem „Ordensheilige im Chor", siehe DOMINICA ERHARD, Chronik, Blatt 129 v.
523 Vgl. den Beitrag von SABINE JOHN, Das Kirchenjahr im Rokoko – „Was in der Custerey zu thun Für das ganze Jahr", in diesem Buch S. 266.
524 Siehe zur Frömmigkeit der Schwestern im 18. Jahrhundert den Beitrag von HANS PÖRNBACHER, Formen der Frömmigkeit und Zeugnisse des Gebets bei den Wörishofener Dominikanerinnen, in diesem Buch S. 239.
525 P. BALTASAR WÖRLE, Kurzer Beschrieb des französischen Einfalls in allhiesiges Kloster und Dorf Wörishofen am 22. Mai des 1800. Jahres, Handschrift, Wörishofen 1800. Archiv Dominikanerinnenkloster Bad Wörishofen.
526 EBENDA.
527 Chronik EMERICH RUEFF, Teil II/Umschrift S. 18.
528 Zitiert nach der Abschrift des „Inventariums" im Archiv des Dominikanerinnenklosters Bad Wörishofen.
529 Chronik EMERICH RUEFF, Teil II/Umschrift S. 51.
530 Sammlung des Herzoglichen Georgianums München, Teile einer Marienkrönung, Katalog Nrn. 335–340.
531 „Protokoll so bei der Churpfalzbaierischen Civil=Besiznahme zu Wörishofen im dasigen Frauenkloster Ort. Dominici durch den hierzu bevollmächtigen Kurfürstlichen Landvogt zu Mindelheim Wolfgang Heiling nachfolgendermaßen abgehalten worden, den 29. et 30. November, 1., 2., 3., 4., 5., 6., 7. et 8. December 1803, Ad 13". Abschrift im Archiv des Dominikanerinnenklosters Bad Wörishofen.

Zu SUSANNE FISCHER, Die Restaurierungsgeschichte

532 KONRAD LANGE, Die Grundsätze der modernen Denkmalpflege, Tübingen 1906.
533 A.a.O., S. 5, 6.
534 Dazu vor allem ALOIS RIEGL, Der moderne Denkmalkultus, sein Werden, seine Entstehung, 1903. DERS., Neue Strömungen in der

535 Charta von Venedig. Internationale Charta über die Konservierung und Restaurierung von Denkmälern und Ensembles, Venedig 1964.
536 Michael Petzet, Grundsätze der modernen Denkmalpflege, in: Bayerisches Landesamt für Denkmalpflege, Denkmalpflege Informationen A, Nr. 76/30 vom Oktober 1992, S. 9.
537 Das Mittelfresko des Langhauses in der Kirche beispielsweise ist signiert und datiert: *„Joh. Zimmermann pinxit Anno 1723"*. Zur Bau- und Ausstattungsgeschichte darf auf die entsprechenden Beiträge im Rahmen dieses Buches verwiesen werden.
538 Die Probleme, die durch solche *„Verpflichtungen"* gegenüber Vorgängerbauten oder vorhandenen Bildwerken entstehen können, sind an vielen bayerischen Kirchen und Klöstern nachvollziehbar; als ein Beispiel kann der barocke Umbau des Klosters St. Mang in Füssen durch Johann Jakob Herkomer seit 1697 genannt werden.
539 Beispiele gibt es hierfür in Bayern zahlreiche; stellvertretend darf Ottobeuren genannt werden, wo nach dem Tod von Abt Rupert Teile der Abteiräume völlig neu stuckiert, gefaßt und ausgestattet werden.
540 Sr. Maria Dominica Erhard, Chronik des Klosters St. Katharina in Augsburg. Handschrift. Archiv des Bistums Augsburg ABA HS 95/2 S. 129 v. Augsburg ab 1755. Befunddokumentationen von Toni Mayer, 1989 und ARGE Bengler/Petzold, 1993 im Bayerischen Landesamt für Denkmalpflege (BLfD). Katharina Walch, Das Werk des Dominkanerbruders Valentin Zindter – Zur Technik von Boulle-Marketerien in bayerischen Klosterausstattungen des 18. Jahrhunderts, in: Jahrbuch der Bayerischen Denkmalpflege 42 (1988), S. 106–143.
541 Notizen des 18. Jahrhunderts im Archiv des Klosters (freundlicherweise von Frau Walch zur Verfügung gestellt, wie auch einige weitere Abschriften).
542 Protokoll so bei der Churpfalzbayerischen Civil-Besizname zu Wörishofen in dasigem Frauenkloster Ord. Dominici durch den hiezu bevollmächtigten Kurfürstlichen Landvogt zu Mindelheim Wolfgang Heiling nachfolgendermassen abgehalten worden, den 29 et 30 November, dann 1., 2., 3., 4., 5., 6., 7. et 8. December 1802.
543 *„Die sammtliche Einrichtung und Mebeln dieses Klosters sind so fast nicht beträchtlich noch kostbar, sondern so überhaupts so einfach beschaffen, daß dasjenige, was in den von den Conventualinen bewohnten Zelter nemlich an denen stipulirten hereingebrachten bedürftigen Einrichtung als Eigenthum behauptet wird, in ein- wie in der anderen nur in einem Bett, Sessel, Cruzifix und Bettstuhl, dann einigen Muttergottes, und heiligen Ordensbildern bestehe."*
544 Das Schreiben an das Bischöfliche Ordinariat vom 19. 2. 1846 wurde der Verfasserin freundlicherweise von Herrn Dr. Schiedermair, München, in Abschrift zur Verfügung gestellt, ebenso der Brief von Sr. M. Karolina Schmid an die königliche Bauinspektion Mindelheim vom 9. 12. 1846. Beide Archiv Dominikanerinnenkloster Bad Wörishofen.
545 Brief an die königliche Bauinspektion Mindelheim.
546 Walch, (wie Anm. 540), S. 129.
547 König Ludwig I. 1826 in einem Brief an den Bamberger Erzbischof. Zitiert nach Norbert Huse (Hg.), Denkmalpflege, Deutsche Texte aus drei Jahrhunderten, München 1996², S. 89, Anm. 8.
548 1885 Gründung der Haushaltungs- und Molkereischule auf Veranlassung von Pfarrer Kneipp.
549 1862: *„Im Jahre 1862 veranlaßte der Beichtvater Sebastian Kneipp die stilgemäße Restauration des Choraltares sowie sämtlicher Altäre der Kirche."* 1893: *„Im Jahr 1893 erhielt auch der Chor durch die liebevolle Fürsorge der Mutter Priorin eine neue würdige Zierde in einem schönen stilechten Altar, den der Architekt Müller von München zeichnete und zur allgemeinen Zufriedenheit und großen Freude der Schwestern ausführen ließ."* 1906: *„Im Sommer 1906 wurde durch Herrn Architekt Müller aus München die ganze Klosterkirche renoviert und ein neuer Tabernakel errichtet"* (Zitate aus der Klosterchronik in Bad Wörishofen), 1842–1916. Archiv Dominikanerinnenkloster Bad Wörishofen.
550 Siehe Anm. 540.
551 Die nachfolgenden Zitate aus Briefen, Rechnungen und Stellungnahmen sind alle – soweit nicht anders vermerkt – aus dem Akt *„Bad Wörishofen Kloster und Kirche"* des BLfD entnommen.
552 BLfD 24. 1. 1956.
553 BLfD 24. 1. 1956.
554 BLfD 24. 1. 1956.

Zu Katharina Walch, Untersuchung und Restaurierung

555 Katharina Walch, Das Werk des Dominikanerbruders Valentin Zindter, Zur Technik von Boulle-Marketerien in bayerischen Klosterausstattungen des 18. Jahrhunderts, in: Jahrbuch der Bayerischen Denkmalpflege Band 42, München 1988, S. 106 ff.
556 Chronik Andreas Roth, 6. Kapitel §3/Umschrift S. 93. Für freundliche Unterstützung bei der Deutung der Archivalien danke ich Sr. M. Regina Vilgertshofer O.P. und Sr. M. Imelda Weh O.P.
557 Aus Zunftgründen war es in jener Zeit nur höfischen oder kirchlichen Werkstätten möglich, eine derart große Anzahl von Mitarbeitern zu beschäftigen. Eine herkömmliche Schreinerwerkstatt durfte in der Regel kaum mehr als zwei Gesellen anstellen.
558 Fritz Hellwag beschreibt Streitigkeiten zwischen der Kirche und den Zünften im 17. und 18. Jahrhundert. Demnach kam es immer wieder vor, daß Gesellen ohne Meisterbrief unter dem Schutz der Kirche Arbeit fanden oder daß beispielsweise Zimmerleute Schreinerarbeit verrichten durften, was laut Zunftordnung strafbar war. *„In Süddeutschland, speziell in Bayern, gab es, im Unterschied zu den ungefreiten, sogenannte ‚herrschaftlich-gefreite' Häuser, auf die keine der zünftlerischen Zwangsmittel und Bestimmungen in Anwendung gebracht werden durften."* Diese Handhabung führte zu ständigen Rechtsstreitigkeiten und wurde in München erst nach der Einigung zwischen Künstlern und Zimmerleuten vom 30. Juli 1796 beigelegt. Aus: Fritz Hellwag, Die Geschichte des deutschen Tischlerhandwerks, Berlin 1924, S. 432 ff.
559 Chronik Andreas Roth, 6. Kapitel §1/Umschrift S. 68.
560 Ausführlicher hierzu: Franz Xaver Portenländer, Das Kaisheimer Bibliotheksgestühl in der Provinzialbibliothek zu Neuburg a.d. Donau, in: Neuburger Kollektaneenblatt, Jg. 131, Neuburg a.d. Donau 1978, S. 90 ff. Reinhard H. Seitz, Das Obermedlinger Bibliotheksgestühl in der Provinzialbibliothek zu Neuburg a.d. Donau, in: Neuburger Kollektaneenblatt, Jg. 131, Neuburg a.d. Donau 1978, S. 115.
561 Der Begriff Boulletechnik bezeichnet heute jene Technik zur Herstellung von Marketerien, deren Gebrauch durch den kunstfertigen französischen Ebenisten Charles-André Boulle (1642–1732) besonders populär wurde. Heute schreibt man Charles-André Boulle zu, er habe als einer der ersten zur Bearbeitung bestimmten Furnierplatten aufeinandergeleimt und sie gemeinsam gesägt. So entstand beispielsweise ein Zinn- oder Messingornament mit der entsprechenden Schildpattrücklage. Hierfür galt die Bezeichnung *„première-partie"*. Später verwendete Boulle dann auch das Negativ hiervon, die *„contre-partie"*.
562 P. Balthasar Wörle, Kurzer Beschrieb des europäischen Einfalls in allhiesiges Kloster und Dorf Wörishofen am 22. Mai 1800. Jahres, Manuskript, um 1801, maschinenschriftliche Umschrift S. 52. Archiv Dominikanerinnenkloster Bad Wörishofen.
563 Chronik 1842–1916, S. 72. Archiv Dominikanerinnenkloster Bad Wörishofen.
564 Siehe hierzu auch Abb. 169 einerseits und Abb. 125, 127 andererseits.
565 Rechnung des Malermeisters Gg. Hatzelmann, Augsburg, vom 14. März 1957. Archiv Dominikanerinnenkloster Bad Wörishofen.
566 Walch (wie Anm. 555), S. 119 ff.
567 Christian Segebade, Naturwissenschaftliche Untersuchungen an Boulle-Marketerien Valentin Zindters, in: Jahrbuch der Bayerischen Denkmalpflege Band 42, München 1988, S. 138 ff.
568 Die Messungen und das daraus entstandene Klimagutachten wurden vom Kapital für Gebäudesanierung, Schliersee, vorgenommen.
569 Die Holzartenbestimmung der Furniere wurde von Dr. Grosser, Institut für Holzforschung, München, vorgenommen.
570 Mechthild Baumeister, Jaap Boonstra, Robert A. Blanchette, Christian-Herbert Fischer, Deborah Schorsch, Gebeizte Maserfurniere auf historischen Möbeln, in: Lacke des Barock und Rokoko, Arbeitsheft Nr. 81 des Bayerischen Landesamtes für Denkmalpflege, München 1997, S. 251 ff.
571 Brigitte Hecht-Lang, Die farbig gefaßten und vergoldeten Ausstattungsteile der Klosterkirche der Dominikanerinnen in Bad Wörishofen, in: *„Lacke des Barock und Rokoko"*, Arbeitshefte des Bayerischen Landesamtes für Denkmalpflege Nr. 81, München 1997, S. 323 ff.

572 Die Restaurierung der Gitter der Westempore oblag Wolf Zech, München, die der östlichen Gitter des Schwesternchores der Werkstätte Erwin Wiegerling, Bad Tölz.
573 Die gaschromatographischen/massenspektrometrischen Untersuchungen wurden von Dr. Johann Koller, Ursula Baumer und Emilia Schmid, Doerner-Institut München, vorgenommen. Siehe hierzu auch: JOHANN KOLLER, URSULA BAUMER, EMILIA SCHMID, Transparente Lacke auf Holzoberflächen des Barock und Rokoko, in: Arbeitshefte des Bayerischen Landesamtes für Denkmalpflege Nr. 81, Lacke des Barock und Rokoko, München 1997, S. 161 ff.

Zu WERNER SCHIEDERMAIR,
Die Gemeinschaft der Wörishofener Dominikanerinnen

574 *„Lebensregel der Dominikanerinnen in der Diözese Augsburg"* vom 11. 02. 1991 (s. auch Abb. 7). Archiv Dominikanerinnenkloster Bad Wörishofen.
575 Chronik ANDREAS ROTH, 6. Kapitel § 2/Umschrift S. 81. VINCENTIA DÜRR, Beschreibung, S. 7. P. HIERONYMUS WILMS O.P., Geschichte der deutschen Dominikanerinnen, Dülmen 1920, S. 274 ff.
576 *„Regel und Satzungen der Schwestern, Prediger=Ordens. Sambt denen also genannten Declarationen, oder Erleuterungen, so von verschidenen General-Capitlen verfasset worden. Auß der Lateinischen in die Hoch=teutsche Sprach übersetzt, und den Schwestern gemeldten Ordens zum Besten das andert mahl in Truck gegeben. Alles zur größeren Ehre Gottes und der Clösterlichen Zucht, Aufnahm und Fortpflanzung"*, Augsburg 1735, S. 241 ff.
577 Fundationsbrief vom 05. 04. 1725 Ziff. 22, abgedruckt im Anhang.
578 In den Chroniken des Wörishofener Klosters ist hierzu nichts vermerkt. Dies gilt auch für das 19. Jahrhundert. Engere geistliche und persönliche Kontakte scheint es im 18. Jahrhundert mit dem Franziskanerkloster Klosterlechfeld gegeben zu haben. Zwei Briefe eines F. MATTHIAS ZIEGLER vom 05. 11. und vom 20. 11. 1743 haben sich im Archiv des Dominikanerinnenklosters Bad Wörishofen erhalten. Er stiftete damals auch ein Kruzifix, das heute noch vorhanden ist (s. Abb. 156). Auf einer Votivtafel mit der Einsiedelmadonna (Abb. 288) ist ebenfalls ein Franziskanerpater abgebildet. Vielleicht handelt es sich bei ihm um den oben schon erwähnten Frater Matthias Ziegler.
579 So die Tafel über dem Eingang in das ehemalige Noviziat (Abb. 85, 187).
580 Urkunde vom 29. 11. 1842 über die Rekonstitution des Klosters (s. Abb. 26). Archiv Stadt Bad Wörishofen.
581 Zusammenstellung der Geschichte des Dominikanerinnenklosters Bad Wörishofen, 1984–1988, sowie Klosterchronik ab 1842–1916, S. 107. Archiv Dominikanerinnenkloster Bad Wörishofen.
582 ANONYMA, Liber Vitae oder Buch des Lebens, Handschrift, 1721 ff. S. 2. Archiv Dominikanerinnenkloster Bad Wörishofen.
583 A.a.O., S. 4.
584 A.a.O., S. 5.
585 A.a.O., S. 11.
586 A.a.O., S. 16.
587 A.a.O., S. 76.
588 Alle Zitate entnommen aus dem CHRONIKBÜCHLEIN I (wie Anm. 467), S. 73 v, 213.
589 DOMINICA ERHARD, Chronik, S. 130 v.
590 WILMS (wie Anm. 575), S. 248.
591 Zur Familie des Malers Franz Haagen siehe REINHARD H. SEITZ, Das Familienbild des pfalzneuburgischen Hofmalers Franz Haagen, in: Mitteilungen für die Archivpflege in Bayern, Sonderheft 9, Bewahren und Gestalten, Walter Jaroschka zum 60. Geburtstag, München 1992, S. 332 ff.
592 Vgl. in diesem Zusammenhang auch den Beitrag von WALTER PÖTZL, Die Wallfahrt zur Einsiedelmadonna, in diesem Buch S. 307 sowie Abb. 288.
593 Der lateinische Text lautet:
„Frater Onuphrius Sutton Ordinis Praedicatorum sacrosanctae theologiae magister per provinciam superioris Germaniae Prior provincialis.
Cum monasterium sanctae Mariae Angelorum Werishofense modernae Venerabilis Matris Priorissae Mariae Maximilianae a sancto Josepho laudabile gubernium tam pro spirituali quam temporali suo emolumento valde proficuum expertum fuerit ideoque suppliciter instet, quatenus completo hoc priorali munere eandem non solum ad vocem passivam rehabilitare, verum etiam usque ad novae electionis confirmationem in vicariam in capite instituere vellem: huic humili et rationabili petitioni paterne inclinatus et praedicti monasterii maiora semper incrementa desiderans, harum serie meique authoritate officii dispensans in solitis interstitiis facultatem concedo, ut praememorata Venerabilis Mater Priorissa Maria Maximiliana a sancto Josepho finito suo triennali officio denuo ad aliud triennium servatis ceteris de iure servandis immediate canonice reassumi valeat. Item eadem authoritate praememoratam Venerabilem Matrem Mariam Maximilianam a sancto Josepho post resignationem de more ordinis priorale officium immediate instituo ac institutam declaro in vicariam in capite venerabilis conventus Werishofensis sanctae Mariae Angelorum usque ad novae prioralis electionem et electae confirmationem cum omnibus iuribus et privilegiis cuicunque immediatae conventus superiorissae competentibus. In nomine Patris et Filii et Spiritus sancti. Amen. Quibuscunque in contrarium non obstantibus his officii mei sigillo munitis propria manu subscripsi.
Actum Constantiae 24. Augusti anno 1736.
Frater Onuphrius Sutton qui supra magister (?)".
Die Übersetzung lautet:
Bruder Onuphrius Sutton, Angehöriger des Predigerordens, Magister der heiligen Theologie, Provinzialprior der oberdeutschen Provinz.
Da das Kloster der heiligen Maria von den Engeln zu Wörishofen die lobenswerte Leitung der gegenwärtigen Ehrwürdigen Mutter Priorin Maria Maximiliana vom heiligen Joseph als sehr förderlich sowohl im Hinblick auf seinen geistlichen als auch auf seinen zeitlichen Vorteil erfahren hat und deshalb demütig darauf drängt, daß ich nach Ablauf ihrer jetzigen Amtszeit als Priorin nicht nur ihre Wählbarkeit erneuern, sondern sie auch bis zur Bestätigung der neuen Wahl als Stellvertreterin in die Leitung einsetzen möge: daher biete ich – weil ich dieser demütigen und vernünftigen Bitte väterlich gewogen bin und mir das zunehmende Wohlergehen des erwähnten Klosters ständig am Herzen liegt –, indem ich in den üblichen Übergangszeiten die Abfolge dieser (sc. Priorinnen) durch die Autorität meines Amtes eigenständig regle, die Möglichkeit, daß die vorher erwähnte Ehrwürdige Mutter Priorin Maria Maximiliana vom heiligen Joseph nach Beendigung ihrer dreijährigen Amtszeit von neuem für weitere drei Jahre – unter Beachtung der von Rechts wegen einzuhaltenden Bestimmungen – unverzüglich und nach kanonischer Vorschrift wiedereingesetzt werden kann. Ebenso setze ich die vorher erwähnte Ehrwürdige Mutter Maria Maximiliana vom heiligen Joseph, nachdem sie das Prioratsamt gemäß der Ordensregel niedergelegt hat, aufgrund derselben Autorität vorläufig als Stellvertreterin in die Leitung des ehrwürdigen Konvents der heiligen Maria von den Engeln zu Wörishofen ein und erkläre sie für eingesetzt mit allen Rechten und Privilegien, die einer jeglichen vorläufigen Konventsvorsteherin zukommen, bis zur Bestätigung der neuen Prioratswahl und der Gewählten. Im Namen des Vaters und des Sohnes und des heiligen Geistes. Amen.
Da dem nichts entgegensteht, habe ich dieses Schreiben mit meinem amtlichen Siegel bekräftigt und es eigenhändig unterschrieben.
Gegeben zu Konstanz am 24. August 1736.
Der obengenannte Bruder Onuphrius Sutton, Magister (?).
594 Zitiert nach WILMS (wie Anm. 575), S. 263.
595 Zitiert nach der im Archiv des Dominikanerinnenklosters zu Bad Wörishofen befindlichen Abschrift der Verordnung vom 21. 01. 1805.

Zu WERNER SCHIEDERMAIR,
Hinweise zu Lebensbildern

596 Vgl. hierzu HANS PÖRNBACHER, Der Welt verborgen – das Leben der gottseligen Schwester M. Cäcilia Mayr, in diesem Buch S. 227.
597 Chronik ANDREAS ROTH, 8. Kapitel § 1/Umschrift S. 113.
598 P. HIERONYMUS WILMS O.P., Geschichte der deutschen Dominikanerinnen 1206–1916, Dülmen 1920, S. 248.
599 Chronik ANDREAS ROTH, 2. Kapitel § 4/Umschrift S. 14.
600 A.a.O., 2. Kapitel § 3/Umschrift S. 12.
601 WILMS (wie Anm. 598), S. 277.
602 Chronik EMERICH RUEFF, Teil I/Umschrift S. 44, 46 ff.
603 Die Briefe werden im Staatsarchiv Augsburg, Signatur KL Augsburg – Sankt Katharina/MüB, Lit. 14, aufbewahrt.
604 Siehe Abb. 64. Das Urbarium befindet sich im Staatsarchiv Augsburg.
605 Brief der Schwester M. ALEXIA SCHMID (1710–1791) vom 13. 07. 1754 an das Kloster Sankt Katharina in Augsburg. Abschrift im Archiv des Dominikanerinnenklosters Bad Wörishofen.

606 Liber Vitae (wie Anm. 582), S. 6.
607 REINHARD H. SEITZ, Das Familienbild des Pfalz-Neuburgischen Hofmalers Franz Haagen, in: Mitteilungen für die Archivpflege in Bayern, Sonderheft 9, Bewahren und Gestalten, Walter Jaroschka zum 60. Geburtstag, München 1992, S. 332 ff.
608 Liber Vitae (wie Anm. 582), S. 15 f.
609 A.a.O., S. 25.
610 Bibliothek Dominikanerinnenkloster Bad Wörishofen HS 12.
611 Bibliothek Dominikanerinnenkloster Bad Wörishofen HS 14.
612 Sr. M. GABRIELA HAAGEN, Handschriftliche Notizen, in: Iluminierbuch (wie Anm. 49), vorletzte Seite, nach dem Register am Ende, Blatt 3 am Anfang, nach S. 56.
613 BSTN-Rentamt Türkheim Nr. 357/16 rot, vorher Nr. 13 Lit. K. Abschrift Dominikanerinnenkloster Bad Wörishofen.
614 Chronik ab 1842 ff. (wie Anm. 581), S. 47.
615 Abschrift im Archiv des Dominikanerinnenklosters Bad Wörishofen.
616 Archiv Dominikanerinnenkloster Bad Wörishofen.
617 Chronik ab 1842 ff. (wie Anm. 581), S. 100 ff.
618 Archiv Dominikanerinnenkloster Bad Wörishofen.

Zu HANS PÖRNBACHER, Der Welt verborgen

619 P. DOMINICUS GLEICH, M. Caecilia Mayrin, Typoskript S. 159 und öfter. Der Abschnitt lautet: *„Allen ihren drei Beichtvätern des Ordens, deren ich drei zu kennen die Ehr gehabt als R. P. Rupertum Huber p. m., R. P. Domicum Hartenfels und R. P. Valentinum Wager, war M. Caecilia eine Freud, ein Trost, ein Begriff aller Tugend und Vollkommenheit. Worüber man sich sehr wundern muß, daß sie der Welt so verborgen geblieben ist. Mich aber verwundert es nicht, es wollte halt M. Caecilia dem Himmel allein bekannt sein. Diesen ließ sie allein zusehen, was sie tat und in der Stille ausübte."* Zum genauen Titel des Manuskriptes von P. DOMINICUS GLEICH, vgl. S. 231.
620 „berichtet" das heißt, daß allein die Quellen sprechen sollen, wenngleich diese Quellen nach Möglichkeit erklärt und in den richtigen und größeren Zusammenhang gestellt werden müssen. An Schwierigkeiten fehlt es dabei nicht. Der Verfasser nämlich dieses Beitrags hat sich zwar mit der geistlichen Literatur des bayerischen und schwäbischen Raumes, auch im 18. Jahrhundert, beschäftigt, aber er ist kein Kenner der Mystik und muß deshalb doppelt vorsichtig sein. So sei versucht, die besondere Begnadung der Wörishofener Schwester M. Cäcilia Mayr (Mair) mit der gebotenen Zurückhaltung vorzustellen.
621 Hier können nur einige Schlaglichter auf diese Epoche geworfen werden, die sich wie zu erwarten überaus schwierig und komplex darstellt. Was ihr bewußtes, explicit ausgesprochenes Glücksstreben angeht, so kommt dieser Aspekt für die höfische Welt deutlich zum Ausdruck im Katalog *„Bilder vom irdischen Glück"*, zur gleichnamigen Ausstellung im Weißen Saal des Charlottenburger Schlosses zu Berlin, Berlin 1983. Der englische Kunsthistoriker KENNETH CLARK aber gibt in seinem höchst anregenden Buch Civilisation, London 1969, dem Kapitel „Rokoko" die Überschrift *„Das Streben nach Glück"* und nimmt im Unterschied zur Berliner Ausstellung seine Beispiele mehr aus dem Süddeutschen Raum, nennt u. a. die Wies und Vierzehnheiligen, also religiöse Bau- und Kunstwerke. In dem Vortrag: Wege und Wesen der baierischen Literatur in der Neuzeit, München 1975, wird dieser Aspekt im Abschnitt III, S. 7–9, für die Literatur näher ausgeführt. Wichtig in diesem Zusammenhang ist auch der Aspekt des Spieles, des homo ludens. Gedanken dazu finden sich bei HANS PÖRNBACHER, Das Leben als Spiel, Beobachtungen zur bayerischen Literatur des 18. Jahrhunderts, in: Zeitschrift für bayerische Landesgeschichte 60 (1997), 2, Festschrift für WALTER ZIEGLER, S. 819–835. Für diese Art Spiel in der bildenden Kunst sind die vielen Kirchen des 18. Jahrhunderts in Altbayern und Schwaben die besten Beispiele.
622 Frühe Beobachtungen dazu bei HUGO SCHNELL, Der baierische Barock. Die volklichen, die geschichtlichen und die religiösen Grundlagen. Sein Siegeszug durch das Reich. München 1936. Die vom jungen Hugo Schnell und von Johannes Steiner 1934 begonnene Reihe der sog. *„Kleinen Kunstführer"*, eine Idee, die später auch von anderen Verlagen übernommen wurde, erläutern diese Theologie und deren Verbindung mit der bildenden Kunst in einzelnen wichtigen Beispielen (Dießen aus der Feder von Norbert Lieb sei hier genannt, Innsbruck von Probst Josef Weingartner, oder Füssen, Maria Rain, Nassenbeuren und Oberostendorf, um im Schwäbischen zu bleiben, aber auch Beispiele aus der unmittelbaren Nachbarschaft im Osten wie Oberammergau, Rottenbuch, Steingaden und die Wies).
623 Proben dafür in: HANS PÖRNBACHER (Hg.), Bayerische Bibliothek, Texte aus zwölf Jahrhunderten, Band II: Die Literatur des Barock, München 1986; Band III: Die Literatur des 18. Jahrhunderts, München 1990. Diese Anthologien werden hier zitiert mit der Abkürzung BB. Verwiesen sei auch auf die in den letzten Jahrzehnten verstärkte Forschung zur geistlichen Literatur (Predigt, Ordensdrama, dem geistlichen Spiel, Kantaten etc.). Darüber wird in den Kapiteln zur Dichtung und Literatur des Handbuches für Bayerische Geschichte (Band 2 für Altbayern, Band 3 für Franken, die Oberpfalz und Schwaben) hg. von MAX SPINDLER und ANDREAS KRAUS, München 1988² ff. sowie dem 2. Band der Bayerischen Kirchengeschichte, hg. von WALTER BRANDMÜLLER, St. Ottilien 1993, gehandelt. Hierher gehört auch das Verlagswesen mit seiner religiösen Produktion. Vgl. dazu die Verlagsgeschichten von München, Ingolstadt, Dillingen und jüngst auch HELMUT GIER und JOHANNES JANOTA (Hg.), Augsburger Buchdruck und Verlagswesen, Wiesbaden 1997.
624 Zum Beispiel die aufsehenerregenden und höchst qualitätsvollen Funde und Aufführungen aus der Reihe *„Musica Bavaria"* durch ALOIS KIRCHBERGER und ROBERT MÜNSTER.
625 KLAUS PFEFFER in Bavaria Sancta, Zeugen christlichen Glaubens in Bayern, hg. von GEORG SCHWAIGER, Band II, Regensburg 1971, S. 226–241; BB II (wie Anm. 623), S. 1218–1225, 1270 sowie EBENDA S. 388–403; BB III (wie Anm. 623), S. 513 u. 1267.
626 HILARIUS BARTH, in Bavaria Sancta (wie Anm. 625), III, 404–422; BB III (wie Anm. 623), 515–520 u. 1255.
627 IGNATIUS JEILER, Leben der ehrwürdigen Klosterfrau Maria Crescentia Höß von Kaufbeuren, 4. Aufl., Dülmen 1893; JOHANNES GATZ, Briefe von, an und über Crescentia von Kaufbeuren aus der Zeit 1714–1750, Landshut 1961; ARTHUR MAXIMILIAN MILLER, Crescentia von Kaufbeuren, das Leben einer schwäbischen Mystikerin, Augsburg 1968; RUPERT GLÄSER, Die selige Crescentia von Kaufbeuren, Leben, Worte, Schriften und Lehre, St. Ottilien 1984 (mit umfangreicher Bibliographie); KARL PÖRNBACHER, Crescentia Höß von Kaufbeuren, mit Aufnahmen von Sr. Isabella Wagner OSF und Eberhard Thiem, Weißenhorn 1993; BB III (wie Anm. 623), S. 522–528, 1219 ff.
628 Es muß hier genügen, auf die Anm. 625 f. angeführten Stellen in der Bayerischen Bibliothek zu verweisen.
629 Außer den genannten gibt es in dieser Zeit noch weitere Ordensfrauen in Norddeutschland mit mystischer Erfahrung, die WILMS (wie Anm. 630) anführt, die aber für den schwäbischen Raum ohne Einfluß sind.
630 Vgl. P. HIERONYMUS WILMS O. P., Geschichte der deutschen Dominikanerinnen 1206–1916, Dülmen i. W. 1920, S. 278–298.
631 P. DOMINICUS GLEICH sagt von den Eltern, *„sie seien gemeinen [d.h. einfachen] Standes [gewesen], doch aber eines frommen und tugendhaften Wandels und ist dieses ein kurzes aber wahres Lob. Bekannt ist nämlich, was der hl. Ambrosius sagt: Die Tugend macht weit adeliger als der Stamm oder das Geschlecht"* (S. 5). Zu P. Dominicus und seine Schrift vgl. Anm. 619 und 635.
632 Außer Pater Dominicus Gleich schreiben über Schwester M. Cäcilia FRANZ XAVER SCHUSTER, Augsburger Diözesan-Legende, Das Leben der heiligen, seligen, ehrwürdigen und gottseligen Dienerinnen Gottes, Band 2², Mindelheim 1904, S. 142–148; WILMS (wie Anm. 630), S. 280–284. Wilms nennt als Quellen die Aufzeichnungen von P. Dominikus Gleich und jene von Schwester Ludowica von Freyberg.
633 Für diesen Beitrag stand eine maschinenschriftliche Fassung von Sr. M. Bernarda Schädle und Sr. M. Ancella Dürr zur Verfügung, deren Sprachform dem Original gegenüber allerdings modernisiert wurde.
634 Das Original der Aufzeichnungen von Schwester Ludowica kam um 1960 aus dem Dominikanerinnenkloster Altenhohenau nach Wörishofen zurück.
635 Bavaria Fransicana Antiqua, II, München o. J. [1955], S. 526; WERNER WELZIG (Hg.), Katalog gedruckter deutschsprachiger katholischer Predigtsammlungen, Band 1.2, Wien 1984, 1987 (Register).
636 Diese ungewöhnliche Wallfahrt der Schwester Crescentia macht Arthur Maximilian Miller in seiner Biographie (S. 154 ff.; s. Anm. 627) anschaulich – sehr poetisch, mit feinem Einfühlungsvermögen.
637 Derartige Diagnosen für solche Nerven-

krankheiten mögen typisch für die Zeit sein. Denn Ähnliches findet sich in der Autobiographie des Tegernseer Mönchs Roman Krinner, der einen Sturz aus einem fahrenden Wagen und das dadurch *„erschreckte Blut"* als Ursache für seine schwere Gichterkrankung sah. Vgl. ROMAN KRINNER (OSB), Autobiographie, hg. von MECHTHILD PÖRNBACHER, Amsterdam 1984, S. 39 (GLB 9).

638 Diese Dichtungen, wie *„Lauda, Sion Salvatorem"*, das populäre *„Pange, lingua, gloriosi corporis mysterium"* oder das *„Adoro te devote, latens Deitas"*, sind heute noch allgemein bekannt und in liturgischem Gebrauch.

639 Öfter findet sich, wie im Titel des Manuskriptes, der Ausdruck *„Schöne Liebsmutter"* und weckt Assoziationen zum Gnadenbild *„Mutter der schönen Liebe"* von Wessobrunn. Aber davon ist im Text nicht die Rede. Religiöse Abbildungen spielen bei Schwester Caecilia eine wichtige Rolle; in diesem Fall ist es eine Marienfigur im Schwesternchor. Die in Wörishofen verehrte Einsiedler Muttergottes wird von Schwester Cäcilia, soweit festzustellen war, nicht erwähnt.

640 Das Büchlein verdiente eine zuverlässige Ausgabe, so daß wenigstens diese wichtige Quelle dem Leser zur Verfügung stünde.

641 Man vergleicht den Titel eines Predigtbandes aus der Feder von P. JAKOB SCHMID, Die Spihlende Hand Gottes/Mit denen Menschlichen Hertzen/Auf Erden. Augsburg 1739; 1756². Vgl. auch Das Leben als Spiel wie in Anm. 621.

642 Vgl. das zu diesen Aufzeichnungen oben S. 229 Gesagte.

Zu HANS PÖRNBACHER, Formen der Frömmigkeit

643 Zur Literatur über diese Andachtsform vgl. FRIEDRICH ZOEPFL, Die Zufluchten und ihr Kult, zur Symbolik der Siebenzahl, in: Volk und Volkstum 3, München 1938, S. 263–277; DERS., in: LThK³ X, S. 1410; FERDINAND HOLBÖCK, Die sieben heiligen Zufluchten, Salzburg 1976; MARTIN LECHNER, in: Lexikon der christlichen Ikonographie 4, 1972, S. 579 ff. Zum Wort *„Zuflucht"* vgl. den schönen Artikel im Deutschen Wörterbuch von JACOB und WILHELM GRIMM, Band 32, Sp. 360 ff.

644 1689, also ein Jahr später, erschien in München das *„wohl früheste hier einschlägige Andachtsbuch"* (Zöpfl) mit dem Titel *„Heylwürckende Andacht der Gottliebenden Seelen zu den sieben Zufluchten von einem Jesuitenpater"*. Vgl. dazu Anm. 648.

645 Mitte des 19. Jahrhunderts wurde die Kirche nach Johann Georg Müller neu gebaut und am 29. September 1861 in Anwesenheit des Kaisers eingeweiht. Vgl. FRIEDRICH A. THOMEK und STEPHAN SEELIGER, Die Altlerchenfelder Kirche in Wien (Schnell & Steiners Kunstführer Nr. 736), (München 1961), Die Kirche ist ein Höhepunkt der österreichischen Romantik!

646 In der Dreifaltigkeitskapelle in Holz, Gemeinde Wildsteig, hängt das Sieben-Zufluchten-Bild zwar nicht im Altar, wohl aber an exponierter Stelle im Kirchlein.

647 Von J. W. Baumgartner gibt es auch einen bekannten, meisterhaften Kupferstich vom hl. Alexius. Siehe den folgenden Beitrag.

648 In vielen Gebetbüchern des 18. Jahrhunderts finden sich solche Erläuterungen. Hier sei noch einmal verwiesen auf das in Anm. 644 genannte Buch: Heylwürckende Andacht, Der Gottliebenden Seelen zu den Sieben Zufluchten. [...] Zusammen getragen durch einen der Soc. Jesu Priestern. München: JOHANN JÄCKLIN 1689. HOLBÖCK (wie Anm. 643) vermutet (S. 58 f.) mit gutem Grund, daß es sich bei dem Autor um den bekannten Jesuitenschriftsteller Tobias Lohner (1619–1697) handelt.

649 Die Legenda aurea des JACOBUS DE VORAGINE aus dem Lateinischen übersetzt von RICHARD BENZ, Heidelberg 1925 (und öfter), S. 466–470.

650 KONRAD VON WÜRZBURG, Die Legenden II, hg. von PAUL GEREKE, Halle 1926.

651 Zu Martin von Cochem immer noch sehr gut und einfühlsam LEUTFRIED SIGNER, Martin von Cochem, eine große Gestalt des rheinischen Barock, Wiesbaden 1963.

652 Der Brief ist leicht zu finden und ist z. B. abgedruckt in dem Band Schweizer Reisen der Artemis-Gedenkausgabe, die wiederum als Vorlage diente für die Goethe-Ausgabe des Deutschen Taschenbuch Verlages dtv (Band 28).

653 Die Reise von Oberaudorf nach Rom. Hg. von STEPHAN HIRSCH, illustriert von WOLFGANG WRIGHT, St. Ottilien 1997.

654 M. FR. BLAU, *„Zur Alexiuslegende"*, Germania 33, S. 181–219, spricht von einer *„wohl wahrheitsgetreuen edessenischen Lokalerzählung von einem frommen, aus Reichtum und Ehre in Armut und Elend geflohenen Manne"*. EDGAR KRAUSEN, *„Alexius"* in Lexikon der christlichen Ikonographie (LCI) 5, Sp. 90–95; dort weitere Literaturangaben; nicht aufgenommen ist Krausens Aufsatz *„Der Bettler unter der Treppe"*, der Kult des heiligen Alexius in Altbayern und Schwaben, in: Unser Bayern 31 (1982), S. 54–56 (vorher als Beitrag in Festschrift für N. Grass, 1973).

655 Der Papst, von dem in der Legende des hl. Alexius die Rede ist, war der hl. Papst Innozenz I., der von 401–417 regierte.

656 Die Alexiusaltäre und Kirchen, genannt sei nur die schöne Kirche von 1754 (Jahr der Weihe) in Herbolzheim im Breisgau, können hier nicht aufgezählt werden, auch nicht die einzelnen Ordensgemeinschaften, die sich wie der Krankenpflegeorden der Alexianer diesen Heiligen zum Patron erkoren haben. Hier findet man in der einschlägigen Literatur (LIC und LThK) bequem alle erforderliche Literatur.

657 KRAUSEN (s. Anm. 654) nennt Wattens (1763) und Oberaudorf (1769) sowie Kiefersfelden und Flintsbach im frühen 19. Jahrhundert. Beilngries (1765) könnte man noch hinzufügen. AUGUST HARTMANN, Volksschauspiele, Leipzig 1880, erwähnt u. a. aus Erl *„Ein Trauerspill in fünf Aufzügen von Alexius ... 1768* sowie Lebenund Tod des h. Alexius. Ein rührendes Schauspiel in Prosa", übers. von CH. Mellinger. Im späten 19. und im 20. Jahrhundert tauchen, wie das Beispiel Endorf zeigt, kaum mehr Alexiusspiele auf. Vgl. auch ELKE UKENA, Die deutschen Mirakelspiele des Mittelalters, Bern–Frankfurt 1975.

658 Litanei zu Ehren des heiligen Pilger Alexius, Patron wider die Erdbeben, in: Weg zum Himmel ..., 7. Auflage 1849.

Zu WERNER SCHIEDERMAIR, Klosterarbeiten

659 Zum Begriff *„Klosterarbeiten"* siehe WERNER SCHIEDERMAIR, Klosterarbeiten – Hinweise zu Begriff, Wesen, Herkunft, Verwendung und Herstellern, in: GISLIND M. RITZ und WERNER SCHIEDERMAIR, Klosterarbeiten aus Schwaben, 2. ergänzte Auflage, Gessertshausen 1993, S. 9 ff. Dort auf S. 24 ein ausführliches Literaturverzeichnis, das noch um folgende Publikationen ergänzt werden kann: WERNER SCHIEDERMAIR, Besprechung des Katalogs KLOSTERARBEITEN AUS FRÄNKISCHEN SAMMLUNGEN, in: Bayerisches Jahrbuch für Volkskunde 1994, S. 283 f. DANIELA HECKMANN, Klosterarbeiten – barocke Glaubenszeugnisse unter besonderer Berücksichtigung von Kloster Kirchheim am Ries, in: Rieser Kulturtage, Dokumentation Band X, 1994, S. 389 ff. SEBASTIAN BOCK, Freiburger Klosterfrauenarbeiten des 17. und 18. Jahrhunderts, MARIA SCHÜLY, Klosterarbeiten im Augustinermuseum und in der Sammlung der Erzdiözese Freiburg sowie ANITA CHMIELEWSKI-HAGIUS, Klosterarbeiten und Reliquienkult in der Erzdiözese Freiburg von der Sakularisation bis zur Gegenwart, alle in: Katalog der Ausstellung GOLD, PERLEN UND EDEL-GESTEIN, München 1996, S. 30 ff. WERNER SCHIEDERMAIR, Besprechung des vorstehend erwähnten Katalogs, in: Jahrbuch für Bayerische Volkskunde 1996, S. 243 f. RENATE BAUMGÄRTEL-FLEISCHMANN, Bamberger Klosterfrauenarbeiten aus dem ersten Viertel des 18. Jahrhunderts, in: Schönere Heimat – Erbe und Auftrag, Heft 2 1997, S. 145 ff.

660 Jacob Nouet, Fortsetzung der Ersten geistlichen Einsamkeit, oder wichtige Untersuchungen des Auf Geistlichem Weg von denen letzten Exerzitien hergemachten Fortgangs, welche zur täglichen Lesung dienen können, Regensburg 1736, S. 103.

661 SCHIEDERMAIR (wie Anm. 659), S. 137 f.

662 Chronik ANDREAS ROTH, 6. Kapitel §2/Umschrift S. 79.

663 Zitiert nach Chronik EMERICH RUEFF, Teil I/Umschrift, S. 32. Siehe auch Chronik ANDREAS ROTH, 7. Kapitel §2/Umschrift S. 102.

664 VINCENTIA DÜRR, Beschreibung, S. 11.

665 P. HIERONYMUS WILMS O.P., Geschichte der deutschen Dominikanerinnen, 1206–1916, Dülmen 1920, S. 248.

666 Chronik ANDREAS ROTH, 7. Kapitel §4/Umschrift S. 108.

667 Abschnitt der *„Summarischen Übersicht"* im Archiv des Dominikanerinnenklosters Bad Wörishofen.

668 Original des Schreibens vom 29. 2. 1728 im Archiv des Dominikanerinnenklosters Bad Wörishofen.

669 Chronik ab 1842–1916, S. 165. Archiv Dominikanerinnenkloster Bad Wörishofen.

670 Chronik 1916–1935, S. 55. Archiv Dominikanerinnenkloster Bad Wörishofen.

671 Chronik 1936–1950, Vermerk vom 26. 3. 1948. Archiv Dominikanerinnenkloster Bad Wörishofen.

672 Abgebildet in RITZ/SCHIEDERMAIR (wie Anm. 659), S. 58.

673 Archiv Dominikanerinnenkloster Bad Wörishofen. Siehe auch WERNER SCHIEDERMAIR, Die Herstellung von Klosterarbeiten im Do-

674 EBENDA.
675 EBENDA.
676 Abgedruckt in diesem Buch im Anhang. Siehe auch den Beitrag von SABINE JOHN, Das Kirchenjahr im Rokoko – „Waß in der Custerey zu thuen Für das ganze Jahr", in diesem Buch S. 266.
677 Original des Büchleins im Archiv des Dominikanerinnenklosters Bad Wörishofen.

Zu KARL KOSEL, Der gute Hirte

678 Vertiefende Hinweise zu den angeschnittenen Themenkreisen finden sich bei MICHAEL HARTIG, Das deutsche Herz-Jesu-Bild, in: Das Münster 2, 1948/49, S. 76–99. GABRIELE RAMSAUER, Artikel „Gute Hirtin", in: REMIGIUS BÄUMER und LEO SCHEFFCZYK (Hrsg.), Marienlexikon, 3. Band, St. Ottilien 1991, S. 62 f. sowie JOSÉ MARIA CANAL, Artikel „Herz Marie – Ikonographie", in: R. BÄUMER und L. SCHEFFCZYK, a. a. O., S. 169 ff.

Zu SABINE JOHN, Das Kirchenjahr

679 Der Text wurde in einem alten Notenbuch der Wörishofener Klosterbibliothek von Schwester M. Bernarda Schädle O.P., der Archivarin des Klosters, entdeckt. Es handelt sich um 20 Seiten im Hochformat von 10,5 cm × 35,5 cm. Sie wurden, abgesehen von einem kleinen späteren Einschub zum Begräbnis Pfarrer Schönnagls 1765, von einer Hand 1737 geschrieben, vielleicht von der damaligen (Ober)küsterin selbst.
Das „Biechlein" wird im Anhang wörtlich abgedruckt. Verschiedene Streichungen, von denen unbekannt ist, wann, warum und von wem sie vorgenommen wurden, sind mitabgedruckt. Sprachduktus und Schreibung entsprechen der Entstehungszeit, sind aber außer einigen altertümlichen Wendungen und Spezialausdrücken auch dem heutigen Leser ohne allzu viel Mühe verständlich. Der einzige ausgesprochene Mundartausdruck „stengelekerzle oder wizele" ließ sich leider auch durch Fischers schwäbisches Wörterbuch nicht endgültig klären, gemeint könnte ein Wachsstock sein; die „bazenkerzlein" waren das, was jetzt Pfennigelichtlein sind, nämlich Kerzlein, die nur eine kleine Münzeinheit, den Batzen, kosteten.
680 „Inventarium über die sowohl in dem Kloster als auch in der Kirchen mehrentlich zum täglichen Gebrauch vorfindige Mebels und anderes. Extrahiert den 28. July 1803". Staatsarchiv Augsburg, Dominikanerinnen Bad Wörishofen. Rentamt Türkheim Nr. 357/23 rot, früher 33.
681 Die Einfügung des Wortes „Baumwoll" an dieser Stelle ist unklar. Sie konnte nicht befriedigend erklärt werden.
682 Inventarium (wie Anm. 680), S. 1.

Zu GEORG BRENNINGER, Musikpflege

683 Für Quellenhinweise danke ich Sr. M. Bernarda Schädle O.P. vom Dominikanerinnenkloster Bad Wörishofen und Herrn Dr. Werner Schiedermair, München.
684 DOMINICA ERHARD, Chronik, S. 130 v.
685 Chronik ANDREAS ROTH, 7. Kapitel §4/Umschrift S. 107.
686 JO. THOMAE DE BOXADORIS, Diurnium iuxta rituum sacri ordinis praedicatorum, Rom 1768.
687 Zu Franz Borgias Maerz (1848–1909) vgl. GEORG BRENNINGER, Orgeln in Altbayern, München 2. Aufl. 1982, S. 104.
688 GEORG BRENNINGER, Orgeln in Schwaben, München 1986, S. 94.
689 HEINRICH HABEL, Landkreis Mindelheim (= Bayerische Kunstdenkmale Band 31 Kurzinventar), München 1971, 52.
690 ANDREAS OFFNER, Auch die Orgel hatte es nötig, in: 275 Jahre Dominikanerinnen in Bad Wörishofen, Bad Wörishofen 1995, 44.
691 FRANZ KRAUTWURST, (Artikel) Trumscheit, in: Die Musik in Geschichte und Gegenwart 13 (1966), Sp. 852–856.
692 R. M. = (ROBERT MÜNSTER) in: Austellungskatalog GLANZ UND ENDE DER ALTEN KLÖSTER, SÄKULARISATION IM BAYERISCHEN OBERLAND 1803, München 1991, S. 175, Nr. 50.
693 GEORG BRENNINGER, Zur Freisinger Liturgiegeschichte, in: Ausstellungskatalog FREISING – 1250 JAHRE GEISTLICHE STADT, Freising 1989, S. 80.
694 FOLKER GÖTHEL (Hrsg.), Musik in Bayern, Band II: Austellungskatalog, Tutzing 1972, S. 144, Nr. 75 bzw. S. 118, Nr. 28.
695 Nach WALTER SENN, (Artikel) Jakob Stainer, in: Musik in Geschichte und Gegenwart 12 (1965), Sp. 1139–1145, hier Sp. 1144, hätte es keinen „Andreas Stainer" in Absam bei Innsbruck gegeben!
696 Zu Nicola Amati (1596–1684) – „Er war der berühmteste Geigenbauer von allen Amatis, zu seinen Lebzeiten von niemand übertroffen" – vgl. HANS-HEINZ DRÄGER, (Artikel) Amati, in: Musik in Geschichte und Gegenwart 1 (1949/51), Sp. 403–408, hier Sp. 406. Vgl. auch WILLIBALD LEO von LÜTGENDORFF, Die Geigen- und Lautenmacher vom Mittelalter bis zur Gegenwart, Frankfurt 1913 (= Nachdruck 6. Auflage 1968).
697 Zu Giacomo Antonio Stradivari in Cremona, der allerdings bereits 1737 starb (!) vgl. WALTER SENN, (Artikel) Stradivari, in: Musik in Geschichte und Gegenwart 12 (1965), Sp. 1422.
698 Zu Alexander Gagliano, Stammvater der neapolitianischen Geigenbauerschule (um 1660–um 1725, d. h. nicht 1790, wie auf obiger Violine signiert!) vgl. HANS-HEINZ DRÄGER, (Artikel) Gagliano, in: Musik in Geschichte und Gegenwart 4 (1955), Sp. 1243.
699 Ob die oben erwähnten vier Geigen zum alten Ausstattungsbestand des Klosters aus dem 18. Jahrhundert gehören, konnte nicht geklärt werden, ob sie wirklich von den genannten oder gemeinten, berühmten Geigenbauern stammen, müßte ein Fachmann untersuchen; in der Literatur wird immer auf die vielen „Trittbrettfahrer" in den Signaturen hingewiesen.

Zu EBERHARD DÜNNINGER, Die Bibliothek

700 Über die Bibliothek der Dominikanerinnen in Bad Wörishofen liegen weder gedruckte Quellen noch Sekundärliteratur vor. Die notwendigerweise skizzenhafte Darstellung beruht neben einer Autopsie der Bibliothek auf schriftlichen Aufzeichnungen des Klosters, dem „Bibliotheks-Plan" und dem handschriftlichen Katalog.
701 Auch sonstige Predigtliteratur (JOHANN ECK) reicht bis in das 16. Jahrhundert zurück.
702 Die Bibliothek weist Werke der auch im Dienst der Pädagogik stehenden schwäbischen Volksschriftsteller CHRISTOPH VON SCHMID und ISABELLA BRAUN auf.

Zu HERMANN LICKLEDER, Die Aufgaben eines Hausgeistlichen

703 Zitiert nach dem Manuskript P. Emerich Rueffs „Verrichtungen eines Beichtvaters des löblichen Frauenklosters Mariä der Königin der Engeln nach der neuen Einrichtung vom Jahre 1803. zusammengetragen und verzeichnet zu Wörishofen im Jahr 1804, von P. Emerich Rueff, Pred. Ord. Beichtvater daselbst" einerseits und dem entsprechenden Schriftstück vom Jahre 1900. Beide befinden sich im Archiv des Dominikanerinnenklosters Bad Wörishofen.
704 Lexikon für Theologie und Kirche, Spalte 132 f., Band 2, Sonderausgabe Freiburg 1985.
705 HONORIUS HAUSTEIN, Ordensrecht, ein Grundriß für Studierende, Seelsorger, Klosterleitungen und Juristen, Paderborn 1953, S. 97.
706 Codex iuris canonici, lateinisch-deutsche Ausgabe, hrsg. im Auftrag der Deutschen und der Berliner Bischofskonferenz, der österreichischen Bischofskonferenz, der Schweizer Bischofskonferenz sowie der Bischöfe von Bozen-Brixen, von Luxemburg, von Lüttich, von Metz und von Straßburg, Kevelaer 1983.
707 Dies gilt natürlich nur für Priesterordensgemeinschaften. Es steht hier in der Ermessensfreiheit des Oberen, er kann außer bei Todesgefahr oder anderen schweren Fällen die Entgegennahme der Beichte ablehnen.
708 Darunter ist wohl ein Erstickungsanfall zu verstehen.
709 Darunter ist das Profeßalter zu verstehen, also der Zeitpunkt seit Ablegen seiner Ordensgelübde.
710 Requiescat in pace (er solle ruhen in Frieden).
711 Besondere Bußwochen innerhalb des Kirchenjahres, die Wochen nach Pfingsten, dem dritten Septembersonntag, dem dritten Adventssonntag und dem ersten Fastensonntag.
712 Vgl. hierzu auch den Beitrag von HANS FREI, Rosenkranz und Rosenkranzbruderschaft im Dominikanerinnenkloster Bad Wörishofen, in diesem Buch S. 295.
713 P. Emerich verwendet die alte Bezeichnung „Hornung".
714 Pfingsthymnus „Komm Schöpfer Geist".
715 Auferstanden ist Christus der Herr ...
716 Innerhalb des Chorgebetes der Morgengesang.

717 Im Gegensatz zum einstimmigen Choral wird hier mehrstimmig gesungen.
718 Vom Lateinischen tertia hora, dritte Stunde, es ist die zweite kleine Hore (Stunde) des kirchlichen Stundengebets.
719 Vom Lateinischen sexta hora, sechste Stunde, es ist die dritte kleine Hore (Stunde) des kirchlichen Stundengebets.
720 Wie Anm. 716.
721 Das kirchliche Abendgebet.
722 Vor der Messe besprengt der Geistliche die Gläubigen mit Weihwasser, dazu wird das „Asperges me …", besprenge mich, gebetet oder gesungen.
723 Hierunter versteht man eine Messe für die Mitglieder des Klosters und die geistliche Betreuung von Kranken im Kloster.
724 Hierfür spricht sein ausgeprägtes historisches Interesse, das sich vor allem in der Abfassung einer Chronik sowie weiterer Aufzeichnungen, etwa über die Rosenkranzbruderschaft, niederschlug.
725 Auskunft von Sr. M. Regina Vilgertshofer O.P., der langjährigen Priorin des Klosters.
726 Die Zusammenstellung aller Wörishofener Beichtväter erarbeitete SR. M. BERNARDA SCHÄDLE, O.P., der ich für ihre Mühe sehr danke.

Zu SIEGFRIED DÖRPINGHAUS, Sebastian Kneipp

727 SEBASTIAN KNEIPP, Meine Wasserkur, 55. Auflage, Kempten 1895, Einleitung.
728 ALFRED BAUMGARTEN, Sebastian Kneipp – Biographische Studien, Berlin 1898, S. 24.
729 A.a.O., S. 14.
730 ALFRED BAUMGARTEN, Für und gegen Kneipp, Köln 1893, S. 14.
731 BAUMGARTEN (wie Anm. 728), S. 45.
732 SEBASTIAN KNEIPP, Kinderpflege in gesunden und kranken Tagen, 2. Auflage, Donauwörth 1890, S. 4.
733 WENDELIN WAIBEL, Kneipp – wie ich ihn erlebte, München 1955, S. 68.
734 KNEIPP (wie Anm. 732), S. 104.
735 A.a.O., S. 20.
736 BAUMGARTEN (wie Anm. 728), S. 122.
737 EBENDA.
738 SEBASTIAN KNEIPP, Ratgeber für Gesunde und Kranke, 3. Auflage, Donauwörth 1891, S. 44.
739 BAUMGARTEN (wie Anm. 728), S. 145.
740 KNEIPP (wie Anm. 732), S. 85.
741 KNEIPP (wie Anm. 727), Vorwort.
742 BAUMGARTEN (wie Anm. 728), S. 104.
743 A.a.O., S. 123.
744 A.a.O., S. 126.
745 WAIBEL (wie Anm. 733), S. 83.
746 EBENDA.
747 WAIBEL (wie Anm. 733), S. 94.
748 BAUMGARTEN (wie Anm. 728), S. 125.
749 A.a.O., S. 126.
750 A.a.O., S. 125.
751 A.a.O., S. 29.
752 A.a.O., S. 30.
753 SEBASTIAN KNEIPP, So sollt ihr leben, 4. Auflage, Kempten 1889, S. 157.
754 WAIBEL (wie Anm. 733), S. 57.
755 EBENDA.
756 WAIBEL (wie Anm. 733), S. 58.
757 STAMM-KNEIPP-VEREIN e.V. (Hg), Sebastian Kneipp – Pfarrer in Wörishofen, Bad Wörishofen 1981, S. 17.
758 WAIBEL (wie Anm. 733), S. 58.
759 A.a.O., S. 106.
760 STAMM-KNEIPP-VEREIN (wie Anm. 757), S. 21.
761 A.a.O., S. 163.
762 A.a.O., S. 9.
763 A.a.O., S. 6.

Zu HANS FREI, Rosenkranz und Rosenkranzbruderschaft

764 ROMANO GUARDINI, Der Rosenkranz Unserer Lieben Frau, Würzburg 1940. GISLIND M. RITZ, Der Rosenkranz, München 1962.
765 KARL JOSEPH KLINKHAMMER, Die Entstehung des Rosenkranzes und seine ursprüngliche Geistigkeit, in: 500 JAHRE ROSENKRANZ, Ausstellungskatalog, Köln 1975, S. 30–50.
766 Vgl. WALTER HARTINGER, Rosenkranz und Gebetszählgerät, Ausstellungskatalog, Passau 1983. ANNI HARTMANN, Der Rosenkranz als frommes Brauchgerät und Heilmittel des Volkes, in: WALTER PÖTZL (Hg.), Kirchengeschichte und Volksfrömmigkeit, Augsburg 1994, S. 264–286. Art. Rosenkranz, in: Marienlexikon Band 5, St. Ottilien 1993.
767 HARTMANN (wie Anm. 766), S. 270 ff.
768 500 JAHRE ROSENKRANZ, Ausstellungskatalog (wie Anm. 765), S. 129–199. HARTMANN (wie Anm. 766), S. 274 ff. Dokumentation der Sonderausstellung „Perlen der Andacht – Rosenkränze aus vier Jahrhunderten" des Schwäbischen Volkskundemuseums Oberschönenfeld 1996.
769 Vgl. dazu: HELENE und THOMAS FINKENSTAEDT, Stangerlsitzerheilige und Große Kerzen, Weißenhorn 1968.
770 LUDWIG REMLING, Bruderschaften als Forschungsgegenstand, in: Jahrbuch für Volkskunde 1980, S. 89–112.
WERNER SCHARRER, Laienbruderschaften in der Stadt Bamberg vom Mittelalter bis zum Ende des Alten Reiches, Geschichte – Brauchtum – Kultobjekte, in: Bericht des historischen Vereins Bamberg 126 (1990), S. 23–392.
771 THOMAS FINKENSTAEDT und JOSEF KRETTNER, Bruderschaften in Bayern, München–Würzburg 1980. EVA GILCH, Bruderschaften heute, eine empirische Untersuchung in der Stadt München, in: Beiträge zur altbayerischen Kirchengeschichte 38, München 1989, S. 235–272.
772 HATTO KÜFFNER, Zur Kölner Rosenkranzbruderschaft, in: 500 JAHRE ROSENKRANZ, Ausstellungskatalog, Köln 1975, S. 109–117.
773 WALTER PÖTZL, In der religiösen Gemeinschaft der Bruderschaften, in: WALTER PÖTZL (Hg.), Kirchengeschichte und Volksfrömmigkeit, Augsburg 1994, S. 224–245.
774 Vgl. REMLING und SCHARRER (wie Anm. 770).
775 Vgl. HANS WALLHOF, Perlen in unserer Hand, Limburg 1991.
776 Pfarrarchiv Bad Wörishofen, Tauf-, Sterbe- und Heiratsmatrikel 1639 bis 1680. In die älteste Pfarrmatrikel sind zwei Mitgliederlisten der Rosenkranzbruderschaft eingebunden, datiert 1662. Frdl. Hinweis des Archivars der Diözese Augsburg, Dr. Stefan Miedaner.
777 Vgl. WALTER PÖTZL, Das religiöse Leben der Bruderschaften, in: HANS FREI (Hg.), Das Reichsstift Irsee, Weißenhorn 1981, S. 113–132. FINKENSTAEDT und KRETTNER (wie Anm. 771).
778 Archiv des Bistums Augsburg, Dekanat Baisweil 1712. Vgl. STEFAN MIEDANER (Hg.), Aus zwölf Jahrhunderten Augsburger Bistumsgeschichte, Katalog zur Ausstellung des Bistumsarchivs Augsburg, Augsburg 1993, S. 31.
779 Archiv Kloster Bad Wörishofen. P. ANDREAS ROTH, Marianischer Schatzkasten … Augsburg 1724 (vgl. Abb. 275).
780 Vgl. den Beitrag von GEORG PAULA, Die Fresken in der Klosterkirche und im Schwesternchor, in diesem Buch S. 133.
781 BAB, Siegelamtsprotokoll 17. Dem Leiter des Archivs der Diözese Augsburg, Herrn Dr. Stefan Miedaner, verdanke ich zahlreiche Quellenhinweise und wichtige Anregungen.
782 Archiv des Bistums Augsburg, in: BO 3197 Bruderschaftsbrief.
783 M. Bernarda Schädle O.P., der Leiterin des Archivs und der Bibliothek der Dominikanerinnen, danke ich herzlich für tatkräftige Unterstützung bei der Quellensuche und für wichtige Hinweise.
784 Pfarrarchiv Bad Wörishofen, Instruktion zur Pfarrei Wörishofen, handschriftliche Chronik des Pfarrers JOHANN BAPTIST FEDERLE, 1778. Herrn Stadtpfarrer Otto Baumgärtner und Pastoral Georg Trautmann danke ich für die freundliche Hilfe bei der Quellensuche.
785 Pfarrarchiv Bad Wörishofen, Marianischer Magistrat. Die Handschrift ist in Leder gebunden und enthält die Eintragungen der Mitglieder des Bruderschaftsrates (Marianischer Magistrat) von 1781 bis 1906. Bis 1803 wird alljährlich die Prozessionsordnung für die Frauenfeste und Monatssonntage mit namentlicher Nennung aller Teilnehmer verzeichnet.
786 Marianischer Magistrat (wie Anm. 785).
787 Pfarrarchiv Bad Wörishofen: FEDERLE (wie Anm. 784).
788 Pfarrarchiv Bad Wörishofen: Rosenkranzbruderschaft der Lebenden 1780. Die Handschrift verzeichnet von 1780 bis 1967 die jährlich neu aufgenommenen Mitglieder namentlich und gibt häufig den Herkunftsort an. Ab 1884 werden alle Mitglieder neu eingeschrieben, nachdem Sebastian Kneipp die Genehmigung des Ordinariats für die Neuerrichtung dafür erhalten hatte (vgl. Anm 795).
789 Verkündbuch der Verstorbenen. Handschrift im Ledereinband. Von 1780 bis 1885 werden jährlich die zwischen den Rosenkranzfesten verstorbenen Mitglieder eingetragen. In das Buch werden ab 1924 die Namen der Mitglieder der 1923 neu errichteten Bruderschaft zum Troste der Armen Seelen im Fegfeuer (Sühneverein) eingetragen. Archiv Dominikanerinnenkloster Bad Wörishofen.
790 WERNER SCHARRER, Die St.-Barbara-Bruderschaft vom guten Tod, in: 850 Jahre Prämonstratenserabtei Speinshart, Speinshartensia, Bd. 2, 1995, S. 142–177.
791 EMERICH RUEFF, „Bericht von der im Frauenkloster zu Wörishofen errichteten Bruderschaft des heiligen Rosenkranzes", Manuskript 1803 (Transkription in Maschinenschrift). Original Staatsarchiv Augsburg, Abschrift im Archiv des Dominikanerinnenklosters Bad Wörishofen.
792 Staatsarchiv Augsburg, Regierung, 4604 II.

793 SCHARRER (wie Anm. 770), S. 57.
794 Archiv des Bistums Augsburg, BO 3197 (Bericht FRANZ XAVER HÖSS, 1827).
795 Pfarrarchiv Bad Wörishofen: Bruderschaftsbüchlein BALBINA DEGENHART von Unteriglingen 1851.
796 RASSO RONNEBURGER, Der Weltpriester Sebastian Kneipp, Fakten und Gedanken in Erinnerung an seinen 100. Todestag, in: Jahrbuch des Vereins für Augsburger Bistumsgeschichte 31, 1967, S. 26–27.
797 Schriftenreihe im Archiv des Bistums Augsburg, BO 3197.
798 Pfarrarchiv Wörishofen, Rosenkranzbruderschaft der Lebenden 1780 (wie Anm. 788).
799 Bruderschaft vom allerheiligsten Altarsakrament in der Pfarrkirche St. Justina und Bruderschaft des hochheiligen Rosenkranzes in der Klosterkirche zur Engelskönigin. Nachdruck Bad Wörishofen 1904. Archiv Dominikanerinnenkloster Bad Wörishofen.
800 Für freundliche Auskünfte danke ich Herrn Thomas Vögele, Bad Wörishofen.

Zu WALTER PÖTZL, Die Wallfahrt

801 Art. „Sekundärwallfahrt" (A. GRIBL) in: Marienlexikon, Band 6, S. 129; Art. „Loretokapellen" (W. PÖTZL) in: Marienlexikon, Band 4, S. 155. WALTER PÖTZL, Santa-Casa-Nachbildungen und Loreto-Patrozinien im Bistum Augsburg, in: Jahrbuch des Vereins für Augsburger Bistumsgeschichte 13, 1979, S. 7–33. Art.: „Architekturkopie" (F. MATSCHE) in: Marienlexikon, Bd. 1, S. 221–225. M. RÜDIGER, Nachbauten der Heiligen Kapelle von Altötting, in: Jahrbuch für Volkskunde 16, 1993, S. 161–187. Häufige Nachbildungen, die mitunter auch Sekundärwallfahrten auslösten, erfuhren die römischen Gnadenbilder Maria Schnee (Santa Maria Maggiore) und Maria del Populo, die Muttergottes von Genazzano (Maria vom guten Rat), Maria Trost von Bologna, Maria Hilf in Innsbruck und Passau (HELMUT SPERBER), Unsere Liebe Frau, Regensburg 1980; vgl. ferner die entsprechenden Artikel im Marienlexikon). Von den christologischen Gnadenbildern sind zu nennen: das Prager Jesulein, Herrgottsruh bei Friedberg und der Wiesheiland. Siehe hierzu THOMAS und HELENE FINKENSTAEDT, Die Wieswallfahrt, Regensburg 1981.
802 Art. „Einsiedeln" (J. SALZGEBER) in: Marienlexikon, Band 2, S. 308 f. Art. „Einsiedeln III" (E. GILOMEN-SCHENKEL) in: Lexikon des Mittelalters, Band 3, S. 1745 f.
803 Deutsche Jakobspilger und ihre Berichte, hrsg. v. KLAUS HERBERS, Tübingen 1988, S. 31 (Karte). In Einsiedeln nahm die „Obere Straß" ihren Anfang, die vor allem von den Pilgern aus Süddeutschland und den angrenzenden Ländern benützt wurde.
804 RUDOLF HENGGELER, Die Einsiedler Mirakelbücher, in: Der Geschichtsfreund, Mitteilungen des Historischen Vereins der fünf Orte Luzern, Uri, Schwyz, Unterwalden und Zug, 97, 1943, S. 99–273, u. 98, 1945, S. 53–233, hier S. 181–193 (Baden) u. 199–205 (Württemberg).
805 Die Mirakelbücher führen u. a. Pilger auf aus Augsburg (1730, 1741, 1753 u. 1786), Dietenheim (1726), Dirlewang (1763), Emmenhausen (1727), Erkheim (1723), Füssen (1727), Günzburg (1735), Gundelfingen (1732), Hainhofen (1731), Hergetsweiler (1723), Irsee (1731), Kaufering (1723), Kempten (1729), Klosterbeuren (1763), Landsberg (1740), Lauben (1765), Lechbruck (1725), Biberbach (1763), Marktoffingen (1728), Mindelheim (1753, 2 Personen), Mindelzell (1745), Neuburg a. d. Kammel (1764), Niederdorf (1745), Oettingen (1746), Osterlauchdorf (1732), Roggenburg (1737), Ruderatshofen (1728), Schwabsoyen (1765), Untrasried (1746), Unterthingau (1728), Wattenweiler (1767).
806 WERNER MEYER u. ALFRED SCHÄDLER, Die Stadt Dillingen an der Donau (= Die Kunstdenkmäler von Schwaben Band 6), München 1964, S. 580.
807 TILMANN BREUER, Stadt und Landkreis Memmingen (= Bayerische Kunstdenkmale Band 4), München 1959, S. 85. Die Jahreszahl nach einer in Buxheim vertriebenen Postkarte.
808 TILMANN BREUER, Stadt und Landkreis Kaufbeuren (= Bayerische Kunstdenkmale Band 9), München 1960, S. 197. MICHAEL PETZET, Landkreis Marktoberdorf (= Bayerische Kunstdenkmale Band 23), München 1966, S. 86 f.
809 LUDWIG DORN, Die Wallfahrten des Bistums Augsburg, St. Ottilien 1983, S. 60.
810 HEINRICH HABEL, Landkreis Mindelheim (= Bayerische Kunstdenkmale Band 31 Kurzinventar), München 1971, S. 47.
811 Katalog WALLFAHRT KENNT KEINE GRENZEN, München 1984, Nr. 307.
812 Stadt Dillingen (wie Anm. 806), S. 566.
813 EBENDA, S. 905.
814 FRANK OTTEN und WILHELM NEU, Landkreis Schwabmünchen (= Bayerische Kunstdenkmale Band 26), München 1967, S. 47.
815 EBENDA, S. 28; WALLFAHRT KENNT KEINE GRENZEN (wie Anm. 811), Nr. 306; WALTER PÖTZL, Kirchengeschichte und Volksfrömmigkeit (= Der Landkreis Augsburg, Band 5), Augsburg 1994).
816 Landkreis Schwabmünchen (wie Anm. 814), S. 128 f.
817 WALLFAHRT KENNT KEINE GRENZEN (wie Anm. 811), Nrn. 316, 317, 320, 321.
818 Stadtarchiv Augsburg, Hochzeitsamtsprotokolle 1688–1695, S. 206.
819 Chronik ANDREAS ROTH, 6. Kapitel § 3/Umschrift S. 92.
820 Staatsarchiv Augsburg, KL Augsburg St. Katharina, MüB Lit. 14.
821 Art. „Lauretanische Litanei" von WALTER DÜRIG, in: Marienlexikon, Band 4, 33–42.
822 SPERBER (wie Anm. 801), S. 99 ff. Im Wörishofener Mirakelbuch ist allerdings immer wieder von der Einsiedler Kapelle die Rede.
823 Pfarrer in Stockheim war damals Balthasar Ambos. Seine Eltern stifteten eine noch in Klosterlechfeld vorhandene Votivtafel, da Balthasar als 16jähriger in den Brunnen gestürzt war. Als Priester ließ er 1707 die Votivtafel renovieren; WATLER PÖTZL, Lebensbilder zu Bildern aus dem Leben, Augsburg 1991, S. 170–175.
824 Chronik ANDREAS ROTH, 6. Kapitel § 3/Umschrift S. 93.
825 Zum ganzen Komplex immer noch grundlegend: LENZ KRISS-RETTENBECK, Ex voto. Zeichen, Bild und Abbild im christlichen Votivbrauchtum, Zürich und Freiburg i. Br. 1972. Art. „Mirakelbücher" von HANS PÖRNBACHER u. WALTER PÖTZL, in: Marienlexikon, Band 4, S. 464 f. sowie WALTER PÖTZL, Kirchengeschichte (wie Anm. 815), S. 193–210 (Die Bewältigung des gefährdeten Alltags im Glauben); die genannten Personen lassen sich in der Regel in den Matrikeln und in anderen archivalischen Quellen feststellen, vgl. PÖTZL, Lebensbilder (wie Anm. 823), S. 166–212).
826 PÖTZL, Kirchengeschichte (wie Anm. 815), S. 187–189.
827 EBENDA. DERSELBE, Die Wallfahrt zum Prager Jesulein in Oberschönenfeld, in: WERNER SCHIEDERMAIR (Hg.), Kloster Oberschönenfeld, Donauwörth 1996, S. 149 ff.
828 PETER ASSION, Geistliche und weltliche Heilkunst in Konkurrenz. Zur Interpretation der Heilslehren in der älteren Medizin- und Mirakelliteratur, in: Bayerisches Jahrbuch für Volkskunde 1976/77, S. 7–23. WILLIBALD THEOPOLD, Mirakel-Heilung zwischen Wissenschaft und Glauben, München 1983.
829 Ganz im Topos dagegen bleiben die Wendungen „und weilen die natürliche Mittel nit erklägken wollten hat sie Ihr zuflucht zu unserer Einsiedlichen Mutter der barmherzigkeit genommen" (1722 Nr. 5) und „wo ihm weder Bader noch Doktor hat helfen können" (1766 Nr. 4) oder „Er habe aller Orthen mittel rath und that gesuchet und angewendet; aber alles Vergebens und ohne Verbösserung und Linderung Viel weniger zu Einer Erledigung" (1766 Nr. 1).
830 Nicht so anschaulich beschrieben werden folgende Krankheiten: Die großen Leibschmerzen von Bartholomäus Linders Hausfrau (1730 Nr. 6), das Seitenstechen des Priesters (1734 Nr. 5), der Rotlauf der Barbara Hintermayr in Wörishofen (1735 Nr. 1), das gefährliche Geschwür am Hals einer Wörishoferin (1755 Nr. 4), die „Charweinerin" (s. o.), deren Tochter „am ganzen Leib voll der Geschwür und ayß gewesen" (1755 Nr. 7), Scholastika Wachter (s. o.) hat „sehr große Schmerzen gelitten, des Nachts biß 10 biß 15 mahl aufgestanden, ohne daß sie der Notwendigkeit pflegen können" (1735 Nr. 7), Andreas Schuster in Frankenhofen befand sich „in sehr müßlichen umständen seiner Gesundheit" (1766 Nr. 4).
831 Zur Sprach- und Erzählform von Mirakelbüchern vgl. HERMANN BACH, Mirakelbücher bayerischer Wallfahrtsorte, Untersuchungen ihrer literarischen Form und ihrer Stellung innerhalb der Literatur der Zeit, Phil. Diss., München 1963. Art.: Mirakelbücher I, Literaturwissenschaft (H. PÖRNBACHER) in: Marienlexikon, Band 4, S. 464 f., auch Art. Mirakel (M. LEMMER) EBENDA, S. 460–464.
832 Das Haus, in dem Bartholomäus Liekes wohnte, stand „unweit von des ambt Knechts Haus".

Anhang

A. Ausgewählte Urkunden zur Frühgeschichte des Klosters Hl. Geist > St. Maria > St. Katharina in Augsburg und zu den Schenkungen der Christina v. Fronhofen

I.

Der Vogt Heinrich gen. Vraz sowie Bürger und Volk von Augsburg beurkunden die Schenkung eines Ackers durch den Domherrn Ulrich Vitztum sowie durch Heinrich v. Algishausen, seine Frau und seine Söhne an die Kirche Hl. Geist *in prato* sowie an die dortigen Schwestern, welcher Acker bislang auf Lebenszeit verliehenes Lehen vom Augsburger Kloster St. Stephan war.

[Augsburg,] 1239 Februar

Honor sancte et indiuidue trinitati et in terra pax hominibus Amen. Vniuersis hanc literam inspecturis, Hainricus dictus Vraz aduocatus omnesque burgenses et populus Augustensis presentis uite pariter et future felicitatem. Obliuio et malignitas hominum humana negocia sepius perturbare consueuerunt, si literis et testibus non fuerint solidata. Ad hunc itaque errorem euitandum significamus singulis et uniuersis, quod dominus V̊lricus vicedominus et majoris ecclesie Augustensis canonicus, dominus hainricus de Aleginshusen et uxor sua offemia atque duo filii eorundem hainricus et sifridus quedam agrum ad spacium vite eorum habebant de monasterio et conuentu sancti stephani in Augusta, quem ecclesie sancti spiritus in prato aput Augustam et sororibus ibidem deo seruientibus donauerunt. Vt autem hec donacio dictis sororibus qundiu supradicte persone uixerint rata permaneat et inconuulsa, hanc literam sigillo aduocati et nostro eis dedimus communitam. Testes sunt hii. Hainricus dictus vraz. Luipoldus burggrauius. Cv̊nradus koppe. Ebirhardus de wizzingen. Rv̊dolfus de sundernhaim. V̊lricus fundanus. Cv̊nradus barba. Hainricus schogv̊are. Cancellarius hesse. V̊lricus de stainkirche. Hec acta sunt in publico judicio Anno gracie Millesimo. cc. xxxviiii. mense Febr.

Das [Orig. Perg.] ist mit der Urkundensammlung der Deutschen Gesellschaft zur Erforschung vaterländischer Sprache und Altertümer in Leipzig im Zweiten Weltkrieg 1943 durch Bombentreffer verlustig gegangen. Angaben zu den beiden Siegeln [nach dem u. a. Druck]: das erste war bis auf ein Reststück abgefallen, das zweite beschädigt [Siegelbild: *ein auf vier Zinnen stehender Wolf mit der Umschrift HEINRICH ... A ...*]. – Druck: MITTHEILUNGEN DER DEUTSCHEN GESELLSCHAFT VATERLÄNDISCHER SPRACHE UND ALTERTHÜMER, Bd. 1. Leipzig 1856, S. 133–134 Nr. V.

II.

Der erwählte römische König Konrad IV. nimmt das Kloster im *Griez* bei Augsburg in seinen und des Reiches Schutz.

Bei Harburg (Schwaben), 1239 Mai

1 ConR(adus), diui aug(us)tj Imp(erator)ris FR(iderici) fili(us), dei gr(ati)a Rom(anorum) in Regem El(e)ctus Semp(er) Aug(ustus) et Heres Regni Jer(oso)l(i)mit(arum) Vniu/er-)
2 sis imp(er)ii fidelib(us) presentes litt(er)as inspect(ur)is Im p(er)petuu(m). Quanto diuina potentia n(ost)ros ampliat tytolos et extollit uberius
3 tanto illi deuoti(us) c(ir)ca eccl(es)iar(um) p(ro)fect(us) censem(us) nos merito debitores. Hac siquide(m) ratione notu(m) esse uolum(us) tam (p(re)sentib(us) q(ua)m
4 fut(ur)is, q(uod) nos deuotis supplica(tio)nib(us) priorisse et conuent(us) in loco, qui d(icitu)r Griez ap(u)d Aug(us)tam sub reg(u)la beatj Augustini de-
5 gentiu(m fauorabil(ite)r inclinatj Monast(er)ium ip(s)ar(um) et p(er)sonas i(n) eo d(omi)no Famulantes, cu(m) vniu(er)sis possionib(us) et bonis suis, que in p(re)sen-
6 ciar(um) iuste posside(n)t aut in fut(ur)um iustis modis pot(er)unt adipisci, sub n(ost)re et imp(er)ii p(ro)tectionis gr(ati)a recepim(us) speciali. Man-
7 damus et p(er) optentu(m) pat(er)ne et n(ost)re gr(ati)e precipientes firmit(er) et districte. quaten(us) n(u)lla p(er)sona humil(is) u(e)l alta, eccl(es)iastica
8 u(e)l mundana, eade(m) priorissam u(e)l sorores easdem, cont(ra) presentis p(ro)tectio(n)is n(ost)re gra(tia)m presumat u(e)l audeat impe-
9 dire. Q(uo)d, qui presumps(er)it, indignatione(m) n(ost)ram et Imp(er)ii se sciat irrecup(er)abil(ite)r i(n)curisse. Dat(um) ap(ud) Horburc
10 Anno D(omi)nice inCarnat(ionis) Mill(esim)o Ducent(esi)mo Tricesimo Nono, Mense Maij. Duodecime Indict(ionis).

Orig. Perg., lat. – LO: StAA, KL. AUGSBURG-ST. KATHARINA, URK. 1 (früherer LO am Bayerischen Hauptstaatsarchiv: KS 762). – Abb. bei JUHNKE S. [64]. – Druck: MONUMENTA BOICA, Bd. 30/1, München 1834, S. 272–273; JUHNKE S. 103.

III.

Bischof Siboto von Augsburg nimmt die *ecclesia collegiata* des Ordens des hl. Augustins, die von ihm auf einer von der Priorin *Dyemůdis* von *Medingen* von Äbtissin Adelhaid und Konvent des hl. Stephan gekauften *area* begründet worden ist, in seinen und der hl. Jungfrau Maria Schutz.

Augsburg, 1239 September 10

Siboto Dei gratia Augostensis ecclesie episcopos, vniuersis Christi fidelibus presentem litteram inspecturis salutem in domino. Notum esse cupimus vniuersis, quod cum domina Dyemůdis priorissa de Medingen Augustam uenisset, et ab Adelhaide abbatissa sancti Stephani et conuentu ipsius aream in pratis comparasset et eam siue proprietatm eiusdem aree nobis et ecclesie nostre tradi fecisset, petens a nobis, ut in eadem area collegiatam ecclesiam sororum ordinis sancti Augustine erigeremus et in honore sancte Dei genitricis Virginis Marie fundaremus. Nos igitur attendentes, quia etsi religionem non habemus, in aliis tamen fouere teremur, ipsius postulationi grato affectu concurrentes, ecclesiam collegiatam sororum ordinis sancti Augustini ibidem ereximus et fundauimus in honore glorose Virginis Marie, et easdem sorores cum omni familia ipsarum et locum supranominatum cum oimnibus suis pertinentiis sub nostram et sanctissime Dei genitricis Virginis Marie suscepimus protectionem, et titulo conuentualium ecclesiarum religionem sanctam professarum hoc collegium ascripsimus et libertati et iuri earum conuentualium ecclesiarum, que per nostram dyocesim constitute sunt, associauimus. Et quia emptio et traditio supradicte aree nobis et ecclesie facta et ibidem religionis institutio non fuerit in scripturam redacta, venit Gerdrudis priorissa eiusdem loci cum conuentu suo petentes a nobis humiliter et deuote, ut ea, que coram nobis et per nos circa emptionem predictam et traditionem ac religionis institutionem facta fuerant, in autenticam faceremus redigi scripturam, ne forsan tractu temporis in obliuionem reuocarentur, et a memoria hominum laberontur. Quapropter nos attendentes, quod omnium habere memoriam, in nullo peccare non est humanitatis sed tantum diuinitatis, earum rationabili postulationi annuentes, presentem litteram fecimus conscribi et sigillis nostro et capituli Augustensis ecclesie com(m)uniri. Datum Auguste anno dominice incarnationis millesimo. c°c°. xx°x. nono, quarto idus Septembres, presidente d(omi)no Gregorio papa nono.

Abschr. Pap. (datiert 30. 3. [18]61) von Anton Steichele nach dem Orig. [Perg.], die beiden, an Seidenschnur (die eine Schnur rot, die andere rot-gelb) befestigt gewesenen S fehlend. Steichele erhielt die [wohl aus dem Kloster Maria Medingen stammende] Urkunde 1849 vom damaligen Bergheimer Pfarrer Hader. – LO der Abschrift: Studienbibliothek Dillingen a. d. Donau, Bücherei Steichele-Schröder, Materialsammlung, Karton 10.

IV.

Christina v. Fronhofen, Witwe des Heinrich v. Wellenburg, übergibt zu ihrem Seelenheil ihren Besitz u. a. zu Wörishofen an Bruder Friedrich gen. von Rothenburg O.P. und überläßt ihm die Entscheidung, auf welche von drei genannten Arten dieser Besitz künftig genutzt werden soll.

[Bad] Wörishofen, 1243 Mai 18

1 Notum sit om(n)ib(us) presentib(us) ' q(uo)d Ego xpina [Christina] dicta de Fronehoven ' uidua quondam Heinrici de
2 Wellenburch ' uolens saluti mee in posteru(m) prouid(er)e decreui ' om(n)es possesiones meas quas habeo ' siue in
3 Werneshouen ' siue alibi ' p(ro) remedio a(n)i(m)e mee i(n) pias causas et elemosinas erogare. Q(u)ia u(er)o coe ho(min)is nu(m)q(ua)m in eode(m) sta-
4 tu p(er)manet(ur) ne aliquor(um) p(er)suasio(n)ib(us) u(el) instancia ' co(n)tingat me i(n) co(n)trariu(m) imnutari ' p(re)stito sac(r)ame(n)to obligaui me '
5 q(uo)d om(n)es p(os)sessio(n)es meas i(n)tuitu elemosine dabo s(e)c(un)d(u)m co(n)silium Fr(atr)is Friderici dicti de Rotenbůrch Ordinis p(re)di-
6 cator(um) · siue uolu(er)it q(uo)d ue(n)dant(ur) et peccunia i(n)tuitu elemosine det(ur) ' siue uelit ut claust(ru)m de eisde(m) possesio(n)ib(us)
7 fu(n)det(ur) · ' siue ut aliis piis locis eede(m) p(os)sessio(n)es (con)f(er)ant(ur) · quicq(ui)d sup(er) hoc ordinau(er)it ratu(m) h(ab)eo (et) h(ab)ebo. Insup(er) penam
8 adicio · q(uo)d si ordinato(n)i sue i(n) aliq(u)o (con)t(r)aria fu(er)o ' imino si efficacit(er) (et) studiose quicq(ui)d sibi sup(er) hiis uisu(m) fu(er)it n(on) co(m)pleu(er)o. '
9 om(n)es p(os)sessio(n)es meas i(n) man(us) d(i)c(tu)i fr(atr)is Friderici ' t(r)ado ' q(uo)d ip(s)e ha(be)t auc(torita)te(m) (et) potestate(m) eas n(on) obsta(n)te (con)t(r)adict(i)o(n)e mea ' cui u(e)l
10 quib(us)cu(m)q(ue) uolu(er)it (con)f(er)endi · (et) s(e)c(un)d(u)m ha(n)c (con)dicio(n)em renu(n)cio om(n)i iuri meo q(uo)d m(ih)i in d(i)c(t)is pos-sio(n)ib(us) co(m)petebat · Acta su(n)t
11 hec anno d(omi)ni Mill(esim)o Ducentesimo Quadragesimo T(er)cio · xv° · K(a)l(endas) Junii in Eccl(esi)a S(an)c(t)e Justine Jn Wer-
12 neshoven. Testes u(er)o sunt d(i)c(tu)s FR(ater) Frideric(us) de Rotenburch · RF(ater) CůnRadus dict(us) de Wizenhorn · Or-
13 dinis p(re)dicator(um) · Livtgardis d(i)c(t)a de Kambeloch · Quia Sig(i)ll(u)m p(ro)priu(m) non h(ab)eo ' ad munimen d(i)c(t)i f(a)c(t)i Sig(i)llo
14 quo(n)da(m) Heinrici de Svmerowe mariti mei presente(m) pagina(m) roboraui.

Orig. Perg., mit 1 leicht besch. S. (dreieckig) an Pressel. RV: Cam(er)arius / de wellenbvrc // Cristina / latin [14./15. Jh.]. Die Urkunde hat Lesezeichen, welche bei der Textübertragung als ' berücksichtigt wurden. – LO: Archiv des Bistums Augsburg, Urk. 52/1. – Abb. in Wörishofen. Beiträge zur Geschichte des Ortes, Wörishofen [1967], S. 79 (mit Übersetzung auf S. 78) sowie Seitz, S. 15.

V.

Bischof Siboto von Augsburg bestätigt die Übergabe des Kirchensatzes zu *Wǒreshofen* durch die Witwe *Cristina* (des Ritters Heinrich v. Wellenburg, Kämmerer seiner Kirche), welcher ihr als Erbe gehört hatte, an die Schwestern *in harena* außerhalb der Befestigung *(estra muros)* der Stadt Augsburg. Er behält sich im Falle einer Vakanz vor, dorthin einen Ewigvikar zu setzen.

[Augsburg,] 1245

Siboto Dei gratia Augustensis ecclesiae episcopus, omnibus in perpetuum. Quoniam ex injuncto nobis natae pastorali officio pro modulo facultatum et jurium nostrorum providae tenemur, ut nostris temporibus ea, quae ad tandem Dei et religionis cultum pertinent, proficiant in melius et multiplicetur in bono, ne in nouissimo die magni examinis tanquam mercenarii reprobemur a Domino, qui mercedem pastoribus super gregem suum bene vigilantibus praeparare et repromittere dignatus est salutarem, quam ab ipso non precepturos non dubitamus, si promotiorum locorum religiosorum et personarum Deo ibidem famulantium operam dederimus efficacem.
Nouerint igitur universi tam praesentes quam posteri, quod devota foemina Cristina nomine vidua Henrici militis domini de Wellenburch ecclesiae nostrae quondam camerarii, considerans cuncta quibus iste mundus arridere solet mortalibus esse caduca et lubrica, in deficiente Dei amorem praeponens universis, parce nolens serere, ne in die missionis extremae parce et metenet, Jus patronatus ecclesiae in Wǒreshoven quod jure haereditario ad ipsam pertinere, considerata paupertate et necessitate vitae humilium sororum in harena extra muros civitatis Augustensis militantium sub sancti Augustini regula et ordine sororum sancti Sixti in urbe Roma, pure et integre praesente capitulo nostro collegio contulit earundem, petens sanctam donationem sigilli nostri et ecclesiae testimoniis roborari. Nos igitur piae devotionis eius congaudentes in super et omnimodo paupertati praedictarum Sororum compatientes, de consilio et consensu fratrum ac canonicorum nostrorum statuimus, ut tam possessiones quam decimae necnon omnia ecclesiae praedictae attinentia earum proventibus et stipendiis, deserviant omnino et usque in sempiternum, proviso tamen, ut, dum vacare ceperit, nobis nostrisque successoribus investiendum repraesentet Vicarium perpetuum, qui et nobis de nostra justitia respondeat et ibidem salute provideat animarum, cui et ipsae in praebenda decima librorum Augustensium valente annuatim providebunt nec et amplius tenebuntur.
Acta sunt haec anno dominicae Incarnationis Millesimo ducentesimo quadragesimo quinto, in praesentia Ludovici praepositi, Sigfridi decani, Hermanni Scholastici et totius capituli majoris ecclesiae. Ad hujus autem concessionis nostrae perpetuam firmitatem praesentem paginam sigilli nostri capituli majoris ecclesiae munimine roboramus.

Abschrift etwa Mitte des 19. Jahrhunderts auf Pap. (offenbar aus dem sog. Pfarrurbar von Wörishofen) mit der Anmerkung: *Die Urk. wird ibid. p.q. beschrib. Sie sei in der Kloster Registratur sub Lade 3 nr. 19 mit zwei wächsenen Oval-Signeten von gelb und rother Seiden begängenen Schnure.* – LO der Abschrift: Studienbibliothek Dillingen a. d. Donau, Bücherei Steichele-Schröder, Materialsammlung, Karton 68, St. Katharina fol. 15. – Auszugsweiser Druck: Anton Steichele, *Das Bistum Augsburg, historisch und statistisch beschrieben*, Bd. 2, Augsburg 1864, S.598 Anm. 3 (mit dem Hinweis: Urk. abschr. in Weresh.).

VI.

Bischof Siboto von Augsburg erlaubt mit Zustimmung seines Kapitels sowie mit Rat und Gunst der Ministerialen seiner Kirche den Schwestern *in Harena* zu Augsburg den ewigen Besitz von Gütern in Stadt und Land, auch den von Lehen, die den Schwestern von diesen Ministerialen entweder verkauft, als gutes Werk übertragen oder testamentarisch vermacht worden sind.

[Augsburg], 1245 Juni 13

1 In nomine patris et filij (et) sp(i)r(itus) s(an)c(t)i amen. Siboto d(e)i gr(ati)a Augusten(sis) eccl(es)ie Ep(is)c(opus). Om(n)ib(us) p(re)sentem pagina(m) inspecturis. Salut(em)
2 in ih(es)u xpo [= christo]. Ne temp(or)alis uariabilitas successus p(er)imat ea que piis intent(i)o(n)ib(us). a xpi [= christi] fidelib(us) in eccle(s)ia d(e)i ordinant(ur). talia (con)sueueru(n)t
3 litt(er)ar(um) munimi(n)e robarari. Sane q(ua)muis ex offocio[!] sollicitud(in)is pastoralis. omnibus locis nob(is) subiectis ade(ss)e teneam(ur). eis tam(en) beneuolentie
4 maioris aff(ec)tu. intend(er)e cupim(us) ut debem(us). v(iri) cetus d(e)o famulantiu(m). sub regularib(us) disciplinis (et) h(ab)itu religonis. iugit(er) in lau-did(us) d(omi)ni p(er)seu(er)at.
5 Quap(ro)pter nou(er)int uniu(er)si. q(uo)d nos de (com)muni toti(us) Cap(itu)li n(ost)ri assensu. nec no(n) de unanimi Minist(er)ialiu(m) eccl(es)ie n(ost)re (con)silio (et) fauore. religiosis d(omi)nab(us) ac de[-]
6 uotis sororib(us) in Harena. August(ensi). indulgem(us) (et) (con)cedim(us) p(re)sentiu(m) auct(orita)te. ut poss(essi)o(n)es p(ro)p(ri)etatu(m) seu p(re)dior(um) rustice u(e)l urbane. Minist(er)ialiu(m) eccl(es)ie n(ost)re. ac feudor(um)
7 q(ue) ab eisdem u(e)l ab aliis. a n(ost)ra eccl(es)ia possident(ur). siue tit(u)lo empt(i)o(n)is ad ip(s)as p(re)fate poss(essi)o(n)es p(er)uen(er)int. siue (et) piis i(n)tent(i)o(n)ib(us) fideliu(m) ip(s)is fu(er)int collate
8 u(e)l ex legat(i)o(n)e fideliu(m) defunctor(um) relicte. ap(ud) ip(s)as imp(er)petuu(m) remanea(n)t pleno iure. Vt au(tem) p(re)fate d(omi)ne ac sorores. sup(er) indulsio(n)e ac (con)cessio(n)e

9 n(ost)ra. tam a nob(is) q(uam) a n(ost)ris successorib(us). n(u)llam deinceps om(n)ino patiant(ur) calu(m)pnia(m). u(e)l sustinea(n)t molestat(i)o(n)em. ip(s)is p(re)sente(m) pagina(m) sup(er) eadem
10 (con)sc(ri)ptam. sigillor(um) n(ost)ri (et) Cap(itu)li n(ost)ri fecimu(us) munimi(n)e roborari. Testes aut(em) hui(us) sunt. Lvdewic(us) Prepo(s)it(us). Sifrid(us) Decan(us). Hermann(us) sco[-]
11 lastic(us). Heinric(us) Cellerari(us). Lvdewic(us) Oblaic(us). Mag(iste)r Conrad(us). Vlric(us) viced(omi)n(u)s. Vlric(us) de Altheim. W(er)nher(us) Custos. Chvno Pleban(us). Sifrid(us)
12 Jnningen(sis). Rvp(er)tus de Svmerŏwe. Albert(us) Gusso. Vlric(us) Knoringen(sis). Hermann(us) Summ(us) villic(us). einric(us) de Beizwiler. Canonici Au[-]
13 gusten(ses). Ad h(aec). Vlric(us) de Zvsemeke. hermann(us) de Radowe. Eberhard(us) Summ(us) villic(us). Sifrid(us) de Bannaker. Milites (et) Minist(er)iales
14 eccl(es)ie n(ost)re. Ac alij quam plures tam clerici quam laici. Act(a) sunt h(aec). presidente. Jnnnocent(io) p(a)p(a). iiij°. Jmperante Friderico
15 Jmp(erato)re. Anno domini. M°. C°C. x°1. v°. Jndict(i)o(n)e. iij°. Ydibus Junij. feria. iij^a.

Orig. Perg., mit 2 Siegeln (1 spitzoval, 2 rund) an gelbroten gedrehten Seidenfäden. – RV: Laden N:° 57 N:° Z sowie Inhaltsangabe (18. Jh.) auf Rasur. Die originale Interpunktion, die als Lesezeichen aufzufassen ist, wurde beibehalten. – LO: StAA, Kl. Augsburg-St. Katharina, Urk. 1/1.

VII.

Papst Innozenz IV. erläßt eine Aufforderung zur Unterstützung von Priorin und Konvent des Klosters St. Maria *in Harena* beim Aufbau von Kirche, Kloster., Häusern und gewährt dazu einen Ablaß.

Lyon, 1246 Januar 8

Innocentius episcopus seruus seruorum dei Uniuersis christi fidelibus ad quos littere iste peruenerint Salutem et apostolicam benedictionem. Quoniam ut ait apostolus omnes stabimus ante tribunal chrsiti recepturi prout in corpore gessimus, siue bonum fuerit siue malum, oportet nos diem messionis extreme misericordie operibus preuenire ac eternorum intuitu seminare in terris, quod reddente domino cum multiplicato fructu recolligere debeamus in celis, firmam spem fiduciamque tenentes, quoniam qui parce seminat parce et metet, et qui seminat in benedictionibus de benedictionibus et metet uitam eternam. Cum igitur dilecte in christo filie ·· Priorissa et Conuentus Monasterii Sancte Marie in Harena ordinis sancti Augustini extra muros Civitatis Augustensis, sicut ex parte ipsarum fuit propositum coram nobis, ecclesiam, claustrum et domos ipsarum usibus oportunos edificare ceperint opere plurimum sumptuoso, et super hoc fidelium subsidiis indigeant adiuuari, cum eis ad tanti consumationem operis proprie nun suppetant facultates, vniversitatem uestram rogamus, monemus et hortamur in domino in remissionem uobis peccaminum iniungentes, quatinus de bonis a deo uobis collatis pias eis ad hoc elemosinas et grata caritatis subsidia erogetis, ut per subuentionem vestram dictum opus ualeat consumari, et uos per hec et alia bona, que domino inspirante feceritis, ad eterne possitis felicitatis gaudia peruenire. Nos enim de omnipotentis dei misericordia et beatorum Petri et Pauli apostolorum eius auctoritate confisi omnibus uere penitentibus et confessis, qui eis manum porrexerint adiutricem, Quadraginta dies de iniuncta sibi penitentia misericorditer relaxamus. Datum Lugduni vi Id. Ianuarii Pontificatus nostri Anno Tertio.

Das [Orig. Perg.], Bleisiegel nicht erhalten, lag in der Urkundensammlung der Deutschen Gesellschaft zur Erforschung vaterländischer Sprache und Altertümer in Leipzig und ist dort 1943 im Zweiten Weltkrieg durch Bombentreffer vernichtet worden. – Druck: Mittheilungen der Deutschen Gesellschaft Vaterländischer Sprache und Alterthümer, Bd. 1, Leipzig 1856, S. 139–140 Nr. VIII.

VIII.

Papst Innozenz IV. erteilt Priorin und Schwestern der Augsburger Kirche St. Maria in *Harena extra muros* ein Privileg. Er nimmt das Kloster in seinen Schutz, bestätigt ihm u. a. seinen Besitz (Kirchensatz zu Wörishofen, Güter zu Bachern [Bachingen], zu Lechhausen [*vsen* = Husen[1]], Kissing, ein Haus in der Stadt Augsburg, und erläßt einzelne Bestimmungen für die klösterliche Gemeinschaft.

Lyon, 1246 Februar 8[2]

1 INNOCENTIUS EP(iscopu)S SERUUS SERUORUM DEI. DILECTIS IN XPO [= Christo] FILIABUS. PRIORISSE ECCL(es)IE S(an)C(t)E MARIE IN HARENA EXTRA MUROS AUGUSTEN(sis) CIUITATIS EJ(us)Q(ue) SORORIBUS TAM PRESENTIB(us) QUA(m) FUTURIS REGULAREM UITA(m) P(ro)FESSIS IN P(er)P(etuu)M.
2 Religiosam uitam eligentibus ap(osto)licum conuenit adesse presidium ne forte cuiuslibet temeritatis incursus. aut eas a proposito reuocet aut robur q(uo)d absit sacre religionis eneruet. Ea propter dilecte in xpo [= christo] filie u(est)ris iustis po[-]
3 stulationisbus clementer annuimus. et eccl(es)iam sancte Marie in harena extra muros Augusten(sis) Ciuitatis in qua diuino estis obsequio mancipate beati Petri et n(ost)ra protectione suscipimus. et presentis scripti priuilegio communim(us).
4 In primis siquidem statuentes ut ordo caonicus qui secundum deum et beati Augustini regulam in eadem eccl(es)ia institutus esse dinoscitur perpetuis ibidem temporibus inuiolabiliter obserueture. Preterea quascumq(ue) possesio[-]
5 nes quecumq(ue) bona dicta eccl(es)ia in presentiarum iiuste ac canonice possidet aut in futurum concessione pontificum largitione Regum uel Principum oblatione fidelium seu alijs iustis modis prestante d(omi)no poterit adipisci
6 firma uobis et hijs que uobis successerint et illibata permaneant. In quibus hec proprijs duximus exprimenda uocabulis. Locum ip(su)m in quo prefata Eccl(es)ia sita est cum omnibus pertinentijs suis Jus patronatus quod habetis in
7 eccl(es)ia sancte Justine de Werneshouem in Bachingen in vsen et in Kiscigen predia. annuum redditu(m) Trium librar(um) Augusten(sium) de domo quam habetis in Ciuitate Augusten(si) cum terris pratis uineis nemoribus usuagrijs
8 et pascuis in bosco et plano in aquis et molendinis in uijs et semitis et omnibus alijs libertatib(us) et immunitatibus suis. Sane noualium u(est)rorum que proprijs sumptibus colitis de quibus aliquis hactenus non percipit siue de
9 uestrorum animalium nutrimentis nullus a uobis decimas erigere uel extorquere presumat. Liceat quoq(ue) uobis personas liberas et absolutas fugientes e seculo ad conuersionem recipere et eas absq(ue) contradictione aliqua reti[-]
10 nere. Prohibemus insuper ut nulli sororum uestrarum post factam in Eccl(es)ia uestra professionem fas sit siue priorisse sue licentia nisi artioris religionis obtentu de eodem loco discedere. Discedentem uero absq(ue) communium u(est)rarum
11 litterar(um) cautione nullus audeat retinere. Cum aut(em) generale interdictum terre fuerit liceat uobis ianuis exclusis excommunicatis et interdictis non pulsatis campanis uoce suppressa diuina officia celebrare. dum modo
12 c(aus)am non dederitis interdicto. Crisma uero oleum sanctum consecrationes altarium seu basilicarum benedictio(n)es cano(n)icar(um) Mo(n)ialium a diocesano suscipietis Ep(iscop)o si quidem catholicus fuerit et gr(ati)am et communionem sacros(an)c(t)e
13 Romane sedis habuerit. et ea uobis uoluerit sine prauitate aliqua exhibere. Prohibemus insuper ut infra fines parrochie uestre nullus sine assensu diocesani Ep(iscop)i et uestro Capellani seu oratorium de nouo construere
14 audeat saluis priuilegijs pontificum Romanor(um). Ad hec nouas et indebitas exactiones ab Archiep(iscop)is et Ep(iscop)is Archidiaconis seu Decanis alijsq(ue) om(n)ib(us) ecclesiasticis secularibusue personis a nobis omnino fieri prohibemus. Sepul[-]
15 turam quoq(ue) ip(s)ius loci liberam esse decernimus. ut eorum deuotioni et extreme uoluntati qui se illic sepeliri deliberauerint nisi forte excommunicati ueö interdicti sint aut etiam publice usurarij nullus obsistat, salua tameniustitia illa[-]

16 rum eccle(sia)r(um) a quibus mortuorum corpora assumuntur. Decimas preterea et possessiones ad ius eccl(es)iarum u(est)rarum spectantes que a laicis detinuntur redimendi et legitime liberandi de manib(us) eorum et ad eccl(es)ias ad quas pertinent
17 reuocandi libera sit uobis de n(ost)ra auctoritate facultas. Obeunte uero te nunc eiudem loci priorissa uel earum aliqua que tibi successerit nulla ibidem qualibet subrectionis astutia seu uionlentia preponatur. nisi quam sorores
18 communi consensu uel ear(um) pars maior consilij secundum deum et beati Augustini regulam prouiderint eligendam. Paci quoq(ue) et tranquillitati u(est)re paterna in posterum sollicitudine prouidere uolentes auctoritate
19 ap(osto)lica prohibemus. ut infra clausuras locorum seu grangiarum u(est)rar(um) nullus rapinam seu furtum facere ignem apponere sanguinem fundere himonem temere capere uel interficere seu uiolentiam audeat exercere. Preterea om(n)es
20 libertates et immunitates a predecessoribus nostris Romanis pontificibus Eccl(esi)e uestre concessis necnon libertates et exemptiones secularium exactio- num a Regibus et Principibus uel alijs fidelibus rationalbiliter uobis indul[-]
21 tas auctoritate ap(osto)lica confirmamus et presentis scripti priuilegio communimus. Decernimus ergo ut nulli omnino hominum liceat prefatam eccl(es)iam temere perturbare aut eius posessiones auferre uel ablatas retinere minuere
22 seu quibuslibet uexationibus fatigare. set om(n)ia integra conseruentur ear(um) pro quarum gubernatione ac sustentatione concessa sunt usibus omnimo- dis profutura. salua sedis ap(osto)lice auctoritate et diocesani Ep(iscop)i canonica iustitia.
23 Siqua igitur in futurum ecclesiatica secularisue persona hanc n(ost)re constitutionis paginam sciens contra eam temere uenire temptauerit sec(un)do tertione commonita nisi reatum suum congrua satisfactione correxerit potestatis ho[-]
24 norisq(ue) sui careat dignitate reamq(ue) se diuino iudicio existere de perpetrata iniquitate cognoscat et a sacratissimo corpore ac sanguine dei et domini redemptoris nostri ih(es)u xpi [= christi] aliena fiat atq(ue) in extremo examine districte subiaceat ultioni.
25 Cunctis aut(em) eidem loco sua iura seruantibus sit pax d(omi)ni n(ost)ri ih(es)u xpi [= christi]. Quatin(us) et hic fructum bone actionis percipiant et apud districtum iudicem premia eterne pacis inueniant. AMEN. Amen. AMEN.

[Rota. US: Notas fac michi domine uias uite

S(an)c(tu)s	S(an)c(tu)s
PETRUS	PAULUS
INNO	CENTIUS
PP.	IIII

Ego INNOCENTIUS catholica eccl(es)ie ep(iscopu)s   (Monogramm: BENEVALETE)

✠ Ego Petr(us) t(i)t(uli) Marcelli p(res)b(ite)r Card(inalis) s(ub)scripsi
✠ Ego W(i)l(e)l(mu)s basilia duodecim ap(osto)lor(um) p(res)b(ite)r Card(inalis) ss
✠ Ego Frater Joh(ann)es t(i)t(uli) s(an)c(t)i Lauren(tii) in Lucina p(res)b(ite)r Card(inalis) ss
✠ Ego f(rate)r Hugo t(i)t(uli) s(an)c(t)e Sabine pr(es)b(ite)r Card(inalis) ss
  ✠ Ego Oto p(r)otuen(sis) (et) S(an)c(t)e Rufin(i) Ep(iscopu)s s(ub)s(cripsi)
  ✠ Ego petrus Albanen(sis) ep(iscopu)s ss
  ✠ Ego W(i)l(e)l(mu)s Sabinen(sis) Ep(iscopu)s ss
    ✠ Ego Egidius s(an)c(t)or(um) Cosme (et) Damian(i) diac(onus) Card(inalis) ss
    ✠ Ego ottauian(us) s(an)c(t)e Marie in ma lata diac(onus) card(inalis) ss
    ✠ Ego petrus s(an)c(t)i georgii ad uelu(m) aureu(m) diaconus card(inalis) ss
    ✠ Ego Joh(ann)es s(an)c(t)i Nicolai in carc(er)e tullian diacon(us) [card.] ss
    ✠ Ego W(i)l(e)l(mu)s s(an)c(t)i Eustachij diacon(us) Card(inalis) ss

Dat(um) Lugdun(i) per manum Mag(ist)ri Marini s(an)c(t)e Roman(e) eccle(es)ie vicecancellarij vj Jd(us) FebruaR(ii) Indictio(e) iiij^a Jncarnationis d(omi)n(i)ce anno M° CC° xlv° Pontificatus uero domni JNNOCENTIJ p(a)p(e) iiij Anno Tertio.

Orig. Perg. (ital. Prg.), mit Bleisiegel an rot-gelben Seidenfäden. – RV: Kein alter Rückvermerk, keine alte Archivsignatur (lediglich im 19. Jahrhundert eine Zahl 29. mit roter Tinte aufgetragen). – LO: StAA, Kl. Augsburg-St. Katharina, Urk. 2.

1 Der Ortsname ist in der Urkunde als *vsen* geschrieben, jedoch mit einem merkwürdig geißelartig gezogenen langen Anstrich des *v*.
2 In der Datumszeile ist das Jahr 1245 genannt, als Tagesdatum der 8. Februar. Ein Datum 8.2.1245 erscheint zunächst als nicht vereinbar mit der Angabe: im 3. Ponti- fikatsjahr von Papst Innozenz IV., da dieser am 25.6.1243 zum Papst gewählt worden war und damit dessen drittes Pontifikatsjahr erst am 25.6.1245 begonnen hätte. Das Datum in der Urkunde muß demnach nach dem *calculus Florentinus* berechnet sein, dessen Jahr „1245" am 25.3.1245 begann und mit dem 24.3.1246 endete. In der Zeit 1243–1280 herrschte in der päpstlichen Kanzlei dieser *calculus Florentinus* vor.
 Im Gegensatz dazu gehen die beiden anderen, hier abgedruckten Urkunden von Papst Innozenz IV. vom 8.1.1246 und 13.3.1246 (Nr. VII und Nr. IX) bei der Datierung von einem Jahresanfang am 25.12. [vor unserem heute üblichen Jahresanfang 1.1.] aus. Eine vierte Urkunde vom 4.4.[1251] (Nr. X) von Papst Innozenz IV. nennt schließlich nur ein Tagesdatum und das Pontifikatsjahr.

IX.

Papst Innozenz IV. überträgt auf Bitte von Priorin und Konvent des Klosters *de Arena* außerhalb der Mauern von Augsburg und entsprechend der Bitte des Grafen Johann v. Montfort die Leitung der geistlichen Angelegenheiten dieses Klosters dem Magister sowie dem Prior Provinzial des Prediger- ordens in Deutschland unter genauer Bestimmung der jeder Partei zustehenden Obliegenheiten und Rechte.

Lyon, 1246 März 13

Innocentius episcopus seruus seruorum de Dilectis filiis ·· Magistro et ·· Priori Prouinciali Theutonie ordinis fratrum predicatorum Salutem et apostolicam benedictionem. Apostolice sedis benignitas prudentes uirgines, que se parant accensis lampadibus obuiam sponso ire, tanto propensiori debet studio prosequi caritatis, quanto maiori propter fragilitatem sexus indigere suffragio dinoscuntur. Cum igitur sicut ex parte dilectarum in christo filiarum ·· Priorisse et Conu- entus monialium monasterii de Arena extra muros Augustenses fuit propositum coram nobis, eedem inclusae corpore in castris claustralibus, mente tamen libera deuote domino famulantes, de institutionibus fratrum ordinis uestri illas, que sibi competunt hactenus laudabiliter obseruarint et committi uobis affec- tent, nos pium earum propositum in domino commendantes, deuotionis ipsarum precibus et etiam consideratione dilecti filii Nobilis uiri Johannis Comitis mon- tis fortis uobis pro ipsis supplicantis inducti, eas et idem monasterium auctoritate presentium uobis duximus committenda, eadem auctoritate nichilominus sta- tuentes, ut ipse sub magisterio et doctrina magistri et Prioris prouincialis Theutonie dicti ordinis, qui pro tempore fuerint, de cetero debeant permanere illis gaudentes priuilegiis, que ordini predicto ab apostolica sede concessa sunt uel in posterum concedentur, ipsique Magister et prior contraria consuetudine ipsius ordinis uel indulgentia ab eadem sede optenta seu etiam optenenda nequaquam obstantibus, animarum suarum sollicitudinem gerentes et curam, ac eis de con- stitutionibus eiusdem ordinis illas que ipsis competunt sine difficultate qualibet exhibentes, eidem monasterio per se uel per alios fratres sui ordinis, quos ad hoc idoneos uiderint, quotiens expedierit officium uisitationis impendant, corrigendo et reformando ibidem tam in capite quam in membris, que correctionis et reformationis officio nouerint indigere. nichilominus instituant et destituant, mutent et ordinent, prout in aliis Monasteriis Monialium eiusdem ordinis fieri consueuit. Electio tamen priorisse libere pertineat ad conuentum, confessiones earum audiant et ministrent eis ecclesiastica sacramenta. Et ne pro eo, quod in eodem monasterio uestri ordinis fratres residere continue non tenentur, pro defectu sacerdotis possit periculum imminere, predicti Magister et prior ad confessiones in necessitatis articulo audiendas et ministranda sacramenta predicta deputent eis aliquos discretos et prouidos capellanos. Ad hec liceat eisdem priorisse et Conuentui redditus etpossesiones recipere ac ea libere retinere, Non obstantibus contraria sonsuetudine uel statuto ipsius ordinis confirmatione sedis apostolice aut quacunque firmitate alia roboratis. Quocirca discretioni uestre per apostolica scripta mandamus, quatinus premissa omnia ad ministerium uestrum spectantia curetis tenorem sublato cuiuslibet difficultatis dispendio adimplere. Datum Lugduni III. Idus Marcii Pontificatus nostri Anno Tercio.

Das [Orig. Perg.] mit Bleisiegel an grauem Bindfaden lag in der Urkundensammlung der Deutschen Gesellschaft zur Erforschung vaterländischer Sprache und Altertümer in Leipzig und ist dort 1943 im Zweiten Weltkrieg durch Bombentreffer vernichtet worden. – Das Bleisiegel zeigte die Köpfe der Apostel Petrus und Paulus und die Inschrift: INNO CENTIVS. PP. IIII. – Auf der Rückseite stand: *Garnerus dni. pp. subdiaconus* || ॐ *R scriptsit*. – Druck: Mittheilungen der Deutschen Gesellschaft Vaterländischer Sprache und Alterthümer, Bd. 1, Leipzig 1856, S. 140–142 Nr. IX.

X.

Papst Innozenz IV. beauftragt den Erzbischof von Mainz, seine Suffragane, Äbte, Prioren, Dekane und weiteres Kirchenpersonal mit dem Schutz von Priorin und Schwestern *in prato* zu Augsburg vor Übergriffen und droht den Tätern Kirchenstrafen an.

Lyon, 1251 April 4[1]

1 Innocentius ep(iscopu)s seruus seruor(um) dei. Venerabilib(us) fratrib(us) ·· archiep(iscop)o Maguntin(ensi) (et) ei(us) suffraganeis (et) Dilectis filijs abbatib(us) priorib(us)
2 Decan(is) archid(iaconis) prepositis archip(res)b(ite)ris (et) alijs eccl(es)iar(um) prelatis per Maguntin(ensem) prouinciam constitutis ad quos littere iste p(er)ueneri(n)t
3 sal(u)t(em) (et) ap(osto)licam ben(edictionem). Non absq(ue) dolore cordis (et) plurima turbatione didicim(us), q(uo)d ita in plerisq(ue) partib(us) eccl(es)iastica censura dissoluit(ur) (et) ca[-]
4 nonice siue seueritas eneruatur / ut religiose p(er)sone (et) hee maxime que p(er) sedis ap(osto)lice priuilegia maiori donate su(n)t libertate passim a malefactori[-]
5 bus suis iniurias sustinea(n)t (et) rapinas dum uix inuenit(ur) qui co(n)grua p(ro)tectione subueniat (et) p(ro) fouenda paup(er)um innocentia se murum deten[-]
6 sionis opponat. Specialiter aut(em) dilecte in xpo [= Christo] filie ·· priorissa (et) sorores in pratu[a] Augusten(ses) ordinis s(an)c(t)i Augustini tam de frequentib(us) iniurijs
7 quam de ip(s)o cotidiano defectu iustitie conquerentes vniuersitatem u(est)ram litt(er)is petierunt ap(osto)licis excitari ut ita uidelicet eis[b] i(n) tribulationibus
8 suis co(n)tra malefactores ear(um) p(ro)mpta debeatis magnanimitate consurgere q(uo)d ab angustijs quas sustinent (et) pressuris u(est)ro possint presidio respi[-]
9 rare. Ideoq(ue) vniu(er)sitati u(est)re p(er) ap(osto)lica scripta mandam(us) atq(ue) precipim(us) quatin(us) illos qui possessiones uel res seu domos predictar(um) sororum irreuertent(er)
10 inuaserint aut ea iniuste detinuerint que prefatis sororib(us) ex testamento decedentium reliquunt(ur) seu in ip(s)as sorores u(e)l ip(s)ar(um) aliquam contra
11 ap(osto)lice sedis indulta exco(mmun)icationis interd(i)c(t)i s(e)n(tent)iam presumpserint p(ro)mulgare uel decimas labor(um) de certis habitis ante concilium generale quas
12 proprijs sumptib(us) excolunt seu autrementis animalium suor(um) spretis ap(osto)lice sedis priuilegijs extorqueri monitione premissa si laici fuerint publice
13 candelis accensis singuli u(est)r(u)m in diocesib(us) (et) eccl(es)ijs u(est)ris exco(mmun)icationis s(e)n(tent)ia p(er)cellatis. Si u(er)o cl(er)ici uel canonici regulares seu monachi fuerint eos ap[-]
14 pellatione remota ab officio (et) beneficio suspendatis neutram relaxaturi s(e)n(tent)iam donec pred(i)c(t)is sororib(us) plenarie satesfaciant, (et) tam laici quam cl(er)ici se-
15 culares qui p(ro) uiolenta manuu(m) iniectione in sorores easdem uel ip(s)ar(um) aliquam anathematis uinculo fuerint innodati cum diocesan(orum) Ep(iscop)i litteris ad
16 sedem ap(osto)licam uenientes ab eodem uinculo mereantur absolui. Datum Lugdun(i) ij Non(is) April(is)
17 pontificatus n(ost)ri Anno Octauo.

Orig. Perg. (ital. Perg.), mit Bleisiegel an rot-goldenen Seidenfäden. – RV: Inhaltsangabe (spätes 15. Jh.). Keine Altsignatur. – LO: Archiv des Bistums Augsburg, Urk. 52/2.

[a] Ursprüngliches *pratu* verbessert in *prato*. – [b] Von gleicher Hand nachträglich in Abstand eingefügt.

1 In der Datumszeile sind nur ein Tagesdatum und das Pontifikatsjahr angegeben. Der 4.4. fiel beim 8. Pontifikatsjahr von Papst Innozenz IV. in den Zeitraum 25.6.1250/24.6.1251, also in das Jahr 1251, gleichgültig, ob man nun vom Jahresanfang 25.12.[1250] oder aber vom Jahresanfang 25.3.1251 (nach dem *calculus Florentinus*, vgl. Anmerkung 2 bei Urkunde VIII) ausgeht.

XI.

Hartmann, erwählter und bestätigter Bischof von Augsburg, übergibt den Dominikanerinnen in Augsburg das Eigentum der ihnen von Ritter Oswald und Hofmeister Bertold überlassenen Hofstätten in der Pfarrei St. Moritz in der Stadt Augsburg, bislang Lehen vom Hochstift Augsburg, zum Bau einer Kirche St. Katharina und zur Errichtung eines Klosters.

Augsburg, 1251 August 6

1 IN NOMINE S(AN)C(T)E ET INDIUIDVE TRINITATIS AMEN.
2 Hartmann(us) d(e)i gr(ati)a augusten(sis) Eccl(es)ie El(e)c(tu)s et Confirmat(us) vniv(er)sis xpi [= Christi] fidelib(us) ad q(u)os p(rae)sens sc(r)iptu(m) p(er)uen(er)it salutem in om(n)ium
3 salutare. Cum religione(m) elige(n)tib(us) n(ost)r(u)m adesse uelim(us) subsidiu(m) vt deuoti no(n) solu(m) in sue pietatis p(ro)posito p(er)sev(er)ent i(m)mo (etc.)
4 ut n(ost)ro uni anime ip(s)or(um) deuot(i)o augeat(ur). Nos dil... in xpo [= Christo] sororum Ordinis s(an)c(t)i Augustini que in prato Ciuitatis n(ost)re p(r)imit(us)
5 existe(n)tes ibidem locu(m) sue ma(n)sion[i]s co(n)gruu(m) no(n) h(ab)ebant uolentes p(ro)uisione pat(er)na ear(um) co(m)modis p(ro)uide(re) vt n(ost)ra sollicitudine
6 d(e)o (com)modi(us) famulet(ur) ip(s)is ob rev(er)entia(m) (et) ven(er)at(i)o(ne)m s(an)c(t)i Dominici p(ri)mi p(at)ris Ordinis p(rae)dicator(um) necnon ad petito(ne)m dil(e)c(t)or(um) ciuiu(m)

7 August(e)n(sium) p(ro)p(ri)etate(m) arear(um) i(n) parochia s(an)c(t)i Mauritij sitaru(m) quas Oswald(us) miles (et) Bertold(us) dispensator officiales n(ost)ri ab eccl(es)ia
8 n(ost)ra teneba(n)t in feudo co(n)sensu toti(us) capituli n(ost)ri (et) d(i)c(t)or(um) officialium n(ost)ror(um) ad hoc pleni(us) accedente nonauim(us) p(er)petuo possidendam
9 quas areas ip(s)e sorores alio earu(m) p(rae)dio n(ost)re eccl(es)ie co(m)pensar(en)t. Ad hec h(abe)ntes fiducia(m) in d(omi)no q(uo)d d(on)onu(m) ear(um) sing(u)latia nob(is) ad et(er-)
10 nitatis p(rae)miu(m) sapiat (et) cet(er)is deuot(i)o religionis sue p(ro)fitiat in exemplo, ip(s)is in eisd(em) areis fundandi (et) co(n)struendi oratoriu(m) in
11 honore gl(ori)ose v(ir)ginis (et) Katherine ac loca(n)di edificia q(uae) suo collegio ibidem d(omi)no p(er)petim seruituro co(n)grua(n)t plena(m) dedim(us)
12 facultate(m). Saluis vniv(er)sis earu(m) p(ri)uilegiis ip(s)is a p(ri)me pla(n)tat(i)o(n)is collegii sui ex ordio co(n)cessis ac i(n) post(er)um co(n)cedendis. Ut au(tem) h(aec) plenu(m)
13 robur obtinea(n)t firmitates d(i)c(t)is sororib(us) p(rae)sente(m) litt(er)am ad euidentiam v(er)itatis dedeim(us) sigillis n(ost)ro videlicet (et) capituli n(ost)ri fide[-]
14 liter co(m)munita(m). Acta s(un)t h(aec) anno d(omi)ni m°.cc°.li°. ind viiij augusti p(rae)sentib(us) testib(us) subsc(ri)ptis videlicet d(omi)no Lvdewico su(m-)
15 mo p(rae)posito, Sifrido decano eccl(es)ie august(en)sis et p(rae)posito s(an)c(t)i Mauritij, Cv̊none plebano (et) archidyacono. Cv̊nrado cell(er)ario, W(er)nh(er)o
16 cvstode (et) archidyacono, Rv̊p(er)to de Svm(er)owe archid(yacono), Sifrido de Inni(n)gen, V̊lrico de Knoringen oblaioco, Hainrico de Scharffen
17 archid(yacono), Hermanno su(m)mo villico, Cv̊nrado Hawardo, Hainrico de Baizwîle, Marquardo de Nidelingen. Alb(er)to de Vischach cano[-]
18 nicis august(en)sibus. Item fratrib(us) p(rae)dicatorib(us) videlicet Hainrico de Walthvsen p(ri)ore sacdare, Hainrico de Bvbenhvsen, Walthero Rvfo.
19 Item ciuib(us) August(en)sibus curiali ceruo, Cv̊nrado Sibitone filiis patrus sui, Hainrico de Wilhein, Cv̊nrado Barba, Hainri[-]
20 ci de Mvrnowe [et] aliis plurib(us) uiris p(ro)uidis (et) honestis.

Orig. Perg., lat., S fehlt – LO: StAA, Kl. Augsburg-St. Katharina, Urk. 3.

XII.

Schwester *Kristina* des Klosters St. Katharina zu Augsburg übergibt Propst Bertold und den Brüdern des Klosters in Steingaden ihren Anteil am Gut *Vazeray*. 1256

1 IN NOMINE PATRIS et Filii et Sp(iritus) S(an)c(t)i. Notu(m) sit om(n)ib(us) tam p(re)sentib(us) qua(m) futuris, q(uo)d Ego Soror Kristina cenobij S(an)c(t)e Katherine ci-
2 uitatis et diocesis Augustensis p(re)diu(m) Vazeray in quo iure hereditario p(ro)genitorib(us) meis successi, q(uo)d situm est in montanis in dio-
3 cesi Curiensi spe et fruge uite beatoris Eccl(es)ie In staingade(n) p(ro) remedio p(ro)genitoru(m) meor(um) potestatiua manu co(n)tuli cu(m) omni
4 iure suo. Acta s(unt) aut(em) Anno gr(ati)e Millesimo Ducentesimo Quadragesimo. Sexto Kal(endas) Maiar(um). Paree aut(em) ei(us)de(m) p(re)dii Mat(er)tera
5 mea felicis recordatio(n)is no(m)i(n)e Tǔta primit(us) eide(m) co(n)tulerit Eccl(es)ie. Donatio aut(em) mea f(a)c(t)a est Bertoldo p(re)po(s)i(t)o Memorata(m) Eccl(esi)am
6 gub(er)nante p(re)sentib(us) Co(n)gnatis meis videlic(et) Suigero de Mindelberc. et Cunrado de Mazzensiez. et Heinrico. Hilteboldo et Con-
7 rado fr(atr)ib(us) de Svangov et aliis plurib(us). Sed quia instrum(en)tu(m) hui(us) donacio(n)is min(us) sigillo fuit tu(n)c temp(or)is co(n)fectu(m)
8 p(rae)posito et fr(atr)ib(us) pr(e)libat(is) Cenobij petentib(us). Anno d(omi)nj Mill(esi)mo Ducentesimo Quinq(ua)gesimo Sexto. Quarto K(a)l(endas) Maij Indictione
9 Quarta decima ad co(n)firmanda(m) donatione(m) prius f(a)c(t)am p(re)sente(m) pagina(m) hiis sigillis p(ro)curaui roborari. videlicet. d(omi)nj Ep(iscop)j Aug(ust)en(sis)
10 Harmannj. et Conuent(us) F(rat)rum Predicator(um) in Augusta et Conuent(us) S(an)c(t)e Katharine ibide(m). Insup(er) co(n)sanguineor(um) meor(um) Sui-
11 geri de Mindelb(er)c. et. Conradi de Mazzensiez. p(er) quos etia(m) me p(ro)testor homines p(ro)prios meos p(re)dicte Eccl(es)ie co(n)tulisse q(u)os et pri-
12 mitus Tǔta Matertera mea in eade(m) Eccl(es)ia sepulta eide(m) Cenobio co(n)tulit. Videlicet ho(m)i(n)es iuxta Flum(en) q(uo)d Ezze dic(itur) habitantes.
13 Protestor etia(m) hac pagina deo teste q(uo)d nec p(re)diu(m) vazeray. nec ho(m)i(n)es iuxta p(re)libata(m) aqua(m) man(en)tes. Bertoldo de vazeray contuli.

Orig. Perg., mit 5 S an Seidenfäden. – LO: Bayerisches Hauptstaatsarchiv, Kl. Steingaden, Urk. 63.

Anmerkung zur Edition:
Die Transkription der vorstehend abgedruckten Urkunden, soweit Originale bzw. Abschriften vorlagen, erfolgte buchstabengetreu (auch hinsichtlich der jeweiligen Groß- und Kleinschreibung), aufgelöste Abkürzungen stehen in ( ), Hinzufügungen in [ ], offensichtliche Lesezeichen sind wiedergegeben. Die Textanordnung geschieht bei Originalen zeilengetreu (mit Zeilennumerierung).

B. „*Fundationsbrief*" vom 26. März 1721/5. April 1725 und Zusatzfundationsbrief vom 26. September 1725

(0) Fundations=Brief
über das ganntz neuerpauthe unnd fundierte Frauen-/ closter in Wörishofen ordinis Sancti Dominici,/ unnder dem Nammen Sancta Maria Königin der/ Englen von dem uralten löblichen Gottshaus/ Sancta Catharina in Augspurg als wahren Stiff-/terin aufgerichtet, und berüert neu fundierten/ Closter in Wörishofen zu seiner hinkhünfftigen/ Direction extradiert worden, den 26. Martii/ des 1725. Jahrs.
(1) Khundt und zu wissen seye hiemit iedermäniglich,/ deme es zu lesen vorkhombt unnd zu wissen/ nöthig ist: Demnach unnder an-/ hoffender allergnädig-sten Approbation/ unnd Confirmation von Seiner Römischen/ Kayserlichen, auch Königlichen Catholischen Mayestät als/ supremo ecclesiarum advocato/ in imperio unnder dero Allerhöchsten/ Schutz unnd Schürm ein löbliches Gotts-/ haus Sancta Catharina in Augspurg/ ordinis Sancti Dominici bereits durch/ etwelche retro saecula in erwüntscht/ ganz florisante Standt sich befunden,/ die hochwürdig unnd hochgebohrnne Frau/ Frau Maria Maximiliana Gräfin/ von Ruepp unnd Falckhenstain, ober-/ sagt löblichen Gottshaus derzeit regier- (2) ende Priorin, unnd dero undergebene/ Conventualfrauen sambt und sonders/ aus höchst ruehmwürdigst christca-/ thollischen Eyfer unnd Lieb zur clöster-/ lichen Observanz unnd immerwehrenden/ Abstinenz vom Fleischessen lauth be-/ rüehrten Ordens vorgeschriebener Satz/ ung, sonderheitlichen aber zu Beförder-/ ung der Ehr Gottes, aus ihren/ aigenthumblichen paaren Geltmitlen/ in dero cum omni et pleno jure/ angehörigen Herrschafft Wörishofen/ ein neues Frauencloster under dem/ Namen Sancta Maria Königin der Englen/ mit be-sonnderen grossen, und zwar fast/ auf hunderttausent Gulden sich/ beloffenen Unkhösten zu erbauen, an-/ nebens solches auf zwaintzig Ordens-/ schwesstern congrue zu fundieren (3) unnd honeste zu dotieren, sich unnder/ nachfolgenden Bedingnussen unnd aus-/ truckhlichen Reservationen dergestalten/ und also entschlossen, das
1mo (primo): Vor allem zu Schuldt gezimmender Er-/ khandtlichkeit das neu erbauthe/ unnd fundierte Frauencloster in Wöris-/ hofen, Sancta Maria Königin der Englen/ genannt, gegen einem löblichen Gotts-/ haus Sancta Catharina als gegen/ irer Guettätterin unnd würkhlichen/ Stüffterin in allen Umbeständen auf/ alle ewige Zeiten cum omni vin-/ culo subordinationis verbunden/ sein unnd verbleiben solle; wie dann

2do (secundo): Zufolge unnd in Krafft dessen erst-/ bemeltes Gottshaus Sancta Catharina/ (4) sich das jus advocatiae mit allen/ seinen Gerechtsamben unnd praeroga-/ tivis yber widerholtes neu erigirte/ Closter bessten Formb rechtens und auf/ all verbündtlichiste Weis hiemit vorbe-/ haltet; nitweniger

3tio (tertio): Wirdet mehr widerholtem Gottshaus/ Sancta Catharina die Herrschafft Wöris-/ hofen cum omnibus juribus et/ appertinentiis quoad effectus et/ fructus nempe tam jurisdictionis/ bassae quam supperioris per ex-/ pressum reserviert, und soll disem-/ nach dann sothanne Gottshaus Sancta Ca-/ tharina in iren uralten Inhaben/ und wohlhergebrachten Besitz erstge-/ hörter Jurisdictionsgerechtsamben/ cum omnibus fructibus et effecti-/ (5) bus gäntzlichen ver- bleiben, wie es nemb-/ lichen demselben von iro Frau Stiffterin/ Christina von Fronhofen als weiland/ Heinrich von Wellenburg hinderlassenen/ Frauen Gemahlin nunmehro wohlseeligen/ Angedenckhens ex fundationis titu-/ lo schon de anno 1243 eingeraumbt und/ yberlassen worden, auch wie berüertes/ Gottshaus Sancta Catharina sothanne/ Herrschafft Wörishofen schon von/ vierhundertzwayunndachtzig Jahren,/ hero mit disen verstandtenen Recht/ unnd Gerechtigkeiten auch Oberherlich/ kheiten rueheigist besessen unnd ge-/ nossen hat; dahingegen und weillen

4to (quarto): Dises neuerpauthe Closter Wörishofen/ in solchen vollkhom[n]isten Standt gesetzt/ worden, das vor dermahlen nichts/ (6) anders mehr ybrig ist, als disem neuen,/ gestüfften Closter solchen hinlänglichen/ fundum congruae et honestae sus-/ tentationis auszuzeigen und zu/ determinieren, damit dasselbe in/ Conformität des ex parte löblichen/ Gottshaus Sanctae Catharinae einhellig/ abgefossten, so ruemlichen Schlusses/ auf zwaintzig Ordens-Schwesstern/ in ewigen Zeiten mechte gestifftet/ unnd solchergestalten honeste et/ congrue underhalten werden./ Als will man sich von Seithen löblichen/ Gottshauses Sancta Catharina als wahre/ fundatrix dises neu auferpauthen/ Closters nach reifflich Yberlegung der/ Sachen et consideratis omnibus con-/ siderandis dahin verbündtlich gemacht/ (7) haben, das dieienige von der Herr-/ schafft Wörishofen alljährlichen ein-/ gehenden Intraden als benantlichen/ an Gras-Geltern, Kuchelgeföllen,/ Zechenten und samentlich von dennen/ Wörishofischen Underthonnen gewohnlich/ reichenden Gilt-praestandis, wovon/ leediglich nichts ausgenommen, dann/ ferners auch die in recognitionem/ dominii directi jure emphy-/ teusios ab dennen bonis emphy-/ teuticis vulgo Erbzüns-Güettern,/ Erbrechten, Erbgüettern auch leib-/ föllig oder Bstandgüettern (wie/ sye immer Nammen haben mögen) hin-/ khünfftig fallende Laudemia unnd/ ratione translationis dominii/ utilis gebührende gewise pensiones/ (8) oder respective Auf- und Abfahrten, dem/ neu dotiert[en] unnd fundierten Closter/ Sanctae Mariae der Englen pro congrua/ et honesta sustentatione auf/ die determinierte zwaintzig Ordens-/ Schwesstern in ewigen Zeiten und un-/ underbrechlich assigniert und nutznies-/ lichen eingeraumbt sein sollen; aller-/ massen dann auch

5to (quinto): Gresserer Richtigkheits willen aus bey-/ gebogenen Nebenlagen sub Littera A,/ B et C, so aus dem Wörishofener/ urbario extrahiert worden, breithern/ Inhalts gründtlichen zu ersechen ist, in/ was für einem quanto die all-/ jährliche Erträglichkheiten an Gras-/ Geltern, Kuchelgeföllen auch anderen/ (9) Reichnussen, dann an Zechenten unnd/ ybrigen Gült-praestandis bestehen/ mechten; nitweniger

6to (sexto): Werden ex parte löblichen Gottshaus/ Sancta Catharina disem neu fundierten/ Closter in Wörishofen zu ihrem ge-/ nuegsammen unnd ehrlichen Underhalt/ besag adiunctorum sub littera D/ et E an Mädern deren ain-/ hundertainundsechtzig Tagwerch/ sambt drey Fischweyhern, an aignen/ Äckhern aber zwayhundert 5½/4 Jauch-/ ert nutznicsslichen yberlassen, welch/ ausgezeigte Güetter sodann das-/ selbe zu ihrem bessten nutzen unnd nachgefallen in ihrer dasselbigen füehr-/ enden guethen Oeconomie geniessen/ unnd solche in erspriesslich päu-/ lichen Standt zu conservieren, die (10) nutzliche Besorgung von selbstn vor-/ kheren unnd beobachten kann; negst-/ deme

7imo (septimo): Hat obangeregtes Gottshaus Sancta Catha-/ rina dem Closter in Wörishofen an/ resstierenden Bestandt- und Handtlohns-/ Schuldigkeiten, auch an vertagten Züh-/ lern lauth extractus sub littera F/ dreytausendneunundachtzig Gulden,/ zwelf Kreitzer, ain Haller gänzlichen/ cediert und eingeantworttet; dann/ ferners

8vo (octavo): Werden öffters mentioniertem Closter/ daselbsten an zerschidenen Getraidt-/ sorten in allen vierhundertfünff-/ unnd zwaintzig Schaff, siben Mezen,/ ain halber Vierling vermög Nebenlag sub littera G eingelifert; hingegen/ (11)

9no (nono): Anbelangent die in der löblichen Reichs-/ statt Kaufbeyrn gelegene herrschäfftliche/ Behausung, würdet von dem Gotts-/ haus Sancta Catharina nit nur al-/ lein die Proprietät derselben, sonndern/ auch die von berüerter Behausung/ jährlich laufende Nutzniessung aus-/ trucklich vorbehalten; zugleichem

10mo (decimo): Sollen erstersagtem Gottshaus Sancta Ca-/ tharina besag adjuncti sub/ littera H die hierin begriffene/ Activ-Capitalia sambt dennen/ fortlauffenden unnd zum Thaill ver-/ tagten Zünsen (so fünfftausent-/ dreyhundertainundsibenzig Gulden,/ sechsunddreyssig Kreitzer zusammen/ importieren) reserviert ver-/ bleiben unnd dem Closter Wörishofen/ (12) hievon nit das mündiste utile zuegehen;/ mit diser weither ausfüehrlichen Er-/ clärunng und Reservation, daß

11mo (undecimo): Öffters widerholte Closter Wörishofen/ nichts anders als allein vorbeschribene/ Einkhunfften pro fundo sustenta-/ tionis congruae et honestae von/ diser Herrschafft geniessen, einfolgsamb/ eben die ienige Qualität gleich anderen/ Giltherrschafften (welche nemblichen/ den mündisten protestate cognoscendi/ et statuendi de causis civilibus/ et pecuniariis, villweniger aber/ einige fructus et effectus superio-/ ritatis territorialis sich attri-/ bieren khönnen, noch dörffen, und/ nicht mehrers gaudieren sollen; wie/ dann (13)

12mo (duodecimo): Zu disem Endte dem Gotteshaus Sancta Ca-/ tharina alljährlich eingehenndte fruc-/ tus unnd Einkhunfften, so nemblichen/ von der hoch- unnd nideren Juris-/ diction dependieren, herrüehren/ und deme adhaerieren mögen, wie es/ hernach immer Namen haben dörfften,/ leediglich verbleiben sollen; und fahls

13tio (tertiodecimo): Ein unnd anderer Wörishofischer Under-/ than in Lifferung seiner Giltfor-/ derung unnd anderen jährlichen Raich-/ nussen moros sein, unnd die Schul-/ digkeiten löblichem Gottshaus in Wöris-/ hofen als seiner Gültherrschafft nit/ entrichten wurdte, wirdet besagtem/ Closter daselbsten gleichwohlen obge-/ legen sein, dises Ausstandts willen/ bey dero Wörishofischen Underthonnen/ vorgesetzten ordentlichen Gerichtsherr-/ (14) schafft als bey widerholten löblichen Gotts-/ haus Sancta Catharina behörige Clag/ zu fiehren und aldorthen zu Erhal-/tung solchen Ausstandts umb obrigkheit-/ liche Compulsi[v]- mitel die gezim-/ mente Instanz zu machen; concer-/ nierent

14to (quartodecimo): Die Beholtzung hat sich wohlersagte/ Frau Priorin bey Sancta Catharina/ unnd dero undergebenes Convent weithers/ obligiert und verbunden, dem neu/ gestüfften Closter zu Wörishofen/ aus dasigen obgedachten Closter/ Sancta Catharina angehörigen aigen-/ thumblich herrschäfftlichen Höltzern zu/ ihrer Notturfft dreyhundert/ Clafter Holz alljährlichen gratis/ reichen zu lassen, jedoch mit diser/ austrucklichen appendicierter/ (15) condition (!) sine qua non, fahls/ ainigen Abgang unnd Mangel an dem/ herrschäfftlichen Gehiltz sich hin-/ künfftig eissern wurde, das al-/ dann von dort an das determi-/ nierte Holtzquantum pro re/ nata et conditione der beschaffenen/ Waldungen in solang soll cessieren und/ gänzlichen aufgehöbt sein, bis man/ nemblichen das herrschäfftliche Gehilz/ anwiderumben in guethen Standt/ würdt gebracht haben, da indessen/ unnder solchen Manglungsjahren/ dem Closter Wörishofen von selbsten/ obgelegen ist, gleichwohlen anderwerths/ aus ihren eigenen Kösten die Not-/ turfft an Holz innen beyzuschaffen;/ und wann (16)

15to (quintodecimo): Dickhangeregtes Gottshaus in Wörishofen/ einige Pauhöltzer nöthig haben sollte,/ ist dasselbe hingegen gehalten unnd/ verbunden, bey löblichem Gottshaus Sancta Ca-/ tharina als wahren Aigenthumbern/ diser Waldungen hierumben suppli-/ cando einzukhommen, unnd aldorthen/ gleichwohlen erwerthig zu sein, was hier-/ auf für eine Resolution erfolgen/ möge, unnd ob mann pro re nata/ von Herrschaffts weegen zu deferiren/ gesünet seye oder nit? Und weillen/

16to (sextodecimo): Von dem Closter Sancta Catharina als/ wahren fundatrice dem neuer-/ pauthen Gottshaus Sanctae Mariae Königin/ der Englen pro congrua et honesta/ sustentatione ein ansechentlich und/ honorables Quantum, welches zaig / Rechnungen auf nambhaffte und wohl-/ (17) ergibige Einkhunfften sich belaufft, juxta conditionem status et quali-/ tatis sehr reichlich alljährlichen aus-/ gezaiget unnd detreminiert worden, als würdet ersagter Frau Priorin/ und dero anverthrautten Convent/ zu Wörishofen von selbsten obge-/ legen sein, die bey dem Closter/ und dero angehörigen Gottshaus/ cum omnibus appertinentiis sich/ eraignete Pauföiligkeiten ex pro-/ priis sumptibus reparieren zu-/ lassen unnd solche zu bestreitten; gleichwie also

17imo (septimodecimo): Alle jura, Recht und Gerechtig-/ kheiten auch Oberherrlichkeiten, sonderheitlichen so-/ wohl der competierenden nidern als/ hochen Jurisdiction sambt der/ (18) superioritati territoriali in der/ Herrschafft Wörishofen, auch was nur/ immer für fructus et effectus hie-/ von dependieren unnd deroselben/ adhaerieren mögen, löblichem Gottshaus/ Sancta Catharina per expressum/ vorbehalten worden, als soll weithers/ erstbemeltem Closter

Sancta Catharina/ bey all ergebenden Vorfallenheiten/ das ius patronatus zu gedachten/ Wörishoven, wie ohne deme dennen/ fundatoribus et dotatoribus solches/ jus denominandi et praesentandi/ de jure von selbsten zuestandtig ist,/ in allweeg competieren und vorbehalten/ sein; dabeynebens und weillen

18vo (duodevicesimo): Verstandtenermassen dem Closster/ in Wörishofen sowohl die eingehende/ (19) fructus an Zechenden als Gilten auch/ an anderen obspecificierten Einkhünfften/ex titulo fundationis congruae et/ honestae eingeraumbt unnd yberlassen/ worden, als soll dasselbe auch schul-/ dig sein, einen iedenweilligen Pfarrer/ daselbsten aus iren assignierten Ein-/ khunfften sein gewohnlich pfärrliche cor-/ pus und Besoldtungsdeputat, wie/ es vorhero gebräuchlich unnd Herkhommens/ ware, alljählich zu entrichten unnd/ zu bezallen, iedoch will man sich/ ex parte löblichen Gottshauses Sancta Ca-/ tharina dahin verbündtlich gemacht haben, daß einem iederweilligen Pfar-/ rern zu angerögtem Wörishofen sein/ gewohnlich determiniertes Holz-/ quantum alljählich per drey-/ (20) ssig Clafftern aus dem herrschäfftlichen/ Gehilz gratis und unentgeltlich soll/ gereicht werden; was im ybrigen

19no (undevicesimo): Des Beambten zu Wörishofen seine/ jährliche Besoldung anbetrifft, be-/ schicket hiemit derentwillen in solche/ Verordnung, das das löbliche Gotts-/ haus Sancta Catharina von Herr-/ schaffts weegen besagt ihrem Beambten/ die freye Wohnung in dem Ambt-/ haus gestatten, annebens die Not-/ turfft an Holtz gratis ausfolgen,/ nitweniger an Gelt alljährlichen/ zwayhundert Gulden reichen,/ von denen eingehennden Straffen/ aber das gewohnliche Dritl passieren/ lassen wolle, umb solche sodann/ in hinkhünfftigen Vorfallenheiten/ (21) behörigen Orths in dennen Ambtsrechnungen/ ordentlich verrechnen zu dörffen. Da/ hingegen das neu gestüffte Closter/ verbunden und gehalten sein solle, die in/ angerögten Beambtens seinem aus-/ zuförttigen seyenden Bestallungs-/ Brief ausgeworffene Naturalien/ und Nutzungen als benantlichen an/ determinierten Getraidt und anderen/ besag ersagten Bestallungs-Brief/ ihme alljährlichen unentgeltlich zu-/ reichen unnd richtig einzulifern, mit/ diser weithern nachstehennden Obligation unnd Bedingung, das weillen/

20mo (vicesimo): Dises so fürtrefflichen Gebäu solchen/ Closters allerdings gegen die hundert-/ tausent Gulden importiert, von/ Seithen löblichen Gottshaus Sancta Catha-/ rina aber zu diser Auferpau/ (22) unnd Herstöllung eines neuen Closters/ sambt Appertinentien nit mehrer / dann fünfftzigtausent Gulden befolget/ willigt, mithin consideratis on-/ siderandis umb fünfftzigtausent/ Gulden laediert worden, wordurch dann/ berüeres Gottshaus Sancta Catharina/ mit Aufkhündtung dero Activ-Capi-/ talien und Bestreittung dises/ wider ihre beschechene Verwilligung/ und Veranlassung geführt all zu/ kostbahren Gepäu, wie bekhanndt,/ höchst empfündtlich damnificiert/ worden, also das man von/ Rechts unnd Billichkheits weegen ob/ laesionem enormissimam dise/ fünfftzigtausent Gulden an das/ neu erigierte Closter mit bestem/ Fueg zu suechen berechtiget were./ (23) So hat doch nichtsdestoweniger das Gotts-/ haus Sancta Catharina als wahre Stüfft-/ erin sich resolviert, bemeltem neu/ fundierten Closter obersagte fünfftzig-/ tausent Gulden aus sonderbahrer/ Güette iedoch mit diser expressen/ appendicierten Condition (!) sine/ qua non gäntzlichen nachzusechen/ unnd zu condonieren, das hingegen/ angerögtes Closter in Wörishofen/ zu ihrer ununderbrechlichen Obliga-/ tion unnd höchsten Schuldigkheit in/ ewigen Zeiten obligiert sein solle,/ aus der Wörishofisch gaudierenden/ Fuetherey und Waidtnutzungen vor/ das Gottshaus Sancta Catharina/ zwayhundert Schaff zu halten, wie/ dann zu dem Endte von der in/ Wörishofen befündtlichen Schäfferey/ (24) zwayhundert Schaff erstberiertem Gotts-/ haus Sancta Catharina aigenthumblich/ reserviert, dem neuen Closter da-/ selbsten aber freystehen solle, obe solches/ gesünnet seye, zu disen Schaaffen hundert/ oder zwayhundert Stuckh für sich/ selbsten halten unnd auf die Waidt/ schlagen zu lassen, auf welch letztern/ Fahl die onera et utilia beeder-/ seiths in gleiche Theill könndten respective getragen/ und genossen werden, iedoch hat das/ Closter in Wörishofen dise alle-/ gierte Obligation, die von Seithen/ des Gottshaus Sancta Catharina aigen-/ thumblich reserviert und determi-/ nierte zwayhundert Schaff aus der/ Wörishofisch geniessenten Fuetherey/ unnd Waidtnnutzung unentgeltlich/ zu underhalten; allermassen dann/ (25)

21mo (vicesimoprimo): Dem neugestüfften Closter alda zu/ ihrer fortheillhafftern und hinlänglichern/ Subsistenz die Nutzungen des wohl/ hergebrachten Bluembbesuechs von Herr-/ schaffts weegen yberlassen werden; nachdeme nun

22do (vicesimosecundo): Die nattürliche und greste Billichkheit/ erfordert, das das Closter in Wöris-/ hofen einem löblichen Gottshaus Sancta Ca-/ tharina als fundatricis et dotatricis diser aus-/ gezeigten so rüehmlichisten Stüfftung/ halber all erdenckhliche Obligation/ unnd Erkhandtlichkheit in ewigen Zeiten/ zutragen unnd solche Gnaden unnd/ grosse Guettatten iederzeit vor/ Augen zu haben höchst verbunden/ unnd schuldig ist, als solle in disem/ neu fundierten Closter Sancta Maria/ Königin der Englen aus ununderbrochner/ (26) Schuldigkheit iede Wochen hindurch einmahl/ eines aus denen gesungenen Äm-/ tern für all lebendige und todte Mit-/ schwesstern eines löblichen Gottshaus/ Sancta Catharina Seiner göttlichen Gnaden/ unnd Güette ohne Underlass aufgeopfert/ unnd primario appliciert, zu-/ gleich in dem täglichen Rosenkrantz-/ gebett auch in all anderen täg[lich]/ verrichtenden gottgefälligen An-/ dachten und guetten Werckhen mehr-/ gedachtes Gottshaus Sancta Catharina/ als wahre Stüfftterin eiffrigist ein-/ geschlossen werden; wobeynebens

23tio (vicesimotertio): Beede löbliche Gottshäuser sich dahin/ wollen verbündtlich gemacht haben, das/ sooft eine Conventualin das Zeit-/ liche mit dem Ewigen vertauschen wurde,/ das alsdann solcher tödtlicher Hin-/ (27) dritt dem andern Closter ohne Anstandt/ notificiert, einfolglich für die abge-/ leibte Seell die gewohnliche drey Gotts-/ dienst als die Besüngnus, sibendt-/ und dreyssigist mit einem gesungen/ Choral oder figurierten Seelambt/ neben der Vigill oder officio de-/ functorum zu Hilf und Trost diser / verstorbenen Mitschwester verrichtet/ und gehalten werden; damit aber/ letztlich und schliesslichen

24to (vicesimoquarto): Die in gegenwertig aufgerichten/ Fundations-Brief inserrierte Con-/ ditiones und Bedingungen in allen/ seinen Articuln und Puncten durch-/ aus unnd genauist zu ewigen Zeiten/ observiert werden mögen, seint zu/ Urkhundt auch mehrer der Sachen Be-/ kräfftig[ung] und Vösshaltung dessen/ (28) zwey gleichlauttente Exemplaria dises/ Fundations-Brief aufgerichtet,/ von der ietzt dermahl regierenden Frau/ Priorin bey Sancta Catharina und/ der Frau Supriorin in irem respective/ aigenen unnd Convents Namen sowohl/ als auch von der ietztmahligen Frau/ Priorin dises neu fundierten Clost-/ ers Sancta Maria Königin der Englen/ als der hochehrwürdig und wohledl-/ gebohrnnen Maria Christina Eggertin,/ ebenfahls in ihrem und dero undergebenen/ Convents Nammen aigenhändig under-/ schriben und soforth mit dero ge-/ wohnlichen respective Priorat- und/ Supriorat-Signeten corroboriert,/ einfolgsamb ein Exemplar dises/ Fundations-Briefs löblichem Gottshaus/ Sancta Catharina, das andere aber dem/ (29) neu gestüfften Closter in Wörishofen/ zuegestölt worden. So geben und beschechen/ in löblichem Gottshaus und Closters Sancta Ca-/ tharina zu Augspurg, den sechsund-/ zwainzigisten Monnathstag Martii/ in aintausentsibenhundertfünff-/ undzwainzigsten Jahr.

[Soror] Maria Max[imiliana de corona domini], Priorin [Soror] Maria Rosa Concepta B.M.V., Supriorin und Convent
Soror Maria Christi[na] a S. Alexi, Priorin Soror Maria Euphemia a S. Alexio, Supriorin und Convent

Mietterliche Erklehr- unnd respective Moderier- unnd Mitigierung cum annexa donatione <Zusatzfundationsbrief>
yber
Dem underm 5. April 1725 von dem wohloblichen Sancta Catharina Gotts-/ haus in Augspurg als wahrer Stüffterin unnd Muetter/ dem auch wohloblichen Gottshaus zu Wörishofen, Mariae der Englen/ genant, als gestüffteten und lieben Tochter commissionaliter/ zuegestellt unnd under anhoffent kayserlicher allergnädigsten Appro-/ bation beederseits cum omni praevia legalitate ausgeört-/ tiget, mithin vöstbindigist ewig fürdauernten Stüfftbrief weegen

Ain so anderer nach der Handt ex parta supplicantis filiae/ wehemiettigist vorgestölter gravaminum vorgangen,/ unnd abgemacht in Beysein unnd aus aufgetragnen for-/ mal Gebott hierin subscribiert geistlicher hocher Obrigkeit/ unnd Mediation, den 26. Septembris 1725./ (II) Kundt unnd zu wüssen seye hiemit allen unnd/ ieden, so es vor iezt zu wissen nöttig haben, oder/ die es in Zuekonfft von unsertwegen wüssen sollen:/ Demnach yber den von disseithig dermallens mir,/ Mariae Maximilianae Gräfin von Ruepp unnd/ Falckhenstein, Priorin anvertrautten wohloblichen/ Sancta Catharina Gottshaus zu Augspurg als wahren Stüffterin/ unnd Muetter dem auch wohloblichen ganz neuerpauten/ Gottshaus zu Wörißhofen, Sancta Maria Königin der/ Engel genant, alß gestüffteten und subordinierten/ lieben Tochter underm 5ten April diss lauffent 1725./ Jahrs mit besten Vorwüssen, Wüllen unnd ainhellig/ Einverstehen alhiesig gesambten Convents com-/ missionaliter erthaile unnd beederseits under anhof-/ fenter allergnädigsten Approbation und Confir-/ mation von seiner Römischen Kayserlichen, auch/ Königlichen Catholischen/ Mayestät ut supremo ecclesiarum advocato in imperio/ cum omni praevia legalitate ausgeförttiget, mithin für/ sich selbsten vöstbindigist ewig fürdaurendten Funda-/ tions-Brief nach der Handt und unter diser Zeit ex parte/ supplicantis filiae öffters sehr wehemittige,/ zum Thaill/ reflexionswürdige gravamina unnd Vorstellungen so-/ wohl an die Stüffterin selbst, als haubtsechlich und bevorderist an den heyligen Orden unnd dessen tunc tem-/ poris vorgesözt hoche Obrigkeiten den hochwürdigen patrem/ magistrum Dominicum Wideman, sacrosanctae theologiae doctorem et/ dignissimum provincialem unableslich beschechen seint,/ (III) auch damit de facto unausgesözter continuieret würdt,/ wo man doch hingegen an Seithen dess heyligen Ordens nichts/ liebers sechen unnd erwünschen mechte, als wan / hierinfals endtlichen Mitl gemacht, dem nit allerdings umbsonst que-/ rulierenden Gottshaus Wörishofen in dem zu deren hin-/ konfftigen Direction extradierten Stüfft-Brief ainige zu/ unmildt scheinente puncta favorabilius declariert unnd/ mitigieret, zumal auf alle andere Weis dem dermahlig vor-/ gebracht unnd wie nit anderst zu glauben, sich wahrhafft/ also befündtenten Nothstandt mögligst gesteueret, an-/ volglich Muetter unnd Tochter ad evitanda ulteriora mun-/ di scandala, als ain vorhin zusammengehörig kayserlich und/ königliche Special-Privilegia et Protectoria zugleich partici-/ pierentes corpus genauist ain für allemahlen in heyligem/ Friden unnd Lib unzertrenlich widerumben ver-/ bundten/ werdten kunten, welch hailsambs Vorhaben aber aus under-/ schidtlich bald da, bald dortt sich ereussterten Müss-Ver-/ standt unnd andern einge-/ loffnen obstaculis untzhero ad/ effectum sich niehmahls bringen lassen, bis man heunt dato/ Mittwochs den 26. Monathstags Septembris 1725 in festo/ Sancti Cypriani Martyris dises delicate Werckh reassumendo/ mehrmallen angegriffen unnd erstgemelten dato nach-/ mittags in circa umb halber 3 Uhren aus vet-/ terlicher/ Vorsorg unnd zu Praescindierung etwan anderer mitler-/ weill zu besorgen habenter yblen Volgrung zu disem Endte/ sich die drey hochwürdigen patres et magistri, benanntlich reverendissimus pater/ et magister Thomas Hertl, würdigister Provincialats-/ (IV) successor, reverendissimus pater et magister Dominicus Wideman, Ex-Provincia-/ lis, dan reverendissimus pater magister Andreas Roth, definitor prima-/ rius unnd Confessor zu Wörishofen, in dasiges Sanctae Catharinae/ Gottshaus unnd zwar anfangs zur eingangs gemelten/ Frau Muetter Priorins hochwürdigst alleinig verfieget, ihre/ Intention unnd Vorhaben nebst Allegierung romanischen Briefen/ von dem hochwürdigsten patre magistro generali (crafft deren/ ihnen sothanne Commission zu Abschneidung anderer Weith-/ leifigen incumbierte) dess mehreren eröffnet, nach-/ mallens aber auch seine hochwürdige Frau Muetter Oberschaffnerin/ Mariam Vincentiam gebohrne Dürrin darzue begehret haben;/

Nun haben freyllich anfangs beede hochwürdigen Frauen, weillen/ es ein Conventsach, quae omnes tangit, omnium proinde/ etiam consensum requirit, in ainige Handl oder Verabredtung/ ainseithig einzulassen, billichen Gewüssens Anstandt zu/ nehmen gehabt, dabey nit unzeitlich den ybell, [hie]raus re-/ sultierendt, auch in ihren Grab annoch lebendtigen Nach-/ klang widerholter vorgeschüzt. Nachdeme aber erst/ verstandtne unnd mehr andere auf das Tapet komme/ Praeliminar-Difficulteten also abgethon worden, das diser/ vorhabent ganzen Abhandtlung halber sye gegenwert-/ tige drey hochwürdige Patres als hoche Obrigkeiten ihr Gewüssen/ onerieren, sohin alles vor Gott unnd der Welt auf/ sich unnd ihre Verantworttung lediglich nehmen, ia sye/ Frau Priorins Hochwürden sub praecepto formali darzue an-/ gehalten wüssen wolten, mit dem Anhang, damit/ heünt oder morgen ainig widrige motus unnd Unruehe/ (V) im Convent [n]it excitirt werdten, das ewige silentium/ hieryber allerseits zu halten, bis die Zeit unnd mit sel-/ ber dermahlige Coniuncturen sich etwan en-/ dern mechten,/ ist man endtlich zur Haubtsach geschritten unnd hat, wie hinnach zu vernehmen stehet, ain so anderst obrigkeit[lich]/ resepctive geordtnet, declariert unnd moderiert unnd sovill zwar gleich:

Erstens das vermög mehrgemelten Fundations-Brief von der/ Stüfftterin yber das neu erigiert unnd dotierte Closter Wöris-/ hofen § 2do in bester Formb rechtens unnd auf all ver-/ bindtligiste Weis vorbehaltene ius advocatiae mit allen seinen/ Gerechtsamen und Praerogation anbetrüfft, soll solches/ füröhin disen Verstandt, Mainung unnd austruckhliche/ Clausl haben unnd behalten, das es ohne sonders er-/ hebliche Haubtursach, zumallen ohne guettes Vorwüssen/ und special mit Consens aines iehewilligen reverendissimi patris/ provincialis alß höher Obrigkeiten so leichter Dingen nit/ solle exerciert unnd vorgenohmen werdten unnd uner-/ acht man diss Ohrts wenigist bey dermalliger Frau/ Muetter Priorins Hochwürdten niehmahlß ain andere/ Intention oder Willen ge-/ füehret, auch hoffentlich/ (das Gott gnedig verhüette) nit darauf ankomen,/ sondern die Tochter sich iederzeit also verhalten, das die Muetter villmehr ain Freud an selber als dergleichen/ Correction vorzunehmen haben würdt, so ist iehedoch,/ weillen der Menschen Arth unterschidlich unnd zue-/ kunfftige Fell unwüssent, zu mehrer Versicherung ob-/ (VI) gehörte Erklehrung unnd respective Stringierung puncto verstandtnen/ iuris advocatiae hiemit semel pro semper beschechen./

Andertens werdten die § 10mo besag adiuncti sub littera H da-/ mahls reservierte underschidtliche Activ-Capitalien aus besonders/ vortringent mietterlicher Gnadenbezeigung der Tochter/ hiemit also unnd dergestalten cum omni proprietate et usu/ fructu völlig yberlassen, cediert unnd abgetretten, das/ sye solche in konfftigen Zeiten nuzen, niessen, einziechen,/ anderstwo hinlegen unnd durchgehents anwendten möge,/ wie es immer zu deren Besten, Frommen unnd Aufnehmen,/ ged[e]ylich sein würd können oder mögen./

Drittens ad § 14mum zu kommen, sollen dem Gottshaus Wöris-/ hofen nit nur die dato § aus dem Sancta Catharina aigen-/ thomblich angehörigen Gehilz assignierte 300 Clafftter/ Jahr-Holz, sondern so es yber obigen numerum ein mehreres/ ad usum de facto ordinarium, aber weitter unnd anderster/ nit benöttiget, auch in crafft diss, iehedoch durchgehentes/ mit denen Conditionen, wie es in dem original Stüfft-/ brief § 14 et 15 enthalten, zur Notdurfft vergont, unnd/ zuegestandten sein, mit den annexo, das man iehe-/ doch der Hoffnung geleb, das die Tochter mit den Güettern/ ihrer Muetter diessfahls nit verschwenderisch umbgehen, sondern/ villmehr von selbsten den Waldt iederzeit bestmögligst ad/ futuram provisionem zu schonnen trachten werdte./

Viertens seint zwar auch § 20imo von der Schäfferey/ alljährlichen 200 Schaff unnd sovill lb [Pfundzeichen] Wollen disem/ Gottshaus aigenthomblich reserviert unnd bereits/ (VII) durch einen errichteten Neben-Recess under diser Zeit nebst/ dem Woll-Quanto mörcklich unnd yber die Helffte, nemblichen/ ad 90 Stück Schaff unnd sovill lb [Pfundzeichen] Woll modiriert worden;/ damit aber clar erhelle, das Sancta Catharina auch mit ihren/ aigenen Schadten ihrer lieben Tochter aufzuhelffen/ genaigt seye, sollen in Zuekhunfft alljährlich mehrers/ nit, als dreyssig Stuckh Schaff unnd sovill lb [Pfundzeichen] gesponnene/ Wooll, iehedoch Sanctae Catharinae ohnentgeltlich unnd auf iehes-/ mahliges Begehren richtig geliefert unnd der An-/ fang (geliebts Gott) nechst komment 1726stes Jahr da-/ mit ohn fernern Anstandt bey Verlurst dieser Mo-/ deration gemacht werdten; unnd wir wollen lestlich/ unnd/

Fünfftens, Sancta Catharina, mitlß Erpau- unnd so ansechlicher/ Dotierung dises neuen Gotteshaus vorhin sich sehr wehe gethon/ unnd vill empfindtlicher, als man glauben khan,/ laediert worden ist, das es de facto an jehrlichen/ Intraden ainen Abgang gegen mehr als 5000 fl,/ doch die alte starckhe Ausgaben, so wüll selbes iedoch, all/ dessen ungeachtet, aus heyligen Eyfer unnd Zuesprechen/ ihrer hochen Obrigkeiten animiert, hiemit noch das aller-/ löste Muetterstuckh an ihrer Tochter treuherzigst/ zaigen, unnd solchemnach nit nur allein dreytau-/ ßent Gulden Passiv-Capital, so das Gottshaus/ Wörishofen lauth Obligation de dato 27. April 1725/ Herrn Johann Baptist [Hechrignes] dess Rhats unnd/ Handelsherrn alhier verzünslich schuldig worden ist,/ auf sich nehmen, solches ablesen, oder lengers/ (VIII) verintressieren, ihnnen mithin verstandtne Schuld-Obli-/ gation cassierter anmit zuestöllen, sonderen noch darzue deren patris confessarii, hoch würdigen patri Mag. Andreae/ Roth an paaren Gelt tausent Gulden per modum/ donationis zu der Endte mitgeben, das sye sich also/ auch ihrer andere noch aufhabenten Züns-Gelter loß/ machen, Lufft bekhomen, unnd schuldenfrey hausen können./ Allein wüll Sancta Catharina nun hof-/ fen, das Wörishofen/ dise Güethatten erkennen, konfftighin im mindisten sich/ mehr beclagen, sondern ain für allemahl mit dem, was/ iezt beschechen, ver-/ gniegen lassen werde, sonst unnd/ widrigenfahls ipso facto dise Moderation unnd Do-/ nation als gegen ainer Undanckhbahren würckh-/ lich aufgehebt unnd alles dises, als ob es niehmahls vor-/ gangen were, haissen volglich der ganze status rerum,/ in priorem formam et rigorem reduciert sein solle. Wie man dan hierzue gegenwertig unnd zuekonf-/ tiger hocher Ordens-Obrigkeit Garantier[ung] unnd Schuzung/ instantius et instantissime vor Gott unnd der Welt/ pro nunc et tunc imploriert haben wüll./ Was alle andere puncta betrüfft, solle durchgehents/ dem erigierten Stüfft- oder Fundations-Brief in/ omnibus et per omnia strictissime nachgelebt/ unnd hiemit das mindiste selben benohmen oder derogiert/ sein; in fine aber widerhollen Priorin unnd/ Schaffnerin nochmallen, das sye mit disen ganzen/ Handl ihr Gewüssen im mündisten oneriert unnd/ (IX) für ihre Persohnen nichts anderst declarando, moderando aut/ donando gethon haben wollen, als wohin selbe mit Praeterierung/ gesambten Convents unnd auferlegten silentio auß/ Ursach, wie hirin gemelt am Endte dess Eingangs, mit mehrern/ zu ersehen durch obrigkeitliches hoches Formal-Gebott angewisen/ worden seint; in welcher Qualitet dan auch gegenwerttig/ errichtete Verabredtung von all unnseren Nachkommen/ gehorsambist anzusechen unnd als ein Werckh unser geistlich/ hochen Obrigkeit und sorgfeltigen heyligen Ordtens-Vetter (ohne/ deren Mitlung villeicht gressere Hendl sich eraignet hetten)/ schuldigist zu respectieren sein würdt; zu mehrern Ur-/ kundt diser Sach unnd, das dises vom Anfang bis zum/ Endte der ganze Verlauff, der Inhalt aber der wahre/ Befelch, Wüllen unnd Ordtnung unser dermahlig hochen/ Obrigkeiten, werdten selbe umb Underschreibung, Sigillier-/ ung unnd Ratificierung hiemit schuld-demiettigist er-/ betten, anbey Sancta Catharina deren vetter-/ lichen Vor-/ sorg unnd Schutz kindligist anbefolchen. Actum den 26. Septembris anno 1725. Frater Thomas Hardlein sacrosanctae Theologiae Magister et Provincialis Saxionae

Frater Dominicus Wideman Magister, Ex-Provincialis Frater Andreas Roth Magister et pro tempore Confessarius
Soror Maria Maximiliana de Corona domini, Priorin Soror Maria Vencentia a sacrosancto nomine Jesu

C. *„Biechlein waß in der Custerey zu thuen Für das ganze Jahr."*

Anno 1737.

S. 2:

Wan man die grosse absolution gibt Nemblich Am hl. christ dog. Neuen Jahr <gestrichen 1765> an hl. drey Köig (!) dog. Maria liechtmeessen <Einfügung 1765> an hl. Thomas von aquin. an Maria Verkindigung. an hl. oster dag. an vnsers herrn himelfardt <gestrichen 1765>. an hl. Pfingstag. an Corporis christi dag. an Maria heimsuechung. an hl. Vatter dominici. an Maria himefahrt (!). an Maria geburdt. an Rosarii Fest. an aller heilligen dag. an Fest Maria opfferung. an Fest Maria Empfengnus.

S. 3 JMD [Jesus Maria Dominicus]

Auf den hl. Christ dag gibt man alles hin auß waß zuer Kirchen Zier gehört, auf den hoch altar das Stehente Kindlein auf den hl. dom(inicus) altar das offne ligete Kindtlein in die Capel der schw(estern) Augustin(er?) Kindtlein, in vnseren cor auf den hoch altar deß Pater Peter seel(igen) vnd zu den hl. Vatter [Dominikus] deß Pater beicht Vatter seel(igen) sein schönes Kindtlein; wan die Feierdagen vorüber nimbt man die schöne antepenii [= bewegliche Verkleidung des Altarunterbaus aus verschiedenen Materialien] vnd andere gezier hin weg biß auf das Neue Jahr, das obere aber last man stehn

die Spalier in den langhauß thuet man auch nach den hl. christ Feierdagen herab der chor aber vnd Muetter gottes Capell [= Kapelle der Einsiedelner Madonna] last man stehn

auf die hl. drey König macht man den altar wider auf, wie es zu vor gewest ausser die Spalier deß langhauß nit den Minisstranten bueben gibt man zu weihnachten zu essen.

An hl: christag, Neuen Jahr vnd hl. drey König <dag> abendt thuet Man das ganze Closter auß weichen gehn also die 2 Custerinen mit der ober Custerin tragt das rauch Faß vnd schifflein, die vnder Custerin den weichbronen [= Weihwasser] vnd lateren

zu der hl. drey König weichung braucht man ein tucaten [= Dukaten] alß golt wein (!) rauch vnd Myren, welchen rauch [= Räucherwerk] allezeit die Custerin zu samen richten Mueß vor das ganze Jahr waß in die Kirch gehördt, Mehr [= außerdem] Kreidten zum anschreiben salz vnd 3 scheffel voll wasser 4 zine Kanden [= Zinnkannen] oder griecklein [= Krüglein], 2 Klässlein [= Gläslein] zum drinckchen etc.

S. 4: An hl. gundisalvi gibt man das weise antebendy Nauß welches man an allen hl. vnsers ordens fest thuet welche ein venite oder selbst ihr officium haben an den hl. Namen Jesu fest gibt man auch das weise andebenty nauß dan es ist auch ein figuriertes ampt.

an den hl. Sebastian nimbt man Nur die rothe Fleckhlein, vnd ist an disen dag nie Keine predig etc. die Custerin Mueß an den vor abendt die halbe pfündige Kerzen hin auß geben die man an abendt zu vor soll anzinden zu ehren deß hl. Sebastian vnd den ganzen dag brenen lassen das übrige brendt man die octav hin durch etc. vnd also die 2 kerzen deß hl. gaudentii vnd honestinii.

An heiligen liecht meß dag gibt man das genethe andebendy hin auß sambt den 2 crackhsteinlein die 2 grosse piramites [= Pyramiden] 4 schöne Mayen [= Maien oder Maibüsche, künstliche Blumensträuße] die 4 schöne leichter [= Leuchter] die 2 herzlein das Jesu Kindlein stehlt man auch auf den altar, auh (!) steckht man Neue liechter auf von der bruetterschafft mehr den mindern [= einfacheren] rauch Mandl das gelbe vellum die apostel altar diecher der Muetter gottes ihr weiß Kleidlein sambt der goltenen cron vnd zepter, die 2 hl. gaudentii vnd honestini macht man auf. Idem wen man allen Mueß wax liechter [= Wachslichter im Gegensatz zu den Unschlittkerzen des Alltags] geben Ersten der Frau Muetter Priorin ein weise Vierling Kerzen vnd ein gelbe halbe Vierling Kerzen, den ganzen Convent ein halbe Vierling Kerzen den schwestern die das wax auf vnd ab dragen ein stengele Kerzen oder wizele [= möglicherweise Wachsstock?].

Mehr den hochw(ürdigen) Pater beicht Vatter vnd Pater brediger ein weise Vierling Kerzen.

S. 5: <dem schneider den pfahr messner den 4 himel tragern den 4 Jungfrauen welche die Muetter gottes tragen den 3 fahnen tragern den 3 fahnen schwingern den crucifix trager den 2 so das opfer samblen [= sammeln] den alten bau Meister [= weltlicher Vorsteher der Ökonomie] aber Nur auß gnaden [= ohne rechtliche Verpflichtung], disen allen ein gelbe halbe Vierling Kerzen den Ministranden bueben welche 12 sein gibt man bazen Kerzlein, zu abendt gibt man den leithen welche bei der bruetterschafft zu thuen haben biß 30 oder 40 maß bier ein Maß brandewein vnd 3 leib brodt.>

wan das wax an vormidag geweicht so last man alles darunden stehen vnd nach den gottes dienst gibt man die rossen cranz weich, vnd an sanct blasii weicht man es abermahl, vnd thuet die closterfrauen blasslen an Sanct blassii dag brendt man ein Vierling Kerzen bei der Metten zindt man sie an vnd last sie den ganzen dag brennen. an Sanct agatha dag weicht man auch das wax wehr es will vor das Convent 2 oder mehr Kerzen sambt ein Körblein voll brodt, vnd brendt ein Vierling Kerzen wie an St. blasii dag.

an der Vermehlung Maria vnd Joseph wan Kein feierdag so gibt man wieder nichts hin auß weil es Kein gesungenes venite hat, doch ist allezeit ein figuriertes ambt

An fest St. catharinae Vermehleung (!) ist nie Kein figuriertes ampt, vnd gibt auch nichts Nauß.

<Idem an sambstag Septuagesima [= Vorfastenzeit zwischen neuntem Sonntag vor Ostern und Aschermittwoch] macht man die schwarze oder blaue diecher [= Tücher] vor die 3 altär aber nit ganz zue biß auf den ascher mitwoch, alß dan gibt man die 3 fasten bilter vnd 2 schwarze Kiss Nauß wie auch den äschen zum ein äschern, vnd diser äschen solle von rechts wegen von den alten geweichten balmmen gebrent sein,>

S. 6: An fasnacht, affter Mondag [= Dienstag] nach der Non macht man die schwarze diecher vor die 3 altär vnd gibt die 3 fasten tafflen [= Fastenbilder] Nauß wie auch 2 schwarze Meeß Kisser, vnd aschen zum ein äschern

An fest deß hl. thomae von aquin macht man alle altär zum schonsten auf wie an heiligen Vatter [= Dominikus], ausser auf den hoch altar Nur den schlechten Paltakin [= einfacheren Baldachin] mit der schönen tafel, vnd die ganze Kirch thuet man nit Spaliren Nur den cor allein weil es in der fasten ist.

Auf das fest Maria Verkindigung gibt man auf den hochaltar die schöne fafel (!) mit der goltenen ram vnd 6 Mayen wie in rorathe das genethe [= genähte, vielleicht gestickte ?] andebendi sambt denen crackhsteinlein die apostl altardiecher 2 grsse (!) Piramites vnd die 4 kleinere 4 schöne leichter 2 silberne herzlein, auf die neben altär die weisse andebendi die 4 zwerglein, vnd macht die heilige leiber auff, der Muetter gottes ein schönes röckhlein [= Röcklein im Sinn von Kleid].

An hl. Palmsambstag gibt man den weissen Rauch Mandl vnd den weisen leviten Rockh Nauß welche hernach dar auß bleiben biß auf den car sambstag vnd nimbt das crucifix sambt der rothen stohlen [= Stola] herein zu der Procession,

an hl. Palmsonntag gibt die custerin in der frueh die Palm zum weichen [= weihen] hin auß vnd wan sie geweicht so nimt sie es bei den getterlein [= Gitterchen] herein vnd gibt es

S. 7: den closter frauen, in der frueh steckht die Kusterin die Passion Kerzen auf 4 Vierling Kerzen vnd 6 oder 8 halb Vierling Kerzen welche alle zeit bei den Passion in der car wochen angezindt werden, an den car freidag gibt man hernach der Frau Muetter Priorin vnd der Schaffnerin [= Inhaberin des Klosteramtes der Schaffnerin, also der Vorsteherin der Hauswirtschaft] ein Vierling Kerzen den Pater beicht Vatter vnd Pater brediger, den raths Mietteren [= Ratsmütter, die nach dem Profeßalter ältesten Nonnen, die an der Klosterleitung neben der Priorin mitwirkten] der ober Kusterin der messemerin den schneidter alle ein halbe Vierling Kerzen wan der Palmsondag auf ein Mohnat sondag [= Monatssonntag] falt so gibt man Kein segen wegen der Passion

An Mitwoch in der hl. car wochen gibt man das weise andebendy Nauß die 2 silberne herzel die 2 altär vnd ein saubers Meß gewandt, an grien donerstag gibt man ein saubers Kelch diechel sambt den Kelch vnd opfer kendlein, wie auch ein claten Kelch vnd das weise Kelch diechel ohne daschen welches man in den

dapernacal heislein [= Tabernakelhäuschen] mit der hl. hostia bewahrt biß an car freidag, welche hl. hostia in das Fenerabili [Venerabile] gehördt,
An hl: grien donerstag gibt man die Eier schelff [= Eierschale] bamwoll vnd salz zum hl. öll die 15 creuzel von wax auf die altär sambt den wein vnd wasser zum altar waschen
nach der comonion gibt die Kusterin gleich den closter frauen die angezinden Körzen Nach den disch ist die fueß waschung alß dan richt man die spanische wandt in die grosse stuben das Messene beckh [= Messingbecken] die zinene Kandten ein geltlein [= von Gelten gleich Holzgefäß] handticher das schmeckhete [= riechend, parfümiert] wasser vnd in ein blauen grueckh [= Krug] das warmme wasser

S. 8: Am hl. carfreidag gibt man das schwarze andebendy Nauß ein schwarz Meß gewandt wan keines darauß ist den leviten ein schwarze stoll vnd Manibel alles schwarz alß das Vellum das der priester an nimbt mueß weiß sein, den schwarzen fueß debickh [= Fußteppich] das weise grab duech [= Grabtuch] das gestreiffte duech auß der wax zel [= Wachszelle, wo das Kirchenwachs lagerte] vnd das Kleine roth Meß gewändl [= eventuell die Verhüllung des Kreuzes vor der Kreuzverehrung] zu den crucifix, bei den 3 Metten in der car wochen steckht man lauter Vierling Kerzen auf 17 (!) welche man her nach den schneidter gibt an car freidag wan in dem ambt der grosse himnuß gesungen [= Hymnus „Ecce lignum"] wordten so küssen die closter frauen das crucifix vnd die Kusterin gibt den closter frauen die liechter, Nach dem gottes dienst gibt die Kusterin der Frau Priorin vnd raths Miettern die Passion Kerzen vnd den 2 herren 4ling Kerzen
An hl. carsambstag gibt man gleich in der fruehe die friechten [= Früchte] vnd <vorstehende drei Worte durchgestrichen> dapecerey [= Tapezerei] Nauß das es der schneidter auf macht wie auch die oster Kerzen sambt 5 Kranen [= eventuell die Körner zum Einlegen unter die Nägel der Osterkerze] vnd 12 oder mehr halbe Vierling Kerzen vnd dise zindt man an den geweichten feier an vnd gibt es bei den comonion geterl [= Kommuniongitter, an dem die Nonnen die Eucharistie empfingen] her ein eine gibt die custerin der Frau Priorin vnd den raths Miettern der ober sangerin der custerin vnd vnder custerin der Messmerin vnd Kechin [= Köchin] vnd den 2 Ministranden bueben auf die leichter nach den ambt nimbt man die oster Kerzen her ein vnd last sie den ganzen dag brinen biß nach der complet alß dan leschlet man sie auß, an den hl. oster dag zindt man sie bei alle horas vnd ambt an wie auch bei der vesper, die 2 feierdäg aber vnd die ganze octav bei den ambt vnd vesper hernach brendt man sie alle dag bei den ambt biß auf himmelfardt.

S. 9: An oster affter mondag {= Osterdienstag] Nimbt zu abendt herein was man Kan damit man an mitwoch das grab abmachen Kan.
Am fest des hl. petri von Meylandt gibt man das rothe andebendi Nauß, vnd weill gleich der hl. catharina von seins vnd der 2 apostlen Fest so gibt man alle weisse andebendi vnd des hl. Vatters altar [= Dominikusaltar] buz [= putzt] man schöner auf, vnd gibt gleich die apostel altar diecher [= Apostelaltartücher] 4 schlechte priamites 2 silberne herzel
aber an Ersten dag May alß topleter [= zweifacher] Apostel dag nimbt man alle 4 rothe antebentii.
Am Creuz erfindung [= Kreuzauffindung] nimbt man Nur auf den hoch altar das rothe antebendy
an Fest der hl. Catharina gibt man alle weisse andebendii vnd buzt deß hl. Vatters altar schöner weill das ambt darauf ist; an translation [= Übertragung der Gebeine] deß hl. Vatters domini(cus) buzt man Nur sein altar auf so vern [= sofern] Kein sondag, mit den weissen andebendii die 4 schöne leichter 2 biramites 2 silberne herzel 2 rothe rammen [= Rahmen] sambt schönen Meyen
Am fest der himelfahrt vnsers herren gibt man die apostel altar diecher das genethe andebendy sambt den crackhsteinlein 4 grosse biramites 4 schöne leichter 6 schöne Mayen 2 rothe daflen [= rote Tafeln] 2 silberne herzel, auf die neben altär die weise andebendii die 4 zwergl vnd die hl. leiber macht man auf der Muetter gottes das Klein gebliehmlete reckhel [= Röckl] sambdt der golten cron vnd zepter an himmelfardt aben (!) zindt man bei der vesp(er) vnd complet den osterstockh an wie auch bei der Metten vnd 3 dagzeiten hernach nit mehr, alß bei den wetter

S. 10: Auf das hl. Pfingst Fest gibt man an Freidag die Frichten vnd dapecereyen Nauß, vnd den sammenden paldakin [= Samtbaldachin] sambt allen waß man schönes hat
Nach den Feierdagen dueth man den schönen paldakin weckh vnd thuet den schlechtern hin auf biß auf corporis christi vnd waß oben ist das bleibt alles stehn das vndere aber nibt man mit den andebendy wider herin (!) biß an fronleichnamb abendt gibt man alles wieder hinauß,
Nach den Fronleichnamb dag macht man alles ab, vnd gibt in der octav das weise andebendy hin auß nit (!) etlich schlechten Mayen, an donerstag das octav corporis christi gibt man das genethe andebendy Nauß die 4 schöne leichter, die 4 schlechte Piramites vnd ist ein Figuriertes ambt
In der octav corporis christi gibt man den bueben zu essen
In der octav corporis christi last man die frichten stehn, nach der octav thuet man sie auch wider weckh.
An hl. Joanes Baptist gibt man die weise andebendii Nauß sambt den apostel altar diecher die 4 schlechte Mayen vnd schlechte Piramites
wan er aber in die corporis christi octav Falt so gibt man das genethe andebendy vnd 4 schöne leichter 2 schöne Mayen 2 silberne herzelein
Am fest der 2 hl. apostel petry et Paly (!) [= Peter und Paul] gibt man die rothe andebendy nauß, sambt den 4 schönnen leichtern, die 4 schlechte Piramites 2 silberne herzel

S. 11: An Maria heimsuechung gibt man das genethe andebendi sambt den 2 crackhsteinlein die apostel altar diecher die 4 schönen leichter 2 schöne Mayen 2 silberne herzel 4 Kleine Piramites die 2 grosse vnd 2 Kleine altärlein auf den hoch altar, auf die Neben altär die weise andebendii vnd macht die 2 hl. leiber auf, der Muetter gottes ein schönes röckhlein sambt der golte cron vnd cepter
vnd ist an abendt Maria heimsuechung die vesper coraliter [= Vesper im Choralgesang] aber wirdt von Pater beicht Vatter nit gehalten
An fest S. Maria Magdalena gibt man die weise andebendi nauß aber ihren altar buzt man auf das schönste auf das schöne andebendi 4 schöne leichter die 2 zwerglein 2 schöne daflen, die 2 silberne herz vnd macht den hl. leib auf, der Muetter gottes in capel das gelbe Kleidlein
Am fest S. Jacobi gibt man die rothe andebendi Nauß 4 schöne leichter 2 herzel 2 rothe Piramites vnd die apostel Meyen (!), die weise altar diecher Kan man ersparen weil die dägliche noch Neue gewaschen
an sanct Anna dag macht man widerumb die weise andebendi for sonst bleibt alles weil die 2 feierdeg nach ein ander, die 2 hl. [ergänze Leiber] macht man auch auf

S. 12: An fest vnsers hl. Vatters dominic(i) gibt man an freidag zu vor die Frichten vnd Spalier hinauß, an sambstag den schönen Paltakin sambt allen waß man schönes hat auch das lavor [= Becken für die liturgische Handwaschung], zu abendt ist ein Figuriertes Salve Regina sambt den olomen
den andern dag nimbt man widerumb alles herin (!) biß an die Frichten weil gleich Maria himelfahrt Kombt an der rechten octav [= am eigentlichen Oktavtag, also dem achten der Festwoche] deß hl. Vatters ist wiederumb ein Figuriertes ambt vnd gibt das weise antebenty Nauß
An fest S. affra nimbt man Nur die rothe fleckhlein
An fest S. laurentii gibt man daß rothe andebendy Nauß auf die Neben altär die rothe fleckhl
An fest Maria himelfart Macht man widerumb die ganze Kirch auf wie an hl. Vatter alß den schönen paltakin nit, in der octav durch das weise andebendy, an der rechten octav gibt das genethe andebendy samb den Kleinen piramites Vnd 4 schöne leichter vnd apostl Mayen
An fest S. Augustini das weise andebendi wie an andere hl. vnsers ordens
an S. Rosa mehr weise andebendi mit den alttärlein vnd schlechten Mayen.

S. 13: Am schuz engel fest wan Monath sondag oder auch an den sondag falt gibt man die weisse andebendy auf iede altär die 4 schlechte leichter 2 silberne herzel vnd die schlechte piramites vnd die bruetterschafft dafel [= Bruderschaftstafel] auf den hoch altar
An Maria geburth gibt man das genethe andebenty samb den crackhsteinlein, vnd auf die neben altär die weise, die apostel altar diecher die 4 schlechte leich-

ter 4 piramites 4 schöne Meyen oben das goltene crucifix die 2 roth romanische dafflen [= rote römische Tafeln] vnd schlechte Mayen, die hl. leiber macht man auf

An der Kirchweichung macht man die ganze Kirch auf das schönste auf wie an allen hl. dägen [= Tagen] den 14 Septemp(er) ist die Kirchweich an den vor abendt ist Kein Figurierte vesper

An creuz erhöchung [= Kreuzerhöhung] gibt man das rothe andebendy auf den hochaltar

An fest S. domm(inicus) in Suriano das weise andebendy auf deß hl. dom(inici) altar sambt den 4 schönnen leichtern vnd herzelen

An fest deß hl. Mathey Apostel an den hoch altar das rothe andebendi auf die Nebenaltär die rothe fleckhlein

S. 14: An fest S. Michaely das genethe andebendy auf die neben altär die weise die 4 schöne leichter die 4 schlechte piramites die apostel Mayen vnd altar diecher

Weillen aber dermahlen der frau Muetter Priorin ihr dag [= gemeint Namenstag] falt so macht man die ganze Kirch zum schönsten auf dem hl. Michael in die goltene ram vnder den paltaquin auser den schönen paltakin nimbt man nit

weillen dann in acht dag gleich widerumb das Rosarii fest so last man die dapecerey auf gemacht, an Rosarii fest macht man widerumb die ganze Kirch auf das schösnte auf

An fest Simon vnd Judy [= Judas Thaddäus] auf den hoch altar das rothe andebendy auf die neben altär die rothe fleckhlein die apostel Mayen vnd herzelein

An fest vnserer 2 hl. Martyrer in festo SS Reliquiar(um) gibt man auf alle altär die rothe andebendii alle Piramites alle schöne dafflen die 4 schöne leichter schöne Mayen, vnd steckht den 2 hl. ieden ein halb pfindige wax Körzen auf

Auf das Fest aller heiligen gibt man auf den hoch altar das genethe andebendy auf die seiden altär die weise, die apostel aldar diecher 2 grosse Piramites 4 schöne leichter auf die neben altär die zwerglein

An aller sellen dag gibt man alles schwarz Nauß vnd macht auch die dotten bar [= Totenbahre] auf

S. 15: An grossen seellen ablaß [= Allerseelenablaß] gibt man auf den hochaltar das genethe andebenti auf die neben altär die weisse die apostel altar diecher die 4 schöne leichter, die 4 schlechte Piramites die apostel Mayen die silberne herzel

An fest vnsere ordens h(eiligen) gibt man auf den Hochaltar das weise antebenti die 4 schöne leichter 4 schlechte Pirami(tes) 2 silberne herzlein, auf die neben altär weider nichts

Auf das fest Maria opfferung gibt man auf alle altär die weise andebenti die apostel altar diecher, in die höche [= Höhe] die grosse dafel die 4 schöne leichter 2 schöne Mayen die 4 schlöchte Pirami(tes) 2 silberne herzlein die Apostel Mayen

der hl. Muetter gottes das gelbe Kleidtl, ein schönes Meß gewandt vnd den rauch mandel mit den rothen strich, an disen dag ist an vor abendt die Vesper nit von Pater beicht Vatter

An St. Cecilia dag gibt man das rothe andebendy nauß vnd last den hoch altar stehn wie an Muetter gottes dag

An fest St: catharina gibt man an alle altär die rothe andebendj

an St: Magdalena altar ist das ambt vnd buzt in was schöners auf, alß Nemlich die 4 schöne leichter die 2 rothe Piramites ausen her 2 schöne Mayen oben die 2 rothe dafelen vnd 2 Kleine Mayen

S. 16: An fest S: Andreas Apostel gibt man auf den hoch altar das rothe andebendj auf die Neben altär die rothe fleckh vnd etlich grosse Mayen

Auf das Fest der Vnbefleckhten Empfengnuß Maria gibt man das genethe andebendj auf die neben altär die weisse die apostel altar diecher die 4 schöne leichter 2 silberne hertzl 2 schöne Mayen den Mittern [= mittleren, d. h. von der Qualität her] Rauch Mandel

wan das fest aber auf ein sondag falt so gibt man auf den hoch altar die 4 schöne leichter 2 silberne herzlein 2 rothe Piramites 2 schöne Mayen

nach mit dag macht man das weise andebendj vor vnd der Pater beicht Vatter hat die vesper vnd gibt im den rauch Mandel mit den rothen alß nemblich den Mittern an Mondag halt man alß dan ein Figuriertes ampt

wan die Rorate Meß so gibt man daß weise andebendj in die capel die 2 schlechte Piramites 4 zinnene leichter die Kleine altärlein gelbe rechel (?) [eventuell Röckl für die Muttergottes ?]

S thomas Apostel die Rothe Fleckh ötliche [= etliche] grosse Mayen vnd auf den hoch altar das rothe andebendj

An hl: Pfingst Mondag vnd Erchdag [= Dienstag] ist Kein bredig, aber die vesper ist danoch vmb 3 Uhr wegen den creuz

S. 17: die 5 bruetterschafft messen vor die abgestorbene sein, die erste nach Maria liechtmeß den (!) andere Maria Verkindigung die 3te Maria himmelfardt die 4te Maria geburdt, die 5te nach den rosarij Fest

wan allerheilligen auf den sambstag falt ist ein bredig, den sondag dar auf alß monat sondag gibt man das erste zeichen zur vesper vmb 2 Vhr 1 Viertl nach 2 Vhr das andere

Nach der vesper ist gleich die seellen vesper vnd der seellen creuz gang

der Pater beicht Vatter singt die colect [= Kollekten, d. h. Gebetsrufe], wan dan das folg [= Volk] zusamen Kombt ist die Monathliche Procession vnd wier singen die letaniij [= Litanei] in creuz gang, auf dises das Salve Regina Musiciert ist Kein bredig, wan alles vollendt ist die betrachtung, an aller sellen dag gibt man das erste zeichen [= Glockenzeichen] wie sonst vmb 8 Uhr vmb ein Viertel nach 8 das andere, vnd so alle zeit wan nit etwas anders georthnet wirdt die gelessene vesper ist vmb halber 2 Vhr

an 8ten dag [= Oktavtag] deß hl: Vatters domini (!) ist ein figurriertes amb auf deß hl: Vatters altar vnd gibt das weise andebendj Nuß sambt den 4 schönen leichtern, an Vorabendt deß hl: Vatters gibt man das erste zeichen zur complet vmb halber 7 Vhr wegen der gesungnen Metten den andern dag ist wider das erste Zeichen zur complet vnd halber 7 Vhr weill ein figurtes (!) Salve ist zum disch vmb 5 Vhr

S. 18: Wan der hl: palm sondag auf ein Monath sondag Falt, so sezt man das venerabilij nit auß weil man den Passion singt.

In der hl: car wochen darf nie Kein seel mess gelessen werdten vnd gibt allezeit blau hinauß.

In der creuz wochen wan Kein Fest ist, Mueß das ambt allezeit blau sein die Frueh meß aber Kan man weiß lessen

wan ein simbblex Fest [= einfaches oder Simplexfest] vnd der hl: selbst ein Euangelij hat so ßoll nie mahl Kein seel ambt sein.

wan in der Fasten die feria [= religiöser Gedenktag] oder ein Kleine octav oder auch simbblex so soll das ambdt an den afftermondag allezeit von hl: Vatter gehalten werdten

wan man die octav S: Stephani oder S: Joanes halt so darf ein seel ambt sein

aber in der octav der hl: 3 König nit sondern mueß aplicierdt werdten

wan die hl: vnschultigen Kindtlein auf ein sondag Fallen, so ist die Kirch widerumb roth aufgemacht wie an hl: Stephan dag vnd ist ein Figuriehrtes ambt sonst halt man diß Fest Nur Simplex vnd wirdt blau gehalten wan es aber auf den sondag Falt so ist in der nacht das de deum lau(damus) gelessen, vnd die dagzeiten gesungen mit dem alleluia.

S. 19: wan ein gesungene vesper vnd Kein bredig ist, so ist die gelessene vesper vmb halber 3 Vhr

Wan aber ein bredig so ist die gelessene vesper vmb ein Vierdel nach einß

In der Fasten gibt man das erste zeichen an aschermidwoch vmb 8 Vhr daß andere vmb ein Vierdel nach die ganze Fasten gibt man das erste zeichen Vmb ein Vierdel nach 8te das andere vmb halber 9 Vhr vnd nach der wandlung gibt man das erste zeichen zu der vesper das andere wan das ambt auß ist

das Zilentium oder stillschweigen leit man noch ein Vierdl vüber einß oder wan der nach disch vorüber

wan die vigil so leidt man allezeit vmb 2 Vhr darauf der rossen cranz, sonst ist der rossen cranz allezeit vmb 3 vnd darauf die betrachtung

wan aber ein Feierdag in der Fasten Falt vnd das es recht kalt ist so ist der rossen cranz nach den disch, ist es aber nit Kalt so ist der rossen cranz nach den 3 dag zeiten in der Frueh

wan in der Fasten ein Feierdag vnd das ein bredig ist so leith man allezeit vmb 2 Vhr in die bredig. auch an Maria Verkindigung dag.

S. 20: An hl: pfingst Mondag ist Kein bredig, aber die vesper wirdt danoch vmb 3 Vhr gehalten wegen dem creuz

An pfingst afftermondag [= Pfingstdienstag] ist auch nie Kein bredig

An den hl: weynacht abendt vmb 3 Viertl auf 5 Vhr geht man zur Colation [= leichtes Abendessen, so benannt nach der ursprünglich üblichen Lesung der Schriften des Abtes Kassian]

vmb 6 Vhr das Erste zeichen zur Complet, ein Vierdl nach 6 Vhr gibt man daß andere

vmb halber 10 Vhr weckht man in die Mötten.

Vmb 3 Vierdl auf 10 Vhr das erste Zeichen in die Mötten

vmb 10 Vhr das andere

Morgens am hl: dag weckt man vmb halber 5 Vhr vmb 5 Vhr leith [= läutet] man das ave Maria

ein Vierdl nach 5 Vhr leit man zam zum Fruehe ambt, nach dem ambt comunicirt das Convent

auf die Com(munion) Folgt die Fruehe Mess wie täglich

<abents leit man zun disch vmb 3 Viertl auf 5 Vhr

in complet das erste zeichen vmb 6 Vhr das ander vmb ein Vierdl nach 6 Vhr>

In der ocdav Corporis christ gibt man das erste zeichen zur vesper vmb halber 3 Vhr vmb 3viertel das andere, zur Metten ist das erste zeichen vmb 3viertel auf 5 Vhr vmb 5 Vhr das andere, zu nacht vmb 8 Vhr leith man das ave Maria vnd das stillschweigen zu Morgen vmb halber 5 Vhr weckt man, ein Viertl nach 5 Vhr leit man den Englischen Grueß

Stichwortregister

Aachen, Hans von 137
Abgaben 75
Ablaß 60
Absolution 267
Äbtissin 54
Abtritt 102
Abtritturm 102 ff.
Aceton 198
Ackerdistel 168
Ackerwinde 168
Adelhaid, Äbtissin 52
Advent 282
Affing 239
Agnes von Montepulciano 46, 134 f.
Agnus Dei 24
Agrikolstatistik 75
Ahorn 198
Aislingen 64
Akathusranke 116
Alacoque, Marguerite Maria hl. von 263
Albert der Große 9, 40, 48, 60, 157
Albigenserkriege 9, 44
Aldersberg (= Pettendorf) 48
Aletshausen 226
Alexander Sigismund, Bischof von Augsburg 92, 263
Alexiusandacht 262
Alexius, heiliger 134, 175, 232, 239, 242 ff., 262 ff.
Algertshausen 52
Allerheiligen 282
Alltag im Kloster 207, 266
Altarbaukunst 149
Altäre der Klosterkirche 143 ff., 196
Altarpyramiden 162
Altarraum 143
Altarsakrament 231 ff.
Altarzier 174 f., 180, 255
Altdeutsche Galerie 69
Altenbaindt 64, 69
Altenhohenau 48, 233
Altensteig 82
Altersstab 262
Altomünster 115
Ambrosius, heiliger 136
Ammersee 81
Amthof 76, 83
Amtmann 83
Amtshaus, Ampthaus 19, 74, 76, 101, 130
Andachtsbild 180, 258, 259, 260, 262 ff.
Andachtsbücher 263, 279, 299
Andachtsgraphik 263
Angelberg, Tuota von 58 ff., 73
Ansichten von Wörishofen 83 ff., 84
Anstaltsbau 31
Antependien 261, 263, 268 ff.
Antlitz Jesu 175, 236, 237
Antonius Pierozzi 150
Apostelbilder 128 f.
Apostelfeste 269
apostolische Sendung 9, 205
Arbeit 13

Archiv, siehe Klosterarchiv
Argon, von 66
Arme Seelen 232, 241
Armut 9, 14
Armutsbewegung 9
Arnika 166
Asam, Cosmas Damian 116
– Egid Quirin 116
– Georg 137
Aschenkreuz 281
Aschermittwoch 260, 281
Askese 40
Auer, Ludwig 318
Auf dem Hardt 79
Aufhebungskommission 268, 271
Augsburg 17, 18, 22, 26, 29, 44, 47, 49, 51, 52, 54, 56 ff., 64 ff., 70, 73, 74, 76, 78, 141, 189, 191, 239, 263, 270, 274, 286, 302 ff., 308 ff.
Augustinerkind 270
Augustinerorden 54
Augustinerregel 38, 43, 48, 54, 205
Augustinus, hl., Kirchenvater 9, 136
Ausstattung, historische 170 ff.
Aust, Hermann 318
Authentik 222, 248

Bach 66
Backstube 103
Badanger 77, 78
Badehäuschen 30, 86, 98
Bademeisterin 324
Bader 78
Baden-Württemberg 36
Badstube 77
Bad Tölz 274
Bad Wörishofen 10, 17, 32, 49, 52, 57, 79, 80, 81, 82, 186, 193, 198, 257, 258, 260 ff., 273, 305
Baisweil 64, 77, 80, 298 f.
Balsamterpentinöl 200
Bamberg 49, 186, 239, 241
Bamberger Erzbischof 186
Bann 81
Barfüßerkloster in Augsburg 55
Barockarchitektur 102
Basilikenbilder 67
Bauabrechnung 95
Baumeister 64
Baumgarten, Alfred 285 ff., 318
Baumgarten bei Ravensburg 58, 98
Baumgarten, Frein von, Maria Magdalena 19
Bayerisches Hauptstaatsarchiv 51
Bayerisches Landesamt für Denkmalpflege 189, 190
Bayern 26, 27, 36, 49, 52, 63, 70, 81, 186
Beckstetten 310, 314
Beer von Bleichten, Franz II. 20, 93 ff., 106, 108, 130, 139, 309
– Johann Michael II. 95
Befunduntersuchung 189
Beginen, siehe Frauengemeinschaften
Beginenhäuser 42

Begräbnis 213, 262
Beichtstuhl 154, 190
Beichtvater 22, 30, 46, 260, 279 ff.
Benediktbeuren 137, 141, 274
Benedikt, heiliger 144
Benediktinerklöster 41, 73
Benediktinerregel 38, 210
Bergmüller, Johann Georg 137
Bernbeuern 307
Bernhard, heiliger 134
Bernhuber 318
Bernstein 199
Berthold, Hofmeister 60
Besitznahmepatent 26, 27, 29, 184
Bestandgeld 76
Beständigkeit 12, 32
Bestandspläne 103
Besteck 175
Betsaal 110
Bettelorden 9
Beuron, Kloster 318
Bewahr- und Erziehungsanstalt 29
Biberbach 231, 286
Bibliothek, siehe Klosterbibliothek
Biegenburg 58
Bierkeller 103
Bikler, Maria Hyazintha Udalrika 249
Bilderrahmen 143
Binswanger, Maria Josefa 29, 321
Birnbaumfurnier 198
Birnbaumholz 198
Bischof von Augsburg 29, 207, 317
Bischöfliches Ordinariat Augsburg 184
Bischofszimmer 105
Bitschlin 66
Bleichten, von, siehe Franz II. Beer 20
Blumen 166
Bobingen 308
Böck, M. Columba, Priorin 28, 157, 212
Bodenzinse 76
Bodmann, Katharina Rosa von 67
Bollstädt 40
Bologna 9, 36, 38, 39, 136
Bömer, Karl 292
Bonifaz IX., Papst 66
Boos 286
Borgias, Franz 273
Boullemarketerie 143, 195 ff., 200
Brachland 75
Brauchtum 257, 259, 261 ff., 299 f.
Breitschuh 66
Brentano, Maria Viktoria 212
– Rosa 67
Bruderschaft 268 ff., 295 ff.
Bruderschaftmitglieder 269, 295 ff.
Bruderschaftsschrank 162, 295
Bruderschaftstafel 269, 305
Brugghay 66
Brunauer, Augustin 298
Brunnen 11
Buch des Lebens 206 ff., 223
Bücher, Abschreiben von 38

Buchhorn (Friedrichshafen/Bodensee) 51, 73
Buchloe 54
Bürgertum 66
Burghardt, Ludwig 292
Burgkmair, Hans 67
Burkhard, Wendelin 321
Burtscher, Joseph 299
Bußsakrament 279
Butzenverglasungen 189
Buxheim 116, 118, 125, 128, 130, 133, 307

Calereuga, 9, 36
Chor 196, 199
Choralbücher 268
Choraltar 157, 184, 185, 196
Chorbogen 110, 126
Chorgebet 10, 17, 22, 36, 38, 41, 205, 283
Chorgestühl 114
Chorgitter 199
Chorjoch 110
Choroffizium 10
Chororgel 114
Chorschwester 209 f.
Christina, heilige 220 f.
Christkindl 270
Christus als Apotheker 168
Chronik 21, 22, 27, 30, 91 f., 195 ff., 260 ff., 273, 292
Ciborium 26, 196
CIC 279
Clavicord 250
Clemens IV., Papst 42
Clemens XI., Papst 17, 82, 92, 297
Clemens XII., Papst 24
Cloche, Antonin 18, 92, 94, 106 f.
Confessio Augustana 69
Conzelmann 66
Cronthaler, Johann Baptist 154

Dachs 66
Damenkurheim 324
Dammertz, Viktor Joseph, Bischof 293
Deckengemälde 127
Denkmal 183
Denkmalpflege 183 ff.
Deutsche Gesellschaft zur Erforschung vaterländischer Sprache und Altertümer, Leipzig 52
Devotionalkopie 307 f.
Diana von St. Agnes in Bologna 39
Diedorf 63 ff., 69
Diemut, Priorin 52
Diessenhofen 18, 205
Diessen und Andex, Fürstliche Grafen zu 81
Dillingen 17, 49, 60, 63, 285, 303
Dillingen, Grafen von 47, 60
– Albert 60
– Hartmann 60
– Ludwig 60
Dillinger 66
Dillishausen 64
Diözese, Augsburg 29, 32, 44, 60, 290
Distel 168
Disziplin 17, 40, 46
Dobler, Maria Alfonsa 249
Dominikaner 36, 42, 44 ff., 49, 73
Dominikanerinnen 36, 52, 73
Dominikaner, Landshut 17
Dominikaner-Observanz 267
Dominikanerorden 36, 39, 43, 48, 49, 195, 295
Dominikanerregel 10 f., 38 f.
Dominikus, heiliger 9, 10, 11, 24, 31, 36, 38, 39, 43, 103, 109, 135, 136, 152, 154, 170, 172, 186, 205, 257, 261 ff., 268, 270, 280 ff., 293, 295 ff.
– Attribute des 36
– -gloriole 36, 128
– -litanei 261
– -reliquie 261
Domkapitel 51, 56
Donai 296
Donau 52, 63
Donauwörth 140 f., 149, 318
Doppelaltar 114
Doppelklöster 40 f.
Dorfgemeinschaft 81
Dorfvierer 81
Dorfzaun 77
Dorschhausen 302, 310
Drachenblut 199, 200
Dreifaltigkeit, heilige 136
Dreifaltigkeitsfresko 128
Dreifaltigkeitskirchen 240
Dreifelderwirtschaft 76, 77, 79
Dreißigjähriger Krieg 17, 70, 74, 227, 239, 298
Dritter Orden 10, 31, 49, 59, 186, 206, 283
Druisheim 64
Dürr, Maria Vinventia, Dominikanerin 23, 93

Ebner, Margarete 14
Ecce-homo 237
Eckart, Maria Christina 18, 25, 91 ff., 108, 207 ff., 210 ff., 220 ff., 245, 248, 262
Eckart, M. Donatilla von 163, 191
Edelstetten 239
Edessa 236, 244
Effner, Joseph 131
Egen 66
Eggenthal 77, 78, 80, 310, 313
Eggenthal, Anna von 66
Egger, Karl 321
Ehaftgewerbe 77
Ehelosigkeit, Eheloses Leben 14
Ehhaften 27
Ehinger, Susanna 67
Eichstätt 212, 244
Eichstegen 58
Einsamkeit 205
Einsiedelkapelle 32, 163, 261, 268, 307 ff.
Einsiedelmadonna 32, 96, 163, 173, 175 ff., 208, 255, 307 ff.
Einsiedeln 307 ff.
Eisenhut 168
Elfenbein 143
Elsaß 36
Emanzipation 40
Emporengitter 199
Endorfer, Felicitas 67, 69 f.
Engelatlanten 149
Engelschalkdorf 47
Engelthal 47, 49
Engelweihfest 307
Engetrüdt 225
Englische Fräulein 163
Enzian 167
Epiphanie 260
Eppisburg 71
Erhart, Maria Dominica 98, 273
Erntedank 260
Erntedankfest 261
Erringen 64
Erster Orden 10, 46
Erster Weltkrieg 31, 286
Erziehungsheim 304
Etter 77, 81

Eucharistie 205, 260
Eudes, Jean 263
Evangelische Räte 205, 231
Evangelisten 128 f.
Evangelium 228
Ewige Gelübde 14, 206
Exemtion 46

Faschingssünden 260
Faßmaler 145
Fassung 184
Fastenbilder 271
Fastentücher 154
Fastenzeit 260, 271
Fatima 297
Federle, Johann Baptist 299 f.
Feichtmayer 116
Feld- und Flurordnung 76
Ferler, Johannes, Pater 21, 98
Ferrer, Vinzenz 134
Festsaal 11, 120, 189, 192
Feuerlilie 168
Fidel-Kreuzer 318
Fidel-Kreuzer-Straße 26, 84
Fiesole 150
Filigranarbeit 255
Filser, Anton 94
Fischbehälter 103
Fischer, Amandus, Abt 118
Fischer, Johann Michael 116
Fischingen, Kloster 130
Fleischspeisen 18, 205
Florenz 45, 150
Florian, heiliger 200
Flurnamen 74
Flurzwang 76
Frankenhofen 73, 310
Frankreich 51, 70
Franziskaner 49, 56
Franziskanerinnen, Dillingen 17
Franziskanerterziarinnen 49
Französiche Revolution 26, 51
Französische Truppen 26, 98, 175, 196
Fratres barbati 41
Frauenaurach 49
Frauenchiemsee 239
Frauengemeinschaften 40, 49, 55
Frauenkloster 9, 38, 40 ff., 44, 46, 245, 270, 283
Frauenkonvent 114
Frauenschuh 168
Frauenseelsorge 39, 42 ff.
Freie Reichsstadt 51, 52, 54 ff.
Freising 131, 133
Fresken 133 ff.
Freyberg, Maria Ludovica von 212
Freyberg, Maria Magdalena, Freiin von 67, 212, 229
Friedberg 64, 191
Friedrich II., Kaiser 54
Friedrich III., Kaiser 296
Friesach 48
Friesl, Rogerius, Abt 144
Frömmigkeitswelt 175, 227, 239 ff., 296 ff.
Frondienst 19
Fronhofen von, Berthold 59
– Christina 17, 19, 47, 56 ff., 63, 73, 76, 78, 83, 91, 290
– Mengoz 59
Fronleichnamsfest 260, 269, 282, 302
Fronleichnamsprozession 11, 260, 302
Fugger, Ludovika 67
Fuggerschloß Weißenhorn 19

367

Fulda 239
Fundationsbrief 17, 23
Fundationsinstrument 23
Fundationspunkte 22, 247
Furnier 197 f., 200
Fürstbischof 51
Fürstentum Pfalz-Neuburg 51
Füssen 275
Fußwaschung 271

Galeriebrüstungen 129
Gammenried 79, 80
Gammo 79
Gänseblümchen 168
Garderobe 259
Garten 38
Gäste 12, 324
Gaudenius, heiliger 25, 152, 269
Gebet 11, 12, 13, 39, 239 ff.
Gebetserhörung 315
Gebetsordnung 11
Gebetsverschwisterung 205
Gebetsweisen 14, 241
Gebetszeiten 10, 11, 257
Gedächtnismesse 269
Gegenreformation 298
Gehorsam 14
Gelübde, siehe Ordensgelübde
Gemälde, siehe Bilder
Gemarkung 74
Gemeindeschmiede 78
Gemeinschaft der Heiligen 241
Generalkapitel 38, 39, 42, 44, 45, 46
Genf 296
Georg, heiliger 133
Georgianum, herzogliches 178
Gerichtsbarkeit 23, 81
Gerichtsrechte 81
Gerlein, Domkapitular 290
Germanisches Nationalmuseum 275
Gersdorf, E. G. 52
Gesang 273
Gesangbuch 273, 275
Geschirr 175
Gewichtsmaß 75
Geyll, Mattheus 191
Gitter 158
Gläser 175
Gleich, Dominikus 228 ff.
Glutinleim 198
Gnadenbild 20, 96
Gnadenbildkopie 269
Gnadenkapelle 96, 98, 163 ff., 173, 186, 190
Goethe, Johann Wolfgang von 242
Göggingen 387
Gosselshausen 133
Gottesbeziehung 233
Gottesdienst 17
Göz, Gottfried Bernhard 308
Graf, Johann 84
Grassau 239
Gravur 197
Grebmer, Fritz 86 f.
Gregor IX., Papst 43
Gregor XIII., Papst 297
Greith, Karl, Bischof 232
Grieninger, Augustin 228
Grindl, Willibald, Abt von Irsee 21, 248
Großaitingen 308
Groß, Michael 98
Großried 77, 78
Gruft 213, 219
Grundherr 64, 74, 76, 81

Grundherrschaft 75, 78, 81
Grundholden 74
Grundlehrgang 322 ff.
Grundlehrgang für Hauswirtschaft 32
Grundmaß Sack 75
Grundsteuerkataster 76
Gründungstag, Gründung 17, 20, 24, 48, 52, 61, 257, 260 ff.
Guggenbichler, Meinrad 149
Gumiel 9
Gummigutt 199, 200
Gunay, Maria Michaela 20, 207, 208, 210, 268, 307
– Matthäus 173, 307 f.
Gundisalvius von Armante 269
Günzburg 63, 307
Gute Hirtin 263
Guter Hirte 263
Güterverwaltung 39

Haagen, Franz 83, 97, 145 ff., 152, 170, 174, 208 f., 223, 224
Haagen, Maria Gabriela 20, 83, 97, 208, 223 f.
Haagen, Maria Juliana 40, 49, 224
Habit 46
Habitzelle 105, 178
Haggenmüller, Maria Katharina, Priorin 28, 208, 212, 225 f.
Hagmoos 307 f.
Hahn, Johann Sigmund 317
Halbhöfe 81
Hamburg 254
Handarbeit 38
Handelsschule 31, 322
Handschriften 266, 275
Hand- und Spanndienste 19, 93
Hannover 212
Harrath, Maria Maximiliana 20, 210
Harscher, Anna 67
Hartmann, Graf von Dillingen, Bischof von Augsburg 54, 56, 58, 60
Hartmann IV., Graf von Dillingen 60
Hartmann, Joseph 170
Haunstetter Tor 55, 61
Hauptstaatsarchiv 103
Hausen 82
Hausenblasenleim 197
Hauser, Cunrat 80
Hauser, Ulrich 77
Hausgeistlicher, Spiritual 27, 28, 29, 31, 260, 279 ff., 285 ff., 293, 317, 324
Haushaltungsschule 30, 31, 32, 85, 226, 322 f.
Hausherrle 258, 259, 261
Hauskapelle 325
Hausordnung 210
Hausrat 172
Hautleimwasser 200
Heilige Leiber 222, 248, 261
Heiliges Grab 271, 282
Heiliges Römisches Reich 51
Heilig-Geist-Kirche 54
Heilig-Geist-Patrozinium 54
Heilig-Geist-Spital 54
Heiling, Wolfgang 184
Heilkräuter 166
Heimenegg 82
Heinrich, erster Prior des Kölner Dominikanerklosters 43
Heinrich von Seuse 135
Heinzelmann, Maria Honestina 321
Herbergsuche 258
Herrschaft Wörishofen 28
Hertlein, Thomas, Ordensprovinzial 24

Herwig, Wilhelm 275
Herz Jesu 122, 152, 174, 263
Herz-Jesu-Altar 263
Herz-Jesu-Bruderschaft 263
Herz-Jesu-Litanei 261
Herz-Jesu-Verehrung 263
Herz Mariä 122, 152, 174, 263
Herz-Mariä-Verehrung 263
Hildegard von Bingen 167
Himmelfahrt Mariä 146
Hinterhattenthal 74, 79, 80, 81
Hintersassen 64
Historische Ansichten 83 ff.
Historische Beschreibungen 83 ff.
Hochaltar 114, 126, 145 ff., 186, 195 ff., 199, 259, 266, 268 ff., 282
Höchstädt/Donau 51
Hochstift 51, 60
Hoch- und Blutgerichtsbarkeit 81
Hofer, Martin 298
Hofmeister 65
Hofstätten 76, 77, 78, 82
Hohlmaß Sack 80
Holbeingymnasium 69
Holbein, Hans, d. Ä. 67
Holböck, Ferdinand 241
Holl 66
Holzen, Benediktinerabtei 107
Holzmarketerien 198
Holzwarth 98
Honestinus, heiliger 25, 152, 222, 269
Honorius III., Papst 9, 38
Hore 10, 11, 267
Hörmann, Maria Alberta 283
Hörmann, Maria Christina 157
Horn 143, 196 ff.
Hornstein, Concordia von 67
Höß, Franz Xaver 303
Höß, Kreszentia, Franziskanerin 228, 229, 237
Hostienbäckerei 30
Hötzl, Petrus von, Bischof 290
Huber, Maria Maximiliana 252
Huflattich 166 ff.
Hyazinth, heiliger 173

Ikonographie 146, 263
Ikonographie des heiligen Dominikus 36
Iller 52, 63
Illertissen 51
Ilsung 66
Imhof, Maria Elisabeth von 20, 212
– Maria Euphemia 245
– Philippine 67
Immelstetten 308
Immenstadt 307
Indulgenzbrief 48
Inkorporation 42, 44 ff., 47, 48
Innozenz IV., Papst 44 f., 48, 54, 60, 66
Inn-Salzach-Raum 149
Innviertel 149
Instrumente 268, 274 ff.
Inventar 176, 267, 271
Irpisdorf 310, 312, 314 ff.
Irsee, Benediktinerreichsstift 21, 64, 73, 77, 79, 94, 107, 140, 248, 298
Irsingen 73, 282
Italien 9

Jahresbeterin 259
Jahrespatron 259
Jehler, Anna Maria 209
Jehler, Maria Serafina 20, 273

Jesuskind 136, 174, 257
Jocham, Magnus 252
Johanniskraut 169
Joigny, de Amicia 44
– Gaucher 44
Jordan von Sachsen 9, 39, 205
Joseph, Erzherzog von Österreich 292, 318
Joseph, heiliger 173, 281
Jungfräulichkeit 14
Juniorat 14, 209
Jurisdiction – Bestandsaufnahme 26
Jurisdiktion 46, 49
Jurisdiktiongewalt 46

Kagenegg, Baron von 18
Kaisheim 107, 144
Kamille 166, 168
Kanzel 143 ff., 154, 189, 190, 196, 199, 200
Kapitalverbrechen 81
Kapitel 17, 209 ff., 212, 225
Kapitelsaal 96, 104, 116, 119 ff., 170, 192
Karfreitag 230 ff., 262, 271
Karfreitagsliturgie 262
Karl Borromäus, heiliger 24
Karl IV., König 63
Karl IV. Theodor, Kurfürst 51
Karl V., Kaiser 65, 69
Kartograph 83
Karwochenliturgie 281
Karwochentabernakel 157
Käser, Joseph, Kunstanstalt 85
Kastilien 9
Kastner 65
Katakomben 269
Katakombenheilige 25, 261, 269, 299
Katasterblatt 74
Katharer 9
Katharina von Alexandrien 54, 152, 269
Katharina von Ricci, heilige 41, 281
Katharina von Siena 9, 135, 152, 207, 241, 269 ff.
Katharinenpatrozinium 55, 62 ff.
Katharinental, Kloster 91, 107 f., 141, 205
Kathreiner Malzkaffee 319
Kaufbeuren 28, 64, 273, 302, 307
Kaufbeurer Stadtmaß 82
Kelch 175, 176, 178
Keller, Gallus 98
Keller, Max 275
Kempten 307
Kentl, Maria Dominika 20, 173, 208, 210
Kerzenschilder 296
Kerzenweihe 281
Keuschheitsgelübde 39
Kindergarten 31, 32, 322, 324
Kinderhort 32
Kintl, Rosalia 67
Kirchdorf 82, 298
Kirche, siehe Klosterkirche bzw. Pfarrkirche
Kircheim an der Mindel 144, 298
Kirchenausstattung 195
Kirchenfeste 266
Kirchenjahr 257, 261, 268
Kirchenornat 176
Kirchenschiff 118
Kirchenschmuck 266
Kirchenwachs 271
Kirchenwäsche 30
Kirchturm 110, 262
Kirchweihausflug 262
Kirchweihfest 273, 282
Kissing 274
Klarissen 49

Klauber, Johann 308
Klausur 10, 20, 22, 24, 36, 38, 41, 49, 69, 105 ff., 205 ff., 262, 267
Klausurgans 123 ff.
Klee 168
Kleidung 10
Kleine Andachtsbilder 83
Kleinhans, Burkhard 298
Kleinhenne 150
Kleinschroth 318
Klima, siehe Raumklima
Kloster 9, 10, 11, 12, 13, 17, 21, 24, 25, 26, 27, 28, 29, 30 f., 32, 43 ff., 48, 51, 52, 54, 57, 81, 82, 185, 261, 262, 267, 269, 273, 274 ff., 285, 293, 324
Klosteranlage 31, 101 ff., 183
Klosterapotheke 104, 166, 173, 208
Klosterarbeiten 24, 25, 30, 172 ff., 247 ff., 269
Klosterarchiv 29, 52, 105, 184
Kloster auf dem Gries, Augsburg 54 ff., 60
Klosteraufhebung 52
Klosterbaumeister 65
Klosterbetrieb 193
Klosterbibliothek 184, 257, 266, 275, 276, 284
Klosterfamilie 12
Klostergaben 254, 267
Klostergarten 101, 100, 108
Klostergebäude 262
Klosterhaus 28
Kloster Heilig Geist, Augsburg 52
Kloster Heilig Grab, Bamberg 49
Kloster Heilig Kreuz, Regensburg 17, 48, 49, 61, 258
Klosterhof 9
Klosterkirche 94 ff., 101 ff., 109 ff., 125 ff., 260 ff., 274, 279, 282, 300, 304
Klosterlandschaft 91
Klosterleben 266, 290 ff.
Klosterlechfeld 176, 205, 229, 310
Klösterliche Exemtion 280
Klostermauer 13
Klosterpforte 101, 262
Klosterreform 66
Klosterschutz 63
Klosterstil 252
Klosterzellen 95 f., 104, 170, 255, 262
Kneipp, Sebastian 9, 10, 12, 29, 30, 31, 71, 84, 87, 98, 150, 157, 166, 168, 179, 185, 186, 196, 206, 213, 226, 274, 279, 280, 285 ff., 292 ff., 303 ff., 317 ff., 321, 324
Kneippbewegung 318
Kneipp-Museum 316 ff.
Kneipporganisationen 319
Kneippsche Heilkunde 318
Kneippsche Kur 12, 86, 206, 287, 319
Kneippsche Stiftungen 317 f.
Kneippverein 317 ff.
Knöringen, Ludwig von 64
Kochkurse 322
Köln 43, 296
Kommunionbank 110
Kommunität 9, 12, 41, 48, 260
Komplet 10, 293
Konrad IV., König 54, 63
Konradinisches Erbe 52
Konrad von Würzburg 242, 244
Konservierung 183
Konstanz 58, 139
Konstitutionen des Dominikanerordens 36, 205
Kontemplation 9, 36, 263
Konvent 26, 28, 29, 31, 41, 43, 46, 48, 49, 52, 54, 55, 96 f., 192, 209, 212, 258, 261, 267 ff., 279, 324

Konventgebäude 27, 28, 101 ff., 109, 186, 190, 193
Konventsiegel 55
Konzil von Trient 297
Kranke 12
Krankenpflege 186
Krankenzimmer 104
Kraus, Maria Hyacintha 273
Kräuterbücher 284
Kräutergarten 25
Kremsmünster 149
Kreuzenzian 167
Kreuzer, Fidel 318
Kreuzgang 11, 26, 103 ff., 260, 261, 324
Kreuzgarten 11, 30, 101 ff., 108
Kreuzgewölbe 11
Kreuzpartikel 26, 196, 282
Kreuzpullach 137
Kreuzstempel 125
Kreuzverehrung 271
Kreuzweg 237
Kreuzwoche 303
Krieg 1870/1871 30
Krippenbau 257, 258
Krokus 168
Kronthaler, Johann Baptist 273
Krüllarbeiten 253, 255
Küche 104
Kunstdenkmal 183
Kunsthandwerker 144
Kunstsammlungen 184
Kurbetrieb 262, 292
Kurgäste 32, 84, 260, 292, 317 f., 324 f.
Kurheim 9, 12, 31, 32, 101, 206, 321, 324 ff.
Kurort 86, 180, 254, 286
Kurpfalzbayern 51, 52
Kurz von Senftenau, Magdalena Gräfin von 67
Kusterei 161, 190, 192
Küsterei 105, 196, 266
Küsterin 260, 267 ff.
Kustermann, Johann 318

Lack 199, 200
Lackoberfläche 200
Laienbrüder 65, 195
Laienkirche 126, 143, 157, 197 f.
Laienschwester 28, 41, 209 ff., 212
Landauer, R. 318
Landfrieden 64
Landkloster 63
Landrichter 29
Landsberg 3, 131, 149, 263, 302, 307
Landshut 17, 144, 244, 247
Landvogt von Mindelheim 26, 27
Lange, Konrad 183
Langenfeld 263
Langenmantel 66
Langenmantel, Peter 64
Langinger 66
Lärchenterpentin 199
Lärchenterpentinharz 200
Lauchdorf 302, 310
Laudes 10
Laugna 29
Lauingen 51, 60, 308
Lavabo 162
Leben im Kloster 203 ff., 206 ff.
Lech 63, 70
Lechfeld 310
Lechhausen 63, 70
Legenda aurea 242

369

Legendenliteratur 244
Leikes, Thomas 304
Leinöl 200
Leipheim 307
Leipzig 52
Leo XIII., Papst 292, 297, 319
Lepanto, Schlacht von 136, 150, 289, 297
Leuthau (Litun) 47, 61
Liber vitae 206
Lichtenstern, Joseph und Katharina 281
Lichthof 105, 125, 170 f.
Lilie, weiße 167
Lille 296
Lindmayr, Maria Anna Josepha 228
Lins, Karl 98
Litaneien 24, 257, 261, 297, 304
Literatur 227
Liturgie 10, 46, 205, 267, 281 ff.
Liturgische Musik 273, 275
Locher, Bonifaz 157
Lohhof bei Mindelheim 252
Losverfahren 259
Loth, Johann Carl 137
Lourdes 297
Löwental 73
Löwenthal, Johann von 58
Ludwig Bertrand, heiliger 43, 135
Ludwig I., König von Bayern 29, 32, 186, 303, 321
Luidl, Lorenz 149
Luitpold, Prinzregent von Bayern 292
Lunéville, Frieden von 26
Luther, Martin 69, 297
Luxus 178
Lyon 44
Lyoner Konzil 44

Mädchenbildung 206, 209
Mädchenschule 29, 226
Mädchenvolksschule 30, 321 ff.
Madrid 36, 39
Maerz, Franz Borgias 154, 273
Mainhartshofen 61
Mainz 60
Männerklöster 40
Margarete von Castello, selige 96
Margarete von Ungarn, heilige 97
Maria, heilige 134 ff.
Maria Magdalena 152, 189
Maria-Magdalenen-Konvent 19
Maria Medingen, Kloster 44, 47, 48, 52, 60, 116 ff., 120, 125, 130 f., 133, 162, 244, 249
Marianischer Magistrat 300
Maria Stern, Kloster in Druisheim 64
Maria-Ward-Schwestern 241
Marienblume 168
Marienfeste 268 ff., 281 ff.
Marienkapelle 190, 213, 262
Marienkirche in Augsburg 55
Marienleben 136
Marienpatrozinium 55
Marketerie 196
Marketerieoberflächen 199
Markneukirchen 275
Markt Rettenbach 133
Markt-Wald 79
Markuskonstitutionen 44
Martin von Cochem 242
Massenware 179
Maßliebchen 168
Mastix 199, 200
Mattsies, Konrad von 58 f.
– Hermann von 79

Maurach, Schloß 120 ff.
Max Emanuel, Kurfürst 133
Max III. Joseph, Kurfürst 51
Max IV. Joseph, Kurfürst 51
Maximilian I., Kaiser 296
Mayen 173 ff., 255
Mayer, Rosina 318
– Theresia 318
Mayr, Jakob 298
Mayr, Johann Jakob von 21, 94, 98
Mayr, Maria Agatha 20
Mayr, Maria Cäcilia, Schwester 26, 208, 220, 227 ff.
Mayr, Maria Johanna 212
Mediatisierung 51
Meditation 11
Meinhartshofen 47
Meisenbach, O. G. 86
Meister Eckehart 9
Memmingen 307, 324
Mermos, Cölestin I., Abt 144
Mesner 161
Meßgewänder 254
Messing 198
Metall 197
Meyer, Balthasar, Provinzial 108
Michael, heiliger 114, 134, 240, 282
Mindelaltheim 63, 65, 69
Mindelau 82
Mindelberg, Swigger von 58
Mindelheim 26, 27, 30, 51, 79, 81, 184, 302, 322
Minderbrüder 42
Minoriten 49
Mirakel 307 ff.
Mirakelbücher 307 ff.
Mittelalter 9, 17
Möbel 170
Model 116
Mödingen 44, 116
Molkereischule 30, 226, 322
Monatssonntag 261, 271, 299 ff.
Mönchtum 38
Mondsee 149
Mönstetten 229
Monstranz 172, 175, 262, 267, 304
Montargis, Frankreich 44
Montfort, von Amicia 44
– Johannes 44, 47, 54
– Simon 44
Moritzpfarre, Augsburg 47, 54, 60
Mühle 77, 78
Müller, Joseph (?), Architekt 150
Müller, Maria Afra 207
Müller, Maria Augustina, Priorin 31, 157, 212, 226
München 154, 212, 220, 285
Münsterlingen 140 f.
Münster, Robert 274
Museum 316
Musik 21, 227, 273
Musikalien 268, 275
Musikpflege 273
Muttergotteskapelle, siehe Einsiedelkapelle
Mutzerhard, Maria Antonia 19
Mystik 26, 228
Mystikerin 26

Nadelarbeiten 254
Nadelholz 198
Nägele, Anwesen 163
Napoleonische Kriege 98
Nassenbeuren 82, 172, 179

Nationalsozialismus 32
Naturaliensammlungen 184
Naturheilkunde 9, 285
Natursymbolik 263
Nebenbräutchen 262
Neo-Barock 189
Neresheim 118, 125, 127, 130, 302
Neuburg/Donau 49, 239, 303
Neunburg vorm Walde 17
Neustadt/Aisch 49
Neymair, Josef 19
Niedere Gerichtsbarkeit 81
Niederlande 149
Niedersonthofen 307
Nonnenchor 101 ff., 110, 114, 138, 143, 154, 158, 198
Nonnenempore 114
Nonnengeige 272 ff.
Nonnenkirche 126
Nordenberg, Lupold von 48
Nordholz, Wigelais von 64
Nördlinger 66
Nottel, Nikolaus 66
Noviziat 14, 105 f., 119, 177, 316
Novizin 27, 28, 29, 32, 209, 212, 225
Novizinnengarten 102
Novizinnenzellen 119
Nürnberg 47, 49, 212
Nußbaumholz 198

Oberaudorf 31, 32, 244, 324
Oberaulendorf 13
Oberdeutsche Provinz 17
Obergammenried 79, 80, 81
Obergünzburg 60
Oberhausen 71, 145, 172
Oberhäuser, Leonhard 318
Oberitalien 107
Obermedlingen 17, 48, 60, 118, 143 f., 149, 154, 162, 195
Oberösterreich 149
Oberschönenfeld, Zisterze 17, 107, 149, 249
Observanz, streng 11, 18, 21, 28, 31, 93, 106, 161, 195, 205 ff., 254, 257, 262, 273
Obstgarten 103
Öchslin, J. St. 308
Offner, Karl 98
Offner, Max 274
Ökonomie 65, 260, 317
Ökonomiegebäude 32, 190
Oktav 267
Ölbergvisionen 230 ff.
Öllacke 199
Oratorium 109
Orchideen 168
Ordensarchiv 103
Ordensfrau 10 ff., 36 f.
Ordensgelübde 14, 29, 205, 206 ff.
Ordensgemeinschaft 10 ff., 36 f.
Ordensgeneral 22, 92 ff., 207, 247
Ordenskapitel 55
Ordensprovinzial 18, 22, 26, 28, 66, 91
Ordensregel 210, 290
Ordinariat 18
Ordnungstherapie 9, 10, 293, 319
Ordo Sancti Augustini 48
Ordo Sancti Sixti de Urbe 48
Orgel 154, 189, 273, 274 ff.
Orgelempore 110, 126, 128 ff.
Ortsansichten 84 ff.
Ortsherrschaft 76
Ortspfarrer 92
Osanna von Mantua, selige 45

Osma 9, 36
Osterbrot 260
Ostereier 260
Ostern 260, 270
Osterstock 271
Oswald, Ritter von 60
Ott, Johannes 275
Ottobeuren 118, 131, 133, 141, 162, 283, 302, 317

Padonkholz 198
Palentia 9
Palmsonntag 281
Paramente 253, 266 ff., 271
Paramentenstickerei 30
Paris 275
Passion Christi 136
Patriziat 40
Patriziergeschlechter 66
Patronatsrecht 22
Patronzinium 146
Pensionszahlungen (Pensionen) 28
Petrus von Mailand 269
Petschaften 20, 63, 82
Pettendorf 48, 49
Pfaffenhausen 65, 82
Pfarrgemeinde Wörishofen 29
Pfarrkirche Wörishofen 92, 96, 101
Pfarrseelsorge 280
Pfeiffer, Jörg 149
Pferschen, Hans Georg von, Maler 170 ff.
Pfingstfest 282
Pfister 65
Pfister (Familie) 66
Pflanzenheilkunde 318
Pflanzensymbolik 166
Pfleger 63 ff., 96
Pflummern 67
Pforzen 94
Photographie 84
Pielenhofen 141
Pius V., Papst 136, 150, 297
Plünderung 26
Polizei 81
Portner 66
Postulantin 14, 209
Postulat 14
Prager Jesulein 168
Prämonstratenser 38, 40, 42, 47, 58, 73, 79
Präparandinnenschule 322
Predigerheim 9
Predigerkirche 110
Predigerorden, siehe Dominikanerorden
Predigten 230, 244, 281
Preßburger Friede 70
Prestele-Plan 84, 85
Primizkronen 254
Priorat 29, 105, 108, 170, 178, 210 ff.
Priorin 18, 22, 23, 26, 27, 28, 29, 31, 52, 54, 64, 189, 210 ff., 259, 262, 268, 290, 292
Priorinnensiegel 55 f.
Priorinnen von Sankt Katharina, Augsburg 66
Procter, Johannes 96
Profeß 29
Profeßfeier 29
Profeßformel 207
Profeßkerze 262
Prouille 9, 38 ff.
Provinz 9, 17
Provinzial 46
Provinzialat 130
Prozession 11, 24, 260, 261 ff., 271, 282, 296 ff.
Prozessionskreuz 261

Prozessionsstangen 162, 297 ff.
Prüfening 244

Rager, Dismas 321
Raimund von Penafort, heiliger 44, 205
Raphael, heiliger 240
Rasso, heiliger 80, 81
Rauchmantel 282
Raumfarbigkeit 189
Raumfassung 192
Raumklima 191, 192, 198
Raumschale 184, 186, 189, 191, 192
Ravensburg, Johann von 58
Ravensburger, Anna 66, 69
Refektorium 11, 104, 189, 192, 262
Reformation 55, 69, 297
Reformkloster 22, 24, 31, 71, 82, 208, 293
Reformmönchtum 41
Reformorden 38, 60, 73
Regel, siehe Ordensregel
Régence 116
Regensburg 17, 47, 48, 61, 141, 244, 258
Reichling 67
Reichsdeputationshauptschluß 26, 51
Reichstag 69
Reichsunmittelbarkeit 51
Reiter, Maria Alexia 245
Rekonstituierung 28, 29
Rekonstruktion 199, 200
Religiöse Frauenbewegung, siehe Frauengemeinschaften 41
Reliquiare 175
Reliquien 269, 282, 299
Reliquienfasserin 220
Reliquienfest 261
Reliquienpyramiden 143, 177, 249, 254, 271
Reliquientafeln 269
Rembold 66, 67
Remsche Chronik 60, 70
Remy, Magnus 140
Renovierung 196
Repertorium 52
Restaurierung 183, 185, 190, 192, 193, 195 ff., 199
Restaurierungsgeschichte 183
Restaurierungskonzept 192
Restaurierungsmaßnahme 32
Restaurierungsschwerpunkt 186
Retter, Maria Theresa 248
Reuerinnen 43
Reutberg 239, 274
Revolution, Französische 26
Rheinfeld, Franziskus, Pater 21
Richartz, Petrus von, Bischof 285
Ried bei Kempten 307
Riederer 66
Riedler, Johann Georg 26, 84, 98
Riggenmann, Josef 170
Ringelblume 169
Rodungssiedlung 74, 79, 80
Röfingen 229
Roggenburg 47
Rohrbach, Anna von 66
Rom 36, 39 ff., 43, 92, 103, 244, 298
Romans, Humbert von 45
Rommelsried 63
Ronsberg, Markgrafen von 73
Rorate 282
Rosa von Lima, heilige 42, 202, 205, 270
Rose 168
Rosenkranz 25, 136, 150, 175, 212, 280 ff., 295 ff. – 305, 314
– -altar 299

– -bruderschaft 25, 166, 261, 281, 295 ff. – 305
– -gebet 268 ff., 295 ff. – 305
– -geheimnisse 299 ff.
– -fest 268 ff., 295 ff., 302
– -königin 261, 300
– -messe 280
– -schild 310
– -spende 24, 152, 174, 280, 295 ff.
Rotes Tor in Augsburg 55, 61
Rothenburg, Friedrich von, Dominikaner 57, 91, 317
Rothenburg/Tauber 48
Roth, Pater Andreas 18, 20, 21, 22, 25, 91 ff., 106 f., 108, 130, 133, 143, 145, 220, 279, 298 f., 308
Rottenberg von, Josepha, Dominica 18, 91, 108, 141
Rueff., Emerich, Pater 27, 279, 283, 302
Ruepp von Falkenstein, Gräfin Maximiliana 17, 18, 24, 67, 91, 96 f., 222, 223
Rupe, Alanus de 296

Saalkirche 110
Sakristanin 115
Sakristei 143, 161 f., 190, 281, 300
Säkularisation 10, 17, 24, 26, 27, 28, 29, 30, 51, 52, 58, 63, 69, 70, 82, 84, 175, 184, 205 ff., 220, 225, 249, 267, 271, 274, 279, 283, 290, 297
Salbei 166 ff., 169
Salgen 82
Salve Regina 10, 268
Salve-Regina-Prozession 262
Salzburg 48
Sammlungen frommer Frauen, siehe Frauengemeinschaften 42, 47
Sandarak 199, 200
Sandelholz 198
Sankt Agnes, Kloster in Bologna 38, 39
Sankt Agnes, Kloster in Straßburg 44
Sankt Blasius in Landshut 144
Sankt Cher, Kardinal Hugo von 45 f.
Sankt Justina 213
Sankt Katharina, Augsburg 17, 18, 19, 23, 24, 28, 44, 47, 51, 52, 56 ff., 63 ff., 69, 73, 74, 76, 77, 78, 79, 80, 81, 82, 83, 91, 97, 106, 119, 133, 144, 172, 184, 195, 200, 205, 222, 247, 270, 273, 279, 298, 308
Sankt Katharina, Nürnberg 49
Sankt Katharina, Schwernberg 49
Sankt Magdalena, Kloster in Augsburg 56, 70, 143
Sankt Margaretha, Kloster in Augsburg 47, 61, 71
Sankt Maria, Augsburg 52, 56, 59, 60 f., 66
Sankt Markus, Kloster in Straßburg 43 f., 48
Sankt Markus, Würzburg 60
Sankt Marx, Würzburg 48
Sankt Nikolaus, Augsburg 69
Sankt-Sixtus-Konstitutionen 38, 43 ff., 47, 48
Sankt Sixtus, siehe S. Sisto
Sankt Stephan, Augsburg 52
Sankt Ulrich, Dillingen 49, 60
Sankt Ulrich und Afra, Augsburg 137
Sankt Ursula, Dominikanerinnenkloster in Donauwörth 32
Sankt Ursula, Kloster in Augsburg 29, 32, 49, 61, 69, 321
Sankt Walburg in Eichstätt 244
Satzungen des Dominikanerordens 36, 43, 210
Saxonia – Ordensprovinz 17
Scagliola 116

371

Sebastianeum 319
Sebastian, heiliger 169
Sebastian-Kneipp-Museum 104
Seckendorff, Hans von 64
Seelnonnen 49
Seelenführer 229
Seelenrosenkranz 305
Seilern, Karl Graf von 289
Seitenaltäre 110, 114, 145 ff., 150 ff., 190, 196, 198, 261
Sekundärwallfahrt 307 f.
Selbstheiligung 9
Seligenthal, Kloster 244
Seuse, Heinrich 9
Sext 282
Siboto, Bischof von Augsburg 54, 57, 59
Siegel 54 ff.
Siegelabdruck 81
Siegelbild 55 ff.
Siessen 108, 125, 130
Silberbronze 197
Silentium 36, 41
Sixtus IV., Papst 19
Sixtus, Papst 136
Skaputierfest 282
Söldnerschaft 81
Soler, Hartmann von 79
Soler, Mangold von 79
Sommerrefektorium 120, 123
Sonn- und Werktagsschule 321
Soriano 270
Spanien 9
Spanischer Erbfolgekrieg 70
Spät vom Faimingen 60
Spee, Friedrich 263
Speisesaal 123
Spiritual 279 ff.
spirituelle Aufgaben 279
Spirituslack 200
Spötl, Maria Alberta 212
Springer, Jakob 296
S. Sisto, Rom 10
Staatsarchiv Augsburg 28, 55
Stadtbergen 63
Stadtmauer von Augsburg 54 f.
Stain, Berchtold vom 64
Statuten 10 f., 38 ff.
Stauder, Jakob Karl 134 ff., 138 ff.
Staufer 63
Steichele, Anton 52
Steingaden 58, 59, 73
Steinhausen 116
Stephansried 286, 317
Steppach bei Augsburg 229
Stift Sankt Katharinenthal am Rhein bei Diessenhofen 18
Stigmata 228
Stillschweigen 24
Stimpfle, Joseph, Bischof 286
Stockheim 59, 282, 302
Stoffklebebilder 284 f.
Stolzhirsch 66
Straßburg 43 f.
Stuckdekorationen 116 ff.
Stuckmarmor 116
Stuckreliefs 128 f.
Stundengebet 267
Subpriorin 210, 259
Suchen nach Gott 13
Südfrankreich 36
Sulton, Onuphrius 210
Sulzbacher Kalender 84
Summerau, Heinrich von 57 ff.

Schad, Rosalia 67
Schäferidyllik 263
Scharpff, Wolfgang 74
Schaumburg, Peter I. von, Bischof 66
Scheer, Johann 98
Scheneschach, Schöneschach 74, 79, 80, 81
Schenkung 91
Schenkungsurkunde 57
Scherer, Maria Cäcilia 225
Scherer, Maria Michaele 208
Schildpattimitationsverfahren 197 f.
Schleißheim 133
Schliersee 133
Schlingen 73, 302, 310, 314 ff.
Schlößl in Wörishofen = Amtshaus
Schmalkaldischer Bund 70
Schmid, Maria Alexia 223
Schmid, Schwester Maria Karolina 184
Schmid, Utz 64
Schmiechen 73, 79, 81
Schmuzer 116
Schnifis, Laurentius von 263
Schnitzler, Jakob 191
Schonath, Columba 228
Schönbächler, F. X. 308
Schubert, Johann Jakob 97, 145
Schutzherr 63, 70
Schutz- und Schirmverhältnis 63 ff.
Schwabegg, 51
Schwäbisch Gmünd 60
Schwabmünchen 61, 149, 308
Schwangau, Heinrich 58
– Hiltbold 58
– Konrad 58
Schwarzhofen 17, 48
Schweitzer, Albert 289
Schweiz 36, 51
Schwernberg 49
Schwertlilie 167
Schwesternchor 11, 114, 186, 197, 262, 268, 274, 315
Schwesternrat 210
Schwink, Lothar 191

Tabernakel 11, 26, 175, 186, 197
Tagesoffizium 293
Taglichtnelke 167
Tapfheim 308
Tauler, Johannes 9
Tausendguldenkraut 166
Teck, Friedrich, Herzog von 63
Te Deum 268
Tegernsee 137, 244
Teising 309
Telleruhr 191
Templerorden 56
Tempuli, Kloster 38
Terminieren 59
Terpentinöl 200
Territorialherrschaft 63
Terz 282
Terziarengemeinschaft 49
Teutonia, Dominikanerprovinz 17, 36, 46, 48
Thainer, Maria Viktoria von 212
Thaining 263
Theologie 227
Therese Kunigunde, Kurfürstin 94
Theresia von Avila 135, 152, 159 f., 230
Thomas von Aquin 9, 47, 135, 172, 268 ff., 281
Thumb, Michael 107
Tiefenried 172, 179
Tirol 149
Tonsur 41

Topographie von Wörishofen 83
Tortschen 300 f.
Totenbücher 209
Totenleuchter 282
Totenprozession 281 f.
Totentafel 213, 223
Tott 66
Toulouse 9
Tripel 197 ff.
Trumscheit 272 ff.
Tulpe 167 ff.
Tuota von Angelberg 58 ff.
Türkeim 30, 32, 51, 73, 79, 186, 226, 302, 303, 310, 312, 314, 321 ff.
Türkheim, Landgericht 28

Überlingen 141
Überreiter 64
Uhr 182 f.
Ulm 52, 303
Ulrichskreuz 135
Ulrichspatrozinium 60
Untergammenried 79, 80, 81
Unterrammingen 82, 302
Unterrieden 82
Untertan 64
Urbarium 79, 223
Urkunde 52, 55 ff., 78
Ursberg 79
Ursin 73

Vasa Sacra 266
Vazeray 58 ff., 73
Venedig, Charta von 183
Vera Icon 236
Vergolder 145
Verkündigung 228
Vesenmayr, Rosina 67
Vesper 10, 281 ff.
Vetter, Christina 67
– Veronika 67
– Walburga 67
Viereck, L., München 85
Vikarin 19
Violau 149
Visitation 26
Vitzthum, Ulrich 52
Vogtei 23
Völk, Thomas 322
Volksmedizin 166
Volksmusik 227
Volksschauspiel 244
Volksschule 52
Vorarlberger Baumeister 107 f.
Vorarlberg 20, 36
Vorderhartenthal 74, 79, 81
Votation 312
Votivtafel 311, 315

Waal 307
Wacholder 166
Wachs 270, 312
Wachsrestaurierung 163
Wachsüberzug 200
Wagenhals, Stadtteil von Augsburg 54 f.
Wagner, Valentin 174
Wahlen 26, 27, 210
Waibl, Familie 130
Waldburg, Otto Kardinal Truchseß von 70
Waldenser 9
Wallfahrt 81, 83, 297, 307 ff.
Wallfahrtskirche 115, 116
Walther, Anna 67

– Maria 67
Wandpfeilervorlage 110
Warraus 67
Waschküche 103
Wasseranwendungen 324 ff.
Wasserbauten 78
Wasserburg a. I. 85
Wasserburg, Grafen von 48
Wasserheilkunde 318
Wasserkur 285, 287, 289, 317
Wassernutzung 78
Wegwarte 167
Weigl, Columba 228, 236
Weihnachten 270, 282 f.
Weihnachtsgeschehen 257, 259
Weilersiedlung 74
Weingarten 73
Weinschenckh, Maria Gertraud 19
Weißenau 140
Weißenhorn, Fugger-Schloß 19
Weißenhorn, Konrad von 91
Welf VI., Herzog 58
Welfen 58, 73
Wellenburg 273
Wellenburg, Heinrich von 17, 56, 57, 91
Welser 66 f.
Welz, Carolus 58, 73, 225
Wendelin, heiliger 145
Wenger, Gregor Ferdinand 275

Wenzl, Bernhard, Abt 137
Werktagsschule 29
Wessobrunner Stukkaturen 116 ff.
Wettbach 73, 74, 77, 79, 81
Wettenhausen 32
Widmann, Dominikus 210, 220, 223
Widmann, Martin 19, 21, 96, 98
Wiedererrichtung des Klosters 29, 31, 84, 260
Wiedergeltingen 73
Wien 212, 239, 244
Wiesensteig 51
Wiesgült 76, 77, 80, 81, 82
Wieskirche 116
Wildeshausen, Johannes von 44 f.
Willige Arme 42, 49
Will, Johann Martin 263
Winde 161
Windeneinrichtung 197
Winterrefektorium 104, 120, 122 f., 124
Wirtschaftsgüter 210
Wirtschaftshof 101 ff.
Wirtschaftsschule 324
Wittelsbacher 51, 52
Wittelsbacher Königreich 28
Wörishofen 51, 56 ff., 63, 64, 70, 73, 74, 75, 76, 77, 78, 79, 80, 81, 82, 83, 108, 118, 130, 144, 186, 190, 195, 200, 257 ff., 267, 269 ff., 273 ff., 286, 292, 298 ff., 305, 308 ff., 317 ff., 321 ff.

Wörishofen, Pfarrei Sankt Justina 22, 57, 74, 76, 162, 280, 285, 290, 298, 304, 324
Wörthbach 73
Würth, Maria Dominika 29, 254, 321
Württemberg 58
Würzburg 48, 60, 212, 318

Zahl der Schwestern 212
Zelle, siehe Klosterzelle
Ziegler, Anna 67
Ziegler, Matthias 310
– Maria Josepha 310
Zierstempel 116, 119 f.
Zimmermann, Dominikus 71, 108, 116 ff., 130 f., 133, 161
– Johann Baptist 96 f., 116 ff., 130 f., 133 ff., 158, 170
Zindter, Valentin 97, 118, 143 ff., 150, 154 ff., 158, 189, 195 ff., 199, 273
Zinn 197
Zinnober 197
Zisterzienser 38, 39, 42, 210
Zölibat 14
Zufluchten, Heilige Sieben 175, 231, 239 ff.
Zürn, Michael 149
Zweite Regel 30
Zweiter Orden 10, 31, 36, 42, 46, 49, 59, 206
Zweiter Weltkrieg 32, 52, 189
Zwing 81

373

Hinweise zu den Autoren

Dr. Georg Brenninger, geb. 1946 in Wartenberg bei Erding, studierte Theologie und Musikwissenschaften. Seit 1982 ist er wissenschaftlicher Mitarbeiter bei der Erzdiözese München und Freising. Er trat mit zahlreichen Veröffentlichungen zur Orgelgeschichte Südbayerns hervor.

Dr. Dagmar Dietrich, geb. 1945 in Vienenburg/Harz, studierte Kunstgeschichte und Germanistik. Sie ist seit 1974 am Bayerischen Landesamt für Denkmalpflege als Projektleiterin tätig. Zahlreiche Publikationen zur Denkmalpflege und zur bayerischen Kunstgeschichte.

P. Siegfried Dörpinghaus, geb. 1922 in Köln-Ehrenfeld, studierte Philosophie und Theologie. Er trat 1947 in den Dominikanerorden ein. Von 1969–1988 wirkte er als Leiter eines Gymnasiums. Seit 1988 ist er Hausgeistlicher der Wörishofener Dominikanerinnen.

Prof. Dr. Eberhard Dünninger, geb. 1934 in Würzburg, studierte Geschichte, Germanistik und Anglistik. Er ist Generaldirektor der bayerischen staatlichen Bibliotheken und Honorarprofessor an der Universität Regensburg. Den Schwerpunkt seiner wissenschaftlichen Tätigkeit bilden die neuere bayerische Geschichte sowie die Geschichte der Oberpfalz.

Bartholomäus Ernst, geb. 1942 in Gelsenkirchen-Horst, ist als Kaufmann in Bad Wörishofen tätig. Er wirkte beim Aufbau des Sebastian-Kneipp-Museums in Wörishofen entscheidend mit.

Dr. Susanne Fischer, geb. 1963 in Gräfelfing, studierte Kunstgeschichte, Klassische Archäologie und Geschichtliche Hilfswissenschaften. Sie ist seit 1993 als Konservatorin am Bayerischen Landesamt für Denkmalpflege tätig. Die Instandsetzung der Wörishofener Klosteranlage der Dominikanerinnen wurde von ihr denkmalpflegerisch-fachlich betreut.

Prof. Dr. Isnard W. Frank, geb. 1930 in Wiblingen, studierte Theologie und Geschichte. Er trat 1953 in den Dominikanerorden ein. Von 1979–1996 wirkte er als Ordinarius für mittlere und neuere Kirchengeschichte an der Universität Mainz. Den Schwerpunkt seiner wissenschaftlichen Tätigkeit bildet die Geschichte der Ordensgemeinschaften.

Prof. Dr. Hans Frei, geb. 1937 in Augsburg, studierte Geographie und Geschichte. Er wirkte von 1970–1987 als Bezirksheimatpfleger von Schwaben und ist seitdem als Direktor der Museen des Bezirks Schwaben sowie als Honorarprofessor an der Technischen Universität München tätig. Zahlreiche Veröffentlichungen auf den Gebieten der Denkmalpflege, Museumskunde und Landesbeschreibung.

Dr. Hans-Horst Fröhlich, geb. 1942 in Aschaffenburg, studierte Pharmazie. Er ist seit 1982 als Apotheker in Bad Wörishofen tätig. Zahlreiche Veröffentlichungen zur Kneippschen Pflanzenheilmittelkunde.

Sabine John, geb. 1955 in Dresden, studierte Theologie, Germanistik und Geschichte. Sie ist Mitarbeiterin beim Bayerischen Landesverein für Heimatpflege. Arbeitsschwerpunkte bilden Themen aus der bayerischen Kirchengeschichte und Volkskunde.

Dr. Karl Kosel, geb. 1930 in Augsburg, studierte Kunstgeschichte, Neuere Geschichte und Archäologie und wirkte von 1969–1995 als Konservator der Diözese Augsburg. Den Schwerpunkt seiner Forschungen bildet die Kunst des 17. und 18. Jahrhunderts.

Sr. M. Johanna Lackmaier, geb. 1936 in Zipfeleck bei Traunstein, ist gelernte Bademeisterin. Sie trat 1959 in das Dominikanerinnenkloster Bad Wörishofen ein. Dort leitet sie die klösterliche Gemeinschaft seit 1997.

Dr. Hermann Lickleder, geb. 1944 in Kelheim, studierte Geschichte, Kunstgeschichte und Denkmalpflege. Seit 1989 ist er in Kelheim tätig.

Dr. Georg Paula, geb. 1955 in Pöttmes, studierte Kunstgeschichte, Archäologie und Geschichte des Mittelalters. Er ist als wissenschaftlicher Mitarbeiter am bayerischen Landesamt für Denkmalpflege tätig. Zahlreiche Veröffentlichungen zur bayerischen Kunstgeschichte des 18. Jahrhunderts.

Prof. Dr. Hans Pörnbacher, geb. 1929 in Schongau, studierte Geschichte und Literaturwissenschaft. Von 1967–1990 war er als Ordinarius für deutsche Sprache und Literatur an der Universität Nijmwegen tätig. Sein Arbeitsschwerpunkt ist die bayerische Literatur.

Prof. Dr. Walter Pötzl, geb. 1939 in Plan bei Eger, studierte Germanistik, Geschichte und Theologie. Er wirkt als Professor für Volkskunde an der Universität Eichstätt und als Heimatpfleger im Landkreis Augsburg. Den Schwerpunkt seiner wissenschaftlichen Tätigkeit bilden religiöse Volkskunde und Brauchtumsgeschichte sowie die Regionalgeschichte Bayerisch-Schwabens.

Sr. M. Bernarda Schädle, geb. 1925 in Buxheim, war Handarbeitslehrerin. Sie trat 1949 in das Dominikanerinnenkloster Bad Wörishofen ein. Dort betreut sie das Sebastian-Kneipp-Museum sowie die Bibliothek und das Archiv.

Dr. Werner Schiedermair, geb. 1942 in Würzburg, studierte Rechtswissenschaften, Kunstgeschichte und Klassische Archäologie. Er ist am Bayerischen Staatsministerium für Unterricht, Kultus, Wissenschaft und Kunst tätig. Zahlreiche Veröffentlichungen zur Denkmalpflege, zur Kulturgeschichte sowie zur schwäbischen Klostergeschichte.

Dr. Reinhard H. Seitz, geb. 1936 in Lauingen (Donau), studierte Geschichte und Germanistik. Er leitet seit 1989 das Staatsarchiv Augsburg. Den Schwerpunkt seiner Forschungen bilden die Regionalgeschichte Schwabens und der Oberpfalz sowie stadt- und kunstgeschichtliche Themen.

Sr. M. Regina Vilgertshofer, geb. 1938 in Mindelheim, ist Kauffrau. Sie trat 1960 in das Dominikanerinnenkloster Bad Wörishofen ein. Der klösterlichen Gemeinschaft stand sie von 1980–1997, also auch während der gesamten Dauer der Instandsetzung der Klosteranlage, als Priorin vor.

Dr. Eva Christina Vollmer, geb. 1947 in Frankfurt-Höchst, studierte Kunstgeschichte, Musikwissenschaft und Germanistik. Sie lebt als freie Kunsthistorikerin und Musikpädagogin in Wiesbaden. Ihren Forschungsschwerpunkt bilden die Künstler der Wessobrunner Schule.

Katharina Walch, geb. 1962 in Leipzig, ist Leitende Restauratorin am Bayerischen Landesamt für Denkmalpflege. Sie trat mit zahlreichen Veröffentlichungen zu restauratorischen Fragen hervor. Sie betreute die Restaurierung der Altarausstattung der Wörishofener Klosterkirche.

Sr. M. Imelda Weh, geb. 1926 in Bobingen, ist Handarbeitslehrerin. Sie trat 1950 in das Dominikanerinnenkloster Bad Wörishofen ein. Der klösterlichen Gemeinschaft stand sie von 1971–1980 als Priorin vor.

Dr. Markus Weis, geb. 1957 in Krumbach, studierte Kunstgeschichte und Archäologie und ist seit 1989 als Konservator am Bayerischen Landesamt für Denkmalpflege tätig. Zahlreiche Veröffentlichungen zur Architektur des 18. Jahrhunderts.

Dr. Heide Weißhaar-Kiem, geb. 1943 in Heidenheim-Brenz, studierte Bibliothekswesen, Kunstgeschichte und Historische Hilfswissenschaften. Sie ist freiberuflich in Landsberg am Lech tätig. Den Schwerpunkt ihrer wissenschaftlichen Tätigkeit bildet die Kunstgeschichte des Buches und des Buchdrucks sowie die Inventarisation kirchlicher Geschichtsdenkmäler.

Die meisten Abbildungen des Buches schuf *Wolf-Christian von der Mülbe* (1941–1997). Er studierte an der Bayerischen Staatslehranstalt für Fotografie. In Dachau ansässig, war er als freischaffender Fotograf mit dem Schwerpunkt Kunst und Illustration kunstgeschichtlicher Werke tätig.

Photonachweis

Bayerische Verwaltung der staatlichen Schlösser, Gärten und Seen
Abb. 206
Bayerisches Landesamt für Denkmalpflege
Abb. 71. 169, 172
Dominikanerinnenkloster Bad Wörishofen
Abb. 3, 7, 12, 13, 17, 26, 33, 69, 70, 74, 75, 79, 134, 168, 193, 199, 205, 207, 208, 212, 213, 214, 219, 234, 237, 240, 259, 269, 274, 275, 276, 285, 294, 297, 300, 302
Hauptstaatsarchiv München
Abb. 61, 63, 81
Photograph Horst Huber, Stuttgart
Abb. 180
Wolf-Christian von der Mülbe (†), Dachau
Abb. 1, 2, 4, 5, 6, 8, 9, 10, 11, 14, 15, 16, 18–21, 23, 24, 27–32, 34–42, 53, 54, 56, 63, 65–68, 72, 73, 76–78, 80, 82–133, 135–167, 170, 171, 173–179, 181–192, 194, 196–198, 200–204, 209, 210, 211, 215–218, 220–233, 235, 236, 238, 239, 241–258, 260–268, 270–273, 277–284, 286–293, 295, 296, 298, 299, 301, 303, 304
Staatsarchiv Augsburg (Photograph Friedrich Kaeß, Neuburg a. d. Donau)
Abb. 25, 45, 46, 47, 48, 49, 50, 51, 52, 64
Städtische Kunstsammlungen Augsburg
Abb. 55, 57, 58, 59